멀티 클라우드로의 전환 2/e

First published in the English language under the title
'Multi-Cloud Strategy for Cloud Architects: Learn how to adopt and manage public clouds by leveraging BaseOps, FinOps, and DevSecOps, 2nd Edition – (9781804616734)'

멀티 클라우드로의 전환 2/e

AWS·Azure·GCP·OCI·Alibaba를 아우르는 엔터프라이즈 클라우드 설계 원칙

제론 멀더 지음 남정현 옮김

에이콘

에이콘출판의 기틀을 마련하신 故 정완재 선생님 (1935-2004)

아내에게,

크나큰 빚을 졌습니다.

내 영감의 근원이었던

에커트 윈첸Eckart Wintzen과 우보 오켈스Wubbo Ockels에게,

너무 이른 작별이었습니다.

- 제론 멀더Jeroen Mulder

| 지은이 소개 |

제론 멀더 Jeroen Mulder

1970년생으로, 저널리즘을 전공한 후 네덜란드 신문의 경제면 편집자로 경력을 시작했다. 1998년에 영국 출판사 리드 비즈니스 인포메이션Reed Business Information의 인터넷 프로젝트에 참여해 웹사이트와 디지털 플랫폼을 만들었다. 새로운 디지털 시대의 가능성에 크게 매료돼 디지털 기술 분야에서 경력을 쌓기로 결심했고, 2000년 IT 기업 오리진Origin에 합류했다. 이후 회사는 아토스 오리진Atos Origin을 거쳐 아토스Atos로 바뀌었으며, 그곳에서 다양한 역할을 맡으면서도 줄곧 기술의 중심에서 일했다.

공인 엔터프라이즈 및 보안 아키텍트로서 2014년부터는 클라우드 기술에 더욱 집중했다. 관심을 가진 클라우드 기술에는 클라우드 인프라, 서버리스 및 컨테이너 기술, 데브옵스, 보안 및 AI를 위한 아키텍처 등이 있다.

2017년 3월 후지쯔에 합류해 클라우드 솔루션에 집중했으며, 2021년에는 필립스 프리시전 다이어그노시스Philips Precision Diagnosis의 수석 클라우드 아키텍트로 임명됐다. 2022년 다시 후지쯔로 복귀해 현재는 글로벌 멀티 클라우드 및 보안 솔루션 담당 수석 컨설턴트로 활동하고 있다.

클라우드 개발, AI 및 신기술에 대한 기사를 정기적으로 발표하고 있으며 기술 행사에서 연사로 자주 초청된다. 팩트에서는 멀티 클라우드, 엔터프라이즈 아키텍트를 위한 데브옵스 및 의료의 디지털 전환에 대한 책을 출판했다.

다시 한번, 저에게 글을 쓸 수 있는 공간과 시간을 허락해 준 훌륭한 아내 주디스Judith와 두 딸에게 감사드립니다. 이번 서사시적인 여정을 만들어 준 팩트 편집 팀에 큰 감사를 드립니다. 마지막으로, 저를 다시 고용해 주신 후지쯔에 감사합니다. 정말 즐겁게 일하고 있습니다.

| 기술 감수자 소개 |

후안 라몬 카브레라 Juan Ramón Cabrera

25년 이상의 IT 경력을 가진 마이크로소프트의 시니어 클라우드 솔루션 아키텍트다. 군대, 기업가, 개발자에서 팀 리드 및 IT 관리자에 이르기까지 다양한 IT 분야에서 일했다. 소프트웨어 개발, 데브옵스, 애자일, 보안, 인프라 및 클라우드 아키텍처에 대한 전문 지식을 보유하고 있다. 마이크로소프트(Azure 아키텍트 전문가Architect Expert), AWS(CSA 어쏘시에이트Associate) 및 리눅스 재단(CKA, CKAD)의 여러 인증을 보유하고 있다.

이 책에 참여하고 저의 지식과 경험을 기여할 수 있는 기회를 주신 저자와 출판사에 감사드립니다. 정말 즐거웠습니다. 당신의 작품에 축하를 보냅니다.

카메시 가네산Kamesh Ganesan

AWS, Azure, GCP, 오라클 및 Alibaba를 비롯한 주요 클라우드 기술 분야에서 25년 이상의 IT 경험을 가진 노련한 기술 전문가, 작가 및 리더다. IT 및 클라우드 관련 인증을 55개 이상 보유하고 있으며, 다양한 IT 역할을 수행하면서 상업 기업과 공공 부문의 고객을 위해 미션 크리티컬한 혁신적 기술 솔루션을 설계하고 제공해 왔다. AWS 및 Azure 책을 집필했으며 많은 IT/클라우드 기술 서적 및 과정을 검토했다.

제 삶에 베풀어진 모든 축복에 감사드립니다. 제 노력에 동기를 북돋우고 지속적으로 응원해 준 아내 헤말라타Hemalatha에게 특별한 감사를 드리고, 무조건적인 사랑을 보내 준 저의 아이들 사친Sachin과 아르준Arjun에게 많은 감사를 드립니다. 평생 동안 변함없는 격려를 보내주신 저의 아버지 가네산Ganesan과 어머니 카스투리Kasthuri에게 매우 감사합니다.

| 옮긴이 소개 |

남정현(rkttu@rkttu.com)

소프트웨어 엔지니어이자 테크니컬 라이터다. 2009년부터 현재까지 16년 연속으로 마이크로소프트 MVP[Most Valuable Professional]로 선정됐으며, .NET과 마이크로소프트 Azure 분야에서 국내외 기술 커뮤니티 발전에 기여해 왔다. 현재 메가존클라우드에서 소프트웨어 엔지니어로 재직 중이며, 클라우드 및 가상화 기술을 기반으로 한 솔루션 아키텍처 설계와 개발을 담당하고 있다.

과거 데브시스터즈에서 기술 문서 자동화와 엔터프라이즈 포털 구축 프로젝트를 이끌었으며, 다수의 오픈소스 프로젝트를 주도적으로 개발했다. 또한 닷넷 커뮤니티 닷넷데브(DotNetDev.kr) 운영진으로 활동하며, 국내 개발자 생태계의 지식 확산과 기술 문화 정착에 힘쓰고 있다.

| 옮긴이의 말 |

클라우드는 이제 단일 벤더의 기술이나 서비스가 아니라, 기업의 전략적 선택 그 자체가 됐습니다. AWS, Azure, 구글 클라우드, VMware 등 서로 다른 플랫폼이 공존하는 시대에 모든 것을 한 가지 방식으로 해결하려는 접근은 더 이상 현실적이지 않습니다. 진정한 경쟁력은 각 플랫폼의 강점을 조합하고 상황에 따라 유연하게 전환할 수 있는 아키텍처적 사고에서 비롯됩니다.

이 책은 바로 그 사고의 전환점을 제시합니다. 저자는 다양한 클라우드 환경을 통합적으로 이해하고, 거버넌스, 보안, 비용, 최적화, 데이터 이동성 등 실무에서 마주치는 문제를 체계적으로 풀어냅니다. 단순히 기술의 나열이 아닌 "왜 이렇게 설계해야 하는가?"라는 질문에 대한 깊은 통찰이 담겨 있습니다.

저 역시 오랜 기간 마이크로소프트 MVP로 활동하며 수많은 기업 환경에서 클라우드의 도입과 운영을 지켜봤습니다. 그 결과, 기술의 핵심은 언제나 '선택'과 '균형'에 있었습니다. 이 책은 그런 균형점을 찾으려는 모든 클라우드 아키텍트와 엔지니어에게 든든한 나침반이 될 것입니다.

이 번역이 여러분의 사고를 확장시키고, 각자의 조직 안에서 더 나은 클라우드 전략을 설계하는 데 도움이 되기를 바랍니다.

| 차례 |

지은이 소개 7
기술 감수자 소개 8
옮긴이 소개 10
옮긴이의 말 11
들어가며 27

01장 멀티 클라우드 개요 33

멀티 클라우드의 개념 34
멀티 클라우드: 단순한 퍼블릭/프라이빗 클라우드 그 이상 38
주요 클라우드 서비스 소개 40
퍼블릭 클라우드 41
프라이빗 클라우드 41
VMware 43
오픈스택 44
AWS Outposts 44
구글 안토스 45
애저 스택 45
애저 아크 48
새로운 클라우드 서비스 공급자 49
클라우드 서비스 모델 살펴보기 50
서비스형 인프라(IaaS) 50
서비스형 플랫폼(PaaS) 50
서비스형 소프트웨어(SaaS) 51
서비스형 함수(FaaS) 51
서비스형 컨테이너(CaaS) 51

서비스형 모든 것(XaaS) 52
멀티 클라우드 전략 세우기 52
멀티 클라우드 요구 사항 정리 55
TOGAF로 요구 사항 관리하기 55
고객의 목소리(VOC) 반영 58
QFD와 HOQ로 아키텍처 설계 59
멀티 클라우드 도입 시 비즈니스 과제 60
클라우드 전환 준비 61
조직 변화 대응 62
아키텍트 역할 변화 64
마무리 66
질문 66
더 읽을거리 67

02장 비즈니스 요구 사항 수집 69

클라우드를 위한 기업 전략 분석 70
구독 기반 경제로의 전환 72
엔터프라이즈 아키텍처에서 클라우드 도입 고려 74
장기 계획 74
재무 구조 75
비즈니스 요구 사항에 맞는 클라우드 기술 적합성 75
비즈니스 계획 76
재무 계획 77
지연 비용 이해 79
기회 이익으로의 전환 80
기술 계획 81
IT4IT의 가치 흐름 적용 81
비즈니스 전략에 초점을 둔 클라우드 개발 동향 추적 83
종합적인 비즈니스 로드맵 작성 86
비즈니스 로드맵을 클라우드 적합 전략에 매핑 88

마무리 94
질문 94
더 읽을거리 95

03장 멀티 클라우드 여정 시작 97

클라우드 용어 이해 98
평가 계획 100
기술 매핑 및 거버넌스 실행 104
혁신 따라가기 105
혁신 도입 106
로드맵 및 비즈니스 정렬 정의 108
전환 및 변환 계획 111
구축 시작 115
간단한 연결 설정 115
랜딩 존 설정 117
변환 옵션 탐색 119
모놀리식에서 마이크로서비스로 119
머신에서 서버리스로 121
컨테이너 및 멀티 클라우드 컨테이너 오케스트레이션 122
인프라 일관성 유지 126
마무리 128
질문 129

04장 멀티 클라우드용 서비스 설계 131

멀티 클라우드 환경을 위한 스캐폴드 소개 132
Well-Architected 프레임워크 활용 133
ID 및 액세스 관리(IAM) 135
보안 136
비용 관리 137

모니터링 138
자동화 139
클라우드 도입 이해 140
1단계: 비즈니스 전략 및 비즈니스 사례 정의 141
2단계: 팀 구성 142
3단계: 평가 142
4단계: 아키텍처 정의 143
5단계: 클라우드 서비스 공급자와의 협력 및 재무 통제 확보 145
6단계: 랜딩 존 구축 및 구성 145
7단계: 마이그레이션 및 전환 147
비즈니스 KPI를 클라우드 SLA로 변환 148
가용성 정의 150
클라우드 서비스 공급자 간 서비스 수준 비교 151
클라우드 서비스 공급자 간 정렬을 위한 클라우드 도입 프레임워크 활용 152
클라우드에서의 ID 및 역할 이해 156
서비스 설계 및 거버넌스 모델 생성 158
요구 사항 159
RAID 161
서비스 분해 161
역할 및 책임 162
거버넌스 모델 163
지원 모델 164
프로세스 164
마무리 166
질문 166
더 읽을거리 167

05장 엔터프라이즈 클라우드 아키텍처 관리 169

멀티 클라우드용 아키텍처 원칙 정의 170
아키텍처에서 품질 속성 활용 172

사용 사례에서 원칙 정의 181
비즈니스 원칙 182
보안 및 규정 준수를 위한 원칙 183
데이터 원칙 184
애플리케이션 원칙 187
인프라 및 기술 원칙 189
프로세스를 위한 원칙 190
아키텍처 산출물 생성 191
비즈니스 비전 수립 191
엔터프라이즈 아키텍처 192
원칙 카탈로그 192
요구 사항 카탈로그 192
고수준 설계 193
저수준 설계 193
전환 및 변환 계획 194
변화 관리 및 검증을 초석으로 삼기 196
아키텍처 검증 198
마무리 199
질문 200
더 읽을거리 200

06장 Well-Architected 프레임워크를 사용한 기반 제어 201

베이스옵스 및 기본 개념 이해 202
기본 인프라 정의 및 구현: 랜딩 존 203
기본 인프라를 위한 표준 및 가드레일 정의 204
Well-Architected 및 클라우드 도입 원칙을 사용한 랜딩 존 구축 205
애저에서의 엔터프라이즈 규모 랜딩 존 205
AWS 랜딩 존 207
구글 클라우드에서의 랜딩 존 209
알리바바 클라우드에서의 랜딩 존 211

오라클 클라우드 인프라스트럭처에서의 랜딩 존 212
베이스옵스 아키텍처 패턴 213
기본 인프라 관리 216
연결 구현 및 관리 217
애저 ExpressRoute 구현 218
AWS 다이렉트 커넥트 구현 220
구글 Dedicated Interconnect 구현 220
알리바바 익스프레스 커넥트 구현 220
OCI에서의 직접 연결 구현 221
퍼블릭 클라우드 환경에 액세스 221
인프라 자동화 도구 및 프로세스 정의 및 관리 222
모니터링 및 관리 도구 정의 및 구현 222
운영 지원 223
정책을 사용한 랜딩 존 관리 224
애저에서 기본 작업 관리 225
AWS에서 기본 작업 관리 227
GCP에서 기본 작업 관리 229
알리바바 클라우드에서 기본 작업 관리 231
OCI에서 기본 작업 관리 232
경계 설정 필요성 이해 232
마무리 235
질문 235
더 읽을거리 236

07장 멀티 클라우드용 애플리케이션 설계 237

복원력 및 성능을 위한 아키텍처 설계 238
비즈니스 요구 사항에서 시작 238
데이터 위험 이해 239
애플리케이션 위험 이해 240
기술적 위험 이해 241

12-factor 앱 원칙 활용 243
PaaS를 사용한 애플리케이션 설계 가속화 245
SaaS 솔루션 설계 246
퍼블릭 클라우드에서의 성능 KPI: 어떤 이점이 있을까? 248
멀티 클라우드 환경 최적화 249
애저 어드바이저를 사용한 환경 최적화 250
AWS Trusted Advisor를 사용한 최적화 251
GCP에서 클라우드 트레이스 및 클라우드 디버거를 사용한 최적화 253
OCI에서의 최적화 254
사용 사례: 비즈니스 연속성 및 재해 복구를 위한 솔루션 생성 254
애저 백업 및 사이트 리커버리를 사용한 애저 클라우드에서의 백업 생성 255
애저 시스템 백업을 사용하지 않는 백업 방식 256
애저 사이트 리커버리 이해 258
AWS 백업 및 재해 복구 작업 260
정책 기반 백업 계획 생성 261
태그 기반 백업 계획 생성 261
AWS에서의 하이브리드 백업 262
AWS 재해 복구 및 교차 지역 백업 263
GCP에서의 백업 계획 생성 265
재해 복구 계획 266
OCI에서의 백업 생성 267
마무리 269
질문 270
더 읽을거리 270

08장 데이터 플랫폼용 기반 생성 271

데이터에 적합한 플랫폼 선택 272
애저 데이터 레이크와 데이터 팩토리 275
AWS 데이터 레이크와 Redshift 277
구글의 데이터 레이크 및 빅레이크 278

알리바바 클라우드 레이크하우스 279
오라클 빅데이터 서비스 281
데이터 플랫폼 구축 및 크기 조정 281
상호 운용성 및 이식성을 위한 설계 283
데이터 중력 문제 극복 288
데이터 메시 원칙 소개 289
데이터 레이크를 위한 기반 관리 290
마무리 292
질문 293
더 읽을거리 293

09장 IoT를 위한 기반 다지기 295

IoT에 적합한 플랫폼 선택 296
애저 IoT 허브 298
AWS IoT Core, Edge Manager 및 IoT Greengrass 299
구글 클라우드 IoT 코어 301
알리바바 IoT 플랫폼 302
IoT 생태계 모니터링 302
클라우드로의 연결 설계 306
IoT와 IPv6, LoRa 및 5G 연결 308
마무리 310
질문 311
더 읽을거리 311

10장 핀옵스를 통한 비용 관리 313

핀옵스 원칙 이해 314
클라우드 리소스 프로비저닝 가이드라인 정의 315
ARM을 사용한 애저에서의 리소스 배포 317
CloudFormation 및 OpsWorks를 사용한 AWS에서의 리소스 배포 317

Deployment Manager를 사용한 GCP에서의 리소스 배포 319
테라폼을 사용한 알리바바에서의 배포 320
오라클 클라우드에서의 리소스 배포 321
프로비저닝을 위한 비용 정책 정의 322
애저 가격 계산기 사용 322
AWS 계산기 사용 324
GCP 인스턴스 가격 계산기 사용 327
알리바바 클라우드에서의 가격 이해 328
OCI에서의 비용 추정기 사용 330
계정 계층 구조 이해 332
애저에서의 엔터프라이즈 등록 333
AWS에서의 조직 334
GCP에서의 조직 334
기타 클라우드에서의 계정 계층 구조 335
리이선스 계약 이해 336
태그 지정 표준 정의 337
청구서 검증 및 관리 338
애저에서의 비용 관리 및 청구 사용 339
AWS 비용 관리를 사용한 청구 340
GCP에서의 청구 옵션 사용 342
송장 검증 344
마무리 346
질문 346
더 읽을거리 347

11장 핀옵스 성숙화 349

핀옵스 팀 구성 350
핀옵스를 위한 성숙도 모델 사용 352
비용 인식 설계 도입 356
멀티 클라우드에서 관리형 핀옵스로의 전환 361

핀옵스 전환에서의 함정 피하기 364
마무리 365
질문 366
더 읽을거리 366

12장 클라우드에서의 비용 모델링 367

클라우드 비용 유형 평가 368
비용 커버리지 368
클라우드 요금 369
상각 및 완전 적재 비용 371
비용 모델 구축 371
쇼백 및 차지백의 작동 원리 379
마무리 380
질문 381
더 읽을거리 381

13장 데브섹옵스 구현 383

데브섹옵스의 필요성 이해 384
데브섹옵스 문화 구현 시작 389
CI/CD 설정 391
멀티 클라우드에서의 CI/CD 작업 395
CI/CD 도구 탐색 397
애저 데브옵스 398
AWS CodePipeline 400
구글 클라우드 빌드 401
알리바바 클라우드에서의 CI/CD 404
OCI에서의 CI/CD 404
멀티 클라우드 컨테이너 오케스트레이션 및 애플리케이션 개발 도구 406
Security by Design 원칙 따르기 407

자동화를 사용한 개발 및 운영 보안 410
마무리 412
질문 413
더 읽을거리 413

14장 보안 정책 정의 415

보안 정책 이해 416
보안 프레임워크 이해 418
보안 및 규정 준수의 역할 이해 419
보안 정책의 기준선 정의 421
보안 정책 구현 425
클라우드용 마이크로소프트 디펜더에서의 보안 정책 구현 426
AWS 시큐리티 허브에서의 보안 정책 구현 428
GCP 시큐리티 커맨드 센터에서의 보안 정책 구현 431
알리바바 클라우드에서의 보안 정책 구현 434
OCI에서의 보안 정책 구현 435
보안 정책 관리 437
클라우드 보안 형상 관리(CSPM)로 위험 관리 439
마무리 440
질문 441
더 읽을거리 441

15장 ID 및 액세스 관리 구현 443

ID 및 액세스 관리 이해 444
액티브 디렉터리를 사용한 중앙 ID 저장소 사용 446
멀티 클라우드 간 액세스 관리 설계 448
최소 권한 액세스 작업 452
PAM 탐색 454
클라우드 플랫폼에서의 PAM 456

멀티 클라우드에서의 계정 연합 사용 459
마무리 461
질문 461
더 읽을거리 462

16장 데이터 보안을 위한 보안 정책 정의 463

멀티 클라우드 개념에서 데이터 저장 464
스토리지 기술 탐색 467
클라우드에서의 데이터 보호 이해 469
데이터 암호화 이해 471
액세스, 암호화 및 스토리지 키 보안 474
애저에서의 암호화 및 키 사용 475
AWS에서의 암호화 및 키 사용 476
GCP에서의 암호화 및 키 사용 478
OCI 및 알리바바 클라우드에서의 암호화 구현 478
빅데이터 모델링을 위한 원시 데이터 보안 480
마무리 483
질문 484
더 읽을거리 484

17장 보안 모니터링 구현 및 통합 487

SIEM 및 SOAR 이해 488
SIEM 및 SOAR 차별화 488
보안 운영 센터 설정 490
통합 보안을 위한 요구 사항 설정 491
보안 모델 구현 493
멀티 클라우드 모니터링 스위트 탐색 497
마무리 501
질문 501

더 읽을거리 502

18장 데브옵스 및 데브섹옵스를 사용한 멀티 클라우드 개발 503

데브옵스 및 CI/CD 소개 504
CI/CD 시작 507
버전 제어하에서 작업 509
CI/CD에서 푸시 및 풀 원칙 사용 511
코드를 메인 브랜치에 직접 푸시 511
메인 브랜치 포크에 코드 푸시 512
CI/CD 작업을 위한 모범 사례 513
데브섹옵스 성숙도 모델 사용 514
추적 가능성 및 감사 가능성 관리 517
프레임워크를 사용한 보안 모범 사례 자동화 519
마무리 522
질문 522
더 읽을거리 523

19장 멀티 클라우드에서의 AI옵스 및 그린옵스 소개 525

AI옵스 개념 이해 526
AI옵스를 사용한 클라우드 환경 최적화 528
멀티 클라우드를 위한 AI옵스 도구 탐색 532
그린옵스 소개 535
마무리 536
질문 537
더 읽을거리 537

20장 결론: 멀티 클라우드의 미래 539

멀티 클라우드의 성장 및 도입 540
SRE 개념 이해 541
SRE에서의 위험 분석 작업 544
SRE에서의 모니터링 원칙 적용 546
멀티 클라우드에 SRE 원칙 적용: 분산 시스템 구축 및 운영 548
마무리 551
질문 552
더 읽을거리 553

찾아보기 555

| 들어가며 |

기업들은 서비스형 소프트웨어SaaS, 서비스형 플랫폼PaaS, 서비스형 인프라IaaS를 혼합해 AWS, Azure 및 기타 기술 스택과 같은 플랫폼에서 호스팅하는 멀티 클라우드 전략을 점점 더 많이 채택하고 있다. 이로 인해 아키텍트와 수석 엔지니어는 아키텍처를 통합하고 엔터프라이즈 클라우드를 관리하는 방법에 대한 과제를 안게 된다. 아키텍트와 엔지니어는 클라우드 솔루션을 설계, 구현 및 통합하고, 거버넌스를 위한 제어 장치를 설정하는 방법을 배우게 된다.

이 책의 초판은 2020년에 출시됐지만 클라우드의 발전은 빠르게 진화하고 있다. 이번 2판에서는 지난 몇 년 동안 크게 성장한 2개의 클라우드 플랫폼인 **오라클 클라우드 인프라스트럭치**OCI, Oracle Cloud Infrastructure와 Alibaba 클라우드가 추가됐다. 또한 클라우드 관리를 개선하기 위해 기업에서 새로운 방법론을 채택했다. 여기에는 핀옵스의 재정적 통제와 데브섹옵스의 임베디드 보안이 포함된다.

멀티 클라우드 개념을 소개한 후 이 책에서는 아키텍트가 멀티 클라우드 플랫폼용 시스템을 설계할 때 고려해야 할 모든 주제를 다룬다. 이는 다양한 플랫폼에 대한 연결을 설계하고 Azure, AWS, 구글 클라우드 플랫폼GCP, OCI 및 Alibaba 클라우드에 랜딩 존을 만드는 것으로 시작한다. 이러한 클라우드는 이 책에서 다룬다.

이 책은 다음과 같은 네 가지 주요 부분으로 나뉜다.

1. 클라우드 및 멀티 클라우드 아키텍처 및 거버넌스 소개
2. 클라우드 환경을 위한 인프라를 제공하는 랜딩 존 설정 및 관리를 포함한 운영
3. 핀옵스 원칙을 사용하는 재무 운영
4. 데브섹옵스를 사용한 지속적인 제공 및 배포, ID 및 액세스 관리, 데이터 보안, 보안 정보, AI옵스 및 사이트 신뢰성 엔지니어링과 같은 새로운 개념

이 책은 주요 공급업체의 모범 사례를 포함하고 일반적인 함정과 이를 피하는 방법을 설명하며, 방법론 및 도구에 대한 권장 사항을 제공한다. 물론 멀티 클라우드에 대한 책은 결코 완전할 수 없지만 이 책은 멀티 클라우드 아키텍처 설계를 시작하는 데 유용한 지침을 제공한다.

이 책의 대상 독자

이 책은 Azure, AWS, GCP, OCI 및 Alibaba 클라우드를 사용해 멀티 클라우드 환경을 설계하는 아키텍트 및 수석 엔지니어를 대상으로 한다. 클라우드 플랫폼 및 전반적인 클라우드 도입 프레임워크에 대한 기본적인 이해가 필요하다.

이 책에서 다루는 내용

1장, 멀티 클라우드 개요에서는 멀티 클라우드의 정의와 기업이 멀티 클라우드 전략을 사용하는 이유를 살펴본다.

2장, 비즈니스 요구 사항 수집에서는 기업이 다양한 엔터프라이즈 아키텍처 방법론을 사용해 요구 사항을 수집하고 멀티 클라우드 전략을 구현해 비즈니스 결과를 가속화하는 방법을 설명한다.

3장, 멀티 클라우드 여정 시작에서는 기업이 클라우드 플랫폼을 개발하고 구현하기 시작해 전환 및 변환 단계를 수행하는 방법을 설명한다.

4장, 멀티 클라우드용 서비스 설계에서는 클라우드 공급자의 클라우드 도입 프레임워크를 사용해 멀티 클라우드에서의 거버넌스를 살펴본다.

5장, 엔터프라이즈 클라우드 아키텍처 관리에서는 보안, 데이터 및 애플리케이션과 같은 다양한 도메인의 아키텍처 원칙을 다룬다. 멀티 클라우드용 엔터프라이즈 아키텍처를 만드는 방법을 살펴본다.

6장, Well-Architected 프레임워크를 사용한 기반 제어에서는 랜딩 존을 관리하기 위한 정책을 정의하고 랜딩 존에서 계정 처리를 더 깊이 이해하는 방법을 설명한다. 클라우드 공급자의 Well-Architected 프레임워크는 다양한 클라우드에서 랜딩 존을 설정하는 데 지침으로 사용된다.

7장, 멀티 클라우드용 애플리케이션 설계에서는 클라우드에서 애플리케이션의 복원력과 성능에 대한 비즈니스 요구 사항을 수집하고 검증하는 방법을 다룬다.

8장, 데이터 플랫폼용 기반 생성에서는 데이터 레이크의 기본 아키텍처를 살펴보고 클라우드 공급자가 제공하는 다양한 솔루션을 고려해 본다. 또한 방대한 양의 데이터를 수집하고 분석하는 데 따르는 문제점도 알아본다.

9장, IoT를 위한 기반 다지기에서는 IoT 에코시스템의 아키텍처 원칙을 살펴보고 클라우드가 IoT 장치 관리에 어떻게 도움이 되는지 살펴본다. 이러한 클라우드 솔루션 중 일부를 살펴보고 연결 및 보안과 같은 IoT의 중요한 요소도 살펴본다.

10장, 핀옵스를 통한 비용 관리에서는 클라우드에서의 재무 운영 기본 사항(예: 리소스 프로비저닝 및 리소스 배포와 관련된 비용)에 중점을 두고 살펴본다.

11장, 핀옵스 성숙화에서는 10장에서 다룬 핀옵스 원칙을 채택하는 데 중요한 역할을 하는 핀옵스 팀을 설정해 소직에서 관리되는 핀옵스로 전환하는 방법을 설명한다.

12장, 클라우드에서의 비용 모델링에서는 조직이 클라우드 비용을 식별Showback하고 팀 또는 부서의 예산에 비용을 할당Chargeback할 수 있게 하는 비용 모델을 개발하고 구현하는 방법을 알아본다.

13장, 데브섹옵스 구현에서는 클라우드에 애플리케이션을 개발하고 배포하기 위한 데브옵스 사례를 설정하는 방법을 다루되, 보안을 최우선으로 둬 코드, 파이프라인, 애플리케이션, 인프라가 릴리스 주기의 모든 단계에서 안전하게 유지되도록 한다.

14장, 보안 정책 정의에서는 클라우드 공급자의 보안 프레임워크와 CISCenter for Internet

Security 컨트롤과 같은 전체 프레임워크를 소개한다. 이러한 프레임워크를 사용해 정책을 정의하는 방법을 알아본다.

15장, ID 및 액세스 관리 구현에서는 ID 인증 및 권한 부여를 다룬다. 또한 최소 권한 계정 처리 방법과 적격 계정 사용에 대한 이해를 제공한다.

16장, 데이터 보안을 위한 보안 정책 정의에서는 데이터 모델 및 데이터 분류를 설명하는 것으로 시작한다. 다음으로 암호화와 같은 클라우드 기술을 사용해 데이터를 보호하는 방법을 살펴본다.

17장, 보안 모니터링 구현 및 통합에서는 보안 정보 및 이벤트 관리SIEM 및 SOARSecurity Orchestration, Automation, and Response을 사용해 통합 보안 모니터링의 기능과 필요성을 살펴본다.

18장, 데브옵스 및 데브섹옵스를 사용한 멀티 클라우드 개발에서는 데브옵스 원칙, CI/CD 파이프라인이 푸시 및 풀 메커니즘과 함께 작동하는 방식, 파이프라인이 멀티 클라우드 환경에 적합하게 설계되는 방식을 살펴본다. 다음으로 데브섹옵스 성숙도 모델의 원칙과 가장 일반적인 보안 프레임워크를 사용해 데브옵스 프로세스를 보호하는 방법을 살펴본다.

19장, 멀티 클라우드에서의 AI옵스 및 그린옵스 소개에서는 AI옵스(인공지능 운영)의 개념과 기업이 AI옵스를 사용해 클라우드 환경을 최적화하는 방법을 소개한다. 또한 그린옵스를 사용해 클라우드에서 지속 가능성을 달성하는 방법도 알아본다.

20장, 결론: 멀티 클라우드의 미래에서는 새로운 클라우드의 미래와 기업이 조직 내에서 클라우드 기술의 성장을 관리하는 방법에 대한 정보를 제공한다. 또한 시스템 안정성을 보장하기 위한 SRE 관련 절을 포함했으며, 개발 동향이 빠르게 진전되고 있음을 짚는다.

이 책의 활용 방법

- IT 아키텍처와 좀 더 구체적인 클라우드 아키텍처에 대한 기본적인 이해가 권장된다. 아키텍트는 엔터프라이즈 아키텍처의 기초(예: TOGAF[The Open Group Architecture Framework])를 공부하는 것이 좋다.
- 이 책은 거버넌스의 일부로 서비스 관리 측면도 다루므로 IT 서비스 관리[ITSM]에 대한 지식이 있는 것이 좋다. 이 책은 퍼블릭 및 프라이빗 클라우드의 클라우드 패턴에 대한 일반적인 기본 지식이 있다고 가정한다.
- 모든 장에는 다룬 주제에 대한 더 심층적인 문헌에 대한 정보를 제공하는 '더 읽을거리' 절이 있다.

컬러 이미지 다운로드

이 책에 사용된 스크린샷/다이어그램의 컬러 이미지가 포함된 PDF 파일도 제공한 한다. https://packt.link/pDhXa에서 다운로드할 수 있다.

편집 규약

이 책 전체에서 사용되는 여러 텍스트 규칙이 있다.

텍스트 안의 코드: 텍스트 안에 코드가 포함된 유형으로, 데이터베이스 테이블 이름, 사용자 입력의 코드 단어 등이 포함된다. 예를 들어 다음과 같다.

"다운로드한 `WebStorm-10*.dmg` 디스크 이미지 파일을 시스템의 다른 디스크로 마운트한다."

고딕체: 새로운 용어나 중요한 단어 또는 메뉴나 대화상자와 같이 화면에서 볼 수 있는 단어는 고딕체로 표시한다. 예를 들면 다음과 같다.

"관리 패널에서 시스템 정보를 선택한다."

NOTE

경고나 중요한 노트는 이와 같이 나타낸다.

TIP

팁과 요령은 다음과 같이 표시된다.

고객 지원

언제나 독자의 의견을 환영한다.

오탈자: 내용의 정확성을 위해 모든 노력을 기울였음에도 오류가 있을 수 있다. 이 책에서 잘못된 것을 발견하고 전달해준다면 매우 감사할 것이다. http://www.packtpub.com/submit-errata에서 해당 책을 선택하고 Errata Submission Form 링크를 클릭한 다음 발견한 오류 내용을 입력하면 된다.

저작권 침해: 어떤 형태로든 불법 복제물을 인터넷에서 발견한다면 적절한 조치를 취할 수 있도록 해당 주소나 사이트명을 알려주길 바란다. 의심되는 불법 복제물의 링크는 copyright@packtpub.com으로 보내주길 바란다.

문의

한국어판의 정오표는 에이콘출판사의 도서정보 페이지 http://www.acornpub.co.kr/book/9791161759470에서 확인할 수 있다. 기술적인 내용에 관한 의견이나 문의는 에이콘출판사 편집 팀(editor@acornpub.co.kr)이나 지은이의 이메일로 연락하면 된다.

01

멀티 클라우드 개요

멀티 클라우드multi-cloud는 기업 사이에서 뜨거운 주제다. 많은 기업이 때로는 자각하지 못한 채 이미 멀티 클라우드를 사용하고 있다. 예를 들어 마이크로소프트의 오피스 365나 세일즈포스와 같은 SaaS를 사용하는 것 외에도, 아마존 웹 서비스(이하 AWS)나 구글 클라우드 플랫폼(이하 GCP)과 같은 퍼블릭 클라우드에서 애플리케이션을 호스팅하기도 한다. 이는 기업이 특정 비즈니스 기능에 맞는 최적의 클라우드 서비스를 선택하는, 소위 '베스트 오브 브리드' 전략을 통해 클라우드 서비스를 도입함으로써 비즈니스 민첩성을 확보하려는 디지털 전환의 일환이다. 따라서 해답은 단일 클라우드 서비스 공급자를 선택하는 것보다 멀티 클라우드가 될 수 있다.

1장의 주요 목표는 멀티 클라우드가 무엇인지, 그리고 기업들이 멀티 클라우드 전략을 갖는 이유에 대한 기본적인 이해를 돕는 것이다. 마이크로소프트 애저Azure, AWS, GCP 같은 주요 퍼블릭 클라우드 플랫폼과 더불어 애저 스택Azure Stack, AWS Outposts, 구글 Anthos와 같은 온프레미스 환경의 다양한 플랫폼, 그리고 새롭게 떠오르는 플랫폼들도 살펴본다.

멀티 클라우드로 전환하기 전에 가장 중요한 것은 요구 사항을 수집해 회사가 올바른 방향으로 나아가고 올바른 선택을 하고 있는지 확인하는 것이다. 고객의 목소리VOC를 담아내기 위한 도구로 TOGAFThe Open Group Architecture Framework와 QFD(품질 기능 전개) 같은 개념을 살펴본다. 마지막으로 모든 전환은 사람에서 시작된다는 것을 알 수 있다. 마지막 절에서는 디지털 전환을 실행하는 데 필요한 조직 자체의 변화를 설명한다.

1장에서 다루는 내용은 다음과 같다.

- 멀티 클라우드의 개념
- 멀티 클라우드: 단순한 퍼블릭/프라이빗 클라우드 그 이상
- 멀티 클라우드 전략 세우기
- 주요 클라우드 서비스 소개
- 클라우드 서비스 모델 살펴보기
- 멀티 클라우드 요구 사항 정리 및 멀티 클라우드 도입 시 비즈니스 과제

멀티 클라우드의 개념

이 책은 주요 클라우드 플랫폼을 탐색하며 다음과 같은 중요한 질문에 대한 해답을 제시하고자 한다. "우리 회사가 여러 클라우드 플랫폼에 IT 시스템을 배포할 때 어떻게 제어할 수 있을까?" 멀티 클라우드 환경에서 비용이 통제 불능으로 증가하거나, 시스템 관리자를 명확히 파악하지 못하거나, 시스템 확산으로 인해 심각한 보안 위험이 발생하는 상황을 방지하고자 한다. 본격적인 내용에 들어가기 전에 멀티 클라우드와 관련된 개념을 명확히 이해하는 시간을 갖자.

멀티 클라우드의 정의는 다양하지만, 이 책에서는 https://www.techopedia.com/definition/33511/multi-cloud-strategy에 명시된 정의를 사용하겠다.

> 멀티 클라우드란 둘 이상의 클라우드 컴퓨팅 시스템을 동시에 사용하는 것을 의미한다. 이는 퍼블릭 클라우드, 프라이빗 클라우드 또는 이 둘의 조합으로 구성될 수 있다. 멀티 클라우드 배포는 하드웨어/소프트웨어 오류가 발생할 때 시스템의 이중화를 제공하고 특정 벤더에 종속을 방지하는 것을 목표로 한다.

이제 해당 정의에서 몇 가지 주제에 집중해 보자. 우선 대부분의 조직이 어디에서 왔는지 알아야 한다. 다양한 기능과 비즈니스 애플리케이션을 호스팅하는 물리적 및 가상 시스템을 갖춘 기존 데이터 센터 말이다. 이를 레거시라고 부르고 싶다면 그렇게 해도 좋다. 하지만 오늘의 최첨단 기술이 내일의 레거시가 된다는 점을 명심해야 한다. 따라서 이 책에서는 물리적 사설 데이터 센터에서 운영되는 시스템을 '기존 IT'로 통칭한다. 멀티 클라우드 정의의 첫 번째 한계는 앞에서 이미 살펴봤다.

많은 기업이 가상화 환경을 프라이빗 클라우드라고 부른다. 외부 데이터 센터에 있든 자체 소유 온프레미스 데이터 센터에 있든 상관없이 말이다. 여기서 '프라이빗 클라우드'라 함은, 여러 사업 부서가 중앙 집중식 관리 플랫폼에서 사용량에 따라 비용을 지불하는 환경을 의미하는 경우가 많다. 이것이 진정한 클라우드인지에 대한 논쟁은 끊이지 않지만, 프라이빗 클라우드라는 개념에 어느 정도 부합하는 폭넓은 설명이라는 점은 분명하다.

물론 클라우드라고 하면 AWS, 마이크로소프트 애저, GCP와 같은 주요 퍼블릭 클라우드 서비스를 가장 먼저 떠올릴 것이다. 이러한 퍼블릭 클라우드는 공용 인터넷을 통해 중앙 집중식 플랫폼에서 IT 서비스를 주문형으로 제공하는 업체를 말한다. 전 세계 데이터 센터에 분산된 컴퓨팅, 스토리지, 네트워킹 등의 IT 서비스를 제공하는 중앙 집중식 플랫폼인 것이다. 클라우드 서비스 공급자는 이러한 데이터 센터와 클라우드를 관리하며, 기업은 자체적으로 데이터 센터에 투자할 필요 없이 이러한 서비스를 '임대'해 사용할 수 있다.

멀티 클라우드는 단순히 여러 클라우드 서비스 공급자의 솔루션과 서비스를 결합하는 것 이상의 의미를 지닌다. 이는 각 플랫폼의 강점을 활용해 비즈니스에 최적의 가치를 제공하는 '베스트 오브 브리드best-of-breed' 솔루션을 구축하는 것을 의미한다. 결국 클라우드 사용은 퍼블릭 클라우드와 프라이빗 클라우드 솔루션을 조합해 시너지를 창출하는 방식으로 이해할 수 있다.

하지만 단순히 여러 클라우드 서비스 공급자의 솔루션과 서비스를 결합하는 것만으로는 멀티 클라우드라고 할 수 없다. 멀티 클라우드에는 그 이상의 의미가 담겨 있다.

이를 가장 잘 설명하는 방법은 스마트폰에 비유하는 것이다. 새 스마트폰을 샀다고 가정해 보자. 상자에서 꺼내 전원을 켠다. 이제 이 폰으로 무엇을 할 수 있을까? 우선 통신사 가입이 돼 있지 않다면 기기의 기능은 매우 제한적일 것이다. 모바일 네트워크로는 외부와 연결할 수 없다. 다만 와이파이를 쓸 수 있다면 그 경로로 연결할 수 있다. 결국 휴대폰을 제대로 쓰기 위한 첫 과제는 연결성을 확보하는 것이다.

이제 막 공장에서 출고된 새 스마트폰을 초기 설정 상태로 켜고 외부 세계와 연결했다고 가정해 보자. 바로 사용할 준비가 됐을까? 아마 아닐 것이다. 앱 스토어와 같은 온라인 카탈로그를 통해 다양한 서비스를 스마트폰에서 이용하고 싶을 것이다. 이러한 앱들은 은행, 소매업체를 포함한 여러 공급자가 제공하며, 서로 다른 언어로 코딩됐을 수도 있다. 그럼에도 iOS나 안드로이드Android와 같은 다양한 모바일 운영체제를 사용하는 여러 스마트폰에서 문제없이 작동할 것이다. 사람들은 개인의 필요와 희망에 따라 이러한 앱을 설정하고 싶을 것이다. 마지막으로, 휴대폰의 데이터에 접근할 수 있어야 한다. 결국 휴대폰은 모든 종류의 개인화된 서비스와 데이터를 위한 플랫폼이 된다.

여기서 가장 큰 장점은 휴대폰 사용자 입장에서 업데이트를 걱정할 필요가 없다는 점이다. 운영체제가 자동으로 업데이트되며, 설치된 대부분의 앱은 문제없이 작동하기 때문이다. 일부 앱이 새로운 설정에 적응하는 데 하루나 이틀 정도 걸릴 수 있지만, 결국에는 잘 작동한다. 휴대폰에 저장된 데이터나 클라우드 디렉터리를 통해 접근하는 데이터도 그대로 이용할 수 있다. 스마트폰을 중심으로 한, 전체 생태계는 최종 사용자 관점에서 기술이 완전히 투명하게 느껴지게 설계됐다.

그림 1.1 스마트폰에 비유하는 진정한 멀티 클라우드 개념

이는 비유적으로 클라우드의 개념을 반영하는데, 여기서 스마트폰은 모든 것이 통합돼 원활한 사용자 경험을 제공하는 랜딩 존과 같다.

멀티 클라우드를 스마트폰에 비유하면 다음과 같이 설명할 수 있다. 처음 퍼블릭 클라우드 포털에 접속하면 보이는 것이 별로 없다. 클라우드라는 플랫폼과 인터넷 연결을 통해 포털에 접속할 수 있지만, 모든 사람이 우리의 애플리케이션과 데이터에 접근하도록 허용하고 싶지는 않으므로 특정 용도에 맞게 구성해야 한다. 설정을 완료한 후 애플리케이션과 데이터를 플랫폼에 로드하면 권한이 있는 사람만 애플리케이션과 데이터에 접근할 수 있다. 스마트폰 사용자가 여러 플랫폼에서 애플리케이션과 데이터를 사용하는 것처럼, 기업도 다른 플랫폼의 애플리케이션에 연결할 수 있다.

회사는 애플리케이션을 다른 플랫폼으로 마이그레이션하는 것을 고려할 수도 있다. 예를 들어 아이폰과 안드로이드폰 모두에서 페이스북을 사용할 수 있는데, 비록 두 폰의 운영체제가 다르더라도 사용자는 하나의 페이스북 계정으로 동일한 데이터를 볼 수 있다.

멀티 클라우드: 단순한 퍼블릭/프라이빗 클라우드 그 이상

하이브리드 IT와 멀티 클라우드 간에는 차이가 있으며, 정의에 대한 다양한 의견이 있다. 한 가지 견해는 하이브리드 플랫폼은 동질적인 반면, 멀티 클라우드 플랫폼은 이질적이라는 것이다. 여기서 **동질적**이라는 것은 클라우드 솔루션이 단일 스택에 속한다는 의미이며, 온프레미스 환경의 애저 스택과 애저 퍼블릭 클라우드를 함께 사용하는 경우를 예로 들 수 있다. 반면 **이질적인** 환경은 애저와 AWS를 결합하는 경우를 예로 들 수 있다.

주요 정의는 다음과 같다.

- **하이브리드 클라우드:** 온프레미스와 클라우드를 결합한 환경
- **멀티 클라우드:** 2개 이상의 클라우드 서비스 공급자가 제공하는 서비스를 사용하는 환경
- **프라이빗 클라우드:** 특정 회사나 사용자를 위해 전용으로 할당된 리소스
- **퍼블릭 클라우드:** 리소스 공유(데이터에 대한 접근 권한과는 별개임. 퍼블릭 클라우드에서는 테넌트들이 분리돼 있지만, 네트워킹과 같은 리소스를 공유함)

하이브리드 환경은 온프레미스 스택(프라이빗 클라우드)과 퍼블릭 클라우드를 결합한 형태다. 이는 기업에서 매우 일반적인 배포 모델이며, 대부분의 컨설팅 회사들은 이러한 하이브리드 배포가 클라우드의 미래 모델로 가장 많이 구현될 것이라고 결론 내렸다.

하이브리드(퍼블릭 클라우드와 프라이빗 클라우드의 혼합) 환경을 선택하는 주된 이유는 보안과 지연 시간 때문이다. 물론 클라우드가 등장하기 전부터 이미 온프레미스 환경을 구축해 놓은 기업이 많다는 점도 고려해야 한다.

여기에서는 보안을 첫 번째 이유로 꼽을 수 있다. 특히 민감한 데이터와 개인 정보 보호가 중요한 이유는, 특정 국가나 유럽연합EU처럼 지역 경계를 넘어 데이터를 호스팅할 수 없도록 제한하는 경우가 있기 때문이다. 예를 들어 미국에 본사를 둔 기업이 어떤 방식으로도 해당 데이터에 접근할 수 없어야 하며, 이는 클라우드 환경에서 이미 상당한 과제로 받아들여지고 있다. 공용 클라우드가 데이터를 최고 수준으로 보호하기 위한 프레임워크와 기술을 제공하더라도 규정, 법률, 지침 및 규정 준수 규칙으로 인해 기업은 데이터를 사내에서 이전하지 못하는 경우가 많다. 보안 및 데이터 개인 정보 보호는 클라우드에서 가장 중요하므로 이 책의 14장 ~ 17장에서 보안에 대해 자세히 설명한다.

지연 시간은 시스템을 온프레미스에 유지해야 하는 또 다른 이유다. 누구나 쉽게 공감할 수 있는 예로 인쇄 서버를 들 수 있다. 이때 퍼블릭 클라우드에 있는 인쇄 서버는 좋은 선택이 아닐 수 있다. 인쇄 서버의 문제는 스풀링 과정에 있기 때문이다. 스풀링 소프트웨어는 인쇄 작업을 받아 인쇄 작업을 전송해야 하는 프린터를 제어한다. 그런 다음 인쇄 작업이 실제로 해당 프린터로 전송되는 순서를 예약한다. 최근 몇 년 동안 인쇄 스풀러가 크게 개선됐지만 여전히 프로세스를 실행하는데 시간이 걸리며, 퍼블릭 클라우드의 인쇄 서버는 이 프로세스에 지연을 일으킬 수 있다. 하지만 올바른 방식으로 구성하고, 보내는 PC와 받는 프린터 장치에 가까운 클라우드 지역에서 구성하고, 적절한 연결을 통해 액세스하면 가능하다.

이러한 예를 통해 시연 시간에 매우 민감한 기능과 애플리케이션이 존재한다는 것을 알 수 있다. 다른 예로 유통 회사의 창고를 생각해 보자. 상품이 판매되면 주문 처리 과정이 시작된다. 이때 물품은 공급 시스템에서 라벨링돼 회사가 특정 품목의 재고 수량, 원산지, 배송지를 추적할 수 있게 한다. 이러한 기능을 위해 품목에는 바코드나 QR 코드가 부착돼 RFID 등으로 스캔할 수 있게 한다. 이 시스템은 창고 내 생산 현장과 가까운 곳에 위치해야 하며, 클라우드에서 호스팅하는 경우에도 빠르고 응답성이 뛰어난 시스템에서 초고속 전용 연결을 통해 접근할 수 있어야 한다.

지금까지 살펴본 예는 비교적 간단하지만 수술실의 의료 시스템이나 발전소를 제어하는 시스템을 생각해 보면 문제가 더욱 분명해진다. 따라서 모든 기업과 기관이 퍼블릭 클라우드 우선 전략이나 클라우드 전용 전략을 따르는 것이 언제나 적합한 해법이라고는 할 수 없다. 이는 병원, 유틸리티 회사뿐만 아니라 중요도가 낮은 환경의 기업에도 해당된다.

이러한 기업들은 퍼블릭 클라우드 환경에서 애플리케이션 개발이 훨씬 더 민첩하다는 사실을 발견했다. 클라우드 도입은 대개 개발자들이 퍼블릭 클라우드에서 개발 환경을 구축하고 애플리케이션을 만들면서 시작되며, 이렇게 해서 하이브리드 IT가 탄생한다. 중요한 프로덕션 시스템은 프라이빗 데이터 센터 내의 사설 시스템을 사용해 민감한 데이터를 호스팅하고, 지연 시간 문제 때문에 온프레미스 환경에 유지해야 한다. 반면 퍼블릭 클라우드는 새로운 애플리케이션을 빠르고 민첩하게 개발하는 데 사용된다. 이러한 배경에서 새로운 클라우드 서비스 모델이 등장하게 됐으며, 다음 절에서 이러한 모델을 자세히 살펴본다.

멀티 클라우드와 하이브리드라는 용어는 혼용되는 경우가 많지만, 사실 이 둘은 혼합된 형태로 존재할 수 있다. 예를 들어 애저와 AWS에서 전용 프라이빗 호스트를 사용해 퍼블릭 클라우드에서 사설 서버를 운영할 수도 있고, 애저 스택이나 AWS Outposts를 통해 프라이빗 데이터 센터 내의 사설 호스트에서 클라우드 서비스를 실행할 수도 있다. 이러한 점 때문에 혼란이 발생할 수 있는데, 이 책에서는 하이브리드를 온프레미스 환경과 퍼블릭 클라우드를 결합한 형태로, 멀티 클라우드는 2개 이상의 클라우드 서비스 공급자를 사용하는 환경으로 정의해 설명한다.

주요 클라우드 서비스 소개

지금까지 퍼블릭 클라우드와 프라이빗 클라우드에 대해 알아봤다. 이 용어들이 일반적으로 무엇을 의미하는지 대부분 알고 있겠지만, 명확히 알고 넘어가자. 여기서는 마이크로소프트 웹사이트(https://azure.microsoft.com/en-us/resources/cloud-computing- dictionary/

what-is-cloud-computing)의 정의를 기준으로 삼는다. 퍼블릭 클라우드는 제3자 공급자가 공용 인터넷을 통해 제공하는 컴퓨팅 서비스이며, 사용하거나 구매하려는 누구나 이용할 수 있다. 프라이빗 클라우드는 인터넷 또는 사설 내부 네트워크를 통해 제공되며, 일반 대중이 아닌 특정 사용자에게만 제공되는 컴퓨팅 서비스다. 물론 다른 정의도 많지만, 이 책에서는 이 정의를 사용한다.

퍼블릭 클라우드

퍼블릭 클라우드에서 가장 잘 알려진 공급자는 AWS, 마이크로소프트 애저, GCP, 오라클 클라우드 인프라스트럭처Oracle Cloud Infrastructure, 알리바바 클라우드Alibaba Cloud이며, 오픈스택OpenStack을 기술 기반으로 하는 여러 퍼블릭 클라우드도 있다. 오픈스택의 예로는 랙스페이스Rackspace가 있다. 이들은 모두 앞서 제시한 정의에 부합하는 퍼블릭 클라우드지만, 몇 가지 중요한 차이점도 있다.

AWS, 애저, GCP는 모두 환경 구축용의 다양한 관리형 서비스를 제공하면서도 적용 방식은 크게 다르다. 즉, 개념은 대체로 비슷하지만, 내부적으로는 완전히 다른 구조를 갖고 있다. 바로 이 점이 멀티 클라우드 솔루션 관리를 복잡하게 만드는 요인이다.

이 책에서는 멀티 클라우드 환경에서 주요 역할을 하는 플랫폼을 집중적으로 살펴본다.

프라이빗 클라우드

대부분의 기업은 워크로드를 클라우드로 이전할 계획을 세우고 있거나 이미 이전하는 중이다. 일반적으로 워크로드를 호스팅하기 위해 애저, AWS, GCP와 같은 주요 플랫폼을 선택한다. 다른 플랫폼도 있지만, 앞에 언급된 세 가지 플랫폼이 가장 지배적이며 분석가 보고서에 따르면 향후 수십 년 동안 이러한 추세가 계속될 것이다. 이 외에도 이 책에서는 오라클 클라우드 인프라스트럭처OCI와 알리바바 클라우드도 필요에 따라 다룬다. 최근 몇 년 동안 두 클라우드 모두 상당한 시장 성장을 이뤘기 때문에 유용한 추가 정보를 제공할 수 있을 것이다.

이미 언급했듯 워크로드를 해당 플랫폼으로 계획하고 이전하는 작업은 결코 단순하지 않다. 특히 규정 준수와 보안, 개인 정보 보호에 관한 규제가 지속적으로 강화되고 있어 고려해야 할 요소가 더 늘고 있다. 따라서 기업은 데이터를 이러한 플랫폼으로 이전하기 전에 신중하게 고려해야 한다. 결국 데이터는 사람 다음으로 모든 회사에서 가장 가치 있는 자산이기 때문이다.

프라이빗 클라우드에서는 VMware가 지배적이며, 마이크로소프트의 Hyper-V 기술을 기반으로 하는 환경도 있다. 그러나 마이크로소프트는 고객을 애저 사용으로 점점 더 유도하고 있으며, 시스템을 온프레미스에 유지해야 하는 경우 애저 스택 및 애저 아크[Arc]와 같은 광범위한 포트폴리오를 제공한다. 이러한 내용은 1장의 뒷부분에서 자세히 다룬다.

유럽 정부 환경에서는 유럽 기업이 아닌 기업이 데이터를 제어하거나 볼 수 없게 하고자 오픈스택이 여전히 널리 사용되는 것으로 보인다. 그러나 오픈스택의 채택 및 사용은 감소하는 추세다.

다음 다이어그램은 프라이빗 클라우드와 퍼블릭 클라우드를 구분한 멀티 클라우드 스택의 예를 보여준다.

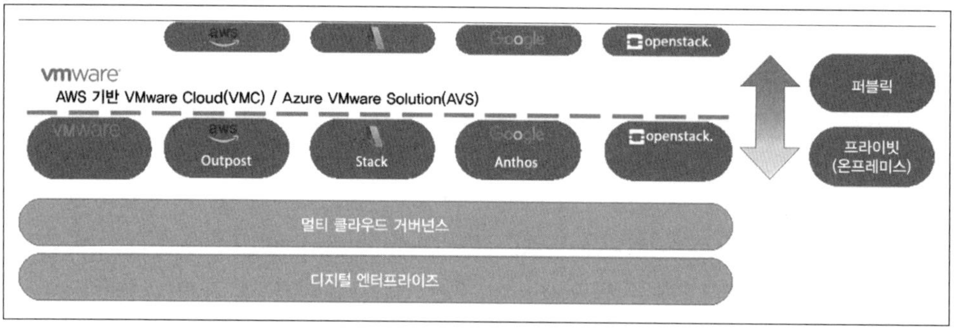

그림 1.2 주요 업체의 멀티 클라우드 포트폴리오 예시

이번 절에서는 프라이빗 스택의 기반 기술인 VMware와 오픈스택을 간략히 살펴본다. 이어서 AWS Outposts와 구글 안토스Anthos를 자세히 알아볼 것이다. 이 두 솔루션은 AWS와 GCP의 퍼블릭 클라우드를 사설 데이터 센터로 확장하는 개념이다. 또한 애저를 온프레미스 환경이나 다른 클라우드 환경 어디든 확장할 수 있게 해주는 애저 아크도 알아본다.

Outposts는 컴퓨팅, 스토리지, 네트워크 설비가 사전 구성된 랙 형태로 제공되는 어플라이언스다. 반면 구글의 안토스는 **구글 쿠버네티스 엔진**GKE, Google Kubernetes Engine을 사용해 온프레미스 환경에서 컨테이너 플랫폼을 호스팅하는 데 활용할 수 있는 구성 요소 세트에 가깝다. 마지막으로 애저 스택 포트폴리오를 살펴본다.

VMware

VMware는 본질적으로 가상화 기술이다. x86 기반 물리 서버의 가상화로 시작해 하나의 물리 호스트에서 여러 **가상 머신**VM, Virtual Machines을 실행할 수 있게 했다. 이후 **가상화된 SAN**vSAN, virtualized SAN을 통해 스토리지에도 동일한 개념을 도입하고, **네트워크 가상화 및 보안**Network virtualization and security(NSX)을 통해 네트워크를 가상화해 프라이빗 클라우드에서 마이크로 세분화를 구현할 수 있게 됐다.

VMware는 클라우드로의 전환에 발맞춰 지속적으로 발전해 왔으며, AWS와 협력해 VMware 프라이빗 클라우드를 퍼블릭 클라우드로 원활하게 확장할 수 있는 방안을 개발했다. 애저도 마찬가지로, 애저 VMware 솔루션AVS, Azure VMware Solution이라는 공동 상품을 제공하고 있다.

AWS의 VMware 클라우드VMC-on-AWS는 AWS와 VMware가 공동으로 개발한 솔루션이었지만, 현재는 애저와 VMware가 협력해 VMware 워크로드를 애저로 마이그레이션하는 서비스를 제공하고 있다. 2022년 브로드컴에 인수된 VMware는 클라우드 환경에서 경쟁력을 유지하기 위해 새로운 서비스를 개발해 왔다. Tanzu 포트폴리오를 통해 컨테이너화 분야에서 강력한 입지를 구축했으며, 최근 몇 년 동안 멀티 클라우드 스택을 겨냥해 보안 영역에서도 입지를 강화하고 있다.

오픈스택

오픈스택은 클라우드 컴퓨팅을 지원하는 오픈소스 무료 플랫폼이며, 주로 서비스형 인프라IaaS, Infrastructure as a Service 모델을 구현하는 데 활용되는, 분명한 장점을 가진 플랫폼이다. 오픈스택은 KVM을 주요 하이퍼바이저로 사용하지만, 더 많은 하이퍼바이저를 사용할 수 있다. 주요 클라우드 및 기술 공급자에 종속되는 것을 피하면서 안정적이고 확장 가능한 솔루션을 제공하기 때문에 많은 기업과 기관에서 인기를 얻었으며, 현재도 여전히 사용되고 있다. IBM이나 후지쯔와 같은 주요 시스템 통합업체 및 공급자는 각자의 클라우드 플랫폼인 블루믹스 및 K5(K5는 2018년에 서비스가 종료됨)에서 오픈스택을 채택했다.

오픈스택은 오픈소스이며 특정 비즈니스 요구에 맞게 완전히 조정하고 수정할 수 있지만, 복잡하고 관리하기 까다롭다는 단점도 있다. 대부분의 오픈스택 플랫폼은 애저, AWS, GCP가 고객에게 제공하는 솔루션만큼 다양하지 않다. 최근 몇 년간 엔터프라이즈 환경에서의 입지는 다소 약해졌지만, 여전히 일정한 관련성이 있으며 이 책에서도 일부 측면을 다룰 것이다.

AWS Outposts

AWS 퍼블릭 클라우드에서 실행하는 모든 것, 즉 EC2, EBS, 데이터베이스, 심지어 EKS를 사용하는 쿠버네티스 클러스터까지 이제 어플라이언스에서 실행할 수 있다. 이는 동일한 API와 컨트롤을 사용해 퍼블릭 클라우드에 배포했을 VPC와 완벽하게 통합된다. 요약하자면 AWS Outposts는 AWS 퍼블릭 클라우드를 온프레미스 환경에 구현한 것이다.

여기서 VMware와 AWS가 공동으로 제공하는 VMConAWS는 어떻게 되는지 의문이 들 수 있다. VMConAWS는 VMware의 HCX를 기반으로 프라이빗 클라우드를 퍼블릭 클라우드로 확장하는 솔루션이다. VMware는 AWS의 베어메탈 인스턴스를 사용해 vSphere, vSAN 스토리지, NSX를 소프트웨어 정의 네트워킹에 배포한다.

AWS와의 통합을 통해 VMConAWS 구성에서도 AWS 서비스를 사용할 수 있다. 반면 Outposts는 AWS를 프라이빗 클라우드로 가져오는 방식으로 작동한다. Outposts의 포트폴리오는 빠르게 확장되고 있으며, 고객은 단일 서버가 탑재된 소형 어플라이언스뿐만 아니라 랙 솔루션도 구매할 수 있다. 두 경우 모두 인프라는 AWS에서 완전히 관리한다.

구글 안토스

안토스는 애저 스택이 애저를, Outposts가 AWS를 온프레미스 데이터 센터로 확장하는 것처럼 구글 클라우드, 더 정확히는 GKE를 온프레미스 데이터 센터로 가져온다. 하지만 안토스는 쿠버네티스를 랜딩 플랫폼으로 활용해 GKE를 통해 워크로드를 직접 컨테이너로 이전하고 변환하는 데 초점을 맞춘다. 애저 스택이나 Outposts처럼 독립적인 장비 형태가 아니라 vSphere를 사용하는 가상 머신에서 실행되며, 서비스형 플랫폼PaaS, Platform as a Service 솔루션에 더 가깝다. 안토스는 마이크로서비스를 위한 Istio, 쿠버네티스에서 클라우드 네이티브 앱의 확장 및 배포를 위한 Knative와 같은 오픈소스 기술을 활용해 애플리케이션을 클라우드 네이티브 환경으로 더욱 빠르게 전환하게 돕는다.

TIP

> 안토스에 대한 자세한 내용은 https://cloud.google.com/anthos/gke/docs/on-prem/how-to/vsphere-requirements-basic에서 확인할 수 있다.

애저 스택

애저 스택 포트폴리오는 스택 HCIHyperConverged Infrastructure, 스택 허브Stack Hub, 스택 엣지Stack Edge로 구성된다.

애저 스택 HCI의 가장 중요한 특징은 애저에서 '연결이 끊어진' 상태로, 즉 인터넷 연결 없이 오프라인으로 실행할 수 있다는 점이다. 스택 HCI는 서비스 형태로 제공되므로 최신 보안 및 기능 업데이트를 받을 수 있다.

HCI는 일반적으로 알려진 지점 서버와 유사하게 작동한다. 기본적으로 HCI는 컴퓨팅 성능, 스토리지, 네트워크 연결을 포함하는 장치다. 이 장치는 윈도우 관리 센터[Admin Center]를 사용해 관리할 수 있는 Hyper-V 기반 가상화 워크로드를 호스팅한다. 그렇다면 왜 애저 스택으로 실행해야 할까? 애저 스택 HCI는 애저 사이트 리커버리[Azure Site Recovery], 애저 백업[Azure Backup], 마이크로소프트 디펜더(이전의 애저 시큐리티 센터[Azure Security Center]), 애저 모니터[Azure Monitor]와 같은 애저 서비스에 연결하는 옵션도 제공하기 때문이다.

이는 마이크로소프트에서 검증한 하드웨어, 애저 스택 운영체제 및 윈도우 관리 센터 설치, 그리고 선택적으로 특정 애저 클라우드 서비스에 연결하기 위한 애저 계정만 있으면 되는 매우 간단한 솔루션이다.

지금부터는 다소 복잡한 설명을 하고자 한다. 애저 스택 HCI는 애저 스택 허브의 기반이지만, 허브는 별도의 솔루션이다. 스택 HCI는 독립적으로 실행할 수 있지만, 허브는 애저 퍼블릭 클라우드와 통합된 솔루션이며, HCI를 허브로 업그레이드하는 것은 불가능하다.

애저 스택 허브는 클라우드 컴퓨팅의 민첩성과 혁신을 온프레미스 환경으로 가져오는 애저의 확장이다. 마이크로소프트의 퍼블릭 클라우드에서 할 수 있는 거의 모든 것, 즉 VM에서 앱에 이르기까지 모든 것을 애저 포털 또는 파워셸[PowerShell]을 통해 관리해 허브에 배포할 수 있다. 이는 애저와 매우 유사하게 작동하며, 장애 도메인 구성 및 업데이트와 같은 기능도 포함한다. 허브는 애저와의 일관성을 유지하기 위해 최대 3개의 장애 도메인으로 가용성 집합을 지원한다. 이렇게 하면 애저에서와 마찬가지로 허브에서 고가용성을 구현할 수 있다.

허브 및 애저 퍼블릭 클라우드의 완벽한 사용 사례는 퍼블릭 클라우드에서 개발을 수행하고 규정 준수상의 이유로 앱 또는 VM을 온프레미스에서 호스팅해야 하는 경우 프로덕션을 허브로 이동하는 것이다. 다행히도 퍼블릭 클라우드에서 개발 및 테스트를 실행하고 유효성이 검증된 프로덕션 시스템의 배포(원하는 상태 구성 포함)를 허브에서 실행하도록 파이프라인을 구성할 수 있다. 애저 플랫폼의 두 엔터티가 애저 리소스 공급자를 일관된 방식으로 사용하므로 이는 문제없이 작동한다.

그러나 몇 가지 유의해야 할 사항이 있다. 컴퓨팅 리소스 공급자는 허브에 자체 VM을 생성한다. 즉, 퍼블릭 클라우드에서 허브로 VM을 복사하지 않으며, 이는 네트워크 리소스에도 동일하게 적용된다. 허브는 로드 밸런서, VNet, **네트워크 보안 그룹**NSG, Network Security Groups과 같은 자체 네트워크 기능을 생성하는데, 스토리지의 경우 허브를 사용하면 블롭Blob, 큐, 테이블과 같이 애저 퍼블릭 클라우드에서 사용할 수 있는 모든 스토리지 형식을 배포할 수 있다. 이와 관련된 내용은 이 책에서 앞으로 더 자세히 설명할 예정이니, 지금 당장 용어가 낯설더라도 부담 갖지 말기 바란다.

마지막 스택 제품은 스택 엣지다. 엣지를 사용하면 데이터를 애저로 쉽게 보낼 수 있다. 다만 엣지는 단순 전송을 넘어선다. 엣지 위치에서 데이터 분석을 활성화하고, 쿼리를 수행하고, 데이터를 필터링하기 위해 컨테이너를 실행하기 때문이다. 이 과정에서 엣지는 컨테이너를 실행할 수 있는 애저 VM 및 애저 쿠버네티스 서비스AKS, Azure Kubernetes Service 클러스터를 지원한다.

엣지는 **애저 머신러닝**AML, Azure Machine Learning과도 통합된 매우 정교한 솔루션이다. 애저에서 머신러닝 모델을 구축하고 학습시킨 다음 애저 스택 엣지에서 실행하고 데이터 세트를 다시 애저로 보낼 수 있다. 이때 엣지 솔루션에는 모델 구축 및 (재)학습 속도를 높이는 데 필요한 FPGAField-Programmable Gate Arrays 및 그래픽 처리 장치GPU가 장착돼 있다.

이는 원시 데이터를 퍼블릭 클라우드에 직접 업로드하지 않으려는 데이터 분석 및 머신러닝 구현에 적합하다.

애저 아크

여기서 2019년 이그나이트에서 출시된 애저 아크에 대해 더 살펴볼 필요가 있다. 애저 아크를 사용하면 애저 외부에서 호스팅되는 서버, 쿠버네티스 클러스터, SQL 서버 인스턴스와 같은 리소스 유형을 대규모로 관리하고 제어할 수 있다. 또한 쿠버네티스를 컨테이너 클러스터로 사용해 어디서든 애저 데이터 서비스를 실행하고, GitOps를 사용해 깃 리포지토리에서 쿠버네티스 클러스터 전체에 구성을 배포하며, 애저 기반이 아닌 워크로드를 애저 자체에 완전히 배포된 것처럼 관리할 수 있다.

머신을 아크에 연결하려면 먼저 해당 머신에 에이전트를 설치해야 한다. 그러면 리소스 ID를 얻고 애저 테넌트의 리소스 그룹에 포함된다. 다만 프록시 등 네트워크 설정을 구성하고, 필요한 리소스 공급자를 등록하기 전까지는 적용되지 않는다. `Microsoft.HybridCompute`, `Microsoft.GuestConfiguration` 및 `Microsoft.HybridConnectivity` 리소스 공급자는 구독에 등록해야 하며, 이는 한 번만 수행하면 된다.

작업을 성공적으로 수행하면 애저를 통해 애저 데이터 센터에 속하지 않는 머신을 관리할 수 있다. 이는 네이티브 애저 가상 머신에서와 마찬가지로 많은 운영 기능을 수행한다는 의미이며, 사용 사례를 정의한다. 결국 애저 데이터 센터 밖의 머신도 애저 머신과 동일한 정책으로 관리할 수 있으며, 대상은 온프레미스에 한정되지 않는다. 아크의 가장 좋은 점은 애저 아크 지원 서버를 통해 회사 네트워크 또는 다른 클라우드 서비스 공급자(예: AWS 또는 GCP, 단독은 아님)에서 애저 외부에서 호스팅되는 윈도우 및 리눅스를 실행하는 물리적 서버와 가상 머신을 관리할 수 있다는 점이다.

아크에 대한 마지막 언급은 멀티 클라우드의 본질, 곧 통합 문제로 연결된다. 1장에서 본 것처럼 플랫폼마다 강점과 약점, 종속 관계와 적합한 사용 사례가 뚜렷하다. 따라서 기업은 벤더 종속을 줄이고 상황에 맞는 최적 조합을 찾기 위해 여러 클라우드에 걸쳐 워크로드를 실험하고 배포한다. 하나의 해법이 모든 요구를 충족시키지 못하기 때문이다.

우리는 '클라우드 우선'이 아니라 '클라우드 적합성'을 추구해야 한다. 즉, 늘어나는 클라우드 옵션 속에서 최적의 조합을 통해 최대의 효과를 내는 것이 목표다. 이 책이 그런 조합을 실무에 적용하는 데 도움이 되길 바란다.

새로운 클라우드 서비스 공급자

클라우드 시장을 살펴보면 AWS, 마이크로소프트 애저, GCP와 같이 일부 주요 업체가 지배적이다. 다만 여러 이유로 퍼블릭과 프라이빗 모두에서 새로운 서비스 공급자가 등장하고 있다. 가장 흔한 이유는 지리적인 요인이며, 이는 규정 준수 규칙에서 비롯된다. 특정 국가의 일부 산업 또는 기업은 미국 클라우드 서비스 공급자를 사용하는 것이 허용되지 않거나, 공급자가 특정 국가에 현지 법인을 두고 있어야 하는 경우가 있다.

중국에서는 알리바바 클라우드와 텐센트라는 두 주요 업체가 세계 시장에 진출했다. 두 회사 모두 오랫동안 중국 시장을 선도해 왔으며, 글로벌 서비스도 제공하지만, 주로 중국 시장에 집중하고 있다. 특히 알리바바 클라우드는 다양한 서비스를 제공하며 주요 미국 공급자와 경쟁할 수 있는 수준이다.

유럽에서는 최근 EU에 기반을 둔 순수 유럽 클라우드인 Gaia-X라는 새로운 이니셔티브가 출범했다. Gaia-X는 유럽 의료 기관이 퍼블릭 클라우드를 사용하면서도 개인 정보 보호에 민감한 환자 데이터를 EU 내에서 호스팅할 수 있도록 의료 산업에 초점을 두고 있다.

마지막으로 대형 시스템 통합업체도 클라우드 시장에 진출했으며, IBM 클라우드와 같이 레드햇과 협력하는 등 일부는 시장에서 틈새시장을 찾았다. 일본 기술 제공업체인 후지쯔는 한동안 K5를 통해 글로벌 클라우드 서비스를 제공하며 완전한 오픈스택 퍼블릭 클라우드를 제공했지만, 막대한 투자가 없이는 애저나 AWS와 경쟁할 수 없다는 것을 알게 됐다.

이러한 클라우드 중 일부는 특정 사용 사례의 경우, 훌륭한 솔루션을 제공하지만 일반적으로 서비스의 규모와 범위는 주요 퍼블릭 공급자에 미치지 못한다.

이 책에서는 필요 여하에 따라 새로운 서비스 공급자를 좀 더 다룰 것이다. 다음 절에서는 다양한 클라우드 서비스 모델을 살펴본다.

클라우드 서비스 모델 살펴보기

초창기 클라우드는 단순히 컴퓨팅 파워, 네트워크, 스토리지와 같은 리소스를 공유하며 다수의 고객을 호스팅하는 또 다른 데이터 센터에 불과했다. 그러나 클라우드는 수년에 걸쳐 진화해 현재는 다양한 서비스 모델을 제공하고 있다. 이 절에서는 이러한 모델의 기본 사항을 살펴본다.

서비스형 인프라(IaaS)

IaaS는 클라우드 서비스 모델 중 가장 잘 알려져 있으며, 기업이 클라우드로 마이그레이션을 시작할 때 주로 선택하는 방식이다. 이는 기업이 기존의 물리/가상 머신을 클라우드 환경으로 '리프트 앤 시프트lift and shift'하는 것을 의미한다. 클라우드 공급자는 네트워크, 스토리지, 컴퓨팅, 가상화 계층으로 구성된 인프라만을 관리하며, 고객은 클라우드 환경에서 물리적 자원을 공유한다. 이때 서버와 같은 자원들은 여러 인스턴스를 호스팅할 수 있게 가상화된다.

서비스형 플랫폼(PaaS)

PaaS 환경에서는 클라우드 서비스 공급자가 운영체제와 미들웨어를 포함한 더 많은 리소스에 대한 책임을 진다. 데이터베이스 플랫폼이 좋은 예인데, 고객은 데이터베이스 플랫폼을 직접 관리할 필요 없이 데이터베이스 인스턴스만 실행하면 된다. MySQL이나 PostgreSQL과 같은 데이터베이스 소프트웨어와 기반 운영체제는 클라우드 공급자가 관리한다.

서비스형 소프트웨어(SaaS)

SaaS는 일반적으로 클라우드 서비스의 미래 모델로 여겨진다. 이는 클라우드 서비스 공급자가 인프라부터 데이터, 모든 구성 요소를 포함한 실제 애플리케이션까지 소프트웨어 스택의 모든 것을 관리한다는 의미다. 소프트웨어 업데이트, 버그 수정, 인프라 유지 관리는 모두 클라우드 서비스 공급자가 처리한다. 일반적으로 구독 형태로 애플리케이션을 사용하는 사용자는 로컬 시스템에 소프트웨어를 설치할 필요 없이 포털이나 API를 통해 앱에 접속한다.

서비스형 함수(FaaS)

FaaS는 서버리스 컴퓨팅 애플리케이션을 개발하고 관리할 수 있게 해주는 클라우드 서비스다. 서버리스serverless라고 해서 서버가 없다는 의미는 아니지만, 개발자는 서버 설정 및 유지 관리에 대한 걱정 없이 서비스를 프로그래밍할 수 있다. 서버 관리는 클라우드 서비스 공급자가 알아서 처리해 준다. 가장 큰 장점은 프로그래밍된 서비스가 전체 가상 머신 대신 정확한 양의 CPU와 메모리만 사용한다는 점이다.

서비스형 컨테이너(CaaS)

점점 더 많은 기업이 애플리케이션을 호스팅, 실행, 확장하기 위해 컨테이너 기술을 도입하고 있다. 컨테이너를 실행하려면 개발자는 컨테이너를 위한 런타임 환경을 설정해야 한다. 일반적으로 이는 컨테이너를 호스팅, 오케스트레이션, 실행하는 업계 표준으로 발전한 쿠버네티스를 통해 수행되지만, 쿠버네티스 클러스터를 설정하는 것은 복잡하고 시간이 많이 걸릴 수 있다. CaaSContainer as a Service는 이러한 문제를 해결해 주며, 컨테이너 클러스터를 쉽게 설정할 수 있는 방법을 제공한다.

서비스형 모든 것(XaaS)

XaaS[Anything as a Service]는 사용자가 모든 것을 서비스 형태로 이용할 수 있다는 개념을 표현하는 용어로, 서비스형 하드웨어[HaaS, Hardware as a Service], 서비스형 데스크톱[DaaS, Desktop as a Service], 서비스형 데이터베이스[DBaaS, Database as a Service] 등 다양한 형태로 널리 확산돼 있다. 이는 IT에만 국한되지 않는다. 일반적인 아이디어는 기업이 클라우드를 디지털 지원 도구로 활용해 서비스와 제품을 '서비스로서' 제공하는 모델을 의미한다. 예를 들어 음식 배달, 택시 호출, 앱을 이용한 의사 상담 등이 있다.

이 책에서는 SaaS와 컨테이너도 다루지만 멀티 클라우드를 도입하는 출발점으로서 IaaS와 PaaS를 주로 다룬다. 이러한 점을 염두에 두고 멀티 클라우드 전략을 수립해 보자.

멀티 클라우드 전략 세우기

클라우드 전략은 비즈니스 및 비즈니스 목표에서 시작된다. 비즈니스 목표는 다음과 같을 수 있다.

- 브랜드 인지도 향상
- 제품 출시 속도 향상
- 수익 마진 개선

많은 비즈니스 전략은 수익 증대라는 명확한 목표에서 시작한다. 수익을 늘리지 못하면 사업은 금세 경쟁에서 밀릴 수 있기 때문이다. 따라서 전략의 초점은 수익을 어떻게 만들고 확대할 것인가에 맞춰야 한다. 이 부분은 2장에서 좀 더 상세히 설명한다.

비즈니스 목표를 어떻게 IT 전략으로 연결할 수 있을까? 여기서 엔터프라이즈 아키텍처가 중요한 역할을 한다. 엔터프라이즈 아키텍처에 가장 널리 사용되는 프레임워크는 TOGAF이지만, 이 외에도 다양한 프레임워크를 활용할 수 있다. 기업들은 TOGAF뿐만 아니라 IT 관리 방법으로 IT4IT 및 ITIL의 사례를 채택하기도 한다.

TOGAF의 핵심은 ADM[Architecture Development Method] 사이클이며, ADM은 멀티 클라우드 환경을 설계하는 데도 적용할 수 있다. ADM의 기본 원칙은 B-D-A-T, 즉 비즈니스, 데이터, 애플리케이션, 기술의 순환인데, 이는 기술이 투명해야 한다는 멀티 클라우드의 원칙과도 일맥상통한다. 기업은 먼저 자사의 요구 사항을 파악하고, 이러한 요구 사항과 관련된 데이터를 정의하며, 애플리케이션에서 이 데이터가 어떻게 처리되는지 파악해야 한다. 이러한 정보는 기술적 요구 사항으로 변환돼 최종적으로 기술 선택을 이끌어내고, 다음과 같이 아키텍처 비전에 통합된다.

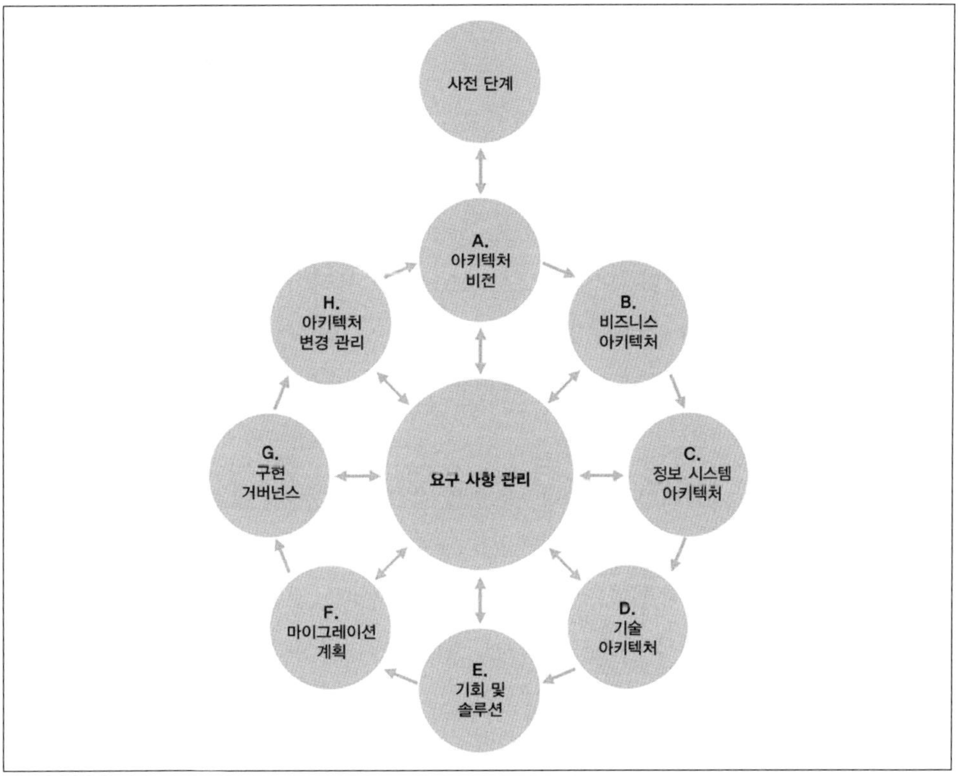

그림 1.3 TOGAF의 ADM 순환 주기

NOTE

이 책에서 TOGAF를 자세히 다루지는 않지만, 엔터프라이즈 아키텍처에 대한 지식을 갖추는 것은 중요하다. TOGAF는 가장 널리 사용되는 프레임워크이며, The Open Group에서 발행하고 관리한다. 자세한 내용은 https://www.opengroup.org/togaf에서 확인할 수 있다.

멀티 클라우드는 기업에 유연성과 선택의 자유를 제공한다. 하지만 이는 집중력 부족과 멀티 클라우드 관리의 복잡성이라는 위험을 동반하기도 한다. 따라서 전략이 필요하다. 대부분의 기업은 기존 환경에서 디지털 미래로 전환하는 과정에서 클라우드, 나아가 멀티 클라우드 전략을 채택한다. 이는 모든 비즈니스와 관련이 있을까? 답은 "그렇다"이다. 실제로 점점 더 많은 기업이 IT를 핵심 활동 중 하나로 여기고 있다.

그러나 최근 몇 년간 시대가 변함에 따라 관점이 바뀌었다. 1990년대 말부터 2000년대 초까지 많은 기업이 IT를 비핵심으로 간주해 아웃소싱했지만, 지난 10여 년 동안 상황은 극적으로 변했다. 마이크로소프트 CEO 사티아 나델라Satya Nadella의 '모든 기업은 소프트웨어 기업'이라는 발언은, 소프트웨어 품질의 선구자 와츠 S. 험프리Watts S. Humphrey의 "모든 비즈니스는 소프트웨어 비즈니스다"라는 주장을 적확하게 인용한 것이다.

여기에서 험프리와 나델라 모두 옳다. 은행을 예로 들어보자. 오늘날 은행은 대규모 데이터 스트림을 실시간으로 처리하고, 고도 분석을 수행하며, 다양한 고객 앱을 제공하는 등 IT 기업과 유사한 운영을 한다. 단일 공급자로는 모든 기능을 포괄하기 어렵기 때문에, 각 플랫폼의 강점을 조합하는 멀티 클라우드로 요구 사항을 충족한다.

이러한 최고의 솔루션에는 기존 서버-애플리케이션 토폴로지를 사용하는 전통적인 워크로드가 포함될 수 있지만, 마이크로서비스와 클라우드 네이티브 옵션에 더 집중된 아키텍처에서 PaaS, SaaS, 컨테이너 및 서버리스 솔루션의 사용으로 점점 더 전환될 것이다. 멀티 클라우드 전략을 정의할 때 이를 고려해야 한다. 좋은 전략은 '클라우드 우선'이 아니라 '클라우드 적합'이어야 한다. 즉, 멀티 클라우드 또는 단일 클라우드가 아니라 올바른 클라우드를 갖는 것이 중요하다.

멀티 클라우드 요구 사항 정리

클라우드 플랫폼에서 환경을 설계하고 구축하기 전에 기업이 가장 먼저 해야 할 일 중 하나는 요구 사항을 수집하는 것이다. 가장 중요한 질문은 아마도 "클라우드 기술을 사용하는 것이 비즈니스에 어떤 부가가치를 제공할 것인가?"일 것이다. 기업은 단순히 클라우드를 사용할 수 있기 때문에 클라우드로 이전하는 것이 아니라, 클라우드 기술이 기업에 이점을 제공할 수 있기 때문에 클라우드로 이전하는 것이다. 따라서 새로운 서비스와 제품 개발의 민첩성, 속도, 유연성뿐만 아니라 실제로 사용하는 리소스에 대해서만 비용을 지불하거나 운영비용을 절감할 수 있는 자동화와 같은 재정적인 측면도 고려해야 한다.

TOGAF로 요구 사항 관리하기

설계와 구축은 요구 사항에서 시작되며, TOGAF는 비즈니스 또는 엔터프라이즈 요구 사항을 수집하는 데 유용한 지침을 제공한다. 앞선 절에서 살펴봤듯이 TOGAF는 비즈니스의 비전과 미션에서 출발한다. 여기서 엔터프라이즈 아키텍트는 데이터 사용 방식, 특정 애플리케이션의 필요성, 그리고 궁극적으로 기반 기술을 정의하는 아키텍처를 자세히 살펴보기 전에 비즈니스 요구 사항을 정의한다. 여기서 핵심은 기술이 가장 마지막에 고려된다는 점이다. 아키텍트는 먼저 비즈니스가 달성하고자 하는 목표를 파악해야 한다.

요구 사항 관리는 TOGAF의 ADM의 핵심이다. 이는 아키텍처 개발의 모든 단계에서 요구 사항이 도출될 수 있음을 의미하며, 모든 요구 사항은 아키텍처 개발의 다양한 단계에 영향을 미칠 수 있다.

TOGAF는 요구 사항을 수집하고 관리하는 데 다음과 같은 활동을 제시한다.

- 요구 사항 식별
- 요구 사항 기준선 설정(최소 집합)
- 기준선에서 요구 사항 변경 사항 식별

- 변경 사항의 영향 평가
- 요구 사항 저장소 생성 및 유지 관리
- 요구 사항 구현
- 제품 사양과 요구 사항 간의 차이 분석

이러한 활동은 매우 일반적이다. 이를 클라우드에 대한 요구 사항을 수집하고 관리하는 데 어떻게 적용할 수 있을까? 핵심은 이 단계에서는 기술적 요구 사항이 아직 중요하지 않다는 것이다. 아키텍트는 애저 Functions를 사용할지, 아니면 AWS EKS 클러스터에서 쿠버네티스를 사용할지 고민할 필요가 없다. 그것은 기술적인 문제이며, 비즈니스 요구 사항이 먼저다.

클라우드에 대한 비즈니스 요구 사항은 다음과 같은 품질 속성으로 분류할 수 있다.

- 상호 운용성
- 구성 가능성
- 성능
- 검색 용이성
- 견고성
- 이식성
- 사용 편의성

가장 중요한 비즈니스 우선순위는 보안이어야 한다. 기업은 중요한 데이터를 퍼블릭 클라우드에 호스팅하므로 클라우드 서비스 공급자는 해당 데이터를 보호하기 위한 보안 조치와 도구를 제공해야 한다. 모든 클라우드 서비스 공급자가 이를 제공하지만, 클라우드 공급자는 클라우드 자체에 대해서만 책임을 지고 클라우드 내부에 있는 내용에는 책임이 없다는 점을 알아야 한다. 이러한 공유 책임 모델은 퍼블릭 클라우드의 작동 방식을 이해하는 데 매우 중요하기에 이 책을 통해 보안을 더 자세히 배우게 될 것이다.

일반적으로 기업은 클라우드 기술을 사용해 다음과 같은 세 가지 주요 목표를 달성하고자 한다.

- **확장성:** XaaS와 구독은 모든 비즈니스의 미래가 될 가능성이 높다. 이는 서비스 수요의 급증을 동반하며, 플랫폼은 위아래로 확장 가능해야 함을 의미한다. 이를 통해 기업은 언제든지 적절한 수의 리소스를 확보할 수 있다. 또한 클라우드는 OPEX(운영 지출)를 기반으로 하므로 기업은 선불 투자를 할 필요 없이 사용량에 대해서만 비용을 지불하면 된다.
- **안정성:** 독점적인 사설 데이터 센터와 달리 퍼블릭 클라우드는 전 세계적으로 사용할 수 있으므로 기업은 세계 여러 지역의 여러 영역에 리소스를 복사할 수 있다. 또한 한 영역에서 데이터 센터 또는 서비스에 장애가 발생하면 다른 영역 또는 지역으로 전환할 수 있다. 이 경우에도 공급자는 가능성만 제공할 뿐, 이를 실제로 활용하는 것은 기업의 몫이다. 중요한 것은 비즈니스 사례다. 애플리케이션이나 데이터가 비즈니스에 핵심적이어서 상시 가용해야 하는가? 그렇다면 클라우드에서 비즈니스 연속성 및 재해 복구 시나리오를 설계하는 것이 유용하다.
- **사용 편의성:** 관리 용이성이라고 하는 것이 더 적절할 수 있다. 운영자는 포괄적인 대시보드와 강력하고 자동화된 도구를 통해 모든 리소스에 액세스해 클라우드에서 리소스를 관리할 수 있다.

멀티 클라우드 환경에서는 이러한 요구 사항을 다양한 공급자의 서비스와 연결해 기업에 최적의 조합을 제공하는 솔루션을 만들 수 있다. 멀티 클라우드를 사용하면 기술 종속성을 방지하고 변화하는 시장 상황이나 고객 요구에 신속하게 대응할 수 있는 비즈니스 민첩성을 달성하는 등 다른 측면도 평가할 수 있다. VOC는 궁극적으로 올바른 클라우드와 올바른 기술을 선택하는 데 중요한 동인이 될 것이다.

고객의 목소리(VOC) 반영

TOGAF의 문제점은 고객과의 거리가 다소 멀어 보일 수 있다는 것이다. TOGAF는 기업에 대해 얘기하지만, 기업은 고객 덕분에 존재한다. 고객은 말 그대로 비즈니스를 이끄는 원동력이므로 고객의 요구 사항을 파악하는 것이 매우 중요하다. 이는 QFD라는 아키텍처 방법론의 일부이며, 다음 절에서 더 자세히 설명한다.

디지털 전환에서 기업이 직면하는 어려움은 고객에게는 거의 보이지 않는다는 점이다. 고객은 특정 서비스를 제공받기를 원하며, 현대 사회에서는 구독 형태로 제공받기를 원하는 경향이 있다. 구독은 기본적으로 유연하며, 고객은 구독, 변경, 일시 중지, 중단, 재활성화를 자유롭게 할 수 있다. 이를 위해서는 이러한 유연성에 대처할 수 있는 플랫폼과 시스템이 필요한데, 클라우드 기술이 이러한 요구에 완벽하게 부합한다.

그러나 고객은 클라우드 플랫폼을 직접 보지 못하고, 자신이 구독한 서비스만 볼 수 있다. 또한 고객이 서비스가 어떤 클라우드에서 실행되는지 관심이 없을 수도 있다. 이는 기업의 몫이며, 기업은 멀티 클라우드를 도입함으로써 특정 고객 요구 사항에 맞는 최적의 솔루션을 선택할 수 있는 폭넓은 선택지를 갖게 된다. 따라서 고객 요구 사항은 확장성, 안정성, 사용 편의성과 같은 비즈니스 요구 사항을 충족하면서 멀티 클라우드의 기능에 맞춰 조정돼야 한다.

이러한 통찰력을 바탕으로 다음과 같은 질문을 던질 수 있다. 기업은 고객이 무엇을 원하는지, 어떻게 원하는지 어떻게 알 수 있을까? 더욱이 고객은 새로운 서비스나 제품을 제공하는 데 필요한 새로운 기술에 기꺼이 비용을 지불할 의향이 있을까?

VOC는 이 질문에 대한 훌륭한 해답을 제시해 줄 수 있다. VOC는 다음 절에서 설명하는 **품질의 집**HOQ, House of Quality의 일부다. VOC는 고객의 요구와 희망 사항인 '무엇what'을 파악하고 우선순위를 정한다. 고객에게 가장 중요한 것은 무엇일까?

즉, 반드시 갖춰야 할 요소는 무엇일까? 다음으로 '있으면 좋은nice to have' 요소는 무엇일까? 이러한 요소는 기능 요구 사항과 비기능 요구 사항으로 구분해야 한다. 기능 요구 사항은 제품 주문처럼 앱이 수행해야 하는 구체적 기능을 뜻하며, 비기능 요구 사항은 애플리케이션이 원활히 작동하도록 뒷받침하는 모든 조건을 말한다.

비기능 요구 사항에는 이식성, 안정성, 성능, 보안 같은 품질 속성이 포함된다. 이들은 '한 번에 결제'처럼 고객 편의를 높이는 기능 요구 사항만큼 중요하다. 이때 모든 항목을 한꺼번에 구현하기는 어려우므로, 우선순위를 정해 진행해야 한다.

NOTE

> 디지털 기업의 요구 사항을 더욱 중점적으로 고려하고 애자일 프레임워크와 데브옵스를 포용하는 새로운 엔터프라이즈 아키텍처 방법론이 The Open Group에서 발표됐다. 이것이 바로 오픈 애자일 아키텍처(OAA)다. 관련 자료는 https://www.opengroup.org/agilearchitecture에서 찾아볼 수 있다.

다음 절에서는 QFD와 HOQ를 더 자세히 알아본다.

QFD와 HOQ로 아키텍처 설계

VOC를 통해 고객의 요구 사항을 파악하고 우선순위를 정했다면, 이제 이를 HOQ의 입력값으로 활용한다. QFD 프로세스는 다음 네 단계로 구성된다.

- **제품 정의:** VOC를 활용한다.
- **제품 개발:** 클라우드 환경에서는 애플리케이션 개발과 클라우드 플랫폼 통합, 클라우드 인프라 개발 등을 의미한다.
- **프로세스 개발:** QFD는 클라우드 개발을 위해 특화된 방법론은 아니지만, 개발 및 배포 방식을 개선하는 데 적용할 수 있다. 애자일 프로세스 및 데브옵스, 그리고 파이프라인을 예로 들 수 있다.
- **프로세스 품질 관리:** QFD는 클라우드를 염두에 두고 설계된 것은 아니지만,

클라우드 개발에 필요한 다양한 테스트 단계에 적용할 수 있다. 규정 준수 점검, 보안 분석, 각종 테스트를 포함한 품질 보증을 생각하면 된다.

HOQ는 고객 요구 사항과 제품 특성 간의 관계를 보여주며, 고객의 요구를 제품으로 어떻게 구현할 수 있는지 정의한다. 이를 위해 관계 행렬을 사용해 제품 특성이 고객 요구 사항에 어떻게 부합하는지 나타낸다. 모든 요구 사항은 제품 매핑에서 상응하는 항목을 가져야 한다. 이는 설계 활동이며, 애플리케이션 자체, 데이터, 애플리케이션 실행에 필요한 모든 구성 요소 수준에서 수행해야 한다. 여기에는 데브옵스 프로세스에서 애플리케이션을 개발, 테스트, 배포하는 데 사용되는 파이프라인도 포함된다.

NOTE

> QFD에 대해 더 자세히 알고 싶다면 Quality-One 웹사이트(https://quality-one.com/qfd/)를 참고하면 된다.

TOGAF와 마찬가지로 이 책에서 QFD를 자세히 다루지는 않는다. QFD는 설계 프로세스를 지원하고 개선해 궁극적으로 비즈니스 환경의 전체적인 아키텍처를 개선하는 데 도움을 준다. 그러나 클라우드 기술을 사용하는 것이 클라우드의 비즈니스 요구 사항 중 하나인 사용 편의성을 충족한다고 단정할 수는 없다. 클라우드, 특히 멀티 클라우드는 오히려 복잡성을 가중할 수 있다. 따라서 디지털 전환에 뛰어들기 전에 잘 설계된 아키텍처 프로세스를 갖추는 것이 필수적이다.

멀티 클라우드 도입 시 비즈니스 과제

다소 과장처럼 들릴 수 있지만, 오늘날 많은 기업이 사실상 멀티 클라우드를 채택한 상태다. 직원들에게 오피스 365를 제공하고, 세일즈포스Salesforce의 SaaS를 통해 고객 기반을 관리하며, SAP Concur를 통해 출장을 예약하고, 워크데이Workday로 인력을 관리하며, 줌Zoom을 통해 회의를 진행하기 때문이다. 이보다 더한 멀티 클라우드는 없을 것이다. 하지만 기업들이 멀티 클라우드로 전환한다는 것은 이런 의미를 두고 하는 말이 아니다.

멀티 클라우드 도입은 전략에서 시작되며, 이는 2장에서 다룬다. 그러나 기업이 전략을 수립하기 전에 직면하게 될 과제를 인식해야 한다. 이러한 과제는 기술적인 문제라기보다는 조직적인 문제에 가깝다. 디지털 전환을 계획하는 기업은 전환 조직, 현재 운영 방식 평가, IT 환경 평가를 포함하는 포괄적인 로드맵을 수립해야 하며, 클라우드 전환에 적합한 IT 서비스를 매핑해야 한다.

이 모든 것은 비즈니스 사례에 포함돼야 한다. 예를 들어 특정 서비스에 대한 최적의 솔루션은 무엇일까? 애플리케이션을 있는 그대로 클라우드로 이전할 수 있을까, 아니면 마이크로서비스로 재설계해야 하는 모놀리식 구조일까? 애플리케이션을 클라우드로 이전하면 어떤 이점이 있을까? 규정 준수, 개인 정보 보호 및 보안은 어떻게 해야 할까? 고려해야 할 중요한 점은 전환에 얼마나 많은 노력이 필요하며, 이를 어떻게 조직할까? 등이 있다. 이렇듯 다양한 클라우드와 솔루션에서 서비스를 평가함으로써 기업은 궁극적으로 비즈니스 요구 사항을 충족하는 최적화된 솔루션을 얻을 수 있을 것이다. 2장에서는 멀티 클라우드 도입을 위한 비즈니스 동인을 자세히 알아본다.

다음 절에서는 전환 시작 전에 조직적인 과제를 간략하게 다룬다. 2장에서는 비즈니스 전략을 얘기하고, 3장에서는 실제 전환의 첫 번째 단계를 살펴본다.

클라우드 전환 준비

이 절에서는 클라우드 전환을 시작하기 위한 기본적인 첫 단계를 설명한다. 매우 당연해 보일 수 있지만, 많은 기업이 속도를 내기 위해 이러한 단계를 건너뛰려고 한다. 하지만 이러한 시도는 실패로 이어져 전환 속도를 늦추는 결과를 초래하는 경우가 많다.

첫 번째 단계는 회사의 IT 포트폴리오에 대한 정확한 개요를 작성하는 것이다.

여기에는 운영 절차를 포함해 사용되는 모든 애플리케이션과 기술 목록이 포함된다. 단순히 IT 서비스 관리 시행 사실을 나열하는 것만으로는 부족하다. 핵심은 그것이 어떻게 적용되는가다. 예를 들어 사고, 문제, 변경, 구성 관리를 어떻게 운영하는지, 그리고 회사(비즈니스)에 제공하는 서비스 수준을 함께 제시해야 한다.

두 번째 단계는 이 목록을 클라우드 목록에 매핑하는 것이다. 가장 중요한 질문은 서비스를 클라우드로 전환했을 때 고객에게 어떤 이점이 있을까 하는 점이다. 이 질문에 답하기 위해 엔터프라이즈 아키텍트는 클라우드 선호도, 다양한 클라우드 서비스 모델, 비즈니스, 보안, 비용, 회사의 기술 부채 측면에서 합의된 **핵심 성과 지표**KPI, Key Performance Indicators와 같은 주제를 다뤄야 한다. 이 모든 것이 비즈니스 사례에 포함된다.

이제 회사는 클라우드 마이그레이션의 첫 번째 후보를 선택하고 실제 마이그레이션 계획을 시작할 수 있다. 이때부터 클라우드 포트폴리오를 관리해야 한다.

3장에서는 마이크로서비스 및 클라우드 네이티브와 같은 주제를 다루면서 환경의 클라우드로의 전환 및 변화을 자세히 알아본다.

조직 변화 대응

디지털 전환, 그리고 그 일부인 클라우드 전환은 사람에서 시작된다. The Open Group은 클라우드 기술을 활용해 디지털 기업에서 역할과 기술이 어떻게 변화하는지 보여주는 디지털 운영 모델을 발표했다. 이 모델은 끊임없이 업데이트되며, 이는 전환 과정의 지속적인 변화를 반영한다.

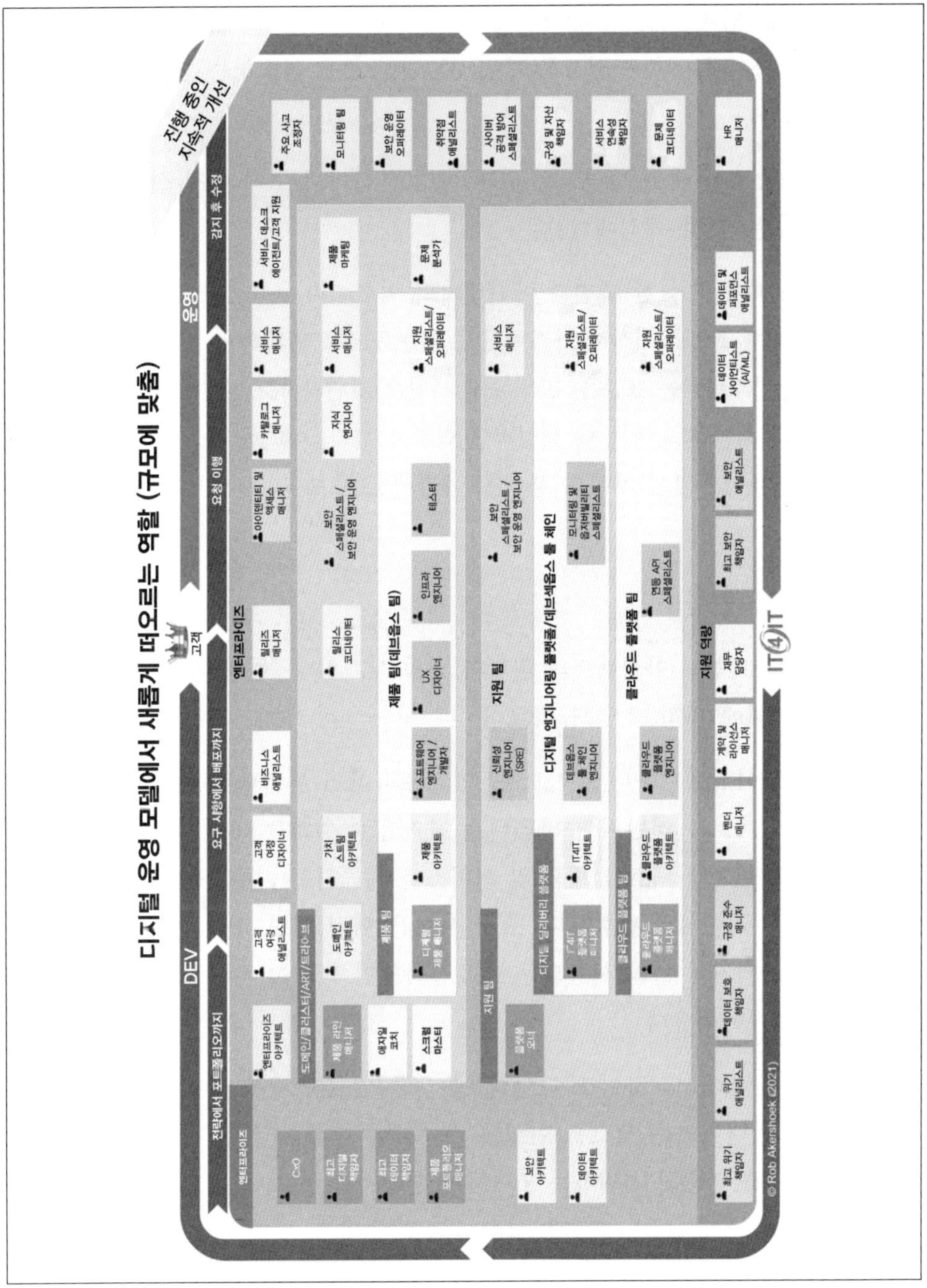

그림 1.4 디지털 전환의 새로운 역할(Rob Akershoek 제공)

이 모델은 지원 팀과 제품 팀 간의 구분을 보여준다. 모델은 제품 팀이 자율적으로 제품을 개발하고 배포할 수 있도록 기반, 즉 랜딩 존을 관리하는 중앙 집중식 팀이 있다고 가정한다.

이 모델에서 중요한 새로운 역할은 고객 여정 분석가와 고객 여정 설계자다. 모델은 VOC를 모든 것의 핵심에 둔다.

이 모델의 또 다른 중요한 측면은 아키텍처의 역할이다. 엔터프라이즈 아키텍처가 표준을 설정하는 것으로 시작해 아키텍처의 계층 구조를 명확하게 볼 수 있다. 도메인 및 가치 흐름 아키텍트는 표준을 고객 요구 사항으로 변환하고 다양한 제품 및 릴리스에 대한 아키텍처를 정의하는 데 핵심적인 역할을 한다. 이러한 아키텍트는 비즈니스에 더 집중한다. IT 및 클라우드 플랫폼 아키텍트는 모델의 지원 계층에 있다.

아키텍트 역할 변화

디지털 전환으로 인해 아키텍트의 역할이 변화하고 있다. 현재 아키텍트의 역할은 조직 내의 위치에 따라 조금씩 다르다.

엔터프라이즈 아키텍트부터 살펴보자. 엔터프라이즈 아키텍처란 무엇일까? 엔터프라이즈 아키텍트는 전반적인 비즈니스 전략을 지원하는 비즈니스 요구 사항을 수집하고, 솔루션 아키텍트가 제품 및 서비스를 제공하는 솔루션을 개발할 수 있게 요구 사항을 아키텍처로 변환한다. 요구 사항은 핵심 입력 요소이며, 이것이 엔터프라이즈 아키텍처에 널리 사용되는 프레임워크인 TOGAF에서 요구 사항 관리가 중심에 위치하는 이유다.

현대의 기업에서 엔터프라이즈 아키텍트는 애자일 데브옵스와 디지털 전환을 통한 전반적인 혁신이라는 새로운 현실에 적응해야 한다. TOGAF에서 기술은 비즈니스 아키텍처를 단순히 지원하는 조력자일 뿐이지만, 이제 기술은 더 이상 단순한 조력자가 아니라 비즈니스 전략을 실제로 주도할 수도 있다. 이에 따라 엔터프라이즈 아키텍트의 역할도 변화하고 있다.

사실 디지털 전환으로 인해 모든 아키텍트의 역할이 변화하고 있다. 아키텍트는 제품 관리에서 주도하는 애자일 트레인, 데브섹옵스, 스크럼 등을 통해 팀이 완전히 다른 방식으로 작업하는 애자일 프로젝트에서 엔지니어링 리더, 즉 '서번트 리더'의 역할을 수행하게 된다. 실제로 "만들었으면, 운영하라(You build it, you run it)"라는 개념이 아키텍처의 새로운 역할을 정의한다. 제품 개발이 진화하고 빌드가 반복될수록 아키텍처는 '유동적'으로 발전한다. 아키텍처는 여전히 존재하지만 개발에 더 깊이 내재되며, 그에 따라 요구되는 기술도 달라진다.

그렇다면 아키텍처를 프로젝트 시작 전에 대규모로 설계하는 것이 여전히 필요할까? 디지털 아키텍처에만 해당된다면 답은 "그렇다"와 "아니다" 모두 해당된다. 스캐너, 집, 자동차와 같은 물리적인 것을 설계하려면 여전히 아키텍트가 필요하다는 점을 명심해야 한다. IT 아키텍트의 차이점은 IT가 소프트웨어, 즉 코드라는 점이다. 소프트웨어를 시작하는 데 대규모의 상세한 설계가 반드시 필요한 것은 아니지만, 그렇다고 해서 사전 설계가 전혀 필요 없지는 않다. **최소 기능 제품**MVP, Minimal Viable Product으로 작게 시작한 다음 최종 제품으로 반복할 수 있으며, 최초의 아키텍처 또는 설계에 대한 요청은 항상 있을 것이다.

그러면 아키텍처란 도대체 무엇일까? 건축가이자 작가인 그레고르 호페Gregor Hohpe에게서 배워보자. 호페에 따르면 애자일 방법과 아키텍처는 불확실성을 다루는 방법이며, 애자일 방식으로 작업하면 아키텍처로부터 이점을 얻을 수 있다고 한다. 아키텍처가 선택지를 제공하기 때문이다.

이 책은 어떤 것을 선택할 수 있는지 옵션에 관해 설명하는 책이다. 클라우드 서비스 공급자, 그들이 제공하는 서비스, 그리고 기업이 이를 어떻게 활용할 수 있는지에 대한 선택지를 제시한다. 2장에서는 기업을 위한 멀티 클라우드 전략을 정의하는 방법을 알아본다.

마무리

1장에서는 진정한 멀티 클라우드 개념이 무엇인지 알아봤다. 이는 IaaS, PaaS, SaaS, 컨테이너, 서버리스 등 다양한 클라우드 솔루션을 혼합해 최적의 조합을 제공하는 플랫폼, 즉 '베스트 오브 브리드'를 지향하는 플랫폼이라고 할 수 있다. 멀티 클라우드 환경에서는 특정 비즈니스 전략에 가장 적합한 솔루션을 선택할 수 있다. 여기서 엔터프라이즈 아키텍처가 중요한 역할을 하는데, 비즈니스 요구 사항을 최우선으로 고려하고 데이터, 애플리케이션, 기술을 활용해 이를 충족해야 한다. TOGAF와 같은 엔터프라이즈 아키텍처 방법론은 비즈니스 전략을 IT 전략으로 전환하는 데 유용한 프레임워크를 제공하며, 로드맵 작성에도 활용할 수 있다.

이후 주요 클라우드 서비스 공급자와 새롭게 떠오르는 클라우드 서비스 공급자를 살펴봤다. 이 책을 통해 각 공급자의 포트폴리오를 자세히 살펴보고 솔루션을 통합해 멀티 클라우드 영역을 효과적으로 관리하는 방법을 살펴볼 것이다. 마지막으로 전환 조직 구성과 아키텍트의 역할 변화도 살펴봤다.

2장에서는 엔터프라이즈 전략을 심층적으로 살펴보고 멀티 클라우드 개념을 활용해 비즈니스 혁신을 가속화하는 방법을 알아본다.

질문

1. 퍼블릭 클라우드로의 전환이 활발하지만, 기업이 시스템을 온프레미스에 유지해야 할 타당한 이유가 있을 수 있다. 규정 준수가 그중 하나인데, 시스템을 온프레미스에 둬야 하는 또 다른 이유는 무엇인가?

2. 퍼블릭 클라우드 시장은 일부 주요 업체가 주도하고 있으며, AWS와 애저가 선두 주자로 인정받고 있다. 1장에서 언급한 다른 클라우드 서비스 공급자는 누구인가?

3. 엔터프라이즈 아키텍처 방법론으로 TOGAF를 살펴봤다. 비즈니스 요구 사

항을 파악하기 위해 다른 방법론도 살펴봤는데, 그 방법론의 이름은 무엇이며, 주요 구성 요소는 무엇인가?

4. IaaS, PaaS, SaaS는 매우 잘 알려진 클라우드 서비스 모델이다. CaaS는 일반적으로 무엇을 의미하는가?

더 읽을거리

- Every business is a software business by João Paulo Carvalho, available at https://quidgest.com/en/articles/every-business-software-business/
- Multi-Cloud for Architects, by Florian Klaffenbach and Markus Klein, Packt Publishing

02

비즈니스 요구 사항 수집

2장에서는 멀티 클라우드 전략을 통해 기업이 어떻게 비즈니스 성과를 가속화할 수 있는지 살펴본다. 이는 일반적으로 기업 또는 비즈니스 아키텍트의 역할이지만, 디지털 전환 시대에는 엔터프라이즈 아키텍처와 클라우드 아키텍처가 긴밀하게 연결된다. 따라서 클라우드 전략을 수립하기 전에 비즈니스 요구 사항을 먼저 파악해야 한다.

각 클라우드 플랫폼/기술은 고유한 장점을 갖고 있다. 기업은 비즈니스 전략을 분석하고 어떤 클라우드 기술이 가장 적합한지 정의함으로써 멀티 클라우드의 이점을 최대한 활용할 수 있다. 이때 구사해야 할 전략은 '**클라우드 우선**cloud-first'이 아닌 '**클라우드 적합**cloud-fit' 추구이며, 기술 전략 및 실제 클라우드 계획을 수립하기 전에 비즈니스 또는 엔터프라이즈 전략과 재무적 측면을 먼저 살펴봐야 한다.

2장에서 다루는 내용은 다음과 같다.

- 클라우드를 위한 기업 전략 분석
- 엔터프라이즈 아키텍처에서 클라우드 도입 고려

- 비즈니스 요구 사항에 맞는 클라우드 기술 적합성
- IT4IT의 가치 흐름 적용
- 클라우드 개발 동향 추적: 비즈니스 전략에 초점
- 종합적인 비즈니스 로드맵 작성
- 비즈니스 로드맵을 클라우드 적합 전략에 매핑

클라우드를 위한 기업 전략 분석

클라우드 전략을 수립하기 전에 기업 전략이 무엇인지, 기업이 전략을 어떻게 정의하는지 이해해야 한다. 1장에서 살펴봤듯이 모든 기업은 수익을 창출하고 돈을 버는 것을 목표로 한다. 하지만 이는 전략이라고 할 수 없다. 기업 전략은 기업이 생산하는 제품이나 제공하는 서비스를 통해 어떻게 수익을 창출할 것인지 정의하는 것이다.

훌륭한 전략은 시기, 데이터 접근 및 활용, 그리고 용기, 즉 특정 시점에 과감하게 결정을 내리는 것 사이의 균형을 잘 갖춘 것이다. 이러한 결정은 적절한 시기, 계획, 그리고 확보한 데이터에 대한 올바른 해석을 바탕으로 이뤄져야 한다. 기업이 이러한 요소를 잘 활용하면 성장을 가속화하고 수익을 증대할 수 있다. 전체 전략은 다음과 같은 사용 사례로 구체화할 수 있다.

- SaaS와 같은 새로운 비즈니스 모델로 제품 제공
- 클라우드를 사용한 재해 복구 구현을 통해 비즈니스 복원력 강화
- 개발 환경의 신속한 배포를 통해 제품 개발 기간 단축
- 클라우드 데이터 레이크를 사용한 빅데이터 분석

이러한 사용 사례는 기업 전략에 반영돼야 하며, 클라우드 솔루션 설계 및 구현, 심지어 클라우드 플랫폼 선택에 대한 의사 결정을 이끌어야 한다.

NOTE

> 물론 기업의 성공은 매출만으로 측정할 수 있는 것은 아니다. 성공을 정의하는 요소는 다양하며, 재무 지표에만 국한되지 않는다. 오늘날 기업들은 지속 가능성, 사회적 가치와 같은 사회적 지표 또한 중요하게 생각한다. 하지만 어떤 방식으로든 수익을 창출하지 못하는 기업은 오래 살아남기 어렵다.

비즈니스 전략의 동인은 무엇일까? 일반적으로 다음 네 가지 영역으로 분류된다.

- 재무 목표
- 고객 목표
- 제품 목표
- 내부 목표

1장에서는 고객 요구 사항을 파악하기 위한 방법론, 즉 **품질 기능 전개**QFD, Quality Function Deployment, **품질의 집**HOQ, House of Quality, **고객의 목소리**VOC, Voice Of the Customer와 함께 고객 요구 사항을 살펴봤다. 고객의 니즈를 이해함으로써 기업은 고객이 기꺼이 구매할 의향이 있는 제품을 설계, 개발, 배포할 수 있다. 이는 물론 가격이 적절하다는 전제하에서의 얘기다. 따라서 기업에는 또 하나의 과제가 주어진다. 바로 고객이 받아들일 수 있는 가격으로 제품을 제공해야 한다는 점이다. 가격은 비용을 충당해야 하며, 바람직하게는 이익을 낼 수 있을 만큼의 마진을 포함해야 한다. 그러나 기업 전략에서 또 하나의 요소가 있다. 그것은 바로 **타이밍**timing이다.

타이밍은 비즈니스 가속화를 계획할 때 고려해야 할 가장 중요한 요소 중 하나이며, 동시에 파악하기 가장 어려운 요소이기도 하다. 2020년에 발생해 전 세계적인 팬데믹으로 이어진 바이러스 발생을 예상한 사람은 아무도 없었다. 이는 기업이 성장을 추진하지 못하게 된 이유가 됐다. 당시 많은 기업의 전략은 성장을 추진하는 것에서 비용을 절감해 사업을 유지하는 것으로 바뀌었다. 이는 현대 기업이 얼마나 민첩해야 하는지를 보여주는 사례다.

이렇게 비즈니스 민첩성은 클라우드로 전환하는 가장 중요한 전략적 동인 중 하나가 됐다. 그렇다면 비즈니스 민첩성이란 무엇일까? 이는 급변하는 시장 상황에 신속하게 대응할 수 있는 기업의 능력을 의미한다. 비즈니스 민첩성은 기존과는 다른 엔터프라이즈 아키텍처를 필요로 하며, 기업은 모든 계층에서 적응력을 갖춰야 한다. 즉, 조직은 고객과 긴밀하게 소통하고 몇 주간의 스프린트 내에 실행할 수 있는 작은 작업에 집중하는 작고 민첩한 실무 팀으로 변화해야 한다.

또한 시스템도 민첩해야 한다. 변화하는 고객 요구 사항을 신속하게 충족해야 시스템에 새로운 기능을 추가할 수 있기 때문이다. 많은 기업이 여전히 막대한 기술 부채를 안고 있으며, 전체 시스템을 변경하지 않고는 업데이트 및 업그레이드가 어려운 크고 단일적인 시스템을 사용하고 있다. 이러한 문제를 해결하기 위해 현대적인 아키텍처는 마이크로서비스 구조를 지향한다. 애플리케이션은 느슨하게 결합된 서비스 모음으로 구성되며, 팀은 다른 팀과 독립적으로 특정 서비스를 작업한다. 이러한 서비스는 HTTP, TCP 및 AMQP와 같은 프로토콜을 통해 서로 상호 작용한다.

구독 기반 경제로의 전환

지난 10년간 대부분 기업의 시장 환경은 극적으로 변화했다. 소유 기반에서 플랫폼 경제로, 그리고 최종적으로는 구독 기반 경제로 전환된 것이다. 제품과 서비스는 이제 '서비스로서' 구독 형태로 제공된다. 소비자들은 언제 어디서든 원하는 기기로 서비스를 이용하고, 제품이나 서비스를 소유하는 대신 이용료를 지불한다.

기업의 과제는 서비스 소비 방식이 완전히 달라졌다는 점이다. 더 이상 일회성 판매가 아니며, 고객은 구독을 통해 서비스를 일시 중지, 변경, 중단, 재개하거나 완전히 취소할 수 있다. 구독은 매우 유동적이기에, 기업은 이러한 유연성을 지원할 수 있는 아키텍처를 갖춰야 하며, 시스템은 민첩하고 확장 가능해야 한다.

비즈니스 전략과 민첩성에 중요한 또 다른 요소는 데이터 접근 및 활용이다. 데이터 활용이 마치 새로운 것처럼 보이지만, 사실 모든 기업은 데이터를 통해 존재한다. 다만 데이터가 중앙 집중화돼 있지 않아 인식이 어려울 뿐이다.

데이터는 핵심이다. 따라서 기업이 접근할 수 있는 원시 데이터뿐만 아니라, 데이터를 분석하는 능력도 중요하다. 고객은 누구이며, 무엇을 원하고, 어떤 상황에서 요구가 발생하며, 어떻게 변화하는가? 이러한 변화에 어떻게 대응할 수 있는가? 초기 요구를 충족하고 필요에 따라 변경 사항을 적용하는 데 얼마나 시간이 걸리는가? 이 모든 것이 데이터에서 비롯된다. 오늘날 우리는 수많은 데이터 소스를 갖고 있으며, 중요한 것은 이러한 소스를 안전하고 기밀성, 개인 정보 보호 및 기타 규정을 준수하는 방식으로 기업이 활용할 수 있게 하는 것이다.

글로벌 헬스케어 시장의 변화는 비즈니스 과제의 좋은 예가 된다. 숙련된 인력 부족, 고령화 사회로 인한 치료 및 간호 수요 증가 등은 전 세계 보건 시스템의 지속 가능성을 위협하고 있다. 이러한 변화 속에서 '치료 중심'에서 '예방 중심'으로의 전환이 필요하다는 인식이 빠르게 확산되고 있다. 이는 질병을 예방하는 것이 치료하는 것보다 사회적 비용이 훨씬 적게 들기 때문이다. 이에 따라 정부와 기업은 국민의 생활 습관 개선을 적극 장려하고 있으며, 데이터는 이러한 개선을 촉진하고, 더 나은 생활 방식을 개발·유지하는 서비스를 설계하는 데 필수적인 요소로 자리 잡았다.

기업들은 건강 데이터 수집에 투자하고 있으며, 클라우드는 데이터 수집의 중심지이기 때문에 빅테크 기업들이 주도하고 있다. 의료 기기, 스마트워치, 인터넷에 연결된 헬스장의 장비 등에서 데이터를 수집해 트렌드를 파악하고, 개인별 건강관리 계획을 수립하거나, 운동화, 다이어트 제품, 건강 서비스 등을 구독 기반으로 판매하는 상업적 목표에도 활용한다.

헬스케어 분야에서 주요 과제는 데이터의 기밀성 및 보호, 국제 개인 정보 보호 규정 준수 등이다. 이는 기술적인 문제보다 훨씬 더 큰 어려움으로 작용한다. 이미 다양한 소스에서 데이터를 수집하고, 데이터 마이닝과 분석을 통해 이를 활용할 수 있는 기술은 충분히 보편화돼 있다.

다음 절에서는 비즈니스 민첩성, 보안, 데이터 보호, 시장 출시 기간 등 비즈니스 과제를 살펴보고 클라우드 기술이 이러한 문제 해결에 어떻게 도움이 되는지 알아본다.

엔터프라이즈 아키텍처에서 클라우드 도입 고려

앞선 섹션에서는 기업 시장의 변화를 살펴봤다. 현대 경제는 소유 기반에서 구독 기반 모델로 전환되고 있으며, 이는 조직 및 시스템을 포함한 기업의 모든 계층에서 유연성, 적응성, 민첩성, 확장성을 요구한다. 구독 모델은 종량제[PAYG, Pay-As- You-Go] 및 기본 서비스를 무료로 제공하고 유료 옵션으로 서비스를 강화할 수 있는 Freemium과 같은 새로운 지불 모델을 동반한다. 서비스는 상호 운용 가능해야 할 뿐만 아니라 결제 서비스와 같은 다른 시스템과 상호 작용할 수 있어야 한다.

이러한 디지털 전환의 결과로 나타나는 전반적인 엔터프라이즈 아키텍처는 필연적으로 변화할 것이다. 아키텍처는 더 빠른 개발을 가능하게 하며, 소규모 팀이 개발한 마이크로서비스를 대상으로 클라우드 네이티브 기술을 활용한다. 다음 절에서는 아키텍트가 새로운 디지털, 클라우드 네이티브 전략을 정의할 때 무엇을 고려해야 하는지 알아본다. 이는 일반적으로 엔터프라이즈 아키텍트의 역할이지만, 2장의 앞부분에서 이미 언급했듯이 디지털 전환 시대에는 엔터프라이즈 아키텍처와 전략적 클라우드 아키텍처가 서로 밀접하게 연관돼 있다. 클라우드 도입은 순전히 기술적인 문제가 아니기 때문에 엔터프라이즈 아키텍트는 클라우드를 이해해야 하며, 클라우드 아키텍트는 엔터프라이즈 아키텍처에 대한 지식을 갖춰야 한다.

장기 계획

기업이 자사의 위치와 핵심 역량을 명확히 이해했다면 이제 계획을 수립해야 한다. 5년 후 회사가 어떤 모습이기를 바라는가? 이는 가장 어려운 질문이다. 데이터와 데이터 분석을 기반으로 시장이 어떻게 변화할지, 그리고 회사가 어떻게 변화에 대응할 수 있을지 결정해야 한다. 여기서도 데이터는 핵심이지만, 시장의 요구는 매우 빠르게 변화하므로 기업이 얼마나 신속하게 방향을 전환할 수 있는지도 중요하다.

재무 구조

기업은 명확한 재무 구조를 갖춰야 한다. 회사가 어떻게 자금을 조달하고, 다양한 사업 영역, 부서 및 자산과 관련된 비용은 어떻게 구성되는가? 재무 운영 관점에서 클라우드는 기업 전체의 자금 흐름을 세밀하게 파악하는 데 유용하며, 정확하고 일관된 명명 규칙과 태깅을 적용하면 IT 소비로 발생하는 비용을 정밀하게 추적할 수 있다. 클라우드 모델의 가장 큰 장점은 사용량 기반 과금이라는 기본 원칙으로, 클라우드 시스템은 비즈니스 흐름에 맞춰 탄력적으로 운영할 수 있으며, 비즈니스가 성장하면 IT 소비가 늘고, 위축되면 리소스를 줄여 비용을 절감할 수 있다. 반면 기존 온프레미스 환경은 훨씬 더 정적이다.

이제 클라우드로 전환하는 데 걸림돌은 없다. 하지만 (엔터프라이즈) 아키텍처 측면에서 상당한 준비가 필요하다. 다음 절에서 이 점을 더 자세히 살펴보겠다.

비즈니스 요구 사항에 맞는 클라우드 기술 적합성

클라우드로 비즈니스를 이전하는 이유는 민첩성 확보와 비용 절감 때문이다.

나음으로 고려할 질문은 "무엇을, 어떻게 이전할 것인가?"이다. '어떻게'에 해당하는 로드맵을 살펴보기 전에 먼저 '무엇을'에 대해 살펴보자. 클라우드 도입 계획은 비즈니스 계획에서 시작되며, 여기에는 비즈니스 프로세스, 운영, 재무, 그리고 기술 요구 사항이 포함된다. 또한 비즈니스 요구 사항과 그에 대한 IT의 충족 여부를 평가해야 한다.

아웃소싱 계약 시 서비스를 인수하는 회사는 'Due Diligence(실사)'라는 과정을 거친다. 실사란 '잠재적 구매자가 사업의 자산과 부채를 확인하고 상업적 잠재력을 평가하기 위해 수행하는 종합적인 사업 평가'를 의미한다(출처: https://www.lexico.com/en/definition/due_diligence). 클라우드 마이그레이션에 착수하기 위해 이처럼 거창한 과정을 거치는 것이 과도하게 느껴질 수도 있지만, 비즈니스 계획 방법론으로 강력히 추천

한다. '잠재적 구매자'를 '클라우드 서비스 공급자'로 바꿔 생각하면 그 이유를 쉽게 이해할 수 있다.

비즈니스 계획

클라우드 서비스로 효과적인 전환을 하려면 서비스 수준과 애플리케이션 및 IT 시스템의 성능 지표를 평가하는 것이 매우 중요하다. 이때 특정 비즈니스 요구 사항에 따라 애플리케이션과 IT 인프라에 적용 가능한 서비스 수준 및 핵심 성과 지표KPI를 설정해야 한다.

또한 가용성, 내구성, 백업 수준(RTO/RPO 포함), **비즈니스 연속성**BC, Business Continuity 및 **재해 복구**DR, Disaster Recovery 요구 사항과 같은 지표를 고려해야 한다. 시스템이 24시간 모니터링되는지, 지원 시간은 어떻게 되는지 등을 모두 검토해야 한다. 특히 플랫폼(PaaS) 및 애플리케이션(SaaS) 관리 책임이 솔루션 공급자로 대폭 이전되는 PaaS 및 SaaS 환경에서는 서비스 수준과 서비스 수준 계약이 클라우드 환경과 완전히 다를 수 있다는 점을 알아야 한다.

CFO에게 핵심 시스템이 무엇이냐고 물으면 재무 보고 시스템이 가장 중요하다고 답할 것이다. 하지만 기업 아키텍트는 이에 대해 이의를 제기해야 한다. 예를 들어 회사가 육가공 공장이라면 재무 보고 시스템이 가장 중요한 시스템이 아니다. 재무 보고가 불가능하다고 해서 회사의 운영이 중단되지는 않기 때문이다. 그러나 육류 가공 시스템이 멈추면 즉시 사업에 영향을 미친다. 이는 클라우드 시스템으로의 마이그레이션 계획에 어떤 의미를 가질까? 이러한 가공 애플리케이션을 클라우드 시스템에서 호스팅할 수 있을까? 가능하다면 어떻게 해야 할까? 아니면 언제쯤 가능할까?

비즈니스 아키텍처에서 아키텍트는 다양한 비즈니스 구성 요소 간의 목적, 핵심 기능, 중요 프로세스 및 상호 작용을 정의한다. 구체적으로 다음과 같은 사항을 기술한다.

- 비즈니스 프로세스
- 제품 및 서비스와 해당 분류 체계
- 비즈니스 역량
- 비즈니스 아키텍처는 제품 및 서비스를 제공하기 위해 기업이 어떻게 기능하는지 정의한다. 또한 기능을 수행하는 데 필요한 데이터와 필요한 시스템을 정의한다.

비즈니스 계획에는 다음 항목이 포함된다.

- 애플리케이션, 서버, 네트워크 연결, 스토리지, API 및 다른 공급자의 서비스를 포함한 전체 IT 환경 검색
- IT 환경 구성 요소를 비즈니스에 중요한 서비스에 매핑
- IT 환경에서 상품 서비스, 공유 서비스 및 구성 요소 식별
- 상품 서비스, 중요 비즈니스 서비스와 관련된 IT 지원 프로세스 평가. 여기에는 이러한 서비스 제공의 자동화 수준이 포함된다.

디지털 전환(일반적으로 클라우드 마이그레이션 또는 클라우드 개발 계획 포함)을 시작할 때 가장 먼저 논의해야 할 주제는 기업 전략에서 회사의 핵심 역량과 핵심 비즈니스 프로세스가 무엇인지, 그리고 회사의 핵심 시스템이 무엇인지 명확히 하는 것이다.

재무 계획

비즈니스 계획 수립 후에는 재무 분석도 진행해야 한다. 결국 클라우드 플랫폼으로 이전하는 주된 이유 중 하나가 비용 통제이기 때문이다. 하지만 클라우드로 이전하는 것이 항상 비용 절감으로 이어지는 것은 아니라는 점을 명심해야 한다. 클라우드 이전은 실제 비즈니스 활동에 맞춰 비용을 조정하는 데 의미가 있다. 그러나 클라우드 솔루션이 재정적으로 타당한 선택인지 판단하기 위한 사업 타당성 검토는 결코 쉬운 작업이 아니다. 이를 위해 퍼블릭 클라우드 플랫폼은 총 소유 비용(TCO, Total Cost of Ownership) 계산기를 제공한다.

TCO는 플랫폼 소유에 드는 총비용으로, 모든 직간접 비용을 포함해야 한다. 여기서 **직접 비용**은 스토리지, 네트워크, 컴퓨팅, 소프트웨어 라이선스 등 시스템 운영과 직접 관련된 비용을 의미한다. **간접 비용**은 엔지니어, 서비스 관리자, 회계 담당자 등 시스템 관리에 투입되는 인력의 인건비를 포함한다. 이러한 간접 비용은 종종 전체 범위에서 간과되지만, 클라우드 환경에서는 반드시 고려해야 한다. 예를 들어 서비스 관리 및 재무 보고 자동화를 통해 어떤 비용을 절감할 수 있는지 생각해 볼 수 있다.

이처럼 비용 평가와 아키텍처를 이끄는 재무 계획에는 고려해야 할 사항이 많다. 다음 사항을 생각해 보자.

- IT 인프라 및 애플리케이션과 관련된 모든 직접 비용(호스팅 및 공간 임대료, 전력 비용 등)
- IT 인프라 및 애플리케이션 관련 모든 인력의 비용(계약직, 타사 벤더 직원 포함)
- 시스템에 대한 벤더 또는 타사 지원 관련 라이선스 및 비용
- IT 운영 비용이 어디에서 발생하는지 명확히 파악할 수 있게 특정 비즈니스 프로세스, 부서 또는 사용자 그룹에 이러한 비용을 할당하는 것이 이상적이다.

이 모든 것이 아키텍처 설계에 왜 중요할까? 클라우드 여정을 시작하는 핵심적인 재무 동인은 CAPEX(자본 지출)에서 OPEX(운영 지출)로의 전환이다. CAPEX는 물리적 장비나 소프트웨어 라이선스 구매와 같은 선행 투자와 관련된다. 이러한 투자는 일회성으로 이뤄지며, 그 가치는 경제적 수명 주기에 따라 감가상각된다. OPEX는 일상적인 운영과 관련된 모든 비용을 의미하며, 훨씬 세분화돼 있다. 일반적으로 OPEX는 팀이 일상 업무를 수행하는 데 필요한 더 작은 예산으로 나뉘는데, 대부분의 클라우드 환경에서 고객은 실제로 사용한 만큼만 비용을 지불한다. 리소스가 유휴 상태이면 종료해 비용을 절감할 수 있으며, 필요에 따라 개발자가 추가 리소스를 직접 가동할 수도 있다.

이는 종량제(PAYG) 환경에 해당되는 얘기다. 하지만 많은 기업이 완전한 종량제 방

식으로 운영하기 어려운 환경을 갖고 있다는 것을 알게 될 것이다. 대규모 핵심 ERP 시스템의 인스턴스를 셧다운할 수는 없기 때문이다. 따라서 이러한 시스템의 경우 기업은 장기간 고정된 예약 인스턴스와 같이 더 안정적인 리소스를 사용할 가능성이 높다. 클라우드 서비스 공급자에게 이는 장기간 안정적인 수입원이 되므로 더 낮은 요금으로 예약 인스턴스를 제공하거나 할인을 적용한다. 단점은 기업이 이러한 예약 리소스에 대한 비용을 선불로 지불해야 할 수도 있다는 것이다. 이는 CAPEX에 해당한다. 요약하자면 클라우드가 항상 OPEX인 것은 아니다.

지연 비용 이해

기반 또는 참조 아키텍처를 갖췄다면, 이제 비즈니스는 평가된 새로운 기술과 마주하게 된다. 이 기술이 비즈니스에 무엇을 가져다 줄까? 앞서 언급했듯이 출시되는 모든 새로운 기술을 채택할 필요는 없다. 여기서 중요한 것은 **비즈니스 타당성**이다.

비즈니스 타당성은 리소스 소비가 특정 비즈니스 요구를 지원하는지 여부를 결정한다. 간단한 예를 들어 회사가 일정 대역폭의 인터넷을 사용 중이라고 하자. 인터넷은 업그레이드가 가능하지만 추가 투자가 필요한데, 이는 곧 더 넓은 대역폭에 대한 직접 비용을 수반한다는 뜻이다. 그러나 더 빠른 연결은 작업자 생산성을 높여 업무를 더 빨리 끝내게 할 수 있다. 단지 속도 향상만으로 처리량이 늘어난다면 투자에도 불구하고 비즈니스 타당성은 긍정적이다.

시장 수요가 발생하고 기업이 이에 충분히 빠르게 적응하지 못하면 시장 점유율의 일부를 잃고 결과적으로 수익을 잃을 수 있다. 또한 변화하는 요구에 맞춰 새로운 기술을 채택하거나 애플리케이션 개발 속도를 높이면 비용이 발생한다. 이러한 비용은 특정 시기를 놓치고 서비스 또는 제품을 제때 시장에 출시하지 못하는 것과 관련된다. 이것을 바로 **지연 비용**이라고 부른다.

지연 비용이라는 용어는 도널드 라이너트슨Donald Reinertsen이 2009년 Celeritas

Publishing에서 출판한 『The Principles of Product Development Flow』라는 책에서 소개했다.

> 지연 비용은 대기열 비용, 과잉 용량의 가치, 더 작은 배치 크기의 이점, 변동성 감소의 가치를 평가하는 데 필요하다. 지연 비용은 여러 문을 여는 황금 열쇠와 같으며, 개발 조직의 사고방식을 완전히 바꿀 수 있는 놀라운 힘을 지니고 있다.

지연 비용은 주로 재무 지표로 활용되지만, 클라우드 기술 도입에 대한 비즈니스 타당성을 평가하는 데에도 유용한 지표가 될 수 있다. 클라우드 자원을 활용하면 민첩성을 확보해 지연 비용으로 인한 재무적 위험을 줄일 수 있다.

기회 이익으로의 전환

기회 이익이라는 개념도 생각해 볼 수 있다. 지연 비용이 변화에 늦게 적응해 추진력을 잃을 위험을 의미한다면, 기회 이익은 미래의 발전과 관련 기술을 탐색해 비즈니스를 가속화하는 것을 의미한다. 예를 들어 한 소매업체가 고객이 상품을 주문하는 데 사용하는 동일한 앱을 통해 은행 서비스를 제공하며 은행업으로 진출하는 것을 생각해 보자. 또는 테슬라와 같은 자동차 제조업체가 보험 사업에 진출하는 것을 생각해 볼 수도 있다.

클라우드 서비스의 접근성과 사용 편의성은 이러한 변화를 가능하게 하는 핵심 요인이다. 마케팅 용어로는 이를 '경계 흐림blurring'이라고도 한다. 과거에는 소매업체가 고객에게 은행 서비스를 제공하기가 훨씬 어려웠다. 하지만 금융 앱에서 SaaS가 출시되면서 기술적인 관점에서 다른 앱에 통합하는 것이 그렇게 어렵지 않게 됐다. 물론 중앙 금융 관리 기관의 은행 라이선스 요구 사항이나 다양한 금융 규제 준수와 같은 문제는 고려하지 않은 것이다. 요점은 클라우드 기술 덕분에 기업이 다른 영역을 탐색하고 기술적인 관점에서 빠르게 진입하는 것이 더 쉬워졌다는 것이다.

가장 좋은 예는 AWS다. 아마존은 원래 온라인 서점이었다는 점을 잊지 말자. 하지만 아마존은 강력한 주문 및 배송 플랫폼을 기반으로 다른 회사에 '임대'해 줄 수 있는 스토리지 시스템을 제공할 수 있다는 것을 깨달았다. 인프라를 갖추고 있는데, 이를 최대한 활용하지 않을 이유가 없었던 것이다. 그래서 S3 스토리지가 최초의 AWS 클라우드 서비스로 출시됐고, 이는 AWS가 소매업이라는 핵심 사업 외에도 선도적인 클라우드 서비스 공급자가 되는 계기가 됐다. 이것이야말로 진정한 기회 이익이었다.

기술 계획

드디어 기술 계획 단계에 도달했다. 기술 계획은 토대 아키텍처에서 시작한다. 집을 짓는다고 가정해 보자. 튼튼한 토대가 있어야 집을 지을 수 있고, 나중에 방을 추가로 증축할 수도 있다. 물론 증축할 방은 기존의 집과 잘 통합돼야 하며, 이때 집과 동떨어진 방은 쓸모가 없을 것이다. 이 모든 것은 꼼꼼한 계획에서 비롯된다. 그리고 좋은 계획은 정보, 즉 데이터를 필요로 한다.

멀티 클라우드 환경에서는 모든 것을 혼자서 알아낼 필요가 없다. 주요 클라우드 공급자들은 레퍼런스 아키텍처, 모범 사례, 사용 사례를 제공해 토대 구축을 지원하고, 새로운 구성 요소와 솔루션을 거의 항상 쉽게 통합할 수 있게 돕는다. 이 내용은 3장에서 자세히 다룬다.

이 책의 목표는 미래에도 유연하게 대처할 수 있는 멀티 클라우드 환경을 계획, 설계, 관리하는 것이다. 다음 절에서는 토대 아키텍처를 처음으로 살펴본다.

IT4IT의 가치 흐름 적용

많은 조직이 직면하는 문제는 비즈니스 전반의 아키텍처를 통제하는 것이다. IT4IT는 조직이 이를 지원하는 프레임워크로서 TOGAF를 보완하며, The Open

Group에서 표준으로 제정됐다. IT4IT는 IT 서비스 관리에 대한 모범 사례를 제공하는 ITIL(IT 인프라 라이브러리)도 보완한다. IT4IT는 ITIL을 통해 IT 서비스 관리 프로세스를 지원하는 기반을 제공하며, 디지털 엔터프라이즈를 조정하고 관리하는 것을 목표로 한다. 또한 새로운 기술을 수용하고 도입하려는 끊임없는 노력과 같은 기업들이 가진 문제점을 다룬다. IT4IT의 기본 개념은 다음 네 가지 가치 흐름으로 구성된다.

- **전략에서 포트폴리오로:** 포트폴리오는 기술 표준, 계획 및 정책을 포함하며, 비즈니스의 IT 요구 사항을 처리하고 이러한 요구 사항을 IT 제공에 매핑한다. 포트폴리오의 중요한 측면은 비즈니스와 IT를 연결하기 위한 프로젝트 관리다.
- **요구 사항에서 배포로:** 이 흐름은 더 높은 수준의 품질을 달성하거나 더 낮은 비용 수준을 얻기 위해 새로운 서비스를 만들고 구현하거나 기존 서비스를 조정하는 데 중점을 둔다. The Open Group의 문서에 따르면 이는 애자일 스크럼 및 데브옵스와 같은 방법들을 보완한다.
- **요청에서 이행으로:** 간단히 말해 이 가치 흐름은 배포된 서비스의 최종 고객에게 편리한 환경을 제공하는 것이다. 기업과 IT 부서가 IaaS, PaaS, SaaS와 같은 구조를 채택함에 따라 이 흐름은 카탈로그를 제공하고 관리함으로써 서비스 브로커링을 지원하고 최종 사용자가 요청한 새로운 요청의 이행 속도를 높인다.
- **감지에서 수정으로:** 서비스는 계속 변화한다. 이 흐름은 변화를 주도하는 모니터링, 관리, 문제 해결 및 기타 운영 측면을 지원한다.

IT4IT의 네 가지 가치 흐름은 다음과 같다.

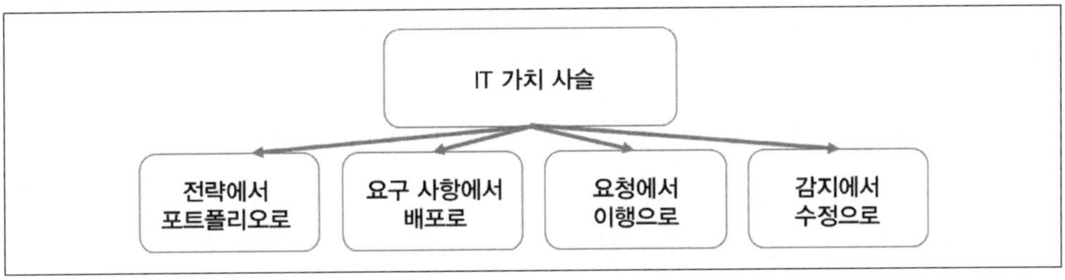

그림 2.1 IT4IT 가치 흐름(The Open Group)

IT4IT와 같은 프레임워크는 이러한 매핑을 성공적으로 수행하는 데 매우 유용하다. 다음 절에서는 클라우드 기술이 비즈니스 전략에 어떻게 부합하는지 살펴본다.

이를 통해 전략을 정의했을 뿐만 아니라 IT4IT의 가치 흐름을 적용하는 방법과 끊임없이 증가하는 클라우드 개발 동향을 현실적으로 추적하는 방법을 살펴봤다. 또한 현재 위치와 목표 위치를 파악했다. 이제 모든 것을 종합해 비즈니스 로드맵을 작성하고, 이 로드맵을 클라우드 전략에 매핑해 다양한 배포 모델과 클라우드 개발 단계를 평가함으로써 더욱 구체화할 것이다.

비즈니스 전략에 초점을 둔 클라우드 개발 동향 추적

클라우드 아키텍트나 엔지니어라면 누구나 새로운 기술을 따라가는 것이 얼마나 어려운지 공감할 것이다. AWS와 애저만 해도 1년 동안 각 클라우드 플랫폼에 2,000개가 넘는 기능을 출시했다. 이는 대규모 업데이트일 수도 있고, 사소한 변경일 수도 있다.

주요 클라우드 기업인 애저, AWS, 구글 클라우드 플랫폼, 알리바바는 매년 수천 개의 새로운 기능을 출시한다(참조: https://www.gartner.com/doc/reprints?id=1-2AOZQAQL&ct=220728&st=sb). 이러한 기능은 가상 머신이나 스토리지와 같은 기존 서비스에 간단히 추가되는 것일 수도 있지만, 웹 서비스의 빠른 배포를 가능하게 하는 사전 패키지된 코드가 포함된 새로운 서비스일 수도 있다.

이 외에도 훨씬 더 많은 것이 있다. 클라우드 플랫폼에서 제공하는 **가상 현실**VR, Virtual Reality, **증강 현실**AR, Augmented Reality, **인공지능**AI, Artificial Intelligence의 가능성이나 클라우드에 디지털 트윈을 구축하는 것을 생각해 보라. 클라우드 서비스 공급자는 이미 양자 시뮬레이션도 제공하고 있으며, 가까운 미래에 이러한 추세가 크게 증가할 것으로 예상된다. 그러나 이러한 것들을 뛰어넘는 혁신도 있다. 블록체인blockchain, 웹 3.0, 메타버스Metaverse 등이다.

웹 3.0은 블록체인 기술을 기반으로 하며, 데이터에 대한 통제권을 사용자에게 되돌려주는 것을 목표로 한다. 또 하나의 화두는 메타버스로, 이는 인터넷의 3D 확장판으로 여겨지지만 정의가 매우 다양해 아직 명확히 합의됐다고 보긴 어렵다. 대부분의 정의에서 메타버스는 일종의 평행 우주로 제시되며, 그 안에서 우리의 디지털 트윈이 움직인다. 블룸버그Bloomberg의 예측에 따르면 2024년까지 메타버스는 800억 달러 이상의 가치를 지닌 비즈니스가 될 것이다(참조: https://www.bloomberg.com/professional/blog/metaverses-80-billion-etf-assets-by-2024-virtually-a-reality/). 구글, 마이크로소프트, Meta, 애플은 이 기술에 막대한 투자를 하고 있다.

혁신은 변화의 크기가 크든, 보통이든, 작든 관계없이 끊임없이 쏟아져 나온다. 우리는 AR, VR, 블록체인, 메타버스 등 무엇이든 간에, 낮은 수준의 기술이 관련돼 있다는 점을 명심해야 한다. 여기서 '낮은 수준의 기술'이란 누군가가 기술을 개발, 프로그래밍, 테스트 및 배포해야 함을 의미한다. 어쨌든 이러한 모든 혁신, 릴리스 및 새로운 기능을 따라잡는 것은 불가능에 가깝다.

이 외에도 복잡한 상황은 많다. 클라우드 플랫폼 자체뿐만 아니라, 애플리케이션을 마이그레이션하거나 개발하며 차세대 혁신에 대비하기 위해 활용해야 할 도구 또한 매우 많기 때문이다. Digital.ai에서 관리하고 새로운 기술과 도구로 지속적으로 업데이트되는 데브옵스 도구 주기율표를 살펴보자. 블록체인 기술, 웹 3.0, 메타버스 툴킷이 이 표에 추가되는 것은 시간문제일 뿐이다.

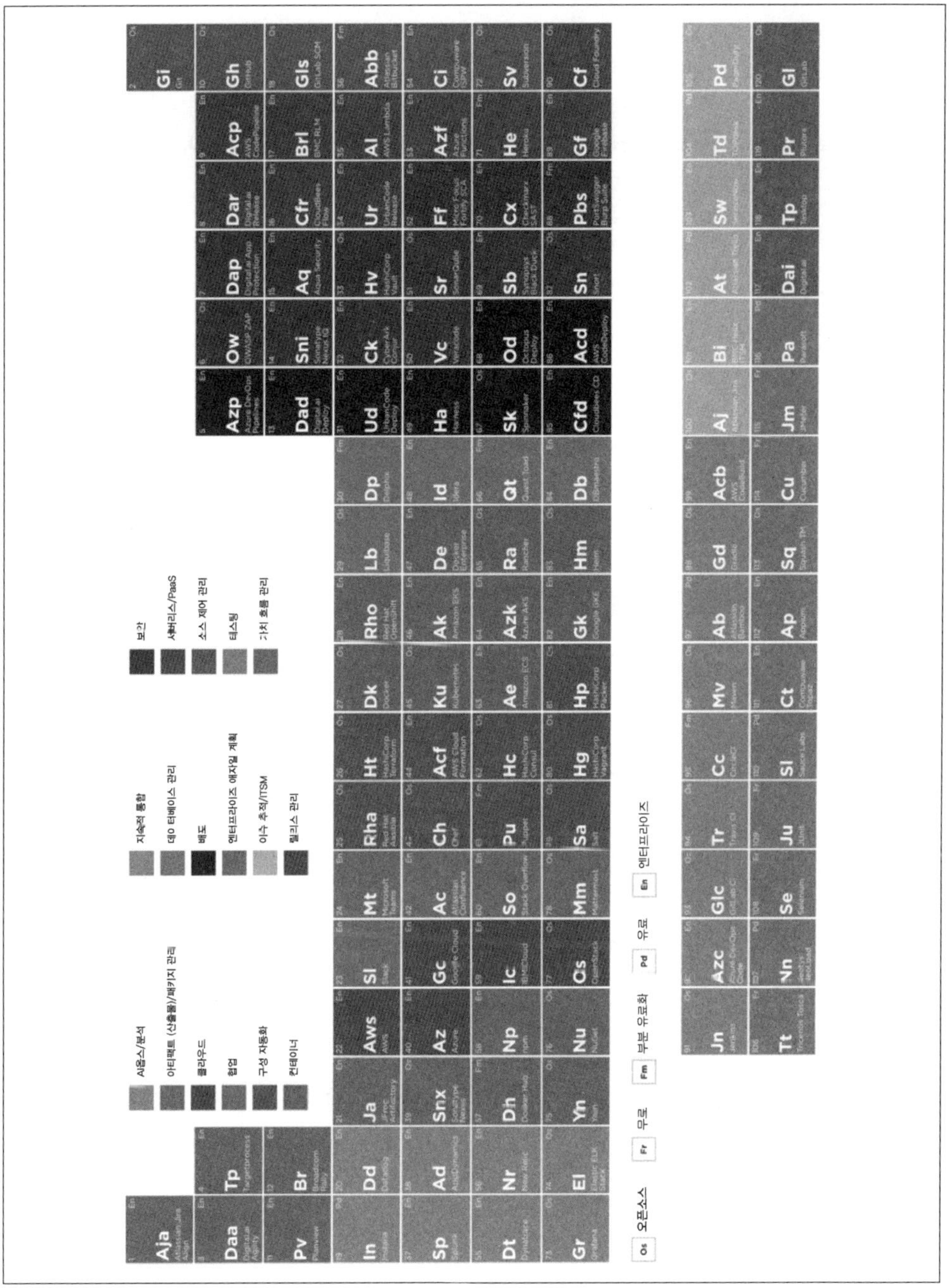

그림 2.2 Digital.ai의 데브옵스 도구 주기율표

NOTE

> 데브옵스 도구 주기율표 인터랙티브 버전은 https://digital.ai/devops-tools-periodic-table에서 확인할 수 있다. 클라우드 네이티브 환경에 대한 전체적인 개요는 클라우드 네이티브 컴퓨팅 재단의 클라우드 네이티브 트레일 맵(https://landscape.cncf.io/) 웹페이지에서 참조할 수 있다.

새로운 기술이 쏟아져 나오는 상황에서 모든 변화를 따라잡을 수는 없다. 중요한 것은 비즈니스의 핵심 목표에 집중하는 것이다. 앞서 다룬 전략을 바탕으로, 쏟아지는 새로운 기술에 휩쓸리지 않도록 주의해야 한다.

클라우드 아키텍처를 관리할 때는 토대 아키텍처, 지연 비용, 기회 이익이라는 세 가지 중요한 측면을 고려해야 한다.

종합적인 비즈니스 로드맵 작성

비즈니스 전략 및 로드맵 작성 방법에 대한 서적은 시중에 많이 나와 있다. 이 책에서 그 모든 내용을 단 몇 문단으로 요약하려는 것은 아니다. 다만 엔터프라이즈 아키텍트라면 비즈니스 로드맵이 어떻게 평가되는지 이해하는 것이 중요하다.

- **사업의 미션과 비전**: 사업이 시장을 어떻게 공략하고 상품 또는 서비스를 제공할지에 대한 전략적 계획을 포함한다.
- **목표, 방향**: 사업이 구체적인 목표를 언제, 어떻게 달성할 것인지, 목표 달성에 필요한 자원은 무엇인지 계획하는 것을 포함한다.
- **강점, 약점, 기회, 위협(SWOT)**: SWOT 분석은 사업이 적절한 시기에 적절한 일을 하고 있는지, 아니면 전략 변경이 필요한지 보여준다.
- **운영 효율성**: 모든 사업은 정기적으로 성과를 검토해야 한다. 이는 KPI 측정(납기 준수 여부, 고객 만족도(CSAT) 등)을 통해 이뤄진다.

비즈니스 로드맵의 동인은 매우 다양하지만, 가장 일반적인 동인은 다음과 같다.

- 수익
- 총 이익
- 판매량
- 리드 수
- 출시 기간
- 고객 만족도
- 브랜드 인지도
- 투자 수익률

이는 공유 목표이며, 모든 부서가 이러한 목표를 준수하고 사업 목표에 맞춰 계획을 조정해야 함을 의미한다. 이러한 목표는 비즈니스 로드맵에 반영된다. 대기업의 경우 복잡할 수 있지만, 다음 스크린샷에서 볼 수 있듯이 매우 간단할 수도 있다.

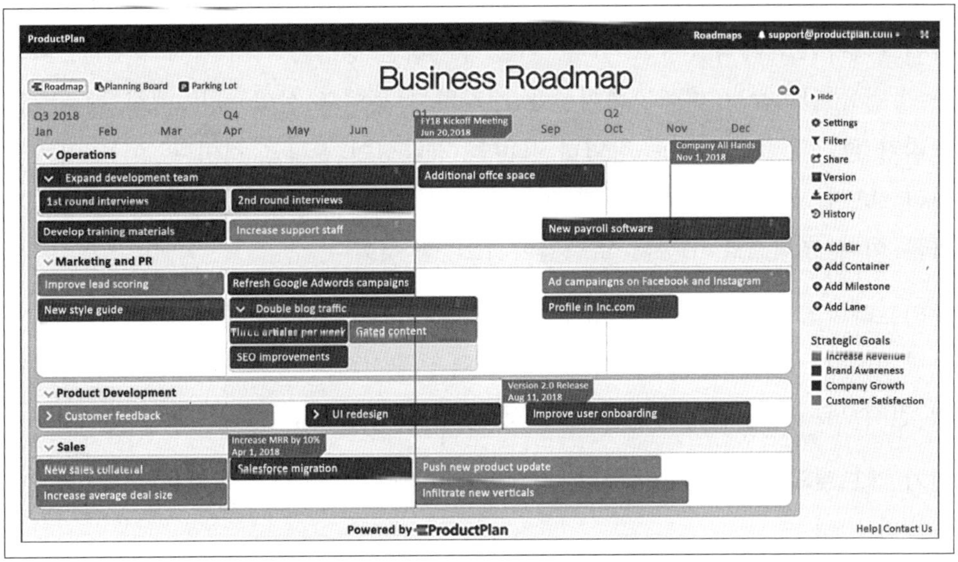

그림 2.3 비즈니스 로드맵 템플릿(ProductPlan 제공)

IT는 개발, 자원 계획, 고객 관계 관리CRM, Customer Relationship Management 시스템, 마케팅용 웹사이트, 고객 앱 등 모든 것을 추진하는 엔진이다. 그리고 오늘날 요구 사항은 더욱 어려워지고, 수명 주기는 짧아지고, 속도는 빨라지고 있다. 과거 IT가 병목 지점이었지만, 현재는 모든 측면에서 사업을 지원할 수 있는 모든 기술을 갖추고 있다. IT는 더 이상 비용 센터가 아니라 사업 지원자로 간주된다.

비즈니스 로드맵을 클라우드 적합 전략에 매핑

대부분의 기업은 전통적인 IT 환경에서 클라우드 마이그레이션을 시작하지만, 클라우드 네이티브 개발을 상당히 진척시킨 기업도 늘고 있다. 어느 한쪽을 배제할 필요는 없다. 전통적인 IT를 클라우드로 마이그레이션하는 동시에 클라우드 네이티브 애플리케이션을 클라우드 자체에서 개발하도록 계획할 수 있기 때문이다. 기업은 서로 다른 속도로 실행되는 별도의 클라우드 트랙을 가질 수 있기에, 클라우드 네이티브 도구를 사용해 클라우드 환경에서 새로운 애플리케이션 개발을 실행하는 것이 합리적이다. 다음으로, 회사는 기존 시스템을 클라우드 플랫폼으로 마이그레이션을 계획할 수도 있다. 이를 수행하는 방법은 여러 가지가 있다. 이러한 방법을 살펴보고 마이그레이션을 시작하는 동인도 살펴보자. 핵심 메시지는 우리가 하나의 로드맵으로 작업하지 않을 가능성이 높다는 것이다. 이는 어쩌면 여러 로드맵 중 하나일 뿐일 수도 있고, 복잡성 수준과 접근 방식이 다르고 속도가 다른 여러 트랙으로 구성된 로드맵이기도 할 것이다.

엔터프라이즈 전략, 비즈니스 요구 사항, 심지어 재무 계획까지 논의한 데에는 충분한 이유가 있다. 다양한 트랙으로 로드맵을 구성하는 일은 평가와 계획의 결과에 전적으로 좌우되기 때문이다. 그것이 곧 아키텍처다.

여기 레드햇의 기술 리더인 라데쉬 발라크리스난[Radhesh Balakrishnan]의 말을 인용하면 다음과 같다.

> 멀티 클라우드 전략을 통해 조직은 여러 클라우드 서비스 공급자의 클라우드 서비스를 소비함으로써 기술적 및 상업적 측면에서 특정 워크로드 또는 애플리케이션 요구 사항을 충족할 수 있다.

그는 다음과 같이 덧붙인다.

> 모든 부서, 팀, 비즈니스 기능 또는 애플리케이션 또는 워크로드가 클라우드에 대한 성능, 개인 정보 보호, 보안 또는 지리적 범위 측면에서 유사한 요구 사항을 갖는 것은 아니다. 클라우드 컴퓨팅이 더욱 성숙해지고 주류가 됨에 따라 다양한 애플리케이션 및 데이터 요구를 충족하는 여러 클라우드 서비스 공급자를 사용할 수 있는 것이 중요하다.

이러한 비즈니스 요구 사항은 클라우드 마이그레이션 접근 방식을 주도할 것이다. 우리는 다음과 같은 기술 전략을 인식한다.

- **Rehost(재호스팅)**: 애플리케이션, 데이터 및 서버가 대상 클라우드 플랫폼으로 있는 그대로 마이그레이션된다. 이는 리프트 앤 시프트라고도 한다. 이 방식은 클라우드 네이티브 서비스를 활용하지 않아 기대 효과가 매우 제한적이다.
- **Replatform(재플랫폼화)**: 애플리케이션과 데이터가 다른 대상 기술 플랫폼으로 마이그레이션되지만 애플리케이션 아키텍처는 그대로 유지된다. 예를 들어 SQL 데이터베이스가 있는 애플리케이션이 애저 SQL 서버를 사용해 애저의 PaaS로 이동한다고 가정해 보자. 애플리케이션 자체의 아키텍처는 변경되지 않았다.
- **Repurchase(재구매)**: 이 시나리오에서는 기존 애플리케이션이 SaaS 기능으로 대체된다. 동일한 애플리케이션을 실제로 재구매하는 것은 아니다. 다른 유형의 솔루션으로 대체하고 있다.
- **Refactor(리팩터)**: 기존 애플리케이션의 내부를 재설계 및 최적화한다. 애플

리케이션의 일부만 수정돼 클라우드에서 최적화된 방식으로 작동하게 하는 부분 리팩토링일 수도 있다. 전체 리팩토링의 경우 성능 측면에서 최적화하고 비용을 절감하기 위해 전체 애플리케이션이 수정된다. 리팩토링은 복잡한 프로세스이며, 일반적으로 PaaS 및 SaaS를 대상으로 한다.

- **Rearchitect(재설계)**: 리팩토링보다 한 단계 더 나아가 애플리케이션의 아키텍처가 수정되는 경우다. 이 전략은 멀티 클라우드 대상 환경을 활용하기 위한 아키텍처 재설계를 포함한다.
- **Rebuild(재구축)**: 이 전략에서는 개발자가 최신 도구와 프레임워크를 활용해 처음부터 새로운 클라우드 네이티브 애플리케이션을 구축한다.
- **Retire(폐기)**: 애플리케이션이 향후 비즈니스에 전략적으로 필요하지 않은 경우 이 전략이 유효하다. 애플리케이션이 폐기되면 애플리케이션 및 기본 인프라를 폐기하기 전에 데이터를 정리하고 보관해야 하는 경우가 많다. 물론 애플리케이션의 기능이 리팩토링, 재설계, 재구축 또는 재구매될 때 애플리케이션을 후속 전략으로 폐기할 수 있다.
- **Retain(유지)**: 아무것도 변경되지 않는다. 기존 애플리케이션은 현재 플랫폼에 남아 있으며 있는 그대로 관리된다.

비즈니스 사례의 결과를 예측하는 것은 쉽지 않다. 많은 매개변수가 중요한 역할을 할 수 있기 때문이다. 가트너Gartner 등의 벤치마크에 따르면 재호스팅, 재플랫폼화, 재구매의 경우 총비용 절감 효과는 대략 20 ~ 40% 범위로 나타난다. 애플리케이션을 전면 재설계, 재구축하면 절감 폭이 더 커질 수 있다. 반면 애플리케이션을 폐기하면 절감액은 최대화되지만, 해당 기능이 여전히 중요하다면 다른 방식으로 대체해야 하므로 구매, 구현, 채택 및/또는 개발 비용이 발생한다. 비즈니스 사례 작성과 전략 선택 시 이러한 요소를 모두 감안해야 한다.

멀티 클라우드는 고유의 과제도 동반한다. 예를 들어 한 클라우드에 데이터 레이크를 두고, 다른 클라우드에 오피스 애플리케이션을 호스팅할 합리적 이유가 있을 수 있다. 이는 공급자별로 강점 기능이 다른 데서 비롯된다. 마이크로소프트 365

제품군과 구글의 데이터, AI 기능을 떠올려 보라. 특정 사용 사례에 가장 적합한 솔루션과 공급자를 조합하는 전략은 분명한 비즈니스 이점을 제공한다.

개발자가 특정 클라우드에서 특정 도구를 사용하는 것을 선호하거나 규정 준수상의 이유로 애플리케이션을 다른 클라우드에서 호스팅해야 할 수도 있다. 이때 국가 또는 지역에서 특정 클라우드 서비스 공급자가 제공하는 서비스를 사용할 수 없거나 공급자를 해당 지역에서 사용할 수 없는 경우 회사는 여러 공급자를 사용해야 한다. 유럽에서 AWS 및 애저를 사용할 수 있지만 중국 지역에서는 알리바바 클라우드 또는 텐센트를 사용해야 하는 회사를 생각해 보자. 회사는 클라우드 서비스 공급자에 관계없이 동일한 유형의 서비스를 제공하고 싶어 하지만 서비스의 이식성 및 통합에 추가적인 문제가 발생할 것이다.

높은 수준에서 이러한 전략을 세 단계로 나눌 수 있다.

- **Traditional(전통적):** 조직에서 개발자가 클라우드 플랫폼에서 클라우드 네이티브 도구를 직접 사용할 수 있도록 허용하지만 대부분은 여전히 기존 IT를 보유하고 있다. 클라우드로 마이그레이션할 때 다음 세 가지 시나리오를 선택할 수 있다.
  - 시스템을 '있는 그대로' 클라우드로 리프트 앤 시프트하고 클라우드에서 애플리케이션 현대화를 시작한다.
  - 대상 클라우드 플랫폼으로 마이그레이션하기 전에 애플리케이션을 현대화한다.
  - 세 번째 시나리오는 처음 두 시나리오를 혼합하는 것이다.
- **Rationalized(합리화):** 이 단계는 애플리케이션을 현대화하고 대상 클라우드 플랫폼에서 사용하도록 최적화하는 것이다. 클라우드 네이티브 기술의 이점을 얻기 위해 PaaS 및 SaaS가 포함되는 단계다.
- **Dynamic(동적):** 애플리케이션이 전면 클라우드 네이티브이므로 완전히 동적인 최종 단계다. 지속적인 개선 및 지속적인 개발 및 배포[CI/CD]를 사용하는 애자일 워크스트림을 통해 관리되고, 컨테이너 및 서버리스 솔루션을 사용

해 전적으로 확장 가능하며, 모든 것을 코드로 사용하는 원칙을 사용해 완전히 자동화돼 IT를 비즈니스 요구 사항만큼 민첩하게 만든다.

이 모든 것이 다음 모델에 함께 제공된다. 이 모델은 세 단계가 순차적이라고 제안하지만 이미 설명했듯이 반드시 그런 것은 아니다.

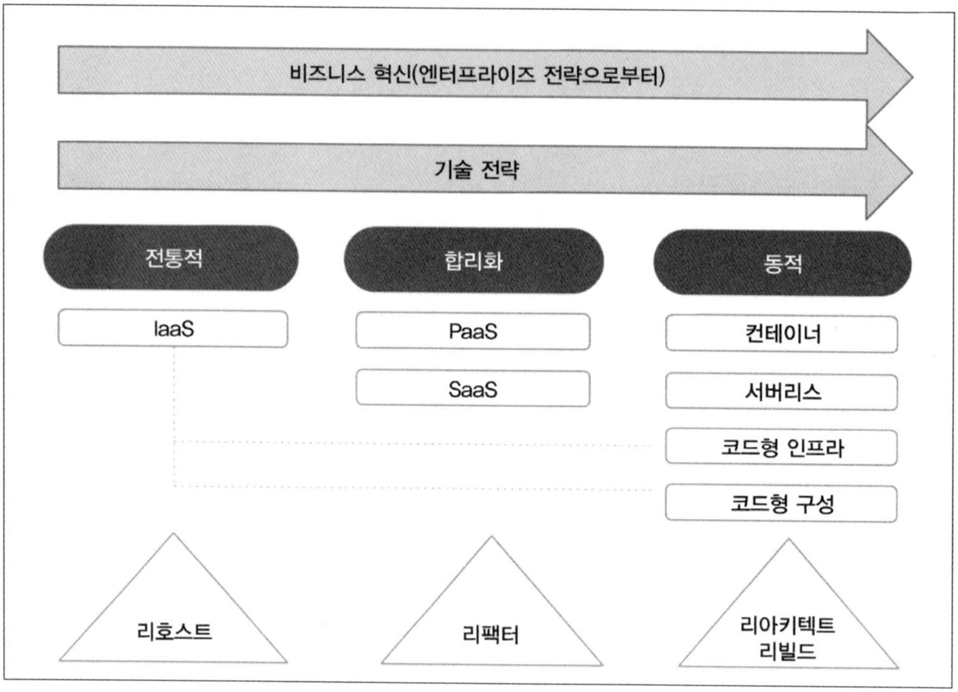

그림 2.4 비즈니스 혁신에 따른 기술 전략

이 모델은 향후 클라우드 전략을 주도할 세 가지 주요 트렌드를 보여준다.

- **소프트웨어에서 서비스로:** 기업은 더 이상 소프트웨어나 해당 소프트웨어를 호스팅할 인프라에 투자할 필요가 없다. 대신 다른 공급자가 완전히 관리하는 소프트웨어를 사용한다. 이는 기업이 구현 세부 사항, 소프트웨어 호스팅 및 관리에 대해 걱정하는 대신 이 소프트웨어를 사용해 비즈니스 요구 사항을 충족하는 데 집중할 수 있다는 아이디어에 기반을 두며, 새로운 기

술 개발과 생산 효율성 개선을 통해 경제 성장을 달성할 수 있다고 명시하는 내생적 성장 경제 이론에 기반을 둔다. PaaS 및 SaaS를 사용하면 이러한 효율성을 크게 높일 수 있다.

- **VM에서 컨테이너로:** 가상화는 데이터 센터에 많은 효율성을 가져왔지만, 컨테이너는 컴퓨팅 성능과 스토리지를 활용하는 데 훨씬 더 효율적이다. VM은 게스트 운영체제로 인해 여전히 많은 시스템 리소스를 사용하는 반면, 컨테이너는 호스트 운영체제와 그 위에 몇 가지 지원 라이브러리만 활용한다. 컨테이너는 더 유연한 경향이 있기에, 효율적인 방식으로 소프트웨어를 배포하는 데 점점 더 많이 사용되고 있다. SAP와 같은 대규모 소프트웨어 공급자조차도 이미 컨테이너를 사용해 구성 요소를 배포한다. SAP Commerce는 도커 컨테이너를 사용해 지원되며, 도커 이미지 인스턴스를 실행한다. 이러한 이미지는 SAP Commerce 설정의 구성 요소 구조를 미러링하는 특수 파일 구조에서 빌드된다.
- **서버리스 컴퓨팅:** 서버리스는 기본 인프라에 대해 작성하지 않고 코드를 작성하고 배포하는 것이다. 개발자는 처리 능력과 스토리지처럼 실제 사용량에 대해서만 비용을 지불한다. 보통 트리거와 이벤트로 동작하며, 애플리케이션이 이벤트(요청)를 수신해 백엔드에서 파일 조회 같은 작업을 실행한다. 퍼블릭 클라우드 플랫폼은 애저 Functions, AWS 람다Lambda, 구글 Knative와 같은 다양한 서버리스 솔루션을 제공한다. 서버리스는 가장 큰 비용 관리로 최대 확장성을 제공한다. 서버리스 개념이 점점 더 중요해지겠지만, 모든 것을 서버리스로 구현하는 것은 기술적으로 불가능할 것이다.

3장에서는 시스템 전반에서 인프라를 일관성 있게 유지하고 관리하기 쉽게 유지하면서 모놀리식 아키텍처에서 마이크로서비스로의 전환, 컨테이너 및 서버리스 개념의 이점을 자세히 알아본다.

마무리

2장에서는 기업 또는 비즈니스 전략을 분석하고 이를 클라우드 기술 로드맵에 매핑하는 방법론을 살펴봤다. 또한 클라우드 서비스 및 기술 공급자가 출시하는 모든 새로운 기능과 특징을 추적하는 것은 거의 불가능에 가깝다는 것을 알게 됐다. 우리는 비즈니스 목표와 목적을 결정하고 가능한 한 미래를 대비하면서도 비즈니스 요구에 따라 새로운 기능을 채택할 수 있을 만큼 민첩한 명확한 아키텍처를 정의해야 한다.

현대 디지털 기업은 비즈니스 민첩성을 최우선 과제로 삼아야 한다. 재무, 고객, 제품, 내부 목표 등에서 파생되는 동인은 시장 변화에 따라 수시로 재정렬되기 때문이다. 특히 구독 기반 경제의 확산에 맞춰, 기업은 변화에 즉각 대응할 수 있는 민첩한 조직 구조와 시스템을 갖춰야 한다.

IT4IT와 같은 프레임워크를 사용하는 엔터프라이즈 아키텍처는 모든 측면에서 강력하면서도 확장 가능한 멀티 클라우드 아키텍처를 설계하고 관리하는 데 도움이 된다. 우리는 IT가 SaaS, 컨테이너 및 서버리스 개념을 사용해 기존 환경에서 합리화되고 동적인 환경으로 전환됨에 따라 비즈니스 요구 사항과 함께 어떻게 변화할지 살펴봤다.

3장에서는 멀티 클라우드 여정을 시작하면서 비즈니스 요구 사항을 클라우드 요구 사항으로 변환하는 방법을 알아본다.

질문

1. 비즈니스 민첩성을 어떻게 정의할 수 있는가?
2. 비즈니스 로드맵을 만들 때 가장 먼저 정의해야 할 것은 무엇인가?
3. 2장에서는 클라우드 전환 전략을 살펴봤다. 재호스팅과 재플랫폼화 외에 두 가지 전략을 더 설명하라.

4. 2장에서는 클라우드 시장의 주요 변화를 확인했다. 클라우드 네이티브 기술을 사용해 촉진할 수 있는 비즈니스 모델의 주요 변화는 무엇이라고 보는가?

더 읽을거리

- How Competitive Forces Shape Strategy, by Michael E. Porter (Harvard Business Review)

03

멀티 클라우드 여정 시작

2022년 하시코프HashiCorp의 설문 조사에 따르면 거의 75%의 기업이 멀티 클라우드 전략을 실행하고 있으며, 2025년까지 86% 이상으로 증가할 것으로 예상된다. 더 많은 기업이 멀티 클라우드가 회사의 성공에 매우 중요하다고 주장한다. 핵심은 운영 효율성과 IT 인프라의 일관성을 유지하면서 비즈니스 민첩성을 제공하는 개발 플랫폼을 구축하는 멀티 클라우드 전략을 어떻게 시작하느냐이다. 이는 견고한 전략을 통해서만 가능하며, 3장에서 다룰 내용이다.

3장에서는 다루는 내용은 다음과 같다.

- 클라우드 용어 이해
- 평가 계획
- 전환 및 변환 계획
- 변환 옵션 탐색
- 기술 매핑 및 거버넌스 실행

클라우드 용어 이해

IT 업계에서는 공통된 언어를 사용한다. 이는 업계에서 흔히 사용하는 기술에 대한 용어가 존재한다는 의미다. 기업이 어떤 기술을 사용하든 대부분의 브랜드는 일반적으로 통용되는 이름을 갖고 있다. 예를 들어 네트워크를 보자. WAN(광대역 네트워크), LAN(로컬 영역 네트워크) 및 소프트웨어 정의 LAN은 네트워크를 설정하는 데 사용되는 브랜드에 관계없이 용어가 동일하다. 클라우드에 관해서도 우리가 무엇을 의미하는지, 무엇에 대해 얘기하는지에 대한 공통된 이해를 갖는 것이 중요하다.

하지만 클라우드에서는 이러한 공통 어휘가 당연하게 주어지지 않는다. 이는 퍼블릭 클라우드에서 공간을 만드는 것부터 시작된다. 애저에서는 테넌트가 있는 구독을, AWS에서는 계정을 생성하는 반면, 구글 클라우드에서는 프로젝트에 대해 얘기한다. 이때 공급자가 서비스에 부여하는 상업적인 이름에 현혹되지 않도록 주의해야 한다.

각 공급자는 구현 중에 유사한 개념을 지칭하기 위해 자체 용어를 사용하지만, 일반적으로 클라우드에 대해 얘기할 때 자주 사용되는 특정 용어가 있다. 몇 가지를 살펴보자.

- **클라우드 관리 플랫폼**CMP, Cloud Management Platform: 다양한 클라우드(퍼블릭 및 프라이빗)에서 관리를 가능하게 하는 플랫폼을 제공한다. 서로 다른 클라우드 포털을 거치지 않고 단일 인터페이스로 관리를 수행할 수 있다. 다양한 클라우드 플랫폼에 배포된 서비스 프로비저닝, 측정 및 청구, 리소스 구성 관리에 도움이 된다.
- **클라우드 네이티브**Cloud Native: 클라우드 사용을 위해 특별히 작성된 애플리케이션 및 소프트웨어를 나타낸다.
- **호스트**Host: 클라우드 서비스 공급자의 데이터 센터에 있는 물리적 머신으로, 고객의 게스트 환경을 호스팅한다. '클라우드는 다른 사람의 컴퓨터일 뿐'이라는 말을 기억하자. 당신은 그것을 사용하고 있을 뿐이다.

- **가상 머신**Virtual Machine: 물리적 호스트에서 실행되지만 완전한 서버 역할을 한다.
- **하이퍼바이저**Hypervisor: 호스트 머신이 여러 가상 머신을 실행할 수 있게 한다. 하이퍼바이저 기술은 서버가 여러 서버 역할을 할 수 있게 해주기 때문에 클라우드의 시작이라고 할 수 있다. 가장 잘 알려진 하이퍼바이저이자 시장 선두 주자는 VMware의 vSphere이며, 마이크로소프트의 Hyper-V, Citrix Xen, 레드햇 엔터프라이즈 가상화가 그 뒤를 잇고 있다. 이 외에도 더 많은 종류가 있다.
- **하이브리드**Hybrid: 일반적으로 AWS 또는 애저와 같은 퍼블릭 클라우드와 회사 자체 또는 타사 데이터 센터에서 실행되는 프라이빗 클라우드를 모두 사용하는 클라우드 플랫폼을 나타낸다.
- **로드 밸런싱**Load Balancing: 서버, 데이터베이스, 스토리지 공간과 같은 여러 리소스를 실행하는 경우 리소스에 부하를 분산하는 메커니즘이 필요하다. 클라우드에는 특정 고객 전용 리소스뿐만 아니라 공유 리소스도 많다. 로드 밸런싱은 트래픽과 데이터를 리소스 전체에 분산하는 데 필수적이다.
- **멀티테넌시**Multi-tenancy: 개인 정보 보호와 권한 있는 사용자만 테넌트 내 데이터를 열람하도록 하는 자체 환경의 보안 측면에서, 반드시 기억해야 할 핵심 용어다. 클라우드를 여러 세입자가 있는 큰 집이라고 상상해 보자. 이러한 세입자들은 자신만의 방을 갖지만 시설도 공유한다. 멀티테넌시는 소프트웨어가 공유 구성 요소에서 실행되고 리소스가 소프트웨어에 동적으로 할당됨을 나타낸다.
- **리소스**Resource: 클라우드에서 애플리케이션을 실행하고, 데이터를 저장하고, 서비스를 실행하는 데 이용되는 구성 요소에 사용되는 용어다. 서버는 리소스다. 데이터베이스나 방화벽도 마찬가지다.
- **확장성**Scalability: 가상화, 공유 리소스, 로드 밸런싱 및 멀티테넌시 덕분에 클라우드는 확장 가능하다. 기업은 특정 시점에 필요한 만큼만 사용할 수 있으며, 수요가 많을 때는 확장하고, 비교적 조용한 시간에는 축소할 수 있다.

이는 장비(예: 서버 및 스토리지 캐비닛)가 단순히 존재하지만 수요가 없을 때는 유휴 상태로 있는 개인 소유 데이터 센터의 환경에 비해 큰 이점이다. 반대로 온프레미스에서는 서버나 스토리지와 같이 더 많은 용량이 필요한 경우 장비를 주문하고 배송을 기다려야 하는 반면, 클라우드에서는 인스턴스를 즉시 가동할 수 있다.

- **사용자 인터페이스**UI, User Interface**:** 결국 운영자와 개발자는 클라우드의 리소스를 사용해 작업할 수 있어야 한다. 이는 대부분의 경우 UI, 즉 클라우드 플랫폼에 배포할 수 있는 모든 서비스가 있는 포털을 통해 수행된다. 하지만 대부분의 개발자와 운영자는 클라우드에서 워크로드를 관리하기 위해 다른 메커니즘을 사용한다. 그래픽 UI가 있는 포털은 대규모 작업에 너무 느리기 때문이다. 따라서 스크립팅이 사용된다. 예를 들어 애저 및 AWS에서 사용할 수 있는 파워셸과 GCP의 GCP 명령을 사용해 커맨드라인 인터페이스를 사용한다. 요약하자면 퍼블릭 클라우드는 사용자를 위한 UI와 대규모 작업을 위한 API를 제공한다. 후자의 경우 API와 상호 작용하기 위해 파워셸로 스크립트를 작성하고 실행해야 한다.

동일한 언어를 사용하면 특정 클라우드에 대해 얘기하고 클라우드를 가장 최적의 방식으로 사용하는 방법을 이해하는 데 도움이 된다. 이는 실제 여행과 비슷하다. 목적지 국가의 언어로 기본 표현 몇 가지만 익혀도 계획한 곳에 도착할 수 있다는 자신감이 생기기 때문이다. 마찬가지로 우리는 계획이 필요하다. 다음 단계는 클라우드로 마이그레이션할 준비가 됐는지 확인하기 위해 평가를 계획하고 실행하는 일이다.

평가 계획

어디에서 왔는지 알아야 어디로 향할지 정의할 수 있다. 플랫폼에 무엇이 안착할지 모른다면 클라우드 랜딩 존을 구축하는 것은 아무 의미가 없다. 다음 질문은 비즈니스 사례가 긍정적이고 마이그레이션을 시작하기로 결정했을 때 애플리케이션을 플랫폼으로 마이그레이션하는 방법이다. 마이그레이션은 클라우드 도입 경로 중 하나로, 클라우드 네이티브 솔루션을 개발할 수도 있지만, 이 경우 기업은 애플리케이션을 재설계하고 재구축해야 할 가능성이 높다. 마이그레이션은 일반적으로 기존 애플리케이션을 클라우드로 이동하는 것을 의미하며, 재호스팅 또는 재플랫폼이라고 한다. 마이그레이션의 일부는 클라우드의 관리형 데이터베이스 서비스와 같은 PaaS 서비스를 도입하는 것일 수 있다. 그러나 애플리케이션 자체는 일반적으로 그대로 유지된다. 이는 3장에서 자세히 설명한다.

이 절에서는 클라우드 도입 프레임워크에서 권장하는 것처럼 클라우드를 도입하기 위한 조직의 준비 상태를 평가한다. 관련 질문으로는 "활동에 참여해야 하는 모든 이해관계자는 누구인가?"가 있다. 가장 중요한 것은 "마이그레이션이 고객, 즉 비즈니스에 어떤 방식으로 영향을 미치는가? 클라우드 플랫폼으로의 전환 및 변환을 시작하는 동인은 무엇인가?"이다. 이는 실제 활동 계획을 시작하기 전에 답변해야 할 몇 가지 질문에 불과하다. 이러한 질문은 조직이 클라우드 기술 도입을 시작할 준비가 됐는지 여부를 보여준다. 평가는 비즈니스 이점, 비즈니스가 투자해야 하는 노력, 적절한 기술을 갖춘 적임자가 있는지 여부를 밝혀야 한다.

항상 평가가 필요할까? 짧게 답하자면 그렇다. 평가의 깊이 또한 조직의 성숙도를 드러낼 것이다. 이 성숙도 수준은 조직이 클라우드로 이동할 준비가 됐는지 여부를 이해하는 데 도움이 된다.

아마도 이 지점에서 성숙도에 대해 간략하게 얘기하는 것이 좋을 것이다. 우선 성숙한 IT 조직이 반드시 클라우드에서 작업하는 성숙한 조직을 의미하는 것은 아니다. 대부분의 성숙도 모델은 5단계로 작동한다. 그림 3.1은 그 예로 **역량 성숙도 모델**CMM, Capability Maturity Model을 보여준다.

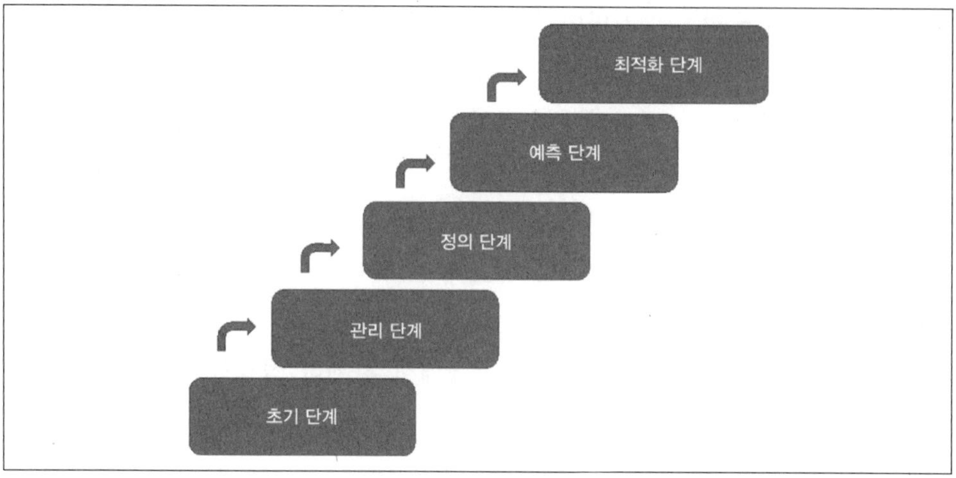

그림 3.1 역량 성숙도 모델(CMM)

1단계인 초기 단계는 프로세스 관리가 미흡하고 결과 예측이 매우 어려운 최저 수준이다. 클라우드 환경에서는 적절한 프로세스 없이, 또는 결과에 대한 정의 없이 클라우드 환경을 구축하기 시작하는 경우에 해당한다. 5단계는 프로젝트와 관리가 잘 정의돼 있고, 프로세스가 통제되고 있으며, 결과 예측 및 측정이 가능한 최고 수준이다.

조직은 대부분 3단계와 4단계 사이에 위치한다. 그렇다면 이들은 개선 작업을 전혀 수행하지 않을까? 그렇지 않다. 다만 개선 작업이 상시 조직의 일부로 진행되지 않을 뿐이다. 일반적으로 개선 및 혁신은 프로덕션 환경과 분리돼 진행되며, 프로덕션 환경에 적용하기 위한 핸드오버 절차가 필요하다.

다시 한 번 강조하지만 IT 조직이 잘 정의되고 통제돼 있다고 해서 클라우드로의 전환을 시작하기에 충분히 준비됐다고 단정할 수 없다. 클라우드는 완전히 다른 영역이기 때문이다. 기존 IT 조직은 호스팅 인프라를 포함한 전체 플랫폼을 직접 운영했지만, 이제는 '다른 사람의 컴퓨터'에서 운영해야 한다. 여기서 **책임 분리**Segregation of Duties가 매우 중요한 역할을 한다. 클라우드 서비스 공급자는 클라우드(데이터 센터)에 대한 책임을 지고, 고객은 클라우드 내의 자원(데이터 센터 내의 가상 서버와 데이터)에 대한 책임을 진다. 이는 IaaS의 경우에 해당하며, PaaS 및 SaaS의 경우에는 달라진다. SaaS의 경우 공급자가 전체 솔루션에 대한 책임을 진다.

그렇다면 조직은 이러한 모델로 운영할 준비가 됐을까? 이는 기술적인 질문이 아니다. 기존 기술을 클라우드에 맞춰 그대로 대응시키는 데서 출발하기보다, 사설 데이터 센터와 근본적으로 다른 클라우드 운영 모델의 특성을 고려해 먼저 조직의 준비 상태를 점검해야 한다. 준비 상태는 모든 평가에서 가장 먼저 다뤄져야 할 주제다.

일반적인 평가 단계는 다음과 같다.

1. **범위 설정:** 기술적인 관점이 아닌 비즈니스 관점에서 접근해야 한다. 어떤 비즈니스 기능이 클라우드 기술을 활용한 전환 및 사용으로 이점을 얻을 수 있을까?
2. **모든 인프라 구성 요소 식별:** 네트워크 장비, 서버, 스토리지, 보안 어플라이언스 등 모든 인프라에 대한 전체 목록을 작성한다. 이러한 구성 요소를 클라우드 솔루션에 매핑할 수 있을까? 클라우드에서 인프라를 구현하려면 어떤 솔루션이 필요할까?
3. **모든 애플리케이션 및 애플리케이션 구성 요소 식별:** 어떤 애플리케이션과 특정 애플리케이션 구성 요소가 어떤 비즈니스 기능을 수행하는지 보여주는 애플리케이션 매핑을 작성한다. 애플리케이션이 클라우드에 적합한가? 클라우드 인프라로 마이그레이션할 수 있는가? 아니면 클라우드에서 호스팅하기 전에 애플리케이션을 리팩토링, 리플랫폼 또는 재설계해야 하는가? 애플리케이션을 클라우드에 적합하게 만드는 데 얼마나 많은 노력이 필요할까?
4. **기존 정책 및 보안 가이드라인을 포함한 모든 보안 요구 사항 식별:** 어떤 보안 정책이 적용돼 있으며, 이러한 정책은 클라우드 환경에서 어떻게 적용될 수 있을까? 기존 정책에 규정 준수 요구 사항이 포함돼 있는가? 클라우드 솔루션은 이러한 규정을 준수하는가?
5. **비즈니스 및 애플리케이션 소유자를 포함해 클라우드 마이그레이션에 참여해야 하는 모든 이해관계자 식별**

이러한 단계를 통해 얻은 정보는 조직이 클라우드로 이동할 준비가 됐는지, 아니면 더 많은 준비 시간이 필요한지를 판단하는 데 도움이 되며, 이는 비즈니스 사례를 도출하는 데 중요한 역할을 한다.

많은 기업이 겪는 어려움 가운데 하나가 자원 가용성이다. 따라서 자원 가용성을 먼저 평가하는 것이 바람직하다. 전환을 실행하는 데 필요한 기술을 갖춘 적절한 인력이 충분한가? 인재 확보 경쟁이 치열하므로 이 문제는 초기에 해결해야 한다. 자원 계획을 소홀히 하면 비즈니스 케이스, 일정, 예산 전반에 큰 압박이 가해질 수 있다.

기술 매핑 및 거버넌스 실행

기업은 야망을 품고, 그 야망을 실현하기 위한 전략을 세운다. 현대 디지털 기업에서 기술은 야망을 달성하는 데 중요한 역할을 한다. 그러나 기업 거버넌스의 다른 측면과 마찬가지로 기술의 배포와 관리에도 적절한 계획이 필요하다. 첫째, 기술은 기업이 달성하고자 하는 목표에 부합하는지 평가해야 한다. 즉, 기술은 비즈니스 목표에 가치를 더해야 한다. 둘째, 기업은 새로운 기술을 수용할 준비가 돼 있어야 한다. 이는 해당 기술을 다룰 수 있는 숙련된 인력을 보유하고 있어야 함을 의미한다. 이와 관련해 클라우드를 포함한 기술 구현의 성공을 가로막는 두 가지 주요 요인을 확인했다.

- 기술이 비즈니스에 가치를 더하지 못할 수 있다.
- 해당 기술을 다룰 수 있는 인적 자원이 부족할 수 있다.

기술 매핑은 이 문제를 해결하는 데 도움이 될 수 있다. 일반적으로 기술 매핑은 사용 사례를 정의하는 것으로 시작한다. 즉, 그 기술을 어디에 쓸 것인가를 정한다. 이어서 기술을 회사의 프로세스 및 기술 기반 내에서 어떻게 구현하고 통합해야 하는지 결정하기 위해 기존 포트폴리오와 비교해 평가한다. 마지막 단계는 실제 계획 수립이며, 이 단계에서는 변화 수용 및 교육이 핵심 요소다.

기술 매핑은 야망과 전략에서 시작된다. 시장과 고객 요구가 끊임없이 변화하는 세상에서 비즈니스 민첩성은 필수다. 기업은 변화에 신속하게 대응하고 적절하게 행동할 수 있어야 하며, 혁신을 간과할 수는 없지만 올바른 혁신을 선택하는 것이 중요하다.

혁신 따라가기

클라우드 기술은 빠르게 진화한다. AWS가 2006년에 공개적으로 사용할 수 있는 메시징 서비스인 SQS[Simple Queue Service]로 시작했다는 점을 기억하자. 현재 AWS는 전 세계 데이터 센터에서 200개가 넘는 서비스를 제공하고 있으며, 매년 새로운 서비스가 출시되고 있다. 기업은 이러한 모든 혁신을 어떻게 따라갈 수 있을까?

모든 새로운 서비스가 회사에 유익한 것은 아니다. 모든 것이 그렇듯이 서비스는 비즈니스 목표, 전략 및 목표에 부합해야 한다. 하지만 대부분의 혁신은 클라우드에서 더 쉽게 작업할 수 있게 하거나(자동화), 더 효율적으로 만들거나(비용 효율성 및 다양한 데이터 소스의 효율적인 사용), 비즈니스에 새로운 가능성을 열어주는 기능으로 분류할 수 있다. 후자의 예로는 인공지능 또는 양자 시뮬레이션 사용을 가능하게 하는 서비스가 있다.

또한 비즈니스가 나아가야 할 방향에 대한 명확한 비전이 있어야 한다. 디지털 시대에는 이것이 이미 매우 어렵다. 고객 수요는 끊임없이 변화하고 있으며, 속도는 점점 더 빨라지고 있기 때문이다. 혁신은 이런 요구를 충족하는 데 도움이 될 수 있지만, 정말로 필수인지, 아니면 있으면 좋은 수준인지 냉정하게 가려야 한다.

주요 클라우드 서비스 공급자는 매년 주요 신규 기능과 새로운 기술 릴리스를 발표하는 콘퍼런스를 개최한다. 이러한 이벤트는 기술에 정통한 청중을 대상으로 한다는 점을 알아야 한다.

마이크로소프트 이그나이트: 애저를 포함한 마이크로소프트 기술을 사용하는 기술 전문가 및 개발자를 위한 이벤트다. 마이크로소프트가 개발해 애저에서 출시한 새로운 기술에 중점을 둔다.

마이크로소프트 인스파이어: 애저와 같은 마이크로소프트 기술을 사용해 서비스를 제공하는 파트너를 위한 비즈니스 이벤트다. 이 콘퍼런스는 애저 서비스를 사용해 비즈니스를 성장시키고 관리하는 방법에 중점을 두며, 이그나이트보다 기술적인 내용은 적다.

AWS 리인벤트 Re:invent**:** AWS의 기술 콘퍼런스로, 매년 새로운 제품과 릴리스를 선보인다.

AWS 비즈니스 이벤트: AWS가 비즈니스 확장에 어떻게 도움이 되는지 논의할 기회를 제공하는 비즈니스 리더를 위한 플랫폼이다.

구글 I/O: 구글의 대규모 기술 콘퍼런스로, 구글 클라우드뿐만 아니라 안드로이드 및 구글 서비스를 포함한 구글이 제공하는 모든 기술을 다룬다.

구글 클라우드 넥스트: 구글 클라우드의 주요 이벤트다.

오라클 클라우드 월드: 오라클 클라우드 인프라스트럭처Oracle Cloud Infrastructure의 새로운 릴리스 및 기능에 대한 모든 것을 배울 수 있는 주요 이벤트다.

이러한 콘퍼런스에서는 제품 및 플랫폼에 대한 최신 정보가 공유된다. 이 외에도 전 세계에 참석할 가치가 있는 사용자 커뮤니티가 있다. 마이크로소프트 기술에 중점을 둔 Experts Live는 이러한 사용자 이벤트의 좋은 예다. 마지막으로 X(구 트위터), 마스토돈Mastodon, 링크드인LinkedIn 및 레딧Reddit과 같은 소셜 미디어는 혁신을 추적하는 데 유용한 소스다.

혁신 도입

혁신을 도입하는 것은 문화적인 문제지만, 가장 중요한 것은 혁신이 비즈니스에서

비롯돼야 한다는 점이다. 혁신은 부가가치를 창출해야 한다. 모든 혁신의 과제는 회사의 고객에게 어떤 이점을 가져다주고, 어떤 부가가치가 수반되는지 묻는 것이다. 이는 더 나은 고객 경험으로 이어지는 직접적인 이점일 수도 있지만, 회사 내 최적화된 프로세스의 결과일 수도 있다. 결국 이는 고객 경험 개선으로도 이어진다.

최신 기업의 일반적인 목표를 살펴보자. 이는 일반적으로 고객 경험, 지속 가능성 및 재무 효율성으로 그룹화된다. 이러한 목표가 회사의 더 큰 야망이라면 혁신은 이러한 야망에 맞게 검토돼야 한다.

고객 경험을 개선하는가? 고객을 더 행복하게 만들 것인가? 기업 및/또는 사회 전반의 지속 가능성을 개선하는가?

전반적인 비즈니스 목표를 고려할 때 투자를 할 가치가 있는가? 그리고 재무 성과에 어떤 영향을 미칠 것인가?

예를 들어 보자. 서버리스 기능은 클라우드 기술의 훌륭한 혁신이나. 이벤드 기반 사용 사례에서 사용될 때 고객 트리거 시 작업이 즉시 시작되고 수동 개입 없이 서비스 제공이 시작되므로 고객 경험을 개선할 가능성이 높으며, 배포 및 관리해야 하는 무거운 VM을 사용할 필요가 없으므로 지속 가능성도 향상된다. 또한 더 적은 리소스가 호출돼 영향이 줄어든다. 이때 투자를 할 가치가 있는가? 비스니스에 가치를 더할 것이라는 사실을 감안할 때 답은 아마도 '예'일 것이다.

그러나 이는 시스템 아키텍처의 큰 변화일 수도 있으므로, 잘 고려해야 한다. 이처럼 혁신을 채택하고 환경에 필요한 변경을 수행하려면 숙련된 리소스와 노력이 필요하다. 이는 총투자의 일부다. 그런 다음 고객 경험의 중요성과 지속 가능성 목표 달성에 동의해야 한다.

혁신 도입 시 고려해야 할 중요한 측면 중 하나는 모든 사람이 이러한 혁신을 기꺼이 채택하지는 않는다는 것이다. 운영자는 시스템을 가능한 한 안정적으로 유지해야 하는 과제를 안고 있는데, 시스템 변경을 유발하는 혁신은 시스템 오류 및 심지어 중단으로 이어질 수 있으며, 이로 인해 많은 추가 작업이 발생할 수도 있다. 이것이 바로 혁신을 도입하고 구현할 때 개발자와 운영자를 항상 함께 참여시켜야 하는 이유, 즉 데브옵스 방식으로 해야 하는 이유다. 이때 그들은 모두 같은 생각을 해야 한다.

그것이 문화다. 비즈니스 목표에 대한 공통된 합의와 혁신 채택으로 인한 변화의 영향에 대한 공통된 이해에 도달하는 것이다. 이 책을 읽는 동안 이 주제에 대해 더 많은 내용을 다룰 것이다.

요약하면 혁신은 비즈니스에 실질적 가치를 더하고 회사의 전반적 목표 달성에 기여해야 한다. 이를 통해 우리는 북극성에서 우리가 추구해야 할 야망을 정의하고 멀티 클라우드가 어떻게 그에 적합할 수 있는지 알 수 있다.

로드맵 및 비즈니스 정렬 정의

북극성 아키텍처에 대해 들어본 적이 있을 것이다. 이는 특히 디지털 전환에서 기업의 미래 포부를 정의하는 데 흔히 사용된다. 거의 모든 기업이 각자의 북극성을 정의했으며, 이는 기업의 포부를 설정하고 팀이 해당 포부 실현을 향해 반복적으로 작업하게 한다. 이는 애자일 작업의 기본 아이디어다. 아키텍처는 북극성을 향해 나아가기 위해 필요할 때마다 모든 반복 단계에서 진화하고, 조정되고, 리팩토링된다.

그러나 팀에게는 지침과 안전장치가 필요하다. 반복적인 작업의 위험과 북극성에 정의된 포부만으로는 팀이 시스템 전체의 상호 운용성 및 통합에 대한 지침 없이 코드와 애플리케이션을 개발할 수 있기 때문이다. 또는 팀이 다른 팀이 이미 완료한 작업을 개발하는 데 많은 시간을 소비할 수도 있고, 클라우드 플랫폼에서 서비스로 즉시 제공되는 기능을 또다시 구현할 수도 있다.

로드맵은 지침을 제공하지만, 로드맵 자체가 '비즈니스 통합'된 경우에만 가능하다. 그렇다면 '비즈니스 통합'은 무엇일까? 비즈니스의 포부와 목표가 기업의 역량과 기술 스택에 정렬돼야 한다는 뜻이다. 이러한 요소들이 결합돼 팀에게 특정 비즈니스 기능을 구축하는 데 사용할 도구를 알려주는 실행 가능한 전략으로 수렴돼야 한다.

따라서 로드맵을 구축할 때는 비즈니스 모델과 비즈니스 기능부터 시작해야 한다. 비즈니스 모델은 기업이 어떻게 운영되는지에 대한 통찰을 주고, 이를 비즈니스 기능으로 구체화한다. 이어서 각 기능을 애플리케이션 기능과 그 안의 데이터 사용으로 매핑한다. 애플리케이션이 어떤 비즈니스 기능을 수행하며, 그 기능이 언제 왜 어떤 데이터를 필요로 하는지 묻는다. 마지막 단계가 기술 매핑이다.

어떤 종류의 데이터베이스가 데이터 처리에 가장 적합할까? 기업이 애플리케이션 기능, 즉 비즈니스 기능을 제공하는 데 필요한 기술은 무엇일까? 로드맵에서는 클라우드 공급자 및 기타 공급자의 발표된 제안과 일치시킬 수 있다. 그러나 새로운 기능, 릴리스, 제품 또는 서비스가 어떻게 기능을 향상시키는지 로드맵에서 명확히 해야 한다.

요약하자면 기술 로드맵은 기술을 사용해 특정 비즈니스 목표와 포부를 달성하기 위한 전략적 계획을 정의한다. 기술 로드맵에는 기술 자체뿐만 아니라 이러한 기술을 비즈니스 기능에 매핑하는 내용도 포함된다.

아키텍처 담당자는 템플릿을 사용해 로드맵을 작성하는 것이 좋다. 다음 다이어그램에 예가 나와 있다. Miro와 같은 도구는 로드맵을 작성하는 데 매우 유용하다.

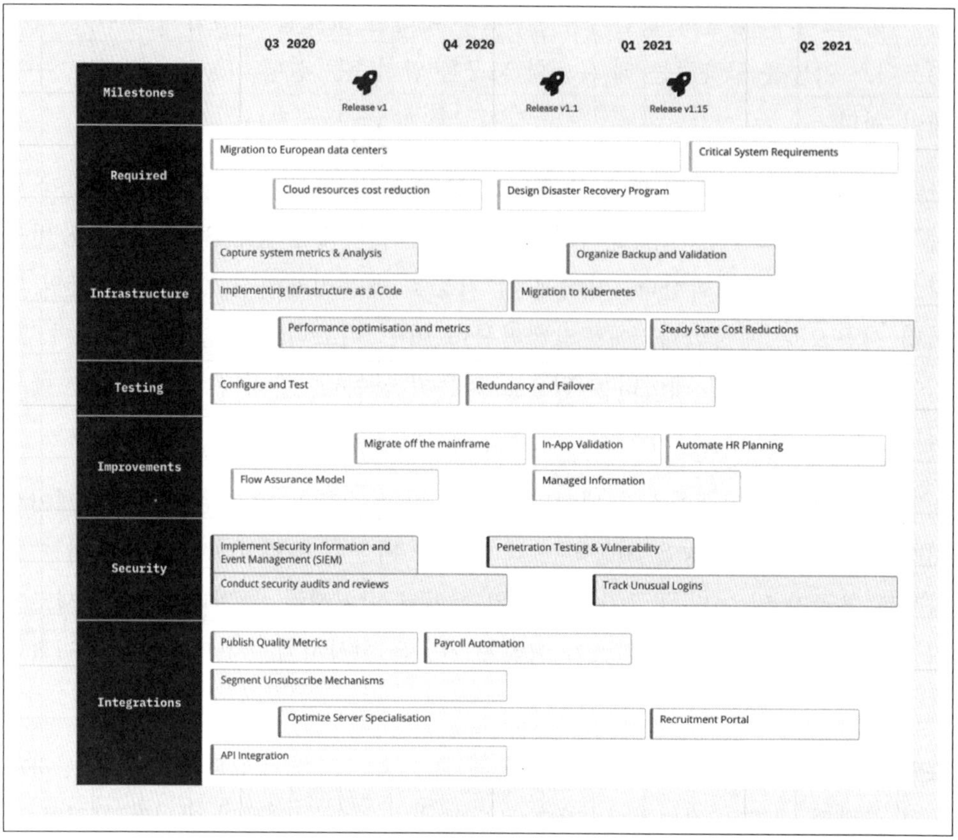

그림 3.2 기술 로드맵을 보여주는 Miro 보드의 예(https://miro.com/templates/technology-roadmap/)

로드맵은 아키텍처 담당자가 소프트웨어 시스템을 마이그레이션하거나 업데이트하기 위한 전략을 정의하고, 새로운 기술 또는 기타 프로젝트 개발을 계획하는 데 도움이 될 것이다. 그러나 아키텍처 담당자는 시작점이 하나라는 점, 즉 비즈니스라는 점을 명심해야 한다. 4장에서는 클라우드 서비스 설계를 다루고, 비즈니스 핵심 성과 지표KPI와 서비스 수준 계약SLA, Service-Level Agreements이 기업이 클라우드를 최대한 활용하는 데 어떻게 도움이 되는지 설명한다. 클라우드 서비스 공급자는 클라우드 도입 프레임워크CAF, Cloud Adoption Framework 및 Well-Architected 프레임워크WAF, Well-Architected Framework를 통해 훌륭한 도구를 제공한다. 아키텍처에서 이러한 도구를 사용하는 방법을 배우게 될 것이다.

전환 및 변환 계획

클라우드로의 전환 및 변환 계획은 비즈니스 케이스에서 시작돼야 함을 명확히 해야 한다. 아키텍처 담당자는 클라우드 플랫폼으로 이동할 애플리케이션 로드맵을 설계할 때 비즈니스-데이터-애플리케이션-기술 규칙을 따르는 것이 좋다. 그러나 기업이 실제로 마이그레이션을 시작하기 전에 수행해야 할 작업이 많다.

평가를 통해 현재 운영 방식CMO, Current Mode of Operations에 대한 명확한 개요를 확보했다고 가정해 보자. 비즈니스 케이스를 통해 기업은 미래 운영 방식FMO, Future Mode of Operations으로 비즈니스를 전환하기 위한 야망, 목표 및 전략과 전환이 필요한 이유 또는 바람직한 이유를 설정했다. 앞서 언급했듯 이는 기술적인 측면을 넘어선다. 전환 및 변환 계획에는 다이어그램에 표시된 다양한 계층에서 최소한 다음 주제가 포함돼야 한다.

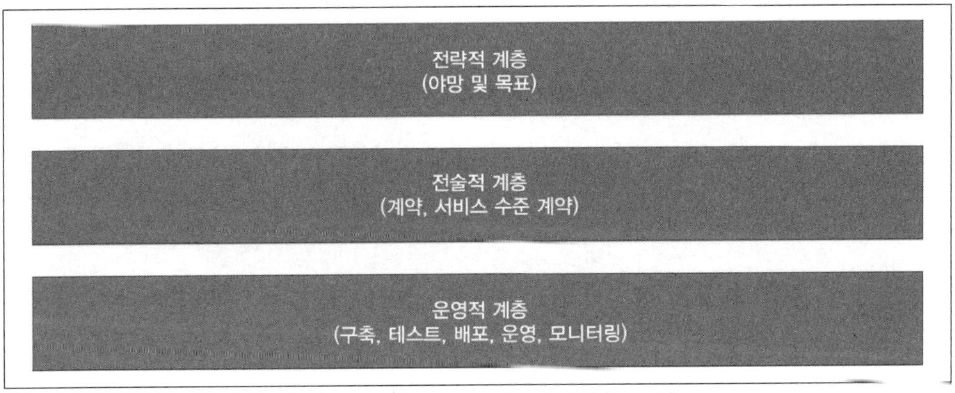

그림 3.3 단순화된 엔터프라이즈 거버넌스 모델

가장 상위 계층은 전략적 계층이다. 이곳은 실제 비즈니스 전략이 정의되는 곳으로, 2장에서 다룬 내용이다. 여기서는 마이그레이션 및 최종 운영의 모든 활동을 관리하고 제어하는 데 도움이 되는 모든 거버넌스 프로세스가 정의된다.

다음 계층은 전술적 계층이다. 퍼블릭 클라우드 플랫폼에서 애플리케이션을 이동하거나 개발을 시작하는 기업은 서비스 수준 및 KPI를 고려해야 하며, 비즈니스 목표와 일치해야 하는 클라우드 서비스 공급자와의 계약 및 합의가 필요하다. 모든 주요 클라우드 서비스 공급자는 SLA를 제공하는데, 이러한 계약은 가동 시간 보장 및 크레딧 정책과 같은 사항을 정의한다. 이는 일반적으로 법률 문서이므로 법률 자문가의 검토를 받는 것이 좋다.

TIP

> 마이크로소프트 애저의 SLA는 https://www.microsoft.com/licensing/docs/view/Service-Level-Agreements-SLA-for-Online-Services?lang=1에서 확인할 수 있다. AWS는 https://aws.amazon.com/legal/service-level-agreements/를, GCP는 https://cloud.google.com/pubsub/sla를 참조하라.

마지막 계층은 운영 계층이다. 이곳은 구축, 테스트, 배포, 운영, 모니터링 등 모든 운영 프로세스가 정의되는 곳이다. 모든 운영 프로세스에서 클라우드 서비스를 어떻게 사용해야 하는지 명확히 해야 하는데, 여기에는 인프라, 데이터, 애플리케이션 관리가 포함된다.

따라서 전환 및 변환 계획을 수립할 때 아키텍트는 비즈니스 목표와 야망을 전술적 매개변수로, 마지막으로 기술 솔루션으로 변환하는 것부터 시작해야 한다.

전환 계획은 다음 항목을 포함해 모든 것을 포괄해야 한다.

- **자산 검색:** 환경과 비즈니스 프로세스 지원 방식에 대한 완전하고 포괄적인 개요가 필요하다. 후자가 중요한 이유는 중요 비즈니스 프로세스에 심각한 영향을 미치지 않고 클라우드로 마이그레이션할 수 있는 간단한 독립 실행형 애플리케이션이 있기 때문이다. 의심할 여지없이 비즈니스에 중요한 애플리케이션과 데이터가 있을 것이다. 현재 환경에 장애가 발생하면 이러한 중요한 애플리케이션과 데이터에 대한 액세스 부족은 계획된 중단이 발생하더라도 많은 피해를 초래할 수 있다. 검색을 통해 비즈니스 기능과 중요도에 따라 어떤 환경이 중요한지 명확히 해야 한다. 이는 마이그레이션 전략에 영향을 미칠 것이다.

- 검색에서 또 다른 중요한 주제는 환경의 모든 상호 작용을 설정해야 한다는 것이다. 어떤 워크로드가 다른 워크로드에 연결돼 있을까? 여기에는 라우팅, 데이터베이스 사용량, (공유) 스토리지, 백업 및 환경의 보안 설정이 포함된다.
- 마지막으로 자산이 어떻게 운영되고 누가 운영하는지 식별해야 한다.
- **비즈니스 계획에 대한 자산 평가:** 아키텍트는 대상 아키텍처와 대상 운영 모델을 정의해야 하며, 실제 빌드를 시작하기 전에 둘 다 몇 가지 원칙을 준수해야 한다. 멀티 클라우드 전략 및 아키텍처는 대상 플랫폼 전반에서 일관성을 보장해야 하는데, 이는 특정 클라우드에 종속되는 것을 피하는 문제일 뿐만 아니라 워크로드 관리의 복잡성을 줄이는 문제이기도 하다. IaaS, PaaS 및 SaaS와 같은 다양한 서비스 모델에서도 플랫폼 전체에 워크로드를 분산할 것이기에, 다음과 같은 품질 속성을 고려하는 것이 중요하다.
  - 신뢰성
  - 유지 관리성
  - 유용성
  - 이식성
  - 정확성
  - 효율성
  - 무결성 또는 보안
  - 테스트 가능성
  - 유연성
  - 재사용성
- 아키텍트가 이러한 품질 속성에 따라 작업하면 회사는 멀티 클라우드의 이점을 얻을 수 있다.
  - **최고의 솔루션:** 멀티 클라우드 여정을 시작하는 첫 번째 이유이기 때문이다. 우리는 다양한 세계의 최고를 활용하고 고객에게 가치를 제공하는 엔터프라이즈 제안에 가장 적합한 솔루션을 원한다.

- **향상된 복원력**: 워크로드가 다양한 플랫폼에 분산돼 있다. 이는 비즈니스에 심각한 영향을 미치는 오류 및 중단 위험을 줄인다.
- **비즈니스 민첩성**: 멀티 클라우드는 비즈니스 요구에 맞는 적절한 도구와 솔루션을 선택할 수 있는 기회를 활용해 민첩성을 높인다.

- 아키텍트가 이 단계에서 이미 고려해야 할 두 가지 사항이 더 있다.
  - **보안**: 이미 퍼블릭 클라우드는 매우 안전하게 보호돼 있다. 클라우드 서비스 공급자는 서비스를 사용하고 (중요한) 비즈니스 프로세스를 실행하는 수천 명의 고객을 통해 플랫폼을 보호할 수밖에 없다. 공급자는 클라우드에 대한 책임을 지고 고객은 클라우드 내부에 있는 것에 대한 책임을 진다. AWS, 애저 및 GCP는 다양한 보안 도구를 제공하지만 이를 현명하게 사용하는 것은 고객에게 달려 있다.
  - **비용 통제**: 회사는 클라우드 서비스를 사용해 발생하는 비용을 알아야 한다. 클라우드는 비용, 측정 및 청구 측면에서 복잡할 수 있으며, 서비스는 끊임없이 변경되고 새로운 기능이 지속적으로 출시되므로 비용이 어디에서 발생하는지 제대로 이해하기 어렵다. 이는 핀옵스FinOps의 영역으로, 이 책에서 자세히 다룬다.
- **계획**: 여기에는 워크로드의 마이그레이션 및 변환을 실제로 수행하는 데 필요한 모든 활동이 포함된다. 일반적으로 마이그레이션은 웨이브Wave로 계획되며, 웨이브 0은 대상 아키텍처 및 대상 운영 모델에 정의된 대로 랜딩 존과 마이그레이션 절차를 구축하고 테스트하는 데 사용된다. 웨이브 1에는 간단한 애플리케이션을, 이후 웨이브에는 더 복잡한 환경을 배치하는 것이 좋다.

이제 계획이 준비됐으니, 본격적으로 구축을 시작할 수 있다.

구축 시작

기업이 클라우드 전략을 정의할 때 내리는 중요한 결정 중 하나는 어떤 클라우드 서비스 공급자를 선택할지 결정하는 것이다. 그런 다음 선택한 각 클라우드에 랜딩 존을 구축해야 한다. 여기에는 통신, 정책, 보안, 모니터링, 비즈니스 연속성 및 재해 복구, 프로세스 및 교육과 같은 기본 사항이 포함돼야 한다. 여기에서부터 기업은 워크로드별로 특화된 환경을 계획하고 구축하는 작업을 시작할 수 있다. 명심해야 할 점은 무엇이 랜딩 존에 안착할지 알지 못한 채 랜딩 존을 구축하고 구성하는 것은 아무 의미가 없다는 것이다.

그렇다면 랜딩 존landing zone이란 무엇일까? 일반적으로 클라우드 랜딩 존은 애플리케이션 호스팅을 시작할 수 있도록 퍼블릭 클라우드에 프로비저닝된 사전 구성된 기본 환경으로 정의된다. 랜딩 존은 일반적인 용어이지만, 3장의 첫 번째 절에서 다룬 공통 언어에 대한 내용을 기억해야 한다. 모든 클라우드 서비스 공급자는 랜딩 존을 생성하기 위한 다양한 이름과 서비스를 갖고 있다는 것을 말이다.

랜딩 존 자체를 구성하기 전에 중요한 단계가 있다. 바로 랜딩 존에 연결할 수 있는지 확인하는 것이다. 이를 위해서는 연결성이 확보돼야 한다.

간단한 연결 설정

클라우드 서비스 공급자를 구독하고 바로 작업을 시작할 수도 있지만, 회사는 직원들이 회사 도메인에서 특정 클라우드 서비스에 안전하게 연결할 수 있는 등록을 원할 것이다. 기본적으로 이러한 연결을 설정하는 방법에는 **가상 사설 네트워크**VPN, Virtual Private Network, 직접 연결, 통신 회사 또는 연결 파트너의 완전 관리형 브로커 서비스 사용의 세 가지 옵션이 있다. 다음 절에서는 이러한 각 옵션을 자세히 살펴본다.

가장 많이 사용되는 기술 중 하나는 VPN이다. VPN은 본질적으로 인터넷을 통해 통신 서비스 공급자의 역할을 대신하는 터널이다. 특정 IP 주소 또는 IP 범위에서 퍼블릭 클라우드의 게이트웨이 서버 IP 주소로 연결된다.

본론으로 들어가기 전에 퍼블릭 클라우드가 무엇인지 알아야 한다. 기업이 애저, AWS, GCP 또는 기타 퍼블릭 클라우드에 서비스를 배포하는 경우(오라클, 오픈스택, IBM 클라우드, 알리바바와 같은 더 많은 퍼블릭 클라우드가 있으며 기본 개념은 모두 거의 동일하다는 점을 기억하라) 데이터 센터를 해당 클라우드로 확장하는 것이다. 따라서 데이터 센터와 퍼블릭 클라우드의 확장 간에 연결이 필요하다.

연결을 빠르고 안전하게, 그리고 비용 효율적으로 설정하는 가장 간단한 방법은 VPN을 사용하는 것이다. 인터넷은 이미 존재하며, 이론적으로는 해당 확장과 통신할 수 있는 IP 주소 또는 IP 범위를 할당해 터널을 생성하기만 하면 되기 때문이다. 이 터널은 사무실 위치(사이트) 간에 있을 수도 있고, 클라우드에 연결하는 사용자 한 명으로부터 시작될 수도 있다. 후자를 지점 간 또는 사이트 간 VPN이라고 한다.

퍼블릭 클라우드 자체에서 외부 연결에 모든 리소스를 개방하지 않으려면 해당 연결이 어딘가에서 종료돼야 한다. 이는 드문 경우이며 권장되지 않는다. 일반적으로 기업은 워크로드를 직접적이고 통제되지 않은 외부 연결로부터 보호하려고 한다. 따라서 VPN을 구성할 때는 VPN이 종료되는 게이트웨이가 있는 퍼블릭 클라우드 내 영역을 마련해야 한다. 게이트웨이에서 트래픽은 클라우드의 라우팅 규칙 및 테이블을 사용해 클라우드의 다른 리소스로 라우팅될 수 있다. 이는 사용자가 실제로 시스템에 접근하기 전에 특정 연결 영역 또는 DMZ(비무장지대)가 있는 기존 데이터 센터와 동일한 방식으로 작동한다. 다음 아키텍처는 퍼블릭 클라우드에 대한 VPN 연결의 기본 원리를 보여준다.

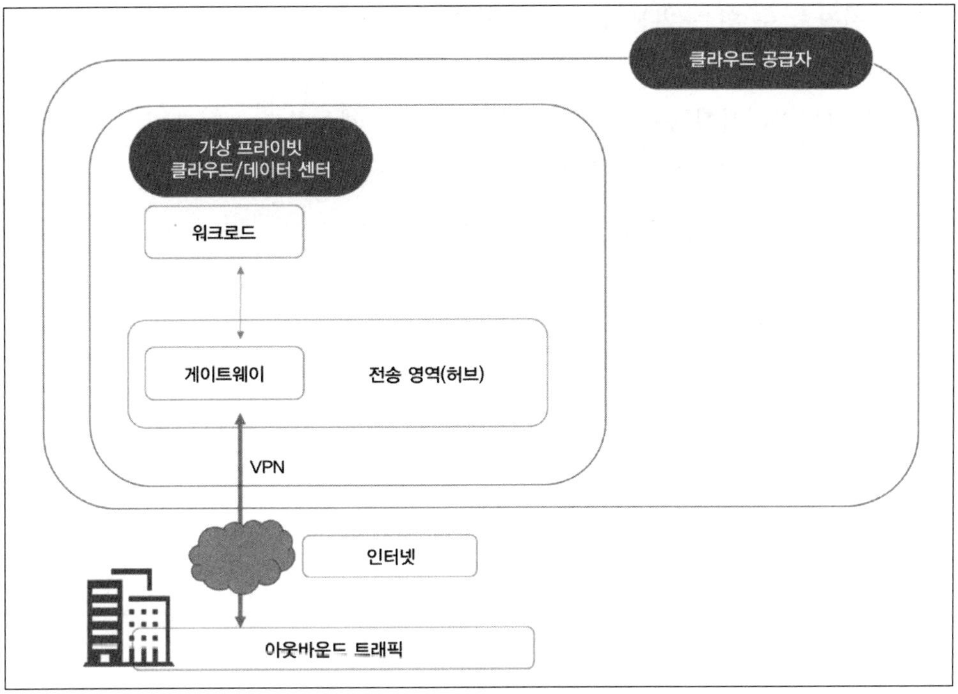

그림 3.4 VPN 연결의 기본 아키텍처

한 가지 덧붙이자면 애저 익스프레스라우트ExpressRoute, AWS 다이렉트 커넥트Direct Connect, 구글 다이렉트 커넥트와 같이 퍼블릭 클라우드에 직접 연결하는 전용 회선을 사용하는 방법도 있다. 이러한 방식은 대규모 미션 크리티컬 환경을 퍼블릭 클라우드에 배포하거나 고성능을 요구하는 대량의 데이터 전송이 필요한 경우에 기업에서 주로 고려한다. 또한 규정 준수를 위해, 또는 안정성과 일관된 지연 시간을 보장하기 위해 권장되거나 필수적으로 요구되기도 한다.

다음 단계는 클라우드 작업 공간인 랜딩 존을 구축하는 것이다.

랜딩 존 설정

애저에서는 구독, AWS에서는 계정, GCP에서는 프로젝트를 프로비저닝해 랜딩 존을 시작한다. 이들은 모두 클라우드 서비스 공급자가 제공하는 서비스를 사용해 작업을 시작할 수 있는 기본 환경을 구성한다는 점에서 유사한 역할을 수행한다. Well-Architected 프레임워크 및 클라우드 도입 프레임워크와 같은 프레임워크를 살펴보면 이러한 랜딩 존은 다음과 같은 기능을 제공한다.

- 보안 제어
- ID 및 액세스 관리IAM, Identity and Access Management
- 테넌시(특정 고객에게 할당된 작업 공간)
- 네트워크 구성
- 모니터링 및 백업과 같은 운영 관련 리소스

랜딩 존을 통해 고객은 표준화된 환경을 얻을 수 있으며, 이는 처음부터 관리할 수 있게 설정하는 것이 좋다. 랜딩 존 설정 단계는 다음과 같다.

- **설계:** 보안 제어, IAM 및 네트워킹에 대한 기본 매개변수를 정의한다.
- **배포:** 애저에서는 애저 블루프린트Blueprints를 사용해 랜딩 존을 배포할 수 있다. 애저 블루프린트는 설계 원칙을 통합할 수 있는 표준화된 템플릿을 제공해 랜딩 존을 롤아웃한다. AWS에서는 AWS 랜딩 존Landing Zone이라는 서비스를 통해 클라우드포메이션CloudFormation 템플릿 및 CloudTrail과 같은 모니터링 서비스를 사용해 AWS의 모든 기본 서비스를 설정한다. 구글은 개발자가 YAML, 파이썬Python 또는 Jinja2를 사용해 GCP에 템플릿을 배포할 수 있는 구글 Deployment Manager를 제공한다.
- **운영:** 고객이 빌드를 시작하면 랜딩 존이 확장된다. 다른 인프라와 마찬가지로 랜딩 존도 관리해야 하는데, 언급된 클라우드에서 여러 환경을 실행하는 경우 이러한 여러 환경에서 운영을 더 쉽게 수행할 수 있는 도구를 설정하는 것이 좋다. 이는 '인프라 일관성 유지' 절에서 자세히 설명한다.
- **업데이트:** 운영에서 얻은 업데이트를 설계에 다시 반영해 아키텍처를 지속적으로 개선하고 일관성, 문서화 및 이전 가능성을 유지해야 한다.

클라우드 서비스 공급자의 표준화된 접근 방식을 따르면 랜딩 존을 통해 조직은 다음을 일관되게 관리할 수 있다.

- 클라우드 플랫폼의 리소스
- 액세스
- 모니터링
- 비용
- 거버넌스 및 보안

3장에서는 랜딩 존 설정에 대한 일반적인 원칙에 중점을 뒀다. 6장에서는 AWS, 애저, GCP, 알리바바 및 OCI의 다양한 랜딩 존 제안을 자세히 설명한다.

선호하는 클라우드 또는 여러 클라우드에 랜딩 존을 구축했으므로 워크로드를 마이그레이션하거나 배포하는 것을 고려할 수 있다.

변환 옵션 탐색

클라우드로 워크로드를 개발하고 마이그레이션할 때 아키텍트가 처음부터 고려해야 할 다양한 옵션이 있다. 이 절에서는 이러한 선택 사항을 자세히 설명한다.

모놀리식에서 마이크로서비스로

많은 기업이 모놀리식 애플리케이션을 포함한 기술 부채를 안고 있다. 모놀리식 애플리케이션은 서비스가 긴밀하게 결합돼 하나의 환경으로 배포되는 형태를 띤다. 이러한 애플리케이션은 업데이트나 업그레이드가 매우 어렵고, 서비스 업데이트 시 전체 애플리케이션을 업데이트해야 한다. 또한 확장성과 민첩성이 떨어진다. 그러나 마이크로서비스는 서비스가 느슨하게 결합돼 있어 이러한 문제에 대한 해결책이 될 수 있다.

모놀리식 애플리케이션을 마이크로서비스로 전환하는 것은 매우 복잡하다. 가장 먼저 "전환할 가치가 있는가?"라는 질문에 답해야 한다. 노력과 비용을 들여 전환했을 때 얻을 수 있는 이점이 그만큼 큰가? 차라리 애플리케이션을 그대로 두고 클라우드로 리프트 앤 시프트lift-and-shift하거나, 마이크로서비스 아키텍처를 사용해 대체 애플리케이션을 병렬로 설계, 구축 및 배포하는 것이 더 나을 수도 있다.

이러한 논의를 통해 2장에서 다룬 다음과 같은 클라우드 전환 전략을 생각해 볼 수 있다.

- 재호스팅Rehost
- 재플랫폼화Replatform
- 재구매Repurchase
- 리팩터Refactor
- 재설계Rearchitect
- 재구성Rebuild
- 폐기Retire
- 유지Retain

마이크로서비스는 일반적으로 재설계 및 리팩토링 전략을 따른다. 애플리케이션의 기능과 기본 워크로드를 마이크로서비스에서 실행되도록 조정하는 것을 포함하며, 기존 모놀리식 애플리케이션의 아키텍처를 재구성하고 코드를 리팩토링해야 한다. 때로는 클라우드 네이티브 애플리케이션을 개발해 기존 애플리케이션을 대체하는 것이 더 나은 선택일 수 있다. 특히 기존 애플리케이션이 클라우드에서 많은 리소스(비용이 많이 드는)를 소비하거나 향후 업데이트 및 업그레이드를 방해할 가능성이 있는 경우에 그렇다.

기업은 백업 또는 재해 복구 목적으로 기존 환경을 유지하기로 결정할 수도 있다. 하지만 이는 추가 비용을 발생시킨다. 기존 환경을 관리하고 새로운 환경 개발에 투자해야 하기 때문이다. 또한 자체 개발 또는 상용 소프트웨어 구매와 같은 "만들 것인가, 살 것인가[make or buy]" 전략도 고려해야 한다. 이러한 모든 요소를 계획 수립 시 고려해야 한다.

클라우드 네이티브 아키텍처를 구축하기 위한 더 많은 기술이 등장하면서 애플리케이션이 기존 VM에서 컨테이너 및 서버리스로 이동하고 있다. 다음 절에서 이를 자세히 살펴본다.

머신에서 서버리스로

퍼블릭 클라우드 초기에는 기업들이 자체 데이터 센터에서 운영하던 서버, 스토리지, 네트워크 연결을 그대로 복제한 형태였다. 유일한 차이점은 데이터 센터 운영을 다른 회사가 대행하고, 고객에게 장비를 '임대'해 준다는 점이었다. 많은 고객이 데이터 센터를 이용할 수 있도록 대부분의 장비는 가상화 소프트웨어를 통해 하나의 서버를 여러 개의 소프트웨어 정의 서버로 분할하는 방식으로 운영됐다. 즉, 하나의 서버에서 여러 고객의 환경을 멀티테넌트 방식으로 호스팅한 것이다. 이러한 방식은 스토리지 및 네트워크 장비에도 동일하게 적용돼, 사용 가능한 모든 리소스를 매우 효율적으로 활용할 수 있게 했다.

가상 머신은 퍼블릭 클라우드에서 고객이 사용하던 초기 모델이었다. 서비스는 고정된 CPU, 메모리, 연결된 디스크를 가진 머신에서 호스팅됐다. 하지만 서비스가 항상 전체 머신을 필요로 하는 것은 아니었음에도 고객은 해당 시간 동안 전체 머신에 대한 비용을 지불해야 한다는 문제가 있었다. 심지어 서비스가 실행되지 않는 즉시 빠르게 확장 및 축소되는 단기적인 서비스도 있었다. 특히 마이크로서비스 환경에서는 이러한 사례가 흔하다. 이벤트 기반 아키텍처에서는 고객의 액션으로 서비스가 트리거되고, 작업이 끝나면 즉시 중단된다. 따라서 완전한 기능을 갖춘 가상 머신은 이런 서비스에 적합하지 않다.

퍼블릭 클라우드의 서버리스 옵션은 이러한 문제에 대한 해결책이다. 기존 방식에서는 사용자가 직접 서버를 관리하고, 해당 서버에서 소프트웨어를 실행해야 했다. 하지만 서버리스 아키텍처에서는 필요할 때만 클라우드에서 소프트웨어가 실행되고, 서버를 예약할 필요가 없어 비용이 절감된다. '서버리스'라는 용어에 현혹되지 말자. 서버는 여전히 존재하지만, 서비스는 그중 일부분만 그것도 아주 짧은 시간 동안만 사용한다. 서버리스는 인프라 관리에 신경 쓰고 싶지 않은 조직에게 좋은 선택지다.

서버리스 옵션의 가장 큰 장점은 조직이 이벤트 중심 방식으로 전환하는 데 도움이 된다는 점이다. 마이크로서비스 환경에서는 결제나 주문과 같이 특정 작업에 집중하는 소프트웨어 컴포넌트가 존재한다. 이러한 작업은 일련의 프로세스를 따르며, 서버리스 함수는 프로세스에서 각 단계를 수행하고, 해당 작업을 실행하는 데 필요한 리소스만 소비한다. 따라서 서버리스는 아키텍처에 포함하기에 좋은 옵션이다.

주요 퍼블릭 클라우드는 애저 Functions, AWS 람다, 구글 클라우드 Functions와 같은 서버리스 솔루션을 제공한다.

컨테이너 및 멀티 클라우드 컨테이너 오케스트레이션

서버리스는 클라우드에서 특정 기능을 실행하는 데 유용한 솔루션이지만, 애플리케이션이나 애플리케이션 구성 요소를 호스팅하는 데는 적합하지 않다. 그럼에도 많은 기업이 무거운 VM에서 벗어나고자 한다. 일반적으로 VM은 클라우드 환경에서 비용이 많이 드는 솔루션이기 때문이다. VM은 고정된 구성으로 작동하며, 자체 게스트 운영체제를 실행한다. 호스팅 머신은 가상화돼 여러 워크로드가 하나의 머신에서 실행될 수 있지만, VM에서 실행되는 이러한 워크로드 역시 자체 운영체제를 필요로 한다. 각 VM은 자체 바이너리, 라이브러리 및 애플리케이션을 실행하므로 VM의 크기가 상당히 커진다.

컨테이너는 워크로드를 호스팅하기 위해 인프라를 좀 더 효율적으로 사용하는 방법이다. 이는 컨테이너 엔진을 통해 작동하며, 엔진만이 운영체제를 필요로 하고, 호스트 운영체제 커널뿐만 아니라 바이너리 및 라이브러리도 공유한다. 컨테이너 자체는 매우 가볍고 VM보다 훨씬 빠르기에, 마이크로서비스 아키텍처를 구축할 때 좋은 해법이 될 수 있다.

TIP

> 컨테이너는 마이크로서비스를 실행하는 데 적합한 솔루션일 뿐만 아니라 다른 시나리오에도 유용하다. 많은 애플리케이션을 컨테이너로 손쉽게 전환해 클라우드로 빠르게 이전할 수 있으며, 이는 컨테이너가 뛰어난 마이그레이션 전략임을 보여준다.

각 컨테이너는 특정 서비스나 애플리케이션 구성 요소를 실행할 수 있으며, 업그레이드나 업데이트 시 일부 컨테이너만 영향을 받는다.

다음 다이어그램은 VM과 컨테이너의 차이점을 설명한다.

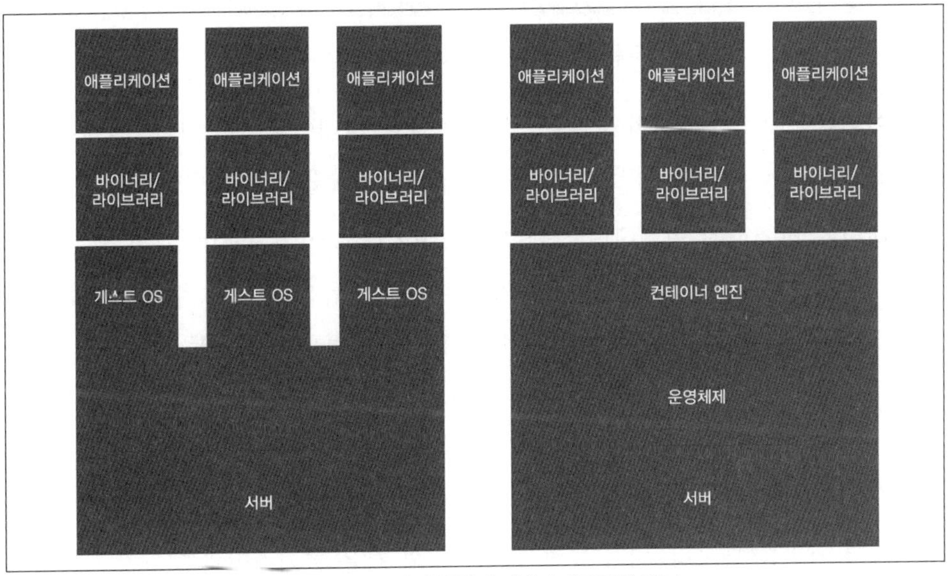

그림 3.5 가상 머신(왼쪽)과 컨테이너(오른쪽) 비교

컨테이너 아키텍처에서 또 하나 중요한 개념은 사이드카[sidecars]다. 사이드카 컨테이너는 애플리케이션의 특정 기능을 담당하는 메인 컨테이너와 함께 실행된다. 특정 기능만 변경하고 다른 부분은 유지하고 싶을 때 사이드카 컨테이너를 활용할 수

있다. 메인 컨테이너의 기능이 업데이트되는 동안 사이드카 컨테이너는 변경하지 않아야 할 기능을 담당한다. 다음 다이어그램은 사이드카 아키텍처의 간단한 예를 보여준다.

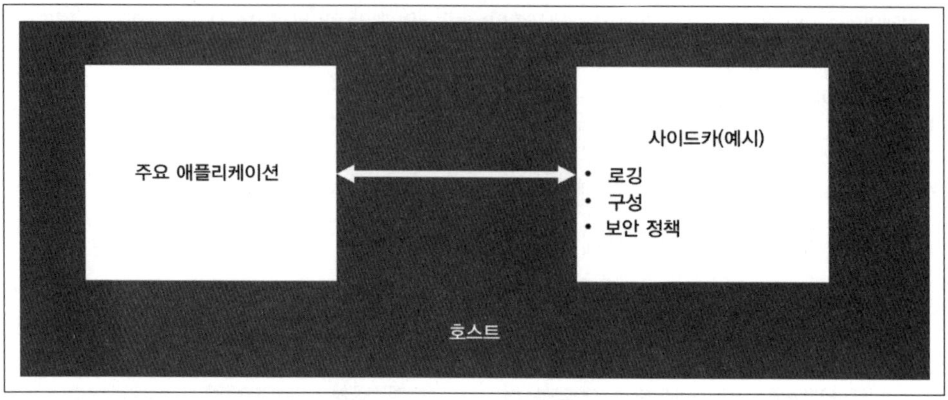

그림 3.6 사이드카를 위한 간단한 아키텍처

컨테이너를 사용할 때 주의할 점은, 앞서 언급한 컨테이너 엔진이다. 컨테이너를 실행할 수 있는 플랫폼이 필요하며, 현재 업계 표준은 쿠버네티스다.

쿠버네티스 환경에서 컨테이너는 컴퓨팅 클러스터에서 작동하며, 관리 계층을 통해 리소스를 공유하고 컨테이너 내 워크로드에 작업을 예약할 수 있다. 여기서 리소스는 컨테이너를 호스팅하는 서버 그룹인 컴퓨팅 클러스터를 의미하며, 일반적으로 **노드**node라고 부른다. 관리 또는 오케스트레이션 계층은 이러한 노드가 하나의 장치처럼 작동해 컨테이너를 실행하고 컨테이너 내부에 구축된 작업(태스크)을 실행하게 한다.

클러스터 관리는 메모리, 처리 능력, 스토리지와 같은 클러스터의 리소스 사용량을 추적한 다음, 클러스터 노드가 최적화된 방식으로 활용되고 애플리케이션이 원활하게 실행되도록 컨테이너를 리소스에 할당한다.

여기서 컨테이너 확장은 컨테이너 자체보다는 기본 인프라 확장에 더 가깝다. 쿠버네티스는 포드Pod를 사용해 여러 컨테이너 간에 데이터와 애플리케이션 코드를 공유하고 하나의 환경처럼 작동하게 한다. 포드는 공유 운명 원칙에 따라 작동하는데, 이는 포드에서 컨테이너 하나가 죽으면 모든 컨테이너가 함께 종료됨을 의미한다.

주요 클라우드 서비스 공급자는 쿠버네티스를 사용해 컨테이너를 실행할 수 있는 솔루션을 제공한다.

- **AKS**Azure Kubernetes Services: 애저에서 쿠버네티스 클러스터를 배포하고 실행하기 위한 관리형 서비스다. 애저는 서버리스 옵션으로 애저 컨테이너 앱스Container Apps 및 애저 컨테이너 인스턴스Container Instances를 제공한다.
- **EKS**Elastic Kubernetes Services: AWS에서 쿠버네티스 플랫폼을 위한 AWS 관리형 서비스다. EKS Anywhere는 쿠버네티스의 오픈소스 배포인 EKS Distro를 사용한다. AWS는 관리형 서비스이므로 쿠버네티스 업데이트, 종속성 및 패치를 테스트하고 추적하며, 이는 AKS에도 동일하게 적용된다. AWS는 컨테이너 환경을 실행하기 위한 서버리스 솔루션인 Fargate도 제공한다. 이를 사용하면 서버를 프로비저닝하거나 관리할 필요 없이, 필요한 만큼의 컴퓨팅을 자동으로 할당해 인스턴스 선택이나 클러스터 용량 확장 같은 작업을 하지 않아도 된다.
- **구글 쿠버네티스 엔진**GKE, Google Kubernetes Engine: GCP에서 쿠버네티스 클러스터를 배포하고 실행하기 위한 구글 클라우드의 관리형 서비스다.
- **쿠버네티스용 알리바바 클라우드 컨테이너 서비스**ACK, Alibaba Cloud Container Service for Kubernetes: 알리바바 클라우드에서 쿠버네티스 클러스터를 배포하고 실행하기 위한 알리바바 클라우드의 관리형 서비스다.
- **쿠버네티스용 오라클 컨테이너 엔진**OKE, Oracle Container Engine for Kubernetes: OCI에서 사용할 수 있는 관리형 컨테이너 서비스다. 이 서비스에는 OKE Virtual Nodes를 사용한 서버리스 옵션도 포함된다.

언급된 모든 공급자는 컨테이너 및 컨테이너 오케스트레이션을 실행하기 위한 비관리형 서비스도 제공한다. 여기서 관리형 서비스의 장점은 클러스터 전체에서 확장 및 로드 밸런싱과 같은 기능이 완전히 자동화돼 공급자가 관리한다는 점이다.

포드 및 노드가 있는 쿠버네티스 클러스터는 앞에 언급된 서비스 중 하나를 사용해 해당 특정 플랫폼에서 구성해야 한다. VMware Tanzu, NetApp Astra 및 애저 아크와 같이 다양한 클라우드 플랫폼에서 쿠버네티스 클러스터를 관리하는 도구를 제공하는 기술이 있다.

- **VMware Tanzu**: 다양한 클라우드 플랫폼에서 쿠버네티스 워크로드와 컨테이너를 관리하기 위해 VMware가 출시한 제품군이다. 이 제품은 Tanzu Mission Control로 출시됐지만, 애플리케이션 변환(Tanzu Application Platform) 및 클라우드 네이티브 개발(Tanzu Labs)을 지원하는 제품으로, 지난 몇 년 동안 발전했다.
- **NetApp Astra**: NetApp은 스토리지 솔루션, 특히 **네트워크 연결 스토리지**NAS, Network Attached Storage를 전문으로 하는 회사로 시작했지만, 수년에 걸쳐 다양한 쿠버네티스 환경을 관리할 수 있는 Astra를 포함한 제품군을 갖춘 클라우드 관리 회사로 발전했다.
- **애저 아크**: 애저 아크 지원 쿠버네티스를 사용하면 어디서든 실행되는 쿠버네티스 클러스터를 연결하고 구성할 수 있다. 다른 퍼블릭 클라우드 서비스 공급자(예: GCP 또는 AWS)에서 실행되는 클러스터 또는 온프레미스 데이터센터(예: VMware vSphere 또는 애저 스택 HCI)에서 실행되는 클러스터를 애저 아크에 연결할 수 있다.

이러한 제품의 흥미로운 점은 온프레미스 프라이빗 스택에서 호스팅되는 환경에서 K3S로 알려진 경량 쿠버네티스를 관리할 수도 있다는 점이며, 하나의 콘솔을 통해 쿠버네티스 및 컨테이너 관리를 원활하게 통합할 수 있다.

인프라 일관성 유지

마이크로서비스, 서버리스, 컨테이너, 그리고 기존 VM 환경 등 다양한 클라우드 환경을 일관성 있게 운영하는 것은 매우 중요한 과제다. 이 절에서는 인프라를 일관되게 유지하기 위한 방법론과 도구를 간략하게 살펴본다.

인프라를 일관성 있게 유지하는 가장 좋은 방법은 템플릿을 활용하는 것이다. 템플릿에는 인프라 구성 요소가 준수해야 하는 모든 구성이 담겨 있다. 가상 머신을 예로 들어보자. VM은 클라우드 서비스 공급자의 마켓플레이스에서 바로 배포할 수 있지만, 일반적으로 기업은 서버에 대한 구체적인 요구 사항을 갖고 있다. 운영체제 구성, 액세스 수준, 서버 보안 매개변수 등을 특정 설정으로 구성해야 하는 것이다. 하지만 서버를 등록할 때마다 이러한 작업을 수동으로 수행하고 싶지 않을뿐더러, 수동으로 처리할 경우 편차가 발생할 가능성이 크다. 이때 템플릿을 사용해 서버의 원하는 상태 등록을 자동화하고 모든 서버가 정책과 일관성을 유지하게 한다.

VM 템플릿의 예를 살펴보자. 다음 목록이 모든 사항을 망라한 것은 아님을 유념해야 한다.

- VM 크기
- 운영체제
- 운영체제 구성 매개변수
- 액세스 정책
- 네트워크 설정
- 워크그룹 또는 도메인 설정
- 보안 매개변수
- 부팅 순서

물론 스토리지, 데이터베이스, 라우터, 게이트웨이, 방화벽 등 인프라의 모든 구성 요소에 대해서도 템플릿을 적용할 수 있다. 템플릿을 만드는 방법은 여러 가지가 있는데, 일반적으로 다음과 같은 두 가지 방법을 많이 사용한다.

- 수동으로 구성한 후 템플릿을 저장소에 저장
- 기존 리소스에서 템플릿을 복제

템플릿을 유지 관리하고 인프라를 일관성 있게 유지하는 데 도움이 되는 도구는 다음과 같다.

- **테라폼**Terraform: 하시코프에서 개발한 오픈소스 도구로, 코드로서의 인프라 IaC, Infrastructure as Code 업계 표준으로 자리 잡았다. 테라폼을 사용하면 다양한 클라우드 플랫폼에서 인프라를 생성, 배포, 관리할 수 있다. 사용자는 하시코프 구성 언어HCL, HashiCorp Configuration Language 또는 JSON(JavaScript 객체 표기법)과 같은 선언적 구성 언어를 사용해 데이터 센터 인프라를 정의하고 제공한다.
- **Bicep**: Bicep 파일을 통해 사용자는 선언적인 방식으로 애저에서 인프라를 정의할 수 있다. 이러한 파일은 여러 번 사용할 수 있으므로 리소스가 일관된 방식으로 배포된다. Bicep의 장점은 JSON 템플릿에 비해 구문이 쉽다는 것이다. Bicep은 ARMAzure Resource Manager을 통해 애저 리소스를 직접 처리하는 반면, JSON에서는 이러한 리소스를 먼저 정의해야 한다. Bicep용 빠른 시작 템플릿은 https://github.com/Azure/azure-quickstart-templates/tree/master/quickstarts에서 확인할 수 있다.
- **CloudFormation**: Bicep이 애저에 대해 수행하는 작업을 CloudFormation은 AWS에 대해 수행한다. CloudFormation 템플릿을 사용해 AWS에 IaC를 프로비저닝한다. CloudFormation 템플릿은 깃허브(https://github.com/awslabs/aws-cloudformation-templates)에서 확인할 수 있다.

이러한 모든 기술은 매우 빠른 속도로 발전하고 있다. 모든 기업이 직면한 과제는 이러한 모든 개발 상황을 따라가는 것이다. 다음 절에서 몇 가지 지침을 제공한다.

마무리

3장에서는 다양한 클라우드 개념에 대한 공통된 이해를 제공하고, 기업이 이러한 개념을 활용해 비즈니스 개선을 위한 최상의 솔루션을 얻는 방법을 제시하고자 했다. 멀티 클라우드 여정을 시작하려면 마이크로서비스, 컨테이너, 서버리스와 같은 새로운 기술을 포함해 클라우드 기술을 최대한 활용하기 위한 적절한 준비가 필요하다. 이는 매우 복잡해질 수 있으므로, 복잡성을 줄이고 워크로드의 효과적인 관리를 가능하게 함으로써 플랫폼의 일관성을 유지해야 한다. 다음으로 연결성을 확보하고 랜딩 존을 정의하는 것부터 시작해 전환 및 변환 계획을 수립했다.

클라우드 기술은 매우 빠른 속도로 진화하고 있기에, 새로운 개발과 새로운 기능의 릴리스를 따라잡기 어렵다. 마지막 절에서는 북극성 아키텍처 및 기술 로드맵의 원칙을 사용해 기술 매핑으로 제어 상태를 유지하는 방법을 살펴봤다.

클라우드 및 기본 기술에 대한 공통된 이해를 바탕으로 클라우드를 사용할 준비가 됐다. 4장에서는 클라우드 도입 프레임워크의 지침과 Well-Architected 프레임워크를 통해 제공되는 도구를 사용해 서비스 모델을 설계함으로써 클라우드 마이그레이션 전략을 정의하는 방법을 자세히 설명하고, 클라우드를 최대한 활용하기 위해 서비스 카탈로그를 설정하는 방법을 살펴본다.

질문

1. CMP란 무엇인가?
2. 3장에서는 퍼블릭 클라우드에서 다양한 쿠버네티스 배포에 대해 설명했다. 애저, AWS, GCP의 관리형 쿠버네티스 서비스 이름을 나열하라.
3. 이그나이트와 리인벤트는 무엇인가?
4. 참/거짓: 북극성은 상세한 엔터프라이즈 아키텍처다.

04

멀티 클라우드용 서비스 설계

클라우드 서비스 공급자는 클라우드 환경에서 거버넌스를 구축하고 서비스를 배포하도록 클라우드 도입 프레임워크를 제공한다. 이 프레임워크는 서비스 수준과 핵심 성과 지표KPI를 관리하는 데 도움을 준다. 멀티 클라우드 환경에서는 여러 공급자의 클라우드 구성 요소에 대한 거버넌스를 단일 환경처럼 관리하는 방법을 고민해야 한다.

4장에서는 통합 서비스 설계 및 거버넌스 모델의 기본 원칙을 소개하고, ID부터 살펴본다. 클라우드의 모든 것은 ID며, 역할이 있어 리소스에 접근해야 하는 모든 것이 ID가 될 수 있다. 사용자, VM, 코드 조각까지도 ID로 간주하는 새로운 사고방식이 필요하다. 클라우드 서비스 공급자의 Well-Architected 프레임워크와 클라우드 도입 프레임워크를 활용해 멀티 클라우드 거버넌스의 다양한 원칙과 클라우드 도입의 여러 단계를 살펴본다.

4장에서 다루는 내용은 다음과 같다.

- 멀티 클라우드 환경을 위한 스캐폴드 소개

- Well-Architected 프레임워크 활용
- 클라우드 도입 이해
- 비즈니스 KPI를 클라우드 SLA로 변환
- 클라우드 서비스 공급자 간 정렬을 위한 클라우드 도입 프레임워크 활용
- 클라우드에서의 ID 및 역할 이해
- 서비스 설계 및 거버넌스 모델 생성

멀티 클라우드 환경을 위한 스캐폴드 소개

클라우드는 어떻게 시작해야 할까? 놀랍게도 많은 기업이 아무런 계획 없이 시작한다. "그게 뭐 그리 어렵겠어?"라는 생각으로 구독을 신청하고 리소스를 배포하기 시작하는 것이다. 이는 규모가 작은 환경에서는 별 문제가 없을 수 있지만, 곧 감당하기 어려울 정도로 커지는 것을 발견하게 될 것이다. 데이터 센터를 구축한다고 상상해 보자. 건물 하나를 매입하고 이더넷 케이블과 서버 랙을 갖다 놓는다고 끝이 아닐 것이다. 당연히 제대로 된 계획부터 세울 것이다. 그런데 왜 퍼블릭 클라우드에서는 계획 없이 시작하는 걸까? 이는 재앙을 향해 가는 것과 같다. 기업은 1장에서 살펴봤듯 클라우드 환경에서도 비용에 대한 명확한 개요, 역할 분담, 데이터 및 자산 보호를 위한 보안이 필요하다. 마치 전통적인 데이터 센터를 운영하는 것처럼 말이다.

TIP

> 이 책에서 단 하나의 교훈을 얻어야 한다면 바로 이것이다. 클라우드를 사용하는 것은 데이터 센터를 구축하는 것과 같다. 퍼블릭 클라우드를 활용하지만, 결국 데이터 센터를 만드는 것이다. 그러므로 데이터 센터를 운영하듯이 신중하게 접근해야 한다.

다행히 주요 클라우드 서비스 공급자들은 이와 같은 생각으로 클라우드 도입 프레임워크를 제시하고 있다. 이 프레임워크는 기업이 계획을 수립하고 클라우드 배포를 제어하는 데 도움을 주며, 특정 부분에서 차이가 있지만, 공통된 기반을 많이 공유한다.

이 절의 제목에는 '스캐폴드scaffold'라는 단어가 포함돼 있다. 스캐폴드의 정확한 의미는 건물의 건설 및 유지 관리를 지원하는 구조물이다. 이 용어는 마이크로소프트에서 애저에 배포된 환경을 지원, 구축, 관리하기 위해 채택됐다. 클라우드에서는 임시 구조물이 아니지만, 클라우드 랜딩 존에서 환경을 구축하고 관리하기 위한 토대로 사용되는 구조라는 점에서 적절한 용어다.

스캐폴드는 일련의 핵심 요소로 구성되며, 이는 다음 절에서 다룬다.

Well-Architected 프레임워크 활용

Well-Architected 프레임워크는 고객이 퍼블릭 클라우드 환경을 구축할 때 모범 사례를 제공해 도움을 주고자 만들어졌다. 이 책에서는 멀티 클라우드 환경에서 작업하며 클라우드 서비스 공급자마다 고유한 도구, 워크플로, 명령 세트, 서비스 이름, 매핑 방식을 사용해야 하는 어려움에 지면하고 있다고 가정한다. 다행히 주요 클라우드 서비스 공급자는 모두 Well-Architected 프레임워크를 제공하며, 이러한 프레임워크는 대개 동일한 목표를 추구한다.

일반적으로 프레임워크는 다섯 가지 핵심 요소 또는 스캐폴드로 구성된다. AWS, 애저, GCP의 프레임워크는 모두 다음과 같은 지침을 제공한다.

- 운영 효율성
- 보안
- 비용 최적화
- 안정성
- 성능 효율성
- 지속 가능성(작성 시점에는 AWS만 포함)

이제 설계자는 이러한 프레임워크를 사용해 클라우드에서 솔루션을 설계할 수 있다. Well-Architected 프레임워크는 비용을 통제하고 서비스 효율성을 최적화하면서 클라우드에서 워크로드를 최적화하는 방법을 제시한다. 이때 클라우드에서 데이터를 안전하게 보호하기 위해 워크로드를 적절히 보호하는 가이드라인을 포함한다. 이러한 프레임워크는 **재정 관리**(FinOps), **보안 운영**(SecOps), **워크로드 관리**(BaseOps)를 구현하는 데 도움을 준다. 이 모든 내용은 이 책에서 자세히 다룬다.

Well-Architected 프레임워크는 클라우드 아키텍처의 유효성을 검사하기 위한 모범 사례를 제공하며, 다음 원칙, 지침, 모범 사례를 포함한다.

Well-Architected 프레임워크는 특정 클라우드에서 가장 적합한 솔루션을 사용해 워크로드를 가장 효율적인 방식으로 실행하기 위한 지침을 제공한다. 솔루션은 VM일 수도 있지만 컨테이너 및 서버리스 옵션일 수도 있다. 운영 효율성은 자동화 및 **코드로서의 인프라**IaC, Infrastructure as Code와 같은 개념을 사용해 클라우드 환경의 효율적인 운영 및 관리를 설정하는 데 도움이 될 것이다.

클라우드 환경은 안전하고 규정에 맞게 유지하는 것이 매우 중요하다. 이를 위해 Well-Architected 프레임워크는 클라우드에서 운영되는 워크로드의 보안 상태를 효과적으로 관리할 수 있도록 모범 사례를 제시한다. 이때 클라우드 서비스 공급자는 클라우드에 대한 책임을 지지만, 고객은 클라우드 내부에 있는 것에 대한 책임을 진다는 점을 명심해야 한다. AWS, 애저, GCP 및 기타 공급자는 워크로드와 데이터를 보호하기 위한 다양한 도구를 제공하지만, 이러한 도구를 사용하는 것은 고객의 몫이다. 여기서 가장 중요한 질문은 "누가, 언제, 왜, 무엇을 할 수 있는가?"이며, 이는 IAMIdentity and Access Management을 구현해 해결할 수 있다.

보안 관리에는 규정 준수도 포함된다. 기업은 산업 표준 및 규정을 준수해야 하는데, Well-Architected 프레임워크는 PCI-DSS, NIST, ISO와 같이 가장 잘 알려진 규정 준수 프레임워크를 설정하는 데 도움이 될 것이다.

비용 관리 측면에서 기업은 클라우드에서 지출하는 비용과 그 비용이 비즈니스에 가치를 더하는지 알아야 한다. 비용 관리 또는 핀옵스는 클라우드 지출을 모니터링할 뿐만 아니라 예산 책정, 경고 및 워크로드 규모 조정과 같은 도구를 제공해 비용을 제어한다. 규모 조정에는 VM 대신 서버리스 솔루션을 선택하거나 워크로드가 장기간 필요한 경우 예약 인스턴스를 사용하는 것이 포함될 수 있다. 예약 인스턴스를 사용하면 종량제 방식에 비해 VM 비용을 최대 70%까지 절약할 수 있다.

안정성 구축 면에서 클라우드는 클라우드 데이터 센터 및 (글로벌) 지역의 다양한 영역에 워크로드를 분산해 고가용성을 보장하는 솔루션을 제공한다. 이때 안정성은 자동 장애 조치, 복구 및 피크 부하를 처리하기 위한 확장 솔루션을 통한 자동화에 대한 것이기도 하다.

앞서 언급했듯이 지속 가능성은 프레임워크에서 비교적 새로운 요소다. 이 요소는 더 적은 에너지를 필요로 하는 솔루션을 사용하고, 클라우드에서 리소스를 효율적으로 사용해 전력 및 냉각 활용을 최적화해 에너지 소비를 줄이는 데 중점을 둔다. 이 주제는 19장에서 자세히 다루며, 그린옵스GreenOps를 더 자세히 소개하고 다룬다.

다음 절에서는 Well-Architected 프레임워크와 관련해 해결해야 할 주제를 좀 더 자세히 설명한다.

ID 및 액세스 관리(IAM)

누가, 언제, 왜, 무엇을 할 수 있는가? 클라우드 환경에서는 이를 명확히 이해하는 것이 중요하다. 따라서 4장의 뒷부분에 나오는 '클라우드에서의 ID 및 역할 이해' 절에서 ID 및 액세스를 더 자세히 설명한다. 여기서 명심해야 할 가장 중요한 점은 클라우드의 거의 모든 것이 ID라는 것이다. 여기서 ID는 사람뿐만 아니라 특정 작업을 수행할 수 있는 리소스, 기능, API, 시스템, 워크로드, 데이터베이스까지 포함한다. 이러한 모든 리소스는 환경 내에서 인증을 받기 위해 고유하게 식별돼야 한다.

다음 단계는 이러한 ID에 대해 구체적인 접근 제어 규칙을 설정하는 것이다. 즉, 누가 어떤 작업을 수행할 수 있는지에 대한 권한을 명확히 부여해야 한다. 이를 위해 액티브 디렉터리Active Directory나 OpenLDAP과 같은 ID 디렉터리 시스템이 사용되며, 이러한 시스템은 ID 공급자 또는 ID 저장소로서 핵심적인 역할을 한다. 여기서 중요한 것은 이러한 저장소를 퍼블릭 클라우드 환경에 둘 것인지, 아니면 ID 저장소와 통신하는 인증 및 권한 부여 메커니즘을 환경 내에 구축할 것인지 결정하는 것이다. 모든 것이 '서비스로서' 모델로 전환됨에 따라 아키텍트는 ID를 서비스로 선택할 수도 있다. Okta는 이러한 서비스의 예로, 여러 클라우드에서 ID 및 액세스를 관리한다.

앞서 언급했듯 멀티 클라우드 아키텍처 및 거버넌스의 핵심 출발점은 ID이므로, 4장의 뒷부분에 나오는 '클라우드에서의 ID 및 역할 이해' 절에서 이 내용을 더 자세히 살펴본다.

보안

클라우드 플랫폼, 특히 애저, AWS, GCP와 같은 플랫폼은 세계에서 가장 안전한 플랫폼일 것이다. 수많은 기업이 이러한 플랫폼에서 시스템을 호스팅하기 때문이다.

하지만 보안은 기업 자체의 책임이다. 클라우드 플랫폼은 환경을 보호하는 데 필요한 도구를 제공하지만, 이러한 도구를 사용할지 여부와 어느 정도까지 사용할지는 전적으로 기업에 달려 있다. 보안은 정책에서 시작된다. 일반적으로 기업은 시스템 보안을 위한 권장 사항이나 의무 사항이 포함된 특정 프레임워크를 준수해야 한다. 이러한 산업 표준 외에도 인터넷 보안 센터[CIS, Center for Internet Security]와 같은 수평적 보안 기준선이 있다. CIS 기준선은 광범위하며 클라우드에서 리소스 강화와 관련된 많은 부분을 다룬다. 기준선에는 점수가 매겨진 항목과 그렇지 않은 항목이 있으며, 점수가 매겨진 항목이 가장 중요하다. 감사자는 기준선이 충족되지 않으면 이러한 항목에 대해 문제를 제기한다.

MITRE ATT&CK 프레임워크는 좀 더 자세히 살펴볼 가치가 있다. 기준선을 구현하는 것도 좋지만, 실제 공격 방법과 악용된 취약점을 알지 못한 채 보안을 유지할 수는 없기 때문이다. MITRE ATT&CK는 보안 공격 및 알려진 침해와 관련해 실제 관찰을 통해 지속적으로 평가되는 지식 기반이다. 여기서 핵심은 '실제'라는 점이다. 이들은 주요 퍼블릭 클라우드(애저, AWS, GCP)뿐만 아니라 쿠버네티스처럼 그 위에서 실행되는 다양한 플랫폼에 대한 공격 기법과 그에 대한 공격 완화를 추적한다.

TIP

> MITRE ATT&CK 매트릭스는 https://attack.mitre.org/에서 확인할 수 있다.

클라우드 플랫폼 보안에 대해 할 얘기가 많다. 16장에서는 클라우드 보안과 관련된 모범 사례를 제공한다.

비용 관리

클라우드를 도입한 기업들로부터 "퍼블릭 클라우드가 자체 데이터 센터에서 운영하는 기존 방식보다 저렴하지 않다"라는 말을 들어본 적이 있을 것이다. 이는 사실일 수 있다. 기업이 기존 워크로드를 퍼블릭 클라우드로 이전하면서 아무런 변경 없이 '리프트 앤 시프트' 방식을 선택한다면 퍼블릭 클라우드에서 24시간 365일 내내 워크로드를 호스팅하는 것이 온프레미스 시스템에서 운영하는 것보다 비용이 더 많이 든다는 것을 알게 될 테니 말이다. 여기에는 다음과 같은 두 가지 이유가 있다.

- 기업은 온프레미스 시스템에서 호스팅되는 워크로드와 관련된 모든 비용을 제대로 계산하지 않는 경향이 있다. 여기에는 전력, 냉각 비용은 물론 변경 작업에 투입되는 인건비까지 포함된다.
- 기업은 클라우드가 제공하는 유연성을 활용하지 않고 온프레미스 시스템을 사용하듯 퍼블릭 클라우드를 사용한다. 그러나 모든 워크로드가 24시간 365일 운영될 필요는 없다. 클라우드 시스템은 CPU, 메모리, 스토리지, 네트워크 대역폭 수준까지 실제 사용한 리소스에 대해서만 비용을 지불하는 진정한 종량제 모델을 제공한다.

비용 관리는 매우 중요하며, 기업은 클라우드에서 소비하는 모든 것에 대한 완벽한 통제력을 확보해야 한다. 하지만 이러한 비용 통제는 IAM과 밀접하게 관련돼 있다. 예를 들어 직원이 플랫폼에 대한 모든 권한을 갖고 데이터 레이크와 같은 대규모 데이터 플랫폼을 위한 과도한 스토리지 환경을 구축한다면 기업은 엄청난 비용을 청구 받게 될 것이다. 이러한 상황에는 두 가지 잠재적인 문제가 따른다.

- 첫째, 해당 직원이 그러한 작업을 수행할 권한이 있었는가?
- 둘째, 기업이 해당 환경에 대한 예산을 할당했는가?

직원에게 권한이 있었고 예산도 확보돼 있다고 가정해 보자. 그렇다면 실제 소비량을 추적하고 필요한 경우 해당 환경을 사용하는 특정 부서에 비용을 청구할 수 있어야 한다. 이를 위해서는 먼저 리소스를 식별할 수 있어야 하며, 이때 여기서 리소스의 이름 지정 및 태깅tagging이 중요한 역할을 한다. 모든 리소스는 고유한 이름을 통해 명확히 식별 가능해야 하며, 태그는 해당 리소스에 대한 부가 정보를 담는 메타데이터로 활용된다. 예를 들어 누가 해당 리소스를 소유하고, 따라서 해당 리소스 사용에 대한 비용을 지불해야 하는지 등을 나타낼 수 있다.

12장에서는 핀옵스를 구현하는 방법에 대한 모범 사례를 제공한다.

모니터링

플랫폼 내부와 외부에서 관측 가능성을 확보하는 것은 매우 중요하다. 무슨 일이 왜 일어나는지, 성능 및 보안 측면에서 환경이 여전히 정상인지 파악해야 한다. 클라우드 서비스 공급자는 애저 모니터, AWS CloudWatch, 구글 클라우드 모니터링(이전 Stackdriver), 알리바바 클라우드의 CloudMonitor와 같은 자체 모니터링 플랫폼을 제공한다. 기본적인 기능은 모두 비슷하다. 모니터링 에이전트가 데이터(로그)와 메트릭을 수집해 로그 분석 공간에 저장하고, 여기서 대시보드를 통해 시각화하고, 경고 정책을 사용해 탐색할 수 있다. 이러한 모든 모니터링 도구는 클라우드 자체 내에서 작동할 뿐만 아니라 ServiceNow와 같은 주요 IT 서비스 관리ITSM 시스템에

API를 제공해 IT 환경의 여러 플랫폼에서 단일 창을 제공한다.

기본 도구 외에도 Splunk 및 Datadog와 같은 훌륭한 대안이 많다. 이러한 도구 중 일부는 비교적 새로운 현상인 AI옵스 영역에서 작동하는데, AI옵스는 단순한 모니터링 그 이상을 수행하며, 메트릭 및 로그에 대한 지능적인 분석을 수행한다. AI옵스는 멀티 클라우드 환경에서 점점 더 대중화될 것으로 예상되므로 19장에서 자세히 다룬다.

자동화

IT 분야에서 가장 큰 비용은 인건비다. 많은 기업이 IT 아웃소싱을 통해 인건비 절감을 추진했지만, IT가 다시 핵심 사업으로 부상하면서 상황이 바뀌었다. 예를 들어 현대의 은행은 IT 기업이라고 해도 과언이 아니다. 1990년대 후반부터 2000년대 초반까지 IT를 거의 완전히 아웃소싱했지만, 현재는 IT 기능을 다시 내부로 가져오는 추세이기 때문이다. 하지만 비용 절감은 여전히 중요한 과제다. 비용 절감을 위해 기업은 코드로 관리하는 인프라, 코드로 관리하는 구성과 같은 개념, 코드 저장소, 데브옵스 파이프라인을 활용한 자동화된 코드 배포를 통해 최대한 자동화를 추구하고 인건비를 최소화하려 노력한다.

하지만 자동화를 도입하는 이유가 단순히 비용 절감을 위한 것만은 아니다. 자동화가 사람보다 오류에 덜 민감하다는 주장에는 논란의 여지가 있을 수 있다. 그러나 대규모 시스템 장애의 상당수는 자동화로 충분히 방지할 수 있었던 인적 오류에서 비롯된다. 즉, 사람의 실수가 반복적으로 발생하는 영역에서 자동화는 분명한 효과를 발휘한다. 다만 자동화는 철저한 테스트를 거쳐야 효과를 발휘하며, 초기 코드와 자동화 스크립트를 작성할 숙련된 개발자가 필요하다. 클라우드는 기업의 업무를 간소화하는 훌륭한 자동화 도구를 많이 제공하지만, 자동화는 도구와 기술만의 문제가 아니라는 점을 깨달아야 한다.

프로세스도 중요해짐에 따라 구글이 개발한 사이트 신뢰성 엔지니어링SRE, Site Reliability

Engineering과 같은 방법론의 인기가 높아지고 있다.

이러한 요소들은 거의 모든 프레임워크에 설명돼 있다. 다음 절에서는 클라우드 도입의 다양한 단계를 거치면서 이러한 요소들을 자세히 살펴본다.

클라우드 도입 이해

클라우드 랜딩 존이라는 용어를 들어본 적이 있을 것이다. 랜딩 존은 워크로드가 최종적으로 호스팅될 기반 환경을 의미하며, 집을 짓는 것에 비유할 수 있다. 먼저 여러 기둥으로 이뤄진 기초를 세우고 그 위에 현관문(뒷문은 없어야 한다)과 복도, 여러 방으로 구성된 집을 짓는다. 방은 아직 비어 있고 가구나 장식은 없다. 이제 다양한 솔루션을 선택해 각 방을 원하는 대로 꾸밀 수 있는 대형 상점(포털)에서 아이디어를 얻어 디자인하고 구현하면 된다. 마지막으로 거주자를 집으로 이사시키면 된다. 물론 거주자는 방을 옮겨 다닐 수도 있다. 여기서 잊지 말아야 할 것은 스캐폴드 없이는 집을 짓기 어렵다는 것이다.

클라우드 도입 프레임워크는 클라우드 기술을 도입하는 방법에 대한 모든 것을 담고 있다.

TIP

클라우드 도입 프레임워크는 다음 링크에서 확인할 수 있다.

- 애저 클라우드 도입 프레임워크:
  https://azure.microsoft.com/en-us/cloud-adoption-framework#cloud-adoption-journey
- AWS: https://aws.amazon.com/professional-services/CAF/
- GCP: https://cloud.google.com/adoption-framework/

일반적으로 클라우드 도입은 하나의 여정으로 표현된다. 사용 중인 클라우드 플랫폼과 관계없이 클라우드 도입은 여러 단계로 구성되며, 거버넌스와 관리는 이러한 단계 전반을 지원하는 교차 프로세스로 작용하기 때문이다.

다음 다이어그램은 클라우드 도입의 후속 단계를 보여준다.

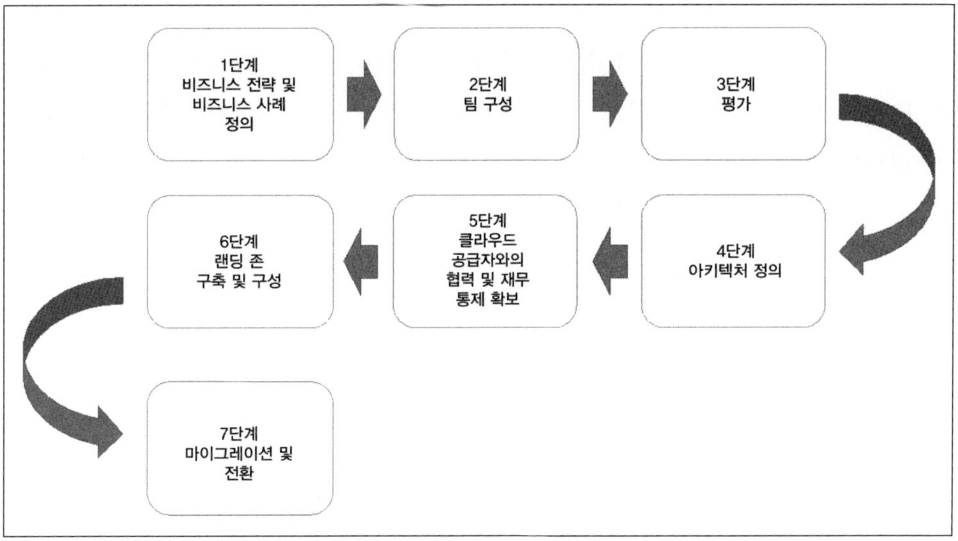

그림 4.1 클라우드 도입의 7단계

다음 절에서는 각 단계를 자세히 살펴본다.

1단계: 비즈니스 전략 및 비즈니스 사례 정의

2장에서는 비즈니스 전략과 비즈니스 사례를 만드는 방법을 자세히 살펴봤다. 클라우드 서비스가 어떤 가치를 더할 수 있는지 명확한 목표를 설정하고 파악해야 한다. 또한 재호스팅, 재플랫폼화, 재구축과 같은 기술 선택도 살펴봤다. 총 소유 비용[TCO] 측면에서 리빌드가 항상 가장 저렴한 솔루션은 아닐 수 있다. 클라우드 네이티브 환경으로 애플리케이션을 재설계하고 다시 구축하는 데 상당한 노력이 필요하다는 점을 간과하는 경향이 있기 때문이다. 이러한 아키텍처 및 구축 비용을 반드시 고려해야 한다. 하지만 클라우드 네이티브 환경은 유연성과 민첩성 측면에서 비즈니스에 분명한 이점을 제공할 것이다. 요약하자면 첫 번째 단계는 전체 도입 주기에서 매우 중요하다.

2단계: 팀 구성

일단 이 점을 분명히 하고 넘어가자. 클라우드에서 모든 것을 다 할 수 있는 T자형 전문가는 존재하지 않는다. T자의 상판 면적이 넓어질수록 T 아래 기둥의 높이는 비례해서 낮아진다. 다시 말해 여러 클라우드 플랫폼에 대한 지식을 가진 제너럴리스트는 특정 클라우드 기술에 대한 깊이 있는 이해가 부족할 가능성이 크다. 소프트웨어 개발자와 네트워크 엔지니어는 엄연히 다른 영역이다.

물론 애저나 AWS에서 클라우드 환경을 설계하고 구축하는 데 능숙한 사람은 워크로드와 데이터베이스를 배포하는 방법과 기본적인 연결에 대한 이해를 갖추고 있을 것이다. 하지만 방화벽 규칙이나 특정 라우팅은 어떨까? 방화벽 전문가는 파이썬 코딩에 능숙하지 않을 수 있다. 이러한 유형의 인재를 팀에 보유하고 있다면 축하할 일이며, 그들이 떠나지 않게 충분히 보상해야 한다. 하지만 대부분의 경우 다양한 기술을 가진 팀을 구성하게 될 것이기에, 클라우드 환경에서는 인프라 설계와 구성에 능한 개발자와 담당 인력이 필요하다.

일부 도입 프레임워크에서는 이를 클라우드 CoE(전문가 집단) 또는 AWS에서 부르는 클라우드 도입 사무소라고 칭하며, 필요한 모든 기술을 갖춘 팀을 한데 모은다. 이러한 CoE를 구성하는 것은 클라우드 기술 도입에 있어 중요한 단계다.

3단계: 평가

평가 단계는 목표 클라우드 환경으로의 적절한 마이그레이션을 보장하는 데 매우 중요하다. 따라서 랜딩 존에서 애플리케이션을 마이그레이션하거나 재구축하기 전에 무엇을 갖고 있는지부터 알아야 하며, 이는 구축하려는 랜딩 존에도 중요하다. 집을 짓기 전에 집이 어떻게 생겼는지 알아야 하는 것과 같기에, 청사진도 필요하다.

여기서는 가장 먼저 비즈니스 전략을 평가해야 한다. 비즈니스를 통해 어디로 가고 싶고, 거기에 도달하려면 무엇이 필요할까? 다음 질문은 현재 IT 상태가 해당 전략을 제공할 준비가 됐는지 묻는 것이다. 어떤 애플리케이션을 갖고 있고, 어떤 비즈니스 기능을 수행할까? 애플리케이션과 기본 인프라가 최신 상태일까? 아니면 서비스 종료 또는 수명 종료에 가까울까? 어떤 지원 계약을 맺고 있으며, 클라우드로 전환하는 동안 이러한 계약을 연장해야 할까? 아니면 해지할 수 있을까?

요점을 알 것이다. 적절한 평가는 시간이 걸리지만 건너뛰지 마라. 모든 비즈니스는 궁극적으로 데이터 기반 의사 결정에 따라 운영되는 디지털 회사가 되기를 원한다. 데이터를 안전하게 공개하고 환경을 최대한 유연하고 확장 가능하게 만들어 비즈니스 속도에 맞춰 운영할 수 있는 환경이 필요하다. 문제는 여러 해에 걸쳐 구축된 기존 IT 환경이다. 운이 좋으면 모든 것이 잘 문서화돼 있겠지만, 문서가 최신 상태인 경우는 드물다. 적절한 평가 없이 전환을 시작하면 벽이 얼마나 안정적인지 모른 채 오래된 벽돌을 빼내기 시작하는 것과 같다. 여기서도 스캐폴드가 필요하다.

4단계: 아키텍처 정의

이 단계에서는 평가 결과를 바탕으로 워크로드가 호스팅될 기반 플랫폼인 랜딩 존을 정의한다. 가장 먼저 관리자와 개발자가 클라우드의 워크로드에 접근할 수 있도록 연결성을 확보해야 한다. 일반적으로 연결은 전송 영역 또는 허브에서 종료되며, 이 허브는 방화벽, 프록시, 게이트웨이를 통해 인바운드 및 아웃바운드 트래픽을 규제하고 필터링하는 중앙 위치 역할을 한다.

대부분의 관리자는 API 또는 콘솔을 통해 시스템에 접근하지만, 경우에 따라 점프 서버, 발판 또는 Bastion 서버를 사용하는 것이 좋다. 점프 서버는 다른 서버에 접근하기 전에 환경에 대한 진입점을 제공하는 서버로, 일반적으로 시스템 통합자와 같은 타사에서 사용한다. 이 전송 영역 또는 허브는 아키텍처에서 매우 중요한 역할을 한다.

다음으로 비즈니스 전략에 따라 아키텍처를 정의해야 한다. 이는 클라우드 환경을 설정하는 방식을 결정한다. 예를 들어 비즈니스에 사업부 또는 제품 라인이 있는 경우 사업부 또는 제품 라인별로 서로 다른 구독 또는 VPC(가상 프라이빗 클라우드)를 사용해 클라우드 환경을 비즈니스 레이아웃에 맞게 구성하는 것이 좋다.

대부분의 비즈니스 전반에서 널리 사용하는 애플리케이션이 있을 것이다. 오피스 애플리케이션이 좋은 예다. 이러한 애플리케이션은 별도의 구독에서 호스팅할 것인가? 관리자 접근은 어떻게 할 것인가? 각 사업부에 워크로드를 제어하는 자체 관리자가 있는가? 비즈니스에서 애자일 방식을 채택했는가? 아니면 모든 인프라를 처리하는 중앙 집중식 IT 부서가 있는가? 보안 정책은 누가 담당하는가? 이러한 정책은 사업부 또는 워크로드 그룹에 따라 다를 수 있다. 또한 이러한 보안 정책은 클라우드 친화적이지 않거나 클라우드 네이티브 환경에 적용할 수 없을 수도 있다. 따라서 클라우드 전문가(SME)의 피드백을 기반으로 업데이트해야 할 수도 있다.

여기서 중요한 구분 중 하나는 시스템 기록과 시스템 참여 간의 차이인데, 이 두 용어는 모두 마이크로소프트에서 처음 사용했다. 시스템 기록은 일반적으로 데이터를 보유하는 백엔드 시스템이며, 시스템 참여는 데이터에 접근하고, 데이터를 사용하고, 해당 데이터를 전달하는 데 사용되는 프런트엔드 시스템이다. 이러한 설정은 종종 환경의 계층화에 반영되는데, 1계층은 접근 계층, 2계층은 작업자(미들웨어), 3계층은 데이터베이스 계층이다. 아키텍처의 일반적인 규칙은 데이터베이스가 데이터베이스에 접근하는 애플리케이션과 가까워야 한다는 것이다. 클라우드에서는 데이터베이스 엔진으로 PaaS를 사용할 가능성이 높으므로 다르게 작동할 수 있다.

이러한 질문은 클라우드 도입 프레임워크에서 다룬다. 이는 시작 전에 반드시 답해야 할 매우 중요한 사안이며, 모두 아키텍처와 밀접하게 연결돼 있다. 비즈니스를 포괄적인 클라우드 청사진에 매핑하는 작업이기도 하다. 5장에서 아키텍처에 대한 모든 것을 다룬다.

5단계: 클라우드 서비스 공급자와의 협력 및 재무 통제 확보

이 단계에서는 어떤 클라우드 플랫폼에 환경을 구축할지, 그리고 IaaS , PaaS, SaaS, 컨테이너, 서버리스 중 어떤 유형의 솔루션을 사용할지 결정한다. 이 솔루션은 3단계에서 정의한 아키텍처를 기반으로 해야 한다. 또한 기본 제공 솔루션을 사용할지, 아니면 비즈니스 요구 사항에 맞춰 맞춤형으로 개발해야 할지를 결정해야 한다.

이 단계에서는 구축-구매 분석과 함께 비즈니스 사례도 정의해야 한다. 예를 들어 IaaS에 VM을 배포할 계획이라면 해당 VM의 수명 주기를 고려해야 한다. VM이 1년 이상 사용될 것으로 예상되는 경우 종량제 배포 모델을 사용하는 것보다 예약 인스턴스에서 호스팅하는 것이 훨씬 비용 효율적이다. 클라우드 서비스 공급자는 예약 인스턴스에 대해 상당한 할인을 제공하는데, 이는 예약 인스턴스가 장기적인 약정을 의미하고, 따라서 수입을 보장하기 때문이다. 하지만 이때 장기적인 약정이라는 점을 명심해야 한다. 약정을 해지하는 데에는 비용이 발생하기에, 재무 담당자를 참여시켜 적절하게 처리해야 한다.

개발 환경은 일반적으로 더 짧은 기간 동안만 존재한다. 그럼에도 클라우드 서비스 공급자는 기업이 클라우드 플랫폼에서 최대한 많이 개발하기를 원하며, 매우 흥미로운 개발자용 특별 라이선스를 제공한다. 결국 이들의 관심사는 플랫폼 소비다. 이를 위해 워크로드를 플랫폼으로 옮기도록 각종 가이드, 도구, 마이그레이션 방법을 제공하는 프로그램도 다수 운영한다.

6단계: 랜딩 존 구축 및 구성

이제 랜딩 존을 실제로 구축할 차례다. 여기서 랜딩 존은 일반적으로 전송 영역 또는 허브를 의미하며, VNet, VPC 또는 프로젝트의 기본 구성이 이뤄지는 기반 플랫폼이다. 처음부터 최대한 자동화하는 것을 목표로 하며, 따라서 코드로 관리하는 인프라와 코드로 관리하는 구성에 따라 작업한다. 코드를 기반으로 해야만 자동화가 가능하기 때문이다.

물론 클라우드 서비스 공급자의 포털을 사용해 구축하는 방법도 있다.

워크로드가 적은 소규모 환경이라면 포털을 사용하는 것이 적합할 수 있다. 하지만 엔터프라이즈 환경에서는 포털을 통해 클라우드 환경을 구축하는 것은 좋은 방법이 아니다.

클라우드 플랫폼을 탐색하는 것은 좋지만, 엔터프라이즈 환경이 확장됨에 따라 워크로드를 관리하고 자동화하는 데 더 유연한 방법이 필요하다. 이미 언급했듯 최대한 많은 부분을 자동화해야 하기에, 기반 인프라를 코딩하고 마스터 코드로 정의한다. 이 마스터 코드는 저장소에 저장되며, 인프라 구성 요소를 배포해야 할 경우 이 저장소에서 코드를 포크할 수 있다. 비즈니스 요구 사항에 따라 코드를 변경해야 할 수도 있지만, 변경되고 승인된 코드를 마스터 저장소에 다시 병합하기만 하면 된다. 이러한 방식으로 인프라 파이프라인을 배포할 수 있다.

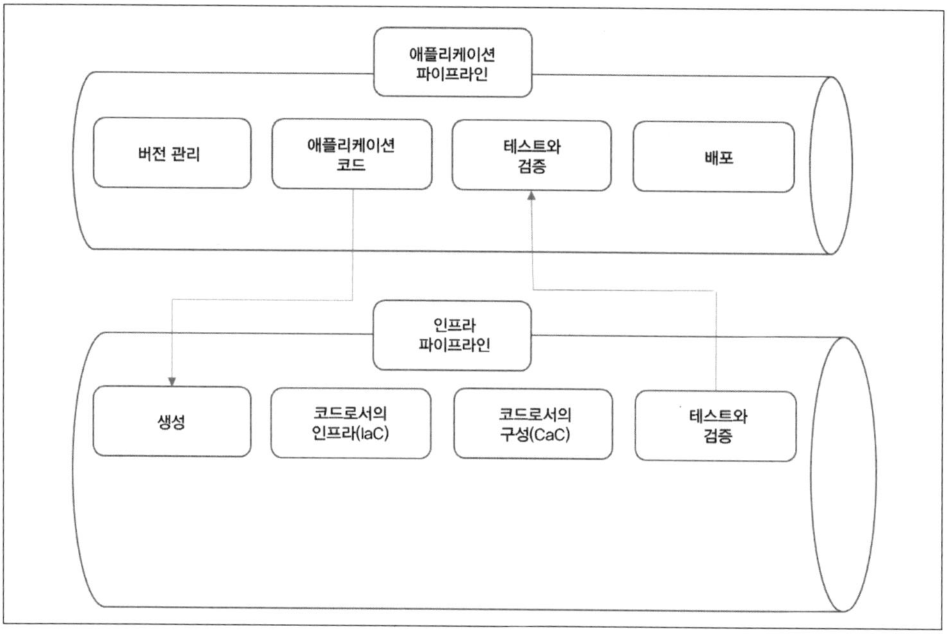

그림 4.2 기본 파이프라인 구조

멀티 클라우드 환경에서 가장 큰 과제는 여러 클라우드 플랫폼으로 확장할 수 있는 일관된 저장소와 파이프라인을 구축하는 것이다. AWS, 애저, GCP의 기본 개념은 거의 동일하지만, 적용된 기술면에서는 차이가 있기 때문이다.

NOTE

> 여기서는 주로 IaaS 구성 요소에 대해 얘기한다. 이 분야에서 널리 사용되는 도구는 하시코프에서 개발한 오픈소스 소프트웨어인 테라폼이다. 테라폼은 데이터 센터 인프라 배포를 위해 특별히 설계됐으며, HCL 또는 JSON을 기반으로 클라우드 코드를 클라우드에 구애받지 않는 코드로 추상화한다. HCL(하시코프 구성 언어)은 테라폼의 기본 언어이며, JSON(자바스크립트 객체 표기법)은 마크업 언어로 더 잘 알려져 있다.

다른 대안을 찾아보면 Ansible, Chef, Puppet, SaltStack과 같은 도구를 찾을 수 있다. 하지만 이러한 도구는 구성 관리 도구이며, 테라폼과 같은 프로비저닝 도구와는 작동 방식이 상당히 다르다.

7단계: 마이그레이션 및 전환

이제 랜딩 존이 준비됐으니 클라우드 환경에 서비스와 워크로드를 배포할 수 있다. 이것이 바로 클라우드 전환이다. 이 단계에서는 2장에서 다룬 재호스팅, 재플랫폼화, 재구축, 유지, 폐기와 같은 기술 전략을 구현한다. 평가를 통해 각 애플리케이션 또는 애플리케이션 그룹에 대한 비즈니스 목표와 기술 전략을 정의했다. 마지막 단계에서는 애플리케이션을 새로운 플랫폼으로 이전하고, 새로운 클라우드 서비스를 적용하거나, 클라우드 네이티브 애플리케이션으로 재구축한다. 이때 5단계에서 다룬 것처럼 코드에서 모든 빌드 및 구성을 수행하는 데브옵스 방식으로 진행한다.

데브옵스는 일반적으로 에픽epic과 기능feature의 애자일agile 개념을 포함한다. 복잡하게 생각하지 말자. 에픽은 새로운 클라우드 아키텍처를 구현하는 것이고, 애플리케이션 또는 애플리케이션 그룹의 전환은 기능이 될 수 있다. 평가 단계에서 얻은 지식과 기술 전략을 결합해 데브옵스 팀은 제한된 수의 스프린트에서 실행하고 완료할 수 있는 작업으로 기능을 세분화해 개선할 수 있다.

전환 단계에서 정말 중요한 두 가지 항목은 **라이브 전환과 종료 전략**이다. 라이브 전환 전에 테스트가 필요하다. 좋은 테스트의 필요성은 과소평가돼 있으며, 데브옵스 CI/CD 파이프라인의 일부여야 한다. 단위, 통합, 최종 사용자 테스트와 같은 전체 테스트 주기를 실행하는 것이 좋으며, 프로세스 관점에서 볼 때 모든 테스트 결과가 해결된 것으로 입증되기 전에는 어떤 회사도 라이브로 전환해서는 안 된다. 이는 종료 전략에도 동일하게 적용된다. 명확하게 정의된 종료 전략, 즉 롤백하거나 환경을 클라우드에서 다시 원래 상태로 이동하는 방법을 정의하지 않고는 어떤 회사도 라이브로 전환해서는 안 된다.

환경을 재구축해 설계대로 작동하지 않을 경우 이전 환경을 폴백으로 사용할 수 있도록 고려해야 하는 이유가 하나 더 있다. 테스트를 통해 문제가 발생하지 않게 해야 하지만, 현실적으로 무언가 잘못될 수 있다는 점을 감안해야 하기 때문이다.

비즈니스 KPI를 클라우드 SLA로 변환

클라우드에서 인프라는 기업에게 블랙박스와 같아야 한다. 수도꼭지를 틀면 물이 나오듯, 그냥 항상 거기에 있는 존재라는 뜻이다. 일부 IT 기업이 클라우드 인프라 운영을 '액체 IT' 또는 '유동적인 IT'라고 부르는 것도 같은 맥락이다. 그 결과, SLA에 대한 관심은 비즈니스 자체로 옮겨갔다. 이는 클라우드 도입의 일부이기도 하다. 기업이 도입 과정을 진행함에 따라 많은 기업이 다른 업무 방식을 채택하고 있는데, 클라우드에서 유연하고 민첩한 인프라를 구축할 수 있다면 환경과 애플리케이션 개발 속도도 높일 수 있다. 다만 그럴수록 서비스 수준 목표와 KPI를 신중하게 고려해야 한다.

클라우드 SLA를 살펴보자. SLA에는 어떤 내용이 포함돼야 할까? SLA의 A는 Agreement(합의)를 의미하며, 법적인 관점에서 계약에 해당한다. 따라서 SLA는 일반적으로 계약에 속하는 형식과 내용을 갖는다. 계약에는 계약 기간, 시작일, 계약

당사자의 법인, 서비스 시간 등에 대한 정의가 있을 것이다. 더 중요한 것은 KPI에 대한 합의다. 우리가 사용하고 비용을 지불하는 클라우드 서비스에 대해 무엇을 기대하는가? 그리고 뭔가 잘못됐거나 특정 서비스에 대한 지원이 필요한 경우 누구에게 연락해야 하는가? 마지막으로 서비스의 정확한 범위는 무엇인가?

이러한 내용은 모든 IT 서비스 계약에서 매우 일반적인 주제다. 그러나 퍼블릭 클라우드 서비스를 사용할 때는 동일하게 적용되지 않는다. SLA의 문제점은 일반적으로 비즈니스별로 규모가 조정된다는 것이다. 비즈니스는 IT 서비스 공급자와 계약을 맺고, 공급자는 해당 비즈니스의 요구에 맞춰 서비스를 조정한다. 많은 IT 서비스 공급자는 서비스 효율성을 극대화하기 위해 최대한 많은 부분을 표준화하고 자동화하지만, 그럼에도 조정할 여지가 있었다. 그러나 퍼블릭 클라우드에서는 이러한 여지가 절대적으로 제한된다. 기업은 요구 사항에 맞게 조정할 수 있는 다양한 서비스를 선택할 수 있지만, 개별 서비스는 있는 그대로 제공된다. 일반적으로 클라우드 서비스 공급자는 서비스별로 SLA를 제공하지만, 멀티 클라우드 환경에서 서비스별로 SLA를 협상하는 것은 사실상 불가능하다.

이는 모두 서비스 설계의 일부다. 기업은 자체 요구 사항을 충족하기 위해 어떤 구성 요소가 필요한지 결정하고, 이러한 구성 요소가 목적에 적합한지 평가해야 한다. 이때 구성 요소(서비스 자체)는 변경할 수 없다. IaaS에서는 어느 정도 자유가 있지만, PaaS 및 SaaS 솔루션을 구매할 때는 서비스가 즉시 제공된다.

기업은 SaaS 솔루션에 필요한 기능이 실제로 있는지, 필요한 서비스 수준으로 제공되는지 확인해야 한다.

IT 분야의 일반적인 KPI로는 가용성, 내구성, **복구 시간 목표**RTO, Recovery Time Objective, **복구 시점 목표**RPO, Recovery Point Objective 등이 있다. 이러한 KPI는 주요 퍼블릭 클라우드에서 어떻게 적용될까?

가용성 정의

가용성은 특정 시스템을 실제로 사용할 수 있는 시간을 의미한다.

가용성은 엔드 투 엔드로 측정해야 한다. VM과 운영체제가 정상이어도 그 위에서 실행되는 소프트웨어 구성 요소에 오류가 나면 애플리케이션을 쓸 수 없으므로, 사용자 입장에서는 가용하지 않은 것으로 본다. 즉, VM과 운영체제는 정상인데 애플리케이션에 문제가 생긴 상황이다. 이는 전체 시스템이 가용하지 않다는 것을 의미하며, 심각한 결과를 초래할 수 있다. 따라서 애플리케이션의 전체 가용성을 99.9%로 유지하려면 플랫폼 자체의 가용성이 99.9% 이상이어야 한다. 물론 다른 문제도 발생하지 않아야 한다.

기존 데이터 센터에서는 가용성을 보장하기 위해 특정 솔루션을 구현해야 했다. 네트워크, 컴퓨팅, 스토리지 계층이 요구하는 가용성을 제공하도록 보장해야 했다는 뜻이다. 반면 애저, AWS, GCP는 이러한 부분을 상당 부분 해결해 준다. 물론 플랫폼이 전반적 가용성을 통째로 보장하는 것은 아니지만, 애저, AWS, 구글 클라우드 같은 하이퍼스케일러hyperscaler는 각 구성 요소별 서비스 수준을 제시한다.

예를 들어 애저의 단일 인스턴스 VM은 99.9%의 연결성을 보장한다. 여기서 'VM에 대한 연결성'이 보장된다는 점에 유의해야 한다. 또한 VM에 연결된 모든 디스크에 프리미엄 스토리지를 사용해야 한다. 애저에서 가용성 영역과 지역을 추가해 시스템의 가용성을 높일 수 있다. 집필 시점에 애저는 전 세계에 60개 이상의 지역을 점유하고 있다. 요약하자면 애저 백본을 통해 로드 밸런싱과 트래픽 관리자를 사용해 이러한 솔루션을 구현하려면 노력이 필요하지만, 시스템이 전 세계 어딘가에서 항상 온라인 상태를 유지하게 할 수 있다. 이는 다음 사항에 따라 결정된다.

- 비즈니스 요구 사항(시스템이 중요하고 고가용성이 필요한가?)
- 도출된 기술 설계
- 비즈니스 사례(고가용성 솔루션은 단일 VM보다 비용이 더 많이 들기 때문)

클라우드 서비스 공급자 간 서비스 수준 비교

클라우드 서비스 공급자 간 서비스 수준을 비교하는 것은 쉽지 않다. 기본 개념은 비슷하지만 세부 조건이 다르기 때문이다. 예를 들어 애저와 AWS가 컴퓨팅 서비스 수준을 명시하는 방식을 살펴보자. 애저에서는 VM, AWS에서는 EC2Elastic Compute Cloud라는 서비스를 통해 컴퓨팅 자원을 제공한다. 두 공급자 모두 인스턴스의 월별 가동 시간이 보장 수준에 미치지 못할 경우 서비스 크레딧을 제공하며, 여기서 중요한 점은 시스템 인프라(장비 자체)를 사용할 수 없는 경우에만 해당된다는 것이다. 월간 가동 시간이 99.99% 미만으로 떨어지면 고객은 월별 청구 금액의 10%에 해당하는 서비스 크레딧을 받는다. 구글은 가용성이 99.5% 미만으로 떨어질 경우 크레딧을 계산한다.

다시 한 번 강조하지만 서비스 수준에 대한 요구 사항은 비즈니스에서 나와야 한다. 각 비즈니스 기능과 해당 시스템에 대한 요구 사항은 명확해야 하며, 이는 아키텍처와 시스템 설계의 기반이 된다. 클라우드 플랫폼은 이러한 요구 사항을 충족할 수 있도록 다양한 서비스를 제공한다. 더 강력하게 표현하자면 하이퍼스케일 클라우드 서비스 공급자는 궁극적으로 복원력이 뛰어난 시스템을 구축할 수 있는 가능성을 제시한다. 기존 데이터 센터에서는 재해 복구DR 및 비즈니스 연속성을 위해 최소한 두 번째 데이터 센터를 운영해야 했지만, 클라우드 플랫폼은 이를 서비스 형태로 제공한다.

애저, AWS, GCP는 전 세계적으로 사용 가능한 플랫폼이므로 막대한 투자를 하지 않고도 어느 곳에서든지 시스템을 사용할 수 있다. 데이터 센터가 이미 준비돼 있기 때문이다. 클라우드 서비스 공급자는 백업을 실행하고 이를 다른 지역의 저장소에 저장하는 기본 솔루션을 제공하거나, 선호하는 제품을 계속 사용할 수 있게 포털에서 타사 솔루션을 제공하기도 한다.

다만 비즈니스에 중요한 서비스와 시스템을 먼저 정의하고, 복구 시간과 복구 시점 조건을 명확히 해야 한다. 비즈니스는 DR 지표와 DR 실행 프로세스를 정하고, IT는 이에 맞는 기술 해법을 마련해야 한다. 주 지역 프로덕션과 동기화된 웜 스탠바이를 둘지, 보조 지역을 활용할지, 어느 지역을 선택할지는 규정 준수와 일반 데이터 보호 규정GDPR, General Data Protection Regulation 등의 공공 규제를 함께 고려해야 한다. 필요에 따라 두 번째 지역에 일부 시스템만 배치하는 방안도 가능하다.

또 다른 방법은 다른 지역에 수용 시스템을 배포하고 DR 시 장애 조치가 발생할 경우 이러한 시스템을 프로덕션에 활용하는 것이다. 이는 수용 시스템이 프로덕션 시스템과 유사하다는 것을 의미한다.

시스템을 얼마나 자주 백업해야 할까? 일주일에 한 번 전체 백업을 수행할까? 증분 백업을 사용할 것인가? 사용한다면 얼마나 자주 수행해야 할까? 백업 데이터의 보존 기간은 어떻게 설정해야 할까? 아카이빙은 어떻게 할 것인가? 클라우드 플랫폼에서는 비교적 쉽게 배포할 수 있지만, 사용 가능한 모든 솔루션을 구현할 때는 매우 신중해야 한다. 기존 데이터 센터와 같이 초기 투자 비용CAPEX이 많이 드는 것은 아니지만, 이러한 서비스에 대한 비용OPEX이 매달 청구되기 때문이다.

요컨대 클라우드에는 계획이 필요하다. 다음 절에서는 서비스 설계를 만드는 과정을 통해 이를 자세히 살펴본다.

클라우드 서비스 공급자 간 정렬을 위한 클라우드 도입 프레임워크 활용

멀티 클라우드의 핵심은 '단일 창single pane of glass'이라는 개념이다. 이는 마치 VMware 기반의 사설 클라우드, AWS 퍼블릭 클라우드, 여러 SaaS 솔루션을 함께 사용하는 환경에서 모든 구성 요소의 상황을 한눈에 파악하는 것을 의미한다. 클라우드 서비스 공급자가 패치나 업그레이드 같은 많은 부분을 관리해 주지만, IAM이나 보안 정책처럼 기업이 직접 책임져야 할 부분도 여전히 존재한다. 누가 언제 어떤 리소스에 접근할 수 있는지 등을 지속적으로 관리해야 하는 것이다.

이처럼 다양한 솔루션과 플랫폼으로 구성된 멀티 클라우드 환경은 복잡성을 증가시킨다. 이때 관리자는 여러 환경에 각각 로그인해 서로 다른 모니터링 솔루션과 도구를 사용해야 한다. 이는 많은 노력과 다양한 기술을 요구하며, 효율성이 떨어진다. 따라서 '단일 창'을 통해 모든 것을 통합 관리하는 것이 이상적이다.

TechTarget에 따른 '단일 창'의 정의는 다음과 같다(https://searchconvergedinfrastructure.techtarget.com/definition/single-pane-of-glass).

> 단일 창은 여러 소스의 데이터를 통합된 화면으로 보여주는 관리 콘솔을 의미한다. 여기서 '창'은 컴퓨터 모니터나 모바일 장치 화면을 의미한다.

하지만 이 정의는 기술적인 관점에만 치우쳐 있다. 단일 창은 단순히 IT 환경의 모든 기술 요소를 보여주는 시스템을 넘어 통합된 프로세스와 자동화를 포함해야 한다. 자동화 방식이 통일되지 않으면 IT 환경 내의 여러 구성 요소에 걸쳐 리소스 배포 및 관리를 자동화하는 데 많은 노력이 필요하기 때문이다. 따라서 단일 창은 다음과 같은 삼각형 구도로 시각화할 수 있다.

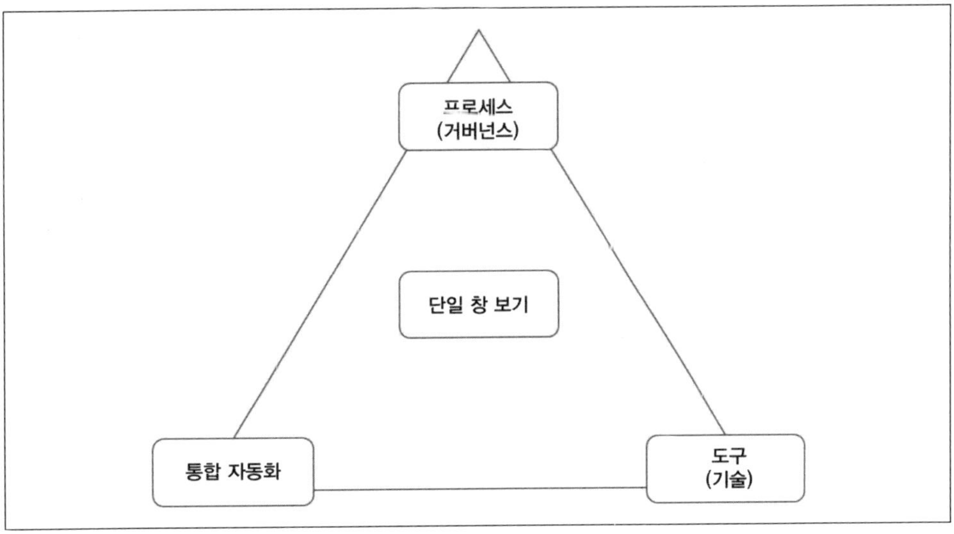

그림 4.3 단일 창의 그래픽 표현

이러한 접근 방식을 포괄하는 시스템이 존재할까? BMC 헬릭스 멀티 클라우드 매니지먼트Helix Multi-Cloud Management나 ServiceNow의 Now 플랫폼 같은 IT 서비스 관리 시스템이 대표적이다. 가트너Gartner의 ITSM 시스템 매직 쿼드런트에 따르면 이들은 시장 선두 주자로 꼽힌다.

ITSM은 도구(기술)뿐만 아니라 프로세스도 중요하게 다룬다. IT 서비스 관리 프로세스는 최소한 다음을 포함한다.

- **사고 관리:** 플랫폼 자체 또는 플랫폼에서 호스팅되는 리소스의 사고 추적 및 해결
- **문제 관리:** 반복적인 사고 추적 및 해결
- **변경 관리:** 플랫폼 또는 플랫폼에서 호스팅되는 리소스의 변경 사항 추적 및 제어된 구현
- **구성 관리:** 플랫폼 및 플랫폼에서 호스팅되는 리소스의 상태 추적

ITSM의 핵심은 지식으로, 플랫폼의 모습, 구성, 자산 유형, 플랫폼에 배포된 자산 및 리소스에 대한 명확한 이해가 필요하다. 자산과 리소스는 종종 구성 항목이라고 하며, **구성 관리 데이터베이스**CMDB, Configuration Management DataBase 또는 **마스터 데이터 레코드**MDR, Master Data Records에 수집 및 추적된다. 클라우드 환경에서는 확장 가능하고 유연한 리소스, 컨테이너나 서버리스 기능처럼 짧은 기간 동안만 존재하는 리소스 때문에 CMDB 또는 자산 저장소가 정확하지 않을 위험이 있다. 하지만 주요 ITSM 시스템은 클라우드의 모니터링 도구에 대한 기본 API를 통해 실시간에 가깝게 자산 데이터를 수집한다.

클라우드의 민첩성으로 인해 변경 관리는 멀티 클라우드 환경에서 가장 중요한 프로세스 중 하나다. 코드로서의 인프라 및 구성을 사용하는 파이프라인은 도움이 된다. 코드가 포크, 테스트, 검증돼 마스터 브랜치로 다시 병합되는 명확한 프로세스가 있다면 변경 사항을 끝까지 추적할 수 있다. 반대로 개발자가 절차의 한 단계를 건너뛰면 실패로 이어질 수 있고, 더 나쁜 경우 무엇이 잘못됐는지조차 파악하기 어려워진다.

모든 클라우드 도입 프레임워크는 클라우드가 제공하는 기술 위에 거버넌스 및 프로세스의 중요성을 강조한다. 모든 프레임워크는 비즈니스 위험 프로필에서 거버넌스에 접근한다. IT에서 수행하는 방식에 동의하지 않으면 결국 비즈니스가 위험에 처하기 때문이다. 기본적으로 서비스 관리의 궁극적인 목표는 IT 거버넌스 부족에서 발생하는 비즈니스 위험을 줄이는 것이다. IT 거버넌스와 ITSM은 기술 공급자 간의 공통 언어다.

'단 하나의 반지'를 떠올려 보자. ITSM에는 통합 프로세스가 정의돼 있으며, ITIL이나 COBIT처럼 여러 프레임워크가 있지만 원칙은 같다. 그렇다면 ITSM을 활용해 모든 자산과 리소스의 수명 주기를 제어하는 단일 대시보드를 가질 수 있을까? 기술 도구로 BMC Helix와 ServiceNow를 이미 언급했다. 이러한 플랫폼을 통해 자동화를 수행할 수도 있을까? 즉, 플랫폼 간 완전한 자동화를 할 수 있을까? 가트너는 이를 하이퍼 자동화[hyperautomation]라고 부른다.

오늘날 자동화는 대개 구성 요소 단위로, 많아야 플랫폼 단위로 이뤄진다. 이러면 반복 업무를 줄인다는 자동화의 궁극적 목표에 도달하지 못한다. 인력 투입을 줄이지 못할 뿐 아니라, 서로 다른 플랫폼과 도구 세트로 쪼개진 자동화가 오히려 작업량과 실패 위험을 키우기 때문이다. 그러나 하이퍼 자동화는 모든 비즈니스 프로세스를 자동화하고 단일 자동화 플랫폼에서 관리되는 단일 자동화 수명 주기에 통합한다.

요약하면 애저, AWS 및 GCP의 클라우드 도입 프레임워크는 모두 동일한 원칙을 지원한다. 공통 IT 서비스 관리 언어를 공유하기 때문이다. 이를 통해 플랫폼 간에 프로세스를 정렬할 수 있다. 다만 과제는 여러 플랫폼을 아우르며 클라우드에서 단일 자동화 소스(하이퍼자동화)를 갖춘 하나의 대시보드를 구현하는 일이다. 클라우드의 혁신 속도로 인해 점점 더 복잡해지고 있지만 향후 몇 년 동안 AI옵스의 부상과 채택을 포함해 더 많은 도구와 자동화 엔진이 시장에 출시될 것이다.

클라우드에서의 ID 및 역할 이해

클라우드의 모든 것은 ID와 연결된다. 핵심은 인증과 권한 부여다. 대부분의 기업은 액티브 디렉터리AD, Active Directory를 ID 저장소로 쓰며, 사람과 컴퓨터의 ID를 중앙에서 관리한다. 기억할 점은 AD가 도메인 기반으로 동작한다는 것이다. 클라우드에 VM 같은 리소스를 배포하더라도 비즈니스 도메인에 속하지 않으면 활용도가 떨어진다. 따라서 클라우드 리소스를 도메인에 가입시키는 것이 중요하다. 이를 위해 클라우드에 도메인 컨트롤러와 도메인 서비스를 배포하거나, 클라우드 리소스가 기존 도메인 서비스에 접근하도록 구성해 비즈니스를 무리 없이 확장해야 한다.

그러나 말이 쉽지, 실제로는 복잡하다. 애저, AWS, GCP는 퍼블릭 클라우드이며, 마이크로소프트, 아마존, 구글은 기본적으로 자사 플랫폼의 상당 부분을 제3자, 즉 특정 영역에서 워크로드를 호스팅하는 기업에 제공하기 때문이다. 하지만 이들은 여전히 클라우드 서비스 공급자가 소유하고 관리하는 플랫폼에 속해 있다. 플랫폼의 기본 도메인은 onmicrosoft.com 또는 aws.amazon.com이 되는데, 이는 플랫폼에서 제공하는 모든 (퍼블릭) 서비스를 생각하면 당연하다.

이러한 플랫폼에서 자체 도메인을 사용하려면 등록된 도메인 이름을 플랫폼에 연결해 특정 영역을 격리해야 한다. 예를 들어 myfavdogbiscuit.com이라는 회사가 있다고 가정해 보자. 애저에서는 myfavdogbiscuit.onmicrosoft.com으로 도메인을 지정할 수 있다. 이제 애저 플랫폼에 자체 도메인이 생긴 것이다. AWS와 GCP도 마찬가지다. 클라우드 플랫폼의 도메인이 비즈니스 도메인에 연결돼 있다면, 클라우드 도메인에 배포된 리소스를 도메인에 가입시킬 수 있다. 이러한 연결은 도메인 컨트롤러를 통해 제공된다. 다음 다이어그램은 AD Federation의 개략적인 개념을 보여준다.

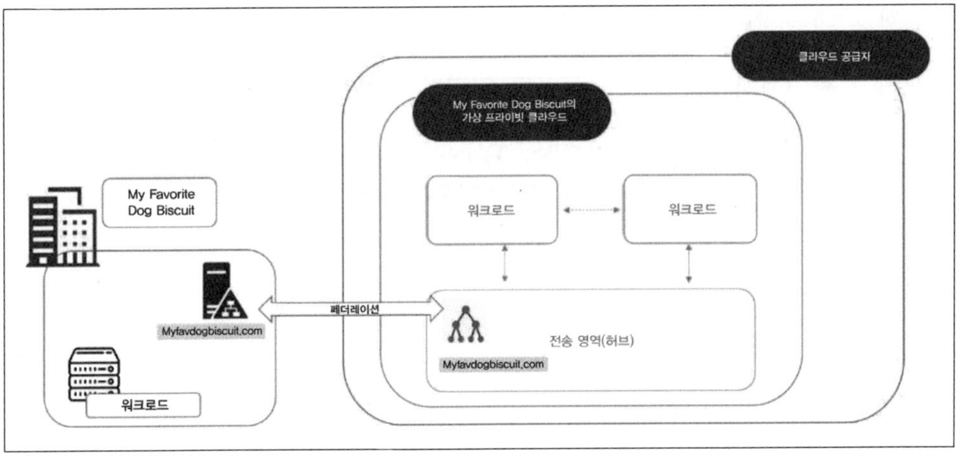

그림 4.4 Active Directory Federation

AD에는 도메인 내에서 허용된 모든 리소스와 사용자가 있다. 인증은 확인을 통해 이뤄지는데, ID가 도메인에서 인식되거나 거부되는 방식이다. AD는 커버로스Kerberos를 사용해 ID를 검증하며, 모든 클라우드 서비스 공급자가 AD, 기본 경량 디렉터리 접근 프로토콜LDAP, Lightweight Directory Access Protocol 표준 및 커버로스를 지원한다는 점을 알아두는 것이 중요하다.

리소스나 사용자를 디렉터리에서 식별할 수 없는 경우 명시적으로 접근 권한을 부여하지 않는 한 해당 도메인에 접근할 수 없다. 이는 사용자가 도메인 계정은 없지만 플랫폼 리소스에 접근해야 하는 경우에 해당한다. 이런 때에는 B2B 연결로 접근 권한을 부여할 수 있다. 애저에서는 이를 B2B라고 하며, 애저 AD가 외부 ID에 사용된다. AWS에서는 Cognito, GCP에서는 Cloud Identity라고 한다.

디렉터리를 사용해 사용자와 리소스를 식별했지만, 이제 이 리소스가 우리가 원하거나 허용하는 작업만 수행할 수 있게 해야 한다. 이를 **권한 부여**라고 하는데, 특정 기준이 충족될 때 리소스가 수행할 수 있는 작업을 지정하는 것이다. 먼저 리소스가 주장하는 ID가 맞는지 확인해야 한다.

로그인하는 사용자의 경우 다단계 인증을 사용하는 것이 좋으며, 컴퓨팅 리소스의 경우 다른 메커니즘을 사용해야 한다. 일반적으로 리소스를 식별하는 복잡하고 고유한 해시인 키를 기반으로 한다.

지금까지 환경에서 ID(사람 또는 시스템 ID)를 정의했다. 이제 ID가 환경에서 무엇을 할 수 있는지 정의하려면 **역할 기반 접근 제어**RBAC, Role-Based Access Control가 필요하다. 애저의 RBAC, AWS의 IAM, GCP의 Cloud Identity를 사용하면 환경의 일부에 대한 접근 권한과 ID가 해당 환경에서 수행할 수 있는 작업을 관리할 수 있다. 또한 특정 RBAC 정책이 적용되는 ID를 그룹화할 수도 있다.

이미 모든 클라우드 플랫폼이 AD와 기본 프로토콜을 지원한다고 결론 내렸다. 따라서 AD를 이러한 다양한 클라우드의 도메인과 페더레이션할 수 있다. 애저 내에서는 AD를 애저 AD와 연결하는 방식이 명확해 보이지만, 두 시스템은 유사해 보여도 전혀 다른 솔루션이다. AD는 실제 디렉터리인 반면, 애저 AD는 클라우드 네이티브 ID를 인증할 수 있는 애저 내의 기본 ID 공급자다. 커버로스와 같은 AD의 인증 메커니즘은 없으며, 애저 AD는 AD를 통해 인증한다. 이는 다른 플랫폼이 AD와 페더레이션하는 방식과 매우 유사하다. AWS와 GCP 역시 AD와 페더레이션할 수 있는 ID가 필요하며, 결국 AD가 ID 관리의 단일 소스, 곧 유일한 ID 저장소로 유지된다.

서비스 설계 및 거버넌스 모델 생성

이제 앞서 다룬 모든 내용을 종합해 멀티 클라우드 환경을 위한 서비스 설계 및 거버넌스 모델을 만들어보자. 서비스 설계에는 무엇이 포함돼야 할까? 지금까지 다룬 모든 내용을 살펴보면 된다. 요구 사항, ID 및 접근 관리, 거버넌스, 비용, 보안 등 모든 주제를 다루는 설계가 필요하다. 이제 각 내용을 자세히 살펴보자.

요구 사항

요구 사항에는 여러 구성 요소로 이뤄진 서비스 목표가 포함된다. 퍼블릭 클라우드에 환경을 배포한다고 가정할 때 퍼블릭 클라우드 플랫폼 자체를 서비스 목표로 포함해야 한다. 마이크로소프트 온라인 서비스에 대한 SLA는 마이크로소프트가 애저에서 제공하는 서비스에 대해 약속하는 SLA 및 KPI를 설명하며, 자세한 내용은 https://azure.microsoft.com/en-us/support/legal/sla/에서 확인할 수 있다. AWS의 SLA 관련 문서는 https://aws.amazon.com/legal/service-level-agreements/에서, GCP의 모든 클라우드 서비스에 대한 SLA는 https://cloud.google.com/terms/sla/에서 확인할 수 있다. 이러한 SLA는 각 클라우드 플랫폼에서 제공하는 서비스를 포괄하며, 기업이 클라우드 네이티브 서비스를 기반으로 구축하는 서비스는 다루지 않는다.

예를 들어 기업이 프런트엔드, 작업자 역할, 데이터베이스로 계층화된 애플리케이션을 구축하고 이를 최종 사용자 그룹에 대한 서비스로 정의했다면 그 서비스는 별도의 서비스 목표로 문서화해야 한다.

다음은 서비스 목표에서 다뤄야 할 관련 요구 사항이다.

- **지속성 요구 사항:** 비즈니스에 중요한 서비스와 관련된 요구 사항으로, 일반적으로 RTO/RPO, 백업 전략, 비즈니스 연속성 계획 및 DR 대책을 설명하는 별도 절에서 다룬다.
- **규정 준수 요구 사항:** 회사가 준수해야 하는 규정 준수 프레임워크를 나열해야 한다. 여기에는 EU GDPR과 같은 개인 정보 보호 관련 프레임워크뿐만 아니라 ISO 27001과 같은 보안 표준도 포함될 수 있다. 마이크로소프트, AWS, 구글은 미국에 본사를 둔 글로벌 기업이지만, 미국 외 지역(특히 EU 국가)에서는 미국을 거점으로 하는 공급자와의 협업이 엄격한 통제하에서만 허용된다는 점을 유념해야 한다. 알리바바와 같이 떠오르는 퍼블릭 클라우드인 중국 공급자와의 계약에도 동일하게 적용되므로, 회사에서 퍼블릭 클라우드에 서비스를 배포하거나 클라우드 서비스를 구매하기 전에 항상 법률

자문가의 조언을 구해야 한다.

- **아키텍처 및 인터페이스 요구 사항:** 기업은 상품을 생산하거나 서비스를 제공하는 방식을 설명하는 엔터프라이즈 아키텍처를 갖고 있을 가능성이 크다. 비즈니스 아키텍처는 클라우드 배포의 매우 중요한 입력 요소이며, 기업이 구성 요소 공급자 또는 타사 서비스와 맺고 있는 다양한 인터페이스 목록도 포함한다. 여기에는 공급자, HR, 물류 및 재무 보고와 같은 회사의 전체 생산 또는 제공망 내의 인터페이스가 포함된다.
- **운영 요구 사항:** 여기에는 수명 주기 정책 및 유지 관리 기간을 다룬다. 비즈니스에서 설정하는 중요한 요구 사항 중 하나는 IT 환경에 대한 모든 변경이 중단되는 소위 블랙아웃 기간이다. 이는 연말 결산 시점이나 예상되는 생산 주기 피크 시점에 해당할 수 있다. 수명 주기에는 IT 환경의 구성 요소에 대한 업그레이드, 업데이트, 패치 및 수정과 관련된 모든 정책이 포함된다.
- **지속성 요구 사항과 마찬가지로, 이 모든 것은 기본 클라우드 플랫폼에 크게 좌우된다.** 클라우드 서비스 공급자는 구성 요소의 가동 중지 시간을 방지하기 위해 인프라에 적용할 수 있는 다양한 도구, 설정 및 정책을 제공한다. 로드 밸런싱, 백본 서비스, 다양한 스택, 영역(데이터 센터) 및 지역에 걸친 구성 요소 계획은 계획적이든 계획 외적이든 어떤 이유로든 환경이 오프라인으로 전환되는 것을 방지하는 데 필요한 모든 대응책이다. 물론 이러한 모든 서비스에는 비용이 발생하므로, 기업은 어떤 환경이 비즈니스에 중요한지 정의해 적절한 수준의 구성 요소 보호 및 관련 운영 요구 사항을 설정해야 한다.
- **보안 및 접근 요구 사항:** 앞서 말했듯 클라우드 플랫폼은 배포된 리소스를 보호하기 위한 고도화된 보안 도구를 제공한다. 그러나 보안 정책과 관련 요구 사항은 클라우드 환경을 사용하는 비즈니스가 스스로 정의해야 한다. 출발점은 누가, 언제, 왜, 무엇에 접근할 수 있는지 정하는 것이며, 여기에 맞는 관리 계정용 RBAC 모델을 구현해야 한다.

다음으로 위험, 가정, 문제 및 종속성(RAID)과 서비스 분해를 살펴본다.

RAID

RAID(위험Risk, 가정Assumption, 문제 및 종속성Issue & Dependency) 로그는 서비스 설계 및 거버넌스 모델에 포함돼야 한다. 이 RAID 로그는 항상 정확한 상태를 나타내도록 유지 관리해야 하며, 원칙, 정책, 적용된 비즈니스 및 기술 아키텍처를 조정하고 적용하는 데 중요한 자료가 된다.

서비스 분해

다음은 서비스 분해, 즉 서비스의 제품 분석이다. 클라우드 환경에서 무엇을 사용할 것인가?

- **데이터 구성 요소:** 어떤 데이터가 어디에, 어떤 형식으로 저장되는지, 어떤 클라우드 기술을 사용하는지 등을 정의한다. SQL 및 NoSQL 데이터베이스, 데이터 레이크, 파일, 큐는 물론 애저의 블롭 스토리지Blob Storage, S3, Glacier, 구글 클라우드 스토리지와 같은 클라우드 스토리지 솔루션도 고려해야 한다.
- **애플리케이션 구성 요소:** 어떤 애플리케이션이 환경에서 지원되는지, 어떻게 구축되고 구성되는지를 정의한다. 이를 통해 어떤 서비스를 온보딩해야 하는지 결정하고, 최소한 비즈니스에 중요한 시스템과 그렇지 않은 시스템을 명확하게 구분할 수 있다. 시스템을 중요도에 따라 Gold, Silver, Bronze 등급으로 분류하는 것이 좋은 방법이다. Gold는 비스니스에 가장 중요한 시스템, Silver는 다른 중요한 프로덕션 및 테스트 시스템, Bronze는 개발 시스템을 의미한다.
  - 하지만 시스템 분류 시 주의해야 한다. 개발 시스템도 재정적인 측면에서 매우 중요할 수 있기 때문이다. 예를 들어 100명의 엔지니어가 납기일을 맞추기 위해 특정 시스템 개발에 매달려 있는데, 개발 시스템에 문제가 발생하면 납기가 지연되고 100명의 엔지니어가 아무것도 하지 못한 채 시간

을 낭비하게 돼 막대한 비용이 발생할 수 있다. 비즈니스 사례는 얼마나 중요한지 아무리 강조해도 지나치지 않다.

- **인프라 구성 요소:** VM, 로드 밸런서, 네트워크 어플라이언스, 방화벽, 데이터베이스, 스토리지 등을 포함한다. 이러한 요소들은 CMDB 또는 MDR의 구성 항목이 된다는 점을 기억해야 한다.
- **클라우드 네이티브 구성 요소:** PaaS 서비스, 컨테이너, 서버리스 기능 등을 고려한다. 또한 클라우드 구성 요소가 포털, CLI, 파워셸 또는 테라폼과 같은 코드 인터페이스를 통해 어떻게 관리되는지 나열한다.
- **보안 구성 요소:** 보안은 모든 계층에서 내재적이어야 한다. 전송 중이거나 저장된 데이터는 보호돼야 하며, 애플리케이션은 무단 접근으로부터 보호돼야 한다. 인프라는 강화돼야 하며, 모든 리소스에 대한 모니터링 및 경고가 활성화돼야 한다.

일반적으로 백업 및 복원은 보안 구성 요소의 일부로 간주된다. 백업 및 복원은 IT 자산을 보호하고, 궁극적으로 데이터와 시스템 손실을 방지해 비즈니스를 보호하는 요소다. 따라서 업무상 중요한 기능, 애플리케이션 및 시스템에 대해서는 **비즈니스 연속성 및 재해 복구**BCDR, Business Continuity and Disaster Recovery 계획을 수립해야 한다. BCDR 계획에서는 RPO/RTO 및 백업 보존 기간에 대한 요구 사항이 도출되며, 이는 이러한 중요 시스템의 아키텍처 및 설계에 대한 입력 자료로 활용된다.

보시다시피 우리는 TOGAFThe Open Group Architecture Framework **아키텍처 개발 방법론**ADM, Architecture Development Method 주기를 따른다. 즉, 비즈니스 요구 사항, 데이터, 애플리케이션, 최신 기술을 고려하며, 보안은 모든 계층에 적용된다. 보안 정책은 별도 절에서 자세히 설명한다.

역할 및 책임

이 절에서는 다양한 서비스 구성 요소에서 누가 어떤 역할을 수행하는지 정의한다. 역할과 함께 특정 역할을 가진 ID가 어떤 작업을 수행할 수 있는지도 명확히 한다. 다음 절에서는 두 가지 모델을 자세히 설명한다.

거버넌스 모델

거버넌스 모델은 서비스 요구 사항 정의, 서비스 설계, 서비스 제공 및 서비스 제어에 관여하는 주체를 정의하는 모델이다. 또한 보고 및 에스컬레이션 라인도 포함한다. 일반적으로 모델의 첫 번째 라인은 요구 사항을 설정하는 비즈니스 부서이고, 다음 라인은 비즈니스와 IT 간의 연결을 담당하는 엔터프라이즈 아키텍처 계층이며, 세 번째 라인은 IT 서비스 제공 조직이다. 이러한 모든 라인은 위험 및 변경 제어를 위한 입력으로 감사를 통해 제어된다.

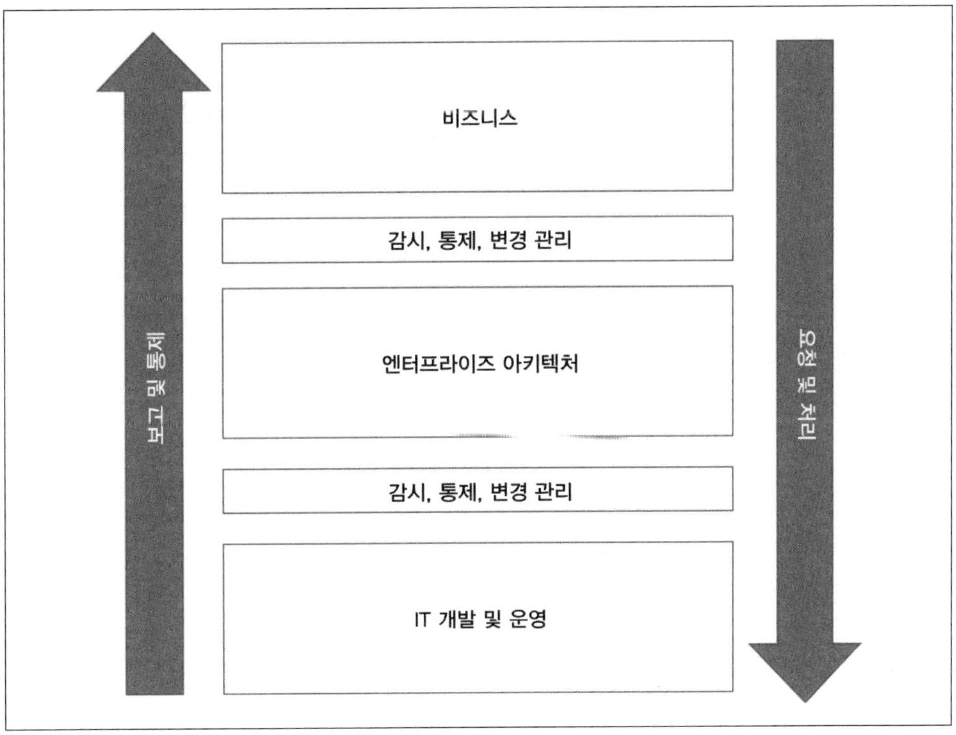

그림 4.5 거버넌스 모델(개략적인 예시)

지금까지 거버넌스 모델에 대해 매우 간단하고 직관적인 내용을 살펴봤다. 이 외에도 거버넌스 모델은 다양한 형태로 존재할 수 있다. 예를 들어 IT 서비스 제공은 데브옵스 원칙에 따라 운영되는 애자일 팀에서 수행하는 경우가 많다. 하지만 애자일 팀을 사용하는 경우에도 기본적인 원칙은 변하지 않는다. 애자일 팀 역시 통제하에 변경 관리에 대한 정의에 따라 움직여야 하며, 모델을 지나치게 복잡하게 만들지 말고 가능한 한 단순하게 유지하는 것이 좋다.

지원 모델

지원 모델은 각 서비스 구성 요소를 누가, 어떤 수준으로 지원할지 정하는 체계다. 내부 IT가 전담할지, 외부 업체와 계약할지, 공급자 지원이 필요한지도 함께 결정해야 한다. 경우에 따라서는 공급사 전문가와의 간헐적 상담이면 충분하지만, 클라우드 운영을 아웃소싱했다면 완전한 상시 지원이 필수다.

지원 모델에서 다뤄야 할 중요한 주제는 클라우드 플랫폼에서 비즈니스를 운영하는 데 필요한 전문성 수준이다. 2장에서 언급했듯 IT에 대한 인식이 극적으로 변화하면서 IT 운영을 다시 내부로 가져오는 경향이 강해지고 있다. 거의 모든 기업에서 IT는 단순한 조력자가 아닌 핵심 활동이 됐다. 점점 더 많은 기업이 클라우드에 서비스를 배포하면서 클라우드 서비스 공급자의 전문 지식과 지원을 받아 자체적인 클라우드 전문가 집단[CoE]을 구축하고 있다.

지금까지의 모든 단계를 전체 주기로 따르면 어떤 서비스가 범위에 포함되고, 어떻게 제공되며, 누가 지원하는지를 정확하게 설명하는 서비스 카탈로그가 완성된다.

프로세스

이 절에서는 어떤 프로세스가 운영 중인지, 그리고 이러한 프로세스가 어떻게 관리되는지를 정의한다. 관련된 모든 프로세스는 나열하고 설명해야 한다.

- 장애 관리
- 문제 관리
- 변경 관리
- 자산 관리 및 CMDB(또는 MDR)
- 구성 관리
- 보고
- 지식 베이스

이러한 프로세스는 ITSM에서 사용되는 표준 프로세스다. 클라우드 환경에서는 자동화 프로세스를 별도의 주제로 포함하는 것이 좋다. 현재의 데브옵스 환경에서는 모든 코드와 스크립트를 중앙 저장소에 보관해야 한다. 지식 베이스는 해당 저장소의 위키 페이지에 저장할 수 있으며, 제어되는 코드 베이스와 지식 위키를 갖춘 데브옵스 파이프라인은 ITSM 프로세스 및 ITSM 도구와 통합돼야 한다. 전체 환경은 단일 창에서 볼 수 있어야 함을 잊지 말자.

아직 다루지 않은 중요한 프로세스가 하나 있는데, 바로 요청 및 요청 처리다. 요청은 비즈니스 요구에서 시작된다. 프로세스의 다음 단계는 요구 사항을 분석하고 비즈니스 위험 평가를 수행해 비즈니스 기능의 중요도를 결정하고 필요한 데이터에 매핑하는 것이다. 그런 다음 요청은 비즈니스 정책 및 보안 기준선에 매핑된다. 이는 RBAC가 구현되고 서비스 분해에 설명된 대로 리소스가 서비스에 따라 배포된다는 점을 고려해 IT 구성 요소를 개발하고 배포하는 방법에 대한 매개변수를 설정한다. 이러한 프로세스를 요청 처리라고 정의할 수 있다.

특정 리소스에 대해 서로 다른 서비스가 필요한 경우, 이는 서비스 카탈로그의 변경 사항이다.

클라우드 환경 전반에서 비용 관리 및 일관된 보안 태세를 유지하는 것도 중요하다. 이러한 주제는 별도의 장에서 자세히 다룬다.

마무리

4장에서는 클라우드 도입 프레임워크의 주요 요소를 살펴보고, 여러 프레임워크 간에 상당한 공통분모가 있음을 확인했다. 또한 애플리케이션을 클라우드로 마이그레이션하고 전환을 시작할 수 있을 때까지의 7단계를 정리했다. 멀티 클라우드 환경은 제어와 관리가 어렵기 때문에 단일 창 방식이 필요하지만, 앞서 봤듯 이를 완전히 충족하는 '모든 것을 지배하는 단 하나의 반지' 같은 도구는 거의 없다.

가장 중요한 것은 환경 내 ID를 먼저 파악해야 한다는 것이다. 플랫폼의 다른 리소스에 대해 얘기할 때 누가, 또는 무엇이 언제, 왜 어떤 작업을 수행하게 허용되는지를 알아야 한다. 이것이 거버넌스 모델을 설정하는 데 핵심이다. 거버넌스 모델은 서비스 설계의 기초가 된다.

4장의 마지막 부분에서는 이러한 서비스 설계의 다양한 부분을 살펴봤다. 모든 것은 아키텍처에서 시작되며, 5장에서는 아키텍처를 만들고 관리하는 방법을 살펴본다.

질문

1. 퍼블릭 클라우드로 비즈니스 환경을 마이그레이션할 때 목표 환경 설계를 위해 사전 평가는 필수적인 단계인가?
2. 클라우드 도입 프로그램을 계획할 때 비용 관리를 클라우드 도입 프레임워크의 일부로 고려해야 하는가?
3. 클라우드 플랫폼으로 전환할 때 IAM은 중요한 역할을 한다. 엔터프라이즈 환경에서 가장 일반적으로 사용되는 ID 디렉터리는 무엇인가?

더 읽을거리

4장에서 언급한 링크 외에도 다음 책들을 참고하면 다룬 주제에 대한 더 많은 정보를 얻을 수 있다.

- Mastering Identity and Access Management with Microsoft Azure, by Jochen Nickel, published by Packt Publishing
- Enterprise Cloud Security and Governance, by Zeal Vora, published by Packt Publishing

05

엔터프라이즈 클라우드 아키텍처 관리

이전 장들에서는 다양한 클라우드 기술 전략을 살펴보고 거버넌스 원칙을 포함한 서비스 모델 초안을 작성하기 시작했다. 이제 어디로 나아가야 할까? 지금부터 여러분은 비즈니스 관점에서 멀티 클라우드 환경에서 IT 환경을 관리하게 된다. 이 새로운 환경을 성공적으로 관리하려면 엔터프라이즈 아키텍처를 유지하는 데 매우 엄격해야 한다. 따라서 5장에서는 멀티 클라우드 아키텍처를 유지하고 보호하는 방법을 다룬다.

5장에서는 TOGAF^The Open Group Architecture Framework^와 지속적 아키텍처, 그리고 최근에 발표된 개방형 애자일 아키텍처를 포함한 다른 방법론을 사용해 멀티 클라우드를 위한 엔터프라이즈 아키텍처를 구축하는 방법론을 소개한다. 품질 속성을 사용해 보안, 데이터, 애플리케이션과 같은 다양한 영역에 대한 아키텍처 원칙을 정의하는 방법을 살펴보고, 다양한 단계에서 아키텍처를 계획하고 생성하는 방법도 알아본다. 마지막으로 아키텍처 검증의 필요성과 그 방법을 알아본다.

5장에서 다루는 내용은 다음과 같다.

- 멀티 클라우드용 아키텍처 원칙 정의
- 아키텍처에서 품질 속성 활용
- 아키텍처 산출물 생성
- 변화 관리 및 검증을 초석으로 삼기
- 아키텍처 검증

멀티 클라우드용 아키텍처 원칙 정의

이제 엔터프라이즈 아키텍처 관점에서 시작해 보자. 널리 인정받는 프레임워크인 TOGAF의 ADM(아키텍처 개발 방법론) 사이클을 지침으로 활용할 것이다. 2장에서 아키텍처 생산 주기는 비즈니스에서 시작된다는 것을 살펴봤다. 하지만 비즈니스 아키텍처를 정의하기 전에 두 가지 단계가 더 있다. 먼저 프레임워크와 아키텍처 원칙을 설정하는 예비 단계를 거치며, 이어 그림 5.1의 다이어그램에 표시된 '아키텍처 비전'으로 불리는 실제 사이클의 첫 단계로 들어간다.

예비 단계에서 가장 중요한 것은 아키텍처 원칙, 즉 아키텍처 구현을 위한 지침이다. 원칙은 여러 가지가 있을 수 있으므로 가장 먼저 비즈니스에 맞춰 원칙 그룹을 만들어야 한다. 여기서 핵심은 원칙이 비즈니스 목표 달성을 지원해야 한다는 점이다. 클라우드로의 전환은 비즈니스 목표가 아니며, 클라우드 우선 전략 역시 비즈니스 전략이 될 수 없다. 이는 기술적인 선언일 뿐이다. 원칙은 아키텍처 의사 결정을 뒷받침해야 하므로, 일관성과 지속성이 중요하다.

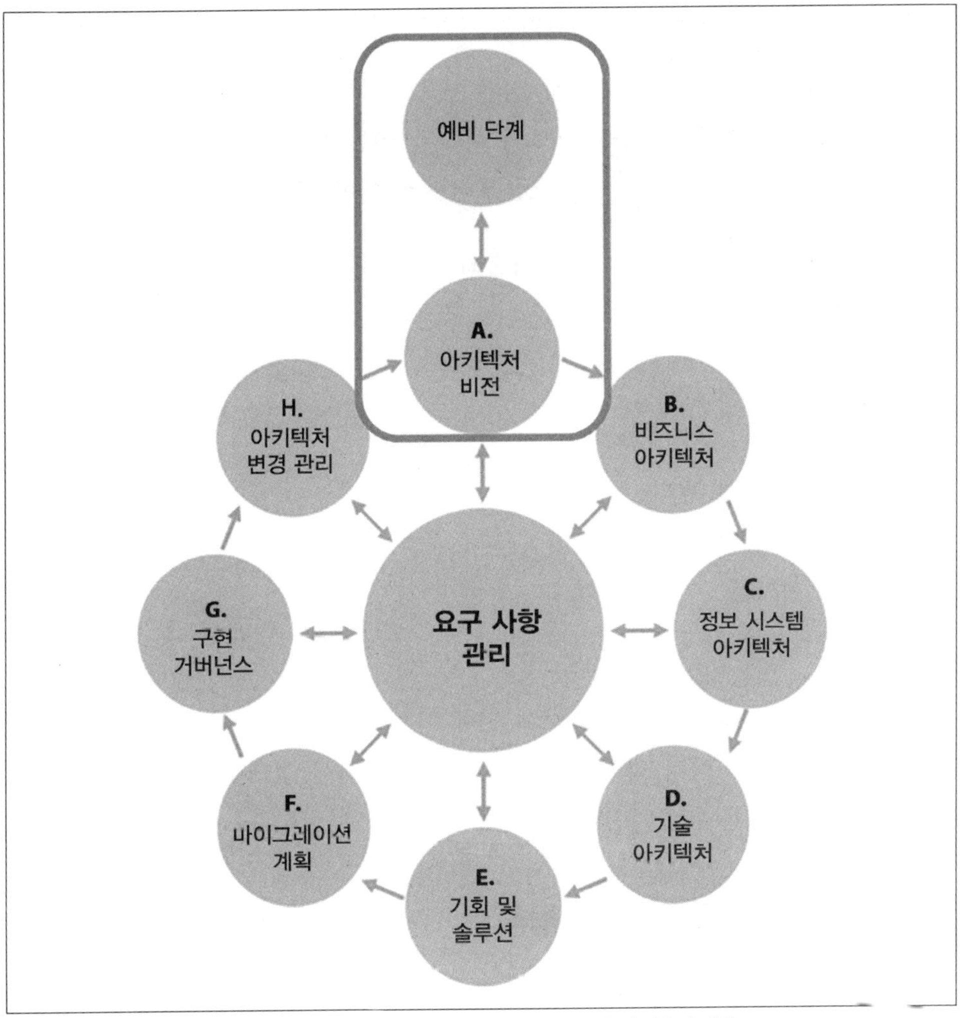

그림 5.1 TOGAF ADM 사이클의 예비 단계 및 아키텍처 비전

비즈니스 기능과 애플리케이션의 호스팅 플랫폼으로 클라우드를 선택할 때는 보통 유연성, 민첩성, 비용 효율성을 핵심 원칙으로 든다. 이 가운데 비용 효율성은 개념이 다소 모호한데, 일반적으로 워크로드를 클라우드로 이전하면 온프레미스 유지 비용보다 낮아질 것이라는 기대를 말한다. 그러나 모호한 원칙에 기반을 둔 잘못된 아키텍처 결정으로 인해 클라우드 환경에서 잘못된 선택을 하면 오히려 비용이 더

많이 들 수도 있다. 따라서 모든 원칙은 다음과 같은 질문을 통해 검증해야 한다.

- 이 원칙이 비즈니스 목표를 지원하는가?
- 이 원칙이 명확해 여러 해석의 여지가 없는가?
- 이 원칙이 명확하게 정의된 솔루션으로 이어지는가?

원칙 정의를 위한 몇 가지 그룹은 다음과 같다.

- 비즈니스
- 보안 및 규정 준수
- 데이터 원칙
- 애플리케이션 원칙
- 인프라 및 기술 원칙
- 사용 편의성
- 프로세스

이제 각 범주에 대해 자세히 알아보기 전에 아키텍처를 정의하는 데 사용하는 가치, 즉 품질 속성을 먼저 알아보자. 이는 다음 절에서 설명한다.

아키텍처에서 품질 속성 활용

품질 속성은 지속적 아키텍처라는 프레임워크에서 비롯된 용어다. 클라우드 아키텍처는 고객 요구 변화에 신속하고 지속적으로 대응해야 하므로 유동적인 경향이 있다. 클라우드 서비스는 4장에서 다룬 비즈니스 민첩성을 가능하게 하는 데 사용되기에, 확장 가능하면서도 안정적이어야 한다. 마지막으로 기업은 특정 플랫폼에 종속되기를 원하지 않으므로 환경은 다른 시스템과 통신하거나 다른 플랫폼으로 이동할 수 있어야 한다.

데브옵스를 통해 빠른 개발과 지속적인 새 릴리스가 가능해짐에 따라 시스템 아키텍처는 끊임없이 변경될 수 있다. 아키텍트들은 이를 달성하기 위해 힘든 작업을 수행해야 하며, 지속적 아키텍처는 좋은 지침이 될 수 있다.

이 프레임워크는 아키텍처가 준수해야 하는 품질 속성을 다음과 같이 정의한다.

- **운영성:** 아키텍처의 이 부분은 자동화뿐만 아니라 모니터링 및 로깅도 포함한다. 운영성은 시스템을 안전한 상태로 유지하는 데 필요한 모든 것이다. 이를 위해서는 다음 사항을 모니터링해야 한다.
  - 모니터링에서 중요한 결정은 어떤 모니터링 도구를 사용할지가 아니라 무엇을, 어느 정도까지 모니터링해야 하는지 결정하는 것이다. 멀티 클라우드에서는 멀티 클라우드 환경에 배포한 전체 구성 요소 체인에서 무슨 일이 일어나고 있는지 확인해야 하므로 플랫폼 간 모니터링이 필수적이다. 이를 종종 **엔드 투 엔드 모니터링**이라고 부르는데, 최종 사용자 관점에서 시스템을 바라보는 것이다. 이는 시스템의 상태뿐만 아니라 시스템이 해야 할 일을 제대로 수행하는지, 버그나 충돌, 예기치 않은 중단은 없는지 확인하는 것과 관련이 있다.
  - 모니터링 시스템은 로그를 수집하는데, 이러한 로그를 어디에 저장하고 얼마나 오래 보관할지 결정해야 한다. 시스템이 감사 대상인 경우 로그 보관 기간은 특히 중요하다. 감사인은 로그를 요청할 수 있기 때문이다.
  - 모니터링은 시스템 성능과 긴밀히 연결돼 있으며, 최종 사용자 관점에서 느린 응답은 즉각적인 불만으로 이어진다. 따라서 성능과 응답성 저하가 관찰되면 단순한 인정에 그치지 말고 병목 지점과 원인을 민지 진단해야 한다. 최종 사용자 관점에서 인프라까지 환경을 모니터링하는 것을 **엔드 투 엔드**라고 한다. 엔드 투 엔드 모니터링은 전체 체인을 통해 트랜잭션을 전송하고 시스템이 여전히 작동 중인지 확인하는 상태(하트비트)와 트랜색션 처리 속도를 측정해 성능을 확인하는 방식으로 수행된다. 이러한 유형의 모니터링은 일반적으로 환경의 다양한 구성 요소에 에이전트를 배포하기에, 이러한 에이전트가 시스템에 미치는 오버헤드, 즉 CPU 및 메모리와 같

은 추가 리소스 사용량을 고려해야 한다. 시스템에서 더 많은 에이전트 또는 패키지가 실행될 것이라는 점을 고려하면 에이전트의 점유 공간은 가능한 한 작아야 한다. 예를 들어 바이러스 검사와 같은 엔드포인트 보호를 생각해 보자.

- **성능:** 아키텍트가 1초 이내에 응답하는 시스템이 빠르다고 판단할 수 있지만, 최종 사용자는 완전히 다르게 생각할 수 있다. 따라서 시스템의 성능과 응답성이 느리다는 데 동의하더라도 성능 저하의 원인을 파악해야 한다. 최종 사용자 관점에서 인프라까지 환경을 모니터링하는 것을 종종 엔드 투 엔드라고 하며, 이 환경은 일반적으로 전체 체인을 통해 트랜잭션을 전송하고 시스템이 여전히 작동 중인지 확인하는 상태(하트비트)와 트랜잭션 처리 속도를 측정해 성능을 확인하는 방식으로 수행된다. 이러한 유형의 모니터링은 일반적으로 환경의 다양한 구성 요소에 에이전트를 배포한다. 따라서 이러한 에이전트가 시스템에 미치는 오버헤드, 즉 CPU 및 메모리와 같은 추가 리소스 사용량을 고려해야 한다. 시스템에서 더 많은 에이전트 또는 패키지가 실행될 것이라는 점을 고려하면 에이전트의 점유 공간은 가능한 한 작아야 한다. 예를 들어 바이러스 검사와 같은 엔드포인트 보호를 생각해 보자.
- 클라우드 도입의 목적은 변화 대응 속도를 높이고 민첩성을 확보하는 데 있다. 따라서 클라우드 시스템은 정적 설계가 아니라 손쉽게 조정 가능한 구성 모델이어야 한다. 구성 가능성은 시스템의 동작 방식을 규정하는 매개변수 집합으로, 리소스의 목표 상태를 선언한다. 예를 들어 포털에서 가상 머신VM을 선택하면 기본 구성이 적용되지만, 기업이 정한 지침과 가드레일을 충족하지 못할 수 있다. 이 경우 필요한 정책과 설정을 추가로 반영해야 하며, 모든 구성은 설정 값과 구성 파일로 관리한다. 주요 항목은 다음과 같다.
  - CPU 및 메모리 할당
  - 스토리지 설정 및 디스크 사용량

- 부팅 순서
- 시스템 강화와 같은 보안 설정
- 액세스 관리
- 운영체제 구성

- 구성은 리소스가 어떻게 작동하고 '행동'해야 하는지 알려준다. VM을 예로 들었지만 클라우드에서 사용하는 모든 리소스에 적용된다. 개발자나 관리자는 리소스를 어떻게 배포할지와 그 안의 모든 구성 요소를 지정해야 한다. 다만 매번 동일한 작업을 반복하길 원하지 않으므로 구성 표준을 정해 자동화한다. 새 리소스가 배포되면 원하는 설정을 적용하는 프로세스가 자동으로 트리거되며, 이때 마스터 구성 파일만 관리하면 된다. 클라우드 서비스 공급자는 파워셸에서 사용되는 DSC Desired State Configuration 와 같은 구성 관리 도구를 제공한다. DSC는 마이크로소프트 윈도우 및 리눅스 시스템에 설정을 정의하고 자동화하는 선언적 스크립팅이다. AWS는 동일한 목적으로 시스템 매니저 Systems Manager 를 제공하는데, GCP는 이를 컴퓨트 엔진 Compute Engine 에 내장하고 있다.
- **검색 가능성:** 이름 그대로 클라우드 플랫폼에서 리소스를 찾는 것을 의미한다. 리소스는 다른 리소스와 통신할 수 있도록 노출돼야 하며 모니터링 대상에도 포함돼야 한다. 더 나아가 서비스 검색까지 포괄한다. 즉, 네트워크 내 인스턴스와 그 인스턴스에서 실행되는 서비스를 자동으로 발견하는 기능이다. 예를 들어 클라우드 플랫폼의 테넌트가 있다.
  - 이는 마이크로서비스 아키텍처에서 매우 중요하다. 각 마이크로서비스는 인스턴스에서 호스팅되는 서비스를 검색하기 위해 인스턴스 위치를 알아야 한다. 서비스 검색을 사용하면 인스턴스의 IP 주소 없이도 서비스를 동적으로 검색할 수 있다. 이러한 IP 주소는 동적으로 변경되지만 서비스는 여전히 서로를 '찾을' 수 있으며, 보통 중앙 서비스 레지스트리를 활용한다.

- **보안:** 멀티 클라우드 환경에서 가장 중요한 자산은 데이터이며, 보안의 초점도 데이터 보호에 맞춰져야 한다. 아키텍처는 데이터 무결성을 보호하는 것을 목표로 해야 하며, 이를 구상하는 가장 좋은 방법은 발생 가능한 위협의 관점에서 생각하는 것이다. 데이터를 어떻게 보호하고, 애플리케이션이 침해되는 것을 어떻게 방지하며 보안 정책, 모니터링 및 경고 후속 조치 측면에서 어떤 프로세스를 갖추고 있는가? 후자는 보안 운영(SecOps)의 주제다.
- **확장성:** 퍼블릭 클라우드의 핵심 기능은 확장성이다. 이전에는 개발자가 데이터 센터에서 하드웨어가 준비될 때까지 기다려야 작업을 시작할 수 있었지만, 이제는 손쉽게 용량을 확보할 수 있다. 더 나아가 퍼블릭 클라우드는 비즈니스 요구에 맞춰 민첩성과 유연성을 확보하고, 스케일 아웃, 스케일 업, 스케일 다운을 수행할 수 있어야 한다.
- 스케일 아웃은 수평 확장으로, 보통 가상 머신 같은 시스템을 환경에 추가하는 방식이다. 스케일 업(수직 확장)은 기존 시스템에 CPU, 메모리, 디스크 등 리소스를 더하는 것을 말한다. 스케일 아웃 및 스케일 업이 가능하다면 반대 방향으로 시스템을 스케일 다운할 수도 있다. 퍼블릭 클라우드에서는 실제로 사용하는 만큼만 비용을 지불하므로 비용이 즉시 절감되지만, 기존 온프레미스 환경에 있는 물리적 머신에 투자한 경우에는 해당되지 않는다. 이러한 물리적 머신의 사용량을 줄일 수는 있지만, CAPEX(자본 지출 또는 투자)이므로 해당 머신의 비용은 줄어들지 않는다. 재무 관련 내용은 이 책의 12장에서 다룬다.
- 확장성 아키텍처의 일반적인 영역은 가상 머신(컨테이너 클러스터의 호스트), 데이터베이스 및 스토리지이지만 네트워크 및 보안 어플라이언스도 고려해야 한다. 예를 들어 환경을 스케일 업 또는 스케일 아웃하려는 비즈니스 요구가 증가하면 일반적으로 처리량도 증가한다. 이는 스위치 및 방화벽과 같은 네트워크 어플라이언스에 영향을 미치므로 네트워크 어플라이언스도 확장돼야 한다. 다만 클라우드의 기본 서비스를 활용해 확장성 이슈를 선제적으로

방지하는 것이 바람직하다.

- 확장성을 위한 아키텍처에 포함해야 할 사항은 다음과 같다.
  - **스케일 단위 정의:** 이는 확장성 패턴과 관련이 있다. 확장에는 영향이 따른다는 점을 알아야 한다. 가상 머신을 스케일 아웃하면 해당 머신에서 사용하는 디스크 확장과 스토리지 사용량에 영향을 미친다.
  - 아키텍트가 고려해야 할 중요한 측면이 하나 더 있다. 애플리케이션이 확장을 처리할 수 있는가? 아니면 기본 리소스가 애플리케이션의 기능과 특히 성능에 영향을 미치지 않고 스케일 아웃, 스케일 업 또는 스케일 다운할 수 있게 애플리케이션을 재설계해야 하는가? 백업 솔루션이 확장을 인식하는가?
  - 스케일 단위를 정의하는 것이 중요하다. 스케일 단위는 메모리 및 디스크를 포함한 가상 머신, 데이터베이스 인스턴스, 스토리지 계정 및 애저의 블롭 또는 AWS의 버킷과 같은 스토리지 단위가 될 수 있다. 이러한 단위의 확장 방법과 확장 작업을 시작하는 트리거를 설계해야 한다.
  - **자동 확장을 허용:** 클라우드의 기본 원칙 중 하나는 최대한 자동화하는 것이다. 스케일 단위를 제대로 정의했다면 다음 단계는 이러한 단위에서 자동 확장을 허용할지 또는 환경에 리소스를 동적으로 추가하거나 취소하는 자동화된 프로세스를 허용할지 결정하는 것이다. 그에 앞서 애플리케이션 아키텍처가 확장을 지원해야 하며, 자동 확장은 여기에 추가적인 차원을 더한다. 자동 확장과 관련해 다음과 같은 측면이 중요하다.
    - ※ 자동 확장 프로세스를 실행하는 트리거
    - ※ 자동 확장의 임곗값, 즉 리소스를 스케일 업/아웃 또는 다운할 수 있는 수준. 비즈니스는 관련 비용에 대한 통찰력을 확보해야 한다.
  - **파티셔닝:** 확장성을 위한 아키텍처 설계의 일부는 특히 대규모 환경에서 파티셔닝이다. 애플리케이션과 데이터를 파티션으로 분리하면 확장을 제어하고 스케일 세트를 관리하기가 더 쉬워지며 대규모 환경에서 경합이 발생하는 것을 방지할 수 있다. 경합은 애플리케이션 구성 요소가 동일

한 확장 기술을 사용하지만 비용을 제어하기 위해 설정된 임곗값으로 인해 리소스가 제한되는 경우 발생할 수 있는 효과다.

이제 여기에 더해 시스템이 확장 가능할 뿐만 아니라 복원력과 견고성을 갖춰 고가용성을 보장해야 한다.

- **견고성:** 애저, AWS, GCP와 같은 플랫폼은 즉시 사용 가능하며, 전 세계적인 서비스 범위 덕분에 항상 사용 가능할 것이라고 생각하기 쉽다. 이러한 플랫폼이 높은 가용성을 보장하지만, 드물게 장애가 발생하기도 한다. 기업은 이러한 위험을 감수할 수 있는지, 위험을 완화하는 데 드는 비용은 얼마인지, 그리고 그 투자를 감당할 의향이 있는지 스스로에게 물어야 한다. 이는 최고 수준의 비즈니스 연속성 전략에 대한 의사 결정이다.
- 견고성은 복원력, 접근성, 보존성, 복구와 관련되며, 주로 가용성에 초점을 맞춘다. 가용성을 고려한 아키텍처를 설계할 때는 컴퓨팅, 애플리케이션, 데이터 계층 등 다양한 계층에서 이를 고려해야 한다. 특정 계층에 대해서만 가용성을 설계하는 것은 의미가 없다. 가상 머신에 장애가 발생하면 애플리케이션과 데이터베이스에 접근할 수 없게 돼 가용성이 보장되지 않기 때문이다.
- 즉, 스택의 최상단인 애플리케이션부터 인프라까지 가용성을 설계해야 한다. 애플리케이션의 가용성이 99.9%여야 한다면 기반 인프라는 더 높은 가용성을 제공해야 한다. 기반 인프라는 컴퓨팅, 스토리지, 네트워크를 포함하는 전체 기술 스택을 의미한다.
- 훌륭한 가용성 설계는 각 구성 요소의 장애에 대비하는 동시에 애플리케이션이 비즈니스 및 최종 사용자와 합의한 가용성을 유지하게 보장한다. 다만 장애는 피할 수 없으므로, 시스템을 복구할 수 있는 체계를 갖춰야 한다. 복구에는 다음 두 가지 핵심 매개변수가 있다.
  - **복구 시점 목표**RPO, Recovery Point Objective**:** 데이터 손실을 허용하는 최대 시간이다. 예를 들어 RPO가 1시간이라면 장애 시작 후 1시간 이내에 처리된 데

이터는 복원할 수 없지만 허용 가능한 것으로 간주한다.

  - **복구 시간 목표**RTO, Recovery Time Objective: 비즈니스에서 허용하는 최대 다운타임 시간이다.

- RPO와 RTO는 백업, 데이터 보존, 복구 솔루션을 설계할 때 중요하다. 예를 들어 비즈니스가 RPO 1시간을 요구한다면 최소 매시간 백업을 수행해야 한다. 방법으로는 스냅샷과 증분 백업이 있다. 스냅샷은 시점의 전체 복사본을 저장하고, 증분 백업은 마지막 백업 이후의 변경분만 저장한다. 매시간 전체 백업을 수행하면 시스템 부하와 저장 공간 소모가 과도해질 수 있다.
- 어떤 환경이 중요하며 강력한 백업 솔루션이 필요한지 결정하는 것이 중요하다. 일반적으로 이러한 환경의 데이터는 더 오랫동안 저장해야 하는데, 퍼블릭 클라우드의 표준 서비스는 백업 데이터 저장에 2주를 표준 보존 기간으로 제공하는 경우가 많다. 이 기간을 연장할 수 있지만, 설정을 변경해야 하며 비용이 크게 증가한다는 점을 알아야 한다.
- 데이터를 백업하는 것은 복원할 수 있다는 확신이 있을 때만 의미가 있다. 따라서 퍼블릭 클라우드에서도 백업 및 복원 절차를 자주 테스트해야 한다.
- **이식성:** 이식성은 여러 가지 의미로 사용된다. 주로 애플리케이션 이식성을 의미하며, 동일한 애플리케이션을 여러 플랫폼에 설치해야 하는 경우 이식성을 통해 비용을 크게 절감할 수 있다. 이식성을 위한 유일한 요구 사항은 애플리케이션 로직과 시스템 인터페이스 간에 일반적인 추상화가 존재해야 한다는 것이다. 클라우드 이식성은 애플리케이션이 서로 다른 클라우드 플랫폼에서 실행될 수 있음을 의미한다. 즉, 애플리케이션과 데이터를 중단 없이 클라우드 간에 이동할 수 있다는 의미다. 이는 주로 '벤더' 또는 '클라우드' 종속과 관련이 있으며, 기업은 클라우드 플랫폼을 포함해 공급자를 자유롭게 전환할 수 있기를 원한다. 이식성은 종종 상호 운용성과 혼용되는데, 상호 운용성은 애플리케이션이 특정 클라우드에 구애받지 않고

어디서나 호스팅될 수 있음을 가리킨다. 예를 들어 쿠버네티스를 사용하는 컨테이너 기술은 쿠버네티스를 지원하는 모든 플랫폼에서 실행할 수 있다.

- 하지만 실제로 이식성과 상호 운용성은 이론보다 훨씬 더 어렵다. 클라우드 공급자마다 기반 기술이 달라, 특히 특정 네이티브 기술에 의존하는 마이크로서비스는 클라우드 간 마이그레이션에서 문제가 생길 수 있다. 또한 데이터 중력, 즉 데이터가 애플리케이션을 자신이 있는 곳으로 끌어당기는 현상도 크게 작용한다. 방대한 데이터는 쉽게 다른 플랫폼으로 옮기기 어렵고, 이는 기업의 클라우드 전략에 중대한 영향을 미친다.
- **사용성:** 이는 사용자 관점에서 명확한 인터페이스와 투명한 앱 탐색을 통해 앱을 얼마나 쉽게 사용할 수 있는지와 관련이 있다. 하지만 이러한 요소들은 아키텍처에 특정 제약을 가한다. 사용성을 위해서는 멀티 클라우드 환경에서 호스팅되는 애플리케이션에 사용자가 접근할 수 있어야 한다. 따라서 애플리케이션에 어떻게 접근할 수 있는지 또는 접근해야 하는지를 고려해야 한다. 이는 연결성 및 라우팅과 직접적인 관련이 있다. 사용자가 인터넷을 통해 접근해야 하는지, 아니면 특정 앱이 사무실 네트워크에서만 접근할 수 있어야 하는지, 클라우드 네트워크에 DMZ를 설계해야 하는지, 멀티 클라우드에서 점프 박스는 어디에 위치해야 하는지 등을 고려해야 한다.
  - 멀티 클라우드 애플리케이션 구성 요소는 서로 다른 플랫폼에서 생성될 수 있다는 점을 명심해야 한다. 사용자는 이러한 차이점을 느끼지 않아야 하며, 기반 기술 설정은 사용자에게 완전히 투명해야 한다. 이는 기술 투명성이라고 부르는 아키텍처 결정으로 이어진다. 본질적으로 아키텍트는 비즈니스 요구 사항에서부터 데이터의 안전한 사용, 최종 사용자에 대한 애플리케이션의 안전한 접근성에 이르기까지 지속적으로 고민해야 한다. 이러한 고민이 아키텍처 전체를 이끌어간다.

지속적인 아키텍처만이 애자일 아키텍처를 정의하는 데 도움이 되는 유일한 프레임워크는 아니다. 이 장에서 TOGAF를 언급했지만, 아키텍처 표준 방법론을 개발하는 단체인 The Open Group은 다소 정적인 TOGAF보다 애자일 아키텍처에 더 적합한 다른 프레임워크를 발표했다. 이 새로운 프레임워크는 개방형 애자일 아키텍처O-AA, Open Agile Architecture라고 불린다.

이 프레임워크는 기업의 디지털 전환을 전제로, 아키텍처의 주된 목적을 비즈니스 민첩성에 둔다. O-AA는 고객과 고객 경험을 아키텍처의 핵심에 놓는데, 고객의 요구와 경험이 끊임없이 바뀌기 때문에 아키텍처는 이를 수용할 수 있어야 한다. 예를 들어 기업의 제품, 웹사이트, 소셜 미디어, 고객 컨택 센터, 심지어 인터넷에 연결된 모바일 장치 및 센서와 같은 사물 인터넷IoT, Internet of Things을 통해 고객이 기업과 맺는 모든 접점과 고객 간의 상호 작용을 포착한다.

TIP

> 이 책에서는 TOGAF나 O-AA를 자세히 다루지 않는다. 자세한 내용과 관련 자료는 The Open Group 웹사이트를 참고하기 바란다. O-AA는 2020년에 발표됐으며, Van Haren Publishing에서 최근 이 방법론을 책으로 출간했다. 관련 자료는 TOGAF 웹사이트(https://publications.opengroup.org/)에서 확인할 수 있다.

품질 속성 외에도 멀티 클라우드 아키텍처에 대한 몇 가지 원칙을 정의해야 한다. 이는 다음 절에서 설명한다.

사용 사례에서 원칙 정의

아키텍처를 정의하기 전에 먼저 비즈니스 사용 사례를 정의해야 한다.

비즈니스 사용 사례는 고객에게 제품이나 서비스를 제공하고자 비즈니스가 특정 순서로 수행해야 하는 작업을 설명한다. 여기서 제품이나 서비스는 고객에게 가치를 제공해야 하며, 이 가치는 가격으로 표현될 수 있다. 이 가격은 제품 또는 서비스 제공과 관련된 비용에 마진을 더한 금액과 일치해야 비즈니스가 이익을 얻을 수 있다. 따라서 비즈니스 사용 사례는 생산 및 제공 워크플로를 설명할 뿐만 아니라 비즈니스가 고객에게 어떤 가치를 제공하고 이익을 창출하는지 정의한다.

아키텍트는 이 사용 사례로부터 비즈니스 원칙을 시작으로 여러 원칙을 도출한다.

비즈니스 원칙

비즈니스 원칙은 비즈니스 부서가 목표와 전략을 설정하는 것에서 시작한다. 이는 비즈니스 미션 선언을 준수하며, 단기 및 장기적으로 달성하고자 하는 바를 설명한다. 여기에는 다음과 같은 다양한 주제가 포함될 수 있다.

- 고객 응대 속도 향상
- 신제품 출시 속도 향상(출시 기간 단축)
- 서비스 또는 제품 품질 개선
- 직원 참여 확대
- 새로운 웹사이트 또는 웹 쇼핑몰 출시와 같은 실질적인 디지털 목표
- 비용 통제와 함께 수익 및 이익 증대

NOTE

> 비용 통제는 핀옵스의 주제이며, 이는 10장과 11장에서 자세히 다룬다.

이 목표는 SMART해야 한다. SMART는 Specific(구체적), Measurable(측정 가능), Attainable(달성 가능), Relevant(관련성), Timely(시기적절)의 약자다. 예를 들어 '6월 1일에 북미 지역에서 X 제품 웹 쇼핑몰 출시'와 같이 SMART하게 구성된 목표는 특정 지역의 특정 제품을 대상으로 하며, 목표 날짜가 정해져 있어 측정 가능하다.

TOGAF로 돌아가 살펴보면, 이는 ADM 사이클의 B 단계, 즉 아키텍처 개발 방법에서 비즈니스 아키텍처를 완성하는 단계에서 수행되는 활동이다. 이 책은 TOGAF에 대한 책이 아니지만, 엔터프라이즈 아키텍처를 실행하는 데 공통된 언어를 사용하는 것이 좋다. 일반적으로 TOGAF가 표준으로 간주되며, 비즈니스 원칙은 비즈니스가 내리는 비즈니스 목표와 전략적 결정을 이끌어낸다. 이러한 원칙은 이후의 모든 아키텍처 단계에 대한 필수 조건이다.

보안 및 규정 준수를 위한 원칙

보안과 규정 준수는 모든 아키텍처에서 핵심 주제다. 이 영역의 원칙은 비교적 단순해 보일 수 있지만, 아키텍처 전반에 매우 중요하게 작용한다. 따라서 비즈니스 원칙 다음으로 우선순위가 높은 원칙 그룹으로 간주된다.

오늘날 **제로 트러스트**zero trust와 **설계 단계부터 고려하는 보안**Security by Design에 대한 논의가 많다. 이는 원칙이 될 수 있지만, 그 의미를 명확히 해야 한다. 제로 트러스트는 네트워크와 플랫폼 내의 어떤 것도 신뢰하지 않는다는 의미를 내포한다. 모든 장치, 애플리케이션 또는 사용자를 지속적으로 모니터링하며 장치, 애플리케이션, 사용자가 플랫폼 내 어디든 접근하거나 네트워크 내부에 들어오는 것을 방지하기 위해 플랫폼을 마이크로 세분화해 엄격하게 격리한다. 여기서 주의할 점은 제로 트러스트가 기술적인 조치만을 의미하는 것이 아니라는 것이다. 제로 트러스트는 무엇보다 비즈니스 원칙이며, 보안을 다른 관점에서 바라본다. 즉, 제로 트러스트는 조직이 이미 공격을 받았다고 가정하고, 정확한 피해 규모가 어느 정도인지 파악하는 데 집중한다. 이는 MITRE ATT&CK과 같은 프레임워크에서도 동일하게 적용되는 관점이다.

설계 단계부터 고려하는 보안은 환경의 모든 구성 요소가 해당 구성 요소의 아키텍처, 즉 내장된 보안을 통해 안전하게 설계됐음을 의미한다. 이는 네트워크 장치를 포함한 플랫폼과 시스템이 강화되고, 프로그래밍 코드가 암호화 또는 해싱을 통해 침해로부터 보호됨을 의미한다. 또한 아키텍처 자체가 이미 마이크로 세분화돼 있고 보안 프레임워크가 적용됐음을 의미한다. 일반적으로 사용되는 프레임워크의 예로는 IT 스택의 다양한 계층에 대한 다양한 공격을 다루는 20가지 중요 보안 통제를 포함하는 CISCenter for Internet Security 프레임워크가 있다. 다만 CIS가 명시하듯 이 프레임워크는 만능 해법이 아니므로, 각 조직은 자사의 환경, 위험 수준, 규제 요구를 고려해 어떤 통제를 어떤 수준으로 구현할지 체계적으로 분석해야 한다.

예를 들어 CIS 프레임워크의 통제 13인 데이터 보호를 살펴보자. 이 통제는 전송 중인 데이터와 저장된 데이터를 암호화할 것을 권고한다. CIS는 어떤 유형의 하드웨어 보안 모듈HSM, Hardware Security Modules을 사용해야 하는지, 또는 암호화 수준을 어떻게 해야 하는지는 구체적으로 언급하지 않는다.

CIS는 조직이 암호화를 사용하고 안전하게 보관된 암호화 키로 이를 보호해야 한다고 명시한다. 어떤 수준과 어떤 유형의 암호화를 사용할지는 아키텍트가 결정할 문제다.

규정 준수 원칙과 관련해서는 비즈니스가 준수해야 하는 국제적, 국가적 또는 지역 법률 및 산업 규정이 무엇인지 명확히 해야 한다. 여기에는 개인 정보 보호와 관련된 법률 및 규정이 포함되며, 이는 (개인) 데이터의 저장 및 사용과 직접적인 관련이 있다.

원칙의 예로는 아키텍처가 일반 데이터 보호 규정GDPR, General Data Protection Regulation을 준수해야 한다는 것이다. GDPR 준수라는 원칙은 간단해 보이지만, 데이터가 저장되는 환경(기록 시스템)을 보호하고 이 데이터에 접근하는 방법(참여 시스템)을 보호하는 데 많은 노력이 필요하다. 이 원칙에서 비롯되는 기술적 조치는 데이터베이스 보안, 데이터 암호화, 인증 및 권한 부여를 통한 데이터 접근 제어 등 다양하다. 멀티 클라우드 환경에서는 기존 데이터 센터보다 훨씬 더 어려울 수 있다. 서로 다른 클라우드와 PaaS 및 SaaS 솔루션을 사용하면 데이터 저장 및 데이터 사용 측면에서 데이터가 어디에나 위치할 수 있기 때문이다.

데이터 원칙

이미 살펴본 바와 같이 멀티 클라우드 환경에서 데이터 원칙은 매우 중요하지만 실무 적용 난도가 높다. 이때 초점은 데이터 기밀성과 보호에 있으며, 다음의 다섯 가지 원칙을 우선 고려해야 한다.

- **정확성:** 데이터는 정확하고 완전하며 신뢰할 수 있어야 한다. 부정확한 데이터는 잘못된 통찰력과 의사 결정으로 이어져 심각한 결과를 초래할 수 있다.

- **적절성:** 데이터는 당면한 문제나 질문과 관련이 있어야 한다. 불필요하거나 부적절한 데이터는 분석에 노이즈를 추가해 의미 있는 통찰력을 추출하기 어렵게 만들 수 있다.
- **적시성:** 데이터는 시기적절하고 최신 상태여야 한다. 오래됐거나 부실한 데이터는 부정확하거나 오해의 소지가 있는 결론으로 이어질 수 있다.
- **일관성:** 데이터는 형식, 정의 및 측정 단위 측면에서 일관성이 있어야 한다. 일관성 없는 데이터는 혼란을 야기하고 다양한 정보 소스를 결합하거나 비교하기 어렵게 만들 수 있다.
- **개인 정보 보호 및 보안:** 데이터는 무단 액세스 및 사용으로부터 보호돼야 한다. 개인 정보나 금융 정보와 같은 민감한 데이터는 유출이나 누출을 방지하기 위해 주의해서 처리하고 안전하게 저장해야 한다.

그렇다면 이러한 원칙을 어떻게 준수할 수 있을까? 5장의 앞부분에서 클라우드 환경에서 흔히 사용되는 두 가지 중요한 기술 용어를 간략하게 언급했다.

- **기록 시스템**systems of record**:** 데이터를 보유하는 데이터 관리 또는 정보 저장 시스템이다. 클라우드에는 일반적으로 알려진 데이터베이스가 있지만, 클라우드 플랫폼의 확장성 덕분에 수천 개의 데이터 소스를 연결하는 여러 데이터베이스로 구성된 거대한 데이터 저장소를 배포할 수 있다. 퍼블릭 클라우드는 소위 데이터 레이크를 호스팅하는 데 매우 적합하다.
- **참여 시스템**systems of engagement**:** 데이터를 수집하거나 액세스하는 데 사용되는 시스템이다. 이메일, 협업 플랫폼, 콘텐츠 관리 시스템뿐만 아니라 데이터를 수집해 중앙 데이터 플랫폼으로 보내고 해당 플랫폼에서 데이터를 검색하는 모바일 앱 또는 IoT 장치와 같은 다양한 시스템이 포함될 수 있다.

기록 시스템 및 참여 시스템을 보유하기 위한 토폴로지에 대한 개략적인 개요는 다음 다이어그램에 나와 있으며, ERPEnterprise Resource Planning, CMSContent Management System, CRMCustomer Relationship Management 시스템이 기록 시스템의 예로 사용된다.

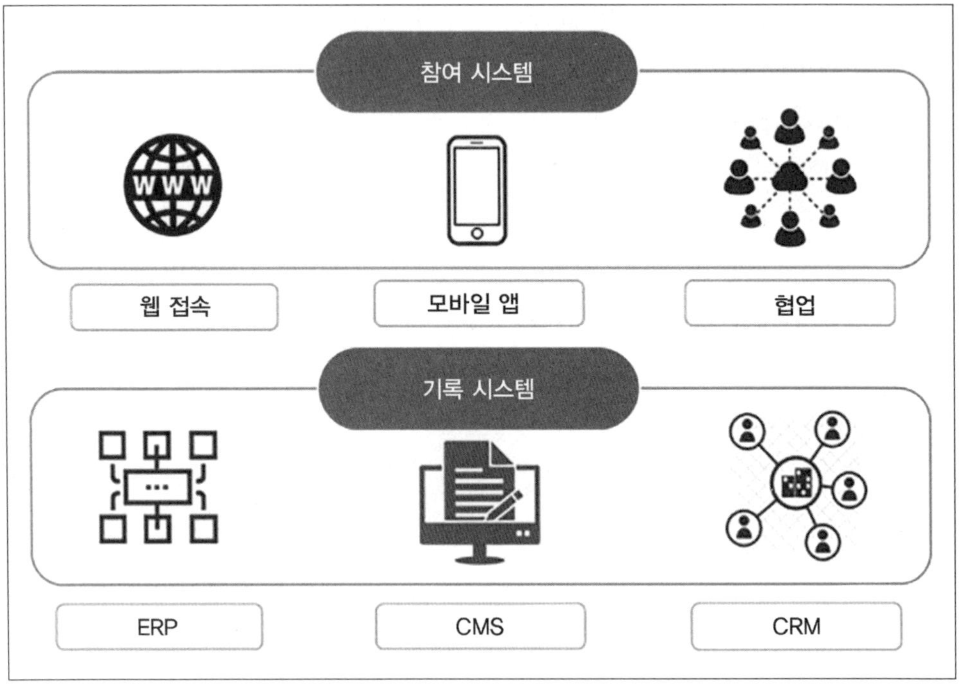

그림 5.2 참여 시스템 및 기록 시스템의 간단한 표현

기록 및 참여 시스템의 생태계는 거대하며 계속 성장하고 있다. 앞서 언급했듯 데이터 레이크는 대부분 원시 데이터를 보유하는 대규모 데이터 저장소다. 데이터 과학자는 이러한 데이터를 사용해 분석을 수행하기 위해 정확한 데이터 세트를 정의해야 한다. 이를 위해 애저, AWS, 구글은 각각 애저의 데이터 팩토리Data Factory 및 Databricks, AWS의 EMR 및 Athena, 구글의 빅쿼리와 같은 서비스를 제공한다.

빅데이터와 데이터 분석은 데이터 기반으로 전환하려는 기업에게 점점 더 중요해지고 있다. 모든 활동 또는 비즈니스 의사 결정은 실제 데이터에 의해 이뤄진다. 클라우드는 페타바이트 단위의 데이터를 보유할 수 있고 시스템은 이러한 데이터를 빠르게 분석해 작업을 트리거할 수 있어야 하므로 점점 더 많은 아키텍트가 모델에 새로운 계층이 필요하다고 생각한다. 이 계층은 머신러닝 및 인공지능AI을 사용해 '지능형 시스템'을 보유하게 된다. 애저, AWS, 구글은 각각 애저의 애저 ML, AWS의 SageMaker, 구글의 클라우드 AI와 같은 AI 기반 솔루션을 제공한다. 지능형 시스템이라는 추가 계층은 다음 다이어그램에서 확인할 수 있다.

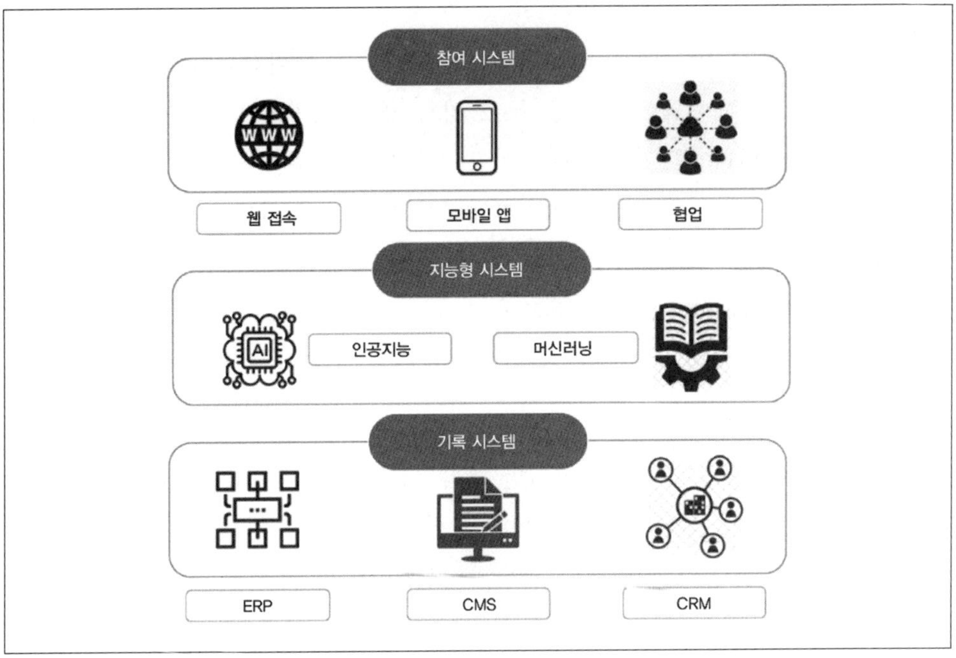

그림 5.3 지능형 시스템 계층의 간단한 표현

분명히 말하자면 기록 시스템이나 참여 시스템은 기반 리소스의 유형에 대해 아무것도 알려주지 않는다. 물리적 서버에서 가상 머신VM, 컨테이너, 심지어 함수에 이르기까지 무엇이든 될 수 있다. 기록 시스템 또는 참여 시스템은 특정 리소스의 기능에 대해서만 알려준다.

애플리케이션 원칙

데이터는 그 자체로 존재하지 않는다. TOGAF를 다시 살펴보면 데이터와 애플리케이션이 정보 시스템 아키텍처인 C 단계로 묶여 있는 것을 알 수 있다. 현대 애플리케이션의 주요 원칙 중 하나는 스티븐 스피왁Steven Spewak의 엔터프라이즈 아키텍처 계획에 따라 데이터 중심 접근 방식을 취하는 것이다. 이는 1992년 출간된

『Enterprise Architecture Planning』(QED Publishing)에서 제안된 방법이지만, 멀티 클라우드 환경에서도 여전히 유효하다.

스피왁의 연구에서 언급됐듯 비즈니스 미션은 모든 아키텍처에서 가장 중요한 동인이다. 기업은 데이터에 기반을 두고 의사 결정을 내리므로 데이터는 관련성이 높을 뿐만 아니라 접근 가능하고 사용 가능해야 한다. 이러한 후자의 원칙은 비즈니스에 데이터를 공개하는 애플리케이션과 관련이 있다. 다시 말해 애플리케이션은 데이터 품질을 보호하고, 데이터 접근성을 높이며, 데이터 사용을 보장해야 한다. 누가 어떤 조건으로 접근할 수 있는지는 논쟁의 여지가 있지만, 그것은 보안 원칙의 영역이며 애플리케이션 아키텍처의 핵심 원칙은 접근성 향상에 있다.

멀티 클라우드 환경에서는 스토리지만 달라지는 것이 아니라 애플리케이션의 형태도 바뀐다. 오늘날 현대 애플리케이션은 여전히 레거시 기반을 일부 보유할 수 있지만, 일반적으로는 모놀리식이나 클라이언트-서버 구조에 머물지 않는다. 클라우드 네이티브 앱은 역할과 기능으로 정의되며, 코드 기반 모듈성과 마이크로서비스 사용 원칙을 기반으로 구축된다. 이러한 앱은 API 또는 다른 앱의 특정 기능을 호출하는 트리거를 사용해 다른 앱과 통신하고, 동일한 플랫폼에서 실행될 필요조차 없으며, 어디에서나 호스팅할 수 있다. 일부 아키텍트는 메인프레임의 모놀리식 애플리케이션이 복잡하다고 생각해 멀티 클라우드의 앱이 얼마나 복잡해질 수 있는지 파악하는 지침으로 사용한다.

그러나 애플리케이션에 대한 많은 아키텍처 원칙은 여전히 유효하다. 기술은 바뀔 수 있지만 애플리케이션의 기능은 여전히 데이터를 렌더링하고, 접근성을 높이며, 데이터가 사용 가능하게 보장함으로써 비즈니스를 지원하는 것이다.

오늘날 애플리케이션에 대한 일반적인 원칙은 클라우드 네이티브 기술의 특정 특성을 고려하는 것이다. 최신 앱은 이동성을 지원하고, 개방형 표준을 사용해 플랫폼에 독립적이며, 상호 운용성을 지원하고, 확장 가능해야 한다. 또한 앱을 통해 사용자는 언제 어디서나 작업할 수 있어야 한다.

중요한 주제 중 하나는 애플리케이션에 대한 요구 사항이 거의 빛의 속도로 바뀐다는 것이다. 사용자는 앱에 대해 점점 더 많은 것을 요구하므로 개발 파이프라인에서 변경 사항을 매우 빠르게 적용할 수 있게 매우 민첩한 방식으로 설계해야 한다. 클라우드 기술은 코드 조정을 쉽게 만들어 주지만, 이를 제대로 활용하려면 애플리케이션이 런북을 포함해 체계적으로 설계되고 문서화돼 있어야 한다.

인프라 및 기술 원칙

드디어 가상 세계의 장비, 배선, 너트, 볼트와 같은 실제 기술에 대해 얘기할 차례다. 멀티 클라우드 환경에서 데이터는 여러 곳에 저장되고 애플리케이션은 클라우드 네이티브 방식으로 구축되므로, 기반 인프라는 이를 지원해야 한다. 이는 TOGAF에서 D 단계에 해당하며, 아키텍처 개발 단계에서 대상 기술 아키텍처를 구축하는 단계다. 여기에는 플랫폼 위치, 네트워크 토폴로지, 특정 애플리케이션 및 데이터 저장소에 사용할 인프라 구성 요소, 시스템 상호 의존성이 포함된다. 멀티 클라우드에서는 애플리케이션과 데이터가 위치할 플랫폼인 랜딩 영역을 구상하는 것부터 시작한다.

여기서 흔히 발생하는 문제 중 하나는 아키텍트가 인프라 및 기술이 준수해야 할 원칙 목록을 지나치게 길고 광범위하게 작성해 기술 표준으로 사용할 제품까지 정의하는 것이다. 그러나 제품 목록은 포트폴리오의 일부일 뿐이고, 원칙은 제약이 아닌 일반적인 지침이어야 한다. 다시 말해, 기술 표준 및 제품 목록은 원칙이 될 수 없다. 일반적인 원칙은 환경에 배포했을 때 불안정하고 신뢰할 수 없어 위험을 초래하는 새롭고 검증되지 않은 실험적인 기술인 최첨단 기술에 관한 것일 수 있다.

인프라의 또 다른 핵심 원칙은 확장 가능성(스케일 아웃, 업, 다운)과 마이크로 세분화 허용이다. 12-Factor App은 인프라에 대한 구체적 요구 사항을 제시하며, 원칙으로 삼아 적용할 수 있다. 2005년에 설정된 이 원칙들은 오늘날에도 여전히 타당하고 유효하다.

12-Factor App은 인프라에 대해 다음과 같은 세 가지 주요 요구 사항을 설정한다.

- 앱은 서로 다른 플랫폼 간에 이식 가능해야 한다. 즉, 앱은 플랫폼에 구애받지 않으며 특정 서버 또는 시스템 설정에 의존하지 않아야 한다.
- 앱의 개발 단계와 프로덕션 단계의 차이를 거의 없애야 지속적인 개발과 배포가 가능하다. 이를 위해 앱이 배포되는 플랫폼은 모든 것을 코드 기반으로 관리할 수 있도록 지원해야 한다.
- 앱은 앱 아키텍처를 크게 변경하지 않고도 확장을 지원해야 한다.

다음 절에서는 사용 편의성 및 프로세스에 대한 원칙을 설명한다. 또한 클라우드 환경으로의 전환 및 혁신도 다룬다.

프로세스를 위한 원칙

마지막 원칙 그룹은 프로세스와 관련이 있다. 여기서 말하는 프로세스는 IT 시스템 관리[ITSM] 프로세스가 아니라 멀티 클라우드 환경에서의 배포 및 자동화 프로세스를 의미한다. 멀티 클라우드 환경의 주요 원칙 중 하나는 가능한 한 많은 부분을 자동화하는 것이다. 이는 일반적으로 수동으로 수행하는 모든 작업을 자동화된 워크플로로 정의해야 함을 의미한다. 코드 전용 원칙이 정의돼 있다면, 코드 베이스 또는 마스터 브랜치에서 작업해야 한다는 원칙을 설정할 수 있다. 코드를 포크해 변경해야 하는 경우 변경된 코드는 승인 및 프로덕션 환경과 완전히 분리된 환경에서 테스트를 거친 후에만 마스터 코드로 다시 커밋할 수 있다는 원칙을 세울 수 있다. 이는 환경의 라이프사이클 프로세스와 관련이 있다.

따라서 여기서 프로세스는 작업 방식에 더 중점을 둔다. 오늘날 많은 기업이 애자일 및 데브옵스를 지향한다. 이러한 방식이 정의된 작업 방식이라면 "조직은 핵심 프로세스에서 민첩성을 수용한다"와 같이 원칙으로 명시해야 한다. 이는 SAFe[Scaled Agile Framework] 또는 스포티파이[Spotify] 모델을 통해 수행할 수 있다. 이러한 원칙에 따라 팀, 작업 패키지, 에픽, 기능, 제품 백로그 등을 계획하는 방법도 정의해야 한다. 그러나 이는 원칙의 일부가 아니라 원칙의 결과다.

다른 원칙과 마찬가지로 가장 큰 함정은 원칙을 지나치게 복잡하게 만드는 것이다. 특히 프로세스 영역에서는 실제 절차를 늘어놓기보다 원칙 자체를 명확히 설명하는 데 집중해야 한다.

지금까지 아키텍처 원칙과 아키텍처를 수행하는 이유를 살펴봤다. 다음 단계는 아키텍처의 구성 요소를 정의한다. 이는 다음 절에서 다룬다.

아키텍처 산출물 생성

아키텍처 관련 문서는 일반적으로 엔터프라이즈 아키텍처에서 시작한다. 이는 아키텍처 산출물 중 첫 번째에 해당하며, **고수준 설계**High-Level Design와 IT 환경의 다양한 구성 요소를 다루는 **저수준 설계**Low-Level Design로 이어진다. 다음 절에서 이러한 내용을 더 자세히 살펴보겠지만, 여기서는 이러한 산출물 생성에 대한 간략한 소개만 제공한다. 관련 템플릿이 포함된 ZIP 파일은 링크(https://publications.opengroup.org/i093)에서 다운로드할 수 있다.

비즈니스 비전 수립

비즈니스 비전을 수립하는 데는 수년이 걸릴 수 있지만, 이는 아키텍처에서 여전히 중요한 결과물이다. 비즈니스 비전은 비즈니스가 무엇을 달성하고자 하는지를 제시하며, 장기적인 관점에서 아키텍처 의사 결정을 이끌어야 한다. 클라우드 환경은 서비스의 민첩한 배포를 가능하게 하지만, 배포가 임시방편으로 이뤄져서는 안 된다.

비즈니스 비전은 재무 성과, 제품·서비스 품질, 지속 가능성, 잠재 성장과 목표 시장을 아우르는 장기 목표를 규정한다. 이 비전은 엔터프라이즈 아키텍처의 출발점이 되며, 아키텍트는 그 수립 과정에서 핵심 의견을 제시하는 이해관계자다. 다만 비전 문서 자체를 작성하는 주체는 비즈니스다. 중요한 것은 비전이 현실성과 실행 가능성을 갖추는 것이며, 아키텍처는 그 비전을 실현하도록 설계돼야 한다는 점이다.

엔터프라이즈 아키텍처

엔터프라이즈 아키텍처는 아키텍트가 가장 먼저 작성하는 문서다. 일반적으로 엔터프라이즈 또는 비즈니스 아키텍트가 이끄는 아키텍트 팀이 도메인 아키텍트와 협력해 작성한다. 이때 도메인 아키텍트는 클라우드 아키텍트나 클라우드 네이티브 개발 전문가일 수도 있다. 엔터프라이즈 아키텍처는 비즈니스 구조와 프로세스를 설명하고, 이를 기업 내 데이터 사용과 연결한다. 이 데이터는 기업의 비즈니스를 주도한다. 즉, 엔터프라이즈 아키텍처는 비즈니스와 IT를 연결하는 다리 역할을 한다.

원칙 카탈로그

이 문서는 개발될 모든 아키텍처에 적용해야 하는 아키텍처 원칙 목록이다. 5장의 첫 번째 절인 '멀티 클라우드용 아키텍처 원칙 정의'에서 자세히 설명했다. 원칙은 아키텍처 도메인별로 구성된다.

요구 사항 카탈로그

이 문서는 비즈니스 비전에 명시된 목표를 달성하기 위해 비즈니스가 제시한 모든 요구 사항을 나열한다. 비즈니스 비전에서 요구 사항 카탈로그로 이동하는 과정은 험난하므로 엔터프라이즈 아키텍처 및 원칙 카탈로그를 만드는 중간 단계가 필요하다. 여기에서 비즈니스 기능은 데이터 사용 및 애플리케이션 기능과 관련된 요구 사항으로 변환돼야 한다. 이 단계에서는 모든 것을 자세히 알 수 없으므로 카탈로그에는 가정과 제약 조건도 포함된다. 최종적으로 카탈로그는 비즈니스 요구 사항에 대한 솔루션을 나타내는 빌딩 블록 목록을 담게 된다.

고수준 설계

고수준 설계는 공식적인 TOGAF 문서는 아니다. TOGAF에서는 솔루션 컨셉 다이어그램에 대해 설명하지만, 실제로 많은 사람이 다이어그램만 보고 그 의미를 파악하기 어려워한다. 고수준 설계는 솔루션 컨셉을 제시하고, 요구 사항을 충족하기 위해 특정 컨셉을 선택한 이유를 설명한다. 일반적으로 고수준 설계는 데이터, 애플리케이션, 기술과 같은 아키텍처 도메인별로 작성된다. 클라우드와 관련된 개념은 이들 도메인에 교차 반영된다. 예를 들어 네트워킹, 컴퓨팅, 스토리지는 기술 설계로 정리하고, 데이터 로직과 데이터 스트림은 데이터 설계에 포함한다. 애플리케이션에서 제공하는 기능과 동작은 애플리케이션 설계에서 설명해야 한다.

저수준 설계

저수준 설계는 각 빌딩 블록에 대한 세부 사항을 담고 있다. 데이터에 대한 저수준 설계는 데이터 보안 및 전송을 다루고, 애플리케이션 설계는 필요한 소프트웨어 엔지니어링 다이어그램과 배포 패턴을 포함한다. 기술 설계는 사용되는 포트 목록, IP 계획 및 통신 프로토콜, 플랫폼 패턴 및 세분화 처리 장치(VM, 컨테이너 등), 스토리지 분할, 인터페이스 등을 포함해 코어 및 경계(네트워크 및 보안)에 대한 세부 정보를 담고 있다.

여기서 주의해야 할 점은 4장에서 모든 것을 코드로 작업하기로 합의했다는 것이다. 그렇다면 모든 내용을 문서에 작성해 보관하고 다시는 보지 않는 것이 과연 의미가 있을까? 아키텍처를 문서화하는 것은 매우 중요하지만, 위키에 문서를 작성해 쉽게 검색하고 작업하거나 배포할 준비가 된 관련 코드에 직접 연결할 수도 있다. 오늘날 멀티 클라우드, 데브옵스 및 CI/CD 파이프라인 환경에서는 이러한 방식이 선호될 것이다.

데브옵스 파이프라인에서 작업하고 위키에 문서를 작성하면 이러한 결과물을 만들고 유지 관리하는 주기가 멈추지 않는다는 사실을 알 수 있다. 코드와 위키는 쉽게 유지 관리할 수 있으며, 덩치가 큰 문서보다 훨씬 민첩하다. 결과물은 지속적으로 업데이트된다는 점을 명심해야 한다. 이것이 지속적 아키텍처의 기본 원칙이며(참조: Murat Erder and Pierre Pureur, Continuous Architecture, 2016), 지속적 아키텍처는 솔루션에 초점을 맞추지 않는다.

멀티 클라우드에는 이미 수많은 솔루션과 솔루션 구성 요소(PaaS를 생각해 보라)가 있으며, 앞으로 더 많은 솔루션이 등장할 것이다. 지속적 아키텍처는 아키텍처 자체의 품질에 초점을 맞추고 데브옵스 파이프라인에서 솔루션을 설계, 구축, 테스트 및 배포하는 방법을 설명한다. 이 외에도 아키텍처의 지속적인 검증에 중점을 두고 있으며, 이는 5장의 마지막 절인 '아키텍처 검증'에서 살펴본다.

전환 및 변환 계획

그동안의 작업은 아키텍처의 최종 상태와 목표를 그려내는 '아키텍처 비전'을 정립하기 위한 것이다. 다만 아키텍처는 비전을 설명하는 청사진을 넘어, 그 비전에 도달하기 위한 단계적 로드맵까지 포함해야 완결된다. 이는 새로운 접근이 아니라 IT 프로그램이 통상적으로 운영되는 방식, 즉 전환과 변환의 과정이다.

최종 상태가 완전한 클라우드 도입이라고 가정해 보자. 이는 비즈니스의 모든 IT 시스템, 데이터 및 애플리케이션이 클라우드에 있다는 것을 의미한다. 모든 것이 코드로 관리돼 CI/CD 파이프라인을 통해 자동 배포 및 운영되고, 컨테이너, 서버리스 같은 네이티브 클라우드 기술이 기본이 된다. 이는 2장에서 언급한 '동적 단계'의 성격을 띠지만 어디까지나 기술적 단계다. 따라서 이러한 동적 기술이 실제 비즈니스 요구에 부합하며 최종 상태에서 안정적으로 운영될 준비가 됐는지를 검증해야 한다. 이 최종 상태를 미래 운영 방식FMO, Future Mode of Operation이라고 한다.

이 FMO에 어떻게 도달할 수 있을까? 처음부터 시작해 현재 상황, 현재 운영 방식

CMO, Current Mode of Operation 또는 PMO, Present Mode of Operation을 파악해야 한다. 기존 환경에 대한 적절한 평가는 비즈니스가 IT 환경에서 보유한 인프라, 연결, 데이터 및 애플리케이션에 대한 명확하고 논쟁의 여지가 없는 통찰력을 얻는 데 중요하다. 여기에서 FMO로의 전환 및 변환 설계를 시작할 수 있다.

'애플리케이션 원칙' 절에서 다룬 스피왁의 방법론과 CMO-FMO 계획을 결합하면 모델은 다음과 같은 형태가 된다.

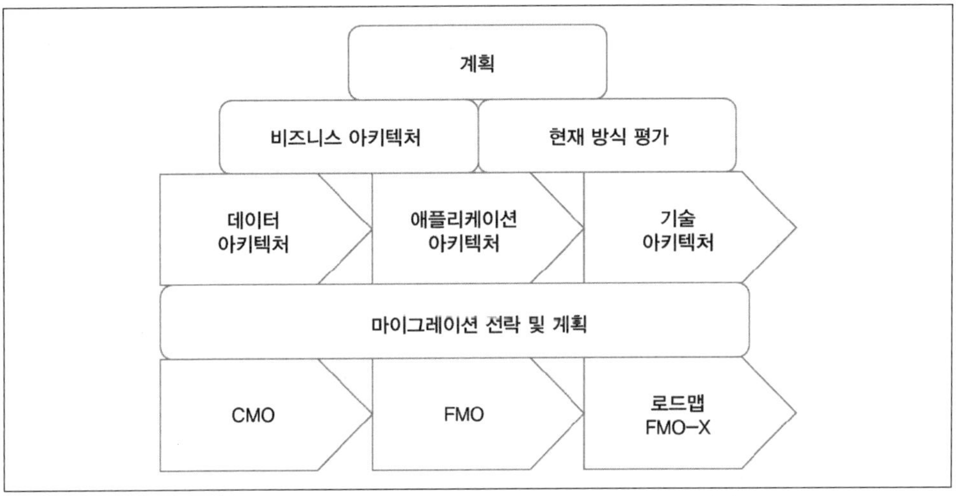

그림 5.4 전환 계획과 함께 표시된 스피왁의 엔터프라이즈 아키텍처 모델

애플리케이션을 변경하지 않고 IaaS나 베어메탈 환경을 이용해 퍼블릭 클라우드로 단순히 이전한다면, 전환이라고 할 수 있다. 이는 기술적으로 표준 단계지만, 전환은 워크로드만 옮길 뿐 기술과 서비스 측면의 변화가 없다. 따라서 민첩성, 유연성, 비용 효율 같은 클라우드의 이점을 얻기 어렵다. 이를 달성하려면 데이터와 애플리케이션 기반 기술을 변환해야 한다. 이는 아키텍처를 통해 해결해야 할 문제다. 왜 변경하는가? 무엇을 변경하는가? 애플리케이션을 어떻게 변경하는가? 그리고 계획대로 진행되지 않을 경우 변경 사항을 어떻게 되돌릴 것인가? 즉, 어떤 대체 fallback 솔루션을 갖고 있는가?

전환과 변환과 관련해 논의해야 할 사항이 있다. 이미 설명했듯 전환은 기반 기술과 서비스를 변경하지 않는 것을 의미한다. 환경을 A에서 B로 그대로 옮기는 것이다. 하지만 환경을 퍼블릭 클라우드로 이전할 때도 정말 그럴까? 애플리케이션을 애저, AWS 또는 GCP로 옮기는 것은 항상 무언가를 변경하는 것을 의미한다. 기반 플랫폼이든 서비스든 말이다.

애플리케이션을 주요 퍼블릭 클라우드로 이전하면 서비스는 거의 확실히 변경된다. 퍼블릭 클라우드 서비스 공급자라는 제3자가 환경에 도입되기 때문이다. 따라서 애플리케이션이 해당 퍼블릭 클라우드에서 호스팅되는 방식에 대한 약관이 포함된 계약이 도입된다. 이는 아키텍처가 명확한 변경 관리 프로세스에서 처리해야 할 사항이다. 변경 관리는 다음 절에서 다룬다.

변화 관리 및 검증을 초석으로 삼기

이제부터 아키텍처를 기반으로 작업한다. 이는 환경 내 시스템 변경 사항이 아키텍처에 의해 제어됨을 의미한다. 때로는 이러한 변경 사항이 아키텍처 자체에 영향을 미쳐 아키텍처를 변경해야 할 수도 있다. 멀티 클라우드 환경에서는 이러한 일이 자주 발생한다.

클라우드 플랫폼은 사용 측면에서 유연하므로 아키텍처가 고정돼 있을 수만은 없다. 즉, 설계된 환경을 개선할 수 있어야 하며, 이러한 개선 사항을 문서화하고 아키텍처에 반영할 수 있어야 한다. 개선 사항은 문제 해결이나 개선을 통한 문제 완화의 결과일 수 있다. 어떤 경우든 이러한 개선 사항으로 인한 변경 사항을 검증, 추적 및 관리할 수 있어야 한다. 따라서 변경 관리는 아키텍처를 유지 관리하는 데 매우 중요하다.

TOGAF를 통해 이미 많은 것을 배웠으므로, H 단계에서 변경 관리를 살펴볼 것이다. H 단계는 변경 사항을 추적하고 아키텍처에 대한 변경 사항의 영향을 제어하는 변경 관리에 대한 모든 것이다. 적절한 변경 관리 단계를 살펴보기 전에 IT에 어떤 유형의 변경 사항이 있는지 파악해 보자. 다행히 IT 조직은 일반적으로 표준 변경과 비표준 변경이라는 두 가지 유형을 인식하므로 설명하기가 비교적 쉽다. 여기서도 카탈로그가 매우 중요하다.

표준 변경은 카탈로그에서 파생될 수 있다. 이 카탈로그에는 표준 운영, 릴리스 또는 라이프사이클 관리의 일부로 아키텍처에서 예상되는 변경 사항이 나열돼 있어야 한다. 표준 변경은 VM을 추가하는 것일 수 있다. 보통 이런 작업은 리포지토리와 코드 파이프라인에서 완전 자동화되거나 스크립트로 처리되는 간단한 작업이다. 반면 비표준 변경은 카탈로그나 리포지토리에 정의돼 있지 않거나, 여러 후속 작업을 계획해야 해 훨씬 복잡하다.

표준 변경과 비표준 변경 모두 변경 요청은 변경 관리를 실행하는 트리거다. 이러한 요청에는 변경을 유도하는 요인이 있는데, 아키텍처 변경 관리에서 변경 요인은 항상 비즈니스 콘텍스트를 갖는다. 예를 들어 신제품 서비스의 출시가 지나치게 느리다면, 이는 시스템을 충분히 빠르게 배포하지 못하는 문제와 연결되며 배포 속도 향상이 필요하다. 해결책은 자동화 강화이거나, 시스템을 더 단순하게 설계하는 데 있을 수 있다.

다음 단계는 아키텍처 목표를 정의하는 것이다. 이는 비즈니스 목표(서비스를 더 빠르게 시장에 출시)에서 시작해 비즈니스 요구 사항(시스템을 더 빠르게 배포해야 함)을 정의하고, 솔루션 컨셉(자동 배포)으로 이어진다. 설계에 들어가기 전에 두 가지 더 살펴봐야 할 사항이 있다.

여기서 변경 사항의 정확한 영향과 영향을 받는 사람을 파악해야 한다. 즉, 이해관계자가 누구인지, 변경 사항에 참여해야 하는 모든 사람과 이들의 이해관계를 평가해야 한다. 각 이해관계자는 구상된 변경 사항에 대한 우려를 제기할 수 있다. 이러한 우려는 변경 사항의 제약 조건에 추가해야 한다. 제약 조건은 예산 제한일 수도 있지만, 특정 기간에는 비즈니스가 변경 사항을 수용할 수 없는 시기와 같은 시간제한일 수도 있다.

요약하자면, 아키텍처에 대한 변경 관리는 다음으로 구성된다.

1. 변경 요청
2. 비즈니스 콘텍스트 내에서 변경 동인을 통해 요청 분석
3. 변경을 통해 달성할 비즈니스 목표 정의
4. 아키텍처 목표 정의
5. 이해관계자 식별 및 이들의 우려 사항 수집
6. 변경 사항의 우려 사항 및 제약 조건 평가

아키텍처에 대한 모든 변경 사항을 검증하고 감사할 수 있도록 이러한 단계를 잘 문서화해야 한다. 환경의 개별 변경 사항은 서비스 설정에 따라 보통 추적되지만, 실제로는 여러 변경 사항이 묶여 발생할 수 있다. 이때 누가 무엇을 했는지 끝까지 파악하려면 더 정교한 모니터링이 필요하다. 따라서 가장 중요한 원칙은 가능한 한 자세히 변경 사항을 기록하는 일이다.

아키텍처 검증

아키텍처 검증은 소프트웨어 아키텍처 검증 과정과 유사하게 진행된다. 소프트웨어 개발에서는 아키텍처 검증이 일반적이지만 모든 아키텍처는 검증을 거쳐야 한다. 여기서 검증의 의미와 목적은 무엇일까? 가장 중요하고 첫 번째 목적은 품질 관리다. 두 번째 목적은 아키텍처 개선 사항을 고려하는 것이다. 이는 아키텍처가 비즈니스 목표를 충족하고, 모든 원칙과 요구 사항을 준수하며, 지속적인 개선이 가능하다는 것을 보장하기 위함이다.

아키텍처 검증은 감사가 아니다. 따라서 아키텍처를 설계하는 데 참여하지 않은 동료, 즉 다른 아키텍트와 엔지니어를 통해 검증 절차를 진행하는 것이 좋다. 클라우드 아키텍처에 대해서는 마이크로소프트, AWS, 구글 등의 솔루션 아키텍트가 외부 검토를 제공할 수 있다. 이들은 Well-Architected 프레임워크와 같은 플랫폼의 참조 아키텍처 및 모범 사례에 따라 아키텍처를 검증한다. 이러한 회사들은 모범 사례가 적용됐는지 평가하거나 아키텍처에 대한 더 나은 솔루션을 찾을 수

있게 전문 컨설팅 서비스를 제공한다. 단, 이러한 서비스는 해당 클라우드 서비스 공급자와의 지원 계약 체결을 전제로 한다.

최소한 다음 사항은 반드시 검증해야 한다.

- **보안:** 보안 전문가와 보안 책임자를 참여시켜 검증 프로세스를 수행한다.
- **검색 가능성:** 아키텍트와 개발자는 서비스가 서로를 찾을 수 있는지 확인해야 한다. 특히 아키텍처가 컨테이너 및 서버리스 기술을 사용하는 마이크로서비스로 정의된 경우 더욱 그렇다.
- **확장성:** 멀티 클라우드의 핵심이다. 클라우드 환경은 조직에 확장 측면에서 훌륭한 가능성을 제공한다. 하지만 앞서 살펴본 것처럼 확장 세트를 정의하고, 애플리케이션이 확장을 허용하는지 확인하고, 트리거와 임곗값을 정의해야 한다. 가능하면 자동 확장을 통해 이를 자동화하는 것이 바람직하다.
- **가용성 및 견고성:** 시스템 가용성이 보장되는지, 백업 프로세스 및 체계가 요구 사항을 충족하는지, RTO 및 RPO의 주어진 매개변수 내에서 시스템을 복원할 수 있는지 확인해야 한다.

요약하면 아키텍처 검증은 올바른 단계를 완료하고 모범 사례를 따랐는지 확인하는 중요한 단계다.

마무리

클라우드 환경은 빠르게 시작할 수 있다는 장점이 있지만, 엔터프라이즈 환경에서는 지속 가능한 방식이 아니다. 5장에서는 멀티 클라우드 환경에서 잘 계획되고 설계된 아키텍처를 기반으로 작업해야 함을 배웠다. 즉, 아키텍처 비전을 세우고 데이터, 애플리케이션, 인프라 등 각 영역의 원칙을 먼저 정해야 한다. 이때 품질 속성은 아키텍처를 수립하는 데 큰 도움을 준다.

이러한 품질 속성을 통해 가용성, 확장성, 검색 가능성, 구성 가능성, 운영성과 같은 클라우드 환경에 특화된 아키텍처 주제를 살펴봤다. 아키텍처를 설계했다면 이제 관리해야 한다. 특히 변경 관리에 엄격히 따르고, 최종 산출물은 동료와 외부 공급자 전문가의 검증을 받는 것이 바람직하다.

지금까지 아키텍처를 구축하는 다양한 단계를 살펴보면서 여러 클라우드 플랫폼에서 엔터프라이즈 아키텍처를 정의하는 방법을 살펴봤다. 또한 아키텍처가 어떤 모습이어야 하는지를 결정하는 다양한 영역에서 원칙을 정의해야 한다는 점도 알게 됐다. 이제 아키텍처의 모든 것이 비즈니스에 의해 주도되며, 아키텍처 검증을 받는 것이 현명하다는 것을 이해해야 한다.

이 원칙을 확인했으니, 이제 다음 단계로 나아갈 준비가 됐다. 6장에서는 Well-Architected 프레임워크를 사용해 랜딩 존을 설계하고 멀티 클라우드의 기본 운영인 베이스옵스를 소개한다.

질문

1. 5장에서 논의된 품질 속성을 최소 네 가지 이상 나열하라.
2. 아키텍처를 생성할 때 가장 먼저 만들어야 할 결과물은 무엇인가?
3. 변경 사항의 두 가지 유형은 무엇인가?

더 읽을거리

- The official page of The Open Group Architecture Framework: https://www.opengroup.org/togaf.
- Enterprise Architecture Planning, by Steven Spewak, John Wiley & Sons Inc.

06

Well-Architected 프레임워크를 사용한 기반 제어

6장에서는 멀티 클라우드 환경에서 기본 운영, 즉 베이스옵스BaseOps에 대해 알아본다. 먼저 주요 클라우드 서비스 공급자의 기본 개념을 살펴보고, 클라우드 환경의 토대인 랜딩 존 관리부터 시작해 기본 사항을 다룬다. 기업이 클라우드 환경으로 워크로드를 마이그레이션하거나 애플리케이션을 개발하기 전에 먼저 기반을 정의해야 한다. 랜딩 존에 대한 모범 사례로는 애저의 엔터프라이즈 규모 랜딩 존, AWS 랜딩 존, 구글 클라우드 및 알리바바 클라우드의 랜딩 존 및 프로젝트 사용 등이 있다.

6장에서 다루는 내용은 다음과 같다.

- 베이스옵스 기본 개념 이해
- Well-Architected 및 클라우드 도입 원칙을 기반으로 한 랜딩 존 구축
- 베이스옵스 아키텍처 패턴
- 정책을 활용한 랜딩 존 관리
- 경계 설정 필요성 이해

베이스옵스 및 기본 개념 이해

베이스옵스는 기본 운영을 의미하는 용어로, 클라우드 환경에서는 클라우드 운영이라고도 불린다. 베이스옵스의 주목표는 클라우드 환경을 효율적으로 운영하는 것이다. 이를 위해 주요 클라우드 서비스 공급자들이 제공하는 다양한 계층(네트워크, 컴퓨팅, 스토리지, PaaS, SaaS)의 클라우드 서비스를 최적으로 활용한다.

베이스옵스의 핵심 목표는 조직이 클라우드 시스템을 안정적으로 사용할 수 있게 보장하는 것이다.

- 네트워크 용량을 모니터링하고 트래픽을 적절하게 분산
- 컴퓨팅 자원 용량을 모니터링하고 비즈니스 요구 사항에 맞게 조정
- 스토리지 자원 용량을 모니터링하고 비즈니스 요구 사항에 맞게 조정
- 백업 상태 점검을 포함한 자원 가용성을 모니터링하고, 필요한 경우 시스템 복구 보장
- 시스템의 경계 및 내부 보안을 모니터링해 데이터 무결성 유지
- 비즈니스에서 합의한 서비스 수준 및 핵심 성과 지표KPI에 따라 시스템 전반을 관리
- 시스템 자동화 수준을 높이고, 자동화 파이프라인을 모니터링 및 관리

결국 베이스옵스는 서비스 품질을 보장하는 데 목적이 있다. 서비스 품질은 비즈니스 목표에서 도출된 서비스 수준과 KPI에 의해 정의되며, 베이스옵스는 명확한 절차, 숙련된 인력, 적절한 도구를 통해 이러한 품질을 제공할 수 있어야 한다.

클라우드 환경에 시스템을 배포하는 이유는 유연성, 민첩성, 비용 효율성을 확보하기 위함이다. 이러한 목표를 달성하려면 표준화와 자동화가 필수적이다. 반복적인 작업은 모두 자동화해야 하며, 이러한 작업이 올바르게 실행되는지 모니터링하는 것 또한 베이스옵스의 중요한 역할이다. 자동화 프로세스 자체는 개발 영역에 속하지만, 데브옵스를 통해 개발자가 구현한 기능을 효율적으로 실행하고 클라우드 시스템을 모범 사례에 따라 보호 및 관리해야 한다.

이러한 목표를 달성하기 위해 다음 활동들을 수행할 수 있다. Well-Architected 프레임워크는 클라우드 구현에 필요한 요구 사항을 파악하는 데 유용한 방법론이다.

기본 인프라 정의 및 구현: 랜딩 존

베이스옵스 영역에서 가장 중요한 활동은 단연 기본 인프라를 정의하고 구현하는 것이다. 이는 클라우드 환경의 토대가 되기 때문이다. 랜딩 존은 지정된 클라우드 플랫폼에서 워크로드, 애플리케이션, 데이터 리소스를 호스팅하는 환경을 의미하며, 랜딩 존 구축의 기본 원칙은 코드 기반으로 완벽하게 프로비저닝하는 것이다. 즉, 랜딩 존은 애플리케이션과 데이터 기능을 배포할 수 있는 일관된 환경을 구성하는 빌딩 블록을 포함한다. 이는 4장에서 스캐폴드를 설명한 내용과도 일맥상통한다.

그렇다면 랜딩 존이란 무엇일까? 랜딩 존은 퍼블릭 클라우드에서 환경을 구축하기 위한 시작점이다. 항공기가 착륙하려면 비행장이 필요한 것처럼, 클라우드 환경에서 워크로드가 안착하려면 랜딩 존이 필요하다. 비행장은 단순히 항공기가 착륙하는 활주로 역할만 하는 것이 아니라, 항공 교통 관제와 같은 안전을 위한 관리 기능도 포함한다.

이와 마찬가지로 클라우드 랜딩 존은 워크로드를 안전하게 안착시키기 위한 환경을 제공한다. 앞서 언급했듯이, 퍼블릭 클라우드 서비스 공급자는 **클라우드 도입 프레임워크**CAF, Cloud Adoption Frameworks와 Well-Architected 프레임워크WAF를 통해 퍼블릭 클라우드에 안착해야 하는 워크로드의 요구 사항을 기반으로 적절한 랜딩 존을 구축하도록 지원한다.

랜딩 존은 집의 기초와도 같다. 건축가가 집의 형태를 알아야 엔지니어가 집을 지탱할 기초의 강도와 형태를 계산할 수 있는 것처럼, 랜딩 존을 설계하고 구축하기 전에 퍼블릭 클라우드에서 어떤 종류의 워크로드를 호스팅할 것인지 알아야 한다. 즉, 아키텍트는 애플리케이션과 데이터 유형 측면에서 클라우드 플랫폼이 어떤 용도로 사용될 것인지 최소한의 아이디어를 갖고 있어야 한다. 올바른 랜딩 존을 구축하려면 비즈니스 요구 사항이 있어야 하며, 이러한 요구 사항은 표준 및 가드레일로 구체화된다.

기본 인프라를 위한 표준 및 가드레일 정의

기본 인프라는 일반적으로 네트워킹과 컴퓨팅 및 스토리지 리소스를 호스팅할 수 있는 환경으로 구성된다. 이는 컴퓨팅 노드, 스토리지 장치, 컴퓨팅 노드와 스토리지가 통신할 수 있게 스위치를 포함하는 물리적 박스인 HCI와 유사하다. 여기에 외부 세계와 통신할 수 있는 라우터만 추가하면 된다. 클라우드도 마찬가지로 기본 인프라는 트래픽을 가능하게 하는 컴퓨팅, 스토리지 노드 및 스위치로 구성된다. 물리적 박스와의 주요 차이점은 클라우드에서는 이러한 모든 구성 요소가 코드로 이뤄져 있다는 점이다.

하지만 이미 알고 있듯 이것만으로는 시작하기에 충분하지 않다. 클라우드와 외부 간 트래픽을 처리할 경계 영역과 접근 경로가 필요하며, 환경에 접속하는 사용자를 체계적으로 관리해야 한다. 이 때문에 기본 인프라에는 계정 체계와 안전한 프로비저닝 방식이 포함돼야 한다. 기본 인프라의 표준과 정책을 정하는 과정에는 수많은 의사결정이 뒤따르지만, 랜딩 존 개념을 도입하면 초기에 빠르고 일관되게 기반을 세울 수 있다.

경험적으로 볼 때 기본 인프라는 다음 다섯 가지 요소로 구성된다.

- 네트워크
- 컴퓨팅 노드
- 스토리지 노드
- 계정
- 방어(보안)

모든 클라우드 서비스 공급자는 이러한 요소가 인프라의 기본 요소라는 데 동의한다. 더 나아가 기본 인프라를 생성하기 위한 코드 기반 구성 요소를 모두 제공한다. 이제부터 이러한 구성 요소를 빌딩 블록이라고 부르겠다. 문제는 청사진, 템플릿, 코드 편집기, 커맨드라인 프로그래밍 또는 각 포털 등 다양한 경로와 방식으로 빌딩 블록을 제공하고 배포 옵션도 제시한다는 점이다.

Well-Architected 프레임워크는 이 가운데 올바른 선택을 내리는 데 유용한 지침이 된다.

Well-Architected 및 클라우드 도입 원칙을 사용한 랜딩 존 구축

AWS는 랜딩 존을 확장 가능하고 안전한 Well-Architected 환경이라고 설명한다. Well-Architected 프레임워크는 랜딩 존을 설계하고 구축하는 방법에 대한 지침을 제공하며, 4장에서 이 프레임워크의 다양한 핵심 요소를 살펴봤다. 이 절에서는 해당 지침이 랜딩 존을 설계하고 구축하는 데 어떻게 사용되는지 살펴본다.

클라우드 서비스 공급자는 클라우드 도입 및 Well-Architected 프레임워크의 원칙을 사용해 랜딩 존의 설계 및 구현을 지원하는 서비스를 제공한다. 클라우드 서비스 공급자마다 용어는 다를 수 있지만, 전반적인 원칙은 애저, AWS, GCP, 알리바바 클라우드에서 모두 동일하다. 하지만 상업적 제안은 공급자마다 다르므로, 각 공급자의 제안을 자세히 살펴보겠다.

애저에서의 엔터프라이즈 규모 랜딩 존

마이크로소프트는 랜딩 존을 고객이 애저에서 워크로드를 호스팅하기 전에 갖춰야 할 '배관'이라고 부른다. 클라우드 도입 프레임워크[CAF]에 따르면 랜딩 존은 확장성, 거버넌스, 보안, 네트워킹, ID 관리에 대한 모범 사례를 포함한다. 2020년, 마이크로소프트는 엔터프라이즈 규모 랜딩 존을 도입했는데, 이는 지침 아키텍처와 설계 원칙을 제공하는 서비스다. 엔터프라이즈 규모는 8개의 아키텍처 영역에 대해 즉시 사용 가능한 랜딩 존을 제공하며, 마이크로소프트는 이를 '액셀러레이터'라고 부른다. 이 랜딩 존은 공통 설계 영역을 중심으로 다양한 구현 옵션을 갖춘, 곧바로 활용 가능한 리소스다. 마이크로소프트에서 제공하는 템플릿을 배포할 수 있으며, 여기에는 다음이 포함된다.

- EA[Enterprise Agreement] 등록 및 애저 액티브 디렉터리 테넌트
- ID 및 액세스 관리
- 관리 그룹 및 구독 구성
- 네트워크 토폴로지 및 연결
- 관리 및 모니터링
- 비즈니스 연속성 및 재해 복구
- 보안, 거버넌스 및 규정 준수
- 플랫폼 자동화 및 데브옵스

표준화된 마이크로소프트 애저 제품 및 서비스는 PIM[Privileged Identity Management], 웹 애플리케이션 방화벽, 연결을 위한 애저 가상 WAN을 포함해 이러한 아키텍처에 포함돼 있다. 엔터프라이즈 규모는 플랫폼에서 워크로드를 호스팅하기 위한 모든 기본 서비스를 제공하는 애저에 여러 구독을 설정한다.

- 애저 Key Vault가 있는 ID 구독
- 모니터링 및 로깅을 위한 관리 구독
- 가상 WAN 및 허브 앤 스포크 모델을 사용하는 연결 구독
- 애플리케이션 및 서비스 테스트를 위한 샌드박스 구독
- 애플리케이션이 포함된 프로덕션 워크로드를 위한 랜딩 존 구독

이러한 모든 구독은 루트 관리 그룹 및 구독 구성의 일부다. 다음 다이어그램은 엔터프라이즈 규모 랜딩 존의 개략적인 표현을 보여준다.

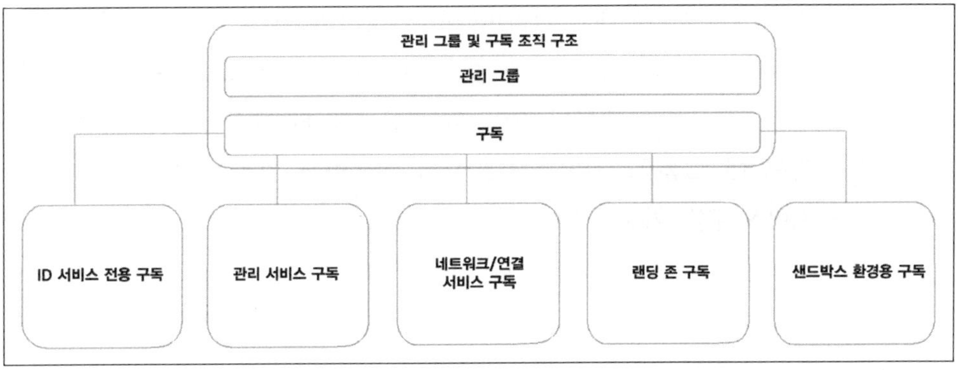

그림 6.1 애저의 엔터프라이즈 규모 랜딩 존의 개략적인 표현

엔터프라이즈 규모 랜딩 존에서 '랜딩 존 구독' 영역은 애플리케이션이나 워크로드를 위한 것이다.

TIP

> 애저의 엔터프라이즈 규모 랜딩 존에 대한 자세한 내용은 다음 링크에서 확인할 수 있다.
> https://learn.microsoft.com/en-us/azure/cloud-adoption-framework/ready/landing-zone/.

AWS 랜딩 존

AWS는 Node.js 런타임을 기반으로 하는 완벽한 솔루션인 AWS 랜딩 존을 제공한다. 애저와 동일하게 여러 설정 경로가 있어 설계 결정이 선행돼야 하지만, 랜딩 존은 즉시 사용 가능한 기본 구성을 제공해 초기 시간을 크게 줄여 준다. 이를 위해 AWS 랜딩 존은 **싱글 사인온**SSO, Single Sign-On을 사용해 새로운 계정을 프로비저닝하고 구성하는 AWS AVMAccount Vending Machine을 배포한다.

AWS 랜딩 존은 AWS의 클라우드 도입 프레임워크CAF를 따르는 네 가지 계정으로 구성된다.

- **조직 계정:** 랜딩 존의 멤버 계정 및 구성을 제어하는 데 사용되는 계정이다. S3 스토리지 버킷에 매니페스트 파일이 포함돼 있다. 매니페스트 파일은

지역 및 조직 정책에 대한 파라미터를 설정하며, 애저의 ARM과 유사한 서비스인 AWS CloudFormation을 참조한다. CloudFormation은 EC2 컴퓨팅 인스턴스 및 아마존 데이터베이스와 같은 AWS의 리소스를 생성, 배포 및 관리하는 데 도움을 주며, 코드로서의 인프라를 지원한다.

- **공유 서비스 계정:** 기본적으로 랜딩 존은 SSO를 통해 연결된 계정을 관리한다. SSO 통합 및 AWS 관리 AD는 공유 서비스 계정에서 호스팅된다. AVM은 랜딩 존이 생성된 VPC에서 새로운 계정을 자동으로 피어링하는 데 중요한 역할을 한다.
- **로그 아카이브 계정:** AWS 랜딩 존은 CloudTrail 및 Config 로그를 사용한다. CloudTrail은 AWS 환경에서 발생하는 계정 활동을 모니터링하고 기록하며, 기본적으로 VPC에 배포된 인프라에서 수행된 모든 작업 이력을 보관한다. CloudTrail은 CloudWatch를 보완하며, CloudWatch는 AWS 환경의 모든 리소스 및 애플리케이션을 모니터링하는 반면, CloudTrail은 계정 활동을 추적하고 이러한 활동을 S3 스토리지 버킷에 기록한다.
- **보안 계정:** 이 계정은 랜딩 존의 교차 계정 역할을 위한 키 자격증명 모음(계정을 저장하는 디렉터리)과 AWS에서 제공하는 두 가지 보안 서비스인 GuardDuty 및 아마존 SNS를 보유한다. GuardDuty는 위협 탐지를 위한 AWS 서비스이며, SNS[Simple Notification Service]는 보안 알림을 보낼 수 있게 한다. 랜딩 존은 구성 파일의 중앙 스토리지, IAM 암호 정책 구성, 위협 탐지 및 랜딩 존 알림을 포함하는 초기 보안 기준을 구현한다. 후자의 경우 CloudWatch는 루트 계정 로그인 및 콘솔 로그인 실패와 같은 경우에 경고를 보내는 데 사용된다.

다음 다이어그램은 AWS에서 랜딩 존의 설정을 보여준다.

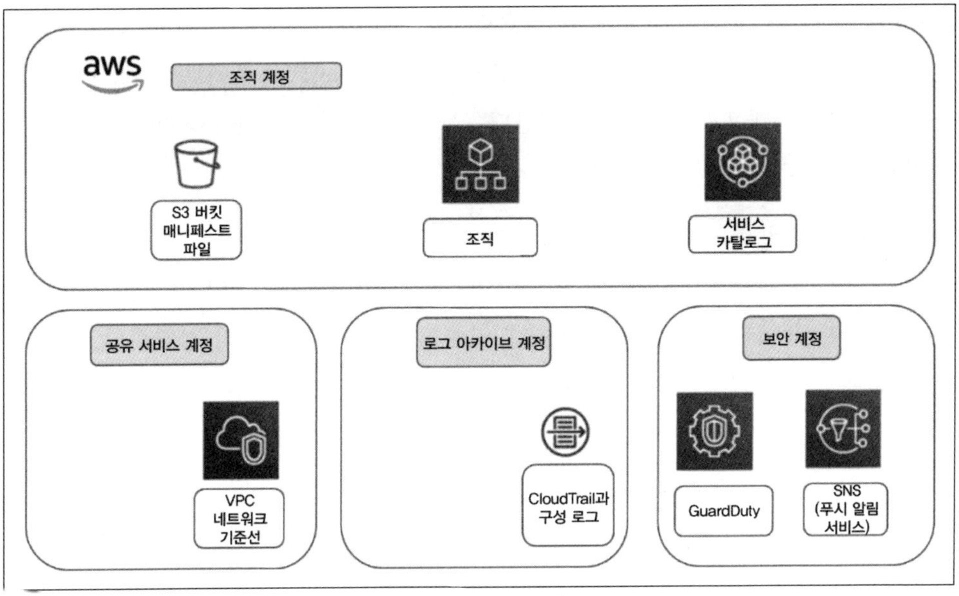

그림 6.2 AWS 랜딩 존 솔루션

아직 자세히 다루지 않은 중요한 요소는 랜딩 존 설정에서 핵심적인 역할을 하는 AVM(AWS Account Vending Machine)이다. AVM은 미리 정의된 네트워크 및 보안 기준을 갖춘 기본 계정을 랜딩 존에 생성한다. AVM은 내부적으로 Node.js 템플릿을 사용해 조직 단위를 설정하고, 이전에 설명한 계정들을 기본 설정으로 배포한다. AVM을 통해 생성되는 구성 요소 중 하나는 AWS SSO 디렉터리인데, 이는 AWS 계정에 대한 페더레이션 액세스를 가능하게 한다.

TIP

AWS 랜딩 존에 대한 자세한 내용은 다음 링크에서 확인할 수 있다.
https://aws.amazon.com/solutions/aws-landing-zone/.

구글 클라우드에서의 랜딩 존

GCP는 허브 앤 스포크 모델을 적용할 수 있다는 점에서는 애저 및 AWS와 유사하지만, 클라우드에 대한 접근 방식에서 차이를 보인다. 전통적인 IaaS 리소스보다 컨테이너 기술에 집중하는 경향이 있으며, 이는 쿠버네티스를 적극적으로 활용하는 데서 드러난다. 구글은 랜딩 존을 GKE를 사용해 GCP 프로젝트 내에 쿠버네티스 클러스터를 배포할 위치로 간주한다. 물론 VM 배포도 가능하지만, 컨테이너 기반 환경에 더 최적화돼 있다.

GCP에서 랜딩 존을 설정하려면 먼저 **가상 프라이빗 클라우드**VPC, Virtual Private Cloud 네트워크를 생성하고 쿠버네티스 네트워크 정책을 구성해야 한다. 이 정책은 쿠버네티스 환경에서 격리된 포드Pod와 비격리된 포드를 어떻게 사용할지 정의한다. 네트워크 정책을 추가하면 특정 트래픽만 허용하는 격리된 포드를 만들 수 있지만, 비격리된 포드는 모든 소스의 트래픽을 허용하며, 정책을 통해 IP 블록을 할당하고 포드에 대한 허용/거부 규칙을 설정할 수 있다. 다음으로 랜딩 존 내 쿠버네티스 환경에 서비스 정의를 구성해 포드가 애플리케이션이나 데이터베이스를 실행할 수 있게 한다. 마지막으로 GKE에 대한 DNS를 구성해 랜딩 존 설정을 마무리한다.

앞서 언급했듯 구글은 쿠버네티스와 컨테이너 사용을 적극적으로 권장하며, GCP는 이러한 인프라 실행에 최적화돼 있다. 컨테이너 기술을 사용하지 않으려면 Deployment Manager와 `gcloud` 커맨드라인 도구를 사용해 GCP에서 직접 프로젝트를 생성해야 한다. Deployment Manager는 애저의 ARM과 유사하게 GCP 서비스의 API를 사용해 플랫폼에서 리소스를 생성하고 관리하는 도구다. 구글 클라우드 포털 내 클라우드 셸Cloud Shell을 통해 액세스할 수도 있지만, GCP는 작업을 효율적으로 수행할 수 있는 유용한 도구를 함께 제공한다. 유닉스 커맨드라인 프로그래밍에 익숙한 사용자라면 쉽게 적응할 수 있을 것이다.

시작하려면 Compute Engine API와 Deployment Manager API를 활성화해야 한다. Cloud SDK를 설치하면 Deployment Manager와 상호 작용하는 `gcloud`라는 커맨드라인 도구를 사용할 수 있다. `gcloud`가 실행되면 `gcloud config set project [프로젝트 ID]` 명령을 사용해 프로젝트를 시작하고, `gcloud config set compute/region [지역]` 명령을 사용해 리소스를 배포할 지역을 설정한다.

거의 다 끝났다. Deployment Manager 깃허브 리포지토리에서 샘플을 복제해 활용할 수도 있다. 이 리포지토리에는 샘플 사용 방법에 대한 설명서도 포함돼 있다.

다음 다이어그램은 GCP 프로젝트의 기본 설정을 보여준다.

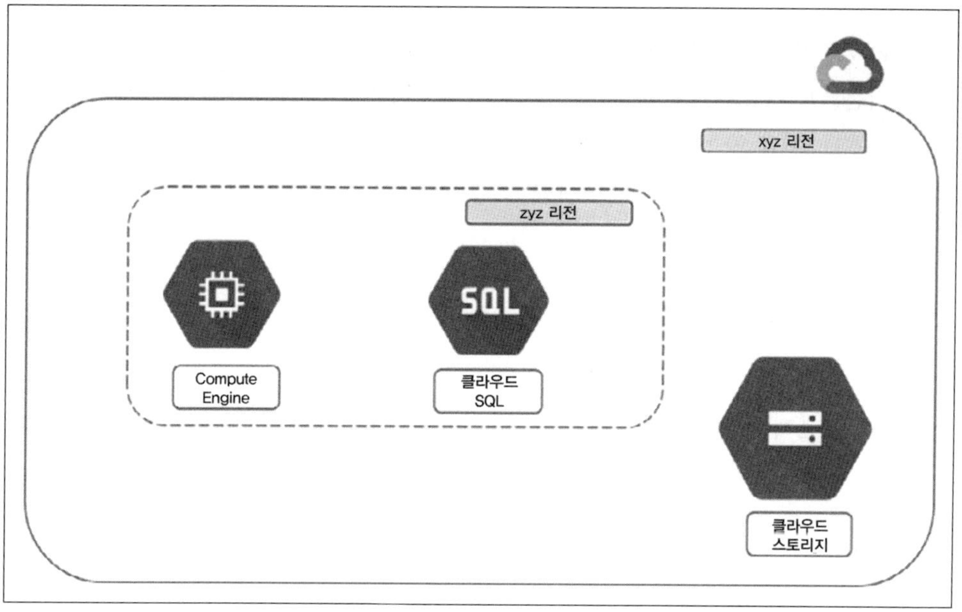

그림 6.3 GCP에서 Compute Engine과 클라우드 SQL을 사용해 프로젝트를 기본적으로 설정하는 방법

TIP

> GCP에서 Deployment Manager를 사용하려면 깃허브 리포지토리를 복제해야 한다. `git clone [https://github.com/GoogleCloudPlatform/deploymentmanager-samples]` 명령을 사용하거나, https://github.com/terraform-google-modules/terraform-google-migrate에 접속해 복제할 수 있다. 이 외에도 다양한 방법이 있지만, 일반적으로 위의 방법을 많이 사용한다.

알리바바 클라우드에서의 랜딩 존

AWS나 애저와 마찬가지로 알리바바 클라우드 역시 랜딩 존을 설계하고 구축할 수 있는 완벽한 서비스를 제공한다. 하지만 방식은 약간 다르다. 알리바바 클라우드에서는 고객이 서비스를 신청하기 전에 먼저 15일간의 준비 기간을 가지며, 이

기간 동안 목표와 서비스 요구 사항을 협의한다. 알리바바는 고객의 현재 IT 환경과 클라우드로 워크로드를 마이그레이션하려는 목표를 평가하는 등 솔루션 설계에 필요한 정보를 수집한다.

합의가 완료되면 고객은 솔루션 설계 및 구축 비용을 지불한다. 알리바바 클라우드는 기본, 표준, 고급의 세 가지 옵션을 제공하며, 가격은 정해져 있다. 기본은 75,000 USD, 표준은 150,000 USD이며, 고급은 비즈니스 시나리오에 따라 가격이 결정된다. 가격은 모두 일회성 결제 기준이다.

랜딩 존 서비스에는 계정 관리, 재무 관리, 네트워크 계획, 보안 관리, 리소스 관리 및 규정 준수 감사가 포함된다. 규정 준수 감사는 표준 및 고급 옵션에서만 제공된다.

랜딩 존은 고객이 솔루션을 승인한 후에 구축된다.

TIP

> 알리바바 클라우드 랜딩 존 서비스 신청에 대한 자세한 내용은 다음 링크에서 확인할 수 있다.
> https://www.alibabacloud.com/services/alibaba-cloud-landing-zone.

이제 주요 클라우드 플랫폼 세 곳에 랜딩 존을 구축했다. 이를 통해 클라우드 개념은 유사한 점도 있지만, 기반 기술에는 큰 차이가 있다는 것을 알게 됐다. 이제 정책을 사용해 이러한 랜딩 존을 관리하고, 여러 플랫폼에서 이러한 정책을 오케스트레이션하는 방법을 살펴보자.

오라클 클라우드 인프라스트럭처에서의 랜딩 존

OCI[Oracle Cloud Infrastructure]에서 랜딩 존은 안전하고 확장 가능하며 효율적인 클라우드 환경을 빠르게 구축할 수 있도록 미리 정의된 자동화된 인프라 배포 방식이다. 앞서 살펴본 개념들과 마찬가지로 계정 구조, 네트워킹, 보안, 거버넌스 정책을 포함하는 클라우드 인프라에 대한 모범 사례 청사진이라고 할 수 있다. 랜딩 존을 사용하면 흔히 발생하는 문제점을 피하고 클라우드 도입을 가속화할 수 있다.

요구 사항을 정의한 후에는 OCI의 랜딩 존 서비스를 사용해 랜딩 존 환경을 만들 수 있다. 이 서비스는 랜딩 존 생성 과정을 안내하는 마법사 인터페이스를 제공하며, 표준 랜딩 존, 다중 계정 랜딩 존, 규제 준수 랜딩 존 등 다양한 랜딩 존 패턴을 선택할 수 있게 한다.

랜딩 존 환경을 만든 후에는 특정 요구 사항에 맞게 사용자 정의할 수 있다. 여기에는 가상 클라우드 네트워크[VCN], 서브넷, 보안 제어, IAM 정책 구성이 포함된다. 이 외에도 테라폼과 같은 도구를 사용해 거버넌스 정책 및 자동화를 정의할 수도 있다.

OCI는 OCI 콘솔, API, CLI와 같은 다양한 모니터링 및 관리 도구는 물론 테라폼, Ansible, Chef와 같은 타사 도구도 제공한다.

베이스옵스 아키텍처 패턴

비즈니스용 참조 아키텍처를 정의하는 한 가지 방법은 외부에서 내부로 생각하는 것이다. 그림 6.4에서 볼 수 있는 원의 관점에서 아키텍처를 생각해 보자. 가장 바깥쪽의 내재적 보안 영역 바로 안쪽에 있는 원은 비즈니스 영역으로, 모든 비즈니스 요구 사항과 원칙이 모이는 곳이다. 이러한 요구 사항과 원칙은 다음 안쪽 원인 솔루션 영역을 이끈다. 이곳은 솔루션 포트폴리오를 정의하는 영역이다. 예를 들어 비즈니스에서 대규모 데이터 세트 분석에 대한 요구(비즈니스 요구 사항)가 있다면 데이터 레이크가 좋은 솔루션이 될 수 있다.

솔루션 영역은 바깥쪽의 비즈니스 영역과 안쪽의 플랫폼 영역 사이에 위치한다. 예를 들어 애저를 정의된 플랫폼으로 사용하는 경우 애저 데이터 팩토리를 데이터 레이크 솔루션의 일부로 포함할 수 있다. 원칙은 이러한 플랫폼(타사 PaaS 및 SaaS 플랫폼도 가능)에서 솔루션을 비즈니스 요구 사항에 매핑하는 것이다. 이렇게 함으로써 각 솔루션을 구성하는 특정 빌딩 블록을 포함하는 솔루션 포트폴리오를 생성한다.

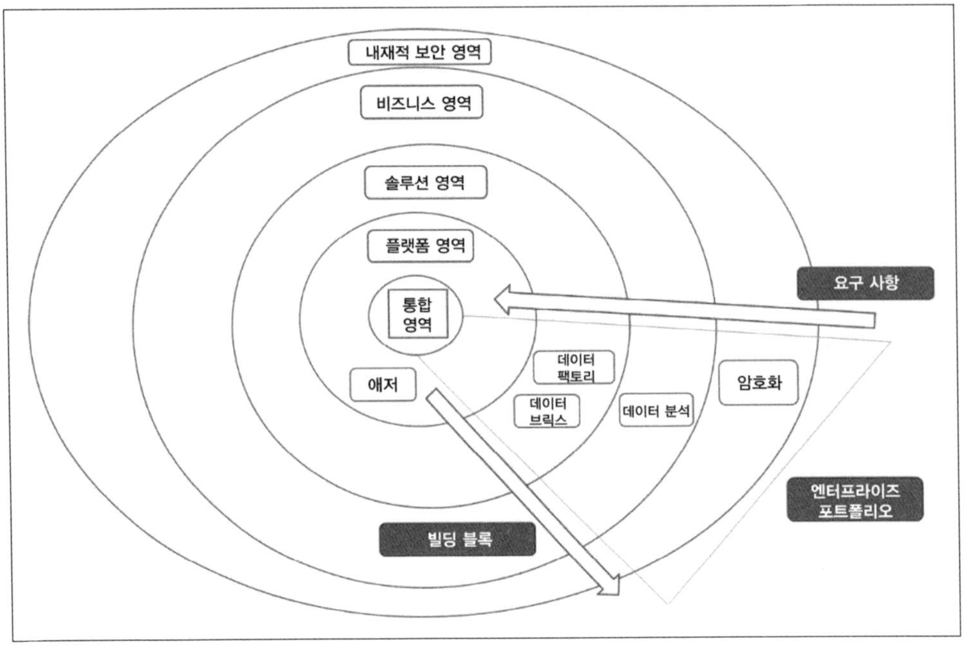

그림 6.4 엔터프라이즈 포트폴리오의 계층을 보여주는 순환 모델

이 모델의 핵심(가장 안쪽 원)은 통합 영역이며, 이곳에서 다른 바깥쪽 원의 전체 에코시스템을 관리한다.

보안은 모든 계층 또는 원에 스며들어야 하며, 이로써 전체 모델의 경계는 내재적 보안 영역으로 규정된다.

위 다이어그램은 데이터 분석을 필요로 하는 비즈니스 요구 사항을 예로 들어 애저 플랫폼에서 데이터 팩토리와 Databricks를 솔루션으로 제시하는 모델을 보여준다. 이 모든 범위를 포괄하는 것이 엔터프라이즈 포트폴리오다.

이러한 방식으로 외부에서 내부로 향하는 아키텍처 패턴을 정의할 수 있다. 다음으로 클라우드 인프라를 위한 기본 아키텍처를 패턴과 함께 구체화할 수 있다. 기본적인 사항은 모든 퍼블릭 클라우드에서 동일하다.

네트워크의 경우 최소한 다음 사항을 관리해야 한다.

- 가상 네트워크(VNet, VPC), 서브넷, 인터넷 연결 공용 영역 및 사설 영역의 프로비저닝, 구성 및 관리
- 라우팅, NAT(네트워크 주소 변환), NAC(네트워크 접근 제어), ACL(접근 제어 목록) 및 트래픽 관리의 프로비저닝 및 관리
- 로드 밸런싱, 네트워크 피어링, VPN 또는 전용 연결을 위한 네트워크 게이트웨이의 프로비저닝 및 관리
- DNS 프로비저닝 및 관리
- 네트워크 모니터링
- 네트워크 기능 관련 사고 감지, 조사 및 해결

컴퓨팅의 경우 최소한 다음 사항을 관리해야 한다.

- 가상 머신 프로비저닝, 구성 및 운영. 여기에는 운영체제(윈도우, 다양한 리눅스 배포판 등) 관리도 포함된다.
- 가상 머신 기능 관련 사고 감지, 조사 및 해결
- 패치 관리
- 백업 운영(전체, 반복, 스냅샷)
- 모니터링, 로깅, 상태 점검 및 사전 점검/유지 관리

클라우드 컴퓨팅은 가상 머신 외에도 컨테이너, 컨테이너 오케스트레이션, 함수, 서비리스 컴퓨팅 등을 포함한다. 하지만 랜딩 존에서는 이러한 네이티브 서비스가 즉시 배포되지 않는 경우가 많다. 이때 컨테이너 플랫폼을 기본 인프라의 일부로 배포하는 것을 고려할 수 있다. 클라우드 환경에서는 VM에서 컨테이너로의 전환이 두드러지므로 랜딩 존을 설정할 때 이를 대비해야 한다.

대부분의 경우 쿠버네티스 클러스터를 설정하는 것이 포함된다. 애저에서는 AKS Azure Kubernetes Service를 통해 AKS 클러스터를 호스팅할 리소스 그룹을 생성한다. AWS는 일래스틱 쿠버네티스 서비스 EKS, Elastic Kubernetes Service를 통해 자체 클러스터 서비스를 제공한다. GCP에서는 구글 쿠버네티스 엔진 GKE을 사용한다. 쿠버네티스 DNS와

같은 필수 빌딩 블록은 클러스터 설정의 일부로 이미 배포돼 있다. 클러스터가 실행되면 클러스터 노드, 포드(애플리케이션 컨테이너 모음) 및 컨테이너를 배포할 수 있다. 멀티 클라우드 플랫폼에서 쿠버네티스 플랫폼을 일관되게 관리하기 위해 Rancher 또는 VMware의 Tanzu Mission Control과 같은 플랫폼에 구애받지 않는 솔루션을 고려할 수 있다.

스토리지를 위해서는 최소한 다음 사항을 관리해야 한다.

- 관리형 가상 머신 디스크를 포함한 스토리지의 프로비저닝, 구성 및 운영
- 스토리지 자원 기능과 관련된 사고 감지, 조사 및 해결
- 로컬 스토리지 및 다양한 중복 스토리지 솔루션(영역, 지역, 글로벌 중복)에 대한 모니터링, 로깅, 상태 점검, 사전 점검/유지 관리, 용량 점검 및 조정(용량 할당)

다음으로 계정을 관리하고 랜딩 존, 즉 클라우드 환경과 모든 빌딩 블록을 안전하게 보호해야 한다. 계정 관리에는 클라우드 환경에 대한 액세스 권한이 필요한 계정 또는 계정 그룹을 생성하는 작업이 포함되며, 이러한 계정은 일반적으로 액티브 디렉터리에서 생성된다.

6장의 마지막 절인 '경계 설정 필요성 이해'에서는 관리자 계정 및 글로벌 관리자 계정의 사용에 대해 자세히 살펴본다. 보안은 계정, ID 및 액세스 관리뿐만 아니라 강화(외부 위협으로부터 시스템 보호), 엔드포인트 보호, 취약점 관리와도 밀접하게 관련돼 있다. 침해를 예방, 탐지, 평가 및 완화하려면 모든 계층에 보안을 구축해야 한다. 이는 보안 운영의 일부이며, 이 책의 16장 ~ 17장에서는 클라우드 환경을 보호하는 방법을 자세히 다룬다.

기본 인프라 관리

퍼블릭 클라우드 플랫폼에 랜딩 존을 정의하고 배포한 후에는 여러 빌딩 블록을 관리해야 한다. 이번 절에서는 이러한 빌딩 블록을 관리하는 방법을 알아본다. 우

선 랜딩 존에 연결할 수 있어야 하며, 이를 위해서는 연결성이 확보돼야 한다.

연결 구현 및 관리

클라우드 기술에서 가장 많이 사용되는 기술 중 하나는 **가상 사설망**VPN이다. VPN은 인터넷을 통신망으로 사용하는 터널과 같으며, 특정 IP 주소 또는 IP 대역에서 퍼블릭 클라우드의 게이트웨이 서버 IP 주소로 연결된다.

VPN을 설명하기 전에 퍼블릭 클라우드가 무엇인지 알아야 한다. 기업이 애저, AWS, GCP, OCI, 알리바바 클라우드 등 퍼블릭 클라우드에 서비스를 배포하는 것은 데이터 센터를 해당 클라우드로 확장하는 것과 같다. 따라서 데이터 센터와 퍼블릭 클라우드로 확장된 영역 간의 연결이 필요하다. 이때 가장 쉽고 비용 효율적인 연결 방법은 VPN을 사용하는 것이다. 인터넷은 이미 존재하므로, 이론상으로는 터널을 생성해 해당 확장 영역과 통신할 수 있게 IP 주소 또는 IP 대역을 할당하기만 하면 된다. 이 터널은 사무실(사이트) 위치 간에 설정하거나, 한 명의 사용자가 클라우드에 연결하는 데 사용할 수 있다. 후자를 **지점-대-사이트 VPN**이라고 한다.

퍼블릭 클라우드 환경에서 외부 연결을 위해 리소스를 전면 개방하는 일은 드물다. 보안상 연결을 특정 종단에서 종료하고, 통제되지 않은 외부 접근으로부터 워크로드를 차단하는 것이 일반적이다. 이 때문에 VPN을 설계할 때는 트래픽이 종단되는 게이트웨이를 둔 영역을 클라우드 내부에 별도로 구성해야 한다.

클라우드 내 라우팅 규칙과 테이블을 사용해 게이트웨이에서 클라우드의 다른 리소스로 트래픽을 라우팅할 수 있다. 이는 기존 데이터 센터에서 특정 연결 영역 또는 DMZ를 클라우드 환경에 구성해 사용자가 실제 시스템에 접근하기 전에 연결하는 방식과 동일하다. 다음 아키텍처는 퍼블릭 클라우드에 대한 VPN 연결의 기본 원리를 보여준다.

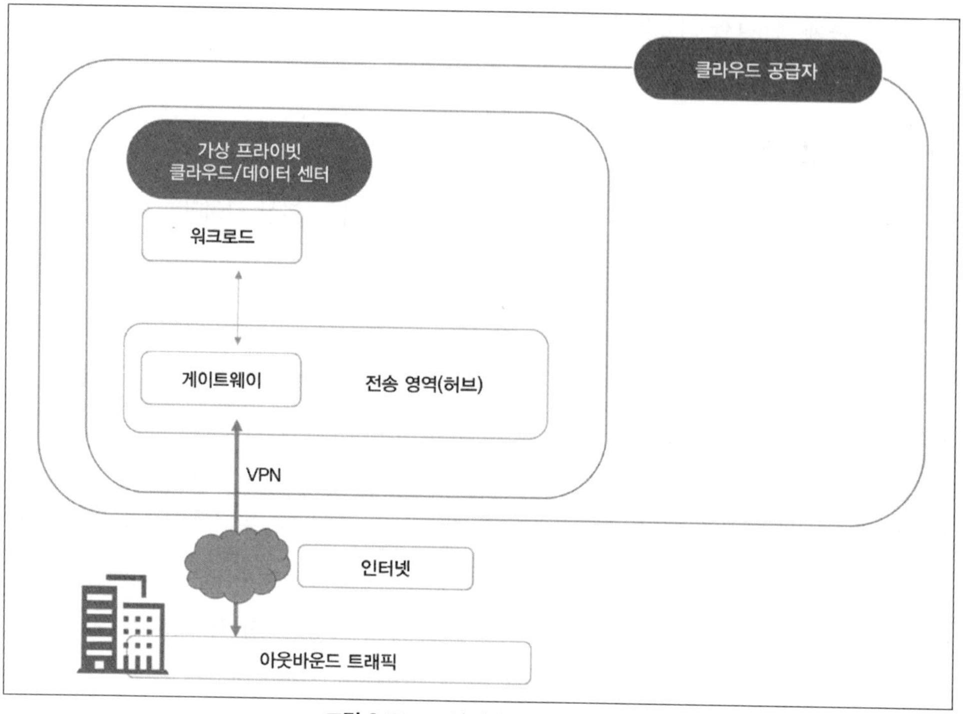

그림 6.5 VPN 연결의 기본 아키텍처

VPN 터널은 인터넷을 경유하기 때문에 암호화가 적용되더라도 보안, 지연, 가용성 측면에서 우려가 남을 수 있다. 이에 비해 사내 라우터나 방화벽에서 클라우드 제공사의 전용 회선 서비스로 직접 연결하면 더 높은 안정성, 예측 가능성, 보안을 확보할 수 있다. 이 직접 연결은 물리적 케이블 기반으로 구성되며, 주요 클라우드 공급자가 각자의 전용 연결 서비스를 제공한다. 또한 Equinix, Digital Realty, Interxion 같은 코로케이션 사업자를 통해 여러 클라우드를 하나의 허브에서 상호 연동하는 아키텍처도 구현할 수 있다.

애저 ExpressRoute 구현

애저는 네트워크에서 애저 환경으로 직접 연결되는 ExpressRoute를 제공한다. ExpressRoute는 애저, 마이크로소프트 365, Dynamics와 같은 마이크로소프트 클라우드 서비스에 대한 사설 연결을 제공하며, 다음과 같은 네 가지 배포 유형을 지원한다. 클라우드 교환 코로케이션, 지점 간 이더넷, 임의 지점 간 IPVPN 외에도 ExpressRoute Direct는 액티브-액티브 연결을 지원하는 이중 100Gbps 또는 10Gbps 연결을 제공한다.

- **지점 간 이더넷:** 이 연결 방식은 레이어 2 또는 레이어 3에서 관리되는 연결을 제공한다. OSI^Open Systems Interconnection 모델에서 레이어 2는 데이터 링크 계층이고 레이어 3은 네트워크 계층이다. 주요 차이점은 레이어 3이 라우팅을 제공하고 정적 및 동적 IP 라우팅을 모두 처리하는 반면, 레이어 2는 스위칭만 수행한다는 것이다. 레이어 3은 일반적으로 intra-VLAN(가상 로컬 영역 네트워크)이 관련된 경우에 구현된다. 간단히 설명하면 레이어 3은 IP 주소를 이해하고 IP 기반으로 트래픽을 라우팅할 수 있지만 레이어 2는 IP 주소를 이해하지 못한다. 즉, 지점 간 이더넷 ExpressRoute 연결은 일반적으로 레이어 3에서 이뤄지거나 섞어도 레이어 3에서 이뤄지는 것이 좋다.
- **Any-to-any IPVPN:** 이 배포를 통해 ExpressRoute는 회사의 WAN을 애저와 통합해 온프레미스 환경을 애저의 가상 데이터 센터로 확장한다. 이는 가상 데이터 센터를 지점 사무실로 해 하나의 환경을 만드는 것과 같다. 대부분의 회사는 통신 공급자가 제공하는 멀티프로토콜 라벨 스위칭^MPLS, Multiprotocol Label Switching를 통해 네트워크 연결을 한다. ExpressRoute는 이 네트워크를 레이어 3을 통해 애저에 연결한다.
- **애저 클라우드 교환 코로케이션:** 이 솔루션은 시스템을 코로케이션에서 호스팅하는 기업에 적합하다. 코로케이션에 클라우드 익스체인지가 제공되는 경우, 관리형 레이어 3 기반으로 안정적인 전용 연결을 구성할 수 있으며, 구체적으로 호스팅된 장비는 meet-me room 또는 랙 인터커넥트를 통해 익스체인지에 접속하고, 익스체인지 경유로 애저와의 사설 연결이 설정된다.

ExpressRoute를 통해 고객은 10Gbps 또는 100Gbps 포트 쌍을 사용해 마이크로소프트 네트워크에 직접 연결할 수 있으며, 대역폭은 50Mbps에서 최대 10Gbps까지 제공된다.

AWS 다이렉트 커넥트 구현

AWS 다이렉트 커넥트Direct Connect는 온프레미스 네트워크에서 AWS로 직접 연결하는 데 사용되는 서비스로, 이름이 매우 직관적이다. 사용자의 라우터 또는 방화벽을 AWS 리전의 다이렉트 커넥트 서비스에 연결하며, 연결은 사용자 소유의 라우터에서 연결 파트너의 라우터를 거쳐 다이렉트 커넥트 엔드포인트로 직접 연결된다.

이 엔드포인트는 AWS 가상 프라이빗 클라우드VPC의 가상 프라이빗 게이트웨이VPG, Virtual Private Gateway 또는 AWS 서비스에 연결된다.

구글 Dedicated Interconnect 구현

구글은 Dedicated Interconnect를 제공한다. 이는 AWS의 다이렉트 커넥트와 유사하게 온프레미스 네트워크의 라우터에서 구글 피어링 엣지로 직접 연결하는 방식이다. 이 연결은 구글이 피어링 존을 제공하는 코로케이션 시설에서 이뤄진다. 이후 연결은 GCP 환경의 클라우드 라우터로 전달된다.

Dedicated Interconnect는 단일 10Gbps 또는 100Gbps 링크, 또는 클라우드 라우터에 연결되는 링크 번들로 제공된다. 서로 다른 위치나 장치에서 구글로의 다중 연결에는 별도의 인터커넥트가 필요하다.

알리바바 익스프레스 커넥트 구현

알리바바 클라우드는 익스프레스 커넥트Express Connect를 제공한다. 이는 앞서 설명한 솔루션들과 마찬가지로 고객의 데이터 센터에서 알리바바 클라우드로 연결되는 전용 물리적 연결을 제공하며, 전 세계적으로 사용 가능하다.

OCI에서의 직접 연결 구현

OCI[Oracle Cloud Infrastructure]에서 OCI 리소스로 직접 연결하는 방법은 여러 가지가 있다. 이 옵션은 온프레미스 데이터 센터, 코로케이션 시설 또는 다른 클라우드 서비스 공급자 간에 고대역폭, 저지연 연결을 제공하게 설계됐다.

FastConnect는 전용 사설 연결 옵션으로, 온프레미스 데이터 센터나 코로케이션 시설과 OCI 간에 고대역폭 및 저지연 연결을 제공한다. FastConnect는 최대 100Gbps의 전용 사설 연결을 제공하며 공용 인터넷을 거치지 않고 연결할 수 있다.

VPN 커넥트는 또 다른 대안이다. 이 옵션은 온프레미스 네트워크와 OCI의 VCN 간에 암호화된 보안 연결을 제공한다. VPN 커넥트는 인터넷을 사용해 보안 연결을 설정하므로 FastConnect에 비해 비용 효율적인 옵션이다. VPN 커넥트는 다양한 연결 요구 사항에 맞게 사이트 간 VPN, 원격 액세스 VPN 등 다양한 구성으로 사용할 수 있다.

마지막으로 OCI와 애저, AWS 같은 다른 클라우드 서비스 공급자 간에 사설 연결을 설정하는 옵션으로 오라클 Interconnect를 언급할 수 있다. 오라클 Interconnect는 최대 10Gbps의 전용 사설 연결을 제공한다.

퍼블릭 클라우드 환경에 액세스

클라우드 환경에 연결되면 클라우드 리소스에 접근하는 방식을 설계해야 한다. 관리자가 모든 리소스에 개별적으로 접근하는 대신, 단일 접근 지점을 통해 접근하게 해 해당 지점에서 접근을 제어할 수 있어야 한다. 이를 위한 해결책이 바로 디딤돌 서버, 즉 배스천[Bastion] 서버다.

디딤돌 서버는 점프 서버라고도 불리며, 애저, AWS, GCP에서는 배스천 서버라고 부른다. 이는 특정 개수의 머신(여기서는 점프 서버)을 통해서만 하나 이상의 네트워크 세그먼트에 대한 접근을 허용하는 방식이다. 이렇게 하면 네트워크 세그먼트에 접근할 수 있는 머신의 수를 제한할 뿐만 아니라, 해당 네트워크 세그먼트로 전송될 수 있는 트래픽 유형도 제한할 수 있다. 이러한 점프 서버 또는 디딤돌 서버는 클라우드 내 가상 네트워크에 배포하는 것이 권장되며, 모범 사례로 여겨진다.

인프라 자동화 도구 및 프로세스 정의 및 관리

클라우드 환경에서는 모든 것이 코드로 이뤄진다. 더 이상 물리적인 하드웨어를 구매할 필요 없이 코드만으로 하드웨어를 정의할 수 있다. 그렇다고 해서 관리가 불필요한 것은 아니다. 효율적인 관리를 위해서는 마스터 코드 저장소가 필요하다. 이 저장소는 인프라 구성 요소를 정의하는 코드뿐만 아니라, 보안 및 규정 준수 원칙을 만족하게 구성 요소를 설정하는 방법까지 담고 있어야 한다. 이것이 바로 우리가 일반적으로 '원하는 상태desired state'라고 부르는 것이다.

애저, AWS, 구글은 인프라와 구성을 코드로 관리하고, 원하는 상태를 자동으로 배포할 수 있는 자체 도구를 제공한다. 애저에서는 애저 데브옵스, 깃허브 액션, 애저 오토메이션을 활용할 수 있으며, 이 모든 도구는 ARMAzure Resource Manager과 연동된다. AWS는 CloudFormation을, 구글은 클라우드 리소스 관리자와 Cloud Deployment Manager를 제공한다. 이러한 도구들은 각 플랫폼에 종속적이지만, 시장에는 플랫폼에 구애받지 않는 타사 도구들도 있다. 6장의 뒷부분에서 주요 도구를 더 자세히 살펴보겠다.

소스코드 관리를 위해서는 깃허브, 애저 데브옵스, AWS CodeCommit, GCP 클라우드 소스 리포지토리와 같은 도구를 사용할 수 있다.

모니터링 및 관리 도구 정의 및 구현

모니터링의 필요성은 이미 살펴봤다. 다음 단계는 이러한 작업을 수행하는 데 사용할 수 있는 도구를 정의하는 것이다. 클라우드 플랫폼은 애저 모니터Monitor, 애플리케이션 인사이트Application Insights, 로그 애널리틱스Log Analytics, AWS CloudTrail, CloudWatch, 구글 클라우드의 운영 제품군(이전의 Stackdriver)과 같은 자체 도구를 제공한다. 물론 Splunk 및 Nagios와 같이 사용 가능한 타사 도구도 많다. 이러한 타사 도구는 기본 플랫폼과 독립적으로 작동할 수 있다는 큰 장점이 있다. 이 책은 특정 도구의 우열을 가리려는 데 목적이 없기에, 아키텍트는 요구 사항과 예산에 맞춰 적절한 도구를 선택하면 된다.

보안은 특별한 주제다. 클라우드 플랫폼은 플랫폼에 대한 광범위한 보안 모니터링을 만드는 데 상당한 노력을 기울였으며, 모니터링을 통해 탐지뿐만 아니라 완화 조치를 트리거한다. 침해는 발견만으로 충분하지 않으며, 취약점 탐지부터 악용까지의 간극이 몇 초에 불과할 수 있어 신속 대응이 필수다. 이를 뒷받침하는 시스템이 SIEM(보안 정보 및 이벤트 관리)으로, 오늘날 SIEM은 위협 인텔리전스와 행위 분석 등 지능형 기능을 통합해 더욱 고도화되고 있다.

이의 예로는 애저 네이티브 SIEM 및 SOAR(보안 오케스트레이션, 자동화 및 대응) 솔루션인 애저 Sentinel이 있다. 애저 Sentinel은 정책이 저장되고 관리되는 애저 Security Center(현, 마이크로소프트 디펜더)와 함께 작동하지만, 기업이 애저 플랫폼에서 호스팅하는 환경 내에서 보이는 동작을 분석하기도 한다. 마지막으로 보안 사고를 완화하기 위한 조치를 자동으로 트리거할 수 있다. 예를 들어 1분에는 영국에서 로그인하고 다음 분에는 싱가포르에서 로그인하는 계정을 차단할 수 있다. 이는 워프를 이용한 시간 여행 없이는 불가능한 일이기 때문이다. 이러한 유형의 동작을 모니터링하는 즉시 사용자를 시스템에서 차단하는 조치가 트리거될 수 있다.

이러한 흐름 속에서 모니터링 시스템은 점점 더 정교해지고, 개발 속도 역시 매우 빨라지고 있다.

운영 지원

마지막으로 이 모든 것을 고려한 후에는 누가 이러한 모든 작업을 수행할지 결정해야 한다. 멀티 클라우드 환경은 다양한 기술 역량을 요구하므로, 적합한 기술을 갖춘 팀이 필요하다. 다만 이미 언급했듯 진정한 T자형 엔지니어 또는 관리자는 존재하지 않는다. 대부분의 기업은 일반적인 기술과 특화된 기술을 모두 갖춘 개발자 및 운영자 그룹을 구성하게 된다.

일부 클라우드 서비스 공급자는 이를 **클라우드 전문가 집단**CCoE, Cloud Center of Excellence이라 부르며, 기업의 클라우드 여정 또는 클라우드 도입 과정에서 중요한 단계로 간주한다. 이 단계에서는 CCoE가 담당해야 할 역할을 정의하고, CCoE 구성원을 합류시키는 것이 중요하다. 또한 환경을 구축하고 관리할 수 있어야 할 뿐만 아니라, 새로운 클라우드 네이티브 솔루션을 전파하는 데에도 중요한 역할을 해야 한다.

TIP

> 참고로 아마존의 엔터프라이즈 전략가인 마크 슈워츠(Mark Schwartz)가 작성한 CCoE 구성에 대한 훌륭한 블로그 게시물(https://aws.amazon.com/blogs/enterprise-strategy/using-a-cloud-center-of-excellence-ccoe-to-transform-the-entire-enterprise/)을 읽어보는 것을 추천한다.

이번 절에서는 멀티 클라우드 환경에서 운영을 설정하기 위해 무엇을 다뤄야 하는지 알아봤다. 다음 단계는 랜딩 존을 관리하는 것이다.

정책을 사용한 랜딩 존 관리

클라우드 플랫폼의 특성상 모든 구성과 작업이 코드로 표현된다. 이러한 특성 덕분에 클라우드 인프라는 매우 민첩하지만, 랜딩 존 또는 기반 환경을 정의하는 코드부터 시작해 코드 관리에 대한 엄격한 지침이 필요하다. 또한 IT 전반과 마찬가지로 정기적인 유지 관리가 전제되지만, 기존 데이터 센터 및 시스템에서는 시스템을 업데이트하고 업그레이드할 수 있는 유지 관리 기간이 있는 반면에, 클라우드에서는 유지 관리가 상시적, 점진적으로 이뤄지는 등 운영 방식이 다소 다르다.

클라우드 서비스 공급자는 필요에 따라 언제든지 유지 관리를 적용한다. 전 세계에 흩어져 있는 수천 명의 고객과 유지 관리 기간을 합의할 수 없기 때문이다.

따라서 플랫폼을 건전하게 유지하고 개선 사항 및 새로운 기능 릴리스에 대비할 수 있도록 필요한 모든 조치를 수행한다. 기업은 이러한 유지 관리 활동으로 인해 영향을 받는 것을 원치 않으므로 코드가 항상 안전한지 확인해야 한다.

다음으로 고려해야 할 사항은 기업이 자체 가상 클라우드 혹은 프로젝트 범위에서 운용 중인 시스템이다. 이 리소스들은 정기적 패치와 점검이 필요한데, VM의 경우 패치 적용은 곧 코드 변경을 의미한다. 따라서 랜딩 존을 설계하는 초기 단계부터 패치나 운영 작업 과정에서 관리자 실수로 보안 설정을 덮어쓰거나, 리소스가 수행해야 할 기능에 필수적인 디스크 및 중요 코드가 삭제되지 않도록 보호 장치를 설계해야 한다. 이후 운영 단계에서는 정책과 관리 도구를 통해 랜딩 존을 일관되게 통제, 유지해야 한다.

앞에서는 랜딩 존을 설정했으니, 이번 절에서는 랜딩 존을 관리하는 방법을 알아본다.

애저에서 기본 작업 관리

애저에서는 랜딩 존을 위한 **테스트 주도 개발**[TDD, Test-Driven Development]이라는 서비스를 살펴볼 필요가 있다. 여기서 주의할 점은 TDD 자체가 애저의 서비스는 아니라는 것이다. TDD는 소프트웨어 개발에서 사용되는 애자일 방법론으로, 클라우드 환경에서 랜딩 존을 개발하는 데 적용할 수 있다. TDD는 소프트웨어 코드의 품질을 개선하는 것을 목표로 하기 때문에 소프트웨어 개발 분야에서 특히 잘 알려져 있다. 이미 설명한 것처럼 애저의 랜딩 존은 리팩토링 과정을 통해 확장되는데, 이는 랜딩 존을 구축하는 반복적인 방식이다. 애저는 TDD를 지원하고 랜딩 존 리팩토링 과정을 돕는 여러 도구를 제공한다.

- **애저 Policy**: 비즈니스 규칙에 따라 애저에 배포될 리소스를 검증한다. 비즈니스 규칙은 비용 매개변수 또는 임곗값, 리소스 강화 확인 또는 다른 리소스와의 일관성 검사와 같은 보안 매개변수로 정의할 수 있다. 예를 들어

특정 ARM 템플릿이 배포에 사용됐는지 확인할 수 있으며, 정책을 그룹화해 랜딩 존과 같은 특정 범위에 할당할 수 있는 이니셔티브를 구성할 수도 있다. 정책은 리소스 변경 거부 또는 유효성 검사 후 배포와 같은 작업을 포함할 수 있다. 애저 Policy는 TDD를 실행하는 데 사용할 수 있는 기본 제공 이니셔티브를 제공해 랜딩 존의 계획된 리소스를 비즈니스 규칙에 대해 검증하며, 유효성 검사에 성공하면 소위 '완료 정의'가 생성돼 리소스 배포가 승인된다.

- **애저 Blueprints**: 엔터프라이즈가 여러 구독에 여러 랜딩 존을 배포하려는 경우 역할 할당, 정책 할당, ARM 템플릿 및 리소스 그룹을 하나의 패키지로 모아 반복적으로 재사용할 수 있다. 마이크로소프트 애저는 테스트 및 배포 템플릿에 대한 정책을 포함해 다양한 Blueprint 샘플을 제공한다. 이러한 샘플은 애저 데브옵스를 통해 쉽게 가져올 수 있으므로 처음부터 일관된 코드 저장소가 있는 CI/CD 파이프라인을 구축할 수 있다.
- **애저 Graph**: 애저 랜딩 존은 리팩토링 원칙에 따라 배포되며, 여러 차례의 반복을 통해 확장된다. TDD 원칙으로 작업하므로 각 반복이 제대로 구현됐는지, 리소스가 올바르게 배포됐는지, 환경 간 상호 운용성이 확보됐는지를 테스트해야 한다. 이를 위해 애저는 랜딩 존 구성을 검증할 테스트 세트를 만들 수 있는 애저 Resource Graph를 제공하며, 초기 진입 장벽을 낮추기 위한 쿼리 샘플도 함께 제공한다.
- **애저 Quickstart Templates**: 랜딩 존 자체 및 관련 리소스 배포에 대한 기본 설정을 제공하는 Quickstart Templates를 사용해 빠르게 시작할 수 있다.
- **애저 Bicep**: 선언적 구문을 사용해 애저 리소스를 배포하는 도메인 특정 언어 DSL, Domain-Specific Language다. 2020년에 도입됐으며, Bicep 파일에서 애저에 배포할 인프라를 정의한 다음 개발 수명 주기 전반에 걸쳐 해당 파일을 사용한다. 이 파일은 인프라를 반복적으로 배포하는 데 사용할 수 있지만 항상 일관된 방식으로 배포한다. 큰 장점은 개발자와 관리자가 리소스를 배포하

는 데 사용되는 Bicep 파일만 관리하면 된다는 것이다. Bicep 파일은 JSON 코드보다 구문이 더 쉬우며, 구문은 ARM과 직접 통신하므로 리소스가 항상 최적화된 방식으로 구현된다. 어떤 면에서 Bicep은 IaC를 배포하는 자동화된 방법을 제공하는 도구인 테라폼과 비슷하다.

TIP

애저 랜딩 존에서 테스트 주도 개발에 대한 자세한 내용은 다음 링크에서 확인할 수 있다.
https://docs.microsoft.com/en-us/azure/cloud-adoption-framework/ready/considerations/azure-test-driven-development

AWS에서 기본 작업 관리

AWS는 CloudFormation Guardrails를 제공한다. 이름에서 알 수 있듯이 Guardrails는 환경을 안전하게 보호하는 역할을 한다. Guardrails는 JSON 형식으로 정책이 설정되는 네 가지 주요 기능을 제공하며, AWS는 Policy Gencrator를 통해 정책을 생성할 수 있도록 지원한다. Policy Generator에서는 먼저 정책 유형을 정의한 후 정책이 적용될 조건, 즉 시점을 정의한다. 적용 범위에 포함되는 정책은 다음과 같다.

- **종료 방지**Termination protection: AWS는 스택과 중첩 스택에 대해 얘기한다. 여기서 스택은 AWS Management Console에서 하나의 단위로 관리할 수 있는 AWS 리소스 모음일 뿐이다. 스택의 예로는 프런트엔드 서버, S3 버킷을 사용하는 데이터베이스 인스턴스, 네트워크 규칙으로 구성된 애플리케이션을 들 수 있다. 운영 안전성을 높이려면 종료 방지를 활성화해 우발적인 스택 삭제를 예방해야 한다. 종료 방지는 기본적으로 비활성화돼 있으므로, 관리 콘솔이나 커맨드라인 프로그래밍을 사용해 활성화해야 한다.
- **삭제 정책**Deletion policies: 종료 방지가 전체 스택을 범위로 하는 반면, 삭제 정책은 특정 리소스를 대상으로 한다. 이를 활성화하려면 `CloudFormation` 템플

릿 내에서 DeletionPolicy 속성을 설정해야 한다. 이 정책은 다양한 기능을 제공하는데, 대표적으로 리소스가 삭제될 때마다 AWS 계정에 속성으로 유지되게 하는 retain 옵션과 CloudFormation이 삭제되기 전에 리소스의 스냅샷을 찍게 하는 것이다. 이때 삭제 정책은 리소스별로 설정된다는 점을 유념해야 한다.

- **스택 정책**Stack policies: 전체 스택 또는 리소스 그룹에 대한 작업을 정의하기 위해 설정된다. 스택 정책은 업데이트를 방지해 중요한 인프라 리소스를 보호하는 것을 목표로 하는 일종의 액세스 제어 정책으로, 애플리케이션을 구성하는 인프라 리소스를 정의하는 템플릿인 AWS CloudFormation 스택에 적용된다. 스택 정책은 스택 내의 특정 리소스에 대해 수행할 수 있는 업데이트 유형을 제한하는 규칙 집합을 지정해 작동하는데, 예를 들어 스택 정책을 사용해 프로덕션 데이터베이스에 대한 업데이트를 방지하거나 로드 밸런서 구성에 대한 변경을 제한할 수 있다.
- **IAM 정책**IAM policies: 액세스 제어, 즉 누가, 무엇을, 언제 할 수 있는지를 정의한다. 액세스 제어는 전체 스택, 특정 리소스 그룹 또는 단일 리소스에 대해 세분화해 설정할 수 있으며, 사용자가 가질 수 있는 역할을 정의하기 위해 특정 작업만 허용할 수 있다. 다시 말해 **역할 기반 액세스 제어**RBAC, Role-Based Access Control를 관리하는 곳이다. IAM과 책임 분리의 구체적 적용은 이 장의 마지막 절인 '경계 설정 필요성 이해'에서 상세히 다룬다.

여기서 반드시 언급해야 할 중요한 서비스는 AWS Control Tower다. 대부분의 기업은 AWS 내에 여러 계정을 갖고 있으며, 이는 기업 내 부서 또는 팀에 해당한다. 기업 수준에서 AWS 설정을 일관성 있게 유지하는 것이 중요한데, 이는 모든 계정에 동일한 방식으로 가드레일이 적용됨을 의미한다. Control Tower는 이러한 역할을 수행한다.

Control Tower는 AWS Organizations를 통해 랜딩 존을 생성하고, AWS 모범 사례를 기반으로 멀티계정 거버넌스 설정을 지원하는 서비스다. 이 모범 사례는 클라우드 도입 프레임워크CAF 및 Well-Architected 프레임워크WAF를 준수한다. 따라서 Control Tower를 사용하면 AWS Organizations의 모범 사례 청사진을 기반으로 랜딩 존을 설정하고, 이 랜딩 존에 가드레일을 적용할 수 있다. 청사진에는 ID 관리, 계정에 대한 페더레이션 액세스, 중앙 집중식 로깅, 계정 프로비저닝을 위한 자동화된 워크플로, 네트워크 구성에 대한 정책이 포함된다.

관리자는 Control Tower에서 계정 및 가드레일 적용 방식을 보여주는 대시보드를 확인할 수 있다.

NOTE

> AWS의 가드레일 정책은 https://aws.amazon.com/blogs/mt/aws-cloudformation-guardrails-protecting-your-stacks-and-ensuring-safer-updates/에서 확인할 수 있다. Control Tower에 대한 정보는 https://aws.amazon.com/controltower/?control-blogs.sort-by=item.additionalFields.createdDate&control-blogs.sort-order=desc에서 제공된다.

GCP에서 기본 작업 관리

GCP는 퍼블릭 클라우드와 랜딩 존에 대한 접근 방식에서 다소 차이를 보인다. 이는 쿠버네티스를 사용하는 컨테이너 기술에 더 집중하는 구글의 개념적 관점에서 비롯된다. 하지만 GCP는 GCP에 배포된 환경에 대한 정책 설정에 있어서도 광범위한 가능성을 제공한다. 이러한 정책은 대부분 조직과 리소스로 구성되며, IAM 정책을 활용한다.

- **조직 정책**Organization policies: GCP에서는 제약 조건을 사용해 정책을 설정한다. 제약 조건은 서비스 정의에 추가되는 속성이다. 예를 들어 GCP 프로젝트에 VM을 배포하는 컴퓨트 엔진Compute Engine 서비스를 살펴보자. 컴퓨트 엔진 프로젝트에서는 운영체제 로그인이 기본적으로 비활성화돼 있는데, 이를 활성화하고 19세기에 이러한 유형의 논리를 대수 체계로 발명한 조지 부울George Boole의 이름을 딴 불리언 제약 조건을 설정할 수 있다. 불리언 제약

조건은 구문 또는 논리 표현이 참 또는 거짓 중 하나인 경우를 의미한다. 이 경우 컴퓨트 엔진을 '참'으로 설정하며, 로그인을 비활성화하지 못하게 하는 정책을 설정해야 한다. gcloud + 코드 스타일의 명령은 constraints/compute. requireOsLogin이다. GCP의 많은 정책과 제약 조건이 이러한 원칙에 따라 작동한다.

TIP

> GCP 조직 정책 제약 조건의 내용은 다음 링크에서 확인할 수 있다.
> https://cloud.google.com/resource-manager/docs/organization-policy/org-policy-constraints

- **리소스 정책**Resource policies: 클라우드 IAM 정책은 JSON 또는 YAML 형식으로 모든 GCP 리소스에 대한 액세스 제어를 설정하며, 모든 정책은 바인딩, 감사 구성 및 메타데이터로 정의된다. 개념이 복잡해 보일 수 있지만 구조를 이해하면 명확하다. 먼저 바인딩을 보면 멤버·역할·조건으로 이뤄진다. 멤버는 ID 전반을 의미하며, 사용자뿐 아니라 특정 작업을 수행해 다른 리소스에 접근하고 작업을 실행할 수 있는 권한을 부여받은 서비스 계정이나 리소스 자체도 포함된다. 즉, 멤버는 사용자, 서비스 계정, 리소스, 리소스 그룹 등이다. 멤버는 권한 범위를 정의하는 '역할'에 바인딩되고, 마지막으로 그 역할을 행사할 수 있는 조건과 제약을 지정해 바인딩을 구성한다.

그러나 바인딩은 정책의 일부에 불과하다. 정책 및 메타데이터를 기록하는 AuditConfig도 있다. 이때 etag는 핵심 메타데이터로, 프로젝트 전반의 리소스에 정책이 동일하고 일관되게 적용되도록 보장한다. 특정 시스템에서 정책을 수정하면 etag가 갱신돼 충돌을 방지하고, 정책 버전이 불일치하면 배포가 거부돼 일관성 없는 상태로의 배포를 막는다.

NOTE

> 정책은 여러 바인딩을 가질 수 있으며 GCP 내 다양한 수준에서 설정할 수 있다. 하지만 제약 사항이 존재하므로 정책 사용에 대한 모범 사례를 포함해 관련 문서를 꼼꼼히 확인해야 한다. 예를 들어 GCP는 정책당 최대 1,500명의 멤버를 허용한다.
>
> GCP의 클라우드 IAM 정책에 대한 자세한 내용은 다음 링크에서 확인할 수 있다.
> https://cloud.google.com/iam/docs/policies.

알리바바 클라우드에서 기본 작업 관리

알리바바 클라우드에서 리소스 관리는 클라우드 거버넌스 센터 서비스를 통해 가장 효율적으로 수행된다. 알리바바 클라우드는 기업 계정 또는 **리소스 접근 관리**RAM, Resource Access Management 사용자를 통해 이를 설정할 것을 권장한다. 여기서 RAM은 컴퓨터 하드웨어의 메모리가 아니라 리소스 접근과 관련된 사용자를 가리키는 약칭이다.

RAM 사용자는 알리바바 클라우드의 다양한 리소스에 접근할 수 있는 권한을 얻는다. 다음으로 리소스 디렉터리 및 관리 계정을 설정해 리소스 구조를 정의한다. 리소스 디렉터리에는 **일래스틱 컴퓨트 서비스**ECS, Elastic Compute Service 인스턴스 및 스토리지 계정과 같은 리소스 폴더가 포함되며, 공유 서비스 및 로깅 계정도 정의된다.

관리자는 Account Factory를 사용해 ID, 권한, 네트워킹 및 보안에 대한 기준선, 즉 가드레일을 설정하는 것이 좋다. 클라우드 거버넌스 센터는 이러한 항목을 중앙에서 관리하고 리소스가 일관된 방식으로 구성되게 보장하는 방법을 제공한다.

이것으로 다양한 클라우드에서 랜딩 존의 베이스옵스를 활성화해 정책을 생성하는 방법을 알아보는 절을 마친다. 다음 절에서는 단일 저장소를 사용해 진정한 멀티 클라우드 설정에서 정책을 오케스트레이션하는 방법을 알아본다.

OCI에서 기본 작업 관리

OCI(Oracle Cloud Infrastructure)에서 리소스 관리를 시작하려면 먼저 OCI 계정을 생성하고 OCI 콘솔 및 API에 접근하기 위한 자격증명을 얻어야 한다.

OCI 콘솔 및 API에 접근하려면 OCI 계정이 필수적이다. 이 계정은 OCI에서 인프라를 관리하는 데 필요한 OCI 서비스와 리소스에 대한 접근 권한을 제공한다. 다음으로 OCI에서 리소스를 관리할 각 사용자에 대한 사용자 계정을 생성해야 한다. 사용자 계정은 특정 OCI ID 도메인과 연결되며, 해당 도메인 내에서 리소스에 접근하고 관리할 수 있는 특정 권한을 부여받을 수 있다.

그룹을 정의하는 것도 중요하다. OCI ID 도메인 내에 그룹을 생성해 역할과 책임을 기준으로 사용자를 구성할 수 있다. 그룹을 사용하면 권한 관리를 간소화하고 리소스에 대한 접근 권한을 쉽게 부여하거나 취소할 수 있다.

리소스는 컴파트먼트(compartment)라는 논리적 컨테이너에 구성되며, 컴파트먼트는 비즈니스 목적이나 애플리케이션을 기준으로 리소스를 구성하고 격리하는 방법을 제공한다. OCI 테넌시 내에 컴파트먼트를 생성하고, 해당 컴파트먼트 내에서 리소스에 접근하고 관리할 수 있도록 사용자 및 그룹에 권한을 할당해야 한다.

마지막으로 API 서명 키를 설정해야 한다. OCI API에 접근하려면 각 사용자 계정에 대한 API 서명 키를 생성해야 하는데, 이 키는 API 요청을 인증하고 특정 리소스에 대한 접근 권한을 부여하는 데 사용된다.

경계 설정 필요성 이해

일반적으로 클라우드 모델에서 경계라고 하면 IaaS, PaaS, SaaS 컴퓨팅 환경에서 누가 무엇에 대한 책임을 지는지를 나타내는 책임 분계표를 의미한다. 다음 그림은 공유 책임 모델이라는, 이러한 책임 분계의 가장 기본적인 형태를 보여준다.

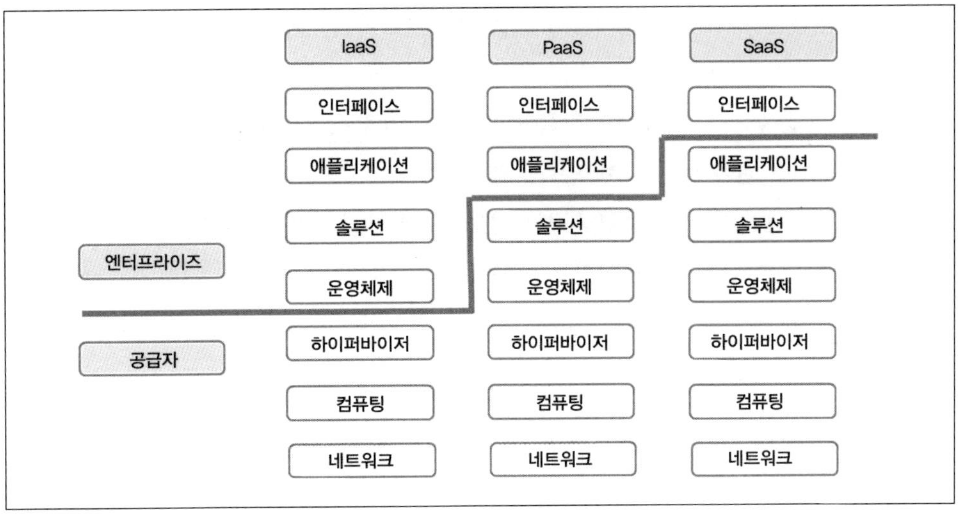

그림 6.6 클라우드 배포 환경의 공유 책임 모델

하지만 멀티 클라우드 환경에서는 훨씬 더 세분화된 모델이 필요하다. 이 장에서는 정책을 계속 살펴봤는데, 이제 멀티 클라우드 환경에서 책임을 명확히 구분하는 것이 얼마나 어려운지 알 수 있을 것이다. 솔루션 스택을 살펴보자. SaaS조차 준수해야 할 보안 규정 준수 정책이 따로 있을 수 있으며, 운영체제 같은 단순한 요소도 강화 관점에서 문제를 일으킬 수 있다. PaaS 공급자의 모니터링 에이전트가 허용되는가? 아니면 선호하는 모니터링 솔루션과 함께 실행할 수 있는가? 아니면 시스템에 너무 많은 오버헤드를 유발하는가? 요컨대, 멀티 클라우드의 세계는 흑백논리로 나눌 수 없다. 오히려 멀티 클라우드는 광범위한 색상 팔레트를 제공한다.

그렇다면 우리 기업에 적합한 책임 분계 모델을 어떻게 만들 수 있을까? 답은 아키텍처에 있다. 먼저 모든 환경에 글로벌 관리자 권한이 필요하지 않다. 이는 멀티 클라우드에서 자주 발생하는 문제다. 특정 작업 수행에 불필요하게 글로벌 관리자 권한을 요구하는 데이터베이스 관리자나, 더 나쁘게는 그 수준의 권한을 가진 서비스 계정을 요구하는 솔루션도 있다. 말 그대로 '글로벌 관리자 천국'이다. 우리는 왜 그처럼 높은 권한이 필요한지 소프트웨어 공급자(또는 개발자)에게 명확히 이의를 제기해야 한다.

정책의 출발점은 **최소 권한 정책**PoLP, Policy of Least Privilege이다. 이 정책은 각 ID에 부여된 역할을 수행하는 데 필요한 최소한의 접근 권한만 허용하도록 요구한다. 여기서 ID는 사용자에 한정되지 않으며 환경의 모든 리소스를 포함할 수 있다. 사용자 관점에서는 **최소 권한 사용자 계정 또는 액세스**LPUA, Least-Privileged User Account or Access로 표현한다. PoLP는 명시적으로 권한을 부여받은 사용자나 ID만 데이터에 접근하게 해서 데이터를 보호하며, 의도치 않은 실수나 악의적 행위로 인한 위험과 결함을 줄여 시스템의 건전성을 높인다. 우리는 항상 최소 권한 정책을 따라야 하며, 이와 관련된 자세한 내용은 15장에서 다룬다.

이러한 첫 번째 원칙과 관련해 이 단계에서 고려해야 할 몇 가지 사항이 더 있다. 고려 사항은 통제 수단으로, 더 나아가 멀티 클라우드의 기본 원칙에 해당하므로 베이스옵스의 일부인 결과물로 이어진다. 다음 표는 이러한 통제 수단과 결과물을 보여준다.

표 6.1 클라우드 통제 항목 및 관련 결과물

통제 항목	결과물
사용자/관리자 계정의 생성, 유지 관리, 폐기 과정을 설명하는 정책 문서가 존재하며 활성화돼 있어야 한다.	정책 및 승인 내역
데이터 또는 시스템 소유자로부터의 접근 권한 위임을 설명하는 RBAC 권한 부여 매트릭스가 존재해야 한다.	권한 부여 매트릭스
사용자 계정은 LPUA를 준수하는 확립된 승인 절차에 따라 생성돼야 한다.	사용자 계정 목록
계정의 지속적인 유효성을 보장하기 위해 주기적인 검사가 수행돼야 한다(예: 계정 필요 여부, 활성 사용 여부, 올바른 역할 적용 여부 등).	체크리스트
시스템 리소스에 대한 무단 접근(시도)은 감사 추적에 기록되고 CISO/보안 관리자에게 주기적으로 보고 및 검토돼야 한다.	무단 접근 시도 보고서

책임 분계와 역할 구분은 ID 및 액세스 관리와 밀접하게 관련돼 있다. 이는 보안 관련 절에서 더 자세히 알아보겠다.

마무리

6장에서는 주요 클라우드 플랫폼에 랜딩 존을 설계하고 구축했다. 이를 통해 기본적인 원칙은 유사하지만, 랜딩 존 개념의 실제 구현 방식은 플랫폼마다 다르다는 것을 알 수 있었다. 이 외에도 애저의 엔터프라이즈 규모 랜딩 존, AWS의 Control Tower와 같은 다양한 개념을 살펴봤다.

또한 연결성을 시작으로 랜딩 존의 구성 요소를 정의하기 위한 아키텍처 패턴을 활용하는 방법도 살펴봤다. VPN 연결은 여전히 퍼블릭 클라우드에 연결하는 가장 일반적인 방법이지만, 기업은 직접 전용 연결을 선택할 수도 있다. 이 장에서는 애저, AWS, GCP, 알리바바 클라우드, OCI의 다양한 직접 연결 옵션을 검토했다. 연결이 마련되면 클라우드에서 워크로드를 운영할 수 있으며, 관리자의 핵심 관심사는 다양한 배포 환경에서 리소스와 구성을 일관되게 유지하는 것이다.

마지막으로 멀티 클라우드 환경에서는 이중화된 책임 분계 모델이 필요하다는 것을 알게 됐다. 이 모든 것이 베이스옵스, 즉 기본 사항을 올바르게 설정하는 개념으로 이어진다.

기본 사항을 올바르게 설정하는 것의 일부는 환경이 복원력이 있고 성능이 우수한지 확인하는 것이다. 7장에서는 위험과 이러한 위험을 완화하는 방법을 집중적으로 다룬다.

질문

1. 클라우드의 기본 인프라는 네트워크, 컴퓨팅, 스토리지의 세 가지 주요 영역으로 구성된다. 나머지 두 가지 영역은 무엇인가?
2. 애저는 랜딩 존의 확장을 위해 어떤 솔루션을 제공하는가?
3. AWS는 리소스에 대한 가드레일의 중앙 관리를 가능하게 하는 서비스를 제공한다. 이 서비스의 이름은 무엇인가?

4. 알리바바 클라우드에서 RAM은 무엇의 약자인가?

더 읽을거리

- Azure for Architects, by Ritesh Modi, Packt Publishing
- Architecting Cloud Computing Solutions, by Kevin L. Jackson, Packt Publishing

07

멀티 클라우드용 애플리케이션 설계

멀티 클라우드 아키텍처에서 중요한 주제는 클라우드에 호스팅할 애플리케이션의 복원력과 성능이다. 비즈니스 요구에 부합하면서 서비스 중단이나 보안 비흡과 같은 위험을 완화할 수 있는 솔루션을 선택해야 한다. 이를 위해 12-Factor 앱, PaaS, SaaS 같은 개념과 방식을 전략으로 검토한다.

7장에서는 복원력과 성능에 대한 비즈니스 요구 사항을 수집하고 검증한다. 클라우드 플랫폼에서 복원력을 구축하는 도구를 사용하고, 자문 도구와 지원 계획을 사용해 애플리케이션 환경의 성능을 최적화하는 방법을 알아본다.

7장에서 다루는 내용은 다음과 같다.

- 복원력 및 성능을 위한 아키텍처 설계
- 비즈니스 요구 사항에서 시작
- 12-factor 앱 원칙 활용
- PaaS를 사용한 애플리케이션 설계 가속화
- SaaS 솔루션 설계

- 퍼블릭 클라우드에서의 성능 KPI: 어떤 이점이 있을까?
- 멀티 클라우드 환경 최적화
- 사용 사례: 비즈니스 연속성 및 재해 복구를 위한 솔루션 생성

복원력 및 성능을 위한 아키텍처 설계

애플리케이션 아키텍처에서 복원력과 성능은 매우 중요한 요소다. 클라우드 플랫폼은 이러한 복원력과 성능을 향상시키는 훌륭한 도구들을 제공한다. 일반적으로 이러한 요소들은 6장에서 다룬 Well-Architected 프레임워크에 포함돼 있다. 그렇다면 복원력과 성능은 무엇을 의미할까?

AWS Well-Architected 프레임워크에서는 복원력을 '워크로드 구성 요소에 가해지는 부하, 공격 및 구성 요소의 실패로 인해 스트레스를 받을 때 복구할 수 있는 능력'이라고 정의한다. 좀 더 쉽게 설명하면 시스템의 구성 요소에 장애가 발생했을 때 얼마나 빠르고 완벽하게 데이터 손실 없이 원래 상태로 복구할 수 있는지를 의미한다. 물론 조직은 이를 테스트해야 하며, 카오스 몽키Chaos Monkey는 테스트 전략으로 활용될 수 있다. 18장에서는 데브섹옵스 성숙도 모델의 일부인 테스팅 전략을 자세히 다룬다.

시스템의 복원력을 정의하는 것은 해당 시스템이 비즈니스에 얼마나 중요한지, 그리고 어떤 서비스 수준이 적용돼야 하는지를 이해하는 것에서 시작된다. 이는 비즈니스 요구 사항을 명확히 이해하는 것에서 출발하는데, 이때 중요한 점은 복원력과 성능이 단순히 기술적인 문제가 아니라는 것이다. 이는 애플리케이션을 구축하고 관리하는 모든 팀이 공유해야 할 운영 책임과도 관련된 문제다.

비즈니스 요구 사항에서 시작

6장에서는 가용성, 백업, 재해 복구와 같은 주제를 간략하게 다뤘다. 7장에서는

애플리케이션의 가용성, 접근성, 그리고 가장 중요한 안전성을 보장하기 위해 클라우드 플랫폼이 제공하는 요구 사항과 다양한 솔루션을 자세히 살펴본다. 이러한 솔루션과 기술들을 살펴보기 전에 요구 사항을 명확하게 정의하지 않았을 때 발생할 수 있는 잠재적인 비즈니스 위험risk을 이해해 보자.

멀티 클라우드 환경에서는 엔터프라이즈 아키텍처의 원칙에 따라 다양한 수준에서 위험을 인식할 수 있다.

데이터 위험 이해

데이터 관련 가장 큰 위험은 데이터 소유권의 모호성이다. 이 소유권은 클라우드 서비스 공급자와의 계약뿐만 아니라 계약서에도 명시적으로 규정하고 문서화해야 한다. 유럽의 일반 데이터 보호 규정GDPR, General Data Protection Regulation과 같은 국제 및 국내 법률과 프레임워크는 이미 유럽 내 데이터 소유권에 대한 규정을 정의하고 있지만, 서비스 계약에도 이를 분명히 반영해야 한다. 무엇보다 법무 부서나 변호사와 먼저 상의하는 것이 바람직하다.

데이터 유형을 구분하는 것도 중요하다. 비즈니스 데이터, 메타데이터, 클라우드 환경 운영과 관련된 데이터인지 구별해야 한다. 후자의 예로는 클라우드에 호스팅된 VM의 모니터링 로그를 들 수 있는데, 이러한 모든 종류의 데이터에 대해 법률 및 규정을 준수하기 위해 따라야 할 별도의 규칙이 있을 수 있다.

또한 데이터가 정확히 어디에 있는지 파악하고 문서화해야 한다. 애저, AWS, GCP는 글로벌 인프라의 가용 용량을 기반으로 자원을 배치해 최적화를 도모하지만, 이는 데이터 주권과 역외 이전 규제 측면에서 리스크가 될 수 있다. 특히 다수의 유럽 국가는 특정 데이터의 EU 외 이전을 제한하므로, 퍼블릭 클라우드상에서 사용 리전과 실제 국가를 명확히 지정하고 EU 내 데이터 센터 저장을 보장해야 한다.

최근 미국은 유럽 시민의 데이터가 무단으로 활용되는 사태를 방지하기 위해 새로운 법적 장치를 마련했다. 유럽 개인 정보가 마이크로소프트, AWS, GCP 등 미국 기반 대형 클라우드 사업자에 의해 부적절하게 사용될 가능성은 중대한 법적 쟁점이었다. 2022년 9월, 바이든 대통령은 미국 정부와 독립적인 기관이 유럽 데이터의 보호 수준을 심사하고 판단하도록 하는 법안에 서명했다. 이 일련의 논의는 글로벌 클라우드 생태계에서 데이터의 수집, 사용, 공유를 둘러싼 규제와 책임이 얼마나 복잡하게 얽혀 있는지를 잘 보여준다.

데이터 복구 시에는 원하는 형식과 읽을 수 있는 상태로 복구되는지 확인해야 한다. 손상되거나 불완전한 데이터는 또 하나의 위험 요소다. 데이터 무결성을 보장하기 위해 정기적으로 복구 테스트를 수행하고, 복구 계획과 실제 테스트 결과를 감사해야 한다. 이는 특히 트랜잭션 데이터에서 중요하다. 트랜잭션을 복구할 때는 모든 트랜잭션이 누락 없이 복구됐는지, 복구 과정에서 중복이 발생하지 않았는지 함께 확인해야 한다. 이를 위해, 특히 SaaS의 경우 데이터 품질 책임자를 명확히 지정해야 한다.

이러한 모든 요구 사항을 구조화하는 데 도움이 되도록 데이터 분류 모델을 만드는 것이 좋은 출발점이 될 수 있다. 분류는 특정 데이터 세트의 기밀성, 무결성 및 가용성을 보장하기 위해 어떤 유형의 솔루션을 배포해야 하는지 결정하는 데 도움이 된다. 가장 일반적으로 사용되는 데이터 범주로는 공개 데이터, 기밀 회사 데이터, 개인 데이터 등이 있다.

애플리케이션 위험 이해

SaaS 활용이 증가하면서 많은 기업이 IaaS, PaaS보다 SaaS를 우선적으로 고려하는 전략을 채택하고 있다. 이는 운영 용이성 측면에서는 선호되는 방식일 수 있지만, SaaS는 분명한 위험 요소를 내포한다. 애플리케이션을 포함한 전체 스택을 공급자가 관리하고, 다수 솔루션이 공유 구성 요소를 사용하기 때문이다. 그 결과, 다른 사용자가 내 애플리케이션이나 데이터에 접근할 가능성에 대비해야 한다. 이를 완화하는 방안 중 하나는 SaaS 환경 내에서 자체 애플리케이션 런타임을 운영하는 것이다.

SaaS는 공급자가 애플리케이션까지 전 스택을 관리하므로, 공급자 자체의 지속 가능성이 핵심 리스크가 된다. 팬데믹 같은 외부 충격에서 IT 기업도 예외가 아니다. 따라서 공급자가 개발을 중단하거나 사업을 종료하는 상황에 대비해, 데이터를 안전히 보호해야 한다.

또한 애플리케이션에 장애가 발생해 복원해야 하는 상황도 고려해야 한다. 애플리케이션 코드를 복구하고, 애플리케이션을 정상 상태로 되돌릴 수 있게 대비해야 한다.

기술적 위험 이해

클라우드 플랫폼은 데이터 센터, 스토리지, 컴퓨팅, 네트워크 등 많은 구성 요소를 공유한다. 클라우드 환경을 구성할 때, 공유된 서비스 위에 가상의 데이터 센터와 같은 격리된 환경을 구축하게 된다. 이는 애저, AWS, GCP 등 클라우드 서비스 공급자의 기반 인프라를 활용하는 방식이다.

주요 클라우드 서비스 공급자조차도 서비스 중단에서 자유로울 수 없다. 따라서 기업은 여러 데이터 센터, 가용 영역, 또는 서로 다른 글로벌 리전을 활용한 이중화 솔루션 구축 등을 통해 자체 환경의 가용성을 보장해야 한다.

관측 가능성 확보 및 모니터링은 필수적이지만, 스택 내 특정 요소만 살피거나 잘못된 부분을 주시한다면 아무런 가치가 없으며, 잘못된 모니터링 설정은 오히려 리스크를 초래할 수 있다. 보안과 마찬가지로 클라우드 플랫폼은 도구를 제공하지만, 환경 설정은 해당 플랫폼에서 서비스를 운영하는 기업의 책임이다.

보안 측면에서 가장 큰 위험 중 하나는 취약한 보안 상태다. 퍼블릭 클라우드 플랫폼 자체는 잘 보호돼 있지만, 사용자 환경 보호는 전적으로 사용자의 책임이다. 클라우드는 수백만 대의 시스템을 호스팅하므로 해커의 주요 표적이 될 수 있기에, 엔드포인트 보호, 시스템 강화, 네트워크 분할, 방화벽, 취약점 스캔, 침입 탐지 및 방지 시스템을 구축하고, 시스템에서 발생하는 모든 이벤트를 지속적으로 파악해야 한다.

다만 지나치게 복잡하게 만들 필요는 없다. 보호해야 할 대상을 명확히 하고, 관리 가능하고 이해하기 쉬운 수준으로 유지해야 한다. 중요한 것은 무엇을, 어느 정도까지, 어떤 비용으로 보호할 것인가를 결정하는 것이다. 이 지점에서 비즈니스 요구 사항을 수집하는 과정이 시작된다.

기술, 애플리케이션, 데이터 관련 위험을 논하고 있지만, 결국 중요한 것은 비즈니스 요구 사항이다. 이러한 요구 사항은 데이터, 애플리케이션, 기술, 그리고 잠재적인 위험을 포함한 모든 것을 결정한다. 그러나 지금까지 비즈니스 요구 사항을 수집하는 방법에 대한 답을 제시하지 못했다.

요구 사항 수집 프로세스의 주목표는 아키텍처를 설계하고, 환경을 구축하며, 올바른 정책을 구현하고, 멀티 클라우드 환경을 최종 결과물로서 구성하는 데 필요한 모든 관련 정보를 수집하는 것이다. 이는 일회성 작업이 아니다. 요구 사항은 시간이 지남에 따라 변화하며, 특히 클라우드 시대에는 요구 사항 변화 속도가 점점 더 빨라지고 있다. 즉, 요구 사항 수집은 지속적이고 반복적인 프로세스다.

그렇다면 필요한 정보를 어떻게 수집할 수 있을까? 이를 위해 활용할 수 있는 몇 가지 핵심적인 방법이 있다.

- **평가:** 애플리케이션 계층에서 복원력과 성능을 평가하는 것은 좋은 방법이다. 애플리케이션은 어떤 리소스를 어떤 기준으로 사용하는가? 백업은 어떻게 예약되고 운영되는가? 복원 절차는 무엇인가? 환경은 정기적으로 감사받고 있는가? 감사 결과는 기록되고, 점수화돼 해결됐는가? 또한 업무 시간, 일과 시작 시간, 평상시 등 특정 조건에서 애플리케이션 성능에 대한 최종 사용자 경험도 포함해야 한다.
- **이해관계자 인터뷰:** 이는 비즈니스 요구 사항을 이해하는 데 좋은 방법이다. 그러나 이해관계자들이 비즈니스 핵심 시스템이 무엇인지 등에 대해 서로 다른 견해를 가질 수 있다는 점에 유의해야 한다.
- **워크숍:** 워크숍은 기존 아키텍처, 시스템 설계, 요구 사항의 배경, 요구 사항 등을 좀 더 자세히 파악하는 데 매우 효과적이다. 또한 모든 이해관계자가

한자리에 모여 의사 결정을 내릴 수 있는 기회를 제공한다. 워크숍에서의 논의가 지나치게 상세해질 수 있다는 위험이 있지만, 진행자가 이 과정을 조정해 원하는 결과를 얻을 수 있게 도울 수 있으며, 요구 사항이 확정되면 솔루션의 기능적 매개변수에 맞춰 조정할 수 있다. 예를 들어 비즈니스에 매우 중요한 환경은 1년 365일, 24시간 내내 가용해야 한다는 요구 사항이 있을 수 있다. 이러한 시스템은 각 트랜잭션이 특정 금전적 가치를 지니며, 트랜잭션을 지속적으로 처리한다. 따라서 트랜잭션이 유실될 경우 회사는 즉각적인 손실을 입게 된다. 매분 다량의 트랜잭션이 처리되므로, 데이터가 유실되는 매 순간 실제 금전적 피해가 발생한다. 이때 기업이 수용할 수 있는 최대 데이터 손실량, 즉 **복구 시점 목표**RPO는 0에 가깝게 정의해야 한다. 즉, 높은 가용성과 이중화를 갖추고, **데이터 손실 방지**DLP, Data Loss Prevention를 포함한 복구 체계를 통해 RPO를 사실상 0에 가깝게 보장하는 재해 복구 솔루션을 설계해야 한다.

이것이 항상 핵심 시스템에만 해당될까? 꼭 그렇지는 않다. 다수의 개발자가 사용하는 개발 환경이 멈추면 프로젝트 일정이 밀리고 출시가 지연되며, 생산성이 정지돼 직접적인 비용 손실이 발생한다. 따라서 어떤 수준의 보호를 적용할지는 비즈니스 케이스, 조직이 수용할 위험 한도, 그리고 위험 완화를 위해 투입할 예산을 종합해 판단해야 한다.

12-factor 앱 원칙 활용

12-factor 앱은 서버 인프라로부터 추상화돼 클라우드 플랫폼에 배포할 준비가 된 최신 앱을 구축하기 위한 방법론이다. 12-factor 앱을 적용함으로써 얻는 주요 이점은 개발자가 확장 가능할 뿐만 아니라 앱 자체가 독립적이므로 안정적인 앱을 만들 수 있다는 것이다. 종속성은 명확하게 정의되고 앱과 격리된다. 여기에는 기본 인프라에 대한 종속성도 포함된다.

또한 단일 코드 베이스와 정의된 선언적 배포 방식을 통해 일관된 코드 관리 방식을 제공한다.

12-factor 앱의 형식은 마틴 파울러Martin Fowler가 애디슨 웨슬리Addison-Wesley 에서 2002년에 출판한 『Patterns of Enterprise Application Architecture』[1]를 기반으로 한다. 클라우드 기술 측면에서 보면 오래전인 2005년에 작성됐지만, 아키텍처 측면에서는 여전히 매우 관련성이 높다. 클라우드 네이티브 개발에서 12- factor 원칙은 널리 사용된다.

12가지 요소는 다음과 같다.

1. **코드베이스:** 버전 관리 시스템으로 관리되는 하나의 코드베이스를 사용하며, 다양한 환경에 배포한다(코드로서의 인프라 포함).
2. **종속성:** 종속성을 명시적으로 선언하고 격리한다.
3. **설정:** 환경 변수에 설정을 저장한다(코드로서의 구성).
4. **백엔드 서비스:** 백엔드 서비스를 연결된 자원으로 취급한다(데이터베이스, 큐 등).
5. **빌드, 릴리스, 실행:** 빌드와 실행 단계를 엄격하게 분리한다(파이프라인 관리, 릴리스 트레인).
6. **프로세스:** 애플리케이션을 하나 이상의 상태 비저장 프로세스로 실행한다.
7. **포트 바인딩:** 포트 바인딩을 통해 서비스를 공개한다.
8. **동시성:** 프로세스 모델을 통해 확장한다.
9. **폐기 가능성:** 빠른 시작과 정상적인 종료를 통해 견고성을 극대화한다.
10. **개발/운영 환경 패리티:** 개발, 스테이징, 운영 환경을 최대한 유사하게 유지한다.
11. **로그:** 로그를 이벤트 스트림으로 취급한다.
12. **관리 프로세스:** 관리 작업을 일회성 프로세스로 실행한다.

이 원칙에 대한 자세한 내용은 https://12factor.net에서 확인할 수 있다. 이러한 12가지 원칙 중 다수가 데브옵스 및 **사이트 신뢰성 엔지니어링**SRE, Site Reliability Engineering과

---

1. 엔터프라이즈 애플리케이션 아키텍처 패턴(위키북스, 2015)

같은 멀티 클라우드 환경의 거버넌스 및 다양한 프레임워크에 포함돼 있음을 알 수 있다.

PaaS를 사용한 애플리케이션 설계 가속화

PaaS는 Platform as a Service의 약자다. 그렇다면 가장 먼저 "플랫폼'란 무엇인가?" 라는 질문에 답해야 한다. 이에 대한 의견과 정의는 다양하지만 플랫폼은 팀과 조직이 소프트웨어 개발 및 제공 속도를 높일 수 있게 지원하는 서비스 또는 서비스 모음이라고 정의할 수 있으며, PaaS는 소프트웨어 팀에게 편리한 환경을 제공한다.

PaaS를 사용하면 팀은 비즈니스 가치를 더하는 소프트웨어 제품을 개발하기 전에 구축해야 하는 다양한 서비스에 대해 신경 쓸 필요가 없다. PaaS는 인프라 위에 존재하는 추상화 계층인 셈이다. 6장에서 살펴본 IaaS, PaaS, SaaS의 책임 경계 다이어그램을 다시 한 번 살펴보자.

그림 7.1 IaaS, PaaS, SaaS의 책임 범위 비교

PaaS 환경에서는 운영체제 이전의 모든 요소을 플랫폼에서 관리한다. 덕분에 개발자는 비즈니스 로직 구현 등 애플리케이션 코드에만 집중할 수 있다.

컨테이너 호스팅 플랫폼인 쿠버네티스가 좋은 예시다. 쿠버네티스는 애플리케이션을 호스팅하는 컨테이너 인프라를 관리하며, 코드는 클러스터에 배포되는 컨테이너로 패키징된다. 플랫폼은 기반 인프라의 가용성을 보장한다. PaaS를 사용할 때 얻을 수 있는 주요 이점은 다음과 같다.

- **복잡성 감소:** PaaS는 IaaS보다 높은 추상화 계층에 있다.
- **효율적인 애플리케이션 온보딩:** 일부 블로거는 이를 '자재 운송을 위한 포장도로'라고 부른다. 인프라를 구성할 필요 없이 애플리케이션만 빌드하면 플랫폼이 나머지를 처리한다.
- **일관성:** 플랫폼에서 모든 것을 관리하므로 기본 인프라는 다양한 개발 팀에서 일관성을 유지한다.
- **규정 준수:** 규정 준수가 플랫폼 서비스에 내장돼 있다. 플랫폼 수준에서 보호 장치가 구현되고 관리된다.

PaaS 도입은 애플리케이션 개발 속도를 끌어올리지만, 반대로 플랫폼 특성상 높은 표준화를 전제로 하므로 설계 자유도가 제한되는 등 개발자에게 제약이 발생할 수 있다.

SaaS 솔루션 설계

지난 5년간 서비스형 소프트웨어^SaaS^ 시장은 엄청난 성장세를 보여왔다. 2023년에는 SaaS 시장 규모가 6,000억 달러를 넘어설 것으로 예상된다.

SaaS는 기업이 빠르게 사업을 확장하고자 할 때 효과적인 전략이 될 수 있다. SaaS 제품을 통해 고객은 물리적인 제품을 구매해 장치에 직접 설치할 필요 없이 인터넷을 통해 애플리케이션에 접근할 수 있다. SaaS 제품은 클라우드 플랫폼에서 중앙 집중식으로 호스팅되며, 개발자가 제품을 완전히 관리하기에, 고객은 항상 최신 버전을 사용할 수 있다.

SaaS는 고객 중심적이다. 고객은 서비스를 구독하고 접근 권한을 얻으면 원하는 장치에서 즉시 서비스를 사용할 수 있다. 따라서 SaaS 제품 개발은 많은 기업의 목표가 됐다.

주요 클라우드 서비스 공급자는 플랫폼에서 SaaS 기능을 개발할 수 있게 툴킷을 제공한다. AWS는 이를 SaaS 팩토리Factory라고 부르며, 애저는 SaaS 개발 키트Development Kit를 제공한다. 이 서비스는 기업이 기존의 모놀리식 애플리케이션을 웹 기반 최신 애플리케이션으로 전환해 SaaS 형태로 제공할 수 있게 지원하는 것을 목표로 한다. AWS의 주요 컨벤션인 re:Invent 2020에서는 SaaS Boost가 출시됐고, 2022년에는 버전 2가 공개됐다. SaaS Boost는 소프트웨어 구축에 필요한 핵심 구성 요소를 즉시 사용할 수 있게 제공했으며, CloudFormation을 사용해 리소스를 동적으로 생성 및 배포하고, 일래스틱 컨테이너 서비스ECS, Elastic Container Services를 통해 컨테이너 인프라를 사용하며, 람다 서버리스 기능을 통해 다양한 구성 요소 간의 워크플로를 오케스트레이션한다.

SaaS의 핵심은 '간편함'이다. 구독과 온보딩은 쉽고 사용자 친화적이어야 하며, 웹 기반 인터페이스는 접근성이 높고 사용하기 쉬워야 한다. 무엇보다 가용성이 중요하며, 넷플릭스나 스포티파이처럼 항상 '켜져' 있는 서비스가 목표다.

이러한 환경은 마이크로서비스로 구축돼 서비스의 일부를 CI/CD 파이프라인에서 지속적으로 업데이트하고 업그레이드할 수 있으며, 고객에게는 다운타임이 발생하지 않는다. 고객은 구독료를 지불하고 이러한 서비스를 이용한다는 점을 명심해야 한다. 주요 서비스 중단은 고객과의 신뢰에 심각한 문제를 일으킬 수 있다.

SaaS 애플리케이션은 고객과 고객 경험을 항상 염두에 두고 설계해야 한다. SaaS 성공 공식은 훌륭한 사용자 경험 + 훌륭한 사용자 인터페이스 = 훌륭한 제품이다.

퍼블릭 클라우드에서의 성능 KPI: 어떤 이점이 있을까?

앞서 언급했듯 성능은 까다로운 주제이며 서비스 수준 계약에서 논쟁을 일으키는 주요 원인이 될 수 있다. 따라서 KPI 측면에서 성능이 측정 가능한 목표 측면에서 무엇을 의미하는지 명확히 해야 한다.

성능은 무엇으로 정의할 수 있을까? 바로 사용자 경험이다. 애플리케이션이 얼마나 빠르게 응답하고 요청을 처리하는지가 중요하다. 여기서 "빠르다"는 측정 가능한 단위가 아니라는 점에 유의해야 한다. 흔히 겪는 상황처럼 중년층은 스마트폰 앱이 10초 이내에 응답하는 것을 빠르다고 생각할 수 있지만, 젊은 세대는 무언가를 클릭한 후 1초만 지나도 조바심을 낼 수 있다. 이처럼 '빠르다'는 것은 상대적인 인식이다. 따라서 측정 가능한 '빠름'을 정의하고 합의해야 한다. 또한 가용성이 없으면 측정할 대상 자체가 없으므로 복원력이 중요하다는 점을 명심해야 한다.

그렇다면 무엇을 측정해야 할까? 클라우드에서 VM이 널리 사용되므로 VM을 예로 들어보자. 고려해야 할 주요 지표는 다음과 같다.

- **CPU 및 메모리:** 모든 클라우드 서비스 공급자는 다양한 VM 인스턴스 크기를 제공하는데, 이때 특정 워크로드에 적합한 인스턴스를 신중하게 살펴봐야 한다. 예를 들어 메모리에서 대규모 워크플로 프로세스를 실행하는 애플리케이션은 많은 메모리를 필요로 하며, SAP S4/HANA 인스턴스의 경우 최대 32GB 이상의 RAM이 필요할 수 있다. 애저, AWS, GCP는 완벽한 SAP 솔루션 외에도 대용량 메모리 최적화 인스턴스를 제공하며, 이미지 처리나 렌더링 프로세스가 많은 애플리케이션의 경우 GPU를 사용하는 그래픽 워크로드에 특화된 인스턴스를 고려할 수 있다. 결국 인스턴스 유형과 사양을 적절히 맞추는 것이 핵심이며, 고성능 애플리케이션에 저사양을 선택했다면 성능 저하를 공급자 탓으로 돌릴 수 없다. 어드바이저 도구를 활용해 최적 구성을 찾는 것이 바람직하다.

- **응답성:** 서버 또는 서비스가 요청에 응답하는 데 걸리는 시간이다. 이는 여러 요인에 따라 달라진다. 우선, 올바른 네트워크 구성, 라우팅, 전체 애플리케이션 스택의 종속성이 중요하다. 낮은 대역폭 VPN을 사용하는지, 고속 전용 연결을 사용하는지에 따라 결과는 달라지기 때문이다. 또한 트래픽이 몰리는 시간대에 로드가 증가하면 이에 대처할 수 있어야 하기에, 로드 밸런싱도 중요하다. 클라우드에서는 완전 자동화된 방식으로 스케일 아웃[Scale-out] 및 스케일 업[Scale-up]이 가능하다. 이를 위해서는 로드 밸런싱 솔루션이 적절하게 구성돼야 한다.
- **입출력 처리량:** 서버 또는 환경의 처리 속도를 의미한다. 처리량은 초당 요청 수[RPS, Requests Per Second], 동시 사용자 수, 서버, 연결, 방화벽, 로드 밸런서와 같은 리소스 활용률로 측정한다. 아키텍처에서 중요한 요소 중 하나는 크기 조정이다. 기술적인 관점에서 솔루션이 잘 설계됐더라도 크기 조정이 올바르게 수행되지 않으면 애플리케이션 성능이 저하되거나 아예 사용할 수 없게 될 수 있다. 7장에서 설명할 이드바이저 도구는 환경 설정, 리소스 크기 조정, 애플리케이션(코드) 최적화에 대한 유용한 지침을 제공한다.

성능 KPI를 정의할 때 가장 중요한 것은 비즈니스, 개발, 관리 담당자를 포함한 모든 이해관계자가 성능의 기준과 측정 방법에 대해 공통된 이해를 갖는 것이다.

멀티 클라우드 환경 최적화

클라우드 서비스 공급자는 자사 플랫폼에서 호스팅되는 환경을 최적화하는 데 사용할 수 있는 자문 도구를 제공한다. 이번 절에서는 이러한 다양한 도구를 간략히 살펴보고 활용 방법을 알아본다.

애저 어드바이저를 사용한 환경 최적화

AWS와 마찬가지로 애저도 환경 최적화를 돕는 도구인 애저 어드바이저Advisor를 제공한다. 애저 어드바이저는 애저 환경을 분석하고 Well-Architected 프레임워크의 핵심 요소에 대한 권장 사항을 제시하는 서비스다. 이때 지원 플랜도 함께 고려해야 한다.

지원 플랜부터 살펴보자. 애저는 Basic, Developer, Standard, Professional Direct의 네 가지 지원 플랜을 제공한다. Basic 플랜은 무료이고 Professional Direct 플랜이 가장 비싸다. 하지만 AWS의 Enterprise 플랜과 직접적인 비교는 어렵다. 모든 클라우드 서비스 공급자는 무료 및 유료 서비스를 제공하며, 서비스별 무료/유료 제공 여부는 공급자마다 다르다.

애저 어드바이저는 추가 비용 없이 사용할 수 있다. WAF의 5가지 핵심 요소인 안정성, 보안, 성능, 비용, 운영 우수성에 대한 권장 사항을 제공하며, 애저 포털Portal에서 대시보드를 실행하면 애저에 배포된 리소스 상태와 개선 사항에 대한 권장 사항을 즉시 확인할 수 있다. 어드바이저 권장 사항의 예로, VM이 가용성 집합에 배포됐는지 확인하고, 내결함성 개선을 통해 복원성을 높이라는 제안이 있다. 어드바이저는 권장과 실행 가이드를 제공할 뿐 자동 반영하지 않으며, 실제 변경은 관리자가 수행한다. 필요하면 권장 사항을 실행하기 위한 권장 조치를 제공하며, 간단한 인터페이스를 통해 권장 사항을 구현하거나 구현을 지원하는 설명서를 참조할 수 있다. 애저 Policy 및 애저 Automation을 사용해 자동화할 수도 있지만, 어드바이저를 자동 적용하지 않는 이유는 개선 조치에 추가 비용이 발생할 수 있어 비용 통제가 필요하기 때문이다. Policy 및 Automation을 통해 자동화하는 것은 비용 추정 및 예산에 포함될 비즈니스 의사 결정 및 아키텍처 솔루션이다.

애저 어드바이저는 몇 가지 모범 사례를 제시한다. 성능 측면에서는 앱에 관리 디스크를 사용하거나, 스토리지 재설계를 수행하거나, VNet 크기를 늘리도록 권장할 수 있다. 관리자는 수동 작업 또는 자동화를 통해 이러한 권장 사항을 따를지 결정해야 한다.

어드바이저 외에도 애저 모니터를 사용해 리소스를 보호하고 애저 Service Health를 사용해 애저 서비스 상태를 모니터링한다. 보안 모니터링과 관련해 애저는 클라우드용 마이크로소프트 디펜더(이전의 Azure Security Center)와 애저 네이티브 SIEM(보안 정보 및 이벤트 관리) 도구인 Sentinel을 제공한다. 이러한 서비스는 대부분 사용량 기반 요금제로 제공되며, 수집 및 보존하는 데이터양에 따라 비용을 지불한다.

NOTE

> 애저 어드바이저에 대한 더 자세한 정보는 다음 링크에서 확인할 수 있다.
> https://learn.microsoft.com/en-us/azure/advisor/advisor-overview

AWS Trusted Advisor를 사용한 최적화

AWS뿐 아니라 어떤 클라우드 플랫폼이든 온전히 제대로 활용하는 것은 결코 쉬운 일이 아니다. 클라우드 서비스 공급자들이 광범위한 교육 및 인증 프로그램을 운영하는 데는 다 이유가 있다. 가능성은 거의 무한하며, 클라우드 서비스 공급자의 포트폴리오는 매일같이 확장되고 있기 때문이다. 환경을 구성하는 과정에서는 지침이 필요할 수 있는데, AWS는 Trusted Advisor로 이러한 지침을 제공한다. Trusted Advisor는 배포 구성을 점검하고 AWS 모범 사례와 비교해 권장 사항을 제시하며, 비용 최적화, 보안, 성능, 결함 허용, 서비스 한도 영역을 다룬다.

자세히 알아보기 전에 Trusted Advisor를 사용하기 위해 충족해야 할 한 가지 요구 사항이 있다. 바로 지원 플랜을 선택해야 한다는 것이다. 단, 루트 계정 및 IAM 사용에 대한 다단계 인증MFA, Multi-Factor Authentication 검사와 같은 몇 가지 검사는 무료로 제공된다. 또한 S3(스토리지) 버킷에 대한 권한 검사도 무료다. 기본 지원은 항상 포함되며, 주로 보안에 중점을 둔 7가지 핵심 검사에 대한 AWS Trusted Advisor가 포함된다는 점에 유의해야 한다. 또한 Personal Health Dashboard 사용도 기본 지원에 포함된다.

지원 플랜은 개발자, 비즈니스, 엔터프라이즈의 세 가지 수준으로 제공된다. 엔터프라이즈 플랜은 가장 포괄적인 플랜으로, 소위 Well-Architected 프레임워크에 대한 모든 검사, 검토 및 조언에 대해 연중무휴 24시간 지원을 제공하며 AWS 지원팀에 대한 접근 권한을 제공한다. 그러나 이 모든 서비스는 비용이 발생한다. AWS에 매달 100만 달러를 지출하는 기업은 이 모든 지원 플랜에 대해 매달 약 70달러를 지불해야 한다. 이는 AWS가 일반적으로 고객이 플랫폼에 배포한 볼륨에 대해 서비스 비용을 청구하기 때문이다. 개발자 및 비즈니스 플랜은 이보다 훨씬 저렴한, 월 30달러 정도다. 그러나 가격은 항상 변동될 수 있다는 점에 유의해야 한다.

이 모든 지원에는 AWS에 배포할 수 있는 거의 모든 것에 대한 조언이 포함된다. 가장 흥미로운 부분은 서비스 제한 및 성능이다. 서비스 제한은 각 서비스의 용량과 사용량을 점검해, 한도의 80%에 도달하면 경고를 발생시키고 더 큰 인스턴스로의 증설, 대역폭 확장, 신규 데이터베이스 클러스터 배포 같은 대응 방안을 제안한다. 이는 환경 성능과 밀접하게 연관돼 있다. Trusted Advisor는 리소스 활용률과 그 활용이 성능에 미치는 영향도 함께 점검한다.

NOTE

> AWS Trusted Advisor의 전체 점검 목록은 다음 링크에서 확인할 수 있다.
> https://aws.amazon.com/premiumsupport/technology/trusted-advisor/best-practice-checklist/

이 절에서 다룰 또 다른 유용한 서비스는 AWS 리소스 상태에 대한 매우 귀중한 정보를 제공하는 무료 Personal Health Dashboard다. 이 서비스는 문제가 발생해 리소스에 영향을 미칠 때 알림을 제공할 뿐만 아니라 문제 해결 방법도 안내한다. 계획된 변경 사항이 리소스 가용성에 영향을 줄 수 있는 경우 사전 알림을 제공한다는 점도 큰 장점이다. 이 대시보드는 AWS CloudWatch는 물론 Splunk, ServiceNow, Datadog와 같은 타사 도구와도 통합된다.

GCP에서 클라우드 트레이스 및 클라우드 디버거를 사용한 최적화

GCP는 환경 최적화 측면에서 흥미로운 기능 두 가지인 클라우드 트레이스Cloud Trace와 클라우드 디버거Cloud Debugger를 제공한다. 이 두 기능은 포털에서 접근할 수 있으며, GCP가 클라우드 네이티브 및 네이티브 앱 환경에서 출발했다는 것을 알 수 있다.

클라우드 트레이스는 일종의 최적화 도구로, GCP 인스턴스(VM, 컨테이너, 앱 엔진 또는 GCP 네이티브 앱 환경의 배포)에서 호스팅되는 애플리케이션의 지연 시간 데이터를 수집한다. 클라우드 트레이스는 사용자 또는 다른 서비스로부터의 요청이 들어온 시점과 요청이 처리되는 시점 사이의 경과 시간을 측정하며, 로그를 보관하고 분석 기능을 제공해 장기간에 걸쳐 성능이 어떻게 변화하는지 보여준다. 클라우드 트레이스는 앱 엔진, 로드 밸런서, API로부터 데이터를 수집하는 트랜잭션 클라이언트를 사용하며, 앱 성능, 앱 간의 종속성, 성능 개선 방법을 파악하는 데 유용한 통찰력을 제공한다.

클라우드 트레이스는 GCP 자산뿐만 아니라 비구글 자산과도 연동된다. 즉, JSON을 사용하는 REST API를 통해 AWS와 애저에서도 클라우드 트레이스를 사용할 수 있다.

클라우드 디버거는 GCP에서 실행 중인 애플리케이션 코드를 디버깅하는 도구다. 디버거는 애플리케이션이 동작하는 동안 코드를 분석하며, 소스코드와 연동하거나 코드 스냅샷을 촬영하는 방식으로 작동한다. 또한 깃허브 같은 버전 관리 도구와 통합되고, 널리 쓰이는 프로그래밍 언어를 지원한다. GKE의 컨테이너에서 실행될 때는 자바, 파이썬, Go, Node.js, 루비, PHP, .NET Core가 지원되지만, 컴퓨트 엔진에서는 현재 .NET Core가 지원되지 않는다.

클라우드 트레이스와 클라우드 디버거는 GCP의 운영 제품군에 속하며 유료 서비스다.

NOTE

> 클라우드 트레이스에 대한 자세한 내용은 https://cloud.google.com/trace/docs/overview/에서, 클라우드 디버거에 대한 설명서는 https://cloud.google.com/debugger/docs에서 확인할 수 있다.

OCI에서의 최적화

OCI는 워크로드 최적화를 지원하는 다양한 도구를 제공한다.

OCI 모니터링Monitoring은 OCI 리소스의 성능을 실시간으로 측정하고, 로그 및 알림을 제공해 성능 최적화를 돕는다. 컴퓨팅 인스턴스, 로드 밸런서, 데이터베이스 등 다양한 리소스의 상태와 성능을 모니터링한다.

OCI 어드바이저는 OCI 리소스를 분석해 인프라 최적화를 위한 권장 사항을 제시한다. 이를 통해 성능 향상, 비용 절감, 보안 강화에 대한 유용한 제안을 얻을 수 있다.

OCI는 또한 OCI 리소스 매니저Resource Manager를 통해 리소스 생성, 배포, 관리를 자동화할 수 있도록 지원해 코드로서의 인프라를 간편하게 관리하고, 환경 전반의 일관성을 유지할 수 있다.

사용 사례: 비즈니스 연속성 및 재해 복구를 위한 솔루션 생성

이제 비즈니스 요구 사항을 수집하고 리스크를 식별하며 PaaS 및 SaaS 활용을 포함한 애플리케이션 전략을 고려했으니, 솔루션을 구상하고 이를 요구 사항에 맞춰 조정할 수 있다. 가장 좋은 방법은 시스템, 복원력 요구 사항, 그리고 필요한 복원력을 확보하기 위해 선택한 기술을 포함하는 매트릭스를 만드는 것이다. 다음 표는 가상의 수치를 사용한 매우 간단한 예다.

표 7.1 필요한 복원력 KPI 테이블의 예

시스템 또는 시스템 그룹/범주	비즈니스 중요도	RTO	RPO	솔루션
애플리케이션 X	매우 중요	2시간 미만	2시간 미만	대기(failover) 시스템, 재해 복구
애플리케이션 Y	중요	2시간 초과 8시간 미만	2시간 초과 8시간 미만	매일 전체 백업, 스냅샷을 사용한 증분 백업
애플리케이션 Z	중요하지 않음	48시간 미만	48시간 미만	매주 백업, 매일 증분 백업

복원력이 높은 시스템은 장애나 중단 상황에서도 서비스를 지속하도록 설계된다. 설계가 훌륭해도 오류와 중단 가능성은 사라지지 않기에, 복원력은 보통 이중화, 고가용성 등 핵심 품질 속성과 함께 논의된다.

애저 백업 및 사이트 리커버리를 사용한 애저 클라우드에서의 백업 생성

애저 백업[Azure Backup]은 스냅샷 방식으로 작동한다. 먼저 백업 실행 일정을 정의하면 해당 일정에 따라 백업 작업이 시작되는데, 초기 실행 시에는 백업 VM 스냅샷 확장이 환경 내 시스템에 프로비저닝된다.

애저는 윈도우 및 리눅스 VM 모두에 대한 확장을 제공하지만, 확장 프로그램은 서로 다르게 작동한다. 윈도우 스냅샷 확장 프로그램은 윈도우 **볼륨 섀도우 카피 서비스**[VSS, Volume Shadow Copy Services]와 함께 작동하며, VSS 볼륨의 전체 복사본을 만든다. 리눅스 시스템에서는 백업이 기본 시스템 파일의 스냅샷을 생성한다.

다음으로 VM에 연결된 디스크의 백업을 수행할 수 있다. 스냅샷은 백업 저장소로 전송되며, 기본적으로 운영체제 및 디스크의 백업은 애저 Disk Encryption으로 암호화된다. 다음 다이어그램은 애저 백업 서비스의 기본 설정을 보여준다.

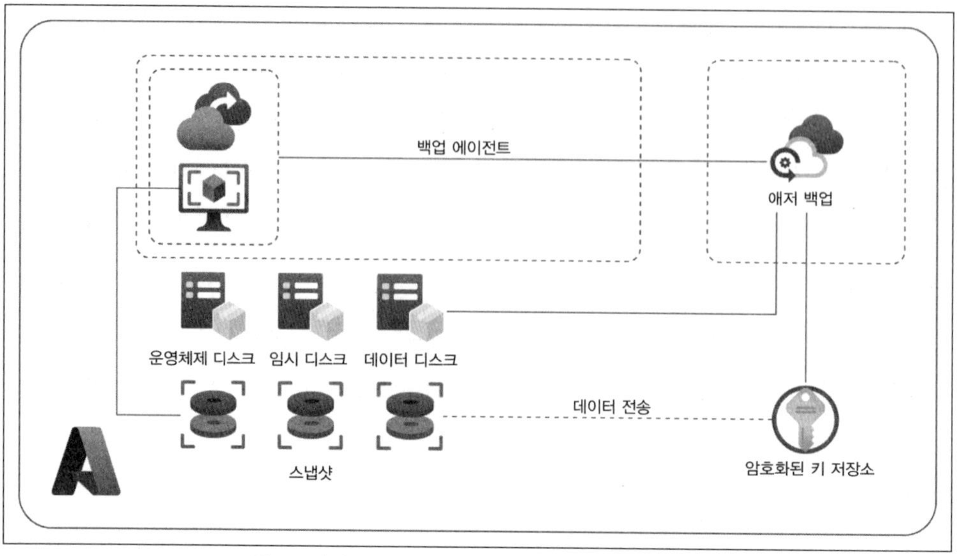

그림 7.2 애저의 표준 백업 구성 요소에 대한 개략적인 개요

애저 백업은 애저 내 시스템뿐만 아니라 애저 클라우드 외부에 있는 시스템의 백업도 생성할 수 있다.

애저 시스템 백업을 사용하지 않는 백업 방식

애저 백업은 애저 외부 시스템의 백업도 생성할 수 있다. 이를 위해 다양한 솔루션을 제공하며, 마이크로소프트 애저 리커버리 서버MARS, Microsoft Azure Backup Server는 간단한 해결책이다. 이는 애저 포털에서 복구 서비스 자격증명 모음을 생성하고 백업 목표를 정의해야 한다.

다음으로 애저 외부에 있는 온프레미스 시스템에 에이전트 설치 프로그램을 다운로드해 설치해야 하며, 자격증명 모음 자격증명을 사용해 시스템을 등록하고 백업 체계를 시작할 수 있다. 마이크로소프트 애저 백업 서버MABS, Microsoft Azure Backup Server는 더 포괄적인 솔루션으로, 윈도우 서버 2016 또는 2019를 실행하는 실제 VM이다. 애저 내부와 외부 환경의 백업을 제어하며 SQL 서버, SharePoint, Exchange는 물론 VMware VM까지 단일 콘솔에서 다양한 시스템의 백업을 실행할 수 있다.

MARS와 마찬가지로 MABS도 복구 자격증명 모음을 사용하지만, 이 경우 백업은 기본적으로 지역 중복 설정에 저장된다. 이때 스토리지 복제 옵션을 통해 지역 중복 스토리지와 로컬 중복 스토리지 중에서 선택할 수 있다. 그림 7.3의 다이어그램은 MABS 설정을 보여준다.

NOTE

애저에서 제공하는 다양한 백업 서비스에 대한 자세한 내용은 다음 링크에서 확인할 수 있다.
https://docs.microsoft.com/en-us/azure/backup/.

애저 및 다른 클라우드 서비스 공급자의 복구 솔루션을 살펴보기 전에, 재해 복구의 일반적인 프로세스를 먼저 논의해 보자. 재해 복구는 감지, 대응, 복원의 세 단계로 이뤄진다. 먼저 중요한 시스템에 장애가 발생했는지, 더 이상 사용 불가능한 상태인지 감지할 수 있는 모니터링 체계를 갖춰야 한다.

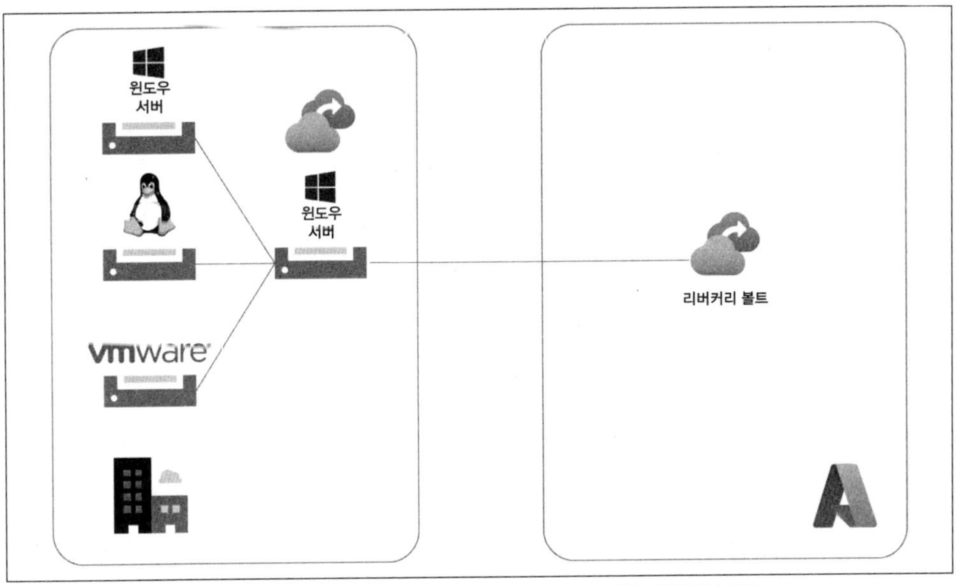

그림 7.3 마이크로소프트 애저 백업 서버 설정에 대한 개략적인 개요

다음으로 비즈니스 연속성을 보장하기 위해 대기 시스템으로의 장애 조치와 같이 완화 조치를 실행하는 동작을 트리거해야 한다. 마지막 단계는 시스템을 장애 발생 이전의 상태로 복원하는 것이다. 이 마지막 단계에서는 시스템이 손상되지 않아 복원 불가능한 상태가 되지 않게 해야 한다.

복구는 이 과정에서 매우 중요한 요소다. 복구는 시스템이 완전히 정상 작동하던 원래 상태로 복원되는 것을 의미할 수도 있지만, 핵심 서비스만 복원되고 시스템의 이중화와 같은 부분은 나중에 수정해야 하는 부분 복구를 의미할 수도 있다. 콜드 스탠바이Cold Standby와 웜 스탠바이Warm Standby라는 옵션도 있는데, 여기서 콜드 스탠바이는 필요할 때 가동할 수 있도록 예약된 시스템을 의미한다. 이러한 시스템은 가동되기 전까지는 종료된 상태로 유지된다. 웜 스탠바이는 시스템이 실행 중이지만 아직 프로덕션 환경에서 작동하지 않는 상태를 의미하며, 단순히 예약된 용량만 확보된 콜드 스탠바이 서버보다 훨씬 빠르게 가동할 수 있다.

NOTE

> 도널드 파이어스미스(Donald Firesmith)는 카네기 멜론 대학교의 소프트웨어 엔지니어링 연구소(Software Engineering Institute)를 위해 시스템 복원력에 대한 내용을 담은 훌륭한 블로그 게시물을 작성했다. 자세한 내용은 다음 링크에서 확인할 수 있다.
> https://insights.sei.cmu.edu/sei_blog/2019/11/system-resilience-what-exactly-is-it.html

애저 사이트 리커버리 이해

ASRAzure Site Recovery은 애저에서 재해 복구를 설정하는 데 도움을 주는 솔루션을 제공한다. ASR은 VM 복제본(애저 내 지역 간, 온프레미스에서 애저로, 또는 온프레미스에서 보조 온프레미스로)을 복제하고 오케스트레이션하며, 환경을 호스팅하는 기본 위치가 중단으로 인해 사용할 수 없게 되면 시스템 복사본이 있는 보조 위치로 장애 조치를 실행한다. 기본 위치가 다시 온라인 상태가 되면 ASR은 해당 위치로 다시 장애 복구를 실행한다.

다만 실제 구현은 생각만큼 간단하지 않다. 복구 계획을 설계하고 워크로드가 애플리케이션 및 데이터 계층에서 실제로 장애 조치될 수 있는지 평가해야 하기 때문이다. 그런 다음 가장 까다로운 부분인 경로 전환, 예약된 IP 주소 지정, DNS, 방화벽 규칙 복제 등 네트워크 및 경계 보안 매개변수를 올바르게 설정해야 한다.

애저는 장애 조치 시 DNS 전환을 돕는 트래픽 관리자가 포함된 DNS 라우팅과 같은 솔루션도 제공하지만, 이를 제자리에 구현하려면 어느 정도의 엔지니어링과 테스트가 필요하다.

또 하나 중요하게 고려해야 할 점은 보조 위치로 사용할 지역의 선택이다. 많은 애저 지역에 이중 영역(데이터 센터)이 있지만, 단일 영역만 있는 지역도 있으므로 장애 조치를 위해 다른 지역을 선택해야 한다. 이 경우에도 규정을 준수하는지 확인해야 하며, 복원력을 보장하려면 모든 가용 영역 지원 지역에 최소 3개의 개별 가용 영역이 있어야 한다.

다음 다이어그램은 ASR의 기본 개념을 보여준다. 소스 환경에 캐시 스토리지 계정을 설정해야 한다는 점을 기억하는 것이 중요하다. 복제하는 동안 VM에 대한 변경 사항은 복제 환경의 스토리지로 전송되기 전에 캐시에 저장된다.

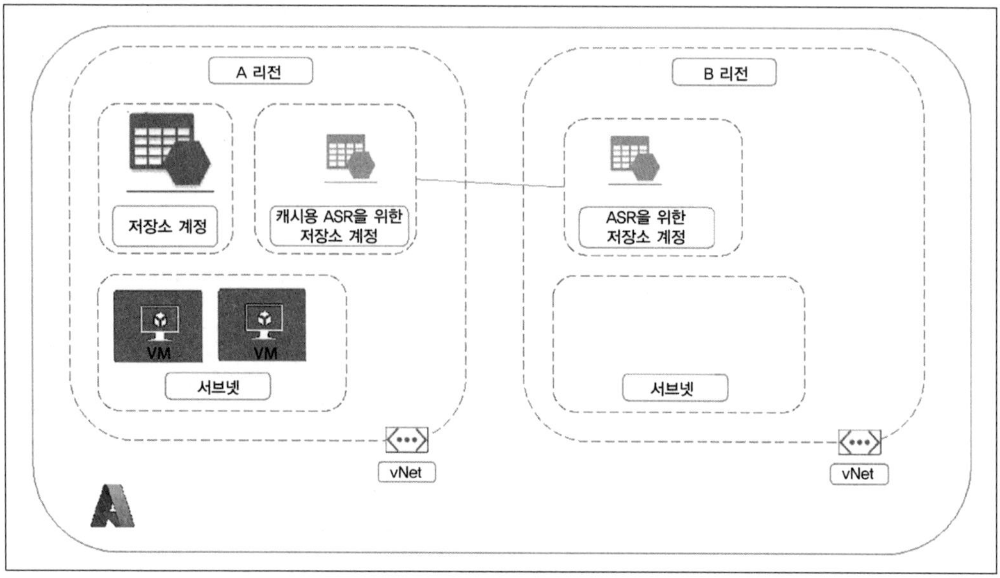

그림 7.4 ASR에 대한 개략적인 개요

NOTE

> 애저 사이트 리커버리에 대한 자세한 내용은 다음 링크에서 확인할 수 있다.
> https://docs.microsoft.com/en-us/azure/site-recovery/.

이것으로 애저에 대한 설명은 마쳤다. 다음 절에서는 AWS 및 GCP의 백업 및 재해 복구를 알아본다.

AWS 백업 및 재해 복구 작업

이제 AWS의 백업 및 재해 복구 솔루션에 대해 알아본다. 정책 및 태그를 기반으로 백업을 생성하는 방법과 AWS의 하이브리드 솔루션도 살펴보자.

정책 기반 백업 계획 생성

AWS에서도 애저와 마찬가지로 백업 규칙, 빈도, 기간을 포함하는 백업 계획을 생성하는 것부터 시작하며, 백업을 저장할 위치와 백업 볼트를 정의하고 생성해야 한다. 백업 볼트는 전체 설정에서 매우 중요한데, 백업이 구성되고 백업 규칙이 저장되는 장소이기 때문이다. 또한 백업을 암호화하는 데 사용될 암호화 키를 볼트에서 정의할 수도 있다. 키 자체는 AWS KMS^Key Management Service^로 생성된다. AWS는 기본적으로 볼트를 제공하지만, 기업은 자체 볼트를 설정할 수 있다.

이러한 설정을 통해 AWS에서 백업 정책으로 알려진 백업 계획을 정의했다. 이제 이러한 정책을 AWS의 리소스에 적용할 수 있으며, 각 리소스 그룹에 대해 해당 리소스에 대한 특정 비즈니스 요구 사항을 충족하기 위해 백업 정책을 정의할 수 있다. 백업 계획 또는 정책을 정의하고 볼트를 생성했다면, 해당 계획에 리소스를 할당하기 시작할 수 있다. 리소스는 EC2 컴퓨팅, DynamoDB 테이블, 일래스틱 블록 스토어^EBS, Elastic Block Store^ 스토리지 볼륨, 일래스틱 파일 시스템^EFS, Elastic File System^ 폴더, 관계 데이터베이스 서비스^RDS, Relational Database Services^ 인스턴스 및 스토리지 게이트웨이 볼륨과 같은 모든 AWS 서비스에서 가져올 수 있다.

태그 기반 백업 계획 생성

AWS에서 리소스에 백업 계획 또는 정책을 적용하는 방법은 계획과 리소스에 태그를 지정하는 것이다. 태그를 이용하면 리소스를 체계적으로 관리하고, 각 리소스에 적합한 백업 계획을 적용할 수 있다. 특정 태그가 있는 모든 리소스는 해당 백업 계획에 자동으로 할당되는데, 예를 들어 비즈니스에 매우 중요한 리소스에 대한 정책을 설정한 경우 'BusinessCritical'이라는 태그를 정의해 해당 리소스를 분류할 수 있다. 'BusinessCritical' 백업 계획을 정의했다면, 해당 태그가 있는 모든 리소스는 자동으로 해당 백업 계획에 할당된다.

다음 다이어그램은 AWS 백업의 기본 개념을 보여준다.

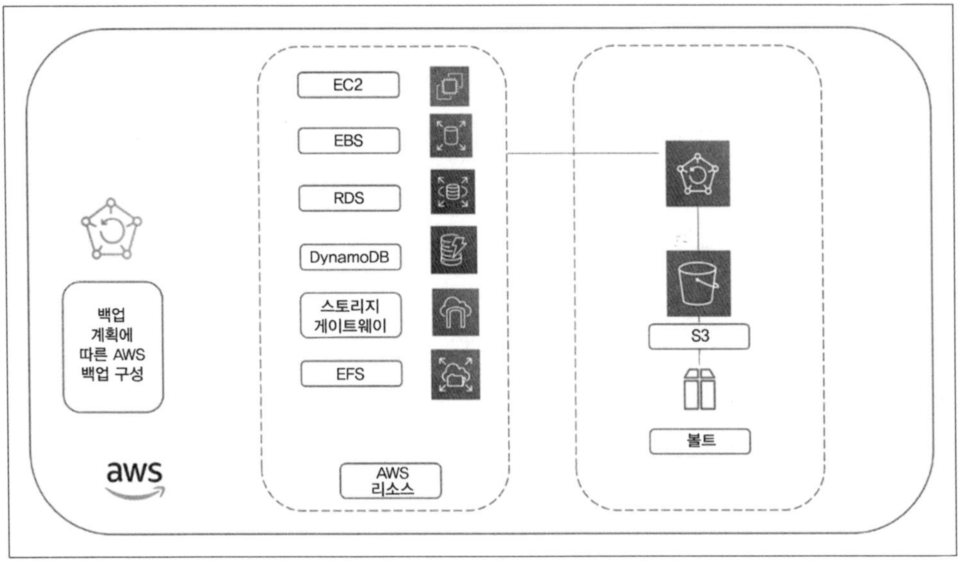

그림 7.5 AWS 백업에 대한 개략적인 개요

애저와 마찬가지로 AWS의 하이브리드 백업 솔루션을 사용하면 AWS 외부 시스템의 백업도 생성할 수 있다. 다음 절에서 이를 자세히 설명한다.

AWS에서의 하이브리드 백업

AWS는 AWS 리소스 백업을 네이티브 백업이라고 부르지만, 온프레미스 워크로드에도 이 솔루션을 사용할 수 있다. AWS는 이를 하이브리드 백업이라고 부른다. 이를 위해 AWS 스토리지 게이트웨이Storage Gateway와 연동해야 하는데, 이는 마이크로소프트에서 제공하는 MABS와 유사하다.

본질적으로 온프레미스 시스템은 **네트워크 파일 시스템**NFS, Network File System, **서버 메시지 블록**SMB, Server Message Block, iSCSIinternet Small Computer System Interface와 같은 업계 표준 스토리지 프로토콜을 통해 물리적 또는 가상 어플라이언스에 연결된다. 어플라이언스인 스토리지 게이트웨이는 백업을 저장할 수 있는 AWS S3 클라우드 스토리지에 연결되며, 네이티브 백업에 사용하는 것과 동일한 백업 계획을 하이브리드 백업에도 사용할 수 있다. 다음 다이어그램은 하이브리드 백업의 원리를 보여준다.

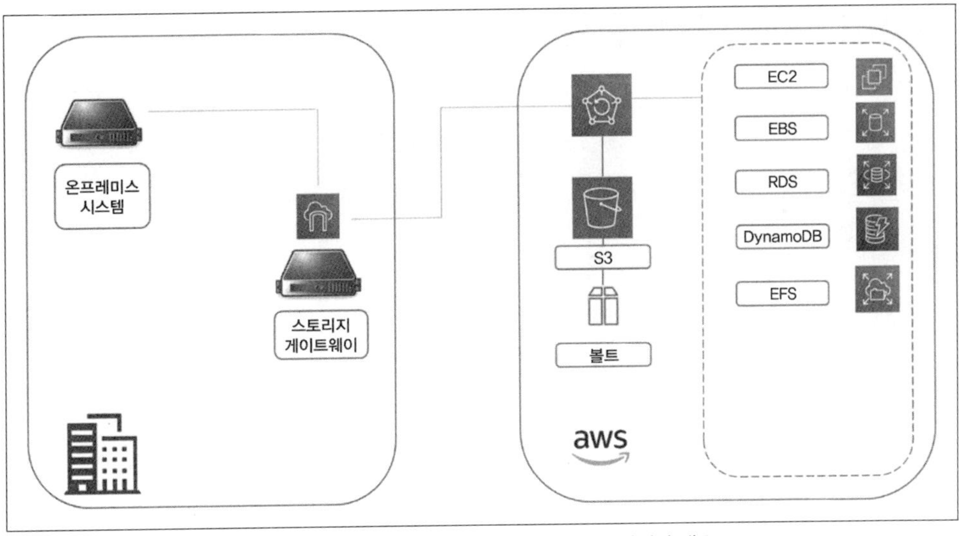

그림 7.6 AWS의 하이브리드 백업에 대한 개략적인 개요

이제 AWS에서 사용 가능한 재해 복구 옵션을 알아보자.

AWS 재해 복구 및 교차 지역 백업

AWS에서는 교차 리전 백업을 통해 백업 계획에 따라 백업을 수행하고 이를 여러 AWS 리전에 복제할 수 있다. 이는 데이터 계층에서 이뤄지며, RDS, EFS, EBS, 스토리지 게이트웨이 볼륨과 같은 AWS의 모든 데이터 서비스에 적용할 수 있다. 따라서 스토리지 게이트웨이를 포함하면 온프레미스에서 백업된 데이터에도 적용 가능하다.

이 외에도 AWS는 비즈니스 연속성 및 재해 복구^{BCDR, Business Continuity and Disaster Recovery} 솔루션인 CloudEndure 재해 복구^{DR, Disaster Recovery}를 제공한다. 이 솔루션은 스냅샷을 사용하지 않고 지속적인 데이터 보호를 통해 DR을 위한 대상 시스템을 소스 시스템과 계속 동기화한다. 이를 통해 매우 짧은 복구 시점을 달성하고 데이터 손실을 최소화할 수 있다. CloudEndure는 하이퍼바이저에 관계없이 물리적 및 가상화된 머신을 포함한 다양한 시스템을 지원하며, 오라클 및 SAP와 같은 엔터프라이즈 애플리케이션도 지원한다.

다음 다이어그램은 이 원리를 보여준다.

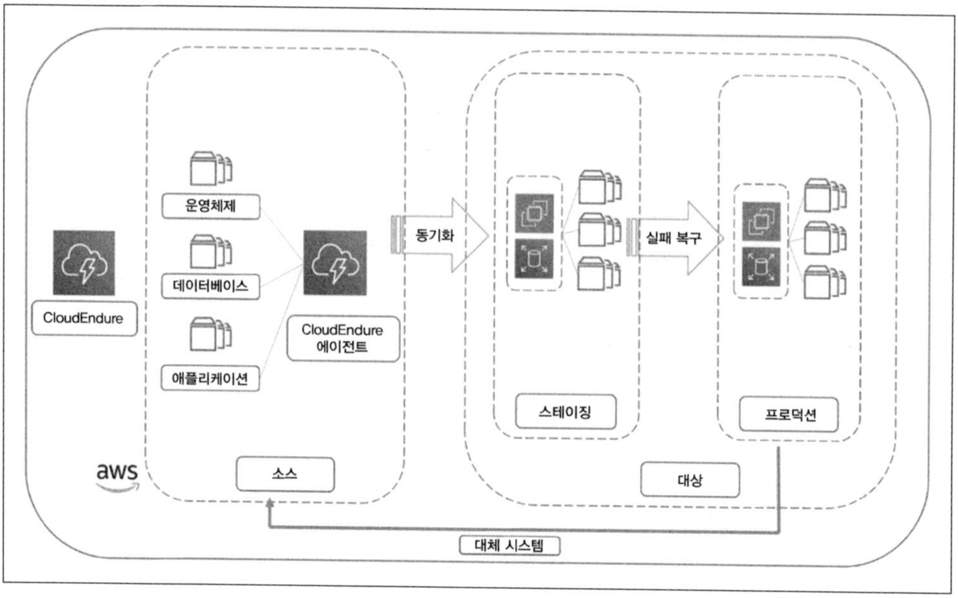

그림 7.7 AWS CloudEndure 개념 개요

CloudEndure는 소스 시스템에 에이전트를 사용하고, AWS에 저렴한 인스턴스에 시스템 복제본을 저장하는 스테이징 영역을 둔다. 장애 조치 시 대상 DR 시스템이 부팅되고 이 스테이징 영역에서 동기화된다. 장애 복구는 AWS의 DR 시스템에서 수행된다.

TIP

> AWS 백업에 대한 자세한 내용은 https://docs.aws.amazon.com/aws-backup/latest/devguide/whatisbackup.html에서 확인할 수 있다. CloudEndure 관련 자료는 https://aws.amazon.com/cloudendure-disaster-recovery/에서 찾아볼 수 있다.

GCP에서의 백업 계획 생성

GCP 역시 스냅샷 기술을 활용해 백업을 수행한다. 최초 스냅샷은 전체 백업으로 진행되지만, 이후에는 마지막 스냅샷 이후 변경된 사항만 백업하는 증분 방식으로 작동한다. GCP 컴퓨트 엔진에서 데이터를 백업하려면 영구 디스크 스냅샷을 생성해야 한다. 이는 데이터를 다른 영역 또는 리전의 영구 디스크로 복제해 지리적 이중화를 구현하고 더욱 강력한 솔루션을 만들 수 있다.

GCP는 AWS 및 애저와 마찬가지로, 먼저 백업 계획을 설계해야 하며, 스냅샷 일정을 설정해 백업 빈도를 설정할 수 있다. 다음으로 스토리지 위치를 설정해야 하는데, 기본적으로 GCP는 소스 데이터와 가장 가까운 리전을 선택한다. 더 높은 가용성을 가진 솔루션을 정의하려면 영구 디스크를 저장할 다른 리전을 직접 선택해야 한다.

GCP에서는 제약 조건에 유의해야 한다. 특정 리전 외부에는 데이터를 저장할 수 없다는 제약 조건이 있는 정책을 정의한 경우, 해당 경계 외부의 리전을 선택하면 정책에 의해 백업 실행이 차단된다.

GCP는 백업을 수행하기 전에 디스크 버퍼를 비우는 것을 권장한다. 스냅샷을 생성할 때 애플리케이션을 반드시 중지할 필요는 없지만, 일시적으로 디스크 쓰기를 멈추는 것이 좋다. 애플리케이션을 중지하면 스냅샷 생성 전에 디스크 버퍼를 비우고 파일을 동기화할 수 있다. 유닉스 환경에 익숙하다면 SSH로 인스턴스에 접속해 sudo sync 명령으로 동기화를 수행할 수 있다. 이러한 절차는 모두 커맨드라인 인터페이스에서 진행된다.

그렇다면 윈도우는 어떨까? GCP에서 윈도우 기반 시스템을 실행하고 이러한 시스템의 백업을 수행할 수 있다. GCP는 윈도우의 볼륨 섀도 복사본 서비스인 VSS를 사용한다. 그 전에 GCP는 파일 시스템을 언마운트한 다음 스냅샷을 찍을 것을 권장한다. 이를 위해 파워셸을 사용할 수 있다.

NOTE

GCP 컴퓨트 엔진의 백업에 대한 자세한 내용은 https://cloud.google.com/compute/docs/disks/create-snapshots에서 확인할 수 있다. 윈도우 시스템의 스냅샷 생성 방법은 https://cloud.google.com/compute/docs/instances/windows/creating-windows-persistent-disk-snapshot에서 확인할 수 있다.

재해 복구 계획

GCP는 DR 전략을 계획할 때 RTO와 RPO를 먼저 정의하게 한다. 요구 사항을 바탕으로 GCP 내에서 전략을 충족하기 위한 구성 요소를 정의하는데, 여기에는 컴퓨트 엔진과 클라우드 스토리지가 포함된다. 컴퓨트 엔진에서는 VM을 어떻게 배포하고 장애로부터 보호할지 정의할 수 있다. 여기서 핵심 구성 요소는 영구 디스크, 라이브 마이그레이션, 가상 디스크 가져오기다. 영구 디스크 생성은 GCP에서 백업의 일부로 이미 설명했으며, 라이브 마이그레이션은 VM을 실행 상태로 다른 호스트로 마이그레이션해 VM을 계속 가동한다. 이때 가상 디스크 가져오기를 사용하면 모든 유형의 VM에서 디스크를 가져와 컴퓨트 엔진에서 새 VM을 만들 수 있다.

이렇게 새로 생성된 시스템은 원래 시스템과 동일한 구성을 갖게 된다. 지원되는 형식은 VMware에서 발행한 VMDK(가상 머신 디스크), 마이크로소프트에서 사용하는 VHD(가상 하드 드라이브), RAW다.

GCP는 DR을 위한 미리 정의된 솔루션을 제공하지 않는다. 대신 GKE를 사용하는 컨테이너에 훨씬 더 많은 초점을 맞추고 있다. GKE에는 컨테이너에 대한 고가용성 클러스터를 만드는 데 사용할 수 있는 몇 가지 기본 제공 기능이 있는데, 노드 자동 복구는 클러스터 노드의 상태를 확인하고, 노드가 10분 이내에 응답하지 않으면 자동으로 복구한다. 다중 리전 설정에서 노드를 실행하는 경우 GKE는 클러스터 간의 로드 밸런싱 솔루션으로 Anthos에 대한 다중 클러스터 Ingress를 제공한다. 이 솔루션은 이전에는 Kubernetes Multicluster Ingress(Kubemi)로 제공됐다. 이 모든 것을 위해서는 GCP 리전에서 트래픽을 라우팅하고 DNS가 올바른 환경을 가리키게 하는 솔루션이 필요하다. 이는 구글 글로벌 네트워크인 Anycast와 Traffic Director를 사용하는 클라우드 DNS를 통해 수행된다.

NOTE

> GCP 재해 복구 계획에 대한 자세한 내용은 다음 링크에서 확인할 수 있다.
> https://cloud.google.com/solutions/dr-scenarios-planning-guide

GCP는 더 복잡한 DR 인프라 솔루션을 구축해야 할 때 타사 도구를 활용하는 것을 권장한다. 문서에 언급된 도구로는 Ansible과 Spinnaker, 그리고 구글 클라우드의 Zero-to-Deploy와 Chef 등이 있다.

OCI에서의 백업 생성

OCI는 백업 서비스, 데이터베이스 백업, 객체 스토리지, 컴퓨트 인스턴스 백업 등 다양한 백업 옵션을 제공한다.

가장 먼저 살펴볼 솔루션은 OCI에서 호스팅하는 모든 리소스에 대한 완벽하게 관리되는 중앙 집중식 백업 솔루션인 OCI 백업 서비스다. 이 서비스는 자동 백업 정책 및 보존 정책을 제공하며, 리소스의 주문형 백업을 생성할 수 있게 지원한다. 컴퓨트 인스턴스, 블록 볼륨, 파일 스토리지, 데이터베이스 서비스 등 다양한 OCI 리소스에 대한 백업을 지원한다.

OCI에서 실행하는 데이터베이스에 특화된 OCI 데이터베이스 백업을 사용할 수 있다. 이는 기본 제공되는 백업 및 복구 기능으로, 전체, 증분, 자동 백업 등 다양한 백업 유형을 제공하며, 백업 및 보존 정책을 예약할 수 있게 지원한다. 백업 파일은 OCI 객체 스토리지에 저장되며, 보존 기간 내에 특정 시점의 데이터베이스 복원도 수행할 수 있다.

OCI 컴퓨트 인스턴스를 배포한 경우 OCI 콘솔 또는 OCI CLI를 사용해 수동 백업을 생성할 수 있다. 백업은 인스턴스의 부트 볼륨과 연결된 모든 블록 볼륨을 포함하는 부트 볼륨 백업을 생성한다. 이제 백업을 새 인스턴스 또는 동일한 인스턴스로 복원하고 전체 백업 또는 개별 파일을 복원할 수 있다.

NOTE

> OCI 백업 및 재해 복구에 대한 자세한 내용은 다음 링크에서 확인할 수 있다.
> https://www.oracle.com/database/technologies/high-availability/secure-backup.html.
>
> OCI에서 DR 전략을 구현하는 구체적인 방법은 다음 링크에서 찾을 수 있다.
> https://www.oracle.com/cloud/backup-and-disaster-recovery/.

지금까지는 클라우드 서비스 공급자가 자체적으로 제공하는 백업 솔루션을 살펴봤다. 다만 이러한 방식을 채택하면 특정 공급자의 도구에 종속될 위험이 있다. 이는 통합 관점에서는 문제가 없을 수 있지만, 많은 기업은 규정 준수 요구나 기술적 이유로 타사 도구를 통해 백업 및 재해 복구 기술을 제공받는 것을 선호한다. 이러한 선호는 규정 준수 의무에서 비롯될 수도 있지만, 기술적인 관점에서도 기인할 수 있다. 일부 타사 도구는 엔터프라이즈 클라우드 백업 솔루션에 특화돼 더 다양한 유형의 시스템과 데이터를 처리할 수 있으며, 진정한 클라우드 환경에 구애받지 않는다는 장점이 있다. 이러한 타사 도구의 예로는 Cohesity, Rubrik, Commvault, Veeam 등이 있다.

가장 중요한 것은 훌륭한 전략을 수립하는 것이다. 이는 복구 시점 목표[RPO]와 복구 시간 목표[RTO]를 정의하는 것에서 시작한다. RPO와 RTO는 얼마나 많은 데이터를 손실해도 되는지, 서비스를 얼마나 빨리 복구해야 하는지를 정의하는 중요한 지표로, 비즈니스 요구 사항에 따라 다르며, 재해 복구 전략을 설계하기 전에 반드시 정의해야 한다. 가능한 전략은 다음과 같다.

- **액티브-액티브**[Active-Active]: 여러 액티브 환경을 여러 리전에 걸쳐 구성하는 방식이다. 고가용성을 제공하며 트래픽을 여러 리전에 분산하는 데 유용하다. 하지만 다른 구성보다 관리가 복잡할 수 있다.
- **액티브-패시브**[Active-Passive]: 주 환경을 한 리전에, 보조 환경을 다른 리전에 두

는 방식이다. 재해가 발생했을 때만 보조 환경을 활성화하며, 관리는 비교적 간단하지만, 복구 시간 목표[RTO]가 길어질 수 있다.

마지막으로 재해 복구 전략 실행 시 데이터 복제 및 DNS 장애 조치를 포함한 장애 조치 전략을 설계해야 한다.

지금까지 클라우드 서비스 공급자가 제공하는 다양한 네이티브 서비스를 활용해 애플리케이션을 클라우드에 구축하고 배포하는 방법을 살펴봤다. 또한 애플리케이션의 성능과 복원력을 보장하는 방법도 알아봤다. 8장에서는 클라우드 환경에서의 데이터를 살펴본다.

마무리

7장에서는 복원력과 성능의 정의를 살펴보고, 기업이 애플리케이션의 가용성과 성능을 중요하게 생각하는 이유, 즉 고객 경험을 어떻게 정의하는지 살펴봤다. 또한 개발자가 클라우드 네이티브 도구를 최대한 활용해 12-factor 앱, PaaS, SaaS 환경에서 성능 좋고 안정적인 애플리케이션을 구축하는 데 도움이 되는 다양한 개념을 알아봤다.

클라우드 서비스 공급자가 제공하는 다양한 자문 도구를 사용해 환경을 최적화하는 방법과 비즈니스, 데이터, 애플리케이션, 기술 등 다양한 계층에서 위험을 식별하고 완화하는 방법도 살펴봤다.

여기서 가장 큰 위험 중 하나는 백업에서 데이터를 검색하거나 다른 시스템으로 장애 조치할 수 없는 시스템을 '손실'하는 것이다. 따라서 중요한 시스템의 재해 복구[DR] 체계를 갖추고, 최소한 적절한 백업 솔루션을 마련해야 한다. 이를 위해 주요 클라우드 플랫폼에서 사용할 수 있는 다양한 백업 및 재해 복구 솔루션을 살펴봤다.

이전 장에서는 인프라와 애플리케이션을 중심으로 다뤘다. 그러나 애플리케이션은 데이터를 활용할 때 비로소 의미가 있으며, 연결된 세상에서 다뤄야 할 데이터의 양은 방대하다. 이러한 방대한 양의 데이터를 처리하고 특정 비즈니스 목표에 맞게 활용할 수 있는 플랫폼을 어떻게 설계할 수 있을까? 8장에서는 클라우드 환경의 데이터 플랫폼을 자세히 알아본다.

질문

1. RPO와 RTO는 각각 무엇의 약자인가?
2. 구글 클라우드에서 실행 중인 애플리케이션 코드의 오류를 캡처하는 데 어떤 도구를 사용하겠는가?
3. 클라우드 서비스 공급자는 SaaS 애플리케이션을 개발하기 위한 툴킷을 제공한다. AWS가 SaaS 애플리케이션을 구축하고 호스팅하기 위해 제공하는 서비스의 이름은 무엇인가?
4. 참/거짓: 애저 및 AWS의 백업 솔루션을 온프레미스에서 호스팅되는 시스템에도 사용할 수 있는가?

더 읽을거리

- Reliability and Resilience on AWS, by Alan Rodrigues, Packt Publishing
- Architecting for High Availability on Azure, by Rajkumar Balakrishan, Packt Publishing

08

데이터 플랫폼용 기반 생성

퍼블릭 클라우드의 가장 큰 장점은 대규모 데이터를 저장할 수 있다는 점이다. 이는 기업이 클라우드 기술을 활용하는 주요 이유 중 하나이기도 하다. 클라우드 환경에서 다양한 소스의 데이터를 수집하고 분석해 비즈니스 전략, 제품 및 서비스를 개선할 수 있다. 그렇다면 기업은 데이터 플랫폼 구축을 어디서부터 시작해야 할까?

8장에서는 데이터 레이크의 기본 아키텍처를 살펴보고 주요 클라우드 서비스 공급자에서 제공하는 다양한 솔루션을 고려한다. 또한 데이터 중력이라고 불리는 현상을 포함해 방대한 양의 데이터를 수집하고 분석하는 데 따르는 어려움도 살펴본다. 데이터 규모가 커지면 여러 플랫폼 간 전송이 쉽지 않기 때문이다. 이러한 문제를 극복하기 위한 대안으로 데이터 메시를 소개한다.

8장에서 다루는 내용은 다음과 같다.

- 데이터에 적합한 플랫폼 선택
- 데이터 플랫폼 구축 및 크기 조정

- 상호 운용성 및 이식성을 위한 설계
- 데이터 중력 문제 극복
- 데이터 레이크를 위한 기반 관리

데이터에 적합한 플랫폼 선택

흔히 데이터는 새로운 금이라고 말한다. 이는 엔터프라이즈 아키텍처 프레임워크에서 데이터를 기업이 가장 먼저 고려해야 할 요소로 꼽고, 데이터 활용 방안과 이점을 분석해야 한다고 강조하는 이유이기도 하다. 데이터 없이는 기업 운영이 불가능하며, 시장과 고객 수요에 대한 통찰력을 얻고 비즈니스를 추진하는 데 데이터가 필수적이다.

클라우드 평가 연구에서 '데이터 기반'이라는 용어를 자주 접할 수 있다. 데이터 기반이란 데이터 분석을 토대로 의사 결정을 내리는 것을 의미한다. 직관이나 과거 경험에 의존하는 대신, 데이터 분석을 통해 모든 행동을 결정하는 것이다.

데이터 기반 비즈니스를 구현하려면 방대한 양의 데이터가 실시간으로 확보돼야 한다. 데이터 수집은 필수적인 첫 번째 단계이며, 수집된 데이터에 대한 접근성이 보장돼야 정확하고 관련성 높은 데이터를 확보해 데이터 분석에 활용할 수 있으며, 데이터 기반 조직으로 거듭날 수 있다.

데이터를 수집, 저장, 정제하고 데이터 분석을 위한 준비를 마치는 데 필요한 것이 바로 데이터 플랫폼이다. 하지만 마법처럼 즉시 데이터 플랫폼을 구축할 수 있는 비법은 존재하지 않는다. 먼저 플랫폼이 무엇인지 정의해 보자.

데이터 플랫폼은 기업이 데이터를 수집하는 중앙 저장소 역할을 한다. 여러 데이터베이스와 소스에 흩어져 있는 데이터는 분석하기 어렵기 때문에 관련된 모든 데이터를 하나의 저장소에 모으는 것이 중요하다. 데이터 분석가는 이 저장소를 기반으로 데이터를 처리하고, 논리적 컬렉션을 데이터 세트로 변환해 데이터를 정제한다. 그런 다음 데이터를 마이닝하고 비즈니스에 유용한 결과를 도출하는 알고리듬을 정의한다.

데이터 플랫폼을 정의하고 설계할 때는 특정 클라우드 플랫폼에 관계없이 아키텍처 계층을 고려해야 한다. 이러한 계층은 다음과 같다.

- **검색:** 데이터 소스의 위치와 데이터 접근 가능 여부를 확인한다.
- **관측 가능성:** 데이터 품질을 평가하는 단계로, 데이터의 최신성, 정확성, 관련 데이터의 완전성을 검증한다.
- **수집:** 데이터를 한 위치에서 다른 위치로 이동시키는 과정이다. 예를 들어 데이터 레이크의 원시 데이터를 데이터 웨어하우스로 옮겨 추가적인 처리를 수행한다.
- **저장:** 데이터를 물리적으로 보관하는 장소를 의미하며, AWS S3나 애저 블롭 스토리지Blob Storage 등이 있다.
- **모델링:** 데이터 모델을 구축하는 단계다.
- **분석:** 정제된 데이터를 활용해 메트릭을 실행하고, 데이터로부터 의미 있는 결과를 도출하는 것을 목표로 한다.

데이터 플랫폼은 흔히 **데이터 레이크**data lake라고도 불리는데, 이는 여러 소스의 원시 데이터를 저장하는 대규모 저장소를 의미한다. 파일부터 스트리밍 데이터까지 모든 종류의 데이터를 담을 수 있으며, 일반적으로 애저의 블롭 스토리지나 AWS의 S3와 같은 객체 스토리지를 활용한다. 데이터 레이크는 온프레미스 환경에서도 구축할 수 있지만, 퍼블릭 클라우드 서비스 공급자를 이용해 스토리지 클러스터에 구성하는 것이 일반적이다. 대규모 데이터 세트를 이러한 클러스터에 분산하기 위해 아파치 하둡Apache Hadoop과 같은 기술이 사용되며, **하둡 분산 파일 시스템**HDFS, Hadoop Distributed File System을 사용하는 하둡의 기본 아키텍처는 그림 8.1에 나와 있다. **맵리듀스**MapReduce는 클러스터 내의 노드에서 병렬로 방대한 양의 데이터를 처리하는 데 사용되는 기술이다.

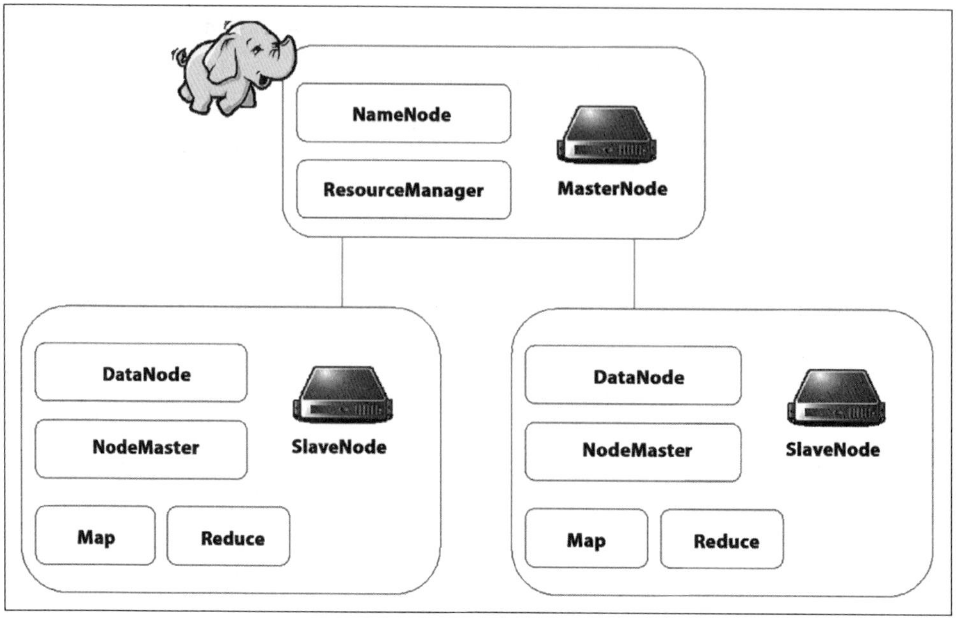

그림 8.1 하둡 클러스터의 개략적인 아키텍처

데이터 레이크와 데이터 웨어하우스의 차이점은 무엇일까? 데이터 레이크는 정제되지 않은 원시 데이터를 저장하는 반면, 데이터 웨어하우스는 구조화된 데이터를 제공한다. 일반적으로 데이터 레이크에서 추출한 데이터 세트는 쿼리 및 분석을 위해 데이터 웨어하우스에 삽입된다.

이처럼 데이터 레이크와 데이터 웨어하우스를 결합한 형태를 레이크하우스라고 한다. 레이크하우스는 데이터 레이크 위에 추가적인 포맷 구조를 구현한 것이다. 이는 Databricks에서 처음 추진했으며, 이후 레이크하우스 솔루션을 제공하는 더 많은 기술이 시장에 진입했다. Delta Lake와 Apache Iceberg가 그 예이다.

이제 클라우드 서비스 공급자가 데이터 플랫폼 생성을 위해 제공하는 다양한 솔루션을 살펴보자.

애저 데이터 레이크와 데이터 팩토리

애저 데이터 레이크 스토리지 젠2Azure Data Lake Storage Gen2는 애저 스토리지를 기반으로 구축된 솔루션이다. 이러한 구체적인 이름이 붙은 이유는 블롭 API 또는 ADLSAzure Data Lake Storage를 사용할 수 있기 때문이다. 다만 현재 ADLS에서는 블롭 스토리지의 모든 기능을 사용할 수 있는 것은 아니다.

데이터 레이크 젠2는 블롭 스토리지에 파일 시스템 의미 체계를 추가해 페타바이트 규모의 데이터를 디렉터리의 계층 구조를 통해 객체 및 파일로 구성할 수 있게 한다. 이를 통해 다양한 유형의 데이터에 더 쉽게 접근할 수 있지만, 여전히 원시 데이터 상태다.

애저는 데이터 세트를 구성하고 분석할 수 있는 솔루션인 데이터 팩토리도 제공하는데, 이를 통해 분석가는 애저에서 실행되는 코드 없는 서비스인 ETLExtract-Transform-Load 또는 ELTExtract-Load-Transform로 데이터를 처리할 수 있다. 이는 데이터 처리의 여러 단계를 포괄하는 데이터 파이프라인을 구축할 수 있게 지원한다.

- 데이터 세트 수집(Ingest)
- 파이프라인에서 데이터 워크플로 설계(Control and data flow)
- 지정된 시간에 또는 새 데이터가 수집될 때 트리거로 데이터 프로세스 실행 예약(Schedule)
- 파이프라인의 활동 추적(Monitor)

데이터 팩토리 아키텍처에 대한 개략적인 개요는 그림 8.2에 나와 있다.

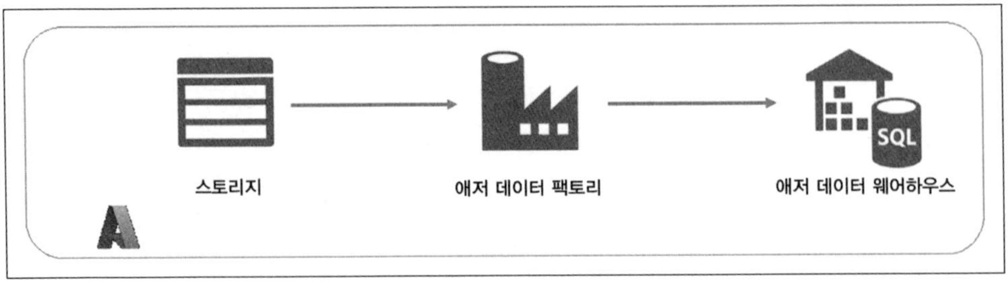

그림 8.2 애저 데이터 팩토리의 개략적인 아키텍처

ADF[Azure Data Factory]는 데이터 원본에 연결해 데이터를 수집, 처리하고 분석을 위해 준비하는 기능을 제공한다. 분석 결과는 마이크로소프트 파워 BI와 같은 도구를 통해 시각화할 수 있으며, 데이터를 수집한 다음 준비, 변환, 분석 과정을 거쳐 결과를 데이터 저장소에 게시해 Power BI와 같은 다른 도구에서 사용할 수 있게 한다. ADF는 다양한 데이터 저장소를 지원하며, 자세한 내용은 https://learn.microsoft.com/en-us/azure/data-factory/connector-overview에서 확인할 수 있다.

이그나이트 2022에서 마이크로소프트는 대규모 데이터 분석 플랫폼인 **애저 데이터 익스플로러**[Data Explorer]를 소개했다. 애저 데이터 익스플로러는 대량의 데이터를 실시간으로 분석할 수 있게 지원하며, AWS S3, OpenTelemetry Metrics, Logs, Traces를 포함한 다양한 데이터 소스에 대한 수집 기능도 제공한다. 이는 클라우드 서비스 공급자에게 빅데이터 시장이 얼마나 중요한지를 보여주는 사례다.

애저 Synapse도 빼놓을 수 없는 서비스다. 애저 Synapse는 엔터프라이즈 데이터 웨어하우징과 빅데이터 분석을 결합한 서비스로, 엔터프라이즈 데이터 웨어하우징에 사용되는 SQL 기술, 빅데이터에 사용되는 스파크[Spark] 기술, 로그 및 시계열 분석을 위한 데이터 익스플로러, 데이터 통합 및 ETL/ELT를 위한 파이프라인을 통합하고 Power BI, Cosmos DB, 애저 ML과 같은 다른 애저 서비스와 긴밀하게 통합한다. 데이터 거버넌스를 위해 마이크로소프트는 온프레미스, 멀티 클라우드, SaaS 데이터를 관리할 수 있도록 지원하는 통합 데이터 거버넌스 서비스인 마이크로소프트 퍼뷰[Purview]를 제공한다.

AWS 데이터 레이크와 Redshift

AWS 데이터 레이크 솔루션은 다양한 구성 요소로 이뤄져 있고, 원시 데이터는 S3 스토리지에 저장된다. 아마존 다이나모DB[DynamoDB]도 솔루션의 일부인데, 이는 AWS에서 완전 관리하는 NoSQL 데이터베이스 서비스로서 지속적인 백업과 자동 지역 간 복제를 통해 뛰어난 복원력을 제공한다. 다이나모DB는 가져오기 및 내보내기 도구도 함께 제공한다.

AWS 데이터 레이크에서 또 하나 빼놓을 수 없는 요소는 AWS 글루[Glue]다. AWS 글루는 서비스 이름처럼 다양한 구성 요소를 하나로 묶는 역할을 하며, ETL 프로세스를 수행해 데이터 세트(또는 데이터 카탈로그)를 검색하고 준비해 다이나모DB에 넣고, 다이나모DB에 저장된 데이터를 분석할 수 있게 돕는다. 다이나모DB와 글루는 모두 서버리스 서비스로, 분석 서비스는 이전의 Elasticsearch인 OpenSearch를 통해 제공되며, 람다 서버리스 함수는 메시지 트리거로 사용돼 프로세스를 시작한다.

그림 8.3은 AWS 데이터 레이크의 개략적인 아키텍처를 보여준다.

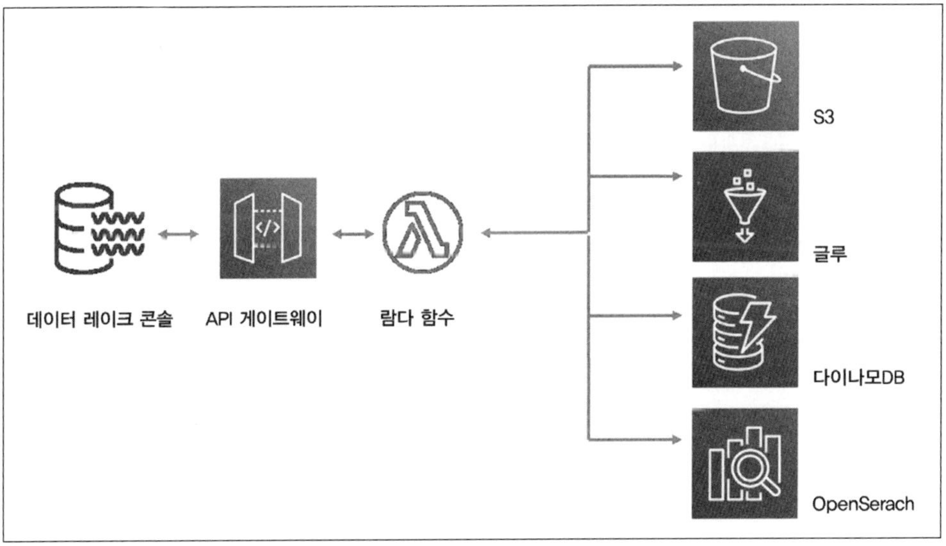

그림 8.3 AWS 데이터 레이크의 개략적인 아키텍처

빅데이터와 관련해 자주 언급되는 또 다른 AWS 서비스는 아마존 Redshift다. 이는 PostgreSQL을 기반으로 하는 데이터 웨어하우스로, 하나의 클러스터에서 최대 16 페타바이트의 정형 데이터를 처리할 수 있다.

구글의 데이터 레이크 및 빅레이크

구글 데이터 레이크의 기반은 구글 클라우드의 클라우드 스토리지이며, 이는 애저 블롭, AWS S3와 유사하다. 클라우드 스토리지는 항목당 최대 5TB의 객체와 파일을 저장할 수 있고, 다른 클라우드 서비스 공급자와 마찬가지로 가용성 및 성능 측면에서 다양한 서비스 수준을 제공하며, 이는 가격에 반영된다. 클라우드 스토리지의 원시 데이터 탐색은 **클라우드 데이터랩**Cloud Datalab과 **클라우드 데이터프렙**Cloud Dataprep을 통해 수행할 수 있다. 이러한 도구를 사용하면 데이터를 확인하고 데이터의 관련성을 판단할 수 있다.

데이터 웨어하우스로의 데이터 오프로딩은 BigQuery를 통해 이뤄진다. BigQuery는 완전 관리형 서버리스 서비스로, 실시간 및 예측 분석을 수행할 수 있는 머신러닝 기능이 내장돼 있다. 그림 8.4는 GCP의 데이터 레이크 솔루션에 대한 간략한 아키텍처를 보여준다.

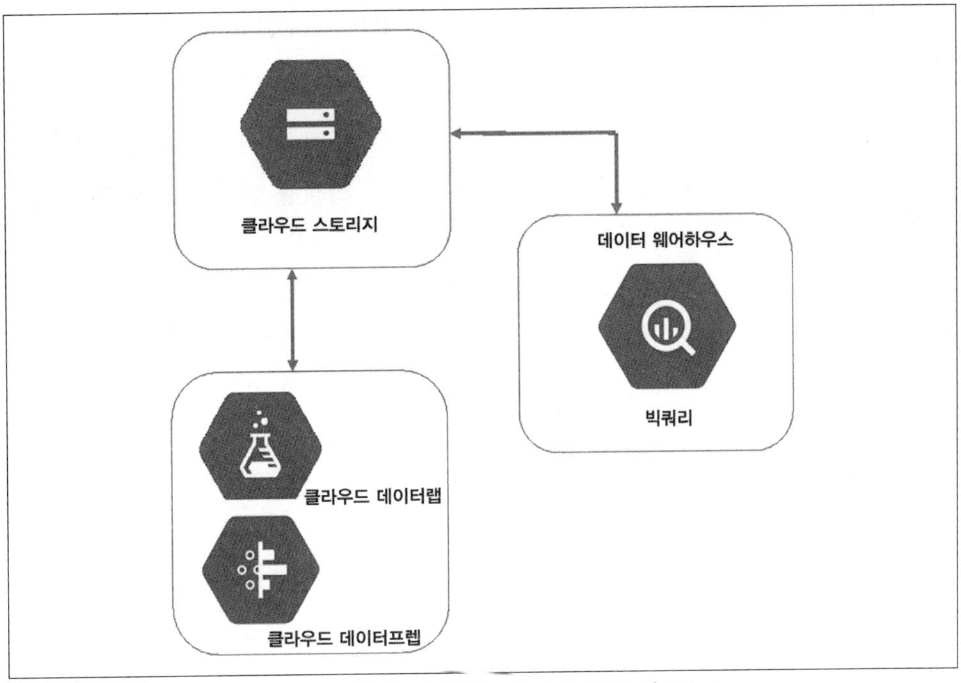

그림 8.4 구글 데이터 레이크 솔루션의 간략한 아키텍처

BigQuery Omni는 이 솔루션의 멀티 클라우드 버전으로, AWS와 애저에 저장된 데이터를 사용해 데이터 분석을 수행할 수 있다.

2022년에 소개된 빅레이크BigLake는 멀티 클라우드 개념을 한 단계 더 발전시켜 다양한 플랫폼에서 단일 창single-pane-of-glass 보기와 스토리지 엔진을 제공해 클라우드 스토리지, AWS S3, 애저 데이터 레이크 스토리지 젠2에 있는 데이터를 마치 하나의 거대한 레이크처럼 결합한다. 따라서 데이터 엔지니어는 단일 콘솔에서 작업할 수 있다. 빅레이크는 세분화된 보안 제어 기능도 제공한다.

알리바바 클라우드 레이크하우스

데이터 엔지니어링 및 데이터 분석을 시작하는 일반적인 방법은 데이터 레이크에서 데이터 웨어하우스로 데이터를 오프로드하는 것이다. 이때 웨어하우스는 레이크와 분리돼 있으며, 아파치 하이브Apache Hive와 같은 도구를 사용해 소스와 처리 플랫폼 간에 데이터를 요청하고 전송한다.

알리바바 클라우드 레이크하우스lakehouse는 웨어하우스를 레이크와 통합해 데이터가 두 플랫폼 간에 자유롭게 흐르게 하는 다른 접근 방식을 취한다. 레이크와 웨어하우스의 데이터는 메타데이터를 포함해 완벽하게 통합된다. 데이터 레이크는 S3 또는 블롭과 유사한 알리바바의 클라우드 스토리지인 **객체 스토리지 서비스**OSS, Object Storage Service를 사용하지만, 웨어하우스는 MaxCompute라는 솔루션을 기반으로 구축된다. 이 솔루션은 하둡의 파일 시스템인 HDFS와 OSS를 읽기/쓰기 모드 모두에서 지원하는 통합 스토리지 액세스 계층을 구현한다. 그림 8.5는 이 아키텍처의 개략적인 구조를 보여준다.

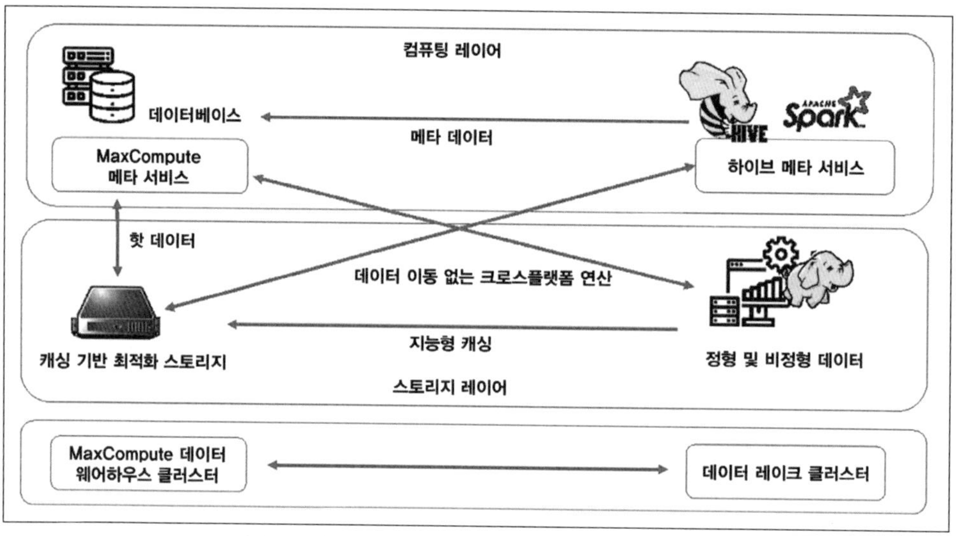

그림 8.5 알리바바 클라우드 레이크하우스의 개략적인 아키텍처

TIP

> 알리바바 솔루션에 대한 자세한 내용은 다음 블로그 게시물에서 확인할 수 있다.
> https://alibabatech.medium.com/data-lakes-or-data-warehouses-cd5122ba7634.

MaxCompute는 데이터 레이크의 데이터베이스를 데이터 웨어하우스인 MaxCompute

의 프로젝트에 매핑하기 위해 여전히 아파치 하이브를 사용한다. 결과적으로 단일 시스템처럼 보일 수 있으나, 아키텍처 관점에서는 레이크와 웨어하우스 간 표준 처리 흐름과 크게 다르지 않다.

오라클 빅데이터 서비스

알아볼 솔루션이 하나 더 있다. 오라클은 본래 데이터베이스로 출발한 기업답게 빅데이터 영역에서도 자체 솔루션을 제공한다. 바로 **오라클 빅데이터 서비스**Oracle Big Data Service다.

이 솔루션은 OCIOracle Cloud Infrastructure를 기반으로 구축됐으며, 데이터 레이크를 형성하기 위해 완전 관리형 하둡 클러스터를 배포하는 것을 포함한다. 이는 오라클 자체 버전의 하둡이며, ODHOracle Distribution of Apache Hadoop라고 불린다.

ODH는 고객이 빠르게 시작하고 실행할 수 있도록 완벽한 서비스를 제공하며, 분석 엔진 스파크Spark, 비관계형 데이터베이스 HBase, 데이터 웨어하우스 소프트웨어 하이브, 구성 도구 주키퍼ZooKeeper와 같은 다양한 ETL 및 분석 도구가 포함된 툴박스를 제공한다.

데이터 플랫폼 구축 및 크기 조정

클라우드에 서비스를 배포할 때와 마찬가지로, 데이터 플랫폼을 구축하려면 먼저 기반을 다져야 한다. 이때 원시 데이터를 보관할 수 있는 랜딩 존을 구축하는 것이 첫 번째 단계다. 이 랜딩 존은 오직 원시 데이터를 수집하는 데에만 집중해야 하며, 핵심 IT 시스템과는 분리해 구축하는 것이 좋다. 또한 대량의 데이터를 저장해야 하므로 확장 가능하면서도 비용 효율적이어야 한다. 클라우드 저장 비용은 단위 가격은 낮더라도 필요한 용량이 방대해지면서 총비용이 기하급수적으로 늘어날 수 있기 때문이다.

따라서 처음부터 거버넌스를 구현하는 것이 중요하다. 여기에는 데이터 분류 및 태깅을 위한 가이드라인을 정의하고 구현하는 것이 포함된다.

랜딩 존이 구축되면 데이터 분석가는 데이터 레이크를 샌드박스 환경으로 활용할 수 있다. 이 단계에서는 분석가들이 데이터 모델의 프로토타입을 구축하고 데이터 레이크에 수집된 원시 데이터를 사용해 작업할 수 있다. 또한 다양한 도구를 테스트해 어떤 도구가 가장 효과적이고 비즈니스에 가장 큰 이점을 제공하는지 파악할 수 있다.

데이터 세트가 정의되고 도구가 선택되면 데이터 세트를 다른 비즈니스 데이터와 통합하기 시작해야 한다. 이것이 바로 ETL 또는 ELT 프로세스, 즉 추출-변환-로드 또는 추출-로드-변환이다. 이는 데이터 레이크의 원시 데이터에서 필요한 데이터 세트만 선별해 추출하고, 엔터프라이즈 데이터 웨어하우스에 로드한다. 이때 필요한 데이터만 옮기므로 웨어하우스 용량을 불필요하게 키울 이유가 없다. 반면 더 저렴한 스토리지인 데이터 레이크에는 대량의 원시 데이터가 그대로 남는다. 아울러 데이터 팩토리나 OpenSearch 같은 도구를 활용하면 쿼리 성능을 최적화하는 데 도움이 된다.

이제 데이터 레이크는 IT 인프라의 핵심 구성 요소이자 엔터프라이즈 비즈니스의 핵심 요소가 된다. 데이터 레이크와 데이터 웨어하우스, 다양한 데이터 모델을 연결하는 데이터 흐름을 운영하려면 강력한 거버넌스가 필수적이다. 이러한 모델은 애플리케이션에 대한 출력을 생성하고 비즈니스 자체, 비즈니스 지원 운영의 효율성 및 성과, 비즈니스가 운영되는 시장에 대한 자세한 통찰력을 제공한다.

지금까지 데이터 레이크 구축 및 크기 조정의 네 단계를 정의했다. 이는 그림 8.6에 요약돼 있다.

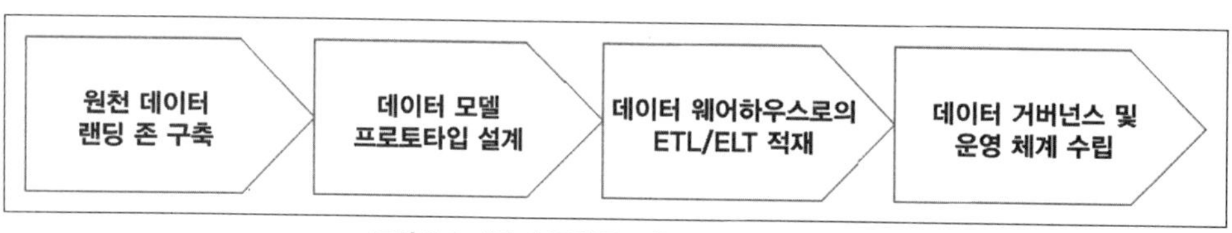

그림 8.6 데이터 플랫폼 구축 및 관리의 4단계

데이터 플랫폼을 구축하고 확장할 때 명심해야 할 몇 가지 모범 사례가 있다. 그중에 가장 중요한 것은 올바르고 관련성 높은 데이터를 수집하기 위해 비즈니스를 이해해야 한다는 것이다. 방대한 양의 데이터를 쿼리해 어떤 비즈니스 문제를 해결할 것인지, 그리고 비즈니스에 실제로 필요한 데이터는 무엇인지 데이터 레이크 구현에 대한 명확한 목표가 있어야 한다.

두 번째로 데이터가 무엇에 관한 것인지 알아야 한다. 이를 위해 태깅이 필요하며, 메타데이터가 중요하다. 데이터 스왐프swamp, 즉 기업과 직원들이 데이터에 압도되는 상황이 발생할 위험이 항상 존재하는데, 이를 해결하는 한 가지 방법은 데이터 정제이며, 이는 수집, 스케줄링 및 모니터링만큼 중요한 프로세스다. 프로세스는 분류 기준에 따라 데이터를 체계적으로 정리해야 하며, 이는 비용 통제에도 직결된다.

마지막으로 보안이 최우선 순위여야 한다. 전송 중인 데이터와 저장된 데이터 모두에 대해 인증, 권한 부여 및 암호화를 구현해 데이터를 안전하게 유지해야 한다. 8장에서 앞서 언급했듯 데이터는 새로운 금이라는 것을 기억해야 한다.

상호 운용성 및 이식성을 위한 설계

상호 운용성 및 이식성은 단순히 기술적인 목표가 아닌, 명확한 사용 사례와 비즈니스 요구 사항에 의해 결정돼야 한다. TOGAF의 ADM(아키텍처 개발 방법론)에 따르면 IT 시스템의 이식성은 데이터, 애플리케이션, 플랫폼, 인프라의 네 가지 레벨로 정의할 수 있다.

- 데이터는 컴퓨터로 처리할 수 있는 형태로 표현된 정보를 의미하며, 컴퓨터가 접근 가능한 저장소에 보관된다.
- 애플리케이션은 비즈니스 요청에 따라 특정 동작을 수행하는 소프트웨어다.

- 플랫폼은 애플리케이션을 지원하는 기반 환경이다.
- 인프라는 컴퓨팅, 스토리지, 네트워크 자원의 집합을 말한다. 여기서 컴퓨팅은 VM, 컨테이너, 서버리스 함수를 포함하는 클라우드 컴퓨팅을 포괄하는 개념이다.

이 시점에서 짚고 넘어가야 할 중요한 점은 클라우드 컴퓨팅이 인프라, 플랫폼, 애플리케이션의 경계를 모호하게 만든다는 것이다. PaaS는 인프라 레이어를 포함하고, SaaS는 애플리케이션 소프트웨어, 플랫폼, 기반 인프라가 완전히 통합된 스택이라는 점을 생각해보면 이해하기 쉽다. PaaS와 SaaS에서는 기존 IT 아키텍처에서처럼 다양한 아키텍처 계층의 구분이 명확하지 않다.

하지만 TOGAF는 IT 시스템에서 추상적인 아키텍처 계층을 생성해 이식성을 확보하는 것을 목표로 한다. 즉, 데이터를 애플리케이션으로부터 분리하고, 애플리케이션을 기술로부터 분리하는 것이다. 이식성은 그 자체로 요구 사항일 뿐만 아니라, 시스템이 준수해야 할 추가적인 요구 사항을 수반한다. 요약하면 다음과 같다.

- 아키텍처 비전은 애플리케이션의 이식성과 상호 운용성을 포함한다.
- 비전을 실현하기 위한 요구 사항을 수집한다.
- 비즈니스 아키텍처는 이식성과 상호 운용성이 요구되는 비즈니스 프로세스를 정의한다.
- 정보 시스템 아키텍처는 애플리케이션 및 데이터 수준에서 이식성과 상호 운용성을 달성하는 방법을 정의한다.
- 기술 아키텍처는 이식성과 상호 운용성을 지원하는 기술을 정의한다.

이론적으로 이는 특정 기술 계층에 종속되지 않는 데이터 및 애플리케이션 아키텍처를 가능하게 하며, 마이크로서비스의 시작점이기도 하다. 마이크로서비스 기반 애플리케이션은 단일 작업을 처리하는 고도로 분리된 서비스 모음으로 구축되며, 각 서비스는 독립적으로 구축, 배포 및 모니터링된다. 이때 마이크로서비스 아키텍처를 사용하는 것은 이식성을 확보하는 데 중요하다.

이식성은 디커플링을 통해 가능하다. 애플리케이션은 데이터로부터, 데이터는 스토리지로부터, 애플리케이션 코드는 네트워크를 포함한 기본 인프라로부터 분리돼야 하며, 상호 운용성은 표준화, 가급적이면 개방형 표준을 통해 가능하다.

이식성은 기본 인프라(랜딩 존이라고도 함. 6장 참고), 인프라 구성 요소의 구성, 데이터 및 애플리케이션 간의 추상화로 정의된다. 여기서도 The Open Group의 정의를 업계 표준으로 사용한다. 이식성에 대한 정의는 다음과 같다.

- 데이터 이식성은 기본적으로 다양한 애플리케이션에서 데이터를 재사용하는 것에 관한 것으로, 이식성 달성에 있어 가장 어려운 요소일 수 있다. 데이터 구조는 특정 형태의 애플리케이션 처리에 적합하게 설계되는 경우가 많으며, 다른 제품에서 처리할 수 있는 데이터를 생성하려면 상당한 변환이 필요하다. 이는 데이터 캐리어, 데이터베이스 기술 또는 데이터베이스를 호스팅하는 스토리지 계층과는 별개다. 예를 들어 PostgreSQL은 데이터베이스로서 다양한 플랫폼에서 실행될 것이다. 그렇다고 해서 데이터베이스의 데이터가 이 데이터를 변환하지 않고도 다른 애플리케이션에서 사용될 수 있다는 의미는 아니다.
- 애플리케이션 이식성은 다양한 컴퓨팅 플랫폼에서 애플리케이션 구성 요소를 재사용하는 것에 관한 것이다. 여기에는 기존 온프레미스 플랫폼뿐만 아니라 PaaS를 포함한 클라우드 플랫폼도 포함될 수 있다. 후자의 예로는 AWS의 RDS(관계형 데이터베이스 서비스) 및 애저 SQL 데이터베이스와 같은 관리형 데이터베이스 서비스가 있다. 이식성을 위해서는 지원 플랫폼에서 노출하는 표준 인터페이스가 필요하며, 이를 통해 애플리케이션은 플랫폼 간의 서비스 검색 및 통신을 사용할 수 있을 뿐만 아니라 애플리케이션을 직접 지원하는 플랫폼 기능에 액세스할 수 있어야 한다. 이와 동일한 원칙이 상호 운용성에도 적용된다.
- 플랫폼 이식성의 경우 클라우드 및 온프레미스 인프라에서 플랫폼 구성 요

소를 재사용하는 것을 생각해 볼 수 있다. 애플리케이션을 호스팅하는 컨테이너를 위한 기본 플랫폼인 쿠버네티스가 그 예다. 쿠버네티스는 퍼블릭 클라우드 인프라와 개인 소유 데이터 센터에 있는 온프레미스 머신을 포함한 다양한 플랫폼에 배포할 수 있기 때문이다. 가상화도 한 예다. 머신 이미지가 이식 가능한 경우 가상 머신을 서로 다른 플랫폼 간에 전송할 수 있다. 이는 하나의 콘솔에서 다양한 머신을 관리하는 것과는 다르다. 예를 들어 애저 아크를 사용하면 관리자가 다른 클라우드 및 온프레미스의 비애저 머신과 쿠버네티스를 애저의 제어하에 두고 애저 콘솔에서 이러한 머신을 관리할 수 있다. 그러나 애저 데이터 센터 안에 속하지 않은 머신은 원래 위치에 그대로 유지된다. 이러한 머신의 이미지는 다른 인스턴스로 전송되지 않는다. 이 기술은 플랫폼 간의 상호 운용성을 위한 가능성을 활용하지만 환경을 이식 가능하게 만들지는 않는다.

여기서 클라우드 (네이티브) 서비스가 반드시 이식성 및 상호 운용성에 기여하는 것은 아니라는 점을 인식하는 것이 중요하다.

이식성은 애플리케이션의 비기능적 요구 사항 중 하나다. 애플리케이션은 특정 인프라 또는 플랫폼에 묶이지 않고 가능한 한 이식 가능해야 하며, 계층 추상화 및 서비스 디커플링을 통해 이를 달성할 수 있다. 요약하면 마이크로서비스를 정의, 설계 및 적용하는 관점에서 이식성에 접근하면 최고 수준의 이식성을 얻을 수 있다.

클라우드 이식성은 애플리케이션과 데이터를 최소한의 중단으로 한 클라우드에서 다른 클라우드로 이동할 수 있는 기능이다. 이를 통해 클라우드 서비스를 한 공급자에서 다른 공급자로, 또는 퍼블릭 클라우드와 프라이빗 클라우드 간에 마이그레이션할 수 있다. 이식성을 염두에 두고 데이터와 애플리케이션을 설계, 구현한다면 실제로 멀티 클라우드 전략을 따르는 셈이다. 예를 들어 한 클라우드에는 데이터 레이크를, 다른 클라우드에는 애플리케이션(및 해당 데이터)을 배치할 수 있다. 다만 이러한 전략이 제대로 작동하려면 설계 단계부터 디커플링 원칙을 철저히 반영해야 한다.

서비스 디커플링은 특히 기존 환경과 애플리케이션을 리팩토링할 때 어려움이 크다. 그중에서도 가장 큰 과제는 상호 운용성이다. 상호 운용성이란 제품, 시스템, 조직이 제약 없이 함께 동작할 수 있는 능력을 말한다. 이때 서비스는 최종 사용자의 간섭 없이 조정된 방식으로 서로 검색하고 연결하고 통신할 수 있어야 한다. 마이크로서비스 아키텍처에서는 시스템, 애플리케이션, 데이터를 분리하는 과정에서 이 문제가 더욱 두드러진다. 우리는 모든 서비스가 서로를 찾을 수 있는지(검색 가능성) 확인하고, 어떤 프로토콜과 규약으로 통신할지 명확히 정의해야 한다.

멀티 클라우드 아키텍처에서 상호 운용성을 달성하기 위한 모범 사례는 다음과 같다.

- 컨테이너 오케스트레이션 플랫폼을 포함한 동종 가상화 기술
- 권한 부여 및 인증을 위한 표준화된 프로토콜
- 표준 API 사용

데이터 동기화는 서로 다른 클라우드나 내부 리소스가 함께 동작할 때 특히 까다롭다. 구성 요소들이 동일한 프로토콜을 쓰든, 그렇지 않든, 심지어 완전히 같은 스택이더라도 문제가 생길 수 있다. 동일한 데이터의 복사본이 여러 시스템에 흩어져 보관되기 때문에, 이를 지속적으로 동기화하고 일관성을 유지하는 일이 핵심 과제다. 데이터가 서로 다른 클라우드에 저장된 경우 난도는 더 높아진다. 데이터는 무엇보다 먼저 검색 가능하고 액세스 가능해야 하지만 일관성 있게 동기화된 상태로 유지하려면 대기 시간 문제를 극복하기 위한 고속 연결도 필요하다. 데이터 동기화에서 고려해야 할 항목은 다음과 같다.

- 마스터 데이터 소스 관리: 단일 소스 진실은 어디에 있는가?
- 플랫폼 간의 유휴 데이터 및 전송 중인 데이터 관리
- 데이터 가시성
- 액세스 관리, 인증 및 권한 부여

완전한 상호 운용성에는 런타임 시 인프라, 데이터 소스 및 애플리케이션 구성 요

소의 지속적이고 동적인 검색, 다른 구성 요소와의 통신이 포함된다.

데이터 중력 문제 극복

애플리케이션은 데이터를 저장할 뿐만 아니라 다른 애플리케이션과 공유할 데이터도 많이 생성한다. 이렇게 축적된 데이터는 새로운 데이터와 서비스를 끌어들이며, 시간이 지날수록 더 많은 애플리케이션과 서비스가 이를 활용하게 된다. 마치 중력의 법칙처럼 데이터와 애플리케이션은 서로를 끌어당긴다. 요컨대 데이터 소스들이 서로 연결될수록 데이터양은 스스로, 혹은 더 빠른 속도로 증가하게 되는 것이다.

이러한 데이터 접근은 전략적 이점도 제공하지만, 동시에 큰 어려움도 안겨준다. 데이터베이스가 너무 커져서 데이터를 이동하는 것이 거의 불가능해지는 것이다. 이로 인해 기업은 특정 위치나 공급자에 묶여 데이터를 보관해야 하는 상황에 놓일 수 있다. 따라서 서로의 데이터와 서비스를 사용하는 기업들은 원활한 서비스 제공을 위해 물리적으로 가까운 거리를 유지해야 한다. 데이터를 물리적으로 가까운 곳에 보관함으로써 최종 사용자가 느린 프로세스를 경험하지 않고도 빠르게 교환할 수 있는데, 이러한 효과를 지연 시간이라고 부른다.

데이터 중력은 기업과 아키텍처 담당자에게 여러 과제를 제기하는데, 그중 하나가 데이터 프라이버시다. 데이터가 다양한 플랫폼과 애플리케이션에서 접근 가능해야 할수록 이 이슈의 중요성은 커진다. 실제로 여러 서유럽 국가에서는 대학, 의료기관, 정부 기관이 미국 소유 및 관리의 퍼블릭 클라우드에 데이터를 저장하는 것에 대한 논쟁이 벌어지고 있다. 주요 논쟁 중 하나는 클라우드에 데이터를 저장하면 다시 가져올 수 없다는 점, 그리고 미국 정부가 미국 기업에 데이터에 대한 접근 권한을 강제로 요구할 수 있다는 점이다. 이는 미국과 유럽 연합 간의 합의에도 불구하고 발생할 수 있는 문제다.

데이터 중력 문제는 기업이 데이터를 어디에 보관할지, 다른 데이터 소스와 어떻게 연결할지, 어떤 데이터를 사용하고 공유할 수 있는지 고민하게 만든다. 성공적인 비즈니스 프로세스는 데이터를 통합하고 사용자와 애플리케이션을 데이터에 연결할 수 있어야 하며, 막대한 양의 데이터를 이동하기 어렵기 때문에 데이터가 분산돼 있다는 점을 인정하고 데이터가 있는 곳에서 데이터를 활용할 수 있는 솔루션을 설계해야 한다. 이러한 원칙을 따르면 모든 데이터를 중앙 데이터 저장소에 수집할 필요가 없다.

데이터 프라이버시를 둘러싼 논쟁은 피하기 어렵다. 그러나 기후 변화나 전 세계 의료 접근성 같은 거대 과제를 해결하려면 데이터가 필수다. 따라서 모든 데이터를 하나의 저장소로 옮기거나, 데이터가 어디에 있든 안전하게 사용될 수 있게 애플리케이션을 설계해야 한다.

클라우드와 IoT, 분석 기술의 발전으로 데이터는 이제 어디에서나 생성된다. 스마트폰, 건물, 가정, 나아가 도시 전체에서 데이터가 쏟아질 것이기에, 기업과 기관은 이에 대비해야 한다. 분산 인프라는 충분한 커버리지와 용량, 연결성을 제공해 데이터 중력 문제를 완화하고, 사용자, 네트워크, 클라우드를 데이터에 신속히 연결해 준다. 클라우드 서비스 공급자들도 글로벌 커버리지를 넓히며 이런 변화에 대비하고 있다. 앞으로 엣지 컴퓨팅과 5G는 데이터 접근 속도를 한층 더 끌어올릴 것이다.

데이터 메시 원칙 소개

여기서 언급해야 할 해결책 중 하나는 세막 데그하니Zamak Deghani가 소개한 아키텍처 원칙인 데이터 메시data mesh다.

NOTE

> 데이터 메시 아키텍처에 대한 논문은 다음 링크에서 확인할 수 있다.
> https://martinfowler.com/articles/data-monolith-to-mesh.html

데이터 메시는 애플리케이션이 데이터를 데이터 레이크로 전송하지 않고도 데이터에 접근할 수 있게 하는 아키텍처로, 분산된 데이터 소스 원칙을 활용한다. 데이터 메시의 과제는 데이터를 이동하지 않고도 애플리케이션이 처리할 수 있는 적절한 데이터를 확보하는 것이며, 이는 데이터 스트리밍을 통해 가능하다.

예를 들어 오라클은 OCI 골든게이트^GoldenGate^라는 관리형 데이터 메시 서비스를 제공한다. 골든게이트는 데이터 소스에 연결해 데이터를 복제하고, 정리한 다음 스트리밍 데이터 파이프라인을 통해 데이터 소비자에게 제공하며, 아파치 카프카^Apache Kafka^를 사용해 트리거에 응답한다. 데이터 체인에서 조치가 필요한 이벤트가 발생하면 골든게이트는 데이터를 일괄적으로 전송하는 기존 ETL 도구와 달리 관련 원시 데이터를 실시간으로 복제하고 스트리밍하기 시작한다.

요컨대 골든게이트는 데이터 생산자와 소비자 간의 다리 역할을 한다. 다리는 지속적인 트래픽 흐름을 가능하게 하는데, 이 경우 데이터 트래픽이 해당된다.

주요 클라우드 서비스 공급자는 모두 데이터 메시를 위한 자체 솔루션을 제공한다. 애저 Synapse Analytics는 카프카 또는 이벤트 허브^Event Hub^를 활용해 데이터 이벤트를 캡처하고, 데이터를 수집해 데이터 제품에 게시한다. AWS 레이크 포메이션 및 AWS 글루를 사용해 유사한 솔루션을 구축할 수 있으며, 데이터 검색, 분석 및 데이터 게시를 위한 솔루션을 제공한다. 구글에서 제공하는 데이터 메시 솔루션은 2022년 초에 일반적으로 사용할 수 있게 된 Dataplex이다.

데이터 레이크를 위한 기반 관리

데이터 엔지니어는 데이터 파이프라인을 설계, 구축 및 관리한다. 하지만 데이터 레이크와 데이터 웨어하우스의 기반은 데이터 플랫폼을 위한 특정 랜딩 존이다. 일반적으로 클라우드의 랜딩 존은 컴퓨팅, 스토리지 및 네트워크 리소스를 관리하는 클라우드 엔지니어가 운영한다.

데이터 플랫폼 관리를 살펴보면 다음과 같은 다양한 역할을 구분할 수 있다.

- **데이터 아키텍트 또는 엔지니어:** 아키텍트와 데이터 엔지니어는 종종 한 사람이 겸임한다. 이 역할은 데이터 파이프라인의 설계, 개발 및 배포를 담당한다. 엔지니어는 ETL 또는 ELT 원칙 및 기술에 대한 광범위한 지식을 갖추고 있어야 하는데, 데이터 소스에서 데이터를 수집하고 데이터 웨어하우스 또는 데이터 제품에서 사용 가능한 데이터 세트로 변환하는 일을 담당하기 때문이다. 데이터는 검증돼야 하며, 이는 엔지니어에게 필요한 기술이다. 본질적으로 엔지니어는 웨어하우스에 수집되는 데이터가 양질이고 분석에 사용 가능한지 확인한다.
- **비즈니스 및 데이터 분석가:** 비즈니스 또는 데이터 분석가가 답해야 할 주요 질문은 비즈니스에 어떤 데이터를 사용할 수 있는가? 어떤 데이터가 비즈니스에 필요한 통찰력을 제공하는가?이다. 비즈니스 목표는 데이터 분석을 통해 지표로 변환된다.
- **데이터 과학자:** 비즈니스 또는 데이터 분석가가 데이터에 대한 지표를 정의하는 경우 데이터 과학자는 적절한 데이터 소스를 찾고 분석가가 사용할 수 있도록 데이터를 제공한다. 데이터 과학자는 분석가가 지표를 증명하고 회사가 비즈니스 전략을 수행할 수 있도록 통찰력을 제공하는 데 사용할 수 있는 올바른 데이터를 찾을 때 중요하다.
- **클라우드 운영자:** 데이터는 클라우드에서 실행되는 대형 머신과 같은 어딘가에 호스팅돼야 한다. 모든 데이터를 보유한 이 시스템은 접근 가능하고 성능이 뛰어나야 하며 공격으로부터 안전해야 한다. 랜딩 존 설계, 호스팅 인스턴스 운영, 네트워크 구성 및 보안 가드레일은 클라우드 운영자의 책임이다. 클라우드 운영자는 데이터 플랫폼이 최적의 방식으로 안전하게 실행되도록 관리한다.

지금까지 직접 언급하진 않았지만, 데이터 플랫폼 관리에서 비용 관리는 매우 중요한 축이다. 빅데이터는 회사에 큰 비용을 초래할 수 있으므로 데이터 플랫폼 비용을 제어하기 위한 방법과 도구를 구현하는 것이 아키텍트와 운영자의 중요한 작업이 됐다.

핀옵스는 조직이 먼저 이러한 비용이 무엇인지, 이러한 비용을 어떻게 제어할 수 있는지, 데이터 레이크 및 웨어하우스의 사용 및 운영에서 예산을 예측하는 방법을 이해하게 돕는다. 이 책의 10장 ~ 11장에서 핀옵스 원칙에 대한 모든 것을 다룬다.

마무리

8장에서는 데이터 플랫폼 구축 및 관리의 기본 아키텍처 원칙을 살펴봤으며, 방대한 양의 원시 데이터를 담을 수 있는 데이터 레이크와 클라우드 스토리지를 기반으로 레이크를 구축하는 방법을 살펴봤다. 다음 단계는 데이터 모델에서 사용할 수 있는 적절한 데이터를 가져오는 것이다. 데이터 세트를 추출, 변환 및 로드(줄여서 ETL)해 데이터 분석가가 이 데이터를 사용할 수 있는 환경으로 옮겨야 하며, 일반적으로 데이터 웨어하우스가 이를 위해 사용된다.

이 외에도 AWS, 애저, 구글 클라우드, 알리바바, 오라클과 같은 주요 클라우드 서비스 공급자의 데이터 운영에 대한 다양한 제안을 검토했다. 다음으로 데이터 플랫폼을 구축하고 운영하면서 발생하는 문제점을 살펴봤다. 문제로는 데이터 접근, 정확성, 개인 정보 보호 및 규정 준수와 관련된 것들이 있으며, 여기에는 데이터 중력도 포함된다. 이때 플랫폼 간에 엄청난 양의 데이터를 이동하는 것은 쉽지 않으므로 다양한 플랫폼에서 데이터를 활용할 수 있는 다른 솔루션을 찾아야 한다. 여기서 상호 운용성과 이식성을 고려한 설계는 아키텍트의 핵심 역량이다.

8장에서 답하지 않은 한 가지 질문이 있다. 이 모든 데이터는 어디에서 오는가? 이는 주로 인터넷에 연결된 장치, 즉 사물 인터넷IoT의 증가에서 비롯된다. 9장에서 자세히 알아보겠다.

질문

1. ETL은 무엇을 의미하는가?
2. 데이터 플랫폼 구축의 첫 번째 단계는 무엇인가?
3. 참/거짓: 데이터 레이크는 일반적으로 애저 블롭 스토리지, 아마존 S3와 같은 주요 클라우드 서비스 공급자의 공통 스토리지 계층 위에 구축된다.
4. 오라클의 골든게이트는 어떤 역할을 하는가?

더 읽을거리

- Data Lake for Enterprises, by Tomcy John and Pankaj Misra, Packt Publishing

09

IoT를 위한 기반 다지기

가트너 등 시장 조사 기관은 2030년에 300억 개가 넘는 장치가 사물인터넷IoT으로 연결될 것을 전망한다. 현재 약 140억 개 수준임을 고려하면 매우 빠른 증가세다. 우리는 가정, 공장, 심지어 자동차에도 연결된 장치를 갖고 있다. 이러한 모든 장치는 데이터를 생성하고 수신한다.

기업이 맞닥뜨린 과제는 수많은 장치를 어떻게 효율적으로 모니터링하고 관리하느냐, 어떻게 하나의 플랫폼에서 일원화하느냐다. 클라우드 서비스 공급자는 이러한 문제에 대한 해결책으로 중앙 집중식 IoT 플랫폼을 제공한다. 9장에서는 IoT 생태계의 아키텍처 원칙을 살펴보고 클라우드가 IoT 장치 관리에 어떻게 도움이 되는지 살펴본다. 또한 몇 가지 클라우드 솔루션을 살펴보고 연결 및 보안과 같은 IoT의 중요한 요소도 살펴본다.

9장에서 다루는 내용은 다음과 같다.

- IoT에 적합한 플랫폼 선택
- IoT 생태계 모니터링

- 클라우드로의 연결 설계
- IoT와 IPv6, LoRa 및 5G 연결

IoT에 적합한 플랫폼 선택

IoT는 말 그대로 '모든 것을 연결하는 인터넷'이다. 이는 수많은 장치, 때로는 사람까지 네트워크로 잇는다.

먼저 '사물'을 정의해 보자. 기본적으로 사물은 무엇이든 될 수 있지만, 일반적으로 블루투스나 와이파이를 통해 네트워크에 연결되고, 이를 통해 인터넷에 연결되는 장치를 말한다.

이때 장치는 기계일 수도 있고, **고유 식별자**UID, Unique IDentifier가 있는 장치를 소지한 사람일 수도 있다. 이 장치는 사람의 간섭 없이 자율적으로 네트워크를 통해 데이터를 전송할 수 있는데, 문헌에서는 이를 **기계 간 통신**M2M, Machine-To-Machine이라고 한다.

이에 따르면 사물은 사람에게 '부착된' 장치일 수도 있는데, 환자의 건강 상태를 모니터링하는 임플란트를 생각할 수 있다. 또는 자동차에 문제가 생기면 운전자에게 경고하고, 대리점에 메시지를 보내 수리 예약을 하는 각종 센서가 장착된 자동차를 생각할 수도 있다. 이러한 모든 장치와 장치의 애플리케이션은 통신 및 데이터 전송을 위해 **인터넷 프로토콜**IP, Internet Protocol을 사용하며, 사용자와 기업 모두에게 큰 이점을 제공한다.

그렇다면 IoT는 어떻게 동작할까? 먼저 수많은 장치가 참여한다. 이후 이 장치들은 웹에 연결돼 인터넷을 통해 데이터를 주고받는다. 센서가 데이터를 수집하면 IoT 게이트웨이나 엣지 컴퓨터를 거쳐 인터넷에 연결된다. 이렇게 모인 데이터는 중앙 데이터 플랫폼으로 수집돼 분석된다. 다음 다이어그램은 IoT 환경의 개략적인 아키텍처를 보여준다.

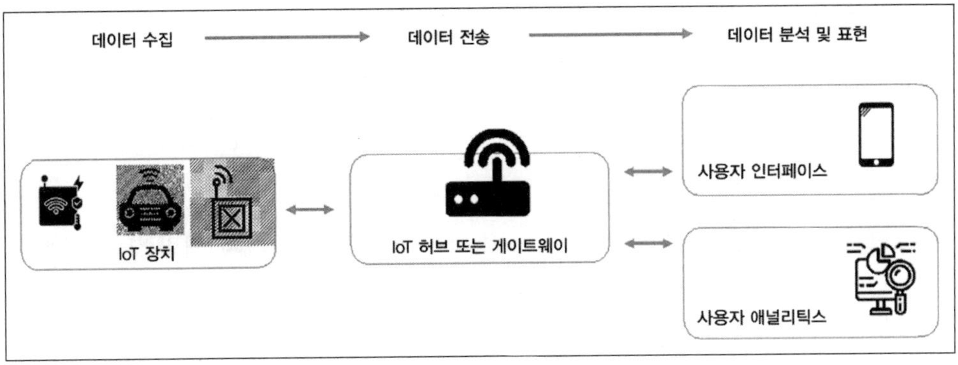

그림 9.1 IoT 환경의 개략적인 아키텍처

IoT는 거의 모든 산업 분야와 가정에서 활용되고 있다. 한 예로, 어두워지면 자동으로 불이 켜지는 센서를 들 수 있다.

스마트 도시에서도 이와 유사한 개념이 적용되는데, 가로등이 주변 밝기가 어두워지면 자동으로 켜지는 것 등이다. 스마트 도시의 센서는 교통 상황을 분석해 출퇴근 시간에 교통 흐름을 분산시켜 교통 체증을 완화할 수도 있다. 이렇게 수집된 데이터는 교통 패턴을 파악하고 새로운 도로 계획을 수립하는 데 활용된다.

물론 위험도 있다. 보안이 취약한 장치는 해커의 표적이 되기 때문이다. 해커는 장치 하나를 뚫으면 마치 도미노처럼 연결된 다른 장치들을 통해 중요한 데이터가 저장된 메인 시스템까지 침투할 수 있다.

IoT 장치 수가 빠르게 증가하면서 이러한 장치를 관리해야 하는 기업들은 어려움에 직면하고 있다. 수백만 개의 장치를 어떻게 관리해야 할까? 이러한 장치들을 어떻게 추적해야 할까?

이때 퍼블릭 클라우드는 IoT 생태계를 관찰, 모니터링 및 관리하는 데 유용한 도구가 될 수 있다. 다음 절에서는 몇 가지 클라우드 플랫폼을 간략하게 살펴본다.

애저 IoT 허브

애저는 IoT 허브를 통해 장치를 연결하고 데이터를 수신, 처리할 수 있는 플랫폼을 제공한다. IoT 허브는 기본적으로 OTAOver-the-Air 장치 업데이트, Event Grid 연동, IoT Edge, 애저 Logic Apps, 애저 ML, 애저 Stream Analytics 등 다양한 애저 서비스와 통합된 서비스 모음이다. Device Update를 사용하면 패키지 기반 또는 이미지 기반으로 IoT 장치를 그룹별로 업데이트할 수 있는데, 패키지 기반 업데이트는 장치의 특정 구성 요소만 대상으로 하지만, 이미지 기반 업데이트는 업데이트된 전체 이미지를 장치에 복사한다. 2022년 9월에 도입된 Device Update는 IoT 허브를 통해 장치를 관리할 수 있는 광범위한 툴킷을 제공하며, 관리, 보고, 업데이트 프로세스에 대한 세부 제어, 진단 및 문제 해결, 장치의 자동 그룹화 기능을 포함한다.

이 시점에서 IoT Central에 대해 언급할 가치가 있다. 이 서비스는 aPaaSapplication Platform as a Service를 사용해 IoT 솔루션을 개발하고 관리할 수 있게 해줘 노력과 비용을 크게 절감해 주기 때문이다. 특히 직관적인 UI를 통해 장치를 손쉽게 연결하고 상태를 모니터링할 수 있으며, 규칙을 생성해 동작을 자동화하고, 장치와 해당 데이터를 전 수명 주기에 걸쳐 포괄적으로 관리할 수 있다.

TIP

> 애저 IoT를 시작하려면 https://azure.microsoft.com/en-us/products/iot-hub/에서 정보를 얻을 수 있다. IoT Central에 대한 자세한 내용은 https://learn.microsoft.com/en-us/azure/iot-central/core/overview-iot-central에서 확인할 수 있다.

IoT 허브는 장치 풀과 이러한 장치에서 실행되는 애플리케이션에 시스템 변경 사항을 어떻게 전달할까? 메시지 허브로서 IoT 허브는 장치와의 양방향 통신을 지원한다. 애저 IoT 허브는 Event Grid와 통합돼 500개 이상의 서비스 엔드포인트로 이벤트를 라우팅할 수 있으며, Event Grid는 서버리스 브로커로, 장치와 같은 대상으로 이벤트를 전달할 수 있다. 애플리케이션 구성을 변경하는 경우를 생각해 보면 된다.

마지막으로 IoT 엣지를 짚고 넘어가자. IoT 엣지는 데이터 분석을 실제 장치와 데이터 소스 가까이에서 수행하도록 하는 접근이다. 애저 서비스는 컨테이너로 패키징돼 IoT 엣지 어플라이언스로 배포되며, 원격 측정은 물론 AI 애플리케이션용 런타임 같은 워크로드도 엣지 어플라이언스에서 로컬로 실행된다. 또한 IoT 엣지는 특정 장치 그룹에 구성을 배포하는 데 사용되며, 해당 장치들은 지정된 엣지 어플라이언스에 연결된다. 아래 다이어그램은 이러한 개념의 개략적 아키텍처를 보여준다.

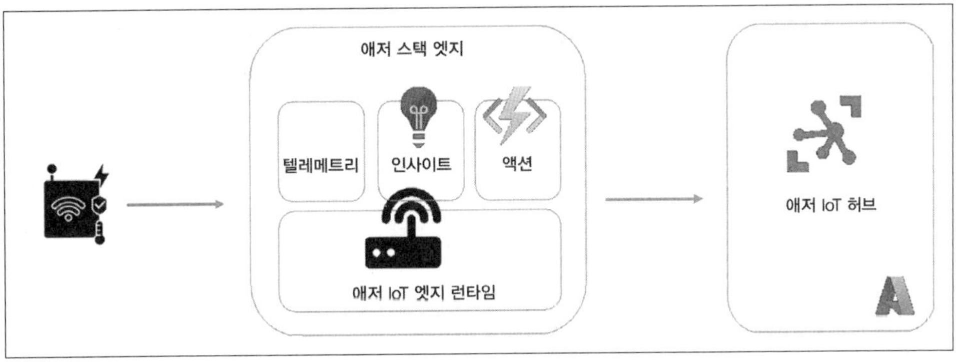

그림 9.2 애저 IoT 엣지 아키텍처

애저 IoT 허브는 디바이스 관리 기능을 기본으로 제공하며, 2022년 말에 발표된 Sentinel용 Defender for IoT와 같은 보안 제품군과의 통합을 포함한 다양한 서비스를 추가로 제공한다. Sentinel은 마이크로소프트의 클라우드 기반 SIEM(보안 정보 및 이벤트 관리) 솔루션이다. IoT를 위한 보안 엔드포인트 솔루션인 Defender for IoT가 이제 Sentinel과 통합돼 모든 운영 기술[OT, Operational Technology] 및 IoT 디바이스와 네트워크 연결에 대한 관측 가능성을 제공해 전체 생태계에서 잠재적인 취약점을 신속하게 감지하고 대응할 수 있게 지원한다.

AWS IoT Core, Edge Manager 및 IoT Greengrass

AWS IoT Core는 애저 IoT 허브와 유사한 서비스다. 이는 IoT 장치 간의 보안 통신을 지원하며, 장치에서 수집된 데이터를 처리할 수 있게 해준다. 다만 장치 자체를 원격으로 모니터링하고 관리하려면 AWS IoT Device Management를 IoT Core에 추가해야 한다. 다시 말해 IoT Core는 경량 MQ 텔레메트리 전송MQTT, MQ Telemetry Transport 프로토콜을 사용해 장치를 중앙 환경에 연결하고, 장치 간 메시지 브로커 역할을 수행한다. 그림 9.3은 IoT Core의 기본 아키텍처를 보여준다.

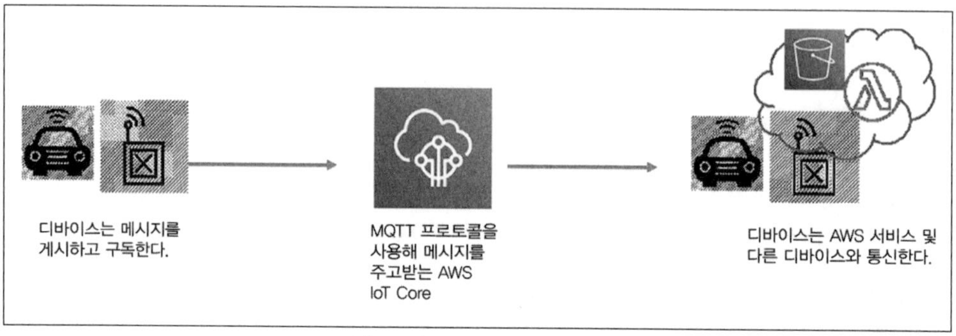

그림 9.3 AWS IoT Core 아키텍처

애저와 마찬가지로 AWS도 IoT 생태계의 풀 스택 관리를 지원하는 다양한 서비스를 제공한다. 그중 주목할 만한 서비스는 IoT Greengrass와 엣지 메니저Edge Manager다. AWS 클라우드의 IoT Greengrass 클라우드 서비스는 IoT 장치에 소프트웨어를 구축, 구성 및 배포하는 데 유용하며, Greengrass는 엣지 어플라이언스 또는 코어 장치에서 Greengrass 클라이언트 소프트웨어와 통신하고, IoT 장치는 이러한 엣지 어플라이언스에 연결된다.

Greengrass 아키텍처를 사용하면 장치에서 앱을 쉽게 관리하고, 이상 징후 감지를 포함한 장치 작동을 간편하게 수행하며, 데이터를 로컬에서 처리할 수 있다. 또한 IoT Greengrass는 게이트웨이 역할을 수행해 인터넷에 연결되지 않은 경우에도 장치가 연결되고 통신할 수 있게 지원한다.

다음 단계는 특정 이벤트 발생 시 장치 및 장치에서 실행되는 서비스의 동작을 예측해 서비스와 장치의 성능을 지속적으로 최적화하는 것이다. 이는 머신러닝ML을 통해 가능하다. AWS는 SageMaker를 ML 엔진으로 제공하며, SageMaker 엣지 매니저를 사용하면 ML에 사용되는 모델을 IoT 장치에 배포할 수 있다.

TIP

> AWS에서 IoT를 시작하는 가장 좋은 방법은 https://aws.amazon.com/iot/에서 관련 문서를 찾아보는 것이다.

대부분의 경우 IoT는 산업 환경에서 산업 장비와 함께 사용된다. 예를 들어 생산 라인의 센서나 제조 로봇이 있으며, 이들 장치에서 수집된 산업 데이터의 수집, 모델링 및 분석은 AWS SiteWise를 통해 수행할 수 있다.

이 외에도 AWS IoT에는 다양한 서비스가 있다. 예를 들어 IoT Device Defender는 장치를 위한 엔드포인트 보호 기능을 제공하며, IoT FleetWise는 차량 내 IoT를 위한 특정 산업 솔루션을 제공한다. 이러한 솔루션들을 추가해 IoT 관리 기능을 향상시킬 수 있다.

구글 클라우드 IoT 코어

2015년, 구글은 IoT 기기 전반에서 애플리케이션을 구현하기 위한 두 가지 중요한 서비스를 선보였다. 첫 번째는 구글의 안드로이드를 기반으로 하지만 저전력 기기에 적합하게 축소된 운영체제인 Brillo였다. Weave는 Brillo에 통합된 통신 프로토콜로, 기기와 클라우드 간의 통신을 지원했다. Brillo와 Weave는 모두 Android Things로 리브랜딩됐지만, 2022년 초에 지원이 중단됐다.

현재 구글은 IoT 분야에서 무엇을 제공할까? 주요 서비스는 GCP 플랫폼에서 호스팅되는 파트너 주도 솔루션 모음인 구글 클라우드 IoT 코어다. 그중에서도 Aeris는 IoT 소프트웨어 플랫폼을, ThingsBoard는 장치 관리 솔루션을 제공한다.

구글은 이러한 파트너 솔루션을 Cloud Dataflow 및 BigQuery와 같은 데이터 분석 및 머신러닝 시스템과 통합해 데이터 통찰력을 얻을 수 있게 지원한다.

알리바바 IoT 플랫폼

알리바바 클라우드는 장치와 데이터를 연결하고 관리하기 위한 IoT 플랫폼을 제공한다. 이 플랫폼은 연결, 통신, 보안, 장치 관리 기능을 갖추고 있으며, OTA[Over-the-Air] 업데이트도 지원한다. 알리바바 IoT 플랫폼은 애저 IoT 허브 및 AWS IoT와 유사하게 전체 IoT 생태계를 위한 풀 스택 서비스를 제공한다.

TIP

> 알리바바 IoT 솔루션에 대한 자세한 내용은 다음 링크에서 확인할 수 있다.
> https://www.alibabacloud.com/help/en/iot-platform

IoT 생태계 모니터링

IoT에서 아키텍트가 가장 먼저 해결해야 할 과제는 보안이다. 따라서 장치의 보안 상태는 상시 모니터링돼야 한다. 위험을 더 잘 이해하기 위해 OWASP[Open Web Application Security Project]에서 제시하는 주요 위험 요소를 살펴보자. 다음은 상위 다섯 가지 위험 요소다.

- 취약한 비밀번호
- 허술하게 보호된 네트워크 서비스
- 엉성한 인터페이스 보안
- 보안 규칙 및 패치 업데이트 메커니즘 부재
- 오래된 구성 요소 사용

가장 큰 위험은 장치 관리 소홀과 데이터 전송에 대한 모니터링 부족이다. 이는 장치의 위치를 파악하는 것에서 시작된다. 하지만 장치의 위치를 아는 것만으로는 충분하지 않으며, 장치가 무엇을 하고 있는지, 어떤 종류의 데이터를 수집하는지, 어떻게 수집하는지도 알아야 한다. 관측 가능성은 모든 IoT 아키텍처가 준수해야 하는 핵심 원칙이다.

이는 IoT에서 가장 큰 과제이기도 하다. IoT 생태계가 수백, 수천 개의 장치로 구성될 수 있다는 점을 생각해 보자. 예를 들어 수도 회사는 배관 곳곳에 센서를 설치해 물의 흐름을 감시하고, 생산 시설에서는 공정 단계마다 수질 데이터를 수집한다. 이렇게 분산된 센서들이 복잡한 배관망 전반에서 수질과 분배 현황을 지속적으로 모아 주는데, 이때 수압과 펌프 작동 같은 매개변수는 각별히 중요하다.

여기서 던져야 할 질문은 두 가지다. 회사가 모든 센서를 전부 모니터링해야 하는가, 아니면 모든 오류와 고장에 일일이 대응하기보다 무엇을 모니터링할지를 먼저 정해야 하는가? 이때 각 센서가 수집한 데이터는 시스템이 설계 및 예측대로 작동하는지 판단할 수 있을 만큼 정확하고 관련성이 있어야 한다. 이를 종합해 보면 결국 IoT 모니터링의 핵심은 데이터 분석이다.

IoT 장치는 데이터를 수집할 뿐만 아니라 데이터를 생성하기도 한다. 이 데이터는 보안 상태를 포함해 장치 자체의 상태를 모니터링하는 데 중요하다.

IoT 생태계를 모니터링하기 위한 비즈니스의 요구 사항을 요약하면 다음과 같다.

- **IoT 하드웨어:** 일반적으로 IoT 장치에는 CPU, 메모리, 데이터를 저장하기 위한 디스크 등이 있으며, 장치가 최적으로 실행되게 하려면 다른 하드웨어와 마찬가지로 이러한 구성 요소를 모니터링해야 한다. 또한 CPU, 메모리 또는 디스크 사용량이 임곗값을 초과하지 않는지 확인해 성능 저하나 오류를 방지해야 한다. IoT 스위트에 통합된 IoT 모니터링 도구는 장치의 성능 저하나 오작동 시 실시간으로 경고를 보낼 수 있어야 한다.
- **IoT 소프트웨어 및 애플리케이션:** IoT에는 하드웨어 외에도 소프트웨어와 애플리케이션이 실행된다. 이 소프트웨어는 운영체제부터 K3s를 사용하는 경량 컨테이너에서 호스팅되는 작은 앱 또는 기능까지 다양하다. K3s는 무인 원격 위치에서 워크로드를 실행하게 개발됐지만, 무인 상태라고 해서 모니터링하지 않아도 된다는 의미는 아니다. IoT 장치에서 실행되는 모든 소프트웨어는 반드시 모니터링해야 하며, 모니터링 도구는 소프트웨어 오작동으로 인한 문제를 감지해 장치가 제대로 작동하지 못하는 상황을 예방해야 한다.

- **데이터:** 앞서 살펴봤듯 IoT 장치는 데이터를 수집해 전송한다. 장치는 IoT 허브나 게이트웨이 같은 중앙 환경으로 데이터를 보낼 수 있어야 하며, 업데이트와 패치도 수신할 수 있어야 한다. 게이트웨이에 대한 자세한 내용은 9장 후반부에서 다룬다. IoT 장치가 최적으로 동작하려면 데이터 흐름이 끊기지 않아야 하는데, 이는 작은 이상만 있어도 큰 장애로 번질 수 있기 때문이다. 따라서 장치 간, 그리고 장치와 중앙 관리 환경 간의 데이터 흐름을 상시 모니터링해 연결 상태를 확인하고, 중단이 발생하면 실시간으로 감지해야 한다.
- **보안 태세:** IoT 장치는 안전하게 보호돼야 한다. 강화Hardening는 불필요한 기능 및/또는 보안 위험을 비활성화하고 연결을 암호화하는 프로세스로, 공격자가 시스템에 접근하기 어렵게 만드는 과정이다. 설령 침입에 성공하더라도 탈취한 데이터를 쓰기 어렵게 만들어야 한다. 이를 위해 불필요한 계정은 삭제하고, 최소 권한 원칙을 적용하며, 모든 연결을 암호화해야 한다. 또한 소프트웨어와 펌웨어를 정기적으로 업데이트하고, 특히 보안 패치는 적극적으로 적용해야 한다.

모니터링 도구는 보안 태세가 위반될 때마다 경고를 보내야 한다. IoT 장치는 종종 네트워크로 연결되는 다른 시스템으로 향하는 열린 문과 같아서 중요한 데이터가 유출될 수 있다. 이는 가정용 IoT에도 해당된다. 예를 들어 보호되지 않은 도어 카메라가 해킹되면 가정 네트워크에 연결된 PC(예: 금융 데이터가 저장된 컴퓨터)까지 접근당할 수 있다. 기업 환경에서는 그 피해가 훨씬 커져 대규모 데이터 유출로 번질 수 있다.

따라서 IoT 생태계를 위한 아키텍처는 이러한 위험을 전제로 설계돼야 하며, 제기되는 과제를 체계적으로 해결해야 한다. 이어서 퍼블릭 클라우드가 이러한 과제를 어떻게 완화하고 극복하는지 살펴보자.

IoT 장치 모니터링 시스템을 구축할 때 직면하는 대표적 어려움은 다음과 같다.

- **관측 가능성 확보:** IoT 생태계는 수많은 분산된 장치로 구성되므로, 전체 환경을 한눈에 파악하는 것이 가장 먼저 해결해야 할 문제다.
- **탐지 및 대응:** 성능 또는 보안 문제를 최대한 신속하게 탐지해 생태계 전체로 문제가 확산하는 것을 막는 것이 중요하다. 탐지 및 대응 속도가 핵심이며, 중요한 프로세스, 나아가 고객 서비스에 영향을 미치기 전에 문제를 감지해야 한다.
- **통합:** 새로운 장치가 지속적으로 추가되므로, 이러한 장치를 기존 생태계에 통합하고 즉시 모니터링 시스템에 연결해야 한다. 특히 보안 정책을 즉시 적용하지 않으면 새로운 장치가 취약점을 유발할 수 있으므로, 모니터링 시스템에 즉시 연결하는 것이 중요하다.

앞서 살펴본 퍼블릭 클라우드 환경은 IoT 생태계를 구축하고 모니터링하는 데 어떻게 도움이 될까? 클라우드 서비스 공급자는 특정 IoT 기술이나 장치 제조업체에 종속되지 않는 중앙 집중식 솔루션을 제공한다. 클라우드 플랫폼을 통해 기업은 전체 환경을 단일 창에서 관리하고 중앙 집중식 관리 기능을 활용할 수 있다.

애저의 IoT 허브, AWS IoT, 구글의 IoT 코어와 같은 솔루션은 다음과 같은 도구와 솔루션을 제공한다.

- 네트워크 내 IoT 장치의 자동 검색
- 경고 기능을 포함한 중앙 집중식 원격 장치 모니터링
- IoT 보안의 중앙 집중식 모니터링 및 관리
- 연결의 중앙 집중식 모니터링 및 관리

IoT 생태계를 관리하기 위해 클라우드 솔루션을 구현할 때 가장 큰 장점은 퍼블릭 클라우드가 이 모든 것을 빠른 속도와 규모로 제공할 수 있다는 점이다. 그렇다면 IoT 시스템의 아키텍처 요구 사항은 무엇일까? 먼저 장치가 서로 연결되고 선택한 클라우드에 연결될 수 있는지 확인해야 한다. 다음 절에서는 IoT 생태계를 클라우드에 연결하는 것부터 시작해 이 내용을 자세히 설명한다.

클라우드로의 연결 설계

IoT 생태계를 모니터링하고 관리하기 전에 반드시 거쳐야 할 중요한 단계가 있다. 바로 IoT 장치를 클라우드에 연결하는 것이다. 이를 위한 해결책으로 게이트웨이와 엣지 컴퓨팅을 활용할 수 있다.

수많은 IoT 장치를 클라우드 시스템에 일일이 연결하는 것은 바람직하지 않다. 모든 연결은 침입 위험을 야기하고, 이는 곧 보안 침해로 이어질 수 있기 때문이다. 따라서 모든 연결이 클라우드 환경의 최전선에 위치한 단일 시스템, 장비 또는 인스턴스를 향하게 해야 한다. 이렇게 하면 IoT 장치의 데이터가 클라우드 내부에 호스팅된 시스템에 들어가기 전에 보안을 강화할 수 있다.

IoT 게이트웨이는 그 대표적인 예다. 게이트웨이는 가상 머신이나 서비스 형태로 구성될 수 있으며, 클라우드와 IoT 장치 사이의 연결 지점 역할을 한다. 또한 장치와 클라우드 간에 오가는 모든 데이터가 거치므로, 중앙 연결 허브이자 데이터 제어 지점이 된다. 그림 9.1은 IoT 게이트웨이의 기본 원리를 보여준다.

IoT 게이트웨이와 엣지 컴퓨팅은 종종 혼용되지만, 서로 다른 개념이다. 엣지 컴퓨팅은 네트워크의 가장자리, 즉 데이터 소스에 더 가까운 곳에 컴퓨팅 능력을 배치하는 것을 의미한다. 즉, 데이터 소스에 매우 근접한 처리 능력이 필요한 경우 지연 시간을 줄이기 위해 사용하는 클라우드의 작은 조각이라고 생각할 수 있다. 이는 데이터가 중앙 클라우드 환경에서 처리되지 않아야 하는 경우 개인 정보 보호 및 규정 준수를 위해 엣지 컴퓨팅을 활용하기도 한다.

엣지 컴퓨터는 게이트웨이 역할을 할 수 있다. 예를 들어 IoT 센서에서 수집한 데이터는 엣지 컴퓨터에서 먼저 모으고 처리하는데, 이는 많은 IoT 장치가 장거리 전송에 제약이 있고, 전송에는 네트워크와 전력이 필요하기 때문이다. 소형 배터리를 쓰는 장치가 장거리로 지속적인 전송을 하면 배터리가 빠르게 소모될 것이다. 하지만 전송 거리를 줄이면 전력 소모를 크게 낮출 수 있는데, 이는 게이트웨이로 동작하는 엣지 컴퓨터가 해결한다. 엣지 컴퓨터는 장치 데이터를 로컬에서 처리하고, 필요한 데이터만 선별해 추가 분석을 위해 중앙 클라우드로 전송한다.

클라우드 서비스 공급자는 엣지 컴퓨팅을 위한 다양한 솔루션을 제공한다. 이 분야의 선두 주자는 애저 스택 엣지와 AWS Outposts다.

- **애저 스택 엣지:** 애저에서 완벽하게 관리하는 장치로, 애저 포털을 통해 어플라이언스를 주문할 수 있다. 스택 엣지는 32 vCPU (Pro) 버전과 40 vCPU (Pro 2) 버전의 두 가지가 있다. 1U 랙 버전은 최대 4.2TB의 스토리지를 탑재할 수 있으며, GPU도 장착돼 있다. 스택 엣지는 클라우드 스토리지 게이트웨이 역할을 해 애저로의 데이터 전송을 지원하는 동시에 어플라이언스 자체에서 파일에 대한 로컬 액세스를 유지한다. GPU를 제공하는 Pro R 버전과 엣지 처리를 위한 VPU(Vision Processing Unit)를 탑재한 Mini R 버전도 있다.
- **AWS Outposts:** 온프레미스에서 호스팅할 수 있는 AWS 관리형 어플라이언스로, 1U 또는 2U 랙 서버, 또는 AWS Outposts 42U 랙 형태로 제공 및 설치된다. 고객은 엣지 매니저 및 IoT Greengrass를 포함해 AWS Outposts를 통해 온프레미스에서 네이티브 AWS 서비스를 실행할 수 있다.

IoT 관리의 과제를 다시 정리해 보자. IoT는 모니터링과 데이터 분석을 위해 수많은 장치를 중앙 집중식 플랫폼에 연결해야 한다. 이때 장치들은 광범위하게 분산돼 있고, 대개 소형 배터리로 구동된다. 그럼에도 실시간에 가까운 속도로 상당한 거리에서 데이터를 주고받아야 한다. 이를 뒷받침하려면 다양한 연결 방식과 통신 프로토콜이 필요하다. 다음 절에서는 이러한 연결 유형과 통신 프로토콜을 자세히 살펴본다.

IoT와 IPv6, LoRa 및 5G 연결

앞 절에서는 게이트웨이와 엣지 컴퓨팅을 통해 IoT 생태계를 퍼블릭 클라우드 환경에 연결하는 방법을 살펴봤다. 이제 IoT 장치들이 서로, 그리고 궁극적으로 클라우드와 통신하기 위해 다양한 프로토콜을 사용한다는 점을 이해해 보자. 이는 연결해야 할 장치 수가 워낙 방대하고, 이 장치들로부터 클라우드로 전송되는 데이터의 양 또한 상당하기 때문이다. 인프라는 이러한 데이터양을 흡수할 수 있어야 하며, 이를 위해서는 다양한 통신 방식이 필요하다.

결국 장치 간 통신을 지원하고, 장치와 클라우드 환경 간에 실시간으로 작은 데이터 조각들을 지속적으로 전송할 수 있는 연결 방식이 필요한 것이다.

다음은 새롭게 떠오르는 여러 IoT 표준이다.

- **저전력 무선 개인 영역 네트워크용 IPv6(6LoWPAN)**: IETF(인터넷 엔지니어링 태스크 포스)에서 정의한 저전력 IoT 장치와 인터넷 간의 연결 및 통신을 위한 개방형 표준이다. 6LoWPAN 표준에는 홈 자동화를 위한 802.15.4, **저전력 블루투스**BLE, Bluetooth Low Energy 및 Z-Wave가 포함된다.
- **Zigbee**: 산업 환경에서 주로 사용되는 저전력, 저데이터 속도 무선 네트워크로, IoT 표준 중 가장 잘 알려져 있다. Zigbee는 IEEEInstitute of Electrical and Electronics Engineers의 공통 802.15.4 표준을 기반으로 한다.
- **OneM2M**: 장치용 소프트웨어 및 하드웨어에 내장된 M2M 통신을 위한 글로벌 표준이다. 실시간 M2M 통신을 위한 또 다른 표준은 Object Management Group에서 개발한 DDSData Distribution Service다.
- **AMQP**Advanced Message Queuing Protocol: 다양한 애플리케이션에서 비동기식 암호화 메시징에 사용되는 오픈소스 표준이다. 이 프로토콜은 IoT 장치 관리에 널리 사용되며, 9장에서 설명한 모든 IoT 솔루션에서 지원된다.
- **CoAP**Constrained Application Protocol: IETF에서 무선 센서와 같은 제약적인 저전력 장치가 네트워크에서 통신하는 방법을 정의하기 위해 설계한 프로토콜이

다. 메시징에 매우 간단한 구문을 사용하며, 가장 작은 CoAP 메시지는 4바이트에 불과하다.

- **LoRaWAN**(장거리 광대역 네트워크): 스마트 시티와 같이 IoT 장치가 있는 대규모 네트워크를 지원하게 설계됐다.

여기서 반드시 언급해야 할 기술 중 하나는 5G/LTE[Long-Term Evolution]로, 앞서 언급한 LoRaWAN 네트워크는 가끔 온라인에 연결해야 하는 장치에 적합하다. 하지만 지속적인 연결이 필요하고 더 빠른 네트워크 속도와 대역폭이 필요한 장치에는 LTE-M 및 L4G M2M이 더 나은 대안이다.

5G 네트워크의 도입과 확산은 IoT를 가속화할 수 있는 엄청난 잠재력을 지닌 차세대 기술이다. 5G의 가장 큰 장점은 네트워크 지연 시간이 매우 짧다는 것이다. 덕분에 응답 시간이 매우 빨라 클라우드와 같은 인터넷 서비스와 빠르게 움직이는 차량 간의 통신에 적합하다.

일부 클라우드 서비스 공급사는 이미 5G를 활용하는 서비스를 개발했다. 예를 들어 애저 Network Function Manager는 애저 스택 엣지에서 사설 LTE/5G 환경을 구현할 수 있도록 모바일 패킷 코어 등 특수 네트워크 기능의 배포를 지원한다.

또 다른 예로 초저지연 애플리케이션을 배포할 수 있는 AWS Wavelength가 있다. Wavelength를 사용하면 애플리케이션의 일부를 AWS의 가상 프라이빗 클라우드 확장인 Wavelength Zone으로 전송할 수 있다. 그러면 5G에 연결된 IoT 장치(예를 들어 이동 중인 차량)가 통신사 모바일 망을 벗어나지 않고도 해당 애플리케이션에 직접 접속할 수 있다. 일반적으로 장치는 인터넷을 통해 여러 홉을 거쳐 클라우드의 목적지에 도달하므로 지연 시간이 발생하지만, Wavelength는 이러한 홉을 줄여 원활한 통신을 가능하게 한다.

TIP

> 애저 Network Function Manager에 대한 자세한 내용은 https://azure.microsoft.com/en-us/products/azure-network-function-manager/에서 확인할 수 있다. AWS Wavelength에 대한 자세한 내용은 https://aws.amazon.com/wavelength/를 참조하면 된다.

마무리

9장에서는 IoT 생태계의 기본 아키텍처 원칙을 살펴봤다. IoT 아키텍처는 매우 복잡하며, 다양한 과제를 안고 있는데, 그중 첫 번째 과제는 수백에서 수천 개의 장치로 쉽게 확장될 수 있는 IoT 생태계의 규모다. 이 모든 장치는 안전하게 보호되고 모니터링돼야 한다. 다음으로 이러한 장치들이 전송하는 데이터를 분석해야 한다. 이를 위해서는 중앙 집중식 플랫폼이 필요하다.

애저, AWS, GCP, 알리바바의 IoT 솔루션과 각 솔루션이 제공하는 기능을 살펴봤다. 서비스는 장치 업데이트 관리부터 IoT 생태계의 잠재적 취약점을 탐지하고 대응하기 위한 보안 모니터링까지 다양하다. IoT 아키텍처의 중요한 요소는 연결성으로, 마지막 절에서는 IoT 게이트웨이와 엣지 어플라이언스를 사용해 클라우드에 연결하는 방법과 저전력 장치가 서로 연결하고 통신할 수 있게 지원하는 다양한 프로토콜을 살펴봤다. 마지막으로 5G의 가능성과 이것이 IoT 성장에 미치는 영향을 알아봤다.

이것으로 데이터 분석 및 IoT와 같은 다양한 사용 사례를 위한 기반 환경 설정에 대한 설명을 마친다. 이어지는 10장에서는 핀옵스 원칙을 바탕으로 클라우드 자산에 대한 재정적 통제를 유지하는 방법을 다룬다.

질문

1. AWS에서 IoT 장치에 애플리케이션을 구축, 구성 및 배포하는 데 사용하는 솔루션은 무엇인가?
2. 애저와 AWS는 모두 엣지 컴퓨팅에 사용할 수 있는 어플라이언스를 제공한다. 두 솔루션의 이름은 무엇인가?
3. LoRaWAN은 무엇의 약자인가?

더 읽을거리

- IoT and Edge Computing for Architects, by Perry Lee, Packt Publishing, 2020

10

핀옵스를 통한 비용 관리

퍼블릭 클라우드에서 데이터 센터를 구축하고 운영하는 것이 기존 방식보다 비용 효율적일 수 있지만, 여전히 비용이 발생한다. 따라서 항상 비용을 통제할 방법이 필요하다. 핀옵스는 이러한 비용 통제에 초점을 맞춘다.

10장에서는 멀티 클라우드 환경에서 핀옵스를 관리하기 위한 시작점으로, 리소스 프로비저닝과 그에 따른 비용을 알아본다. 애저, AWS, GCP, 알리바바 클라우드, OCI와 같은 퍼블릭 클라우드에서 이러한 비용을 추적하는 방법을 알아보고, 핀옵스의 기본 원칙을 간략하게 소개한다.

10장에서 다루는 내용은 다음과 같다.

- 핀옵스 원칙 이해
- 클라우드 리소스 프로비저닝 가이드라인 정의
- 프로비저닝을 위한 비용 정책 정의
- 계정 계층 구조 이해
- 라이선스 계약 이해

- 태그 지정 표준 정의
- 청구서 검증 및 관리
- 송장 검증

핀옵스 원칙 이해

우선 핀옵스는 클라우드 비용을 단순히 절감하는 것이 아니라 클라우드를 통해 수익을 창출하는 데 초점을 맞춘다. 따라서 핀옵스는 비즈니스 계획 및 아키텍처와 긴밀하게 통합돼야 한다. 핀옵스는 클라우드와 데브옵스의 등장으로 재정적 통제를 유지하는 데 필수적임이 입증됐다.

그렇다면 기업은 클라우드 전환을 위해 왜 핀옵스가 필요할까? 그 이유는 간단하다. 클라우드 지출에 대한 관측 가능성을 확보해야 하기 때문이다. 이는 말이 쉬울 뿐 실제로 달성하기는 어렵다. 클라우드 환경에서는 새로운 장비를 주문할 필요 없이 이미 준비된 '장비'를 사용하기만 하면 되기에, 엔지니어가 원하는 대로 리소스를 배포할 수 있다. 하지만 전통적으로 하드웨어 투자를 승인하던 재무 부서는 클라우드에서 무엇이 어떻게 쓰이고 있는지 제대로 파악하기 어렵다. 게다가 데브옵스를 통해 한 달, 한 주, 심지어 하루에도 여러 번 릴리스가 이뤄지므로 클라우드 사용량은 매우 역동적이다. 따라서 지출을 추적하기 어렵고, 더 큰 문제는 해당 지출이 비즈니스 목표 달성에 기여하는지 판단하기 어렵다는 것이다. 기업은 투자를 추적하고 비즈니스 목표와 연관시켜 비즈니스 타당성을 검증할 수 있는 방법론이 필요하다. 리눅스 재단 산하 핀옵스 재단은 이러한 필요에 부응하는 방법론을 제시한다. 핀옵스가 지향하는 목표는 다음과 같다.

- 정보 습득
- 최적화 목표 식별
- 최적화 목표를 실현하기 위한 변경 사항 실행

이는 반복적인 과정으로, 기업은 클라우드 지출에 대한 통찰력을 얻은 후 소비를 최적화할 수 있는 목표를 식별할 수 있다. 다음 단계는 클라우드 리소스 사용을 최적화하기 위한 솔루션을 고민하는 것이다. 핀옵스의 목적은 단순히 비용을 절감하는 것이 아니라 클라우드 사용에서 더 많은 이점을 얻는 데 있다. 핀옵스에서는 이 과정을 반복적인 접근 방식으로 진행하며, 기업이 모든 것을 한 번에 완료할 것이라고 가정하지 않는다. 팀은 최소 실행 가능 제품MVP, Minimum Viable Product으로 시작해 더 많은 것을 배우면서 역량을 구축하고 개선해 나간다. 핀옵스 재단은 이러한 생명 주기 접근 방식을 '구르기, 걷기, 달리기'라고 부른다. 팀은 이 생명 주기를 거치면서 실력이 향상될 것이다.

핀옵스의 가장 중요한 원칙은 다음과 같이 요약할 수 있다.

- 리소스 소비에 대한 원칙과 지침 정의
- 리소스 프로비저닝에 대한 원칙과 지침 정의
- 자산 태깅 표준 정의
- 청구서 검증 및 관리
- 비용 분담 모델 활용
- 효율적인 구매 옵션 확보
- 라이선스 관리 실행
- 자동화

다음 절에서는 이러한 원칙을 더 자세히 살펴보고 주요 클라우드 서비스 공급자와 함께 어떻게 작동하는지 예를 통해 알아본다.

클라우드 리소스 프로비저닝 가이드라인 정의

리소스 프로비저닝 시 비용을 통제하는 방법을 알아보기 전에 퍼블릭 클라우드에서 리소스 프로비저닝이 어떻게 이뤄지는지 이해해야 한다. 이를 수행하는 방법은 다양하지만, 10장에서는 클라우드 서비스 공급자가 제공하는 기본 프로비저닝 도구를 사용하는 방법을 살펴본다.

리소스 프로비저닝에는 크게 두 가지 방식이 있다.

- 자체 프로비저닝
- 동적 프로비저닝

일반적으로 사용자는 클라우드 서비스 공급자의 포털에서 자체 프로비저닝을 시작한다. 이후 포털에서 필요한 리소스를 선택한 후 해당 리소스가 클라우드 환경에 배포 가능한지 확인하고, 검증이 완료되면 리소스가 생성되고, 사용자는 이를 즉시 활용할 수 있다.

리소스는 시간 또는 분 단위로 청구되지만, 예약 인스턴스 계약이 있는 경우에는 예외다. 예약 인스턴스는 1년, 3년 또는 5년과 같이 장기간 계약하는 방식으로, 사용자는 미리 구매한 예약 인스턴스에 대한 가용성, 용량 및 사용량을 보장받을 수 있다. 예약 인스턴스의 장점은 클라우드 서비스 공급자가 이러한 리소스에 대해 할인을 제공한다는 점으로, 장기간 사용할 경우 매우 비용 효율적일 수 있으며, 예산 통제에도 효과적이다. 기업이 해당 기간 동안의 비용을 정확히 알 수 있기 때문이다. 하지만 종량제 모델보다 유연성이 떨어지고, 선불 결제 또는 투자가 필요하다는 단점이 있다. 물론 대부분의 공급자는 추가 비용 없이 월별 결제를 선택할 수 있는 옵션도 제공한다.

동적 프로비저닝은 자동화된 프로세스에 가깝다. 예를 들어 웹 서버의 로드가 급증하는 경우를 생각해 보자. 웹 서버의 자동 스케일 아웃 또는 스케일 업을 허용하면 클라우드 서비스 공급자는 해당 웹 서버 또는 풀에 더 많은 리소스를 자동으로 배포한다. 이러한 추가 리소스는 종량제 요금으로 청구된다.

이제 이러한 리소스가 어떻게 배포되는지 살펴보자.

ARM을 사용한 애저에서의 리소스 배포

애저는 IaC를 위한 애저의 솔루션인 ARM을 사용한다. ARM은 사용자 요청을 처리하고 이행을 보장하는 서비스다. 요청이 ARM으로 전송되면 ARM은 VM 배포를 위한 모든 작업을 실행한다. 예를 들어 사용자가 사용할 수 있게 VM에 메모리, 프로세서, 디스크를 할당하는 것이다. ARM은 VM, 스토리지 계정, 웹앱, 데이터베이스, 가상 네트워크 리소스 그룹, 구독, 관리 그룹, 태그와 같은 애저의 모든 유형의 리소스에 대해 이 작업을 수행할 수 있다.

ARM은 포털에서 직접 액세스할 수 있다. 그러나 대부분의 개발자는 파워셸, 애저 CLI(커맨드라인 인터페이스) 또는 REST API를 사용한다. 이 경우 요청은 SDK로 전달되는데, 여기서 SDK는 파워셸 또는 CLI의 명령을 통해 호출할 수 있는 스크립트 및 코드 템플릿이 있는 라이브러리다. 여기서 리소스는 ARM에 배포된다. 다음 다이어그램은 ARM에 대한 개략적인 개념을 보여준다.

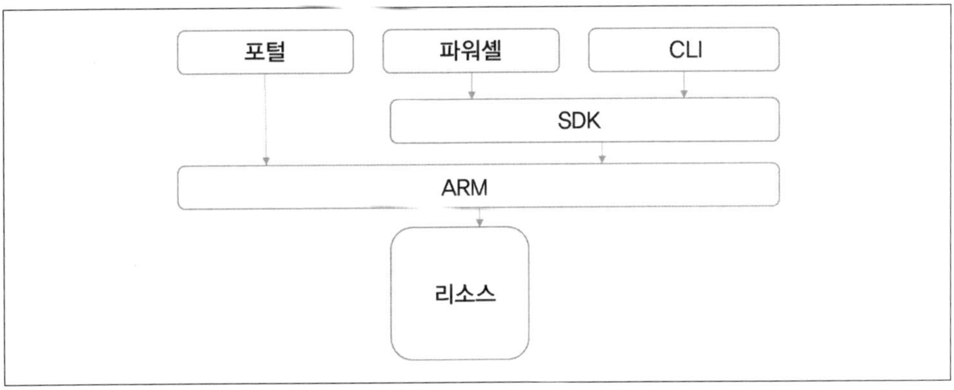

그림 10.1 ARM에 대한 개략적인 개념

다음 절에서는 AWS에서 리소스를 배포하는 방법을 알아본다.

CloudFormation 및 OpsWorks를 사용한 AWS에서의 리소스 배포

AWS에서는 워크로드를 프로비저닝하기 위한 두 가지 가능한 솔루션을 살펴봐야 한다. 첫 번째는 CloudFormation이다. 애저의 ARM과 마찬가지로 CloudFormation은 IaC이며, JSON 또는 YAML 템플릿을 사용해 일반적으로 AWS의 S3 버킷인 중앙 리포지토리에 저장한다. 아키텍트 또는 엔지니어는 브라우저 콘솔 또는 CLI를 통해 코드에 액세스해 지정된 AWS 환경에서 이러한 템플릿으로부터 인프라를 프로비저닝할 수 있다.

또 다른 솔루션은 리소스의 자동 배포 및 구성을 위한 AWS OpsWorks다. 이는 AWS가 자동화 도구인 Chef에서 가져온 용어인 쿡북 리포지토리cookbook repository와 함께 작동한다. OpsWorks는 내부적으로 Chef와 함께 작동하며 Chef 및 Puppet의 관리형 인스턴스를 생성한다.

AWS OpsWorks Stacks를 사용하면 인프라, 로드 밸런싱, 데이터베이스 및 애플리케이션 자체를 포함한 전체 스택을 자동으로 배포할 수 있다. 스택 자체는 AWS의 모든 배포의 핵심 구성 요소이며, EC2, VM 및 아마존 **관계형 데이터베이스 서비스**RDS 데이터베이스 인스턴스와 같은 다양한 리소스를 보유하는 구조다. OpsWorks는 이러한 리소스가 논리적인 방식으로 함께 그룹화되고 해당 논리적 그룹으로 배포되게 한다. 이를 쿡북 또는 레시피라고 부른다.

Stacks는 여러 계층에서 작동한다는 점을 기억하는 것이 중요하다. 첫 번째 계층은 로드 밸런서를 보유하는 ELBElastic Load Balancing 계층이고, 두 번째 계층은 EC2에서 배포된 실제 서버인 VM을 호스팅한다. 세 번째 계층은 데이터베이스 계층이다. 스택이 배포되면 다른 리포지토리에서 애플리케이션을 추가할 수 있으며, OpsWorks는 서버 및 데이터베이스가 배포되는 즉시 자동으로 이 작업을 수행하거나 수동으로 수행할 수 있다.

그림 10.2는 OpsWorks 스택의 개념화를 보여준다.

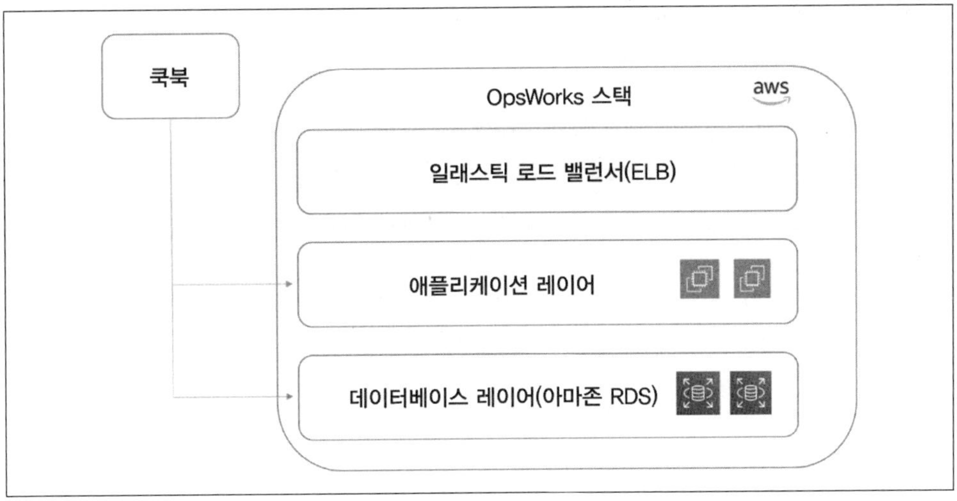

그림 10.2 AWS에서의 OpsWorks 스택의 개념

다음으로는 구글의 Deployment Manager를 알아본다.

Deployment Manager를 사용한 GCP에서의 리소스 배포

GCP에서 기본적으로 제공하는 프로그래밍 방식의 배포 메커니즘은 Deployment Manager다. 이를 통해 리소스를 생성하고 논리적으로 그룹화해 배포할 수 있다. 한 예로, VM과 데이터베이스를 하나의 코드 파일로 묶어 배포하는 것을 들 수 있다. 하지만 Deployment Manager를 사용하려면 어느 정도의 프로그래밍 기술이 필요하다. 시작하려면 먼저 `gcloud` 커맨드라인 도구를 설치해야 하며, 이후 GCP 프로젝트를 생성하거나 선택한다. 마지막으로 리소스를 일반적으로 사용되는 YAML[Yet Another Markup Language]로 작성된 배포 파일에 정의한다. 배포 준비가 완료되면 `gcloud deployment-manager` 명령을 사용해 GCP 프로젝트에 배포할 수 있다.

앞서 언급했듯 Deployment Manager를 사용하려면 프로그래밍 기술이 필요하다. Deployment Manager는 YAML 파일을 사용해 리소스를 정의하며, 여기에는 다음 정보가 포함된다.

- **머신 유형:** GCP 갤러리에서 제공하는 사전 정의된 VM 리소스 집합
- **이미지 패밀리:** 운영체제
- **영역:** 리소스가 배포될 GCP 영역
- **루트 영구 디스크:** 리소스의 부팅 순서를 지정
- **IP 주소:** 리소스에 접근할 수 있는 인터넷 주소

이러한 정보는 vm.yaml 파일에 저장되며, Deployment Manager에 의해 배포된다. 다음으로는 알리바바 클라우드와 오라클의 OCI를 알아본다.

테라폼을 사용한 알리바바에서의 배포

테라폼은 IaC 배포 도구로, 지금까지 다룬 모든 플랫폼에서 사용할 수 있다. 알리바바 클라우드 역시 테라폼을 사용해 리소스 배포를 권장한다. 이를 위해서는 먼저 시스템에 테라폼을 설치해야 한다. 그 후 알리바바 클라우드에 필요한 리소스를 정의해야 하는데, 가상 프라이빗 클라우드[VPC]와 ECS[Elastic Cloud Service]의 컴퓨팅 엔진 배포부터 시작한다. ECS는 AWS와 동일한 용어를 사용하며, 이후 게이트웨이를 사용해 네트워킹을 구성하고 IP 주소를 할당해야 한다.

다음 단계는 테라폼 스크립트의 구성을 확인하는 것이다. 알리바바 클라우드는 깃에 모범 사례가 담긴 데모 구성을 제공한다. 이는 `git clone` 명령을 사용해 https://code.aliyun.com/best-practice/017-int.git에서 파일을 다운로드할 수 있다. 참고로 알리바바 클라우드의 원래 이름은 Aliyun이었다.

데모 파일을 통해 리소스가 알리바바 클라우드에 배포되기 전에 구성을 확인하고, 테라폼의 `init`, `plan`, `apply` 단계를 수행할 수 있다. 또한 ECS 콘솔에서 리소스가 실제로 배포됐는지 확인할 수 있다.

TIP

> 각 알리바바 클라우드에서 테라폼을 사용하는 방법에 대한 자세한 설명은 https://www.alibabacloud.com/blog/deploy-alibaba-cloud-resources-by-using-terraform_596412에서 확인할 수 있다.

오라클 클라우드에서의 리소스 배포

알리바바와 마찬가지로 OCI Resource Manager도 테라폼을 배포 도구로 활용한다. Resource Manager는 메인 콘솔에서 '빠른 작업' 중 하나로 실행할 수 있으며, 그림 10.3에서 보이는 것처럼 쉽게 접근할 수 있다.

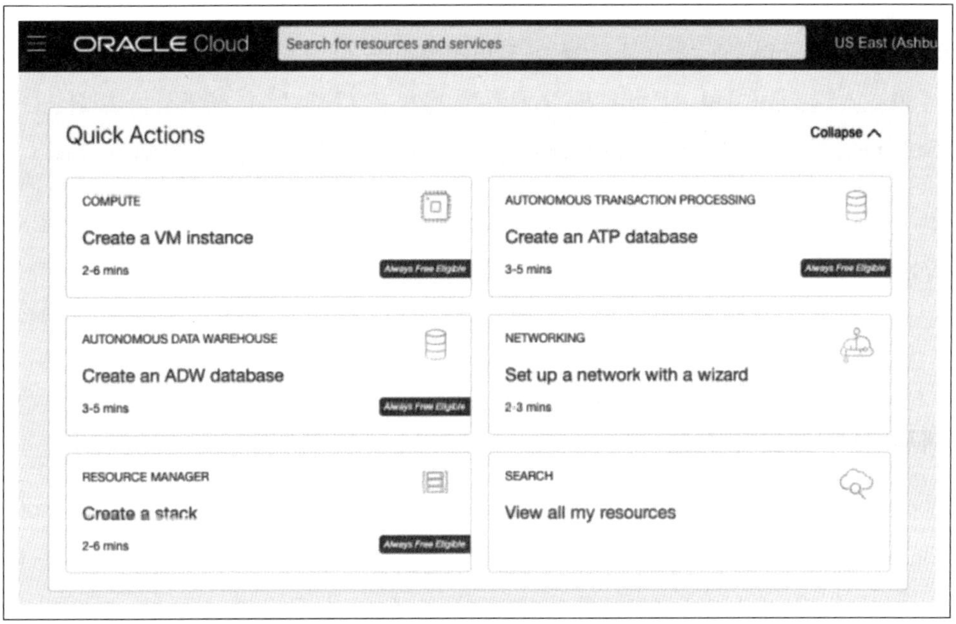

그림 10.3 오라클 클라우드의 Resource Manager 빠른 실행

엔지니어 또는 개발자는 Resource Manager 내에서 깃허브, 깃, 비트버킷Bitbucket 등 다양한 테라폼 소스를 활용할 수 있으며, 스택을 생성하고, 오라클에서 미리 구축한 테라폼 구성 템플릿을 사용할 수 있다. 테라폼 구성은 스택 생성을 위해 다음 변수들을 자동으로 채운다.

- 테넌시 오라클 클라우드 식별자OCID, Tenancy Oracle Cloud IDentifier
- Compartment OCID
- 리전
- 현재 사용자의 OCID

이러한 값들은 테라폼 명령인 plan, apply, destroy가 실행될 때 사용된다. OCI Resource Manager에 스택을 위한 테라폼 코드가 로드된다는 점을 기억하자.

프로비저닝을 위한 비용 정책 정의

앞 절에서는 클라우드에 리소스를 프로비저닝하는 방법을 알아봤다. 이번 절에서는 리소스 프로비저닝 시 비용을 통제하는 방법을 다룬다. 11장에서는 핀옵스 성숙화 방법론과 서비스를 살펴보겠지만, 그 전에 먼저 비용을 추정해야 한다.

클라우드에서는 이론상 무한정으로 리소스를 사용할 수 있지만, 대부분의 기업은 예산에 제약이 있다. 따라서 예산 초과를 방지하고자 각 부서나 개발자가 클라우드 환경에서 사용할 수 있는 리소스에 대한 원칙과 가이드라인을 설정해야 한다.

애저 가격 계산기 사용

애저에서 VM과 같은 리소스 비용을 간편하게 확인하려면 https://azure.microsoft.com/en-us/pricing/calculator/의 가격 계산기를 활용하면 된다. 앞으로 살펴볼 다른 계산기 및 예측 도구와 마찬가지로 이 도구 역시 무료로 사용할 수 있다.

해당 페이지를 열면 그림 10.4와 같이 Virtual Machines 버튼을 확인할 수 있다.

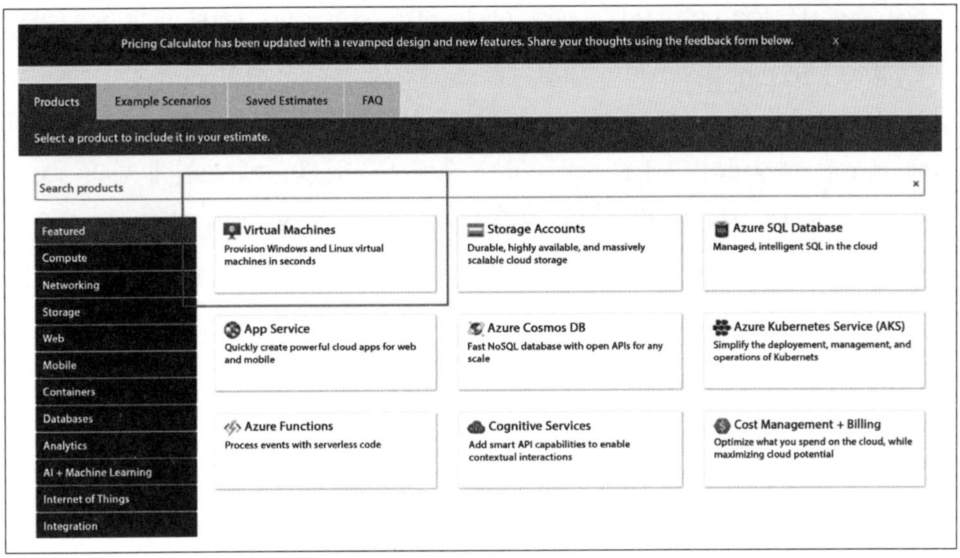

그림 10.4 애저 가격 계산기의 Virtual Machines 옵션

포털에는 그림 10.5와 같이 VM과 관련해 선택할 수 있는 모든 옵션이 표시된다.

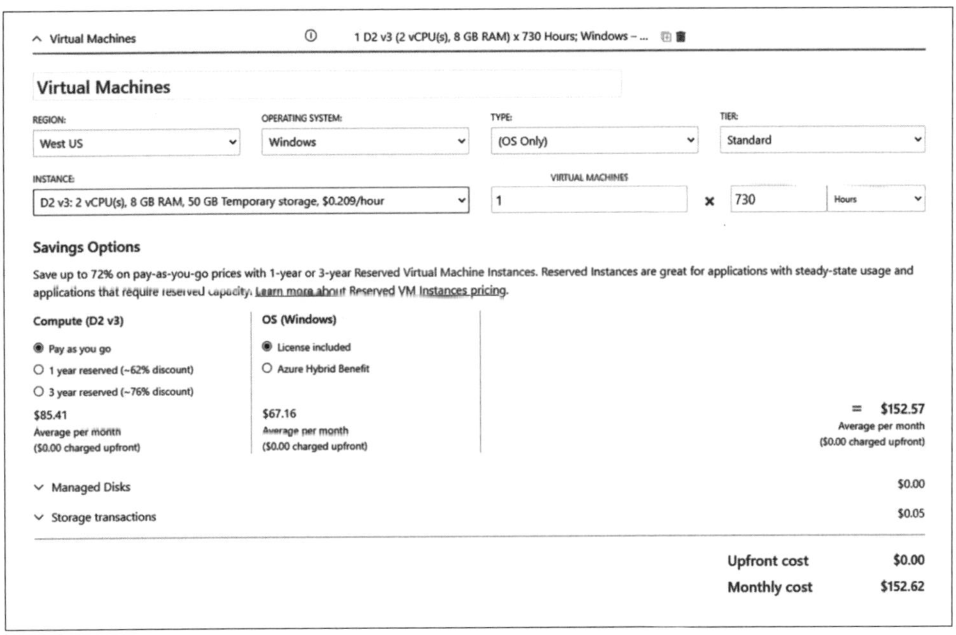

그림 10.5 애저 가격 계산기의 VM 탭 상세 정보

스크린샷에서는 D2 v3 VM이 선택돼 있다. 이는 가상 CPU 2개와 8GB 메모리를 갖춘 표준 VM이다. 또한 VM이 실행되는 동안만 존재하는 임시 저장소인 50GB의 임시 스토리지가 함께 제공되며, 운영체제로 윈도우를 실행하는 West US 애저 지역에 배포될 예정이다. 1개월(730시간) 동안 구매하지만, 종량제 조건에 따라 VM이 가동 및 실행되는 시간에 대해서만 요금이 부과된다. 한 달 동안 이 VM을 사용하는 데 드는 비용은 152.62달러로, 가격은 시간이 지남에 따라 달라질 수 있다.

1년 또는 3년 동안 예약 인스턴스로 구매할 수도 있다. 이 경우 VM 비용은 1년의 경우 62%, 3년 약정의 경우 76% 절감된다. 애저가 이렇게 하는 이유는 예약 인스턴스가 더 오랜 기간 동안 수익을 보장하기 때문이다.

D2 v3는 범용 머신이지만, 드롭다운 목록에는 다양한 시리즈로 그룹화된 130가지가 넘는 VM 유형이 있으며, D 시리즈는 일반적인 용도로 사용된다. 드롭다운 목록은 주로 개발 및 테스트를 위한 기본 VM인 A 시리즈로 시작하는데, SAP HANA 인메모리 데이터베이스와 같은 과중한 워크로드를 실행하려면 E 시리즈 VM이 더 적합하다. E64s v4는 64개의 vCPU와 500GB의 메모리를 갖추고 있으며, 월 약 5,000달러의 비용이 든다. 이러한 유형의 VM은 예약 인스턴스로 사용하는 것이 합리적이다.

AWS 계산기 사용

AWS에서도 https://calculator.aws/#/에 있는 계산기를 사용하면 동일한 작업을 수행할 수 있다. Create an estimate(견적 생성)을 클릭하면 다음 페이지가 나타나고, VM 생성을 위해 아마존 EC2를 서비스로 선택한다.

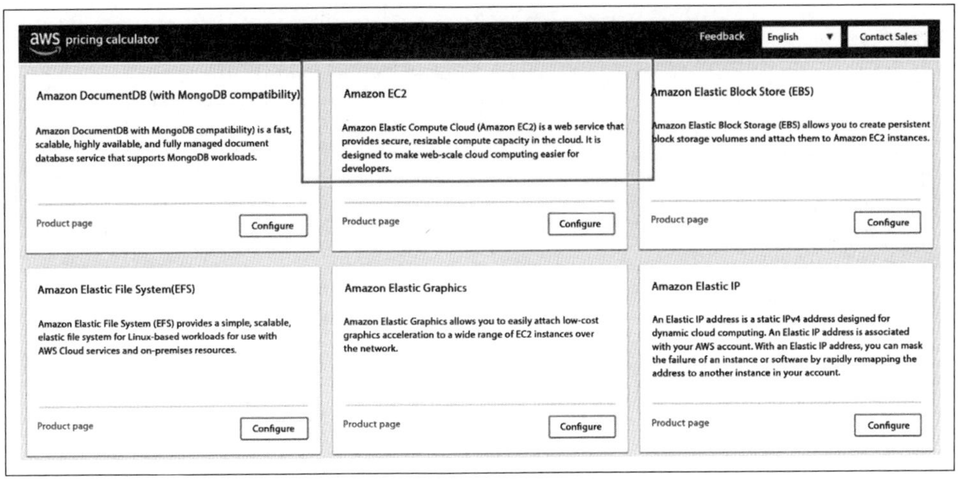

그림 10.6 AWS 가격 계산기의 EC2 VM 옵션

해당 탭을 클릭하면 애저와 유사한 화면이 표시된다. 그러나 한 가지 중요한 차이점이 있다. 애저에서는 VM 머신 유형도 고려된다.

AWS에서도 비슷한 작업이 가능하지만 vCPU 개수와 메모리 용량처럼 머신이 가져야 할 요구 사항을 먼저 지정할 수 있고, 그러면 AWS가 그 조건에 맞는 인스턴스 유형을 추천한다. 다음 예는 2개의 vCPU와 8GB의 메모리를 갖춘 머신에 대한 요구 사항을 보여준다. AWS는 `t3a.large`(t3a는 특정 인스턴스 크기)를 적합한 머신으로 정의했다.

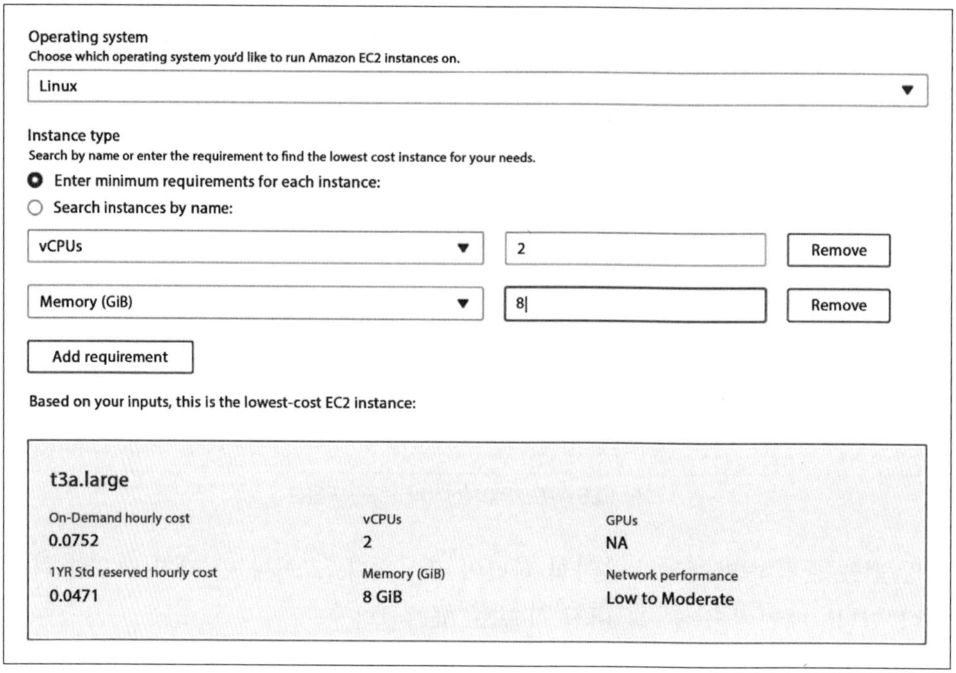

그림 10.7 AWS 가격 계산기에서 VM 사양 정의

다음으로 결정해야 할 사항은 클라우드 전략이다. AWS는 1년 및 3년 동안 온디맨드 및 예약 인스턴스를 제공하며, 선결제 옵션(전액, 부분, 없음)을 선택할 수 있다. 비교적 작은 VM(예: 앞의 예시)의 경우 결제가 문제가 되지 않지만, AWS는 최대 64개의 vCPU와 최대 1TB의 메모리를 갖춘 대규모 인스턴스도 제공하며, 이는 상당한 비용이 소요될 수 있다.

따라서 프로비저닝에 대한 명확한 지침과 원칙이 필요하다. 개발자가 높은 비용의 고성능 머신을 비즈니스 타당성에 대한 이해나 검증 없이 배포하는 상황은 피해야 한다. 특히 VM은 전체 구성 요소의 일부에 불과하며, 스토리지와 네트워킹까지 고려하면 비용은 쉽게 커질 수 있다.

출발점은 비즈니스와 사용 사례다. 이 환경의 목적은 무엇인가? 목적은 비즈니스 사례로 정의된다. 예를 들어 비즈니스에서 지리 정보 시스템에서 지도를 연구하는 도구가 필요하다고 해 보자. 그러면 지도를 호스팅하고 처리하기 위해서는 강력한 그래픽 성능을 갖춘 머신이 요구된다. 이 경우 GPU가 탑재된 시스템이 적합하다. 애저에서는 N 시리즈가 이에 해당하며, 이러한 머신은 GPU를 갖추고 해당 작업에 맞게 설계됐다. AWS에서는 G 시리즈와 P 시리즈가 유사한 용도에 해당한다. 또한 GCP와 애저에서는 NVIDIA Tesla GPU를 컴퓨트 인스턴스에 추가해 사용할 수 있다.

GCP 인스턴스 가격 계산기 사용

GCP는 애저나 AWS와 크게 다르지 않으며, GCP 프로젝트에 배포할 수 있는 사전 정의된 인스턴스 카탈로그를 제공한다. E2 인스턴스는 표준 머신이며, M 시리즈는 1TB 이상의 메모리를 사용하는 과중한 워크로드를 위해 설계됐다. 여기서 GCP 카탈로그에 대한 자세한 내용은 https://cloud.google.com/compute/vm-instance-pricing에서 확인할 수 있다. 다음 그림은 무료 리눅스 운영체제를 사용하는 표준 E2 인스턴스를 선택한 예다.

TIP

> GCP 가격 계산기는 다음 링크에서 접속할 수 있다.
> https://cloud.google.com/products/calculator

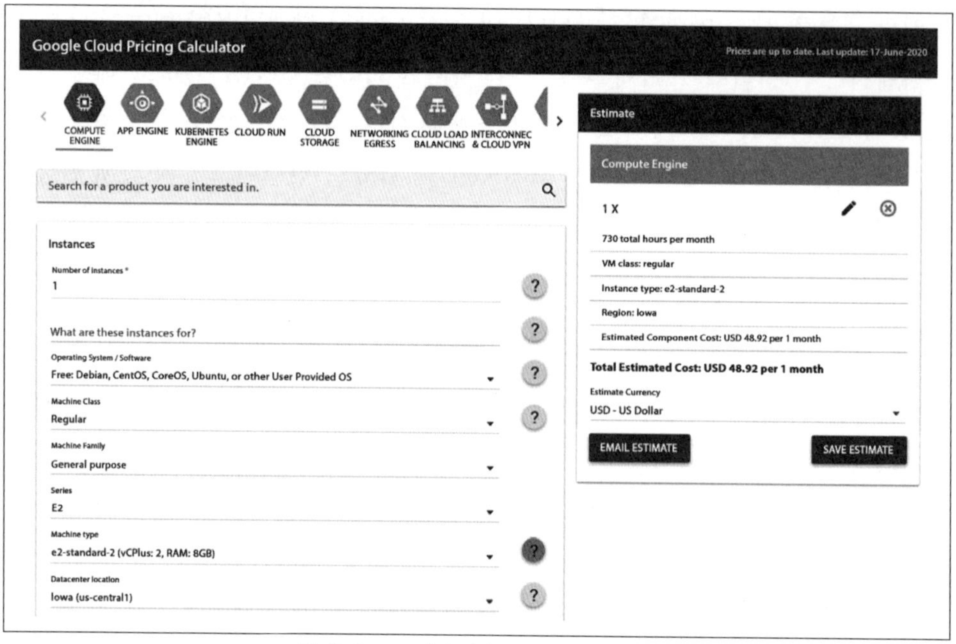

그림 10.8 GCP 가격 계산기에서 VM 사양 정의

알리바바 클라우드에서의 가격 이해

알리바바 클라우드의 가격 계산기는 https://www.alibabacloud.com/pricing-calculator#/commodity/vm_intl에서 찾을 수 있다. 사용자가 가장 먼저 알게 될 것은 계산기에 애저 계산기와 유사한 3개의 탭이 있다는 점이다.

첫 번째 탭은 Pricing(가격 목록)이다. 사용자는 상단에서 지역을 선택하고, 화면 왼쪽에서 가격을 알고 싶은 서비스를 선택한다. 여기서 종량제 또는 예약 인스턴스와 같은 리소스 옵션을 선택할 수도 있다.

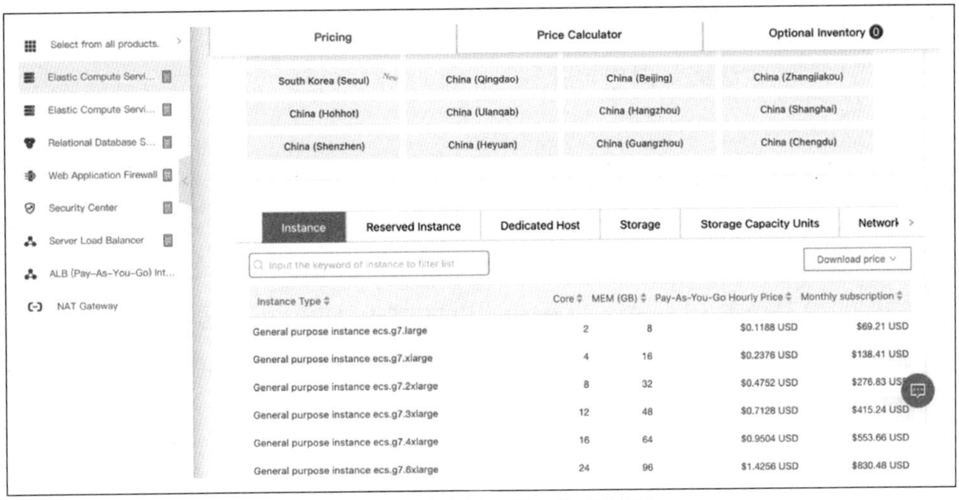

그림 10.9 알리바바 클라우드의 가격 목록

두 번째 탭은 Price Calculator(가격 계산기)다. 이 탭에서는 목록 가격을 기준으로 리소스를 계산한다. 할인된 가격을 보려면 콘솔에 로그인해야 하는데, 이는 그림 10.10의 화면 상단에 있는 메시지를 참조하면 된다.

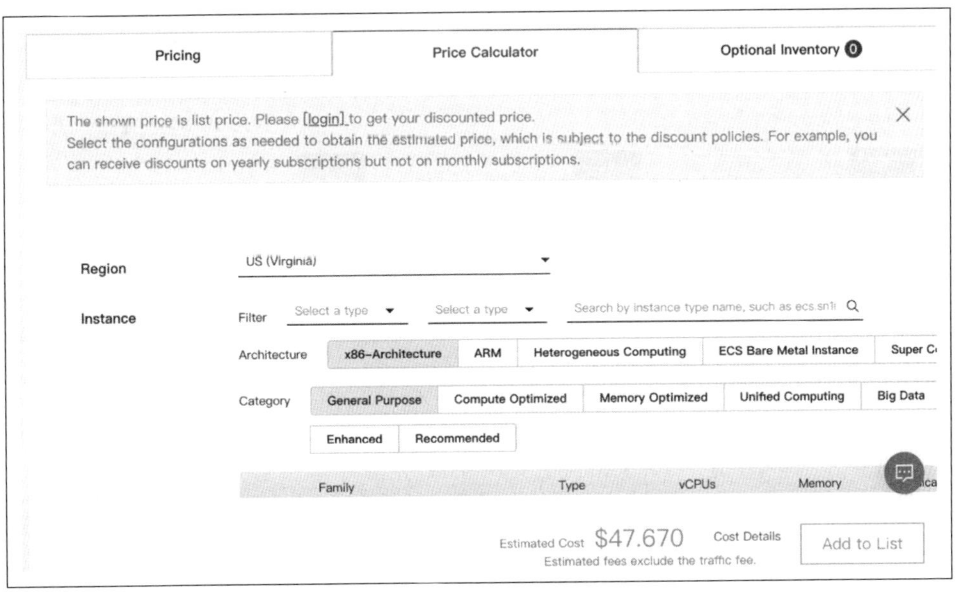

그림 10.10 알리바바 클라우드의 가격 계산기

세 번째 탭은 Optional Inventory(선택적 인벤토리)다. 이 목록은 리소스를 구매하면 계정에 적용되는 실제 할인율을 보여준다.

OCI에서의 비용 추정기 사용

AWS, 애저, GCP, 알리바바는 모든 리전의 모든 서비스를 포괄하는 계산기를 제공하는 반면, 오라클은 리전별로 비용 추정기를 제공한다. 예를 들어 https://www.oracle.com/uk/cloud/costestimator.html에서 영국에 대한 비용 계산기를 찾을 수 있으며, 그림 10.11에서 확인할 수 있다.

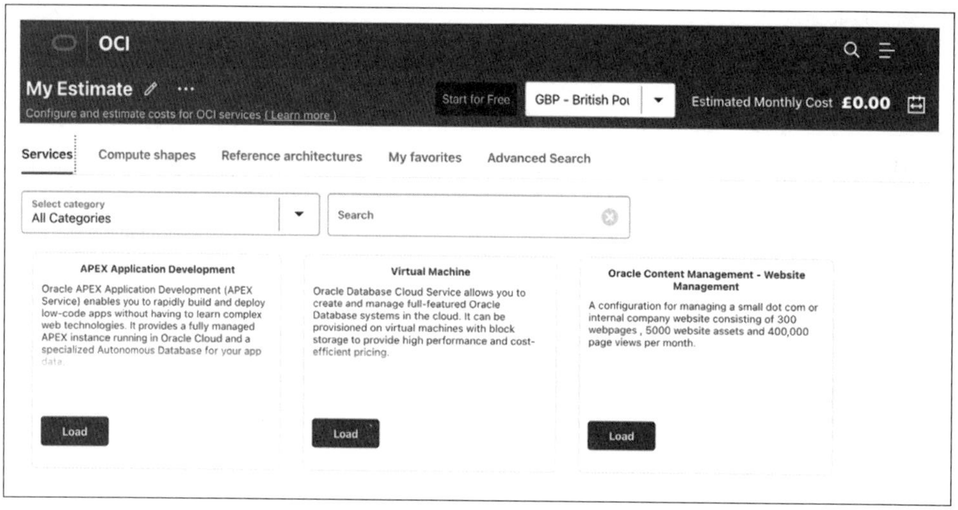

그림 10.11 OCI 가격 계산기

Compute shapes 탭에서 다양한 리소스와 해당 가격을 확인할 수 있으며, 레퍼런스 아키텍처는 OCI에서 특정 스택(예: 데이터 분석을 수행하는 소규모 스택)을 설정하는 데 도움이 된다. 이 경우 그림 10.12와 같이 Oracle Analytics Cloud (Small)를 로드할 수 있다.

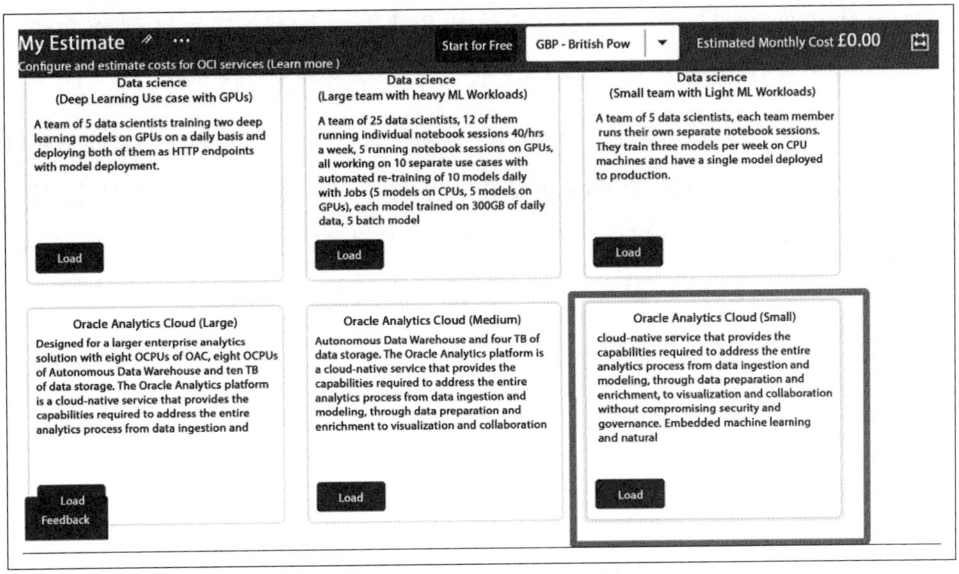

그림 10.12 OCI 비용 추정기에서 계산 로드

이제 다음 이미지에 표시된 대로 영국 파운드로 표시된 가격 세부 정보를 볼 수 있다.

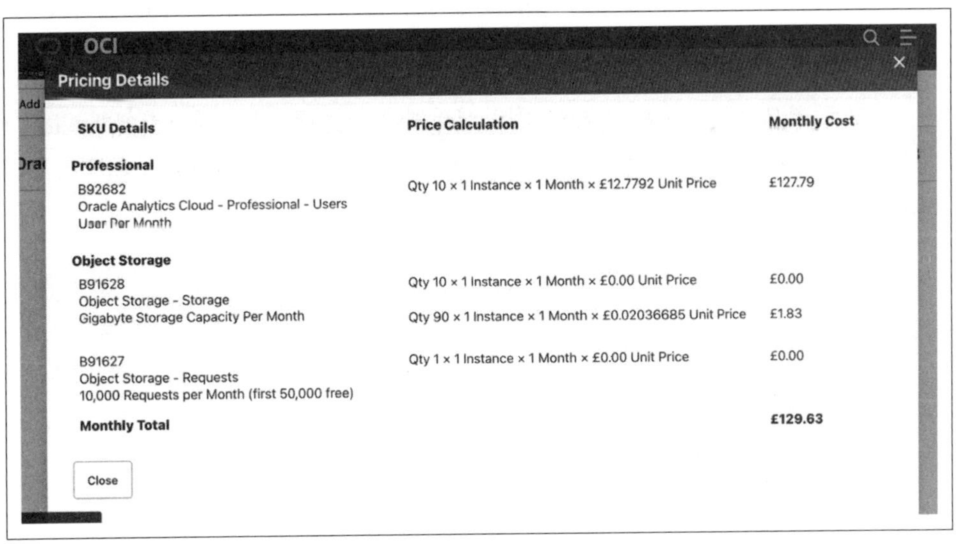

그림 10.13 OCI의 가격 세부 정보 예

이는 특정 솔루션이나 스택에 대한 예상 비용만 보여줄 뿐이라는 점에 유의해야 한다. 추정기에서 산출한 구성은 OCI에 실제로 등록되지 않는다.

지금까지 주요 클라우드 플랫폼과 VM을 구매하고 클라우드 환경에 프로비저닝하는 방법을 살펴봤다. 다음 단계는 배포한 리소스의 비용을 추적하는 것이다. 가장 먼저 답해야 할 질문 중 하나는 이러한 비용을 추적하려는 수준과 이러한 비용을 식별하는 방법이다. 다음 절에서는 비용 통제의 핵심 요소 중 하나인 계정 계층 구조 및 태깅을 살펴본다.

계정 계층 구조 이해

비용을 어느 수준까지 파악하길 원하는지 경영진의 의중을 먼저 이해하는 것이 중요하다. 일반적으로 기업은 전체 지출에 대한 총괄적 개요를 원한다. 따라서 특정 사업 부서 또는 데브옵스 팀이 소유한 구독까지 모든 지출을 최상위 수준에서 볼 수 있게 해야 한다. 이러한 부서나 팀은 자체 구독을 실행할 권한을 갖고 있지만, 기업은 궁극적으로 해당 조직에서 발생하는 비용 전반을 파악하고 싶어 한다.

이는 퍼블릭 클라우드 플랫폼에서 테넌트, 구독, 계정을 설정하는 것으로 시작한다. 이 모든 것은 특정 계층 구조에 따라 설정해야 하는데, 재무 담당자에게 희소식은 퍼블릭 클라우드의 이러한 구조가 재무 보고에 사용되는 **계정 차트**COA, Chart of Accounts 계층 구조 규칙을 따른다는 점이다.

이 계층 구조에는 단일 최상위가 존재하고, 그 아래 여러 계정이 달릴 수 있지만 최종 책임은 모두 최상위로 귀속된다. 이는 퍼블릭 클라우드에서 계정 계층 구조를 설정할 때도 마찬가지다.

애저, AWS, GCP에서 몇 가지 예를 살펴보자.

애저에서의 엔터프라이즈 등록

애저에서는 엔터프라이즈 등록을 통해 최상위 수준에서 엔터프라이즈 관리자를 관리하고 애저 환경의 모든 계정에 대한 사용량을 확인할 수 있다. 그다음은 부서 아래에 계정을 만들 수 있다. 최상위 수준인 엔터프라이즈 등록과 부서는 https://ea.azure.com의 Enterprise Agreement 포털을 통해 생성된다.

NOTE

참고로 포털에 접속하려면 애저 엔터프라이즈 계정이 필요하다. 애저 엔터프라이즈 등록에 대한 자세한 내용은 https://learn.microsoft.com/en-us/azure/cloud-adoption-framework/ready/landing-zone/design-area/azure-billing-enterprise-agreement에서 확인할 수 있다.

이제 계정을 생성할 수 있다. 이 계정은 모든 구독을 볼 수 있는 계정 소유자가 되며, 계정 소유자는 구독을 생성하고 구독을 관리할 수 있는 서비스 관리자를 임명할 권한을 갖는다. 다음 다이어그램은 애저의 계정 계층 구조를 보여준다.

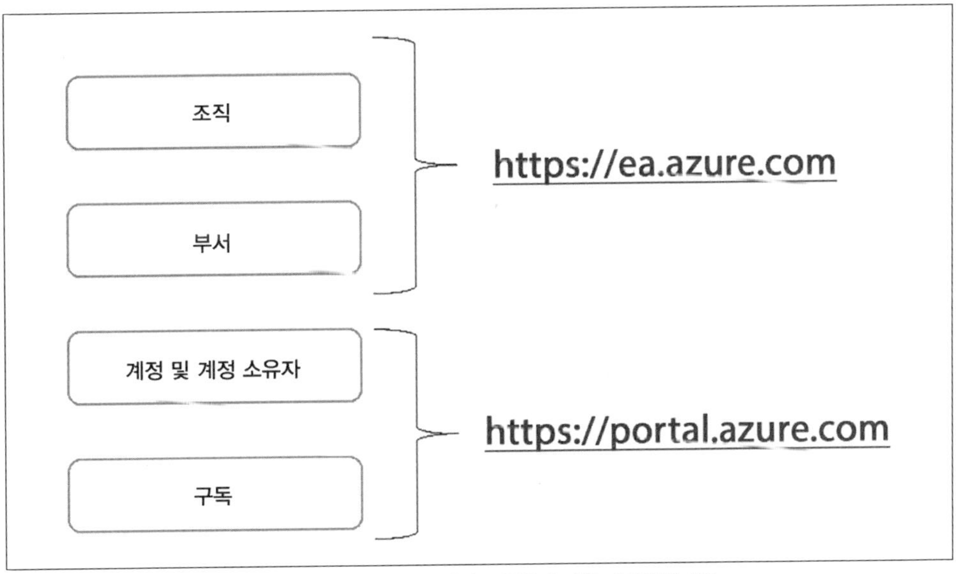

그림 10.14 애저 엔터프라이즈 등록에 대한 개략적인 개요

AWS에서의 조직

AWS에서는 여러 계정을 등록하고 중앙에서 관리할 수도 있다. 이를 위해 AWS는 AWS Organizations라는 서비스를 제공하며, 여기서 AWS CloudFormation을 사용해 계정을 프로비저닝하고 관리 가능한 조직 단위로 그룹화할 수 있다. Organizations를 통해 AWS에서 중앙 집중식 비용 관리 플랫폼을 구축할 수도 있다.

여기서 언급해야 할 또 다른 서비스는 AWS Control Tower이다. 이 서비스는 AWS Organizations, AWS Identity and Access Management, AWS Config, AWS CloudTrail 및 AWS Service Catalog를 포함해 AWS의 다중 계정을 중앙에서 관리할 수 있게 해준다. Control Tower는 자동화된 워크플로와 청사진을 통해 AWS에 랜딩 존을 구축하고, 정의된 가드레일에 따라 구성을 추가하며, 기본 계정으로 이 랜딩 존에서 워크로드를 관리하기 위한 구조를 설정한다. 요약하면, Control Tower는 등록을 용이하게 하고 자동화하는 중앙 거버넌스 및 관리 대시보드라고 할 수 있다.

엔터프라이즈 등록을 시작하려면 AWS는 영업 담당자에게 직접 문의하는 것이 좋다고 조언한다. AWS와의 엔터프라이즈 계약의 일부인 **엔터프라이즈 할인 프로그램**EDP, Enterprise Discount Program과 같이 AWS에는 엔터프라이즈 볼륨 기반 할인 프로그램이 있기 때문이다.

GCP에서의 조직

GCP의 설정은 애저와 매우 유사하다. GCP에서도 최상위 수준인 조직 리소스가 존재하며, 이 리소스를 사용하려면 조직 노드가 필요하다. 조직 노드는 클라우드 아이덴티티를 통해 생성하며, 일반적으로 회사 인터넷 도메인과 일치시킨다. 조직 노드 아래에서는 조직에 배포된 모든 리소스와 계정을 확인하고 관리할 수 있다.

애저의 두 번째 수준이 부서였던 반면, GCP에서는 이를 폴더라고 부른다. GCP 계층 구조의 마지막 단계는 프로젝트로, 애저의 구독과 기능적으로 유사하다. GCP의 모든 것은 구글 클라우드 콘솔 또는 gcloud 도구를 통해 생성 및 관리되며, 콘솔에서 조직 ID를 생성하면 해당 ID를 생성한 사람이 자동으로 최고 관리자로 지정된다.

기타 클라우드에서의 계정 계층 구조

알리바바와 OCI의 계정 계층 구조 원칙은 앞서 애저, AWS, GCP에서 다룬 내용과 크게 다르지 않다. OCI는 Compartment를 사용해 리소스를 구성하고 격리한다. OCI의 최상위 수준은 관리자 그룹이며, 이 그룹에 속한 엔지니어는 Compartment에 접근할 수 있다. 알리바바 클라우드의 계정 계층 구조는 애저와 매우 유사하며, 최상위에 루트 폴더가 있는 엔터프라이즈 관리 계정이 존재한다.

이 계정에서 격리된 환경을 의미하는 부서를 확인하고 관리할 수 있다. 다음 다이어그램에서 이러한 원칙을 확인할 수 있다.

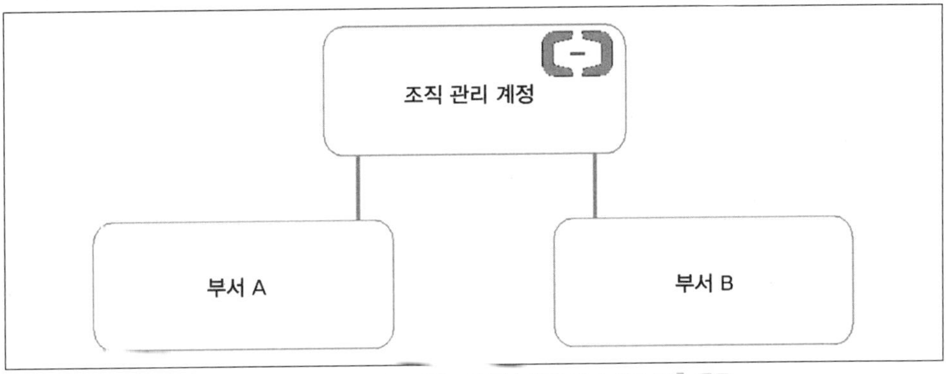

그림 10.15 알리바바 클라우드의 간소화된 루트 계정 계층 구조

통합 청구는 최상위 루트 엔터프라이즈 관리 계정에서 실행할 수 있다.

지금까지 주요 퍼블릭 클라우드에서 엔터프라이즈 조직의 계층 구조를 이해하는 방법을 알아봤다. 주요 결론은 모델이 서로 매우 유사하다는 것이다. 최상위 수준에서 엔터프라이즈 관리자가 클라우드 환경에 배포된 모든 항목을 한눈에 볼 수 있는 것이 가장 좋기 때문이다.

라이선스 계약 이해

라이선스 계약은 복잡하며, 퍼블릭 클라우드에서 서비스를 시작하기 위한 계약 유형은 크게 세 가지로 나눌 수 있다.

- **사용량 기반**Consumption-based: 종량제 모델이라고도 하며, 기업은 선불 투자 없이 실제 사용량에 대해서만 비용을 지불한다. 클라우드 서비스 공급자는 매달 리소스 사용량에 대한 청구서를 발행하며 VM, 데이터베이스 인스턴스, 스토리지 등 각 리소스는 공급자가 공개 포털에 게시한 요율에 따라 과금된다.
- **약정 기반**Commitment-based: 대부분의 기업이 선호하는 모델로, 기업은 특정 기간(일반적으로 1년, 3년 또는 5년) 동안 클라우드에서 특정 양의 리소스를 사용하기로 약정한다. 애저, AWS, GCP와 같은 퍼블릭 클라우드는 유연성과 민첩성을 극대화하게 설계됐지만, 기업이 장기간 리소스 사용을 약정하면 클라우드 서비스 공급자가 다른 고객에게 제공할 수 있는 리소스에 영향을 미칠 수 있다. 따라서 퍼블릭 클라우드 서비스 공급자는 기업이 예약된 리소스 소비를 확실히 약정하는지 확인하고자 한다. 일반적으로 기업은 해당 리소스를 사용하든 사용하지 않든 사전에 비용을 지불해야 하며, 클라우드 소비는 기업이 항상 리소스를 사용할 수 있게 보장하는 공식 계약이 된다.
- **제한적 계약**Limited agreements: 고객이 사용할 수 있는 리소스의 양과 기간이 제한된 계약이다. 일반적으로 특정 기간 동안 리소스 비용이 청구되지 않는 평가판에 사용되며, 메모리나 스토리지 용량이 큰 고사양 인스턴스와 같은 일부 서비스는 이러한 계약에 포함되지 않을 수 있다. 평가판은 1 ~ 3개월 후 클라우드 서비스 공급자에 의해 중단될 수 있으며, 특정 기간 동안 사용할 수 있는 크레딧이 제공되는 경우 크레딧이 모두 소진되면 평가판이 종료된다.

라이선스를 확보한 후 리소스 프로비저닝을 시작할 수 있다. 다음으로 이러한 리소스를 식별하고 추적하는 방법을 알아본다. 태그는 이 과정에서 큰 도움이 될 수 있는데, 다음 절에서 자세히 설명한다.

태그 지정 표준 정의

클라우드 프로비저닝의 가장 큰 장점은 조직이 온프레미스 인프라에 대규모 투자를 할 필요가 없다는 것이다. 퍼블릭 클라우드에서는 필요할 때마다 리소스를 배포하고 확장할 수 있으며, 사용하는 동안에만 비용을 지불하면 된다. 예약 인스턴스를 계약한 경우가 아니라면, 리소스를 사용하지 않을 경우 청구서를 받지 않는다.

클라우드 프로비저닝의 또 다른 장점은 민첩성과 빠른 배포 속도로, 개발자는 몇 분 안에 리소스를 쉽게 배포할 수 있다. 그러나 이는 동시에 예산 측면의 위험 요인이기도 하다. 온프레미스 투자의 경우 특정 기간의 비용, 즉 투자금과 감가상각비를 비교적 정확히 산정할 수 있지만, 클라우드는 작동 방식이 다르다. 그럼에도 조직은 비용을 예측하고 통제할 수 있어야 한다.

이를 수행하는 한 가지 방법은 리소스에 태그를 지정하는 것이다. 태그를 통해 기업은 클라우드 환경의 리소스를 논리적인 방식으로 구성해 쉽게 식별할 수 있으며, 태그를 사용해 리소스를 그룹화하면 이러한 리소스와 관련된 비용과 해당 비용을 이전해야 하는 부서 또는 회사 부서를 쉽게 확인할 수 있다.

태그는 클라우드 환경에서 비용 관리 및 통제 측면에서 가장 중요한 속성일 것이다. 명명 규칙은 리소스 식별에 훨씬 더 중점을 두고 있으며, 클라우드 관리 자동화에도 매우 중요하다. 태그는 리소스 이름만으로 담을 수 없는 추가 정보를 제공하는 메타데이터로, 리소스를 체계적으로 분류할 수 있게 해 줘 비용을 어디에 배분해야 하는지 파악하는 데 도움이 된다.

모든 클라우드 서비스 공급자는 리소스에 태그를 적용할 수 있는 다양한 방법을 제공한다. 따라서 여러 클라우드 환경에서도 공통으로 활용할 수 있는 표준 태그를 정해 두면 좋다. 최소한 다음과 같은 속성에는 태그를 사용하는 것을 권장한다.

- **애플리케이션:** 일반적으로 리소스는 애플리케이션 또는 애플리케이션 스택의 일부다. VM, 스토리지, 데이터베이스 및 네트워크 구성 요소와 같이 하나의

애플리케이션 또는 애플리케이션 스택에 속하는 리소스를 분류하려면 리소스가 속한 스택 또는 애플리케이션을 식별하는 태그를 추가해야 한다.

- **청구:** 특히 대기업은 사업부, 비즈니스 단위 또는 브랜드를 갖고 있다. 이러한 엔터티는 예산을 갖고 있거나 별도의 비용 센터일 수 있다. 태그는 리소스가 특정 예산 또는 회계 비용 센터에 청구되게 한다.
- **서비스 클래스:** 태그는 리소스에 적용할 수 있는 서비스 수준을 나타낼 수 있다. 24시간 연중무휴로 관리되는지, 패치 일정은 어떻게 되는지, 백업 체계는 어떻게 되는지 등이다. 종종 기업은 리소스에 대해 Gold, Silver, Bronze와 같이 계층화된 분류를 갖고 있는데, 그중 Gold는 프로덕션 시스템의 최고 수준이며 재해 복구 솔루션과 99.999%의 가동 시간을 가질 수 있다. Silver 및 Bronze는 훨씬 낮은 서비스 수준의 단일 시스템용이며, Gold, Silver 또는 Bronze를 나타내는 태그는 특정 리소스의 서비스 클래스가 무엇인지 명확하게 한다.
- **규정 준수:** 태그는 규정 준수 규칙이 적용되는지 여부를 나타낸다. 이는 의료 또는 금융 기관과 같은 산업 규정 준수 규정뿐만 아니라 내부 규정 준수 규칙일 수도 있다. 예를 들어 특정 리소스에 대한 접근 권한을 부여하거나 데이터를 안전하게 저장하는 방법에서 중요할 수 있다.

태그는 리소스와 이러한 리소스가 생성하는 비용을 식별하는 데 필수적이다. 태그는 청구서 유효성을 검사하는 데 도움이 되며, 이는 다음 절의 주제다.

청구서 검증 및 관리

멀티 클라우드 전략을 채택하면 여러 시스템이 다양한 퍼블릭 클라우드로 이전될 가능성이 크다. 이 경우 종량제 인스턴스 및 서비스, 장기 약정 기반의 예약 인스턴스, 라이선스 비용이 발생한다. 청구서는 여러 공급자로부터 도착할 텐데, 이 모든 것을 어떻게 추적해야 할까?

이제 이 책에서 다루는 주요 클라우드 플랫폼인 애저, AWS, GCP, 알리바바 클라우드, OCI의 청구 방식을 살펴보자. 이러한 플랫폼은 동일한 청구 방식을 공유한다. 플랫폼에서 서비스가 사용되면 즉시 요금이 발생하기 시작하고, CSP는 이에 대한 청구서를 보낼 수 있는데, 일반적으로 이를 청구 계정이라고 한다. 클라우드의 비용 또는 청구 대시보드를 사용해 비용 및 청구서를 확인해 보자.

애저에서의 비용 관리 및 청구 사용

애저 청구에는 세 가지 유형이 있다.

- **마이크로소프트 온라인 서비스 프로그램**Microsoft Online Services program: 애저의 모든 사용자는 이 프로그램으로 시작한다. 포털을 통해 애저에 로그인하면 청구 계정을 받게 되는데, 무료 계정에 가입할 때도 마찬가지다. 이는 모든 종량제 서비스와 클라우드 환경 개발 도구인 마이크로소프트 비주얼 스튜디오 Visual Studio 구독에도 필요하다.
- **기업 계약**EA, Enterprise Agreement: 기업은 마이크로소프트와 EA를 체결해 애저를 사용할 수 있다. EA는 마이크로소프트의 다른 많은 제품 및 서비스에도 적용되며, 금전적 약정을 포함한다. 기업은 마이크로소프트로부터 광범위한 지원을 받을 수 있지만, 최소 지출과 같은 계약 의무가 따른다.
- **마이크로소프트 고객 계약**Microsoft Customer Agreement: 대부분의 경우 애저에 가입하는 조직은 마이크로소프트 고객 계약에 대한 청구 계정을 발급받는다. 일부 애저 지역에서는 무료 계정을 업그레이드할 경우 마이크로소프트 고객 계약이 발급될 수 있다.

청구 계정이 활성화되면 청구 프로필이 연결되며, 이 프로필을 통해 송장 및 결제를 관리할 수 있다. 애저는 매월 초에 월별 송장을 생성한다. 청구 프로필에 따라 계정 소유자는 특정 계정에서 구매한 구독 및 서비스와 관련된 모든 비용을 확인할 수 있다.

예를 들어 청구 프로필이 엔터프라이즈 수준으로 설정된 경우 청구 계정에는 기업 테넌트 내의 모든 구독에서 회사가 애저에서 발생시키는 모든 비용이 나열된다. 이때 특정 송장 섹션이 있는 청구 프로필을 더 많이 정의하는 것이 좋다. 이는 다음 스크린샷과 같이 애저 포털의 Cost Management + Billing 옵션에서 수행된다.

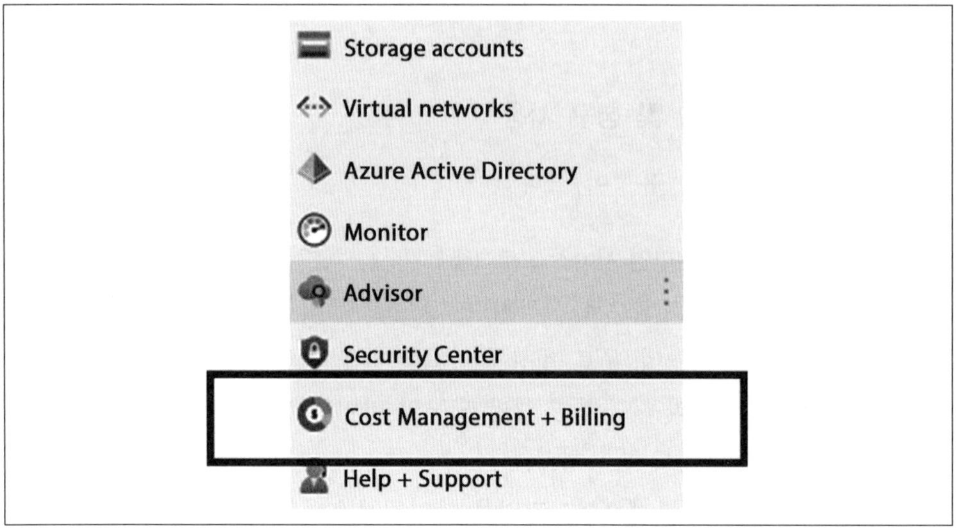

그림 10.16 애저 포털 메뉴의 Cost Management + Billing 옵션

비용 관리 및 청구에 대한 전반적인 개념은 클라우드마다 거의 동일하지만, 조직 자체의 구현에는 약간의 차이가 있을 수 있다. 다음으로는 AWS와 GCP를 살펴보겠다.

AWS 비용 관리를 사용한 청구

AWS에서는 무료 티어를 통해 다양한 서비스를 이용해 볼 수 있다. 일반적으로 기업은 AWS와 고객 계약을 체결하는데, 회사 명의로 가입할 경우 AWS는 가입자를 법적 권한을 가진 담당자로 간주하므로 조직을 대표해 계약을 체결할 권한이 있는지 확인해야 한다.

여기서 AWS의 비용 및 청구 관리 역시 포털을 통해 확인할 수 있으며, AWS Cost Management 메뉴에서 확인할 수 있다(그림 10.17 참고).

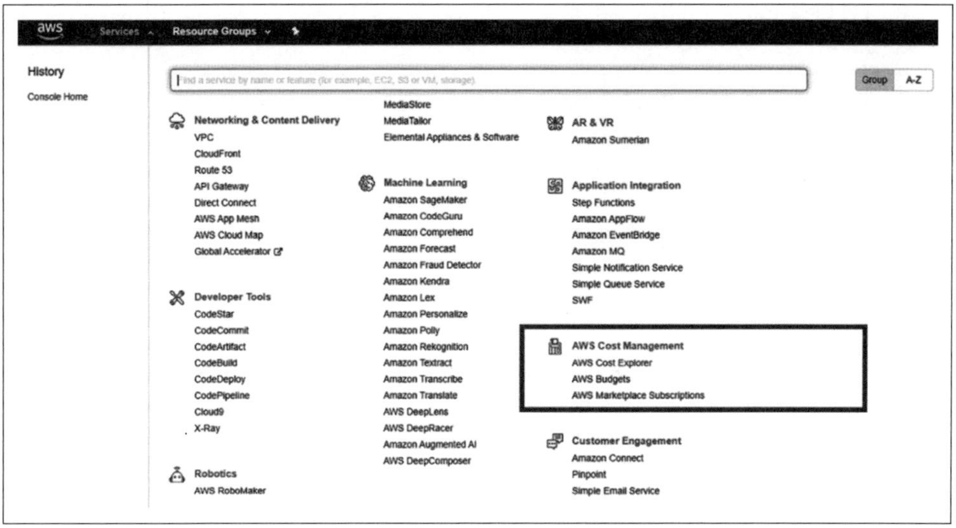

그림 10.17 AWS 콘솔 메뉴의 비용 및 청구

AWS와 애저 모두 조직 내 사업부별로 계정을 분리하는 것이 일반적이다. AWS Organizations를 사용하면 통합 결제를 활성화할 수 있으며, 전체 조직에 대한 계정을 하나로 통합하거나, 회사의 조직 구조를 반영해 여러 계정을 생성할 수도 있다. 후자의 경우 여러 계정이 존재하며, 이러한 계정들을 하나의 통합 마스터 계정으로 묶어 모든 AWS 비용을 한눈에 파악할 수 있다.

AWS Cost Management에서는 Cost Explorer를 통해 비용을 분석하고, 사용량 보고서를 확인하며, 결제를 관리할 수 있다. 청구 알림을 받거나 PDF 형식으로 송장을 이메일로 받는 등 청구 기본 설정을 지정할 수 있으며, 신용카드 또는 은행 계좌를 통해 결제하는 등 결제 기본 설정도 Cost Management에서 할 수 있다. 유럽에서는 SEPA[Single Euro Payments Area]가 일반적으로 사용되며, 인도에서는 AISPL[Amazon Internet Services Private Limited]을 통해 결제를 진행할 수 있다.

GCP에서의 청구 옵션 사용

GCP에서 청구가 활성화되면 포털은 사용자에게 청구 계정을 설정하라는 메시지를 표시한다(그림 10.18 참고).

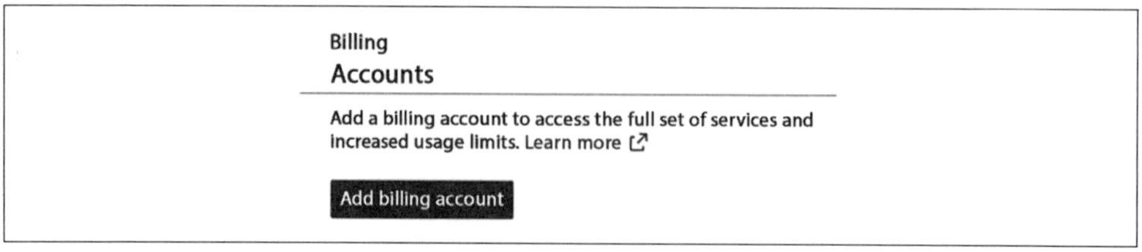

그림 10.18 GCP에서 청구 계정 추가

GCP에서 클라우드 청구 계정은 항상 프로젝트와 연결되는데, 이는 애저의 구독 및 AWS의 계정과 동일한 개념이다. 애저와 마찬가지로 청구 계정은 구글 결제 프로필과 연결돼 있다. 청구 계정 역할에는 다음 두 가지 유형이 있다.

- **청구 계정 관리자:** 일반적으로 재무 부서 담당자가 이 역할을 맡는다. 모든 비용을 확인하고, 예산 및 청구 알림을 설정하며, 프로젝트를 연결하거나 연결 해제할 수 있다.
- **청구 계정 사용자:** 프로젝트를 청구 계정에 연결하고 해당 프로젝트와 관련된 비용을 확인할 수만 있다. 관리자와 달리 프로젝트 연결을 해제할 수는 없다.

결제 프로필에는 계정에 대한 책임이 있는 법인에 대한 정보가 포함돼 있다. 또한 VAT, 은행 계좌, 결제 방법, 미결제 송장 같은 거래 정보와 같은 세금 관련 정보도 저장한다. 이때 청구 계정 관리자 역할만 이 정보를 보고 변경할 수 있다.

구글 클라우드 콘솔에서 청구 정보에 대한 보기 및 보고서를 사용자 정의할 수 있는 대화형 청구 보고서를 활성화할 수 있는데, GCP에서 사용된 프로젝트별 또는 서비스별로 비용 분석을 추가할 수 있는 것이 그 예다. 구글 클라우드 콘솔의 기본 메뉴에 있는 청구에서 이 모든 기능을 사용할 수 있다(그림 10.19 참고).

그림 10.19 구글 클라우드 콘솔의 청구 탭

알리바바 클라우드에서 비용을 보려면 알리바바 클라우드 Management Console로 이동해 Expenses 탭을 찾아야 한다(그림 10.20 참고).

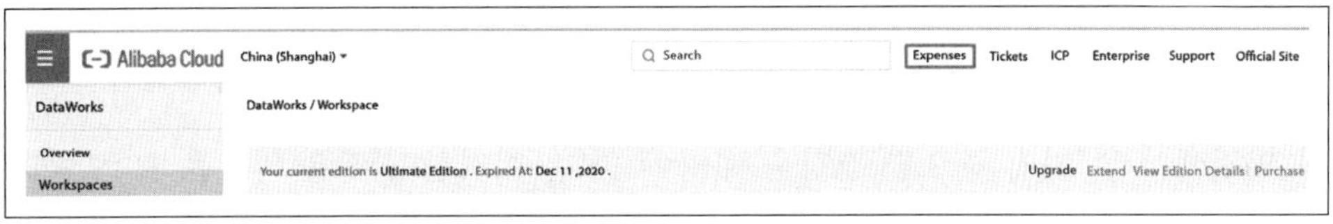

그림 10.20 알리바바 클라우드 관리 콘솔의 비용(Expenses) 탭

그 전에 다른 클라우드와 마찬가지로 역할에 청구 정보에 대한 특정 액세스 권한이 있는지 확인해야 한다. 알리바바에서는 RAM(Resource Access Management 사용자에게 액세스 권한을 부여해야 하며, 실제로 이 RAM 사용자는 역할에 연결된 `Aliyun BSSFullAccess` 정책을 갖고 있어야 한다. 그래야만 사용자가 청구 정보를 볼 수 있기 때문이다. 청구 페이지에서 기간별 또는 구독별 비용을 보여주는 Spending Summary를 선택할 수 있다.

OCI도 마찬가지다. 사용자가 OCI 계정에서 비용을 보고 추적할 수 있게 하려면 정책을 통해 제공되는 액세스 권한이 필요하다. 적절한 액세스 권한이 있는 사용자는 결제 및 예산을 관리하고, 비용 및 사용 보고서를 보고, 비용 분석을 수행할 수도 있다. 비용은 날짜, Compartment(OCI의 격리된 환경을 Compartment라고 함) 및/또는 태그를 통해 필터링할 수 있다.

이 절에서는 이러한 클라우드의 청구 대시보드를 사용해 애저, AWS, GCP, 알리바바바 및 OCI의 다양한 청구 옵션을 살펴봤다. 다음 절에서는 송장 유효성을 검사하는 방법을 알아본다.

송장 검증

송장 검증은 클라우드 서비스 공급자가 정확한 금액을 청구했는지 확인하는 것과는 거리가 멀다. 클라우드 서비스 공급자는 이 과정을 완전히 자동화했으므로 사용자가 클라우드에서 리소스를 사용했다면 청구서에 해당 내용이 반영될 것이라고 확신해도 좋다. 송장 검증의 핵심은 청구된 비용이 회사의 예상 사용량과 일치하는지 확인하는 데 있다. 예산을 초과하지는 않았는지, 더 이상 사용하지 않는 리소스가 청구서에 포함돼 있지는 않은지, 있다면 왜 삭제하지 않았는지 등을 확인해야 한다.

이 과정에서 몇 가지 중요한 결정을 내려야 한다. 이러한 결정은 다루는 모든 클라우드에 공통적으로 적용된다.

- 조직에서 단일 청구 계정을 사용할지, 아니면 여러 개를 사용할지 결정해야 한다. 특정 프로젝트 또는 특정 환경에 대한 비용을 프로젝트 관리자가 검증할 수 있게 하려면 해당 비용을 볼 수 있는 권한을 부여해야 하는데, 앞 절에서 살펴본 것처럼 청구 계정에 연결된 역할 및 프로필에서 이러한 권한을 세분화해 설정할 수 있다.
- 결제는 어떻게 처리할지 결정해야 한다. 앞 절에서 설명한 것처럼 클라우드 서비스 공급자는 다양한 결제 방법을 제공한다. 일반적으로 신용카드 결제가 이뤄지지만, 대부분의 기업은 송장 결제와 은행 계좌를 통해 결제를 진행한다. 최적화된 비용 통제를 위해서는 후자를 적극 권장한다.

다음으로 검증 프로세스를 정의해야 한다. 과도하게 들릴 수도 있지만, 조직은 공용 클라우드에서 상당한 과소비를 하는 경향이 있는데, 이는 청구 프로세스에 대한 통찰력과 통제가 부족하고, 정확한 비용 관리 체계를 갖추지 못했기 때문이다.

다음은 권장되는 3단계 접근 방식이다.

1. **프로젝트 통제:** 프로젝트 관리자, 제품 책임자 또는 스크럼 마스터는 프로젝트에서 발생하는 비용을 인지해야 한다. 애자일 스크럼을 사용하는 팀은 각 스프린트 후 배포된 리소스를 검증하는 것이 좋다. 배포된 리소스가 설계된 대로인지, 관련 서비스는 무엇인지 확인하고, 이러한 개요가 프로젝트에 할당된 비용과 일치하는지 확인해야 한다.
2. **아키텍처 통제:** 아키텍트의 역할은 합의된 리소스만 포함됐는지 확인하는 것이다. 예를 들어 특정 시리즈의 VM만 프로덕션 환경에 배포하기로 합의했다면 아키텍트는 이 요구 사항이 충족됐는지 확인해야 한다. 그렇지 않은 리소스가 배포되면 비용이 더 많이 발생할 수 있다.
3. **재무 및 회계:** 프로젝트 관리 및 아키텍처 통제를 통해 리소스 배포가 올바르게 이뤄졌는지, 비용을 정확하게 회계 처리할 수 있는지 확인한다. 재무 부서는 지불 조건 및 계약 조건에 따라 송장을 확인하는 역할을 한다.

모든 클라우드 서비스 공급자는 리소스 소비 비용을 정확히 보여주는 대시보드를 제공한다. 이는 문제가 발생한 후 대응하는 방식이지만, 팀과 개발자가 예산 범위 내에서 움직이게 강제하려면 구독에 신용 한도를 설정하고 한도에 도달하는 즉시 알림이 발생하게 할 수 있다. 앞서 다룬 모든 클라우드 서비스 공급자는 관리 콘솔의 청구 또는 비용 페이지에서 예산 및 알림을 설정하는 서비스를 제공한다.

하지만 멀티 클라우드 환경에서는 여러 클라우드 서비스 공급자의 대시보드를 각각 확인해야 한다. 기업은 전체 클라우드 소비에 대한 모든 재무 데이터를 보여주는 중앙 대시보드, 즉 단일 창 보기를 선호할 것이다. VMware의 CloudHealth는 이러한 요구를 충족하는 데 도움이 되는 도구 중 하나다. CloudHealth는 여러 클라우드 환경 전반에서 클라우드 재정 관리에 대한 통찰력과 조언을 제공한다. CloudHealth는 핀옵스 재단의 회원이며, 따라서 재단의 원칙을 따른다.

마무리

10장에서는 클라우드 재정 관리, 즉 핀옵스의 기본 원칙을 간략하게 살펴봤다. 다양한 클라우드 환경에서 리소스를 프로비저닝하는 방법과 이러한 리소스와 관련된 비용을 추적하는 방법을 알아봤으며, 리소스를 추적하고, 관련 비용을 확인하고, 송장의 유효성을 검사하기 전에 클라우드에서 비용 관리가 어떻게 이뤄지는지 이해했다. 또한 애저, AWS, GCP, 알리바바 클라우드, OCI의 비용 관리 도구를 살펴봤으며, 이 모든 공급자는 각자의 관리 콘솔에서 리소스를 프로비저닝하고 식별할 수 있는 포괄적인 도구 세트를 제공한다는 것을 알았다. 이때 라이선스 계약 및 태깅과 같은 몇 가지 일반적인 원칙을 이해해야 했다.

10장에서는 핀옵스의 기초를 다뤘다. 11장에서는 핀옵스 성숙도 모델을 사용해 핀옵스 사례를 설정하는 것을 포함해 조직이 클라우드 재정 관리를 구현하고 개발하는 방법을 자세히 설명한다.

질문

1. 퍼블릭 클라우드에서 평가판을 운영하려 할 때 어떤 유형의 계약이 적합한가?
2. 클라우드 서비스 공급자는 리소스 프로비저닝을 위해 다양한 기술을 사용한다. 알리바바 클라우드와 OCI가 모두 사용하는 기술은 무엇인가?
3. AWS에서 대규모 계정을 위한 할인 프로그램은 무엇이라고 부르는가?
4. 참/거짓: 클라우드 서비스 공급자가 제공하는 가격 계산기 서비스는 무료로 사용할 수 있다.

더 읽을거리

- The Road to Azure Cost Governance, by Paola E. Annis and Giuliano Caglio, 2022, Packt Publishing
- AWS FinOps Simplified, by Peter Chung, 2022, Packt Publishing

11

핀옵스 성숙화

10장에서는 클라우드 재무 관리, 즉 핀옵스의 원칙을 살펴봤다. 이제 워크로드를 프로비저닝하고 이러한 워크로드의 비용을 추적하는 방법을 알았으니, 다음 단계로 나아가 핀옵스 사례를 전문화할 차례다. 다양한 성숙도 모델을 연구해 클라우드 재무 관리를 개선하는 방법을 알아본다.

11장에서는 핀옵스 원칙 채택에 중요한 역할을 하는 핀옵스 팀을 구성해 조직 내 관리형 핀옵스로 전환하는 방법을 다룬다. 채택의 출발점은 '인식'이다. 따라서 비용 인식 설계 프로세스에 핀옵스 원칙을 통합해, 개발자와 엔지니어가 내리는 모든 결정과 배포하는 모든 리소스가 재정적 결과를 낳는다는 사실을 스스로 인지하도록 하는 방법을 살펴본다. 핵심은 솔루션이 실질적인 비즈니스 가치를 창출하는가이다. 이것이 핀옵스의 본질이다.

11장에서 다루는 내용은 다음과 같다.

- 핀옵스 팀 구성
- 핀옵스를 위한 성숙도 모델 사용

- 비용 인식 설계 도입
- 멀티 클라우드에서 관리형 핀옵스로의 전환
- 핀옵스 전환에서의 함정 피하기

핀옵스 팀 구성

핀옵스는 클라우드 비용을 절감하는 데 그치지 않고 클라우드를 활용해 수익을 창출하는 데 목적이 있다. 따라서 핀옵스는 사업 계획 및 아키텍처 설계와 긴밀하게 연관돼 있으며, 클라우드와 데브옵스가 확산되면서 비용 관리를 위한 필수 요소로 자리 잡았다.

기존에는 엔지니어가 물리적 장비를 주문하고, 재무 부서의 승인을 거쳐 데이터센터에 장비를 설치해야 했다. 하지만 이제는 버튼 클릭만으로 가상 장비를 손쉽게 프로비저닝할 수 있게 됐다. 클라우드 환경에서 장비는 가상이지만, 결국 비용이 발생한다는 점을 간과해서는 안 된다. 클라우드 도입으로 기업은 CAPEX(자본 지출)에서 OPEX(운영 지출) 모델로 전환하게 된다.

CAPEX는 물리적 장비나 소프트웨어 라이선스 구매와 같은 선행 투자비용을 의미하며, 투자 가치는 경제적 수명 주기에 따라 감가상각된다. 반면 OPEX는 일상적인 운영과 관련된 비용으로, 리소스별로 세분화된 비용을 상세하게 정의할 수 있다. 일반적으로 OPEX는 팀이 일상 업무를 수행하는 데 필요한 작은 예산으로 나뉜다. 대부분의 클라우드 환경에서는 사용한 만큼만 비용을 지불한다. 유휴 상태의 리소스는 종료해 비용을 절감할 수 있으며, 필요에 따라 개발자가 추가 리소스를 직접 프로비저닝할 수도 있다.

이는 종량제[PAYG, Pay-As-You-Go] 방식에 해당하지만, 모든 환경을 PAYG로 운영하기 어려운 경우도 있다. 예를 들어 SAP와 같은 대규모 기간 시스템은 필요에 따라 인스턴스를 껐다 켤 수 없다. 이러한 시스템의 경우 예약 인스턴스와 같이 고정된 리소스를 장기간 사용하는 것이 일반적이다. 클라우드 서비스 공급자는 예약 인스턴스를 통해 장기간 안정적인 수익을 확보할 수 있으므로, 더 낮은 요금을 적용하거나 할인을 제공할 수 있다. 하지만 기업은 예약된 리소스에 대한 비용을 선불로 지불해야 할 수도 있다. 즉, CAPEX가 발생하는 것이다. 따라서 클라우드가 항상 OPEX 모델인 것은 아니다. 클라우드 서비스 공급자의 조건을 꼼꼼히 확인하는 것이 중요하다.

클라우드 여정에는 재무적 전문성이 필요하다. 기업은 데이터 센터를 운영할 때와 마찬가지로 클라우드 도입에 대한 계획을 수립해야 하며, 클라우드는 적절한 사업적 타당성을 바탕으로 투자를 결정해야 한다. 이러한 이유로 모든 **클라우드 도입 프레임워크**CAF, Cloud Adoption Framework는 거버넌스 및 재무를 핵심 요소로 강조한다.

클라우드 도입에는 클라우드 전문가, 재무 전문가, 그리고 견고한 계획이 필요하다. 핀옵스 재단은 이를 '기반 다지기'라고 부르며 엔지니어, 재무 담당자, 경영진 간의 협업을 포함한다. 기술 전문가와 재무 전문가는 협력해 클라우드 환경으로 이전을 추진해야 하며, 이때 리더 역할을 수행하는 사람을 '운전수Driver'라고 한다.

NOTE

> 이 책에서는 업계 표준으로서 핀옵스 재단의 용어를 사용한다. 자세한 내용은 재단 공식 웹사이트(finops.org)에서 확인할 수 있다.

핀옵스 실무자는 필요한 분야를 연결하고 핀옵스 사례 구축 과정을 주도하는 '운전수' 역할을 수행한다. 이들의 주요 임무는 핀옵스 원칙을 옹호하고 역량을 개발하는 것이다. 다만 혼자서는 모든 것을 수행할 수 없으며, 효과적인 핀옵스가 제품 또는 애플리케이션 팀, IT, 재무, 사업 부서와 긴밀하게 협력하는 핀옵스 팀을 필요로 한다.

핀옵스 팀의 주요 임무는 다음과 같다.

- 클라우드 비용에 대한 통제 지침을 설정한다.
- 멀티 클라우드 환경에서는 클라우드마다 다른 지침이 있을 수 있다는 점을 인지해야 한다. 따라서 팀은 사업 부서에서 사용하는 클라우드에 대한 지

식을 갖춰야 한다. 자세한 내용은 10장을 참고한다.

- 태깅 표준을 설정한다.
- 클라우드 비용 할당 표준을 설정한다.
- 사업 부서는 클라우드에서 리소스를 프로비저닝하고 비용을 발생시킬 수 있는 다양한 부서, 팀으로 구성된다. 이러한 비용은 해당 리소스에 대한 책임이 있는 팀에 할당돼야 하며, 이를 위해 Chargeback 모델이 사용된다. Chargeback 모델에 대한 자세한 내용은 12장에서 다룬다.
- 예산과 실제 지출을 비교한다.
- 애플리케이션 및 개발 팀과의 협력을 통해 클라우드 리소스 프로비저닝 효율성을 개선하고 구매 전략, 리소스의 적정 규모 조정, 자동화를 추진한다.

핀옵스 팀은 클라우드 및 클라우드 기술뿐만 아니라 클라우드 서비스 공급자의 구매 및 라이선스 전략도 잘 알고 있어야 한다. 이 팀은 일반적으로 비용을 검토하고, 송장을 확인하며, 애플리케이션 팀과 사업 부서에 개선 사항을 조언해 비용 효율성을 높이고 사업 가치를 더하는 역할을 한다. 이는 결코 쉽지 않은 임무다.

훌륭한 핀옵스 사례는 하루아침에 만들어지지 않는다. 기업은 핀옵스 사례를 꾸준히 발전시켜야 하며, 성숙도 모델이 이러한 발전에 도움을 줄 수 있다. 다음 절에서는 성숙도 모델을 자세히 알아본다.

핀옵스를 위한 성숙도 모델 사용

3장에서는 조직의 성숙도와 목표를 평가하기 위한 일반적인 지침으로 성숙도 모델을 소개했다. 당시 역량 성숙도 모델CMM, Capability Maturity Model을 예로 들었는데, 다음 그림에서 다시 확인할 수 있다.

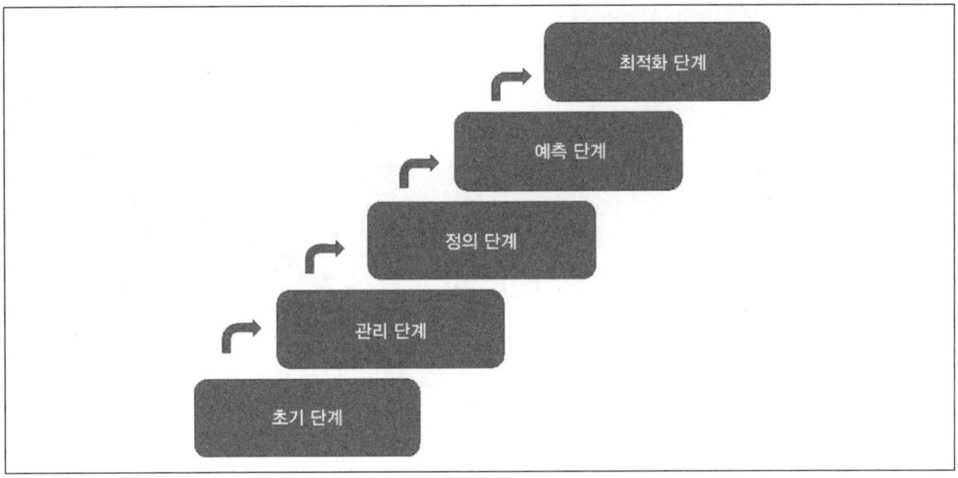

그림 11.1 역량 성숙도 모델(CMM)

이 모델은 클라우드 재무 운영에도 적용할 수 있다. 초기 단계에서는 프로세스 관리가 미흡하고, 재무적 관점에서는 비용 예측이 어렵다. 최고 단계인 5단계에서는 프로젝트와 관리가 체계화되고, 프로세스가 통제되며, 비용을 예측하고 측정할 수 있으므로 개선에 집중할 수 있다.

재무 관리를 확립하는 데 도움이 되는 또 다른 성숙도 모델을 살펴보자. 이 모델은 원래 가트너에서 개발한 모델에서 영감을 받았다.

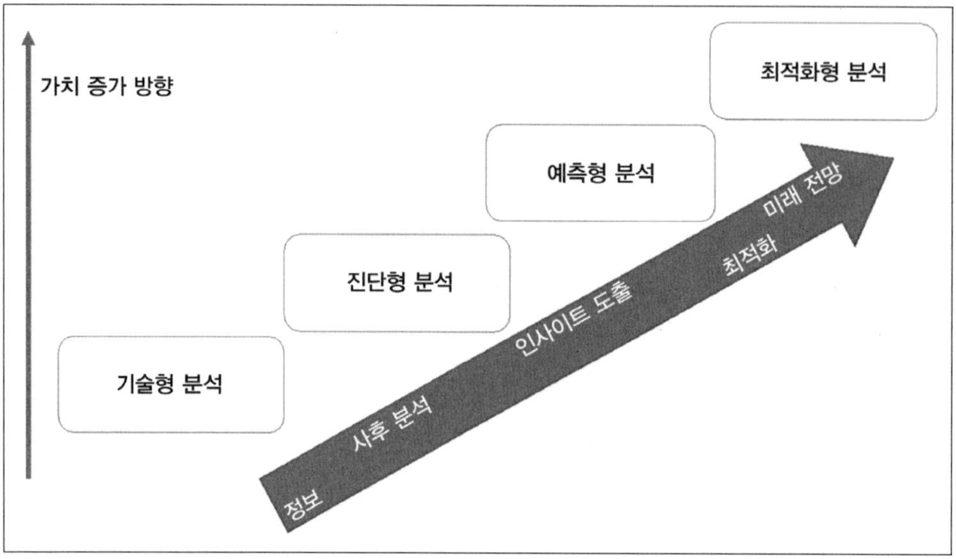

그림 11.2 정보에서 최적화까지의 단계를 보여주는 성숙도 모델

주요 주제는 과거 회고Hindsight, 현재 통찰Insight, 미래 예측Foresight이며, 이는 핀옵스가 추구하는 목표와 일치한다. 핀옵스는 재무 분석을 통해 통찰력을 제공하고 미래를 예측할 수 있게 지원한다. 이를 위해서는 데이터를 분석할 수 있는 데이터와 프로세스가 필요하며, 데이터 결과의 유효성을 검사하고 미래 비용 추세를 예측할 수 있는 지표가 필요하다. 또한 자동화를 통해 클라우드 환경에서 비용을 통제하기 위한 조치를 자동으로 수행하는 프로세스를 구축해야 한다.

핀옵스 재단에서 개발한 성숙도 모델은 이러한 과거 회고, 현재 통찰, 미래 예측 단계를 통합하고 있으며, 다음과 같은 다섯 가지 렌즈로 구성된다.

- 지식
- 프로세스
- 지표
- 도입
- 자동화

아래 그림에서 이 렌즈들을 확인할 수 있다.

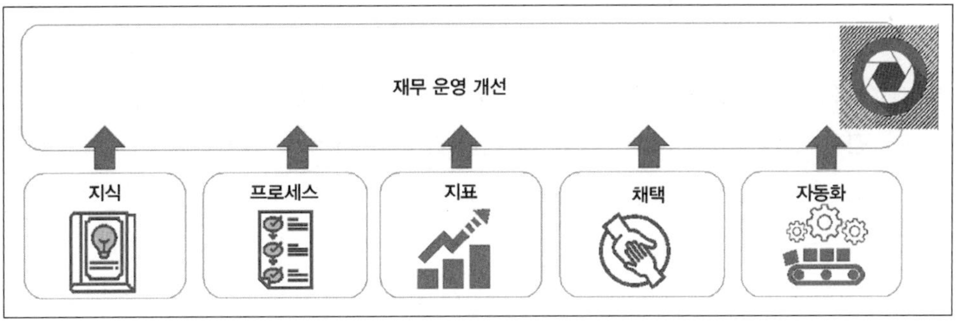

그림 11.3 핀옵스 개선을 위한 5가지 렌즈

지식, 프로세스, 지표는 클라우드 재무 운영의 기본 어휘와 같다. 아키텍트, 엔지니어, 재무 전문가, 경영진이 모두 이해할 수 있는 공통 언어를 사용하는 것이다. 이처럼 모든 이해관계자가 동일한 언어를 사용하고, 동일한 정보와 데이터를 공유하며, 그 정보와 데이터를 해석하는 방법을 알고, 공유된 목표를 갖고 있다면 도입이 더 쉬워진다.

도입은 데이터에 대한 공통된 이해, 비즈니스가 어떻게 발전해야 하는지에 대한 공통된 비전, 그리고 IT가 이 비전을 어떻게 실현할 수 있는지에 대한 공통된 이해를 필요로 한다. 다음 단계는 최적화다. 핀옵스의 경우 클라우드에서 리소스를 자동으로 확장해 리소스 사용량의 예산 및 예측에 맞게 조정하는 메커니즘을 사용하는 등 프로세스를 자동화해야 한다.

그렇다면 어떻게 해야 할까? 핀옵스 재단은 구르기[Crawl], 걷기[Walk], 달리기[Run]의 3단계로 구성된 방법론을 개발했다. 이는 핀옵스를 구현하고 적용하는 성숙도를 높이는 매우 간단하면서도 포괄적인 방법이다. 가장 큰 장점은 클라우드 플랫폼에 구애받지 않는다는 점으로, 단순히 클라우드 서비스의 복잡성과 범위를 확장하고 모든 플랫폼에서 이러한 서비스와 관련된 비용을 관리하는 방법을 알려준다. 일반적으로 조직은 다음 3단계를 거친다.

- **구르기:** 이 단계에서 조직은 핀옵스의 기본 사항을 적용하기 시작한다. 보

고는 거의 없고 기본적인 지표에 대해서만 보고한다. 리소스를 비즈니스 프로세스 또는 제품에 매핑해 측정하고 비용을 비즈니스에 부분적으로 할당할 수 있다. 보고는 과거에만 이뤄지며, 예측과 실제 클라우드 지출 간의 차이가 크다. 즉, 실제 지출과 예측 간에 상당한 차이가 있다.

- **걷기:** 클라우드 지출의 훨씬 더 많은 부분을 제품의 판매 및 제공 프로세스와 같은 비즈니스 기능에 할당할 수 있다. 지표에 대한 데이터 수집은 이미 대부분 자동화돼 있다.
- **달리기:** 비용 할당이 거의 완전히 자동화돼 클라우드 리소스를 비즈니스 기능에 할당하고 클라우드 지출을 해당 비즈니스 기능에 자동으로 청구할 수 있다. 예측과 실제 클라우드 지출 간의 정확도가 높다.

이제 관건은 이것을 실제 사례에 어떻게 적용하느냐는 것이다. 다음 절에서는 몇 가지 지침을 제공한다.

비용 인식 설계 도입

이 책, 그리고 특히 11장에서는 클라우드 솔루션 구현이 비즈니스 가치를 창출해야 한다는 점을 강조한다. 이는 클라우드 재무 관리를 다룰 때 가장 중요한 원칙이다. 핀옵스는 단순히 비용을 절감하는 것이 아니라 클라우드 기술을 활용해 가치를 더하는 데 목적이 있다. 하지만 비용 문제 또한 간과할 수는 없다. 클라우드는 무료로 제공되지 않기 때문이다.

따라서 클라우드를 설계할 때 비용을 고려해야 하며, 위험 요소를 파악해야 한다. 위험이 현실화되면 비용이 발생하기 때문이다. 이러한 비용은 직접적인 비용일 수도 있지만, 위험을 완화하는 데 드는 비용일 수도 있다. 마지막으로 솔루션을 설계하고 구현할 때 예상되는 이점을 정의해야 한다. 비용, 위험, 이점을 종합적으로 고려해 **총 소유 비용**[TCO, Total Cost of Ownership]과 **투자 수익률**[ROI, Return on Investment]을 계산할 수 있다(그림 11.3 참고).

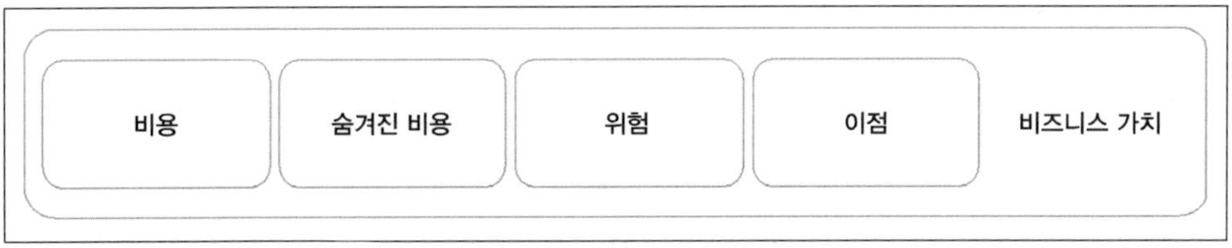

그림 11.4 엔터프라이즈 TCO/ROI 모델

이점은 비즈니스 성과, 즉 비즈니스 가치 전반과 연결되며, 매출 증가나 시장 출시 시간 단축을 예로 들 수 있다. 주요 클라우드 서비스 공급자의 클라우드 도입 프레임워크를 보면 모두 클라우드 전환의 정당성을 비즈니스 성과에서 찾고 있음을 알 수 있다. 동시에 이러한 프레임워크는 리소스를 클라우드로 이전하는 과정에서 발생하는 위험과 비용도 함께 다룬다.

비용에는 어떤 것이 있을까? 먼저 직접적인 지출이라고도 하는 직접 비용이 있다.

- 라이선스
- 가상 머신, 방화벽, 게이트웨이 및 클라우드의 기타 인프라 서비스와 같은 리소스 비용
- 아키텍트, 엔지니어 및 기타 전문가가 클라우드 환경을 설계, 구현 및 운영하는 데 소요하는 시간

NOTE

> 숨겨진 비용이나 클라우드 리소스와 직접 연결되지 않은 비용도 있을 수 있다. 예를 들어 직원 교육 비용을 생각해 볼 수 있다.

위험 요소로는 클라우드 환경에서 사용하는 소프트웨어 라이선스를 꼽을 수 있다.

기업은 소프트웨어를 사용할 때 사용량에 대한 라이선스를 구매해야 한다. 이는 상용 소프트웨어와 오픈소스 소프트웨어 모두에 해당된다. 두 카테고리의 주요 차이점은 오픈소스 소프트웨어는 소프트웨어 변경 사항을 해당 소프트웨어 개발에 다시 반영하는 조건으로 수정 및 변경을 허용한다는 것이다. 반면 상용 소프트

웨어는 일반적으로 소스코드가 비공개돼 있어 수정할 수 없다.

대부분의 라이선스와 마찬가지로 소프트웨어 라이선스 또한 매우 복잡할 수 있다. 기업이 사용하는 제품의 라이선스가 충분하지 않으면 벌금을 내야 할 뿐만 아니라 처음부터 지불했어야 할 라이선스 비용까지 지불해야 할 수도 있다. 또한 라이선스 없이 소프트웨어를 사용하는 행위는 불법이며, 클라우드로 이전하더라도 이 사실은 달라지지 않는다.

그렇다면 소프트웨어 제품이 적절하게 라이선스를 받았는지 어떻게 알 수 있을까? 소프트웨어 라이선스에는 여러 유형이 있지만, 핵심은 다음과 같은 범주로 나눌 수 있다.

- **사용자 기반 라이선스:** 최종 사용자 라이선스에 자주 사용되는 모델로, 가장 간단한 라이선스 방식이며, 사용자별로 소프트웨어 사용 권한을 부여하는 모델이다. 마이크로소프트 365가 대표적인 예로, 기업은 사용자 1인당 월 단위로 라이선스를 구매한다. 이 경우 사용자와 소프트웨어 제품 사용 사이에 일대일 관계가 성립한다.
- **리소스 기반 라이선스:** 더 복잡한 라이선스 모델로, 특정 CPU 수 또는 데이터베이스 인스턴스 사용량을 기준으로 소프트웨어 라이선스를 부여하는 경우가 이에 해당한다. 이는 여전히 상용 소프트웨어 라이선스 방식에서 흔히 볼 수 있는데, 라이선스 비용은 사용되는 CPU 또는 인스턴스 수에 따라 계산된다. 클라우드 인프라의 경우 리소스가 실제 물리적 머신에서 가상화돼 공유되는 경우가 많다는 문제가 있다. 그렇다면 어떤 CPU에 라이선스를 부여해야 할까? 일반적으로 클라우드 환경에서는 가상 CPU를 기준으로 라이선스가 부여된다. 이때 소프트웨어에 대한 지원 계약은 클라우드 환경에 배포되는 즉시 변경될 수 있다는 점에 유의해야 하며, 애저, AWS 또는 구글 클라우드 플랫폼에서 사용하는 모든 소프트웨어가 지원 대상인 것은 아니다.
- **일시불 요금:** 소프트웨어를 구매하고 선불로 전액 지불하는 방식이다. 이는

주요 업데이트에도 적용될 수 있지만, 구독 기반 모델에서는 주요 업데이트에 대한 액세스 권한도 얻을 수 있다. 이 방식은 공급자 입장에서는 수익이 일회성에 그쳐 매력도가 낮고, 기업 입장에서도 초기 투자비용이 커서 선호도가 떨어진다.

소프트웨어 제품이 적절하게 라이선스를 받았는지 확인하려면 **소프트웨어 자산 관리** SAM, Software Asset Management 도구를 사용하는 것이 매우 편리하다. SAM 도구는 기업이 사용하는 모든 소프트웨어 목록을 만드는 것 외에도 소프트웨어 구매, 배포, 활용 등 전체 수명 주기를 평가한다.

비용 증가와 숙련 인력 부족 역시 주요 위험 요소다. 사실 두 가지 모두 이제는 '위험'이라기보다 현실에 가깝다. 이미 많은 기업이 숙련 인력 부족을 겪고 있으며, 비용 상승 압력에도 직면해 있다. 이러한 위험이 현실화되면 비즈니스 가치에 중대한 영향을 미치게 된다.

이런 비용과 위험을 관리하려면 관리되는 프로세스가 필요하다. 이 프로세스는 비용 인식 설계에서 시작되며, 다음 다이어그램에 나와 있다.

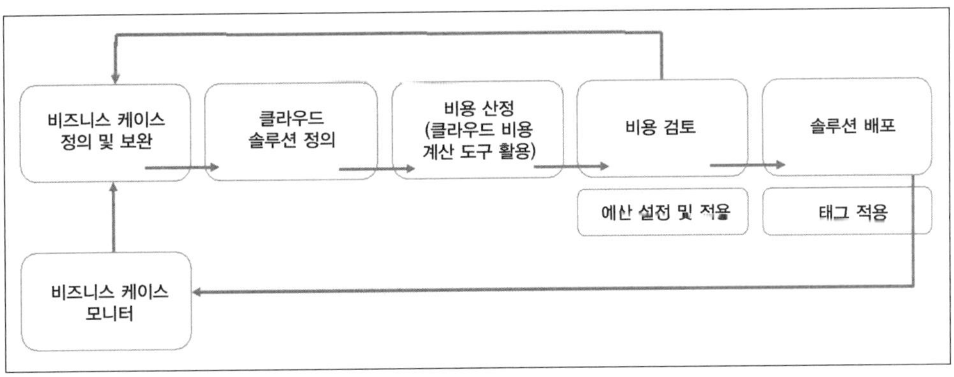

그림 11.5 비용 인식 설계 프로세스

이 프로세스는 사업 타당성 검토에서 시작해 다음과 같은 활동을 통해 클라우드 비용과 투자를 통제하게 돕는다. 모든 활동은 사업 타당성 검토 단계로 되돌아간다.

- **클라우드 지출 데이터를 비즈니스에 매핑:** 조직은 비용 센터, 사업 부서, 애플리케이션 소유자, 애플리케이션 및 데이터를 보유하고 있다. 이는 조직 분해 구조에 나타나며, 클라우드 지출은 이 조직 계층 구조에 매핑돼야 한다. 이는 시간이 많이 들더라도 반드시 수행해야 하는 작업이며, 보통 '구르기' 단계에서 시작해 이후 단계로 갈수록 더 세분화되고 정교해질 수 있다. 클라우드에서 발생하는 모든 비용은 비용 센터, 부서 또는 애플리케이션 소유자에게 정확히 할당돼야 하며, 먼저 조직 계층 구조를 클라우드 플랫폼 설계에 어떻게 반영할지 합의하는 것이 중요하다.
- 멀티 클라우드 환경에서는 사용하는 모든 플랫폼에서 이를 동일한 방식으로 수행해야 한다. 계정 계층 구조를 설정하는 프로세스가 플랫폼 간에 통일되지 않으면 재청구 모델recharging model이 제대로 작동하지 않고, 비용이 정확히 배분되지 않거나 누락돼 미할당 상태로 남을 수 있기 때문이다.
- **태깅 전략 정의:** 이는 조직 전체에 걸쳐 조정 및 적용돼야 한다. 모든 클라우드 플랫폼에서 필수 태그 유형을 합의하고, 그 태그가 정확한 보고를 가능하게 하는지 확인해야 한다. 즉, 태그로 리소스를 고유하게 식별해 재무 보고서에서도 동일한 개별 리소스로 표시되도록 해야 한다. 또한 태그는 특정 리소스를 빠르고 오류 없이 할당할 수 있도록 설계돼야 한다.
- **명확한 쇼백Showback 및 차지백Chargeback 모델 정의:** 조직 구조가 갖춰지고 태깅 정책에 대한 합의가 이뤄지면 Showback 및 Chargeback 모델을 정의할 수 있다. Showback은 특정 애플리케이션, 부서 또는 비용 센터에서 발생하는 비용, 즉 클라우드 지출에 대한 책임이 있는 주체를 명확하게 보여준다. Chargeback은 실제로 해당 비용을 조직 단위의 예산에 청구해 해당 조직 단위로 비용을 이전한다. 자세한 내용은 12장에서 다룬다.
- **예산 및 예측 정의:** 이후 단계에서 조직은 클라우드 지출에 대한 데이터를 사용해 정확한 예측을 수행하고 비용 인식 설계의 첫 번째 단계에서 정의한 조직 단위에 대한 예산을 설정할 수 있다. 이는 리소스의 자동 크기 조정 또는 특정 시간 동안 사용되지 않을 때 리소스를 일시 중단하는 방식으로

자동화할 수도 있다. 예산을 설정하면 클라우드의 리소스가 임곗값에 도달했을 때 알림을 받을 수 있으며, 이 모든 정보는 예측을 조정하는 데 다시 사용할 수 있다.

- 예측은 모든 조직 단위에 대해 수행돼야 하며, 가상 머신뿐만 아니라 컨테이너 및 서버리스 기능과 같은 클라우드의 모든 측면 또는 아티팩트를 고려해야 한다. 컨테이너와 기능도 워크로드이며 비용이 발생한다.

이제 비용 모델을 구축할 수 있다. 자세한 내용은 12장에서 다룬다. 이에 앞서 먼저 핀옵스를 구현해 운영 효율성을 높이는 방법을 살펴보겠다.

멀티 클라우드에서 관리형 핀옵스로의 전환

성숙도 관점에서 보면 우리는 클라우드 재무 관리에 대한 이해와 비용 인식 설계 프로세스의 구축 단계까지 도달했다. 다만 멀티 클라우드라는 과제가 남아 있다. 오늘날 둘 이상의 클라우드 플랫폼을 다뤄야 할 가능성이 높아지면서 재무 관리는 한층 복잡해졌다. 하지만 핀옵스 원칙을 적용하면 관리형 멀티 클라우드 재무 운영을 달성할 수 있다.

핀옵스 재단은 정보 수집^Inform^, 최적화^Optimize^, 운영^Operate^의 3단계를 사용하는 관리형 운영을 위한 포괄적인 모델을 제공하며, 이는 그림 11.2에서 봤던 모델과 유사하다.

이 3단계는 지속적인 순환 과정이며 전체 클라우드 운영의 일부로, 멀티 클라우드 환경에서는 이 순환을 사용 중인 모든 클라우드 플랫폼에서 동일하게 완결해야 한다. 또한 전체 환경을 한눈에 조망할 수 있는 단일 창이 필요하다.

먼저 이 사이클의 3단계를 살펴보자.

- **정보 수집:** 이 단계의 핵심은 관측 가능성을 확보하고 정확한 데이터를 수집하는 데 있다. 그러나 클라우드 환경에서는 생각만큼 쉽지 않다. 클라우드는 본질적으로 매우 역동적이기 때문이다. 이 책의 처음 2개 장에서 다뤘듯

기업들은 디지털 전환의 일환으로 클라우드로 마이그레이션해 비즈니스 민첩성을 높이고 있다. 그 결과 시장 수요에 더 빠르게 대응할 수 있고, 신제품 개발 속도도 빨라진다.

- 기업들은 클라우드와 클라우드 네이티브의 진정한 이점을 활용하지 않고 기존 IT 환경을 클라우드로 이전(Lift and Shift)할 수 있다. 이 경우 클라우드 플랫폼의 환경은 비교적 정적이며 환경에 대한 데이터 변화도 크지 않다. 하지만 자동 확장과 같은 클라우드 네이티브 서비스를 사용하는 경우에는 환경이 매우 역동적으로 변한다. 따라서 클라우드가 비용 인식 설계에서 정의한 기대 비즈니스 가치를 실제로 제공하는지 사업 타당성을 지속적으로 검증해야 한다. 무엇보다 클라우드 환경을 최적화하려면 올바른 데이터를 끊임없이 수집하는 일이 중요하다.

• **최적화:** 이 단계에서는 클라우드 환경을 최적화하며, 여기에는 자동화 개선뿐만 아니라 계획 및 예측도 포함된다. 그래서 앞선 정보 수집 단계가 중요하며, 특정 워크로드를 장기간 운영한다면 배포 일정을 달리하는 방안도 고려할 만하다. 클라우드 서비스 공급자는 클라우드 사용량에 따른 재정적 이점을 제공하는 예약 인스턴스 또는 약정 사용 할인(구글에서 예약 인스턴스를 지칭하는 용어)을 제공하며, 클라우드에서 예약 인스턴스에 있는 워크로드는 비용을 최대 70%까지 절감할 수 있다. 하지만 이는 공급자가 예약된 컴퓨팅 및 스토리지 용량을 다른 회사에 더 이상 사용할 수 없음을 의미한다.

  - 공급자는 고객에게 1년, 3년 또는 5년 동안 리소스를 사용할 것이라는 보증을 요구할 수 있다. 또한 용량 감소를 충당하기 위해 선불 투자를 요구할 수도 있다. 물론 공급자는 용량을 유연하게 조정하고 특정 고객을 위해 용량의 일부를 예약 또는 약정 사용 할인으로 제공할 수 있는 메커니즘을 갖추고 있다. 고객은 클라우드를 보장된 기간 동안 사용하겠다는 약속을 통해 공급자에게도 이점을 제공한다.
  - 최적화는 워크로드 크기를 조정하거나 재설계하는 방식으로도 가능하며, 크기 조정은 자동으로 수행할 수 있다. 워크로드가 정상 작동 시 컴퓨

팅 및 스토리지 용량의 절반만 사용하는 인스턴스에서 호스팅되는 경우 자동화된 스크립트 또는 클라우드에서 제공하는 자동 크기 조정 기능을 통해 컴퓨팅 및 스토리지 용량을 줄일 수 있다. 사용량이 급증하면 용량을 다시 자동으로 확장하면 된다.

- 재설계는 아키텍처 평가를 필요로 하며, 서버리스와 같은 클라우드 네이티브 서비스를 사용하거나 애플리케이션을 전체 VM 대신 컨테이너로 마이그레이션하면 비용을 절감할 수 있을 뿐만 아니라 유연성 향상, 효율성 증대, 성능 개선이라는 더 중요한 이점을 얻을 수 있다. 이는 핀옵스의 주요 목표인 비즈니스 성과를 향상시킬 수 있다. 하지만 이는 쉽지 않은 작업인 경우가 많다.

- **운영:** 정보 수집 단계에서 얻은 데이터를 기반으로 최적화를 수행하고, 이를 사업 타당성 및 비즈니스 목표와 지속적으로 비교 평가해야 한다. 결국 중요한 것은 상황을 파악하고, 비즈니스 목표를 달성하는 데 필요한 리소스를 제공하고, 지속적인 최적화를 통해 꾸준히 개선하며, 이 모든 것을 통해 고객에게 가치를 더하는 것이다. 이를 간단히 '운영 우수성'이라고 하며, 핀옵스는 이를 달성하는 데 큰 역할을 한다. 또한 핀옵스는 비즈니스 목표 달성 정도를 보여주는 지표를 모니터링하는 데 유용하다. 지표는 구체적Specific, 측정 가능Measurable, 달성 가능Achievable, 관련성Relevant, 적시성Timely을 갖춘 SMART 방식으로 명확하게 정의돼야 하며, 11장의 서두에서 다룬 핀옵스 팀은 비즈니스를 포함한 모든 이해관계자와 협력해 이를 실현할 수 있다.

다음 단계는 멀티 클라우드 환경을 위한 단일 창을 구현하는 것이다. 이를 위해서는 적절한 도구가 필요하며, VMware의 CloudHealth와 Apptio의 Cloudability가 멀티 클라우드 환경의 재무 관리 분야에서 선두적인 역할을 하고 있다. 이 도구들은 멀티 클라우드 환경에 대한 관측 가능성을 확보하고, 최적화 및 비즈니스 사례 중심의 운영 효율성을 달성하기 위한 토대를 제공한다.

- **VMware CloudHealth**: CloudHealth는 AWS, 애저, GCP, 오라클, VMware를 포함한 주요 플랫폼 전반에서 클라우드를 관리할 수 있게 지원하며, 클라우드 지출을 모니터링하고, 적정 규모 조정 및 예약 인스턴스 구매를 통해 클라우드 리소스를 최적화하는 데 유용한 정보를 제공한다. 또한 관측 가능성 확보, 최적화, 운영에서의 비즈니스 통합이라는 핀옵스 성숙도 모델을 따른다. 자세한 내용은 https://cloudhealth.VMware.com/에서 확인할 수 있다(최근 VMware Aria로 브랜드가 변경됐다는 점을 유의하자).
- **Apptio Cloudability**: Apptio의 Cloudability 역시 크로스플랫폼을 지원하며, 클라우드 지출, 예산, 예측에 대한 광범위한 대시보드를 제공한다. 클라우드 플랫폼에서 청구 및 소비 데이터를 추출하는 동시에 비즈니스 매핑을 지원하며, 팀 수준까지 세분화된 관리가 가능하므로 데브옵스 환경에서 사용하기에 적합하다. 리소스가 예산을 초과하거나 예측에서 벗어나는 경우 이를 감지해 알림을 제공하는 이상 감지 기능이 강력한 장점이다. Apptio에 대한 자세한 내용은 https://www.apptio.com/solutions/cloud/cost-management/에서 확인할 수 있다.

최고 수준의 도구를 갖추고 핀옵스 모범 사례에 따라 조직을 구성하더라도 피해야 할 함정은 여전히 존재한다. 다음 절에서는 이러한 함정을 알아본다.

핀옵스 전환에서의 함정 피하기

핀옵스는 클라우드 비용을 단순히 절감하는 데 목적이 있는 것이 아니라, 클라우드 환경에서 비용 관리를 통해 비즈니스 가치를 창출하는 데 목적이 있다는 점을 다시 한 번 강조한다. 이는 매우 중요한 차이점이다. 단순히 비용 절감에만 집중하면 예상치 못한 상황이 발생해 오히려 기업에 큰 손실을 초래할 수 있기 때문이다. 예를 들어 개발자가 퇴근한 야간에는 개발 환경을 종료하고 다음 날 아침 출근 시간에 다시 시작하는 것을 생각해 보자. 이렇게 하면 비용은 절감되겠지만, 개발자가 근무 시간 외에는 개발 환경에서 작업을 할 수 없게 돼 기업의 가치 창출에 도움이 된다고 보기는 어렵다.

NOTE

> 이는 개발자들이 24시간 내내 일해야 한다는 의미는 아니며, 필요에 따라 개발자들이 편리한 시간에 작업할 수 있게 허용하는 것이 생산성을 높일 수 있다는 점을 시사한다.

국제적인 기업의 경우 특정 시간대에 인스턴스를 종료하는 것이 불가능할 수도 있다. 유럽이나 미국 기업이 개발 업무를 인도나 다른 해외 국가에 아웃소싱하는 경우를 생각해 보라.

또 다른 주요 함정은 프로세스와 인력을 갖추지 않은 채 클라우드 관리 도구를 구매하는 것이다. 그 전에 올바른 인력을 확보하고, 목표를 설정하고, 지표를 정의하는 등 먼저 수행해야 할 단계들이 있다.

핀옵스를 구현할 때 가장 중요한 교훈은 하향식 접근 방식을 따르지 않아야 한다는 것이다. 이는 핀옵스 사례의 채택으로 이어지지 않으며, 클라우드 플랫폼에서 작업하는 팀에게 재정적 결과를 인식시키는 목표를 달성할 수 없다. 팀은 클라우드에서 올바른 리소스와 서비스를 사용하는 데 큰 책임을 져야 하지만, 비용 또한 인식해야 한다. 그들이 내리는 모든 설계 결정은 재정적 결과를 초래한다. 이러한 인식이 바로 핀옵스 채택의 시작이다.

지금까지 핀옵스 성숙도를 높이는 방법을 살펴봤다. 12장에서는 멀티 클라우드 환경에서 다양한 배포 및 서비스 모델을 사용해 클라우드에서 비용 모델을 구축하는 방법을 알아본다.

마무리

11장에서는 성숙도 모델을 활용해 핀옵스 사례를 전문화하는 방법을 살펴봤다.

핵심은 클라우드 환경에서 작업하는 팀이 비용에 대한 인식을 높이는 것이다. 비용 인식 설계 원칙과 핀옵스 재단의 성숙도 렌즈를 통해 이러한 업무 방식을 채택하고, 궁극적으로 관리형 핀옵스에서 운영 효율성을 달성하는 방법을 살펴봤다.

이어서 리소스 및 클라우드 지출에 대한 정확한 데이터를 확보하고, 쇼백showback 및 차지백chargeback을 사용해 이러한 데이터를 비즈니스 프로세스 및 기능에 매핑하는 것이 중요하다는 점을 확인했다. 이를 바탕으로 적정 규모 조정 및 예약 용량 구매와 같은 방법을 통해 클라우드 리소스를 최적화할 수 있다. 이러한 활동은 단순히 클라우드 비용을 절감하는 것이 아니라 비즈니스 가치를 높이는 데 기여해야 한다. 마지막으로 주요 함정을 살펴봤다.

이제 멀티 클라우드 환경에서 재무 관리를 한 단계 더 발전시켜 비용 모델을 개발할 차례다. 12장에서는 비용 모델을 자세히 알아본다.

질문

1. 핀옵스 성숙도 모델의 다섯 가지 렌즈는 무엇인가?
2. 예약 인스턴스 또는 약정 사용 할인 인스턴스란 무엇인가?
3. 참/거짓: 핀옵스는 주로 클라우드 사용 비용을 절감하는 데 목적이 있다.

더 읽을거리

- Information about and certification for FinOps practitioners can be found on the website of the FinOps Foundation: finops.org.

12

클라우드에서의 비용 모델링

11장에서는 핀옵스 프로세스를 자세히 살펴보고, 이러한 프로세스를 조직에 구현하는 방법을 알아봤다. 또한 다양한 클라우드 플랫폼에서 리소스 프로비저닝을 통해 비용이 어떻게 발생하는지 평가했다. 이제 비용이 올바른 방식으로 할당되고 조직 내에서 적절한 수준으로 기록되게 해야 한다.

12장에서는 클라우드 비용을 쇼백Showback(식별)하고 팀 또는 부서의 예산에 비용을 차지백Chargeback(할당)할 수 있는 비용 모델을 개발하고 구현하는 방법을 살펴본다. 그러기 전에 비용 커버리지 원칙, 클라우드 비용 유형, 공급자가 요금을 설정하는 방식을 이해해야 한다.

12장에서 다루는 내용은 다음과 같다.

- 클라우드 비용 유형 평가
- 비용 모델 구축
- 쇼백 및 차지백의 작동 원리

클라우드 비용 유형 평가

비용 모델을 정의하기 전에 클라우드 환경에서 어떤 유형의 비용이 발생하는지 이해해야 한다. 또한 팀이 비용이 어떻게 할당되는지 이해하고, 중앙 집중적이고 일관된 비용 할당 전략을 갖추는 것이 중요하다.

비용 커버리지

일반적인 클라우드 배포 모델은 사용한 만큼 지불하는 방식[PAYG]이다. 이는 사용량이 크지 않을 때는 무리가 없지만, 대부분의 기업은 핵심 시스템을 포함한 대규모 환경을 클라우드에 구축하며, 이 경우 워크로드의 상시 가용성과 충분한 용량이 보장되길 원한다. 이를 위해 '용량 예약'과 '사전 약정' 개념이 등장했다. 용량을 예약하거나 일정 사용을 약정하면 여러 이점을 얻을 수 있는데, 그중 하나는 계약 기간 동안 필요한 용량을 안정적으로 확보할 수 있다는 점이다.

또 다른 이점은 예약된 용량에 대한 할인을 받을 수 있다는 것이다. 클라우드 서비스 공급자는 고객이 장기간 용량을 사용하게 약정함으로써 안정적인 수입을 확보할 수 있기 때문이다. 하지만 단점도 있다. 클라우드 서비스 공급자는 해당 용량을 다른 고객에게 자유롭게 할당할 수 없어 PAYG 요금제를 사용하는 고객에게 리소스를 유연하게 할당할 수 없다. 이 때문에 클라우드 서비스 공급자는 예약된 용량에 대해 선불 요금을 요구할 수 있으며, 이는 고객이 용량 확보를 위해 선행 투자를 해야 함을 의미한다. 이러한 요건은 재무 계획과 비용 모델에 반드시 반영해야 한다.

클라우드 서비스 공급자에게 용량 관리는 매우 중요하다. 용량 예약은 데이터 센터 운영의 예측 가능성을 높여 주며, 특히 현재처럼 글로벌 반도체 수급난으로 여러 산업이 영향을 받는 상황에서는 그 중요성이 더욱 커진다. 예약은 월별로 지불하고 취소(최소한 애저에서는 가능)할 수 있으며, 다른 리소스/범위에 적용하거나 환불을 요청할 수도 있다. 다만 환불에는 추가 조건이 적용될 수 있다.

결론적으로 클라우드 사용량은 예약된 용량으로 충당되는 부분과 그렇지 않은 부분으로 나뉘며, 일부 사용량은 예약을 통해 충당하기 어려울 수 있다. 사용량이 급증하는 경우를 생각해 보자. 이때 사용량 급증에 대비해 용량을 예약할 수 있지만, 급증이 끝나면 리소스가 제거되므로 예약은 사용하지 않고 비용만 발생하게 된다. 핀옵스에서는 이를 낭비되는 사용량이라고 한다. 사용하지 않는 프로비저닝된 리소스 용량에 대해서도 클라우드 서비스 공급자는 요금을 부과하기에, 예약 용량 미활용으로 인한 비용이 할인 혜택을 넘어서지 않도록 관리해야 한다. 그렇지 않으면 예약은 할인 효과 없이 비용만 늘리는 결과가 된다.

즉, 예약을 통해 최대한 많은 사용량을 충당하는 것이 가장 좋다. 이를 통해 더 나은 통찰력을 얻고 정확한 예측이 가능하기 때문이다. 예약으로 충당된 사용량은 더 낮은 요금으로 리소스를 사용할 수 있게 해준다. 이제 요금에 대해 자세히 알아보자.

클라우드 요금

클라우드 서비스 공급자마다 요금 계산 방식이 다르기에, 멀티 클라우드 환경에서는 요금 구조가 복잡해진다. 그럼에도 고객에게 요금이 제시되는 방식에는 몇 가지 공통 원칙이 있다.

앞서 클라우드 비용 추적 방법을 살펴봤지만, 실제 청구서를 받아 보면 예상과 다른 금액에 놀랄 수 있다. 청구서에 요금이 낮아지거나, 동일한 리소스임에도 서로 다른 단가가 적용되는 경우가 있기 때문이다. 기업이 더 많은 리소스를 사용하거나 더 오랫동안 리소스를 사용하면 클라우드 서비스 공급자는 볼륨 할인 등을 적용해 다른 요금을 청구할 수 있다. 이 때문에 청구서에 동일한 유형의 리소스에 대해 다양한 요금이 표시될 수 있으며, 혼란스러울 수 있다. 핀옵스에서는 이러한 요금을 '미분할 요금unblended rates'이라 부른다.

미분할 요금이 있다면, 비용이 사용된 모든 리소스에 균등하게 분배되는 '분할 요금blended rates'도 있다. 분할 요금은 모든 리소스에 동일한 요금이 적용되므로 좋아 보일 수 있지만, 실제 리소스당 비용을 정확하게 파악하기 어렵다는 단점이 있다.

최종 청구서에 표시되는 요금은 클라우드 서비스 공급자의 비용 책정 포털에 표시된 요금과 대부분 다르다. 공개된 가격은 정가 또는 온디맨드 요금을 나타내지만, 실제로 기업은 이러한 정가를 그대로 지불하는 경우가 드물다. 예를 들어 볼륨 할인, 특별 프로그램 또는 계약상 합의된 할인 등 다양한 요인으로 요금이 인하될 수 있으며, 이러한 요금 인하는 비용 절감으로 이어진다. 청구서에서 절감액을 확인할 수 있으며, 기존 및 계획된 클라우드 환경에 상업적 계약을 적용해 잠재적인 절감액을 계산할 수도 있다.

클라우드 서비스 공급자의 다양한 할인 프로그램을 살펴보는 것이 좋다. 애저의 주요 할인 프로그램은 다음과 같다.

- **애저 하이브리드 혜택:** 윈도우, SQL 서버, 레드햇, 수세SUSE 리눅스 라이선스를 애저 가상 머신에서 최적으로 사용할 수 있게 지원하는 프로그램이다(https://azure.microsoft.com/en-us/pricing/hybrid-benefit/).
- **애저 마이그레이션 및 현대화 프로그램:** 마이크로소프트가 애저로의 워크로드 마이그레이션을 지원하기 위해 전문가 지원 및 모범 사례를 제공하는 프로그램이다. 마이그레이션 비용 절감을 위해 비용 최적화 및 인센티브가 포함된다(https://azure.microsoft.com/en-us/solutions/migration/migration-modernization-program/#benefits).

AWS에는 엔터프라이즈 할인 프로그램EDP, Enterprise Discount Program이라는 흥미로운 프로그램이 있다. 이는 맞춤형 솔루션을 제공하는 엔터프라이즈 계약을 제공하며, 대규모 환경에 대한 엔터프라이즈 할인이 적용될 수 있다. 이 프로그램에 적합한 기업은 일반적으로 AWS 전담 팀을 배정받아 긴밀하게 협력하게 된다.

다른 클라우드 역시 대규모 고객을 위한 할인 프로그램을 운영하고 있다. 대부분의 경우 고객은 클라우드 서비스 공급자가 제공하는 특별한 혜택 프로그램을 이용할 수 있다. 예를 들어 오라클 클라우드의 경우 고객이 OCI에서 오라클 소프트웨어를 실행할 때 소프트웨어 지원 할인을 포함한 상당한 혜택을 얻을 수 있다.

라이선스 및 계약은 클라우드 요금에 영향을 미치는 복잡한 요소이므로 공급자와 긴밀히 협력하는 것이 좋다. 클라우드 서비스 공급자는 자사 클라우드를 사용하려는 기업에게 최상의 조건을 제공하기 위해 최선을 다할 것이다. 고객이 없다면 클라우드 플랫폼 자체가 존재할 수 없기 때문이다.

상각 및 완전 적재 비용

예약, 사전 약정, 약정, 할인이 비용에 어떻게 반영될까? 여기서는 상각 비용과 완전 적재 비용이라는 두 가지 유형의 비용을 살펴본다.

앞서 살펴본 것처럼 용량을 예약하려면 선불 투자가 필요할 수 있다. 비용 모델에서는 이러한 초기 선불 비용을 고려해 실제 사용량으로 나눠야 한다. 이를 상각 비용amortized cost이라고 한다.

완전 적재 비용은 상각 비용에 할인율을 포함한 실제 비용을 더하고, 공유 비용을 실제 사용량으로 나눈 값이다. 완전 적재 비용을 계산하려면 클라우드 구성 요소를 완전히 분석해야 하는데, 이는 다음 절에서 자세히 설명하겠다.

비용 모델 구축

비용 모델을 구축하려면 다음 세 가지 기본 단계를 따라야 한다.

1. **비용 동인 식별:** 이는 이 책의 처음 2개 장에서 다룬 내용으로, 비즈니스 프로세스와 밀접하게 관련돼 있다. 예를 들어 특정 기간 동안 고객 주문 횟수를 비용 동인으로 볼 수 있는데, 이러한 동인을 식별하면 환경 설계에 도움이 된다. 주문이 급증하는 구간에는 용량 확장을 고려해야 하며, 주문 접수 시 송장 발행 및 결제, 창고 피킹, 배송 준비 등 일련의 이벤트를 트리거하

는 이벤트 기반 아키텍처도 검토할 수 있다. 이 과정에는 서로 통신해야 하는 다양한 시스템과 애플리케이션이 관여한다. 여기서 핵심 질문은 무엇을 자동화할 것인가, 그리고 비용에 미치는 영향을 고려해 어떻게 최적의 해법을 설계할 것인가이다.

- 아직 짚지 않은 중요한 점이 하나 있다. 비용은 기업이 제품이나 서비스에 책정할 가격을 크게 좌우한다는 것이다. 가격은 기본적으로 비용과 마진으로 구성되는데, 기업은 단순히 비용만 회수해서는 이익을 낼 수 없으며, 동시에 고객이 납득할 수 있는 '합리적' 가격을 제공해야 한다. 따라서 자사 비용 구조에 대한 매우 세밀하고 정확한 통찰, 그리고 그 비용에 영향을 미쳐 최적화할 수 있는 방안을 파악하는 일이 필수다.

2. **모든 클라우드 구성 요소의 전체 분석 정의:** 클라우드에서 사용되는 모든 요소를 알아야 하며, 이는 이해하기 쉬운 방식으로 제시돼야 한다. 이것이 비용 모델이 하는 역할로, 인프라, 소프트웨어, 개발, 보안 등 모든 비용을 식별해야 한다.
3. **구성 요소 수량화:** 특정 구성 요소를 얼마나 사용할 것인지에 대한 질문에도 답해야 한다. 이는 앞 절에서 봤듯이 P*Q(가격 x 수량) 또는 이 경우 UC*Q(단가 x 수량)만큼 간단하지 않다. 적절한 수준의 비용을 얻으려면 상각 비용과 다양한 할인을 고려해야 하며, 이 단계에서는 사용할 수 있는 공유 클라우드 서비스도 고려해야 한다. 공유 서비스는 비용을 절감하지만 규정 준수 측면에서 절충이 있을 수 있다는 점에 유의해야 한다.

비용 모델 구축을 위해 먼저 애플리케이션 관점에서 접근하는 것이 좋다. 모든 애플리케이션에는 담당자가 있다고 가정하고, 해당 애플리케이션을 실행하는 데 필요한 리소스를 정의하는 것이다. 이때 고유 리소스와 공유 리소스가 모두 발생하며, 랜딩 존 관리 비용도 고려해야 한다. 비용은 다음과 같이 크게 두 가지로 나눌 수 있다.

- **사용량 기반 비용:** 애플리케이션 사용량에 따라 발생하는 모든 비용이다.

- **고정 비용:** 인프라에 애플리케이션이 호스팅되지 않아도 발생하는 비용으로, 모든 애플리케이션에 분담해야 한다.

다음으로 관리형 서비스와 비관리형 서비스를 구분해야 한다.

- **관리형 서비스:** 클라우드 서비스 공급자가 모든 것을 관리하는 서비스로, 고객이 직접 서비스를 운영하기 위한 추가 비용이 발생하지 않는다.
- **비관리형 서비스:** 클라우드에서 서비스를 제공하지만, 고객이 직접 관리해야 하는 서비스다. 인건비나 라이선스 비용과 같은 추가 비용을 고려해야 한다.

이러한 구분을 통해 서비스별 비용을 산출할 수 있다. 다음 표에는 IaaS의 모든 구성 요소와 그로 인해 발생하는 비용이 나열돼 있다. 가상 머신의 구성 요소부터 살펴보자. 이 예에서는 AWS의 EC2 서비스를 사용했지만, 다른 클라우드의 가상 머신에도 동일하게 적용할 수 있다.

표 12.1 IaaS 구성 요소 목록의 예

• EC2
– 일반
※ 운영체제
※ 라이선스
※ 확장
※ RDP 설정
※ 직렬 콘솔
※ 가용성
※ 가상 머신 SLA

(이어짐)

※ VM 유형

※ 자동 종료

※ Just-in-Time 액세스

※ 부팅 진단

※ 가상 서버 템플릿 및 IaC

※ 가상 머신 크기 및 티어

※ 가상 머신 명명 규칙

- 가상 머신 배포 및 이미지 관리

※ 골든 이미지

※ 배포 후 구성

- 모니터링

- AWS EBS

※ 디스크 캐싱

※ 드라이브 유형

※ 드라이브 성능

※ EC2 인스턴스 추가 스토리지

※ 관리형 드라이브 예약 인스턴스

※ 디스크 버스팅

※ 임시 OS 디스크

※ 공유 디스크

※ 네트워크 연결

※ 디스크 명명 규칙

※ 디스크 암호화

이는 워크로드용 VM에 해당하며, 워크로드에는 연결 및 스토리지가 필요하다. 마지막으로 워크로드가 안전한지 확인해야 한다. 이러한 주제와 관련된 구성 요소 목록은 표 12.2에 나와 있다.

표 12.2 워크로드 보안을 위한 구성 요소 목록 예시

• 네트워크
※ 사설 IP 주소
※ 공용 IP 주소
※ 가속화된 네트워크
※ 근접 배치 그룹
• 보안
※ 가상 머신 암호화
※ 바이러스 검사 및 맬웨어 방지
※ 운영체제 업데이트 관리
※ 소프트웨어 인벤토리
※ 호스트 방화벽
※ 운영체제 버전
※ OS 강화
• 스토리지 계정
– 스토리지 계정 보안
※ 권한 부여
※ 암호화
– 복구
– 추적

(이어짐)

- 백업 및 복구
※ 클라우드 네이티브 백업
※ AWS 백업
※ 윈도우 및 리눅스 서버 백업
※ RDS 백업
※ 파일 기반 복원
※ 백업 모니터링

이러한 모든 구성 요소에는 비용이 수반된다. 따라서 이러한 모든 비용을 추적하고 관리해야 한다. 이를 위해 비용 관리 설정도 지정해야 한다. 표 12.3은 비용 관리 활동을 보여준다.

표 12.3 비용 관리 활동

• 비용 관리
※ 비용 관측 가능성 확보
※ 비용 보고 및 분석
※ 송장 및 결제 관리
※ 예산 설정 및 관리
※ 정책을 통한 사용량 제어
※ 비용 최적화
- 예약 인스턴스
- 스팟 인스턴스
- 서버리스
- Trusted Advisor

비용 관리는 광범위한 작업이지만, 비용을 고려한 설계를 위해서는 반드시 필요하다. 클라우드 환경의 모든 요소, 사용하는 모든 클라우드에 대해 이 작업을 수행해야 한다.

다음 단계는 총 소유 비용TCO을 계산하기 위해 각 구성 요소의 수량을 정의하는 것이다. 애저에서는 TCO 계산기를 사용할 수 있으며, 이는 두 가지 방식으로 활용할 수 있다. 워크로드를 하나씩 정의하는 방법은 https://azure.microsoft.com/en-us/pricing/tco/calculator/에서 계산기를 방문해 시작할 수 있다. 다음은 표시되는 화면이다.

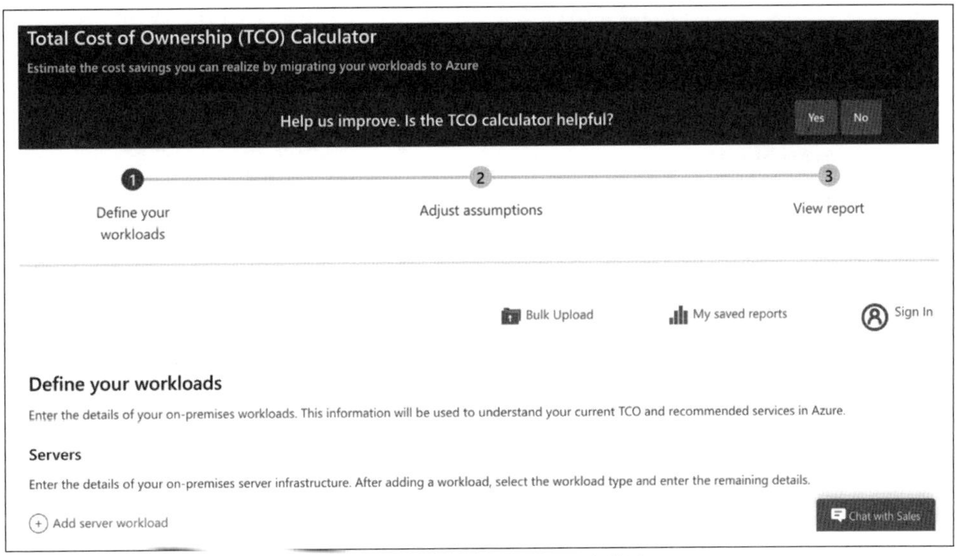

그림 12.1 애저 TCO 계산기 시작 화면

화면 하단에서 서버 워크로드를 추가할 수 있으며, 아래로 스크롤하면 애저에서 워크로드를 호스팅하는 데 필요한 기본 서비스인 데이터베이스, 스토리지, 네트워킹이 표시된다. 화면 상단에는 '대량 업로드bulk upload' 옵션이 있어 시간을 절약할 수 있다. 다음으로 가정을 조정하고 보고서를 보면 워크로드를 애저로 이동할 때 예상되는 TCO를 확인할 수 있다.

다른 클라우드 서비스 공급자도 유사한 서비스를 제공한다. AWS는 가격 계산기 외에도 Migration Evaluator(https://aws.amazon.com/migration-evaluator/)를 제공한다. 하지만 접근 방식은 다르다. 다음 스크린샷과 같이 평가를 요청해야 한다.

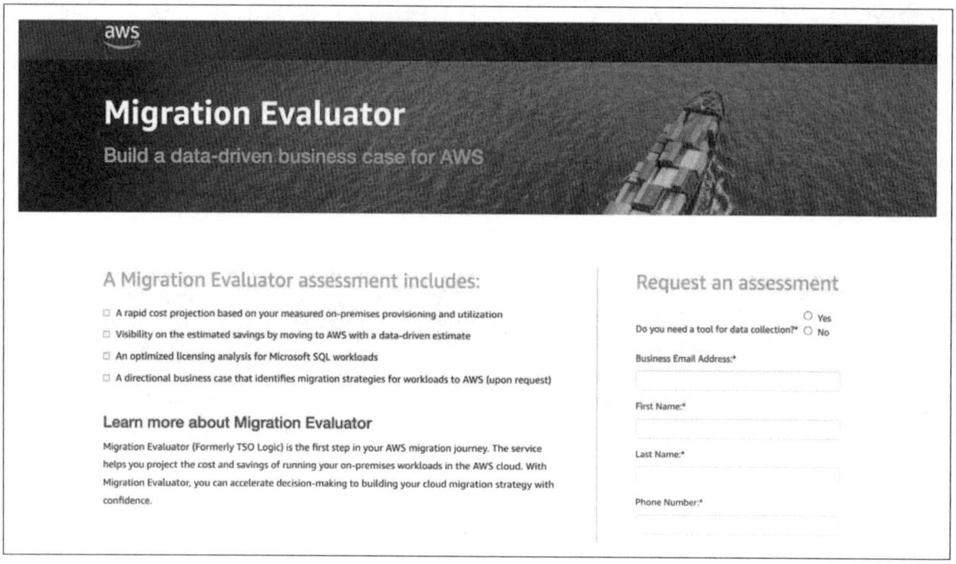

그림 12.2 AWS Migration Evaluator 평가 요청 시작 화면

다음으로 AWS는 스프레드시트를 통해 데이터를 업로드하거나, 기존 시스템에 에이전트리스 수집기를 설치해 자동으로 데이터를 수집하도록 요청한다. Migration Evaluator는 이 데이터를 분석해 AWS에서의 예상 비용과 절감액을 추정한다. 즉, 이 도구는 워크로드를 AWS로 마이그레이션할 때의 비즈니스 효과를 계산해 준다. 애저의 애저 Migrate와 유사한 기능이다.

마지막으로 구글 클라우드 역시 AWS와 마찬가지로 클라우드 마이그레이션 및 현대화 비용 평가를 제공한다. 이 평가는 https://inthecloud.withgoogle.com/tco-assessment-19/form.html을 통해 요청할 수 있다.

이제 비용 모델을 구축하고 총 소유 비용[TCO]을 평가했다. 마지막 단계는 비용 할당이다. 비용 할당은 제품 또는 서비스에 대한 책임을 지는 팀, 사업부 또는 부서가 수익성이 있는지 판단하는 데 도움이 된다. 또한 비용 활용도를 파악하고 경영진이 의사 결정을 내리는 데 도움을 준다. 따라서 비용 할당을 구현할 논리적인 방법을 정의해야 하는데, 이는 클라우드, 특히 멀티 클라우드 환경에서는 쉽지 않다. 어떤 클라우드 서비스가 누구에 의해, 무엇을 위해 사용되고 있는지, 그리고 지출액은 얼마인지 명확하게 파악하기 위해 사용된 클라우드 서비스를 비즈니스 요소 또는 기능에 매핑해야 한다. 이를 수행하는 한 가지 방법은 애플리케이션 또는 애플리케이션 그룹의 관점을 취하는 것이다. 이는 다음 절에서 자세히 설명한다.

지금까지 비용 모델을 준비했고 클라우드 지출을 모니터링할 수 있게 됐다. 다음은 이 비용을 미리 정의한 그룹에 정확히 할당하는 일이다. 이는 쇼백과 차지백으로 구현할 수 있으며, 이 장의 마지막 절에서 자세히 다룬다.

쇼백 및 차지백의 작동 원리

앞 절에서는 다양한 비용 유형, 클라우드 서비스 공급자가 제공하는 할인 프로그램, 그리고 비용 모델 구축 방법을 자세히 알아봤다. 비용 모델은 클라우드 환경에서 사용하는 모든 구성 요소를 나열하는 광범위한 작업이다.

멀티 클라우드 환경에서는 애플리케이션이 여러 클라우드에 걸쳐 서비스를 사용할 수 있기에, 애플리케이션 관점에서 접근하면 모든 서비스를 파악할 수 있다. 또한 비용 모델링이 제대로 됐다면 애플리케이션에 연결된 리소스를 정확히 파악하고, 애플리케이션 실행 비용을 산출할 수 있다. 마지막으로 애플리케이션을 담당자와 연결하고 팀, 부서 또는 사업부를 연결할 수 있다.

차지백을 시작하기 전에 애플리케이션 체인, 클라우드에서 사용되는 리소스 및 서비스, 그리고 이러한 리소스 및 서비스와 관련된 비용에 대한 관측 가능성을 확보해야 한다. 핀옵스에서는 이 프로세스를 쇼백이라고 한다. 쇼백은 클라우드 사용량에 대한 모든 데이터를 분석해 관련 이해관계자에게 보고하는 것을 의미하며, 이 데이터는 앞 절에서 다룬 모든 측면, 즉 사용량, 비용 요소, 요금, 요금에 적용된 할인 등을 포함해야 한다. 또한 애플리케이션 또는 애플리케이션 체인, 애플리케이션 소유자, 팀 또는 사업부와 연결될 수 있어야 한다.

다음 단계는 차지백이다. 차지백은 비용을 조직의 책임 부서로 보내 팀 또는 부서의 예산에 청구하는 것이다. 여기서 어려운 점은 공유 비용과 다양한 리소스(공유 리소스 포함)에 대한 할인 분배 방식이다. 이를 위해서는 재무 엔지니어링이 필요한데, 이는 11장에서 구성한 핀옵스 팀의 주요 업무 중 하나다. 첫 번째 단계는 비용을 올바른 예산에 할당하는 것으로, 성숙한 조직에서는 차지백이 자동화돼 재무 시스템에 통합되고, 공유 비용은 공유 리소스의 실제 사용량을 기준으로 할당된다.

이것으로 클라우드 환경에서의 재무 운영에 대한 내용을 마무리한다. 13장에서는 보안, 특히 데브섹옵스 원칙을 사용한 보안 구현을 다룬다.

마무리

12장에서는 클라우드 비용을 추적하고 특정 예산에 할당할 수 있는 비용 모델을 구축하는 방법을 살펴봤다. 핵심은 조직이 클라우드에서 사용하는 모든 리소스와 서비스를, 공유 리소스를 포함해 빠짐없이 파악해야 한다는 점이다.

또한 정확한 비용 수준을 파악하려면 다양한 요율을 고려해야 함을 확인했다. 클라우드 서비스 공급자의 가격 계산기에 표시되는 요율은 실제 적용되지 않는 경우가 많은데, 이는 할인 프로그램이 적용돼 클라우드 환경의 실제 비용에 영향을 미칠 수 있기 때문이다. 이후 미분할 요금과 분할 요금, 관리형 서비스와 비관리형 서비스, 직접 비용과 공유 비용, 사용량 기반 비용과 고정 비용에 대해서도 알아봤다. 정확한 쇼백 Showback과 최종적인 차지백Chargeback을 위해서는 이 모든 요소가 비용 모델에 반영돼야 한다.

이것으로 핀옵스에 대한 내용을 마무리하고, 13장에서는 보안, 특히 데브섹옵스 원칙을 사용한 보안 구현을 알아본다.

질문

1. 기업이 예약 인스턴스를 사용하는 주된 이점은 무엇인가?
2. 청구서에 동일한 유형의 리소스에 대해 다양한 요금이 표시될 수 있다. 이러한 요금을 무엇이라고 부르는가?
3. 마이크로소프트는 애저 가상 머신에서 윈도우 서버, SQL 서버 및 다양한 리눅스 배포판 라이선스를 최적으로 사용할 수 있게 지원하는 프로그램을 제공한다. 이 프로그램의 이름은 무엇인가?

더 읽을거리

- 핀옵스 재단은 매년 <State of FinOps> 보고서를 발행하며, 클라우드 재무 동향을 공개한다. 해당 보고서는 https://data.finops.org/에서 확인할 수 있다.

13

데브섹옵스 구현

대부분의 기업이 클라우드를 도입하는 주된 이유는 애플리케이션 개발 속도를 높이기 위해서다. 새로운 기능을 추가하고자 애플리케이션은 지속적으로 평가되고 변경된다. 클라우드에서는 모든 것이 코드로 표현되므로, 이러한 새로운 기능은 대상 클라우드의 인프라에서 테스트해야 한다. 개발 프로세스의 마지막 단계는 애플리케이션을 클라우드에 배포하고 운영 팀에 인계하는 것이다. 이렇게 하면 개발자는 비즈니스 요구 사항, 고객 및 운영 팀의 피드백을 기반으로 새로운 기능을 개발하는 데 집중할 수 있다.

이러한 프로세스 속도를 높이기 위해 조직은 데브옵스 주기를 활용한다. 이를 통해 지속적인 개발이 가능하며, 코드를 테스트, 디버깅 및 배포하는 과정을 주당 여러 번 또는 심지어 매일 수행해 애플리케이션을 지속적으로 개선할 수 있기 때문이다. 여기서 일관성은 매우 중요하다. 소스코드는 엄격한 버전 관리하에 있어야 하며, 이를 위해 CI/CD 파이프라인, 즉 지속적인 통합, 지속적인 제공 및 배포가 필요하다. 또한 코드, 파이프라인, 애플리케이션 및 인프라가 안전하게 유지되게 해야 한다. 따라서 데브옵스에 보안을 내장하고 데브섹옵스를 목표로 해야 한다.

13장에서는 데브섹옵스DevSecOps의 원칙, CI/CD 파이프라인의 작동 방식, 그리고 멀티 클라우드 환경에 적합하고 보안 정책을 준수하게 설계하는 방법을 알아본다.

13장에서 다루는 내용은 다음과 같다.

- 데브섹옵스의 필요성 이해
- 데브섹옵스 문화 구현 시작
- CI/CD 설정
- 멀티 클라우드에서의 CI/CD 작업
- CI/CD 도구 탐색
- 시큐리티 바이 디자인Security by Design 원칙 따르기
- 자동화를 사용한 개발 및 운영 보안

데브섹옵스의 필요성 이해

데브섹옵스의 여러 단계를 살펴보기 전에 멀티 클라우드 환경에서 데브섹옵스가 왜 중요한지 이해하는 것이 좋다. 먼저 클라우드 보안의 계층을 이해해 보자. 고려해야 할 네 가지 계층은 다음과 같다.

1. **조직 수준:** 전반적인 거버넌스를 담당한다.
2. **엔터프라이즈 수준:** 계정 전반의 보안, 모니터링 및 로깅을 통한 중앙 집중식 규정 준수 감사, 자동화 촉진을 담당한다.
3. **구독 수준:** 역할 기반 접근 제어RBAC, 위협 탐지, 심층 방어를 활용한다.
4. **솔루션 수준:** 검증된 템플릿, 청사진, 이미지를 사용해 CI/CD를 활용한다.

모든 수준에서 보안을 정의해야 한다. 다음 다이어그램은 클라우드에서 모든 수준의 방어를 보여준다.

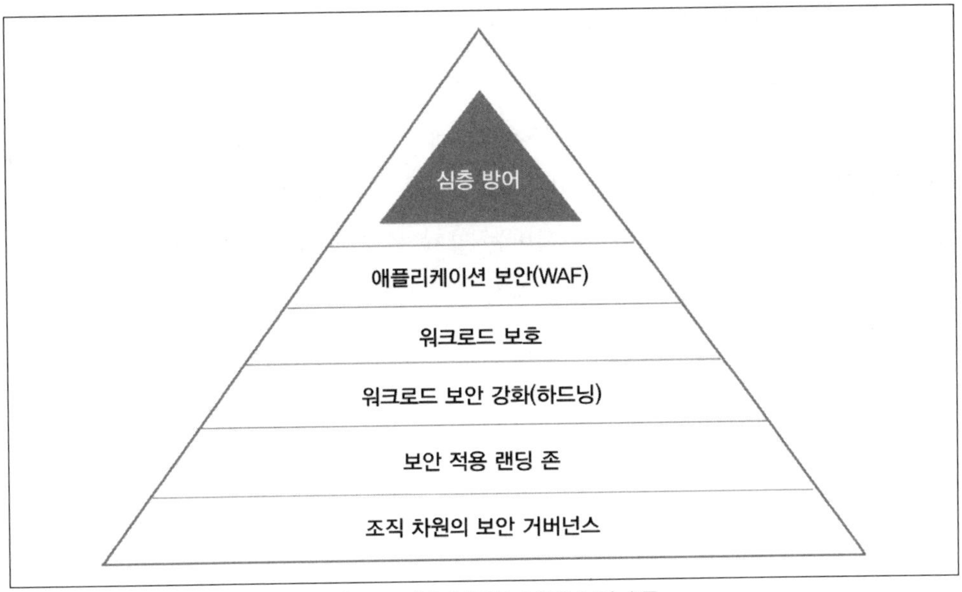

그림 13.1 애플리케이션 스택의 보안 수준

스택의 최상단은 애플리케이션 페이로드가 차지한다. 멀티 클라우드 환경에서 기업은 컨테이너와 CI/CD 파이프라인을 주로 활용하며, 이를 통해 다음과 같은 이점을 얻을 수 있다.

- 다양한 지역의 여러 클라우드 플랫폼에서 워크로드를 관리하고 프로비저닝한다.
- 각 플랫폼의 장점을 활용해 최적 성능의 워크로드를 확장한다.
- 여러 클라우드 플랫폼의 복원력을 활용해 고가용성 솔루션을 구축한다.
- 여러 클라우드에서 애플리케이션을 동시에 운영한다.

그렇다면 멀티 클라우드에서 이러한 이점을 어떻게 활용할 수 있을까? 가장 좋은 방법은 다양한 클라우드 플랫폼에 배포할 수 있는 컨테이너를 사용하는 것이다. 따라서 먼저 멀티 클라우드 환경에서 컨테이너와 컨테이너 오케스트레이션이 어떻게 작동하는지 이해해야 한다. 컨테이너를 사용하면 환경이나 클라우드에 관계없이 소프트웨어를 안정적으로 실행할 수 있다. 이 운영은 일반적으로 컨테이너 오케스트레이션을 통해 완전히 자동화되기에, 개발자는 컨테이너 내부에만 신경 쓰면 된다. 이를 통해 수동 개입 없이 무제한 확장이 가능하다.

컨테이너는 VM과는 다른 방식으로 작동한다. VM에서는 하이퍼바이저가 서버에게 여러 서버인 것처럼 인식시켜 가상 서버 중 하나에서 여러 애플리케이션을 실행할 수 있게 한다. 그러나 각 가상 서버는 자체 운영체제가 필요하므로 VM은 다소 무겁다. 반면 컨테이너는 자체 운영체제가 필요하지 않으며, 호스트 머신에서 실행 중인 운영체제를 그대로 사용한다. 따라서 컨테이너는 매우 가볍고 쉽게 이동할 수 있다. 컨테이너와 VM의 차이점은 그림 13.2에 설명돼 있다.

그림 13.2 가상 머신(왼쪽)과 컨테이너(오른쪽)의 차이점

컨테이너는 이식성이 뛰어나 다양한 플랫폼의 여러 서버에 쉽게 배포할 수 있다. 물론 컨테이너를 실행할 수 있도록 클라우드를 준비해야 하며, 이때 실제로 컨테이너 엔진인 컨테이너 런타임 환경이 필요하다. 모든 클라우드에서 컨테이너를 오케스트레이션하는 업계 표준은 원래 구글에서 개발한 쿠버네티스다.

쿠버네티스는 컨테이너의 배포 및 관리를 담당하며, 네트워킹, 컴퓨팅, 스토리지를 컨테이너에서 호스팅되는 워크로드에 할당하는 것과 같은 모든 무거운 운영 작업을 처리한다. 또한 자동 확장을 지원해 워크로드에 더 많은 용량이 필요한 경우 컨테이너 인프라를 확장해 더 많은 컨테이너를 실행할 수 있게 한다. 이때 사용량이 줄어들면 쿠버네티스는 다시 축소된다. 여기서 가장 좋은 점은 모든 클라우드 서비스 공급자가 쿠버네티스 서비스를 제공해, 모든 클라우드에서 이를 수행할 수 있다는 것이다.

- 애저 쿠버네티스 서비스AKS, Azure Kubernetes Services
- AWS의 일래스틱 쿠버네티스 서비스EKS, Elastic Kubernetes Services
- GCP의 구글 쿠버네티스 엔진GKE, Google Kubernetes Engine
- 쿠버네티스용 알리바바 클라우드 컨테이너 서비스ACK, Alibaba Cloud Container Service for Kubernetes
- OCI의 쿠버네티스용 컨테이너 엔진OKE, Container Engine for Kubernetes

런타임 환경과 컨테이너가 준비됐으니, 이제 이를 보호해야 한다. 먼저 쿠버네티스는 서버에서 동작하는 소프트웨어이며, 여러 가상 머신 또는 노드가 모여 클러스터를 이룬다는 점을 이해해야 한다. 다른 서버와 마찬가지로 서버와 그 위에서 실행되는 소프트웨어는 무단 액세스, 악성 주입, 기타 침해로부터 보호돼야 한다. 이 보안은 공동의 책임이다. PaaS 형태의 쿠버네티스 클라우드 제품은 클러스터 노드의 보안과 유지 관리를 담당한다.

가장 먼저 클러스터 강화와 관련된 사항을 고려해야 한다. 설계와 구현 단계에서 다음 사항을 염두에 두자.

- RBAC 활성화
- 인증 활성화
- 방화벽을 통한 보호
- 쿠버네티스 노드 격리

- 네트워크 트래픽 모니터링 및 감사 로깅

다음으로 컨테이너를 보호해야 한다. 이를 위해 NIST^National Institute of Standards and Technology^의 애플리케이션 컨테이너 보안 가이드(https://nvlpubs.nist.gov/nistpubs/SpecialPublications/NIST.SP.800-190.pdf)를 참조할 수 있다.

컨테이너를 보호하려면 호스트 운영체제를 강화하는 것뿐만 아니라 보안 이미지를 사용해 컨테이너를 구축해야 한다. 이미지는 컨테이너 보안에 매우 중요하며, 실행 가능한 코드와 컨테이너 엔진(예: 도커), 시스템 라이브러리 및 구성 설정을 포함해 컨테이너를 실행하는 데 필요한 모든 것을 포함하는 파일이다. 이미지의 구성 요소는 일반적으로 재사용 가능하므로 새 이미지를 반복해서 빌드할 필요가 없다.

구성 요소와 이미지는 제어된 컨테이너 레지스트리에 저장된다. 레지스트리는 컨테이너를 사용하는 엔터프라이즈 환경에서 핵심이므로 CI/CD 파이프라인은 반드시 이 레지스트리의 승인된 이미지만 사용해야 한다. 컨테이너는 본질적으로 불변이기에 소스 이미지를 보호하는 일이 더욱 중요하며, 이는 데브섹옵스로 나아가는 출발점이다.

13장에서는 데브섹옵스를 세 가지 계층으로 살펴본다. 첫 번째 계층은 팀 내 인식 제고에 관한 것이다. 데브옵스 팀의 모든 구성원은 자신이 내리는 모든 결정이 재정적으로나 보안 측면에서 결과를 초래한다는 사실을 인지해야 하며, 개발자는 안전한 코드 작성의 기본 사항을 배우고 '구멍'을 남기고 취약점을 유발하는 코드 작성의 의미를 이해해야 한다. 엔지니어는 개발자가 작업하는 환경을 안전하게 유지하면서 관리하는 데 능숙해야 한다. 랜딩 존과 보안을 유지해야 하는 CI/CD 파이프라인을 생각해 보라. 따라서 교육은 모든 역할에서 모든 수준에서 중요하다.

두 번째 계층은 보안을 설계에 통합하는 원칙을 적용해 개발자와 엔지니어가 클라우드에서 구축하고 관리하는 모든 것의 통합된 부분으로 만드는 것이며, 동시에 가능한 한 많은 작업을 자동화해 수동 작업에서 발생할 수 있는 오류 여지를 줄이는 것이다. 이와 연결된 세 번째 계층은 자동화를 통한 보안이다.

다음 절에서는 이러한 계층을 하나씩 살펴보고 교육 및 인식 제고부터 시작해 멀티 클라우드에서 이러한 계층이 왜 중요한지 알아본다. 그런 다음 CI/CD 파이프라인을 설정하는 방법과 다양한 클라우드에서 사용할 수 있는 도구를 알아본다. 이 궁극적인 목표는 멀티 클라우드를 안정적으로 운영할 수 있는 프로세스와 파이프라인을 구축하는 것이다.

데브섹옵스 문화 구현 시작

앞 절에서 컨테이너 보안에 대한 NIST 가이드를 언급했다. 이 가이드는 기술적인 내용이 아닌 '마음가짐'에 대한 얘기로 시작한다. NIST가 제시하는 첫 번째 조언은 다음과 같다.

> 컨테이너를 통해 가능해진 새로운 애플리케이션 개발, 실행 및 지원 방식을 지원하게 조직의 운영 문화와 기술 프로세스를 조정하라.

클라우드, 클라우드 네이티브, 컨테이너의 도입으로 소프트웨어 개발 방식이 크게 달라졌기에 IT를 수행하는 문화도 바뀌어야 한다. 이제 개발자와 운영자는 시스템 패치와 업그레이드 같은 전통적인 IT 작업에 덜 매여도 된다. 우리는 애플리케이션이 물리 인프라나 가상 머신을 직접 신경 쓰지 않고 기반 인프라를 활용할 수 있도록 설계하고, 그 과정에서 보안을 애플리케이션 빌드에 자연스럽게 통합하고자 한다. 즉, 소프트웨어가 스스로 처리하도록 만들되, 가장 안전한 방식으로 프로그래밍하고 구성하며 유지 관리해야 한다.

여기서 중요한 질문이 있다. "보안은 어디서부터 시작해야 할까?" 정답은 CI/CD 파이프라인을 포함해 '맨 처음'부터 시작해야 한다는 것이다. 다음 다이어그램은 파이프라인의 개략적인 표현을 보여준다. 여기서 삼각형은 최소한 따라야 할 보안 사례를 나타낸다.

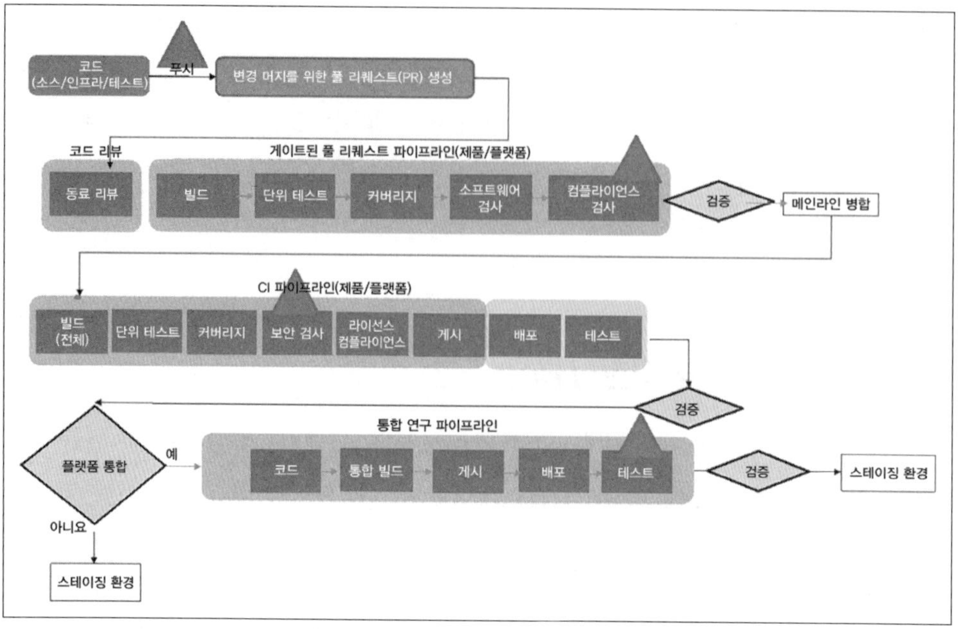

그림 13.3 보안 표시가 있는 CI/CD 파이프라인

여기서 시프트 레프트shift-left 원칙을 설명하는 것이 좋다. 시프트 레프트는 애플리케이션 개발 수명 주기에서 가능한 한 일찍 테스트를 수행하는 원칙으로, 코드를 가져오거나 작성하는 파이프라인의 맨 처음 단계에서부터 테스트를 시작하는 것이다. 이는 데브섹옵스에서 매우 중요한 원칙이다. 또 다른 원칙은 개발자와 운영자 간의 긴밀한 협력이며, 여기에는 보안 정의 및 관리도 포함된다.

데브옵스에 대한 다양한 관점이 있지만, 이 책에서는 DASADevOps Agile Skills Association에서 정의한 원칙을 따른다. DASA는 다음 여섯 가지 원칙에 기반을 둔 데브옵스 프레임워크를 정의한다.

- **고객 중심 행동:** 고객의 요구와 기대를 충족하는 애플리케이션 개발에 집중한다. 이는 도메인 주도 설계DDD, Domain-Driven Design의 목표와도 일맥상통하며, 훌륭한 설계 관행을 포함한다.

- **최종 결과물을 염두에 둔 설계:** 애플리케이션의 최종적인 모습과 기능을 고려해 개발한다.
- **전방위적 책임감:** 애플리케이션의 개발부터 운영, 유지보수, 그리고 개선에 이르기까지 팀이 모든 과정에 책임을 지게 한다. '만들고, 운영하고, 고장 내면 고치는 것'은 기본이며, '부수고, 더 나은 것으로 재건축하는 것'까지 포함한다.
- **교차 기능 자율 팀:** 개발 과정에서 팀이 스스로 결정을 내릴 수 있게 권한을 부여한다.
- **지속적인 개선:** 애플리케이션을 끊임없이 개선하는 것을 목표로 한다.
- **최대한 자동화:** 전달 및 배포 속도를 높이고, 설정 오류와 같은 실패 발생을 줄이기 위해 가능한 한 많은 부분을 자동화한다.

이는 피드백 루프를 기반으로 IT 시스템을 개발하고 운영하는 새로운 사고방식이다. 클라우드 플랫폼은 코드 기반이므로 엔지니어는 시스템을 비교적 쉽게 변경할 수 있으며, 시스템은 코드로 표현되고, 코드는 구조화되고 고도로 통제된 방식으로 변경될 수 있다. CI/CD 파이프라인이 바로 이러한 목적을 수행한다.

데브섹옵스 문화를 구축하려면 교육과 실험이 필수다. 조직은 개발자와 운영자가 안전하게 학습할 수 있도록 격리된 환경에서의 실험을 지원해야 한다. 이런 강사 주도 학습과 자율 학습, 동료 검토, 그리고 아키텍처와 개발 및 보안 전반에 걸친 지원은 데브섹옵스 사고방식의 채택을 가속화한다.

다음 단계는 이러한 사고방식과 원칙을 CI/CD 파이프라인 설정에 통합하는 것이다. 다음 절에서 이를 자세히 살펴본다.

CI/CD 설정

파이프라인을 구축하기 전에 CI와 CD의 정의를 명확히 하는 것이 좋다.

CI(지속적인 통합)는 코드 변경 사항을 클라우드 환경에서 작업하는 팀 전체에 걸쳐 빈번하게 업데이트하고 공유하는 공유 리포지토리 원칙을 기반으로 한다. CI를 통해 개발자는 동시에 동일한 코드에 대해 협업할 수 있다. 코드 변경 사항은 직접 통합되며, 다양한 테스트 환경에서 완벽하게 테스트할 준비가 된다.

CD(지속적인 배포)는 소프트웨어를 테스트 환경으로 자동 전송하는 데 중점을 둔다. CD의 궁극적인 목표는 소프트웨어를 완전 자동화된 방식으로 프로덕션 환경에 배포하는 것이다. 이때 다양한 테스트가 자동으로 수행되며, 배포 후 개발자는 코드 기능에 대한 피드백을 즉시 받는다.

CI/CD는 데브옵스 주기를 가능하게 한다. 이들 방식과 결합하면 계획부터 관리까지 모든 책임이 팀에 있으며, 자동화되고 강력한 개발 프로세스를 통해 변경 사항이 훨씬 빠르게 고객에게 전달될 수 있다. 다음 다이어그램은 CI/CD를 포함한 데브옵스 주기를 보여준다.

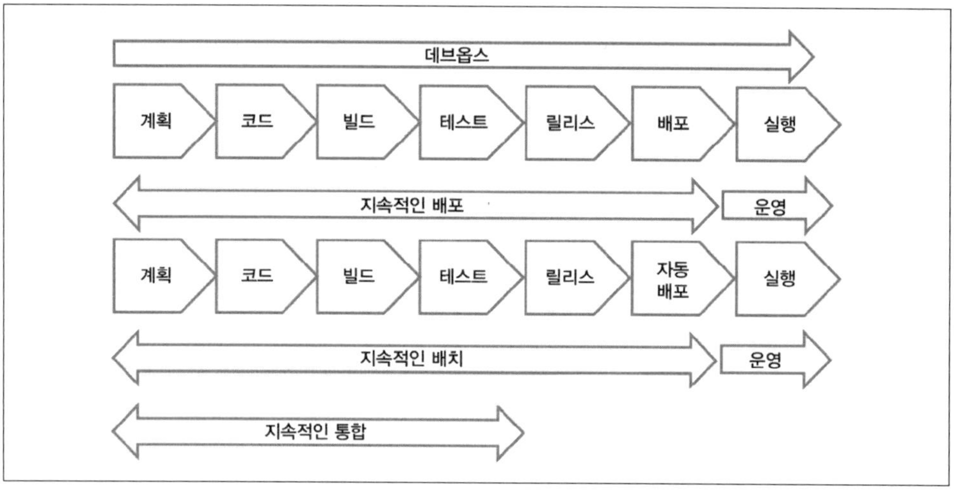

그림 13.4 CI/CD를 포함한 데브옵스 주기

많은 기업이 CI/CD를 도입하고 있지만, 일관성 부족으로 프로젝트가 실패하기도 한다. CI를 통해 개발 팀은 원하는 만큼 자주 코드를 변경해 시스템을 지속적으로 개선할 수 있는데, 이때 여러 클라우드 환경에서 일하는 팀이 많을수록 작업 방식

을 통일하는 일이 중요하다. CI/CD 파이프라인에 완전 자동화 프로세스를 적용하면 환경의 일관성을 유지할 수 있기에, 결국 CI/CD와 데브옵스의 핵심은 도구 자체가 아니라 문화와 프로세스를 꾸준히 준수하는 데 있다.

데브옵스를 성공적으로 구현하려면 다음 단계를 따르는 것이 좋다.

1. **데브옵스 프로세스 구현**: 모든 이해관계자가 데브옵스 프로세스를 구현하는 것에서 시작한다. 데브옵스의 핵심 원칙 중 하나는 최종 책임을 지는 자율적인 팀을 구성하는 것이다. 따라서 팀에게 의사 결정 권한을 부여하고, 결정에 따라 행동할 수 있게 해야 한다. 일반적으로 데브옵스 팀은 2 ~ 3주의 짧은 스프린트로 운영되는 애자일 팀이다. 개발 프로세스의 모든 세부사항에 대한 승인을 받는 데 시간을 낭비하면 팀은 제시간에 아무것도 완료할 수 없다.
2. **CI/CD 시스템 선택**: 리포지토리는 매우 중요하며, CI/CD 시스템을 선택할 때 가장 먼저 결정해야 할 요소다. 종류는 깃허브, 애저 데브옵스, 깃랩처럼 리포지토리를 포함한 CI/CD 시스템 가운데에서 선택할 수 있다. 시장에는 CI/CD를 지원하는 도구가 많다. 대표적으로 깃허브 Actions와 Jenkins가 널리 쓰이지만, 애저를 사용하는 많은 기업은 애저 데브옵스를 택한다. 종류가 많으니 시스템을 매일 사용할 사람들을 참여시켜 실제로 써보게 한 뒤 결정하자. 그리고 결정이 나면 모든 팀이 해당 시스템으로 통일해 운영하면 된다. 여기서 다시 강조하지만, 일관성이 핵심이다.
3. **PoC(개념 증명) 수행**: CI/CD의 중요한 요소는 테스트 자동화로, 이와 관련된 첫 번째 단계는 자동화된 프로세스 파이프라인을 만드는 것이다. 기업은 이미 품질 및 테스트 계획을 갖고 있을 수 있으며, 이는 **일반 테스트 계약**(GTA, Generic Test Agreement)에 명시돼 있을 수 있다. GTA는 시스템을 프로덕션 환경에 푸시하기 전에 어떤 테스트를 어떻게 실행해야 하는지 설명한다. 이는 좋은 출발점이지만, 데브옵스에서는 조직이 **완료 조건**(DoD, Definition of Done)을 사용한다.

- DoD는 시스템이 프로덕션 환경에 배포되기 전에 충족해야 하는 조건 및 허용 기준을 설명한다. DoD는 최종 제품, 애플리케이션 또는 제공해야 하는 IT 시스템의 품질 표준이다.

4. **최대한 자동화:** 최대한 자동화하는 것은 데브옵스의 원칙 중 하나다. 즉, 기업은 IaC를 포함해 코드 작업을 채택해야 한다. CI/CD에서 팀은 하나의 리포지토리에서 작업하며, 이는 애플리케이션 코드와 인프라 코드가 동일한 리포지토리에 있으므로 모든 팀이 필요할 때마다 액세스할 수 있음을 의미한다.

데브옵스에서 팀은 사용자 스토리로 작업한다. 사용자 스토리의 예는 다음과 같다. "온라인 소매점의 책임 있는 사업주로서 더 많은 고객이 온라인으로 제품을 구매할 수 있게 다양한 결제 방법을 제공하고 싶다." 이는 애플리케이션 및 시스템 개발에 대한 요구 사항을 설정한다. DoD는 사용자 스토리가 충족될 때, 즉 단위 테스트가 완료되고, 코드 검토가 완료됐으며, 인수 기준에 서명하고, 모든 기능 및 기술 테스트를 통과했을 때 충족된다.

다음 다이어그램은 다양한 테스트 단계를 통해 빌드 및 릴리스 파이프라인을 구현하는 개념을 보여준다. 코드는 빌드 파이프라인에서 개발된 다음 릴리스 파이프라인으로 전송되며, 여기서 코드가 구성되고 프로덕션용으로 릴리스된다. 릴리스 단계에서는 전체 빌드를 테스트 또는 **품질 보증**QA, Quality Assurance 환경에서 검증하며, QA에서 승인을 받으면 프로덕션 환경에 배포된다.

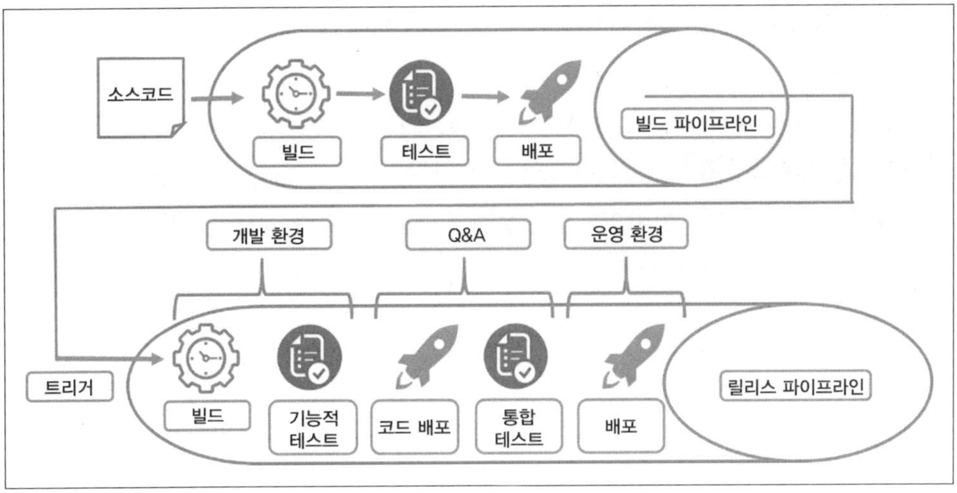

그림 13.5 빌드 및 릴리스 파이프라인 개념도

이러한 단계를 모두 따르면 조직은 CI/CD를 사용해 데브옵스 팀에서 작업할 수 있다. 다음 절에서는 멀티 클라우드 환경에서 이를 어떻게 적용할 수 있는지 알아본다.

멀티 클라우드에서의 CI/CD 작업

애플리케이션 코드 개발은 클라우드에 구애받지 않을 수 있다. 즉, 코드가 어느 클라우드로 푸시되든 코드의 기능은 동일하게 유지된다. 컨테이너를 사용하는 이유도 코드를 기반 인프라로부터 추상화하기 위해서다. 하지만 많은 개발자가 실제로 개발을 진행하다 보면 멀티 클라우드 환경이 생각만큼 간단하지 않다는 것을 깨닫게 된다.

멀티 클라우드 환경에서도 개발자들은 하나의 리포지토리에서 작업하지만, 클라우드에 쿠버네티스 플랫폼을 사용하더라도 배포 과정에서 플랫폼별 설정이 추가되고 테스트될 수 있다. 쿠버네티스 자체는 동일하지만, 클라우드에서 쿠버네티스 플랫폼을 구현하는 방식은 다를 수 있기 때문이다.

개발자가 성공적인 멀티 클라우드 환경을 구축하려면 몇 가지 단계를 거쳐야 한다. 첫째, 애플리케이션이 최종적으로 어떤 플랫폼에 배포되든 데브옵스 방식은 일관성을 유지해야 한다. 애저, AWS, GCP는 물론 온프레미스 환경에서도 애플리케이션 코드를 작성하는 방식은 동일해야 한다. 물론 각 플랫폼에는 코드를 실행하기 위한 특정 기능이 있지만, 이는 설정 문제일 뿐이다. 스테이징[staging]이라는 과정을 통해 애플리케이션 패키지가 기반 인프라 설정과 함께 프로덕션 환경에 릴리스될 준비가 됐는지 확인해야 한다.

애플리케이션 계층을 인프라의 리소스 및 설정 계층으로부터 추상화해 레이어 관점에서 생각해야 한다. 이것이 CI/CD를 통해 일관된 형태의 애플리케이션 개발을 달성하는 유일한 방법이다. 또한 개발자는 다양한 클라우드 플랫폼에서 발생하는 잦은 변경 사항에도 대처해야 한다. 데브옵스 도구는 애플리케이션 코드 자체를 계속 변경하지 않고도 이러한 배포 변경 사항에 적응할 수 있어야 한다.

개발자는 대상 플랫폼과 그 특성을 충분히 이해해야 한다. 또한 해당 플랫폼의 데브옵스 모범 사례와 권장 도구를 연구하는 일도 중요하다. CI/CD 도구는 뒤에서 자세히 다루겠지만, 대다수 범용 도구는 특정 클라우드에 종속되지 않으며 기본 API를 통해 여러 클라우드와 연동할 수 있다.

따라서 데브옵스를 성공적으로 구현하기 위한 기본 규칙은 다음과 같다.

- 단일 리포지토리
- 단일 프레임워크 또는 작업 방식
- 멀티 클라우드 환경을 대상으로 할 수 있는 통합 도구 세트

하나의 프레임워크 측면에서 Scaled Agile의 SAFe를 언급해야 한다. SAFe는 Scaled Agile Framework의 약자로, 많은 기업에서 데브옵스의 기반으로 사용된다. SAFe의 핵심 자산 중 하나는 애자일 릴리스 트레인[Agile Release Train]이다.

애자일 릴리스 트레인은 애플리케이션 개발 표준화 및 코드 릴리스 관리 원칙을

중심으로 구축됐다. 이는 모든 것을 자동화함으로써 이뤄지며, 포함돼야 할 단계는 다음과 같다.

- 코드 컴파일 자동화
- 자동화된 단위, 인수, 성능 및 부하 테스트
- 자동화된 보안 테스트
- 지속적인 통합: 통합 테스트 실행 및 프로덕션 환경에 배포 가능한 단위 릴리스 자동화
- 지속적인 제공: 버전 관리된 코드를 다양한 환경에 자동 배포
- 구성, 프로비저닝, 설계 단계에서의 보안, 코드 검토, 감사 추적, 로깅 및 관리를 위한 추가 자동화 도구

이는 애플리케이션 수명 주기 관리, 지속적인 개선, 애플리케이션 코드 릴리스를 지원한다. SAFe의 자세한 내용과 교육 과정은 https://www.scaledagileframework.com/DevOps/에서 확인할 수 있다.

CI/CD 도구 탐색

CI/CD 및 데브옵스 도구 환경은 방대하며 거의 매달 바뀐다. 엔터프라이즈의 요구사항에 적합하고 사람들이 도구 사용법을 교육받는 한, 도구 세트를 선택하는 데 옳고 그름은 없다. 이 절에서는 주요 클라우드의 기본 CI/CD 도구인 애저 데브옵스, AWS CodePipeline 및 CloudFormation, 구글 클라우드 빌드를 설명한다. 또한 알리바바 클라우드 및 OCI용 도구도 살펴본다.

먼저 멀티 클라우드에서 사용할 플랫폼인 쿠버네티스를 살펴본다. 쿠버네티스 CI/CD의 주요 구성 요소는 다음과 같다.

- 컨테이너 관리
- 클러스터 운영

- 기본 인프라 구성 관리
- 버전 관리 시스템
- 컨테이너 이미지를 위한 이미지 레지스트리
- 보안 테스트 및 감사
- 지속적인 모니터링 및 관찰 기능

훌륭한 파이프라인을 구축하려면 다음 설계 원칙을 고려해야 한다.

- 클라우드에 특화된 솔루션 대신 CI/CD 멀티 클라우드를 계획할 때는 올인원All-in-one CI/CD 도구를 사용한다.
- 인프라의 배포, 구성 및 관리를 포함해 관리형 또는 자체 관리형 CI/CD를 사용한다.
- 자동화되거나 수동으로 코드를 테스트하고 검증한다.
- 롤링 또는 블루/그린 배포 방법론을 사용한다.

이제 클라우드가 제공하는 것을 살펴보자. 다양한 솔루션을 살펴볼 것이다.

애저 데브옵스

애저 데브옵스는 애플리케이션 구축 및 배포를 지원하며, 전체 개발 주기를 관리할 수 있게 돕는다. 애저 데브옵스는 다음과 같은 기능으로 구성된다.

- **Boards**: 애저 데브옵스의 계획 도구로, 칸반Kanban 및 스크럼Scrum을 사용해 일정을 관리한다. 칸반은 카드를 사용해 작업을 단계별로 이동시키고, 스크럼은 짧은 스프린트를 통해 작업을 완료한다.
- **Repos**: 깃 또는 TFVCTeam Foundation Version Control를 기반으로 버전 관리를 제공하는 애저 데브옵스의 리포지토리다. Team Foundation은 애저 데브옵스의 원래 이름인 비주얼 스튜디오 TFSTeam Foundation Server를 지칭하는 용어로 사용된다.

- **Pipelines**: 애저 데브옵스의 CI/CD 기능으로, 클라우드 환경에 코드를 빌드하고 릴리스하는 것을 지원한다. Repos와 통합돼 Boards에서 예약된 작업을 실행할 수 있다.
- **Test Plans**: 팀이 테스트 스크립트를 수동 및 자동으로 구성할 수 있게 한다.
- **Artifacts**: 개발자가 다양한 소스의 코드 패키지를 공유하고 이를 파이프라인 또는 다른 CI/CD 도구와 통합할 수 있게 지원한다. Artifacts는 Maven, NPM(Node.js 및 JSON용), NuGet 패키지 및 파이썬 패키지 피드를 지원한다.

다음 스크린샷은 애저 데브옵스의 메인 메뉴를 보여준다. 스크럼으로 정의된 프로젝트는 작업 항목을 백로그 항목과 스프린트로 나눈다.

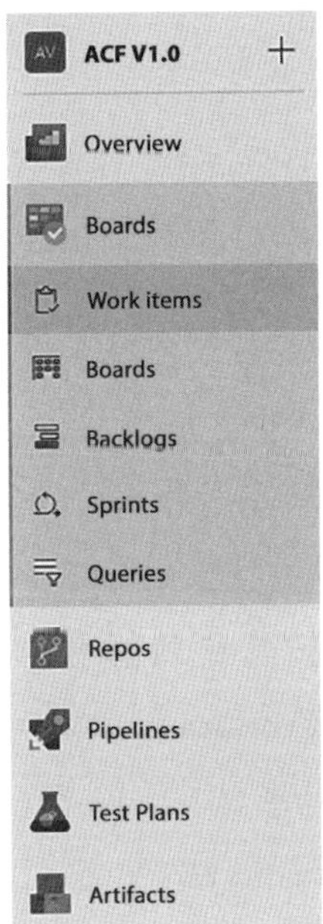

그림 13.6 애저 데브옵스 메인 메뉴

애저 데브옵스에서 팀이 가장 먼저 해야 할 일은 프로젝트를 정의하고 프로젝트

멤버를 할당하는 것이다. 다음으로 프로젝트 관리자 또는 제품 책임자는 개발 방법론을 정의한다. 데브옵스는 이러한 선택에 따라 기능, 백로그 항목, 작업과 같은 작업 항목과 이러한 항목의 실행을 계획할 수 있는 보드를 정의할 수 있는 기능을 제공한다. 작업 항목 또는 제품은 배포될 수 있는 코드 조각일 수 있으며, 데브옵스에서는 검토 후 코드를 대상 클라우드 환경에 배포하는 애저 Pipelines를 통해 자동화할 수 있다.

AWS Toolkit for Azure DevOps를 사용하면 AWS에서도 애저 데브옵스를 사용할 수 있으며, 이 툴킷은 애저 데브옵스 내에서 AWS 리소스를 프로비저닝하고 업데이트하고자 AWS CloudFormation 템플릿을 사용할 수도 있다. 자세한 내용은 13장의 '더 읽을거리' 절을 참고한다.

AWS CodePipeline

AWS CodePipeline은 AWS의 CI/CD 도구로, 개발 팀이 애플리케이션과 인프라 리소스를 배포할 수 있도록 지원한다. CodePipeline은 다음과 같은 기능을 제공한다.

- **워크플로 모델링:** CodePipeline의 계획 도구로 볼 수 있다. 워크플로 모델링은 코드 릴리스를 위한 다양한 단계(빌드, 테스트, 배포)를 정의하며, 팀은 각 단계에서 실행해야 할 작업을 생성할 수 있다.
- **통합:** 다른 CI/CD 도구와 마찬가지로 CodePipeline은 소스코드의 버전 관리를 지원한다. 통합 기능을 통해 개발자는 깃허브와 같은 다양한 소스는 물론, AWS 자체 서비스인 CodeCommit(CodePipeline의 메인 메뉴에서 기본으로 제공), 아마존 ECR^Elastic Container Registry^, 아마존 S3도 사용할 수 있다. 코드 프로비저닝 및 업데이트는 AWS CloudFormation을 통해 이뤄진다. AWS 통합은 SAM^Serverless Application Model^을 통해 서버리스 애플리케이션에 대한 지속적인 제공을 지원하고, AWS 람다 함수를 사용해 애플리케이션 코드의 배포 성공 여부를 테스트하는 트리거를 자동화하는 등 다양한 기능을 제공한다.

- **플러그인:** AWS는 주로 자체 도구를 사용하는 것으로 보이지만, 개발자는 자유롭게 도구를 선택할 수 있다. AWS 플러그인을 사용하면 버전 관리에 깃허브를 사용하고, 배포에 Jenkins를 사용하는 등의 작업이 가능하다.

다음 스크린샷은 CodePipeline의 메인 메뉴를 보여준다.

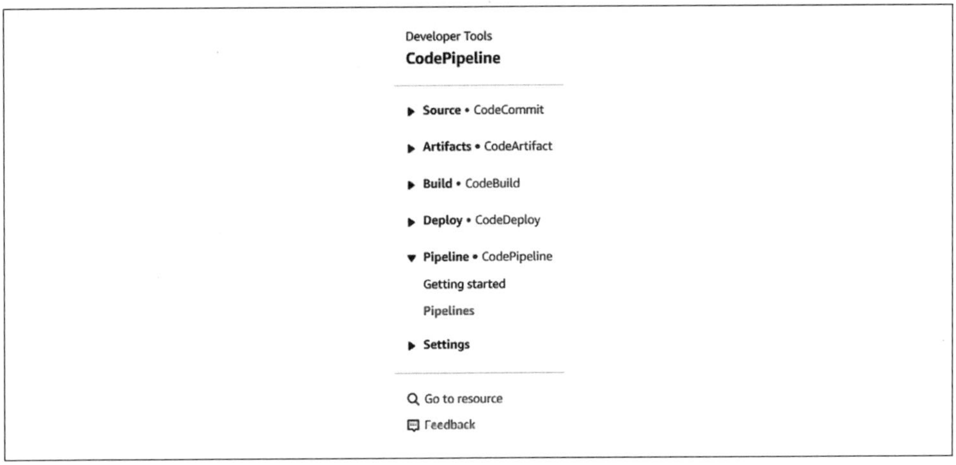

그림 13.7 AWS CodePipeline의 메인 메뉴

스크린샷에서 볼 수 있듯 `CodePipeline` 메인 메뉴에서 파이프라인을 생성하면 `CodeCommit`에 있는 리포지토리에서 코드를 가져오는 것으로 시작한다. 파이프라인 자체는 `CodeBuild`에서 빌드되고 `CodeDeploy`에서 배포된다.

Artifacts는 애저와 다르다는 점에 유의해야 한다. AWS에서 Artifacts는 CodePipeline이 파이프라인에서 작업을 실행하기 위한 파일을 저장하는 S3 artifacts 버킷을 사용한다.

구글 클라우드 빌드

GCP의 CI/CD 도구는 클라우드 빌드다. 클라우드 빌드의 주요 기능은 다음과 같다.

- **Cloud Source Repositories**: GCP에서 호스팅되는 비공개 깃 저장소다. 파이프라인 워크플로는 여기서 시작된다. 개발자는 클라우드 빌드 및 클라우드 Pub/Sub를 사용해 이 저장소에서 코드를 저장, 액세스 및 가져올 수 있다. 저장소는 GCP UI 포털 또는 구글 클라우드 셸에서 `gcloud source repos create` 명령을 통해 만들 수 있으며, 저장소를 만든 후 개발자는 `gcloud` 콘솔에서 `git add`, `git commit` 및 `git push` 명령을 사용해 코드를 푸시할 수 있다.
- **Artifact Registry**: 애저 데브옵스의 Artifacts와 유사한 서비스로, 메이븐(Maven) 및 NPM 패키지를 보관하는 저장소를 만들고 관리할 수 있다. GCP에서 Artifact Registry는 도커 컨테이너 이미지용 저장소를 만드는 데도 사용된다.
- **Cloud Build**: GCP에서 CI/CD 기능의 엔진 역할을 하며, 개발자는 클라우드 빌드에서 파이프라인을 정의한다. Cloud Source Repositories에서 소스코드를 가져오지만 깃허브와 같은 다른 소스에서 코드를 가져올 수도 있다. 클라우드 빌드는 코드를 테스트하고 대상 GCP 인프라에 배포하며, Jenkins, Spinnaker(자동화된 테스트 및 지속적인 제공을 위한 오픈소스 도구)와 같은 다양한 솔루션과 통합된다. 이러한 솔루션은 쿠버네티스를 실행하는 컨테이너 플랫폼에서 CI/CD를 활성화하기 위해 GKE와 함께 사용할 수도 있다.

다음 스크린샷은 Cloud Build의 메인 메뉴를 보여준다.

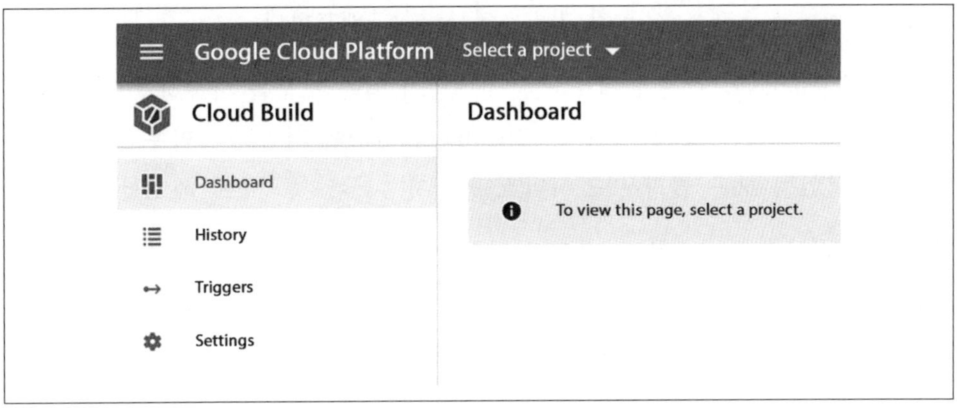

그림 13.8 GCP 콘솔에서 Cloud Build 시작 화면

메인 메뉴는 앞의 스크린샷에서 볼 수 있듯 매우 간결하다. 프로젝트를 정의하고 시작해야 개발자가 클라우드 빌드를 사용해 코드 리포지토리를 만들 수 있다. 이 서비스는 그림 13.9와 같이 콘솔에서 사용할 수 있다.

그림 13.9 GCP의 Cloud Source Repositories에서 리포지토리 시작하기

지금까지 주요 퍼블릭 클라우드에서 사용할 수 있는 CI/CD 도구를 살펴봤다. 여기서 주목할 점은 이러한 도구들이 공급자 중심적이라는 것이다. AWS CodePipeline은 AWS 환경에서 빌드하는 데 매우 적합하며, 애저 데브옵스에서 AWS 및 GCP로 파이프라인을 실행할 수 있도록 확장 기능과 툴킷이 제공되기도 한다. 이 경우 툴킷은 애저 데브옵스 Pipelines의 작업을 가져와 AWS CloudFormation으로 전달하고,

CloudFormation 스택을 사용해 리소스와 코드를 배포한다.

깃허브 및 Jenkins와 같은 클라우드에 구애받지 않는 도구를 사용하는 방법도 있다. 깃허브는 유용한 CI/CD 도구로, OpenID Connect를 지원해 클라우드 리소스에 접근할 수 있는 모든 클라우드 서비스 공급자(애저, AWS, GCP 등)에 배포할 수 있다.

Jenkins는 다양한 도구, 언어, 자동화 작업을 통해 파이프라인을 구축할 수 있게 지원하며, 자동화된 CI/CD를 위한 업계 선도적인 표준으로 발전해 왔다. Jenkins는 플랫폼에 구애받지 않으며, 알리바바 클라우드 및 OCI를 포함해 이 책에서 다루는 모든 클라우드를 대상으로 할 수 있다.

알리바바 클라우드에서의 CI/CD

알리바바 클라우드의 CI/CD 솔루션의 핵심은 쿠버네티스 컨테이너 서비스와 알리바바 클라우드 이미지 서비스다. 알리바바 클라우드 이미지 서비스는 이미지 복제 및 서명에 사용되며, 알리바바 클라우드 내 클러스터와 리전 간 빠른 복제를 지원한다. 또한 이미지 서명 기능을 통해 Key Management Service를 사용해 쿠버네티스 이미지와 보안 정책에 서명을 추가할 수 있다.

다른 퍼블릭 클라우드와 마찬가지로 알리바바 클라우드는 CI/CD 과정에서 널리 쓰이는 표준 기술과 도구를 활용한다. 예를 들어 Argo CD를 사용해 애플리케이션을 클러스터에 배포할 수 있다. Argo CD는 애플리케이션 정의와 구성을 기반으로 선언적 배포와 라이프사이클 관리를 자동화하는 쿠버네티스 컨트롤러로, 실행 중인 애플리케이션을 원하는 상태와 계속 비교해 일관성을 유지한다. 이런 기능은 알리바바 클라우드의 Application Center에 통합돼 있다.

OCI에서의 CI/CD

OCI에서는 Jenkins를 사용해 CI/CD 아키텍처를 구축할 수 있으며, 이를 위해 OCI에 Jenkins 마스터 노드를 호스팅한다. 애플리케이션 코드는 도커 이미지를 위한

OCIR(Oracle Cloud Infrastructure Registry)와 오라클 리눅스를 사용하는 작업자 노드를 배포하는 쿠버네티스용 컨테이너 엔진(오라클 쿠버네티스 엔진, OKE)을 통해 배포된다. OCI는 깃허브를 사용해 소스코드를 관리하고 테라폼을 사용해 인프라를 자동화한다.

https://docs.oracle.com/en/solutions/cicd-pipeline/index.html#GUID-D741A2F7-7E15-44ED-8B57-CB7197FE5D07 웹사이트에서 **오라클 클라우드로 배포하기**(Deploy to Oracle Cloud)를 클릭하면 이 솔루션을 OCI에 즉시 배포하거나 깃허브에서 테라폼 코드를 얻을 수 있는 기능이 있는데, 다음 그림에서 확인할 수 있다.

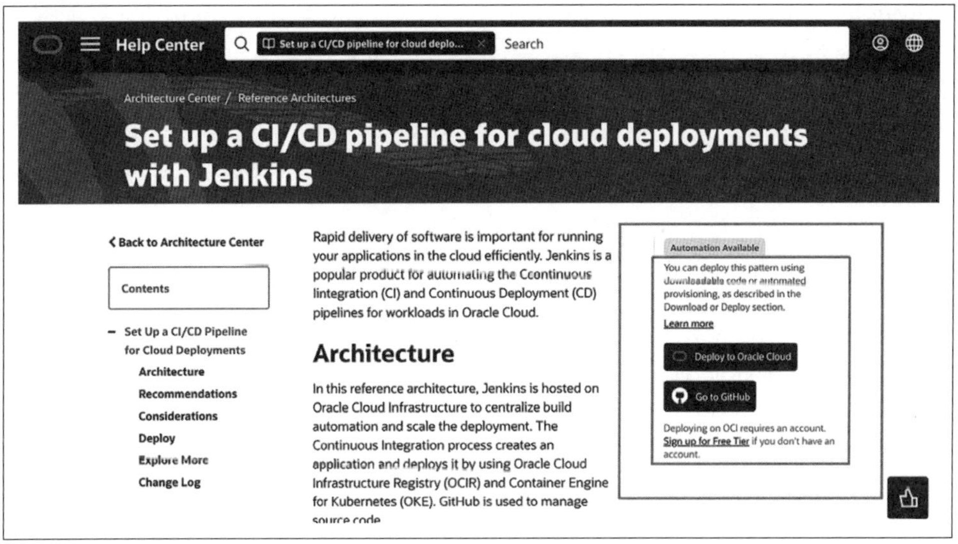

그림 13.10 OCI에 Jenkins를 사용해 CI/CD를 배포하는 옵션

OCI는 최근에 완전한 CI/CD 플랫폼인 OCI 데브옵스라는 새로운 서비스를 출시했다. 자세한 내용은 https://www.oracle.com/devops/devops-service/에서 확인할 수 있다.

멀티 클라우드 컨테이너 오케스트레이션 및 애플리케이션 개발 도구

지금까지 살펴본 도구와 기술은 대부분 특정 클라우드 서비스 공급자가 제공하는 클라우드 네이티브 서비스였다. 하지만 멀티 클라우드 환경에서는 여러 클라우드에 쿠버네티스 클러스터와 컨테이너가 존재할 수 있다. 일부 도구는 다른 클라우드에서 사용할 수 있는 API를 제공하기도 한다. 예를 들어 애저 데브옵스는 AWS 툴킷 확장 기능을 통해 AWS에서도 사용할 수 있다.

멀티 클라우드 컨테이너 오케스트레이션을 위한 또 다른 인기 있는 옵션으로는 VMware의 Tanzu Mission Control과 Red Hat OpenShift가 있다. Tanzu는 중앙 집중식 정책 관리를 포함해 하나의 콘솔에서 여러 클라우드의 쿠버네티스 클러스터를 관리할 수 있도록 지원하며, Tanzu Mission Control은 AWS, 애저, GCP, OCI는 물론 vSphere 기반 클라우드에서 클러스터의 배포, 확장 및 관리를 지원한다.

Red Hat OpenShift 역시 레드햇 엔터프라이즈 리눅스 및 앤시블[Ansible]을 사용한 클러스터 구성 관리를 통해 쿠버네티스 클러스터를 배포, 확장 및 관리할 수 있다. OpenShift는 애저, AWS 및 IBM 클라우드용 에디션을 제공하며, AWS 및 구글 클라우드에서는 완벽하게 관리되는 레드햇 OpenShift Dedicated 에디션을 사용할 수 있다.

앞에서 언급했듯 개발자가 코드를 개발, 저장, 테스트, 배포하는 데 쓸 수 있는 도구는 매우 다양하며, CI/CD의 핵심 원칙은 같지만 각 도구가 코드를 배포하는 방법, 특히 자동화된 테스트와 검증 방식에는 차이가 있다. 앞서 소개한 도구들만으로도 많은 기능을 제공하지만, 일반적으로는 보완을 위한 추가 도구가 필요하다. 아래에서는 가장 널리 쓰이고 잘 알려진 도구 몇 가지를 소개한다.

- 깃허브 및 깃허브 Actions를 사용한 CI/CD: 리포지토리 관리
- **깃랩:** 코드 관리, 도커 빌드 실행 및 Dockerfile 관리를 통해 쿠버네티스 클러스터 배포를 용이하게 하는 도구
- **깃옵스 및 Spinnaker:** 클라우드에 구애받지 않는 지속적인 배포

데브옵스 문화를 구축하고 CI/CD 파이프라인을 구축했다. 다음 단계는 파이프라인과 개발 중인 코드를 보호하는 것이다. 이는 다음 절에서 다룬다.

Security by Design 원칙 따르기

그러나 결론적으로 보안은 데브옵스의 시작과 동시에 시작돼야 하며, 코드를 가져오거나 새로운 코드를 작성하는 순간부터 프로덕션 환경에 배포할 때까지 전체 프로세스에 통합돼야 한다. 따라서 설계 단계부터 보안을 고려해야 한다. 이는 데브섹옵스의 두 번째 계층이며 다음 활동을 포함한다.

- **파이프라인 보안:** 제로 트러스트 원칙을 파이프라인에 적용하는 것이 가장 좋다. 파이프라인 접근은 최소 권한 정책을 통해서만 이뤄져야 하며, 지속적인 테스트를 파이프라인에 통합해야 한다. 여기에는 SAST(정적 애플리케이션 보안 테스트) 및 DAST(동적 애플리케이션 보안 테스트)는 물론 파이프라인의 백도어나 기타 취약점을 찾기 위한 침투 테스트도 포함된다.
- **클린 코드 작성:** 이는 여러 해석이 있을 수 있지만 핵심은 KISS[Keep It Simple, Stupid] 원칙이다. 이때 코드를 최대한 단순하고 짧게 유지해야 하며, 다른 개발자가 코드의 내용을 알 수 있게 문서화를 잘해야 한다. 무엇보다 중요한 것은 일관성을 유지하는 것이다.
- **애플리케이션 보안 설계 원칙:** OWASP[Open Web Application Security Project] 보안 설계 원칙을 사용할 수 있다. 이 원칙은 CIA, 즉 기밀성, 무결성, 가용성에 기반을 둔다. 핵심은 권한이 있는 사용자에게만 데이터 접근을 허용하고, 데이터가 식별되지 않도록 보호하며, 권한 없는 사용자가 데이터를 변경하지 못하게 하고, 권한 있는 사용자가 요청할 때 언제든 데이터를 사용할 수 있게 하는 것이다. OWASP는 다음과 같은 보안 설계 원칙을 제시한다.
  - 공격 표면을 최대한 줄인다.
  - 애플리케이션은 기본적으로 안전해야 한다. 즉, 사용자는 애플리케이션

과 관련 데이터를 사용할 자격이 있음을 '증명'해야 한다.
  - 최소 권한을 부여한다.
  - 계층화된 보안 제어를 사용해 심층 방어를 구축한다.
  - 직무 분리를 통해 사용자가 애플리케이션에서 전체 트랜잭션의 수명 주기를 제어하지 않고도 권한이 있는 작업만 수행할 수 있게 한다. 즉, 요청을 시작한 사람이 스스로 요청을 승인할 수 없게 한다.

- **컨테이너 및 사이드카를 사용한 마이크로서비스:** 마이크로서비스는 느슨하게 결합된 여러 서비스가 모여 애플리케이션의 기능을 이루는 구조다. 모든 기능이 하나의 거대한 애플리케이션에 통합된 모놀리식 아키텍처보다 보안 측면에서 더 안전하다고 여겨진다. 마이크로서비스는 분리돼 있고 API로 통신하므로, 취약점이 악용되더라도 침해 범위가 전체 애플리케이션이 아닌 특정 마이크로서비스로 제한되는 경우가 많다.
- 시스템의 보안은 여러 요인에 따라 달라지며, 아키텍처는 그중 하나일 뿐이라는 점을 명심해야 한다.
- 컨테이너 및 사이드카를 사용한 마이크로서비스는 개별 구성 요소의 보안 취약점을 더 쉽게 관리할 수 있도록 격리 및 모듈성을 높이는 등 보안 이점을 제공할 수 있다. 그러나 여러 컨테이너와 서비스를 관리하는 복잡성으로 인해 구성 요소 간의 통신 보안, 보안 설정의 적절한 구성 보장과 같은 새로운 보안 문제가 발생할 수도 있다.
- 반면 모놀리식 아키텍처는 보호해야 할 구성 요소가 적을 수 있지만, 코드베이스의 단 한 가지 취약점만으로도 큰 영향을 초래할 수 있다. 또한 모놀리식 코드베이스는 규모와 복잡성이 크기 때문에 보안 취약점을 식별하고 수정하기가 어려울 수 있다.
- 마이크로서비스 아키텍처는 구축이 복잡하기 때문에 개발자는 모든 마이크로서비스를 매번 다시 구현하기보다 공통 아티팩트를 재사용하길 원한다. 이는 여러 애플리케이션에 공통으로 적용되는 기능에서 특히 유용하며, 사이드카 패턴으로 결합할 수 있다. 사이드카는 애플리케이션 구성 요소를

컨테이너로 분리된 프로세스에 배포해 격리와 캡슐화를 제공한다. 오토바이의 사이드카처럼 상위 애플리케이션에 연결돼 지원 기능을 제공하며, 이를 통해 모니터링이나 로깅, 구성 파일 배포 등을 구현할 수 있다. 그림 13.11은 이러한 사이드카 패턴을 보여준다.

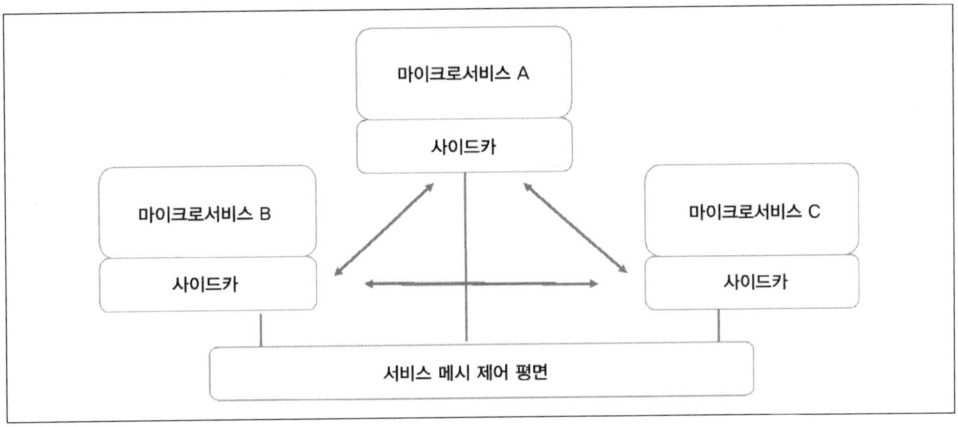

그림 13.11 사이드카 아키텍처 패턴

- 애플리케이션의 다른 구성 요소와 사이드카를 통합하려면 마이크로서비스 간의 서비스 간 통신을 지원하는 서비스 메시가 필요하다. 사이드카와 함께 서비스 메시를 사용하는 업계 최고의 기술은 오픈소스 Istio 서비스 메시이다. 이는 쿠버네티스를 컨테이너 오케스트레이션 플랫폼으로 사용하는 모든 퍼블릭 클라우드에서 지원된다.
- **위협 모델링 수행:** 조직은 잠재적인 위협을 식별하고 애플리케이션 및 데이터 스택에서 보안 정책 및 구현된 보호 장치에 대해 평가하는 프로세스를 채택해야 한다. 위협 모델링은 취약점을 드러내고 이러한 취약점이 악용되지 않게 어떤 완화 조치를 취해야 하는지 알려준다. 위협 모델링을 수행하는 일반적인 방법은 Mitre Att&ck 프레임워크에서 사용되는 TTP(전술, 기술, 절차)를 사용하는 것이다. 전술은 공격자의 행동과 시스템을 침해하기 위해 어떤 기술이 어떻게 사용되는지 설명한다.

애플리케이션 및 인프라 테스트는 소프트웨어 개발 수명 주기의 중요한 구성 요소다. 여기에는 취약점과 잠재적 위험이 해결됐는지 확인하는 테스트가 포함된다. 따라서 전체 스택을 고려하는 것이 가장 좋다.

- 코드
- CI/CD 파이프라인
- 컨테이너 이미지 및 서비스를 담고 있는 레지스트리와 리포지토리
- 클라우드에 리소스를 배포하는 데 사용되는 IaC
- 클라우드 내 호스트(가상 머신)
- 컨테이너 런타임 환경(쿠버네티스)
- 컨테이너

아직 다루지 않은 내용 중 하나는 클라우드에서 컨테이너를 실행하는 서버리스 함수다. 애저 Container Instances, AWS Fargate, 구글 Cloud Run 등이 그 예이며, 이들은 컴퓨팅을 서비스 형태로 제공한다. Fargate는 AWS에서 인프라를 구축하고 EKS와 호환되는 서버리스 완전 관리형 서비스며, 구글 Cloud Run은 완전히 동일하지는 않지만, 기반 인프라에 대한 걱정 없이 애플리케이션을 실행할 수 있게 지원한다. 따라서 자체 가상 머신을 배포하고 클러스터를 구성할 필요가 없다. 이는 클라우드에서 활용할 수 있는 높은 수준의 자동화이기 때문이다. 다음 절에서는 자동화를 더 자세히 살펴본다.

자동화를 사용한 개발 및 운영 보안

데브섹옵스에서 자동화는 필수적이다. 최소한 다음 프로세스는 자동화를 고려해야 한다.

- 버전 관리
- 지속적인 통합

- 지속적인 테스트
- 구성 관리 및 배포
- 지속적인 모니터링

앞 절에서 컨테이너, 사이드카, 오케스트레이션을 살펴봤다. 클라우드는 완전 관리형 서비스로, 이를 효율적으로 자동화할 수 있는 다양한 도구를 제공하며, 자동화된 오케스트레이션을 통한 컨테이너화는 기업에 큰 이점을 준다. 쿠버네티스와 같은 오케스트레이션 플랫폼과 퍼블릭 클라우드의 다양한 관리형 쿠버네티스 서비스는 새로운 버전의 애플리케이션 디버깅 및 배포를 포함해 컨테이너화된 워크로드 및 서비스의 설치, 확장, 관리를 처리한다.

컨테이너는 기본적으로 서로 격리돼 있어, 한 컨테이너의 오류가 다른 컨테이너에 영향을 주지 않는다. 각 컨테이너는 다른 컨테이너의 중단 없이 개별적으로 업데이트할 수 있는데, 이는 악성코드가 전체 환경으로 확산되는 것을 효과적으로 막는다는 의미이기도 하다. 하지만 그만큼 철저한 테스트가 필요하며, 이러한 테스트 과정의 상당 부분은 자동화가 가능하다.

- 애플리케이션 및 애플리케이션 런타임 보안 테스트
- 소프트웨어 구성 분석SCA, Software Composition Analysis
- IaC 유효성 검사 및 테스트
- 컨테이너 이미지 스캔
- 동적 위협 분석
- 네트워크 스캔
- 취약점 스캔 및 관리

데브섹옵스 관점에서 반드시 논의해야 할 사항 중 하나는 배포 방식이다. 일반적인 배포 방식으로는 롤링 배포와 블루/그린 배포, 이렇게 두 가지가 있다. 이 둘 중 어떤 방식을 선택할지는 데브섹옵스 사고방식에서 매우 중요한 결정 사항이다. 롤링 배포에서는 애플리케이션의 이전 버전과 기반 인프라를 새 버전으로 교체하며, 컨테이너화된 환경에서는 이전 버전의 애플리케이션을 실행하는 모든 컨테이너를 하나씩 교체한다. 이는 일반적으로 가장 빠른 배포 방식이다.

하지만 이는 이전 컨테이너와 새 컨테이너 간에 완전한 격리가 이뤄지지 않는다는 단점이 있다. 이를 보완하는 좀 더 안전한 배포 방식이 블루/그린 배포다. 여기서 블루 환경은 기존 버전의 시스템을, 그린 환경은 새로운 버전을 의미한다. 두 환경은 일정 기간 프로덕션 환경에서 동시에 운영되며, 트래픽이 블루에서 그린으로 점진적으로 전환된다. 이 과정에서 두 환경은 철저히 분리돼 있으며, 트래픽이 전부 그린 환경으로 이동하고 충분한 테스트가 완료된 후에야 기존 블루 환경을 종료할 수 있다. 블루 환경은 전체 배포 과정에서 비상 시 즉시 복구할 수 있는 안전망 역할을 한다.

이 방식은 안정성이 높지만, 두 환경이 동시에 구동되므로 비용이 더 많이 든다. 그린 환경은 기존 컨테이너 포드를 복제해 구성하며, 쿠버네티스와 Jenkins 같은 도구는 선언적 배포 방식을 활용해 이러한 블루/그린 배포를 효율적으로 지원한다. 이를 통해 컨테이너 포드를 자동화하고 빠르게 복사할 수 있다.

이것으로 데브섹옵스 및 CI/CD 설정에 대한 장을 마친다. 하지만 보안에 대한 논의는 아직 끝나지 않았다. 14장에서는 보안 정책 자체와 클라우드 환경에 이러한 정책을 적용하는 방법을 살펴본다.

마무리

13장을 마친 후 클라우드 환경에서 데브옵스 방식의 작업과 CI/CD 파이프라인 사용에 대한 이해를 충분히 했을 것이다. 클라우드에서는 애플리케이션부터 인프라, 구성까지 모든 것이 코드로 표현된다. 코드는 중앙 리포지토리에 저장되고 버전 관리돼야 하며, CI/CD 파이프라인은 여기서부터 시작된다. 데브옵스 팀은 파이프라인의 단계를 정의하고, 일반적으로 빌드, 테스트 및 배포 단계를 거치는데, 이러한 단계의 작업은 가능한 한 자동화된다.

이후 개발자가 코드를 작성하거나 가져오는 순간부터 보안을 통합해야 한다는 것을 살펴봤다. 코드, 파이프라인, 대상 클라우드에 대한 접근은 취약점을 식별하고 적절한 완화 조치를 취함으로써 보안 침해로부터 보호돼야 한다. 또한 다양한 기술과 도구를 통해 CI/CD 기능을 제공하고, 설계 단계부터 보안 원칙을 적용해 CI/CD 작업 시 애플리케이션을 보호하는 방법을 알아봤다.

애플리케이션과 데이터의 예방, 보호 및 방어는 개발자와 운영자가 준수해야 하는 정책에 정의돼 있다. 14장에서는 클라우드 환경에서 보안 정책을 정의하는 방법을 살펴본다.

질문

1. 모든 클라우드 서비스 공급자는 쿠버네티스 클러스터를 실행하고 관리하기 위한 솔루션을 제공한다. 세 가지 솔루션의 이름을 적어라.
2. 깃허브의 기능은 무엇인가?
3. 마이크로서비스는 모니터링 및 로깅과 같은 기능을 공유할 가능성이 높으며, 이러한 기능을 사이드카를 사용해 마이크로서비스에 연결할 수 있다. 사이드카를 사용해 서비스를 통합하는 이 프로세스를 무엇이라고 부르는가?
4. 롤링 방식과 블루/그린 방식, 이렇게 두 가지 배포 방식이 있다. 어떤 방식이 더 안전하다고 여겨지는가?

더 읽을거리

- DevOps Agile Skills Association (DASA): https://www.DevOpsagileskills.org/
- Documentation on Azure DevOps: https://docs.microsoft.com/en-us/azure/

DevOps/get-started/?view=azure-DevOps

- Information on integrating Azure DevOps with AWS: https://aws.amazon.com/vsts/
- Documentation on AWS CodePipeline: https://aws.amazon.com/codepipeline/
- Documentation on Google Cloud Build: https://cloud.google.com/docs/ci-cd/
- Documentation on CI/CD for Alibaba Cloud: https://www.alibabacloud.com/solutions/devops/CI-CD
- Documentation on CI/CD for OCI: https://docs.oracle.com/en/solutions/cicd-pipeline/index.html
- Hands-On DevOps for Architects, by Bob Aiello, Packt Publishing

14

보안 정책 정의

클라우드 환경에서는 모든 작업이 안전하게 이뤄져야 한다. 클라우드 서비스 제공자는 도구를 제공할 뿐이며, 이를 어떻게 사용할지는 사용자가 정해야 한다. 어떤 자산을 보호할지, 어떻게 보호할지를 신중히 결정해야 도구를 올바르게 활용할 수 있다. 여기에는 인터넷 보안 센터CIS, Center for Internet Security에서 정의한 기준과 같이 다양한 보안 기준선이 있으며, 이는 실천을 위한 지침이 된다.

14장에서는 보안 프레임워크가 무엇이며, 왜 보안 정책의 출발점으로서 중요한지 알아본다. 클라우드 환경에서 보호해야 할 대상이 무엇인지 살펴보고, 전 세계적으로 널리 채택된 애저, AWS, GCP, 알리바바 클라우드, OCI의 CIS 벤치마크를 살펴본 후 각 플랫폼의 보안 도구를 사용해 CIS를 구현하는 방법을 알아본다. 또한 보안 거버넌스와 관리의 차이점을 이해하고, CSPMCloud Security Posture Management을 통해 클라우드 구성을 제어하고 안전하고 규정을 준수하는지 확인하는 방법을 살펴본다.

14장에서 다루는 내용은 다음과 같다.

- 보안 정책 관리

- 보안 정책 이해
- 보안 프레임워크 이해
- 보안 및 규정 준수의 역학 이해
- 보안 정책의 기준선 정의
- 보안 정책 구현
- 애저, AWS, GCP, 알리바바 클라우드, OCI에서의 보안 정책 구현
- 클라우드 보안 태세 관리로 위험 관리

보안 정책 이해

보안 정책을 이해하기 전에 기존의 온프레미스 데이터 센터 환경을 먼저 살펴보자. 전통적으로 물리적 장비를 호스팅하고 애플리케이션을 실행하며 데이터를 저장하는 데 사용되는 데이터 센터는, 허가된 사람만 출입할 수 있도록 펜스와 잠긴 문으로 보호된다. 컴퓨터실에 대한 접근 또한 엄격히 통제되며, 경비 인력이 상주하거나 CCTV 시스템을 통해 24시간 감시가 이뤄지기도 한다. 시스템과 데이터에 대한 접근 역시 철저히 규제돼, 권한을 부여받고 인증된 엔지니어만이 시스템에 접근할 수 있다. 물리적 데이터 센터에서 시스템을 운영하는 데 필요한 보안 조치들은 상식적인 수준에서 이뤄진다.

그러나 많은 기업이 IaaS, PaaS, SaaS와 같은 클라우드 솔루션을 도입하면서 시스템을 클라우드로 이전하면 모든 보안 문제가 자동으로 해결된다고 생각하는 경향이 있다. 이는 오해다.

애저, AWS, GCP, 알리바바 클라우드, OCI와 같은 클라우드 플랫폼은 세계 최고 수준의 보안을 자랑한다. 수많은 고객의 데이터를 호스팅하기 때문이다. 하지만 그렇다고 해서 기업이 자체적인 보안 정책을 수립하고 시행할 필요가 없다는 의미는 아니다. 클라우드 플랫폼은 워크로드를 보호할 수 있는 다양한 도구를 제공하지만, 무엇을 어떻게 보호할지는 전적으로 기업의 책임이다. 따라서 클라우드 환

경에서도 보안 정책을 신중하게 수립하고, 철저히 준수해야 한다. 14장에서는 바로 이러한 내용을 다룬다.

물리적 데이터 센터와 마찬가지로 클라우드 환경에서도 시스템 접근 권한을 규제해야 한다. 먼저 시스템에 접근할 수 있는 사용자를 정의하고, 각 사용자가 시스템 내에서 수행할 수 있는 작업을 결정해야 한다. 이는 ID 및 액세스 관리의 핵심적인 부분이며, 이 주제는 15장에서 자세히 다룬다.

보안 정책의 기본 원칙은 CIA(기밀성, 무결성, 가용성) 원칙이다.

- **기밀성**Confidentiality: IT 환경 내 자산은 허가되지 않은 접근으로부터 보호돼야 한다.
- **무결성**Integrity: IT 환경 내 자산은 지정되지 않았거나 승인되지 않은 변경으로부터 보호돼야 한다.
- **가용성**Availability: IT 환경 내 자산은 권한 있는 사용자가 접근할 수 있어야 한다.

보안 정책 자체는 기술적인 내용과 직접적인 관련이 없다. 정책은 단지 보안 원칙과 이러한 원칙이 조직 내에서 어떻게 보호되는지를 정의할 뿐이다. 정책은 방화벽에서 어떤 포트를 열어야 하는지, 어떤 유형의 방화벽이 필요한지를 구체적으로 명시하지 않는다. 대신 기업 내 특정 기능에 속한 자산이 특정 수준으로 보호돼야 한다는 요구 사항을 설명한다.

예를 들어 특정 애플리케이션 스택에 의존하는 업무상 중요한 기능은 항상 사용 가능해야 하며, 데이터 손실은 없어야 한다. 이는 미러링된 시스템, 지속적인 백업, 재해 복구 옵션, 그리고 이러한 시스템에 접근할 수 있는 사람에 대한 매우 엄격한 권한 부여 및 인증 체계를 사용하는 아키텍처 설계로 이어진다.

보안 프레임워크 이해

보안 정책과 앞으로 제시될 원칙들은 독립적으로 존재하지 않는다. 일반적으로 이러한 정책과 원칙은 기업이 준수해야 하는 산업 또는 공공 프레임워크에 의해 정의된다. 프레임워크는 크게 의무적인 산업 프레임워크와 모범 사례로 나뉜다.

산업 프레임워크의 예로는 의료 분야의 HIPAA(Health Insurance Portability and Accountability Act)와 금융 기관의 PCI(Payment Card Industry) 데이터 보안 표준이 있다. 이들 프레임워크는 개인 정보(예: 건강 정보, 은행 계좌 정보)의 유출을 방지하기 위한 표준을 정해 소비자를 보호한다. 시스템 설계를 주도하는 클라우드 설계자는 이러한 프레임워크를 깊이 이해하고 설계에 반영해야 한다.

이러한 산업 프레임워크 외에도 모범 사례에서 비롯된 몇 가지 전반적인 보안 표준이 있다. ISO(국제 표준 기구)와 미국 NIST(National Institute of Standards and Technology)의 표준이 그 예다. 클라우드와 관련해서는 CIS 프레임워크가 있다.

클라우드 서비스 제공자는 사이버 보안에 대한 국제적으로 인정받는 표준인 CIS 프레임워크를 플랫폼의 기준으로 채택했다. CIS는 ISO, NIST, PCI, HIPAA와 같은 가장 중요한 산업 및 전반적인 보안 프레임워크와 연관되기 때문이다. CIS 제어는 이러한 프레임워크의 원칙을 고려하지만, CIS 제어를 구현한다고 해서 기업이 PCI 또는 HIPAA를 자동으로 준수하는 것은 아니다. CIS 제어는 회사별로, 때로는 환경별로 평가해야 한다.

기본적으로 CIS 제어에는 두 가지 수준이 있다.

1. 워크로드 또는 서비스의 기능에 영향을 미치지 않는 필수 기본 보안 요구사항
2. 더 높은 수준의 보안이 필요하지만 기능 감소로 인해 워크로드 또는 서비스에 영향을 줄 수 있는 환경에 대한 권장 설정

요약하면 CIS는 모범 사례에 기반을 둔 보안 프레임워크를 제공한다. 이는 특정

플랫폼 및 시스템(애저, AWS, GCP)과 윈도우 서버 또는 다양한 리눅스 배포와 같은 운영 체제를 사용하는 클라우드 인스턴스에 채택할 수 있는 벤치마크로 변환되며, 서버 강화 설정으로 이어진다.

CIS는 다음 사항에 대한 권장 사항을 제공한다.

- ID 및 접근 관리
- 스토리지 계정
- 데이터베이스 서비스
- 로깅 및 모니터링
- 네트워킹
- 가상 머신
- 애플리케이션 서비스

CIS와 같은 프레임워크를 따른다고 해서 클라우드 환경이 자동으로 규정을 준수하는 것은 아니다. 이런 점은 다음 절에서 더 자세히 설명한다.

보안 및 규정 준수의 역학 이해

보안과 규정 준수는 서로 다른 개념이지만 긴밀하게 연결돼 있다. 규정 준수를 달성하려면 탄탄한 보안 정책이 필수적이며, 두 개념의 관계를 이해하는 것이 중요하다.

먼저 보안의 정의를 명확히 하자. 보안은 기업의 자산과 시스템 사용자를 보호하기 위한 모든 활동을 의미하며, 물리적, 기술적, 관리적 보안 통제로 정의할 수 있다. 클라우드 환경에서 물리적 통제는 클라우드 서비스 제공자(마이크로소프트, 아마존, 구글, 알리바바, 오라클 등)가 데이터 센터와 하드웨어를 보호하므로 크게 신경 쓰지 않아도 된다. 하지만 기술적, 관리적 통제는 신경 써야 한다. 예를 들어 클라우드에서 호스팅하는 워크로드에 안티바이러스 및 안티멀웨어 소프트웨어를 설치하는 것은 기술적 통제에 해당하며, 절차, 프로토콜, 프로세스와 같은 관리적 통제 역시 필요하다.

기술적, 관리적 통제를 구현했다면 규정 준수를 달성할 수 있다. 다만 이러한 통제는 클라우드 사용 표준 및 산업, 지역, 국가별 법률과 일치해야 한다. 이 법률과 규칙은 프레임워크에 명시돼 있다.

요약하면 클라우드 보안과 규정 준수는 모든 조직의 IT 인프라에서 필수적인 요소이며, 조직의 데이터와 시스템을 안전하게 보호하고 관련 규정을 준수하는 것은 기업과 고객을 보호하는 데 매우 중요하다. 그렇다면 클라우드로 전환하면 보안이 더 강해질까? 클라우드로 이전하면 인프라의 관리와 유지 보수를 클라우드 플랫폼이라는 외부 서비스 공급자에게 아웃소싱하게 된다. 이는 시간과 리소스를 절약해 주지만, 동시에 공급자가 마련한 보안 조치에 일정 부분 의존하게 됨을 의미한다.

따라서 데이터와 시스템의 보안을 확보하려면 강력한 보안 조치를 갖춘 클라우드 서비스 공급자를 선택하는 것이 중요하다. 여기에는 데이터 센터 보안, 직원 배경 조사와 같은 물리적 보안 조치와 암호화, 접근 제어와 같은 기술적 조치가 포함된다. 주요 클라우드 서비스 공급자는 이러한 물리적 통제를 잘 갖추고 있다.

다음으로 규정 준수를 살펴보자. 다양한 산업과 국가에는 민감한 데이터의 저장 및 처리에 관한 고유한 규정과 요구 사항이 있다. 예를 들어 유럽 연합의 GDPR(일반 데이터 보호 규정)은 개인 정보 보호에 대한 엄격한 지침을 제시하고, 미국의 HIPAA는 의료 정보 처리를 규제한다.

이러한 규정을 준수하려면 규정 준수에 대한 의지를 입증한 클라우드 서비스 공급자를 선택해야 한다. 여기에는 보안에 대한 SOC 2 또는 신용카드 정보 처리에 대한 PCI DSS와 같은 인증을 획득하거나, 관련 규정과 일치하는지 확인하기 위해 정기적인 감사를 받는 것이 포함될 수 있다.

또한 조직은 관련 규정 준수를 보장하기 위해 자체적인 프로세스와 통제를 마련해야 한다. 여기에는 권한 있는 개인만 민감한 데이터에 접근할 수 있도록 접근 제어를 구현하고, 정책 및 절차를 정기적으로 검토 및 업데이트하며, 민감한 데이터 처리 방법에 대한 직원 교육을 제공하는 것이 포함될 수 있다.

클라우드 보안과 규정 준수는 역동적이면서도 매우 중요한 관계다. 조직의 데이터와 시스템을 안전하게 보호하고 관련 규정을 준수하는 일은 기업과 고객을 지키는 데 필수적이다. 이를 위해 클라우드 서비스 공급자의 보안 조치와 규정 준수 체계를 신중히 평가하고, 동시에 자체 통제를 구축해야 한다. 그렇게 하면 조직의 IT 인프라를 안전하게 유지하면서 규정을 충실히 따를 수 있다.

이 모든 것은 보안 기준선을 설정하는 것에서 시작된다. 다음 절에서는 이 기준선을 정의하는 방법을 알아본다.

보안 정책의 기준선 정의

클라우드 플랫폼에서는 마우스 클릭 몇 번만으로 서버를 쉽게 구축할 수 있다. 하지만 클라우드로 시스템을 이선하거나 새로 구축하는 기업 환경에서는 설계자가 고려해야 할 사항이 많으며, 그중 가장 중요한 것이 보안이다. IaaS, PaaS, SaaS 등 다양한 솔루션이 혼합된 환경은 복잡성이 증가해 관측 가능성 확보가 어려워지고, 이는 곧 보안 취약점으로 이어질 수 있다. 따라서 클라우드 환경에 도입되는 모든 서비스는 보안 기준선과 정책을 준수해야 한다.

그렇다면 보안 정책과 기준선은 어떻게 정의해야 할까? 다음은 단계별 방법이다.

1. **규정 준수 확인:** 모든 기업은 법적 규제나 산업 표준과 같은 다양한 규제를 준수해야 한다. 따라서 기업이 준수해야 할 규제 및 컴플라이언스 프레임워크를 명확히 이해하는 것이 중요하다. 이를 위해 내부 법무 부서 및 감사팀과 협력해 규정 준수 여부를 확인하는 것이 우선이다.
2. **클라우드 서비스 공급자의 보안 프레임워크 확인:** 주요 클라우드 플랫폼(애저, AWS, GCP, 알리바바, OCI)은 대부분의 주요 컴플라이언스 및 보안 프레임워크를 준수하지만, 규모가 작은 공급자나 특정 SaaS 솔루션의 경우 그렇지 않을 수

있다. 특히 SaaS의 경우 공급자가 운영체제, 하드웨어, 네트워크 인프라, 애플리케이션 업그레이드 및 패치 등 전체 스택을 관리하므로, 해당 공급자가 기업의 규정을 준수하는지 확인해야 한다.

3. **접근 제한:** 이는 종종 '제로 트러스트'라고 불리지만, 네트워크 분할과 더 밀접한 관련이 있다. 제로 트러스트는 접근 관리와도 밀접하게 연결돼 있으므로, 명확한 역할 기반 접근 제어[RBAC] 모델을 설계해야 한다. RBAC 모델에서는 사용자에게 특정 역할을 부여하고, 그 역할에 따라 클라우드 환경에서 수행할 수 있는 작업 권한을 제한한다. 적절한 역할이나 권한이 없는 사용자는 명시적으로 허용된 작업 외에는 수행할 수 없다. 여기서 핵심은 '최소 권한 원칙'으로, 일상 업무에 필요한 최소 범위의 역할과 권한만 부여해야 한다.
4. **안전한 연결:** 클라우드 환경은 기업의 광대역 네트워크[WAN] 및 외부 세계인 인터넷과 연결된다. 네트워크는 클라우드 환경으로 들어가는 경로이므로, 보안을 철저히 해야 하며, 어떤 연결이 허용되는지, 어떻게 모니터링되는지, 어떤 프로토콜이 허용되는지, 연결이 암호화되는지 등을 확인해야 한다. 또한 클라우드 테넌트 내 환경이 어떻게 분할돼 있는지, 테넌트 내 시스템이 서로 어떻게 통신하는지도 확인해야 한다. 클라우드 테넌트 내 워크로드 간의 직접 연결이 허용되는지, 아니면 모든 트래픽이 중앙 집중식 허브를 통과해야 하는지 등을 고려해야 한다.
5. **엄격한 연결 정책:** 보안 기준선에는 직접 연결, VPN, 전송 중 암호화, 트래픽 검사 및 네트워크 구성 요소 모니터링에 대한 엄격한 정책이 포함돼야 한다. 제로 트러스트 원칙을 다시 강조하자. 핵심은 네트워크 분할이며, 아키텍처는 사용자가 한 세그먼트에서 다른 세그먼트로 쉽게 이동하지 못하도록 설계해야 한다. 또한 세그먼트는 서로 격리되고, 각 세그먼트 내부의 워크로드는 별도로 보호돼야 한다. 제로 트러스트 아키텍처는 일반적으로 인바운드 트래픽만 허용되는 개인 영역이나 외부 세계와 연결되는 공용 영역과 같이 정의된 영역을 갖는다. 이러한 영역은 방화벽, 보안 그룹 또는

접근 제어 목록과 같은 다양한 보안 요소에 의해 서로 엄격하게 분리된다.

6. **경계 보호:** 이는 클라우드 환경의 외부, 즉 경계를 보호하는 것을 의미한다. 일반적으로 경계는 연결이 클라우드 환경에서 종료되는 지점으로, 이 지점은 허브가 될 수 있으며, 게이트웨이, 프록시 서버 및 방화벽이 호스팅된다. 또한 배스천 호스트 또는 점프 서버가 단일 진입점으로 호스팅돼 사용자가 환경의 워크로드에 접근할 수 있도록 허용한다.
7. **내부 보호:** 클라우드에는 서버, 애플리케이션, 컨테이너 및 기능과 같은 워크로드가 존재하는데, 게이트웨이 및 방화벽을 통한 경계 보호 외에도 워크로드, 특히 중요한 워크로드를 보호해야 한다. 이러한 워크로드는 시스템에서 실행하는 데 필요하지 않은 소프트웨어 구성 요소를 제거하거나 서비스를 비활성화하는 등 필수 보안 설정을 적용해 시스템의 취약성을 줄이는 방식으로 강화돼야 한다.
8. **정기적인 감사:** 이는 보안 정책 관리의 한 단계이며, 14장의 마지막 절에서 다룬다. 보안 정책은 지속적으로 평가돼야 한다. 해커는 끊임없이 취약점을 찾기 위해 노력하므로, 정책을 지속적으로 평가하고 감사하며 식별된 취약점을 평가해야 하며, 이러한 취약점이 얼마나 심각한지, 환경이 침해될 가능성은 얼마나 되는지, 충분히 보호되고 있는지 등을 평가해야 한다. 또한 취약점이 악용돼 결과를 완화해야 하는 경우 얼마나 빨리 조치를 취할 수 있는지도 고려해야 한다. 이는 한 달에 한 번 논의할 사항이 아니라 클라우드 환경을 개발하거나 관리하는 모든 사람이 항상 염두에 둬야 할 사항이다.

그리고 보안 정책의 범위를 정의해야 한다. 이를 위한 한 가지 방법은 일반적인 보안 아키텍처 설계 방법론인 심층 방어defense-in-depth에서 파생된 계층적 사고방식을 적용하는 것이다. 각 계층은 특정 위협에 대한 보호 조치를 포함하며, 다음과 같이 구성된다.

- **네트워크 계층:** 앞서 언급했듯이 네트워크는 클라우드 환경으로 들어가는

입구로, 권한 없는 사용자의 접근으로부터 보호돼야 한다. 네트워크를 위협으로부터 보호하는 기술로는 방화벽, **침입 탐지 시스템**IDS, Intrusion Detection Systems, **침입 방지 시스템**IPS, Intrusion Prevention Systems, **공개키 인프라**PKI, Public Key Infrastructure, 그리고 제로 트러스트 원칙을 준수하는 네트워크 분할 등이 있다.

- **플랫폼 계층:** 일반적으로 운영체제 계층을 의미한다. 시스템은 (잠재적인) 취약점에 대한 최신 수정 사항으로 완전히 패치돼야 하고, 보안이 강화돼야 한다. 또한 시스템에서 열려 있는 포트에 주의를 기울여야 한다. 필요하지 않은 포트는 비활성화해야 한다.
- **애플리케이션 계층:** 이 계층은 애플리케이션뿐만 아니라 애플리케이션과 직접 통신하는 미들웨어 및 API도 포함한다. 애플리케이션 코드는 반드시 보호돼야 하며, 정적 코드 분석은 매우 유용하므로 적극 권장된다. 정적 프로그램 분석은 소프트웨어를 실제로 실행하지 않고 소스코드의 무결성을 점검해, 코드나 소프트웨어 매개변수를 변경하려는 시도를 탐지한다.
- **데이터 계층:** 해커에게는 성배와 같은 존재이며, 거의 모든 해커의 궁극적인 목표다. 해커가 처음 세 계층(네트워크, 플랫폼, 애플리케이션)을 뚫고 들어오는 데 성공하면 다음 계층은 데이터 자체가 된다. 데이터 보안에 대해서는 16장에서 자세히 다룬다. 모든 중요 데이터는 전송 중이거나 저장 시 암호화돼야 한다.
- **대응 계층:** 모든 보안 모니터링을 위한 계층으로, 일반적으로 **보안 정보 및 이벤트 관리**SIEM, Security Information and Event Management 및 **보안 오케스트레이션, 자동화 및 대응**SOAR, Security Orchestration, Automation, and Response 시스템을 위한 계층이다. 이 계층은 모든 의심스러운 활동을 캡처, 분석하고 완화 조치를 실행하기 위한 트리거로 변환하는 곳이다.

또한 각 계층에서 보안 정책을 정의하고 적용해야 한다. 다음은 보안 정책에 대한 몇 가지 모범 사례다.

- **접근 권한:** 시스템 접근 시에는 반드시 지정된 계정만 사용하고, 필요한 경우에만 접근 권한을 부여해야 한다. 전역 관리자 권한은 매우 신중하게 부여하고, 역할 기반 접근 제어[RBAC]를 구현하며, 다단계 인증을 사용해야 한다. 이 주제는 15장에서 더 자세히 다룬다.
- **경계 보호:** 방화벽을 구현하거나 클라우드 플랫폼에서 제공하는 기본 방화벽을 사용한다. 기본적으로 방화벽을 '모두 차단'으로 설정한 다음, 특정 워크로드나 기능의 요구 사항에 따라 포트를 개방하는 것이 좋다. 타당한 이유가 있는 경우에만 포트를 열어야 한다.
- **PKI(공개키 인프라):** 공개키와 개인키는 데이터 전송 전에 사용자 신원을 확인하는 데 사용된다. 시스템 손상 및 데이터 유출의 가장 큰 원인은 비밀번호 유출이기에 비밀번호 대신 키를 사용하고, 키는 키 저장소에 안전하게 보관하는 것이 좋다. 모든 주요 클라우드 서비스 공급자는 PKI 서비스와 키 저장소 솔루션을 제공한다.
- **로깅 및 감사 추적:** 클라우드 환경에서 발생하는 모든 상황을 항상 파악해야 하며, 아무리 강력한 보안 정책을 갖추고 있더라도 보안 조치만을 맹신해서는 안 된다. 모니터링 및 감사 추적은 매우 권장되는 (필수적인) 모범 사례다.

이제 애저, AWS, GCP의 기본 보안 도구를 사용해 이러한 정책을 구현하는 방법을 알아보자.

보안 정책 구현

이제 컴플라이언스 및 보안 프레임워크를 살펴보고 보안 기준선을 정의했으니, 클라우드 환경에 이를 구현해야 한다. 이 절에서는 주요 클라우드 플랫폼에서 기본 제공 보안 플랫폼을 사용해 구현하는 방법을 알아본다. CIS는 보안 정책의 기준선으로 널리 채택되고 있으므로, 모든 절에서는 CIS 벤치마크에서 각 플랫폼에 권장하는 특정 설정을 살펴본다. 벤치마크 관련 링크는 14장의 '더 읽을거리' 절에 제공돼 있다. CIS는 권장 사항뿐만 아니라 정책 구현 방법도 문서화하고 있다.

예를 들어 GCP에는 '프로젝트의 모든 서비스와 사용자에 대해 클라우드 감사 로깅이 올바르게 구성됐는지 확인'하라는 권장 사항이 있으며, CIS 벤치마크는 설정 구성 위치와 방법(예: https://console.cloud.google.com/iam-admin/audit의 감사 로그로 이동하거나 커맨드라인에서 구성)도 안내한다.

```
gcloud organizations get-iam-policy ORGANIZATION_ID
gcloud resource-manager folders get-iam-policy FOLDER_ID
gcloud projects get-iam-policy PROJECT_ID
```

CIS 벤치마크의 형식은 모든 클라우드 플랫폼에서 동일하다.

클라우드용 마이크로소프트 디펜더에서의 보안 정책 구현

가장 먼저 정책을 정의하는 것이 무엇인지 이해해야 한다. 이는 다른 클라우드에도 기본적으로 적용되는 원칙이다. 정책은 다음 사항을 정의한다.

- **모드:** 정책 평가 대상이 되는 리소스 유형을 명시한다.
- **매개변수:** 정책이 수행할 작업(예: 허용 또는 거부)을 설정한다.
- **정책 규칙:** 일반적으로 "~라면, ~해야 한다" 형태의 조건문으로 구성된다. 특정 조건이 충족되면 특정 조치를 취해야 함을 의미한다.
- **효과:** 정책 적용 시 예상되는 결과를 지정한다.

클라우드용 마이크로소프트 디펜더는 애저의 기본 서비스로, 이곳에서 보안 정책을 정의할 수 있다. 이는 이전에 사용자가 온보딩하지 않은 애저 구독을 자동으로 활성화하며, 별도의 비용은 들지 않는다. 클라우드용 디펜더를 처음 실행한 후 몇 분 안에 다음과 같은 사항을 확인할 수 있다.

- 연결된 리소스의 보안을 개선할 수 있는 방법 권장 사항

• 클라우드용 디펜더에서 평가 중인 리소스 목록 및 각 리소스의 보안 상태

이후 향상된 보안 기능을 활성화해 하이브리드 클라우드 워크로드 전반에서 통합 보안 관리 및 위협 방지를 수행할 수 있다.

별도의 설치나 구성없이 애저 콘솔에서 클라우드용 마이크로소프트 디펜더를 활성화하는 즉시 사용할 수 있다. 활성화되면 애저에 배포된 가상 머신, 데이터베이스, 스토리지 계정, 네트워킹 구성 요소 등 다양한 애저 서비스를 모니터링하기 시작한다.

기본적으로 모든 애저 구독에는 마이크로소프트 클라우드 보안 벤치마크가 할당된다. 이는 2022년 10월에 리브랜딩된 ASB^Azure Security Benchmark^의 후속 버전이다. 클라우드용 마이크로소프트 디펜더에서 추가 정책을 구성해 PCI, SOC, CIS, NIST, ISO 등 다양한 규제 표준을 적용할 수 있으며, 멀티 클라우드를 지원하므로 보호 대상 클라우드(애저, AWS, GCP)에 맞춰 옵션을 선택할 수 있고, 사용자 지정 보안 이니셔티브를 만들 수도 있다.

CIS는 마이크로소프트 디펜더에 특화된 몇 가지 권장 사항을 제시하는데, 가장 중요한 것은 표준 가격 책정 계층을 활성화하는 것이다. 이렇게 하면 애저 테넌트의 모든 네트워크와 VM에 대한 위협 탐지 기능이 활성화된다. CIS의 모든 정책 구현 권장 사항에는 자세한 설명이 함께 제공된다.

표준 가격 책정 계층을 활성화하고 설정을 조정하는 작업은 애저 포털(https://portal.azure.com/#home)의 Defender for Cloud 블레이드에서 수행할 수 있다.

TIP

애저는 이 외에도 네이티브 SIEM 및 SOAR 솔루션인 애저 Sentinel을 제공한다. Sentinel은 지능형 심층 방어를 지원하며, MITRE ATT&CK® 보안 프레임워크를 활성화하면 특히 효과적이다. ATT&CK은 최신 위협과 알려진 공격 전략으로 지속적으로 업데이트되는 지식 베이스다. BlueTeamLabs라는 개발자 그룹은 Sentinel에서 ATT&CK을 구현하기 위한 템플릿과 코드를 게시했다. https://github.com/BlueTeamLabs/sentinel-attack에서 자세한 내용을 확인할 수 있다.

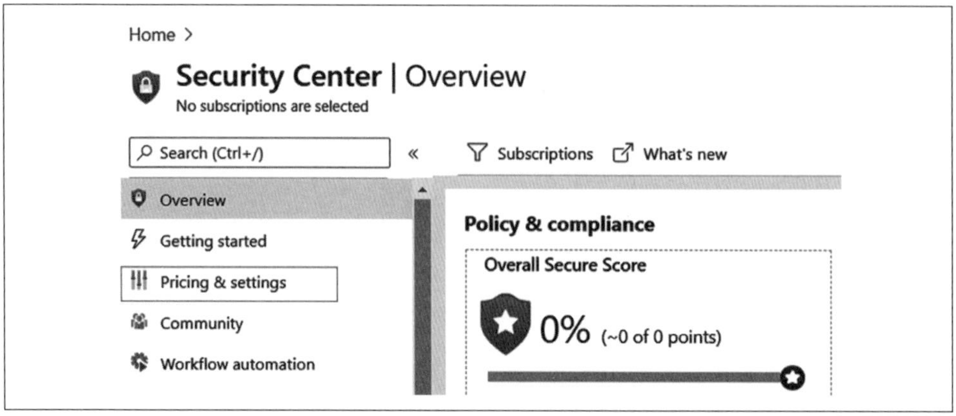

그림 14.1 애저 포털의 Security Center 블레이드 개요

클라우드용 마이크로소프트 디펜더 시작하기는 https://learn.microsoft.com/en-us/azure/defender-for-cloud/enable-enhanced-security에서 자세한 내용을 확인할 수 있다.

AWS 시큐리티 허브에서의 보안 정책 구현

AWS는 AWS 시큐리티 허브Security Hub라는 단일 보안 대시보드를 제공한다. 이 솔루션은 CloudWatch, CloudTrail과 같은 다양한 보안 솔루션의 모니터링 알림을 통합할 뿐만 아니라 아마존 GuardDuty, 아마존 Inspector, 아마존 Macie, AWS IAM Access Analyzer 및 AWS Firewall Manager의 결과도 수집한다. 여기서 CloudTrail은 시큐리티 허브의 핵심 요소로, AWS 환경에서 사용되는 계정의 규정 준수를 지속적으로 모니터링한다. 또한 운영 감사 및 위험 감사를 수행해 환경 내 콘솔에서 시작된 모든 활동을 추적하고, 리소스 변경 사항 분석을 활성화하며, 비정상적인 활동을 감지한다. 요컨대 CloudTrail은 시큐리티 허브의 엔진이라고 할 수 있다.

시큐리티 허브를 통해 AWS 환경의 모든 활동을 쉽게 모니터링할 수 있다. 그림 14.2는 AWS 콘솔에서 시큐리티 허브에 접근하는 모습이다.

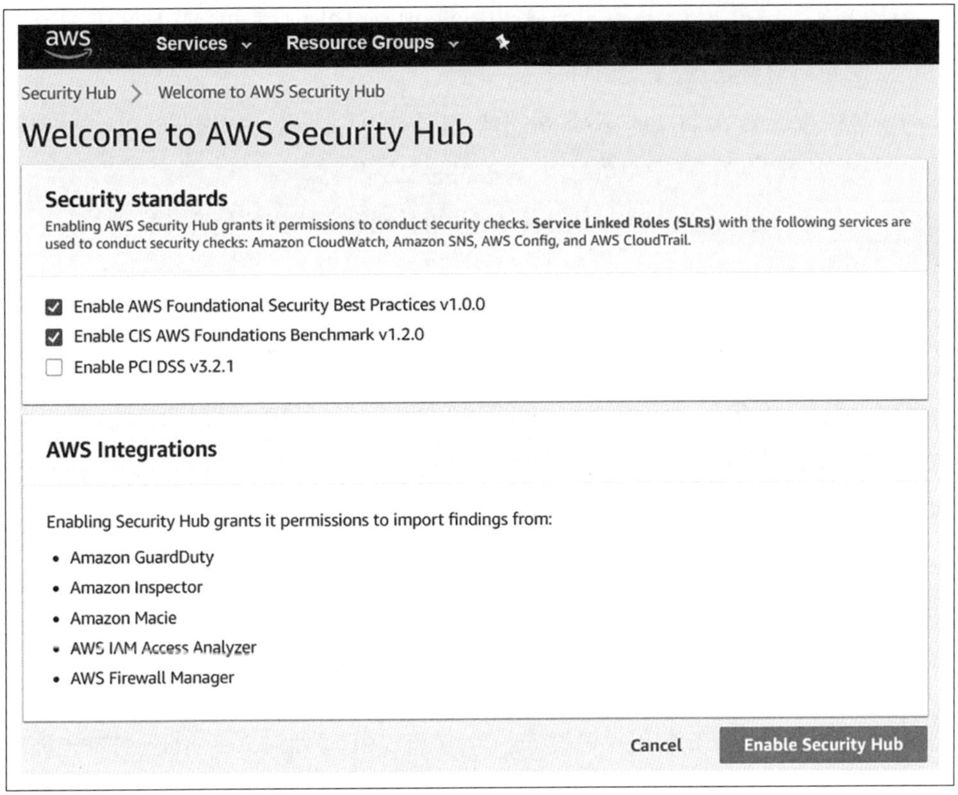

그림 14.2 AWS 콘솔에서 시큐리티 허브에 접근하는 모습

위 스크린샷에서는 몇 가지 주목할 점이 있다. 화면 상단에는 선택 가능한 보안 기준선이 표시되는데, Enable AWS Foundational Security Best Practices v1.0.0과 Enable CIS AWS Foundations Benchmark v1.2.0이 기본적으로 선택돼 있다. 세 번째는 PCI DSS 프레임워크인데, PCI DSS는 'Payment Card Industry Data Security Standard'의 약자로, 금융 기관에 특화된 보안 표준이다.

화면 하단에서는 시큐리티 허브가 제공하는 다양한 통합 기능들을 확인할 수 있다.

- GuardDuty: 아마존의 위협 탐지 솔루션이다.
- Inspector: 애플리케이션의 취약점, 노출 정도, 그리고 모범 사례와의 차이점을 평가하는 도구다.

- Macie: 아마존 S3 스토리지에 저장된 데이터의 보안 및 개인 정보 보호를 모니터링하는 솔루션이다.
- IAM Access Analyzer: AWS 환경에 접근하는 계정을 추적하고, 이러한 계정이 보안 정책을 준수하는지 확인하는 도구다.
- Firewall Manager: AWS 환경의 모든 방화벽을 중앙에서 관리할 수 있게 지원하는 도구다.

Enable Security Hub 버튼을 클릭하면 앞서 언급한 기준선과 통합 기능들이 활성화된다.

CIS 기준선은 온라인 환경 보안을 위한 세계적으로 인정받는 표준으로, 반드시 구현해야 한다. 특히 AWS의 경우 CIS는 보안 정책을 제어하기 위한 설정으로 다음과 같은 사항을 권장한다.

- 모든 리전에서 CloudTrail 활성화
- CloudTrail 로그 파일 검증 활성화
- CloudTrail 로그를 저장하는 S3(스토리지) 버킷이 공개적으로 접근 불가능하게 설정
- CloudTrail 로그와 CloudWatch 로그 통합
- 모든 리전에서 AWS Config 활성화
- CloudTrail S3 버킷에 S3 버킷 접근 로깅 활성화
- KMS CMK[Key Management Services - Customer Master Keys]를 사용해 CloudTrail 로그를 저장 시 암호화
- 고객 생성 CMK에 대한 로테이션 활성화
- 모든 VPC(가상 프라이빗 클라우드)에서 VPC 흐름 로깅 활성화

이는 전체 설정이 아니지만, 보안 정책의 로깅 및 모니터링을 올바르게 설정하기 위한 가장 중요한 설정이다. 더 자세한 내용은 '더 읽을거리' 절에서 주요 클라우드별 CIS 벤치마크 링크를 참고하면 된다.

GCP 시큐리티 커맨드 센터에서의 보안 정책 구현

GCP에서는 시큐리티 커맨드 센터Security Command Center를 활용해야 한다. 시큐리티 커맨드 센터에서는 모든 보안 설정을 관리하고, 하나의 대시보드에서 규정 준수 상태를 확인할 수 있다. 이는 AWS 시큐리티 허브와 유사한 개념으로, GCP 환경의 보안을 관리하기 위한 다양한 도구를 통합적으로 제공한다. GCP 클라우드 콘솔의 메인 메뉴에서 Security를 확인할 수 있으며, 해당 항목을 마우스로 가리키면 시큐리티 커맨드 센터에서 다루는 제품 및 도구 목록이 나타난다(그림 14.3 참고).

그림 14.3 GCP 클라우드 콘솔에서 시큐리티 커맨드 센터 실행

GCP 환경에서 시큐리티 커맨드 센터는 모든 자산을 검색하고 인벤토리를 생성한 다음, 위협 탐지 및 방지 측면에서 모니터링을 시작한다. 여기서 특별히 주목해야 할 기능은 구글 클라우드 아머Cloud Armor다. 클라우드 아머는 원래 GCP 환경을 분산 서비스 거부DDoS, Distributed Denial-of-Service 공격 및 표적 웹 공격으로부터 보호하는 방어 계층으로 시작됐다. 이후 웹 애플리케이션 방화벽WAF, Web Application Firewalls 기능을 활용해 애플리케이션을 보호하는 GCP의 완전한 보안 제품군으로 발전했다.

클라우드 아머는 GCP 콘솔(https://console.cloud.google.com/)에서 실행할 수 있다. Security Command Center가 아닌 Network Security에서 찾을 수 있으며, 이는 그림 14.4에 나와 있다.

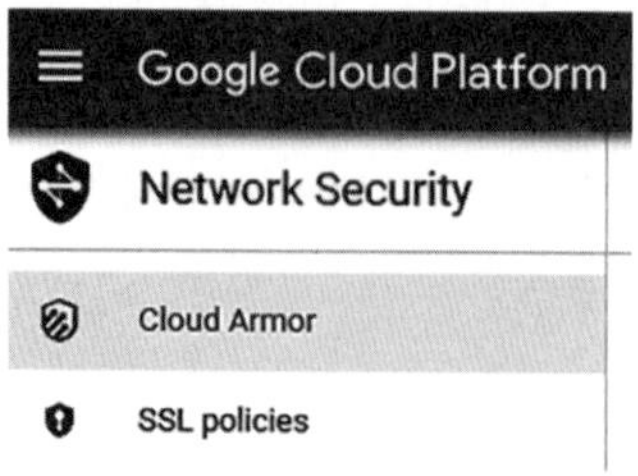

그림 14.4 GCP의 클라우드 아머 메뉴

클라우드 아머에서도 사용자가 직접 보안 정책을 정의할 수 있지만, GCP는 이미 평가 가능한 여러 사전 구성 정책을 제공한다. 이러한 사전 구성된 정책은 온라인 애플리케이션 보호를 지속적으로 개선하기 위한 방법론과 사례를 찾기 위해 노력하는 커뮤니티인 OWASP CRS^Open Web Application Security Project Core Rule Set^를 기반으로 한다. 클라우드 아머는 OWASP 상위 10대 위협을 규칙 세트에 포함하고 있으며, 1위 위협은 애플리케이션을 침해하고 데이터에 접근하기 위해 악성코드를 삽입하는 것이다.

OWASP와 CIS는 일부 영역에서 겹치지만, 접근 방식에는 차이가 있다. OWASP는 보안 위협을 식별하고 분류하는 데 초점을 두는 반면, CIS는 이러한 취약점을 예방하기 위한 구체적인 권장 사항을 제시하고, 위협이 실제로 악용될 가능성까지 평가한다. 예를 들어 OWASP Top 10에서 '잘못 구성된 보안 설정'은 6위, '불충분한 로깅 및 모니터링'은 10위에 해당하며, 두 항목 모두 CIS에서도 핵심적인 보안 항목으로 다뤄진다.

GCP에 대한 CIS 2.2.0 벤치마크는 2020년 3월에 출시됐는데, 로깅 및 모니터링과 관련해 CIS는 보안 정책을 감사하기 위해 다음과 같은 설정을 권장한다.

- 프로젝트의 모든 서비스와 사용자에 대해 클라우드 감사 로깅이 올바르게 구성됐는지 확인한다.

- 모든 로그 항목에 대해 싱크가 구성됐는지 확인한다.

NOTE

> 로그 싱크는 모든 로그 항목의 사본을 내보낸다.

- 로그 버킷에 대한 보존 정책은 버킷 잠금을 사용해 구성해야 한다.
- 프로젝트 소유권 할당 및 변경에 대한 로그 메트릭 필터 및 알림이 존재하는지 확인해야 한다.
- 감사 구성 변경에 대한 로그 메트릭 필터 및 알림이 존재하는지 확인해야 한다.
- 사용자 정의 역할 변경에 대한 로그 메트릭 필터 및 알림이 존재하는지 확인해야 한다.
- VPC 네트워크 방화벽 규칙 변경에 대한 로그 메트릭 필터 및 알림이 존재하는지 확인해야 한다.
- VPC 네트워크 경로 변경에 대한 로그 메트릭 필터 및 알림이 존재하는지 확인해야 한다.
- VPC 네트워크 변경에 대한 로그 메트릭 필터 및 알림이 존재하는지 확인해야 한다.
- 클라우드 스토리지 IAM 권한 변경에 대한 로그 메트릭 필터 및 알림이 존재하는지 확인해야 한다.
- SQL 인스턴스 구성 변경에 대한 로그 메트릭 필터 및 알림이 존재하는지 확인해야 한다.

애저 및 AWS와 마찬가지로, 이는 CIS 벤치마크에 따라 보안 정책을 감사하기 위한 설정이다. 자세한 내용은 '더 읽을거리' 절에서 주요 클라우드별 CIS 벤치마크 링크를 참고하면 된다.

알리바바 클라우드에서의 보안 정책 구현

알리바바 클라우드의 주요 제품은 시큐리티 센터[Security Center]다. 이곳에서 알리바바 클라우드에 호스팅된 자산에 대한 보안 정책을 정의하고 관리할 수 있다. 시큐리티 센터는 다음과 같은 광범위한 서비스를 제공한다.

- 보안 기준 정의 및 보호
- 자산 관리
- 규정 준수 점검
- 랜섬웨어 경고
- 채굴[Mining] 경고
- 변조 방지
- AccessKey 쌍 유출
- 공격 소스 추적
- 클라우드 보안 구성 모니터링
- 클라우드 자산 위험 모니터링

시큐리티 센터에서는 7일 동안 평가판을 사용할 수 있는 것이 특징이다. 하지만 이 평가판이 모든 보안 기능을 제공하는 것은 아니다. 알리바바 클라우드는 '비즈니스 보안'을 포함한 다양한 추가 서비스를 제공하는데, 예를 들어 사기 탐지 기능은 실시간 분석을 통해 위험을 식별하고, 콘텐츠 조정 기능은 이미지, 텍스트, 오디오, 비디오에서 포르노, 폭력, 테러 콘텐츠를 탐지해 규정 준수 정보를 매일 업데이트한다. 이러한 모든 서비스는 그림 14.5와 같이 콘솔의 보안 메뉴에서 확인할 수 있다.

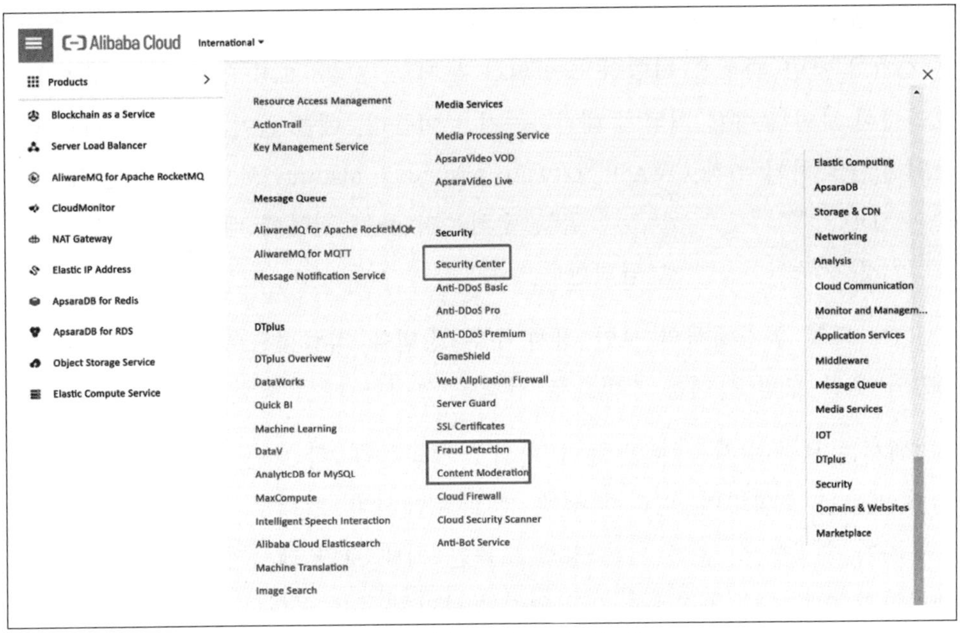

그림 14.5 알리바바 클라우드의 보안 메뉴

시큐리티 센터는 무료 티어를 포함해 세 가지 등급으로 나뉜다. 무료 티어에서는 비정상 로그인, 클라우드 플랫폼 구성 평가, 취약점 점검 등의 제한적인 기능만 제공하며, 고급 티어는 서버당 월 10 USD의 비용이 발생하지만, 바이러스, 랜섬웨어, 암호화폐 채굴 등에 대한 정교한 보호 기능을 제공한다. 이때 침입 탐지 기능도 포함한다. 엔터프라이즈 티어는 AccessKey 유출 탐지, 공격 인지, 공격 추적 등 가장 완벽한 기능을 제공하기에, 가격이 궁금하다면 알리바바 클라우드에 문의해 가격 정보를 확인하는 것이 좋다.

알리바바 클라우드에 대한 CIS 벤치마크(버전 1.0.0)도 있으니 검토하기 바란다.

OCI에서의 보안 정책 구현

OCI에서 보안 정책이 어떻게 작동하는지 이해하는 가장 좋은 시작점은 OCI에 대한 CAIQ Consensus Assessment Initiative Questionnaire를 확인하는 것이다. 해당 문서는 https://

www.oracle.com/a/ocom/docs/oci-corporate-caiq.pdf에서 확인할 수 있다. CAIQ는 OCI의 보안 관행을 나열한 광범위한 문서로, 모든 제어 영역과 각 영역에서 오라클이 보안 문제를 어떻게 해결하는지 보여준다. 예를 들어 오라클이 시스템에 보안을 구축하기 위해 OWASP Software Assurance Maturity Model과 같은 산업 표준과 SDLC(Software Development Life Cycle)를 준수하는지 묻는 질문에 대해 오라클은 OSSA(Oracle Software Security Assurance)로 답변한다.

CAIQ는 특정 환경에서의 보안 정책 구현 방법을 직접적으로 다루지는 않지만, OCI의 보안 모범 사례를 기반으로 정책을 설계할 때 유용한 출발점이 된다.

OCI에서는 보안 정책을 '보안 영역' 단위로 정의한다. 각 보안 영역은 하나 이상의 정책 세트를 포함하며, 이러한 정책 세트는 '레시피' 형태로 구성된다. 오라클은 사용자가 수정할 수 없는 기본 정책 모음인 '최대 보안 레시피(Maximum Security Recipe)'를 제공하며, 이는 OCI 환경에서 가장 엄격한 보안 표준을 구현하기 위한 사전 정의된 구성이다. 해당 구성은 그림 14.6에 나와 있다.

그림 14.6 OCI의 최대 보안 레시피

여기서 특정 보안 정책을 담은 레시피를 추가해 정책을 세분화할 수 있다. 이러한 정책은 다음과 같이 분류할 수 있다.

- 리소스가 보안 영역 외부로 이동하는 것을 방지하는 '리소스 이동 제한'
- 특정 리소스의 모든 구성 요소가 동일한 보안 영역 내에 있게 보장하는 '리소스 연결 제한'
- 퍼블릭 액세스 거부
- 암호화 필수 적용
- 자동 백업을 통한 데이터 내구성 보장
- 보안 영역 외부로 데이터 복사를 방지해 데이터 보안 보장
- 오라클에서 승인한 구성만 사용

OCI 보안 영역에 대한 자세한 내용은 https://docs.oracle.com/en-us/iaas/security-zone/using/security-zone-policies.htm에서 확인할 수 있다. 여기서 주의할 점은 보안 영역이 OCI의 테넌트 또는 구획과 동일하지 않다는 것이다. 보안 영역은 해당 영역과 동일한 이름을 가진 단일 구획과 연결되며, 구획은 리소스를 담고, 보안 영역은 리소스가 준수해야 하는 정책을 담는다.

OCI에서는 클라우드 가드[Cloud Guard]를 통해 정책을 추적한다. 클라우드 가드는 테넌트 전반에서 잘못 구성된 리소스와 의심스러운 활동을 탐지하는 도구로, 콘솔의 보안 메뉴에서 쉽게 실행할 수 있으며, 클라우드 가드에 레시피를 입력해 사용할 수 있다.

OCI에 대한 최신 CIS 벤치마크는 CIS Oracle Cloud Infrastructure Foundations Benchmark 버전 1.2.0이다.

보안 정책 관리

보안 정책을 구현하는 것만으로는 충분하지 않으며, 정책을 관리하기 위한 거버넌스 체계가 필요하다. 거버넌스는 다음 두 가지 수준에서 운영돼야 한다.

1. **보안 정책 자체에 대한 관리:** 기업이 준수해야 하는 컴플라이언스 프레임워크에 맞춰 정책을 감사한다.
2. **보안 정책의 기술적 구현에 대한 관리:** 모니터링을 최신 상태로 유지하고, 모든 자산이 정책에 따라 추적되는지 확인한다.

첫 번째 수준은 일반적으로 최고 정보 보안 책임자(CISO, Chief Information Security Officer) 또는 최고 정보 책임자(CIO, Chief Information Officer)와 같이 기업의 보안 거버넌스 담당자들이 관여하는 영역이다. 이들은 보안 정책의 방향을 설정하고, 기업이 보안 전략, 산업 및 회사 프레임워크를 준수하는지 확인해야 한다. 또한 내부 및 외부 감사를 통해 보안을 보장하는 책임도 진다.

두 번째 수준은 클라우드 환경을 포함한 IT 환경의 보안 위험을 처리하는 방법과 관련된 보안 관리에 더 중점을 둔다. 간단히 말해 보안 거버넌스는 정책을 만드는 것이고, 보안 관리는 정책을 (기술적으로) 구현하고 시행하는 것이다. 따라서 보안 엔지니어는 14장의 보안 모니터링 도구의 관리에 집중해야 하며, 클라우드용 마이크로소프트 디펜더, AWS 시큐리티 허브, 구글 시큐리티 커맨드 센터에서 규칙 세트를 구현하는 방법과 이러한 시스템에서 경고가 발생했을 때 수행해야 할 작업, 후속 조치를 취해야 할 담당자, 필요한 조치 등을 이해해야 한다. 여기에는 환경이 침해됐을 때 환경을 격리하는 것과 같은 기술적인 조치도 포함된다. 보안 도구에서 규칙을 구성하는 것 또한 이들의 책임이다.

보안 정책의 수립 자체는 기업 내 더 높은 전략적 수준에서 이뤄져야 한다. CISO 또는 CIO는 보안 콘솔을 프로그래밍하는 방법을 완전히 이해하지 못할 수 있지만, 비즈니스 관점에서 무엇을 보호해야 하는지는 알고 있다. 그러나 CISO/CIO와 같은 전략적 수준의 담당자는 보안 설계자 및 엔지니어와 같은 전술적 수준의 담당자의 의견 없이 아무것도 할 수 없다. 따라서 이들 모두는 긴밀하게 협력해야 한다.

클라우드 보안 형상 관리(CSPM)로 위험 관리

지금까지 다양한 클라우드 환경에서 보안 정책을 구현하는 방법들을 살펴봤다. 이제 이러한 정책들이 잘 지켜지고 있는지 확인해 클라우드 환경을 안전하게 유지해 보자. 클라우드 보안 형상 관리CSPM, Cloud Security Posture Management의 핵심 기능은 다음과 같다.

- 클라우드 오구성 탐지
- 클라우드 오구성 수정(자동화 권장)
- 다양한 클라우드 구성 및 서비스에 대한 모범 사례 관리
- 보안 통제 프레임워크 및 규정 준수 표준에 따른 클라우드 상태 점검
- 스토리지 솔루션, 암호화, 계정 권한 등 클라우드 서비스 모니터링

CSPM은 클라우드 서비스의 잘못된 구성으로 인해 발생할 수 있는 보안 위험을 탐지하고, 이를 자동으로 수정하도록 설계된 솔루션이다. 멀티 클라우드 환경에서는 여러 클라우드 환경을 동시에 검사할 수 있는 도구를 찾아야 하는데, 이러한 도구 중 일부는 HIPAA와 같은 규제 프레임워크를 준수하는지 확인하고, 알림을 제공하며, 심지어 문제를 자동으로 해결하기도 한다. 팔로 알토 네트웍스Palo Alto Networks의 Prisma와 Trend Micro의 Cloud One Hybrid Cloud Security가 대표적인 예이녀, 이 외에도 다양한 도구가 있다. CSPM은 계속 발전하는 시장이므로 더 많은 공급자가 이 분야에 진입할 것으로 예상된다.

다음은 모범 사례다.

- **조직의 위험 프로필 이해:** 조직이 처리하는 데이터 유형, 운영 환경의 규제, 전반적인 보안 태세와 같은 요소에 따라 위험 프로필이 달라진다. 조직의 위험 프로필을 이해하면 노력의 우선순위를 정하고 리소스를 적절하게 할당하는 데 도움이 된다.
- **강력한 거버넌스 프레임워크 구현:** 클라우드 환경에 대한 명확한 정책, 절차 및 통제를 설정한다. 여기에는 접근 제어, 데이터 분류, 사고 대응 계획 등이 포함된다.

- **CSPM 구현:** 클라우드 환경에 대한 지속적인 모니터링 및 평가를 제공하고 잠재적인 위험을 신속하게 식별할 수 있도록 지원한다. **클라우드 접근 보안 중개**CASB, Cloud Access Security Brokers 및 SIEM 시스템과 같은 다른 도구도 위험을 식별하고 완화하는 데 도움이 될 수 있다.
- 클라우드 환경(하드웨어 및 소프트웨어 포함)을 최신 패치 및 보안 업데이트로 유지하는 것이 중요하다. 이는 알려진 취약점으로부터 보호하고 공격 위험을 줄이는 데 도움이 된다.
- 위험 태세를 정기적으로 모니터링하고 검토한다. 여기에는 정기적인 위험 평가 수행, 보안 로그 검토, 최신 위협 및 취약점에 대한 최신 정보 유지 등이 포함될 수 있다.

환경을 안전하게 유지하는 데 있어 중요한 요소 중 하나는 권한 있는 사용자 및 서비스에만 접근 권한을 부여하는 것이다. **ID 및 접근 관리**IAM는 매우 중요하며, 이는 15장의 핵심 주제다.

마무리

14장에서는 클라우드 환경의 보안 정책을 정의하기 위한 출발점으로 보안 프레임워크의 기본 사항을 다뤘다. 이를 통해 다양한 프레임워크가 존재하며, 기업의 컴플라이언스 요구 사항은 속한 산업에 따라 결정된다는 것을 알았다. 따라서 각 조직은 자신이 속한 산업의 규정을 충족하기 위해 적절한 보안 통제와 정책을 명확히 정의해야 한다.

클라우드 환경에서 전 세계적으로 널리 사용되는 프레임워크 중 하나는 CIS다. CIS 벤치마크는 클라우드 플랫폼 간에 상당 부분 중복되지만, 클라우드용 마이크로소프트 디펜더, AWS 시큐리티 허브, 구글 시큐리티 커맨드 센터, 알리바바 클라우드, OCI Security Zones와 같은 각 보안 도구 모음에서 구현해야 하는 특정 설정도 있다.

마지막으로 CSPM을 구현하고 몇 가지 모범 사례를 학습해 보안 정책과 환경을 안전하게 유지하는 방법을 알아봤다.

15장에서는 보안의 시작점이라고 할 수 있는 ID 및 액세스 관리에 대해 자세히 알아보고, 클라우드 환경에서 누가, 어떻게, 그리고 언제 어떤 작업을 수행할 수 있는지 다룬다. 17장에서는 14장에서 간략하게 다룬 모니터링 도구의 활용을 더 자세히 살펴본다.

질문

1. CIA 원칙에 대해 설명했다. 이는 무엇을 의미하는가?
2. 정책에 최소한으로 포함돼야 하는 속성을 나열하라.
3. OCI에서 보안 정책은 어디에 구현하는가?
4. CSPM 도구는 어떤 기능을 수행하는가?

더 읽을거리

14장에서 다룬 내용과 관련된 더 자세한 정보는 다음 링크를 참고하면 된다.

- The CIS framework: https://www.cisecurity.org/
- The CIS Benchmark for Azure: https://learn.microsoft.com/en-us/compliance/regulatory/offering-cis-benchmark
- The CIS Benchmark for AWS: https://d0.awsstatic.com/whitepapers/compliance/AWS_CIS_Foundations_Benchmark.pdf
- The CIS Benchmark for GCP: https://www.cisecurity.org/benchmark/google_cloud_computing_platform/

- The CIS Benchmark for Alibaba: https://www.cisecurity.org/benchmark/alibaba_cloud
- The CIS Benchmark for OCI: https://www.cisecurity.org/benchmark/oracle_cloud
- Link to the OWASP community pages: https://owasp.org/www-project-top-ten/#:~:text=The%20OWASP%20Top%2010%20is%20the%20reference%20standard,software%20development%20culture%20focused%20on%20producing%20secure%20code
- Enterprise Cloud Security and Governance, by Zeal Vora, Packt Publishing

15

ID 및 액세스 관리 구현

클라우드에서 ID 및 액세스 관리의 핵심 원칙은 클라우드 내 모든 것, 즉 사람과 사물을 'ID'로 인식하는 것이다. 15장에서는 ID를 관리하고, 특정 역할을 부여해 ID의 행동을 제어하는 방법을 알아본다. 이를 통해 관리자는 자신의 주요 업무와 관련된 활동만 수행하게 할 수 있다. 또한 역할 기반 접근 제어RBAC가 클라우드 환경을 안전하게 유지하는 데 얼마나 중요한지 살펴보고, ID 인증 및 권한 부여, 최소 권한 계정 처리, 적격 계정의 의미, 중앙 저장소의 필요성을 알아본다. 또한 다양한 퍼블릭 클라우드에서 액티브 디렉터리와 페더레이션하는 방법도 살펴본다.

15장을 마치면 페더레이션, 싱글 사인온SSO, 다단계 인증MFA, 권한 있는 접근 관리PAM, IDaaS와 같은 기술을 잘 이해하게 될 것이다.

15장에서 다루는 내용은 다음과 같다.

- ID 및 액세스 관리 이해
- 액티브 디렉터리를 사용한 중앙 ID 저장소 사용
- 멀티 클라우드 간 액세스 관리 설계

- PAM(Privileged Access Management) 탐색
- 멀티 클라우드에서의 계정 연합 활성화
- IDaaS 사용

ID 및 액세스 관리 이해

ID 및 액세스 관리(IAM)는 비즈니스에 중요한 IT 시스템에 대한 접근을 제어하는 모든 것을 의미한다. IAM의 핵심 요소는 **역할 기반 접근 제어**(RBAC)로, 누가 시스템에 접근할 수 있는지, 그들의 역할은 무엇인지, 그리고 그 역할에 따라 무엇을 할 수 있는지를 정의한다. RBAC의 중요한 원칙은 최소 권한 부여인데, 이는 시스템 관리자가 업무를 수행하는 데 필요한 권한만 할당받는다는 의미다. 예를 들어 데이터베이스 관리자는 데이터베이스에 대한 접근 권한이 필요하지만, 네트워크 스위치에 대한 접근 권한은 필요하지 않을 가능성이 높다.

15장에서는 싱글 사인온(SSO), 다단계 인증(MFA), 권한 있는 접근 관리(PAM)와 같은 개념을 다룬다. 이러한 내용을 살펴보기 전에 IAM의 기본 사항을 먼저 살펴보자. 아키텍처에서 고려해야 할 세 가지 계층이 있다.

- **관리되는 ID:** 이 책에서는 클라우드 환경에서 사람은 물론 시스템과 서비스, 리소스까지 모든 것을 'ID'로 인식해야 한다고 여러 차례 강조했다. 따라서 모든 ID는 식별 가능해야 하는데, 여기에는 사용자와 시스템, API 등 클라우드 구성 요소와의 모든 통신은 물론 외부의 사람이나 시스템과의 상호작용까지 포함된다.
- **관리되는 역할:** 역할은 클라우드 환경에서 정의되고 ID에 할당돼야 한다. 여기에는 역할의 추가, 제거 및 업데이트 프로세스가 포함된다. 이는 사람뿐만 아니라 장치 및 시스템에도 적용된다. 시스템은 ID이며 특정 역할(예: 도메인 컨트롤러 또는 애플리케이션 서버)을 한다. 따라서 시스템 권한 부여를 정의하고 리소스에 대한 접근 권한을 부여해야 한다.

- **관리되는 접근:** 이는 누구에게, 그리고 무엇에 적절한 수준의 접근 권한이 주어지는지에 대한 정의다. 데이터베이스 관리자의 예를 다시 사용하면 데이터베이스 관리자는 데이터베이스에 대한 접근 권한이 필요하고 네트워크 스위치에 대한 접근 권한은 필요하지 않다. 데이터베이스가 클라우드의 특정 가상 네트워크에 있다면 해당 네트워크에 대한 접근이 추가로 필요할 수 있으나, 그 권한은 데이터베이스에 접근하는 데 필요한 범위로 제한돼야 한다. 이러한 범위와 수준은 역할 정의에 포함돼야 한다.

이 세 가지 계층 모두에서 최소 권한 원칙이 유효하며, 시스템의 (민감한) 데이터를 최대한 보호하기 위해 이 원칙을 따라야 한다. 다음 다이어그램은 IAM의 주요 원칙과 관련 서비스를 보여준다.

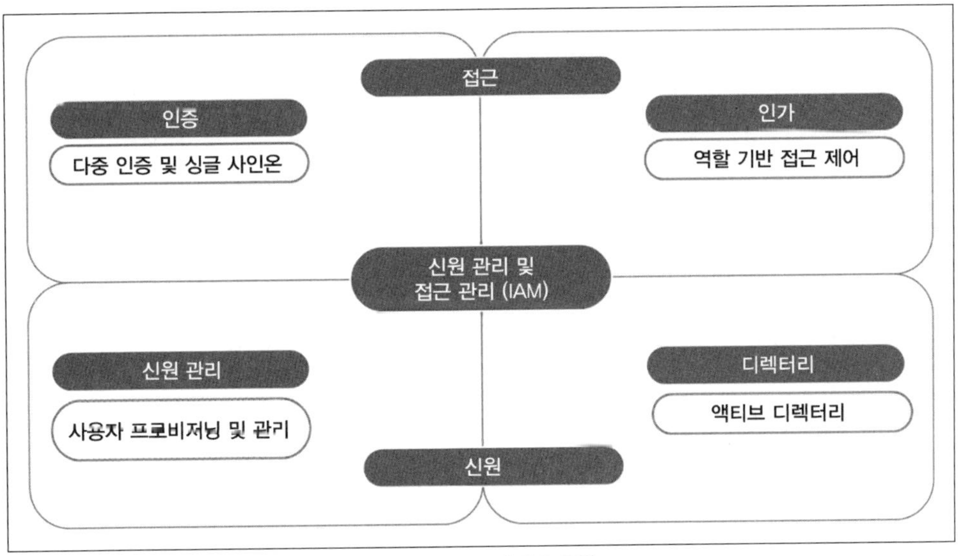

그림 15.1 IAM의 주요 원칙

다음 단계는 IAM 시스템이 수행해야 할 작업과 클라우드 시스템에 대한 ID 및 접근 제어를 위해 제공해야 하는 도구를 정의하는 것이다.

가장 중요한 것은 ID를 제어할 수 있게 지원하는 것이다. 여기서 IAM은 기본적으로 모든 ID를 담고 있는 데이터베이스인 디렉터리를 포함해야 한다. 일반적으로 이 디렉터리에는 시스템에 접근할 엔터티가 포함되며, 거의 모든 기업이 **액티브 디렉터리**AD를 중앙 디렉터리로 사용한다. AD는 객체를 사용해 엔터티를 나타내는데, 여기서 엔터티는 사용자, 장치 또는 시스템이 될 수 있다. 또한 객체가 속한 도메인도 정의한다.

다음으로 IAM 시스템은 엔터티에 역할과 관련된 접근 권한을 부여할 수 있어야 하며, 사용자가 추가되고 해당 사용자에게 역할이 할당되면 해당 사용자에게 접근 권한이 프로비저닝되게 해야 한다. 일반적으로 역할과 그룹은 디렉터리에 정의되므로 사용자 또는 객체를 해당 역할 또는 그룹에 할당하기만 하면 된다. 그러면 적절한 수준의 접근 권한이 자동으로 활성화된다. 또한 IAM은 권한 부여에 대한 검토 절차를 지원해야 하며, 디렉터리에 사용자를 추가하거나 사용자·객체를 제거하는 권한은 소수의 관리자에게만 부여돼야 한다. 사용자는 특정 접근 권한을 요청할 수 있지만, 권한이 실제로 할당되기 전에 항상 검토 및 승인이 필요하다. 이 프로세스를 정의하는 도구로는 PAMPrivileged Access Management 및 PIMPrivileged Identity Management이 있다. 이러한 개념은 다음 절에서 자세히 살펴본다.

액티브 디렉터리를 사용한 중앙 ID 저장소 사용

가장 널리 사용되는 ID 저장소는 여전히 액티브 디렉터리AD다. 여기서 주의할 점은, AD를 설명하기 전에 애저 액티브 디렉터리와 혼동하지 않아야 한다는 것이다. 애저 AD가 클라우드 네이티브 기반의 IDaaS 솔루션이라면, 전통적인 AD는 TCP/IP 기반 네트워크에서 정보를 교환하기 위한 프로토콜인 **경량 디렉터리 액세스 프로토콜**LDAP, Lightweight Directory Access Protocol을 사용한다.

AD를 이해하는 일은 쉽지 않지만, IAM을 논의할 때 반드시 갖춰야 할 기본 지식이다. 기업은 하나의 중앙 디렉터리만 유지해야 하며, 모든 ID는 한곳에서 관리돼야 한다. 이는 디렉터리가 침해될 경우 공격자가 기업 내의 모든 ID에 접근할 수 있다는 위험을 수반하므로 디렉터리와 IAM 시스템은 매우 안전하게 보호돼야 한다. Saviynt 및 CyberArk와 같은 도구는 IAM 위에 추가적인 보안 계층을 제공해 이러한 위험을 완화한다.

Saviynt와 CyberArk는 IAM 위에 배포되는 솔루션을 제공해 시스템 접근을 안전하게 보호한다. 예를 들어 암호화된 볼트에 암호 해싱을 통해 사용자가 실제 암호를 보지 못하게 하고, 도구를 통해 암호를 얻게 한다. 이러한 도구는 환경 내 활동에 대한 관측 가능성을 확보하기 위해 세션 또는 시스템 로그인을 기록할 수 있으며, 이는 감사 추적이라고 불린다.

이제 ID 저장소인 AD로 돌아가 보자. AD는 마이크로소프트가 윈도우 도메인 네트워크를 위해 개발했기 때문에 마이크로소프트와 밀접하게 연관돼 있지만, 현재는 그 개념 자체가 널리 받아들여지고 있다. AD는 클라우드 환경과 관련된 두 가지 주요 구성 요소, 즉 디렉터리와 도메인 서비스를 포함한다.

도메인 서비스는 네트워크에서 사용자 및 컴퓨터와 같은 객체를 인증하고 권한을 부여하는 도메인 컨트롤러로 구성된다. 이 네트워크는 퍼블릭 클라우드에 있을 수도 있고 독립 실행형 네트워크일 수도 있지만, 대부분 기업의 내부 네트워크가 클라우드로 확장된다. 여기서 흔히 '확장'이라는 표현을 사용하지만, 이는 완벽하게 적절한 용어는 아니다. 실제로는 기업의 온프레미스 네트워크와 클라우드 네트워크가 단순히 연결되거나, 혹은 더 정확하게는 "도메인이 상호 연결된다."고 표현하는 것이 적합하다.

이를 위해 퍼블릭 클라우드에 도메인 컨트롤러가 필요하다. 도메인 컨트롤러는 퍼블릭 클라우드의 특정 부분이 우리 도메인 내에 있음을 확인한다. AD 페더레이션 서비스[Federation Services]는 클라우드의 도메인을 기업이 이미 보유하고 있는 디렉터리(일반적으로 온프레미스)와 페더레이션하는 데 사용될 수 있다. 다음 다이어그램은 온프레미스 AD를 사용하는 My Company X를 보여준다. 이 기업은 퍼블릭 클라우드에도 별도의 환경을 가지고 있으며, 이 클라우드 환경은 온프레미스 AD와 페더레이션돼 동작한다.

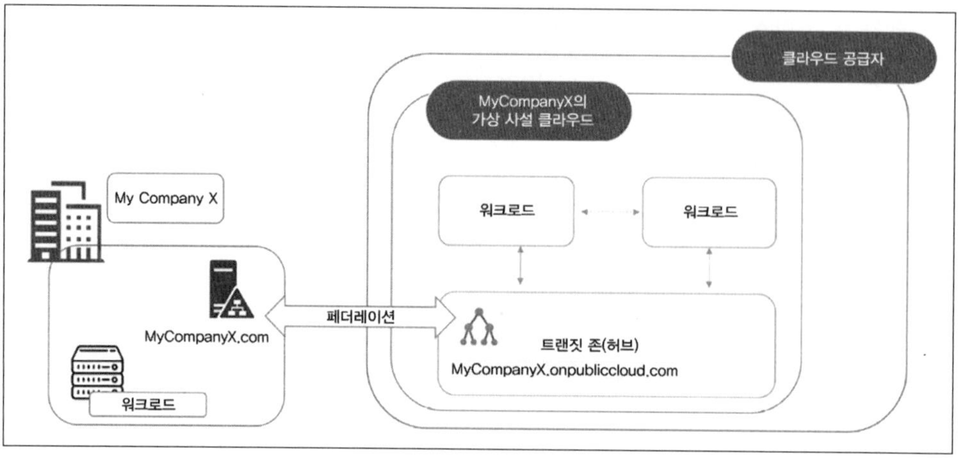

그림 15.2 AD 페더레이션 개념도

마이크로소프트 AD는 이러한 서비스를 위해 LDAP, 커버로스 및 도메인 네임 시스템 DNS, Domain Name System을 사용한다. LDAP는 객체와 애플리케이션에 대한 데이터를 저장하고 인증하는 역할을 하며, 커버로스는 통신하는 개체 간에 신원을 증명하기 위한 보안 메커니즘으로 사용된다. DNS는 IP 주소와 도메인 이름을 서로 변환해 네트워크상의 리소스를 찾을 수 있도록 돕는다.

AD와 ID 저장소로서의 활용에 대한 설명은 여기서 마무리한다. 다음 절에서는 클라우드 접근 제어 방법을 알아본다.

멀티 클라우드 간 액세스 관리 설계

앞 절에서는 퍼블릭 클라우드 환경에서 AD와 페더레이션해야 하는 이유를 알아봤다. 이제 그 방법을 살펴볼 차례다. 먼저 다시 강조하자면 애저는 애저 액티브 디렉터리AAD를 사용하지만, 이는 기존의 온프레미스 AD와 동일한 서비스가 아니다. AAD는 애저상에서 제공되는 클라우드 기반 인증 서비스이며, 필요할 경우 기존 AD를 디렉터리로 활용해 연동한다. AAD의 핵심 기능 중 하나는 기업의 ID를 클라우드 환경과 동기화하는 것이다. 이를 위해 사용되는 도구가 바로 애저 AD 커넥트다.

AAD를 통해 기업은 직원에게 다양한 플랫폼에서 리소스에 로그인하고 접근할 수 있는 메커니즘을 제공할 수 있다. 이러한 리소스는 애저 자체의 리소스일 수도 있고, 회사 네트워크의 시스템에서 호스팅되는 애플리케이션과 같은 리소스일 수도 있다.

또한 AAD는 마이크로소프트 365와 같은 SaaS 솔루션과 애저를 통합할 수 있는 애플리케이션에 대한 접근도 제공한다. AAD는 사용자가 싱글 사인온[SSO]을 통해 한 번만 로그인하면 되도록 보장한다. 또한 AAD는 보안을 강화하기 위해 다단계 인증[MFA]을 적용한다. 즉, 사용자가 비밀번호를 입력하더라도 그것만으로는 충분하지 않으며, 신원을 증명하기 위한 두 번째 검증 절차가 필요하다. 이 절차는 문자 메시지로 전달되는 PIN 코드, 모바일 인증 앱, 지문과 같은 생체인식 등 다양한 방식으로 이뤄질 수 있다.

회사 네트워크의 도메인과 애저 클라우드의 회사 도메인 간의 페더레이션은 액티브 디렉터리 페더레이션 서비스[ADFS, Active Directory Federation Services]를 통해 이뤄진다. 엄밀히 말하면 ADFS를 사용하는 것이 필수는 아닌데, AAD가 비밀번호 해시 동기화 또는 통과 인증을 사용해 하이브리드 엔터티와 함께 AD와 기본적으로 통합되기 때문이다. 하지만 타사 MFA의 경우 여전히 ADFS가 필요하다.

클라우드에서 회사 클라우드 도메인은 퍼블릭 클라우드 자체의 도메인에 위치한다. 애저에서는 onmicrosoft.com으로 정의되는데, 이 도메인 이름 주소는 환경이 애저에 있음을 나타낸다.

이제 도메인이 companyx.com으로 지정된 X 회사가 애저에 환경을 구축하려는 경우 애저의 도메인은 companyx.onmicrosoft.com이 될 것이다. 다음으로 ADFS를 사용해 회사 도메인과 애저의 도메인 간에 트러스트트를 설정해야 한다. 애저의 AD 페더레이션은 그림 15.2에 나와 있다.

AWS에서는 ADFS를 AWS 페더레이션 인증 서비스의 구성 요소로 활성화할 수 있다. 이를 사용하면 사용자는 중앙 ID 저장소인 AD에 대해 인증을 받는다. 인증 후 ADFS는 AWS의 STS[Security Token Service]를 사용해 AWS에 로그인할 수 있도록 허용하는 어설션(statement)을 반환한다. STS는 `AssumeRoleWithSAML`을 기반으로 임시 자격증명을 반환하며, 이를 통해 AWS의 엔터프라이즈 환경의 AWS 관리 콘솔Management Console에 접근할 수 있다. 다음 다이어그램은 이러한 개념을 보여준다.

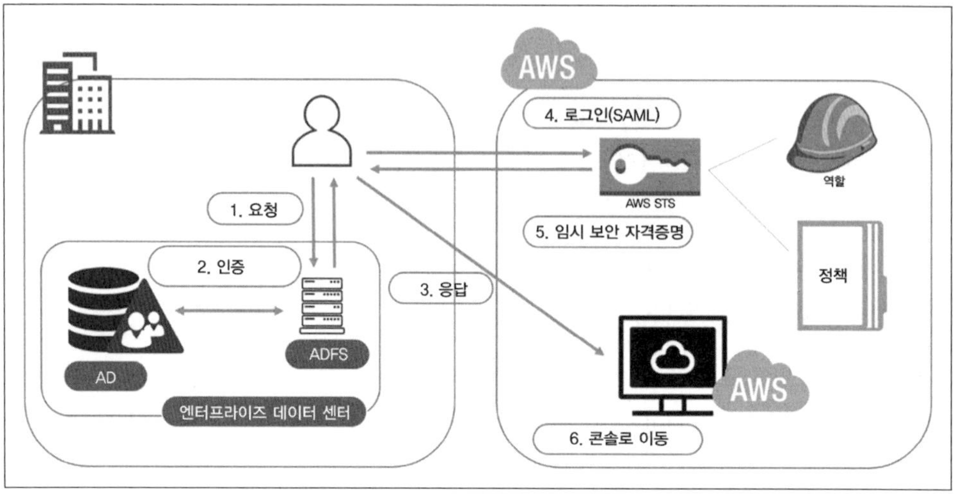

그림 15.3 AWS 페더레이션 인증 개념도

`AssumeRoleWithSAML`은 AWS에 특화된 기능으로, STS가 역할 기반 접근 방식을 통해 ID 저장소를 인증할 수 있도록 해준다. 이는 SAMLSecurity Assertion Markup Language을 사용하는데, SAML은 기업 수준의 ID 저장소와 클라우드 서비스 공급자 간의 인증 및 권한 부여 데이터를 교환하기 위한 개방형 표준이다. SAML은 LDAP와 유사한 목적을 갖고 있지만, 클라우드 환경에서 더 널리 사용되는 방식이라는 점에서 차이가 있다.

NOTE

여전히 많은 회사에서 ADFS를 사용하지만, AWS나 GCP에서 AD를 사용하기 위해 반드시 ADFS가 필요한 것은 아니다. AD를 다른 클라우드에 직접 통합하는 것도 가능하다. 자세한 내용은 다음 링크를 참고하라.

https://learn.microsoft.com/en-us/azure/active-directory/saas-apps/aws-multi-accounts-tutorial,
https://cloud.google.com/architecture/identity/federating-gcp-with-azure-active-directory

또한 GCP는 AD 페더레이션을 위해 SAML을 활용한다. GCP의 IAM 서비스인 구글 Cloud Identity에서 시작되지만, 구글은 기업들이 이미 AD를 통해 ID 저장소를 구축했을 가능성이 높다는 점을 인지하고 있다. 따라서 GCP의 Cloud Identity 또는 G 스위트와 AD 간의 페더레이션을 설정해 SSO를 포함한 사용자 프로비저닝을 활성화할 수 있다. 이때 SSO는 SAML을 통해 이뤄진다.

실제 페더레이션은 구글에서 제공하는 무료 서비스인 구글 Cloud Directory Sync를 통해 진행된다. 관련 개념은 다음 그림과 같다.

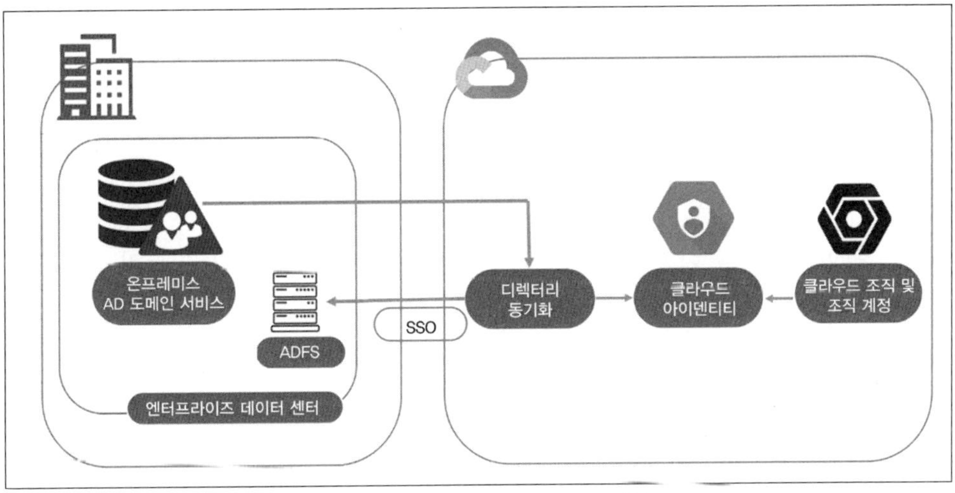

그림 15.4 구글 Cloud Directory Sync 개념도

물론 OCI에서도 AD를 사용해 OCI 리소스에 대한 중앙 집중식 인증 및 권한 부여 기능을 제공할 수 있지만, 이를 설정하려면 다른 클라우드와 마찬가지로 여러 단계를 거쳐야 한다. 먼저 OCI에서 가상 클라우드 네트워크[VCN]를 생성하고 AD에 대한 VCN 및 서브넷을 구성해야 한다. 이후 VCN 내에서 제공되는 AD 서버 이미지를 사용해 도메인 컨트롤러를 생성할 수 있으며, 이때는 마켓플레이스에서 제공하는 이미지를 활용하는 것이 가장 좋다. AD 포리스트와 도메인을 설정한 다음, 사용자와 그룹을 생성해 AD 도메인 컨트롤러를 완전히 구성해야 한다. 이렇게 구성된 AD 서버는 ID 공급자로 사용할 수 있으며, 조직은 AD 내에서 사용자와 그룹을 지속적으

로 관리할 수 있다. 다음 단계에서는 AD 그룹 및 사용자 정보를 기반으로 OCI 리소스 접근을 제어하는 정책을 생성해야 한다. 마지막으로 OCI 콘솔에서 AD ID 공급자를 테넌시의 기본 ID 공급자로 설정하고, 싱글 사인온SSO 구성을 완료하면 된다.

이것은 프로세스에 대한 일반적인 개요이며, 더 자세한 단계와 특정 구성은 특정 사용 사례에 따라 다를 수 있다는 점에 유의해야 한다. 또한 이러한 모든 개념을 적용하려면 기업의 AD가 어떻게 구성돼 있는지 정확히 이해하는 것이 매우 중요하다. 온프레미스 AD 구조는 클라우드 플랫폼의 IAM 정책과 올바르게 매핑돼야 하기 때문이다. AD는 포리스트, 트리, 도메인 및 조직 단위로 논리적으로 구성된다. 포리스트는 AD의 최상위 계층이며 루트 도메인을 포함한다. 컴퓨터와 사용자 같은 객체들은 도메인 내에 그룹화되며, 여러 도메인이 모여 트리를 이루고, 트리들이 모여 포리스트를 구성한다. 즉, 포리스트는 서로 신뢰 관계를 맺고 있는 도메인들로 이뤄진 사용자 및 시스템의 집합이라고 할 수 있다.

퍼블릭 클라우드에서 이러한 포리스트, 트리 및 도메인의 구분은 퍼블릭 클라우드 구조에 기본적으로 매핑되지 않을 수 있다. 예를 들어 GCP를 보면 조직은 GCP 리소스를 보유하는 최상위 컨테이너이며, 그 아래에 폴더와 프로젝트가 계층적으로 구성된다. 따라서 이러한 클라우드 구조가 온프레미스 AD의 구조와 적절하게 매핑되지 않으면 페더레이션이 실패해 특정 사용자나 객체가 클라우드 내 리소스에 대해 인증하거나 접근하지 못하는 상황이 발생할 수 있다.

AD에 대한 자세한 내용은 이 책의 범위를 벗어나기에 '더 읽을거리' 절에 소개했다.

최소 권한 액세스 작업

최소 권한 원칙은 IAM에서 중요한 원칙으로, 사용자에게 직무 수행에 필요한 최소한의 접근 권한만을 부여하는 것을 의미한다. 이 원칙은 사용자 접근 권한을 제한함으로써 보안 침해 및 데이터 유출 위험을 줄일 수 있다는 생각에 기반을 둔다.

이상적인 시나리오에서는 사용자가 직무를 수행하는 데 필요한 특정 리소스와 데이터에만 접근할 수 있어야 한다. JIT[Just-In-Time]는 필요한 경우에만, 엄격하게 요구되는 기간 동안만 작업 수행 권한을 부여한다.

이는 민감한 정보에 대한 무단 접근 위험을 줄이고, 사용자가 실수 또는 고의로 시스템에 손상을 입히는 것을 방지한다. 최소 권한 원칙을 구현함으로써 조직은 사용자가 직무를 수행하는 데 필요한 리소스에만 접근할 수 있도록 보장하는 동시에, 민감한 정보에 접근하거나 수정하는 것을 막을 수 있다.

또한 최소 권한 원칙은 GDPR과 HIPAA 같은 다양한 규제 요구 사항을 준수하는 데에도 도움이 된다. 이러한 규정은 조직이 민감한 데이터에 대한 접근을 엄격하게 통제하고, 권한 있는 사용자만 접근할 수 있도록 보장할 것을 요구한다.

최소 권한 원칙은 비용 절감에도 기여할 수 있다. 사용자 접근 권한을 제한함으로써 조직은 방화벽 및 침입 탐지 시스템과 같은 고가의 보안 조치의 필요성을 줄이고, 무단 접근으로 인한 시스템 다운타임 위험도 줄일 수 있다. 그렇다고 해서 이 방식이 다른 보안 조치의 필요성을 없애는 것은 아니다.

최소 권한 접근 방식을 구현하려면 어떻게 해야 할까? 다음은 모범 사례다.

1. **민감 데이터 식별 및 분류:** 규제, 법률 또는 비즈니스 관점에서 민감한 데이터를 식별하고 분류해야 한다.
2. **역할 및 책임 정의:** 민감 데이터 식별 후 각 직원의 역할과 책임을 정의해야 한다. 여기에는 각 직원이 업무를 수행하는 데 필요한 접근 권한과 거부해야 하는 접근 권한을 결정하는 과정이 포함된다.
3. **접근 제어 구현:** 사용자가 업무를 수행하는 데 필요한 리소스에만 접근할 수 있도록 접근 제어를 구현해야 한다. 역할 기반 접근 제어[RBAC, Role-Based Access Control]뿐만 아니라 속성 기반 접근 제어[ABAC, Attribute-Based Access Control]와 같은 인증, 권한 부여 및 접근 제어 메커니즘을 구현해야 한다.
4. **접근 권한 정기 검토 및 업데이트:** 사용자 계정, 역할 할당 및 접근 권한을 정기적

으로 검토해 유효성과 필요성을 확인해야 한다. 마이크로소프트 엔트라Entra, 특히 마이크로소프트 엔트라 권한 관리를 추가하면 좋다. 이는 애저, AWS 및 GCP의 모든 ID와 리소스에 대한 권한 가시성과 제어 기능을 제공하는 클라우드 인프라 권한 관리CIEM, Cloud Infrastructure Entitlement Management 제품이다.

5. **접근 모니터링 및 감사:** 사용자 활동을 추적하고 비정상적인 활동을 감지하기 위해 로깅, 모니터링 및 보고 메커니즘을 구현해야 한다.

이러한 활동은 일회성이 아니다. 새로운 시스템이나 애플리케이션을 구현할 때마다 이러한 단계를 평가해 필요한 당사자에게만 접근이 제한되게 해야 한다.

PAM 탐색

앞 절에서 최소 권한 원칙, 즉 사용자가 권한을 부여받거나 필요로 하는 시스템에 대해 최소한의 권한만 갖게 하는 원칙을 소개했다.

PAM은 최소 권한 원칙을 사용해 사용자에게 직무를 수행하는 데 필요한 접근 권한만을 부여한다. 이는 역할과 정책을 사용해 특정 리소스 및 작업에 대한 접근을 제한하고, MFA를 사용해 사용자의 신원을 확인함으로써 달성된다. 또한 PAM을 통해 리소스에 대한 접근을 모니터링하고 감사해 무단 접근을 감지하고 대응할 수 있다. 추가적으로 PAM은 **세션 기반 인증**Session-Based Authentication이라는 기능을 제공해 고객이 사전 정의된 기간 동안만 유지되는 리소스에 대한 권한 있는 접근이 필요한 사용자를 위해 수명이 짧은 접근 자격증명을 생성할 수 있게 한다.

일반적으로 최소 권한은 일반 계정 또는 **최소 권한 사용자 계정**LUA, Least-privileged User Accounts에 적용되며, LUA는 다음과 같이 두 가지 유형으로 나뉜다.

- 표준 사용자 계정
- 게스트 사용자 계정

이 두 유형의 계정은 사용자 권한이 매우 제한적이다.

이러한 계정만으로는 충분하지 않거나, 사용자가 업무를 수행하는 데 제약이 따르는 상황이 발생할 수 있다. 이때 사용자에게 일시적으로 더 높은 권한, 즉 '상승된 권한'을 부여해 작업을 계속할 수 있게 해야 한다. 이러한 상승된 권한을 가진 계정을 '권한 있는 계정'이라고 한다. 권한 있는 계정의 예는 다음과 같다.

- **도메인 관리자 계정:** 도메인의 모든 리소스에 접근 가능하다.
- **AD 계정:** AD에 접근해 ID를 추가하거나 제거하는 등의 권한을 가진다.
- **애플리케이션 계정:** 애플리케이션 및 데이터베이스에 접근해 배치 작업을 실행하거나 스크립트를 실행하는 등의 작업을 수행한다.

특별한 범주로 '비상 탈출[break glass] 계정'이 있는데, 이는 때때로 '긴급 계정'이라고도 불린다. 이 계정은 사용자가 환경에서 완전히 잠겼을 때 최후의 수단으로 사용된다. 비상 탈출 계정은 모든 리소스에 접근할 수 있는 권한을 가지며, 환경을 다시 잠금 해제할 수 있는 모든 권한을 가진다.

이 계정의 문제점은 일반적인 비권한 계정보다 훨씬 더 큰 위험을 초래한다는 점이다. 권한 있는 계정이 침해되면 공격자는 중요 시스템과 핵심 기능에 대한 광범위한 통제권을 획득하게 되기 때문이다. 이러한 위험을 완화하기 위한 솔루션이 바로 PAM이다. 요약하면 PAM은 특정 계정이 특정 시스템에 대해, 특정 시간에, 특정 이유로만 상승된 권한을 사용할 수 있도록 보장한다.

이러한 PAM의 핵심 원리는 JIT와 최소 권한 관리다. 관리자는 특정 사용자가 시스템에서 작업을 수행하기 위해 특정 권한이 필요하다고 판단할 수 있다. 그러나 이러한 사용자에게 해당 권한이 영구적으로 부여되지는 않는다. 이는 최소 권한 원칙에 위배되기 때문이다. 대신 이러한 사용자에게는 '적격 계정[eligible accounts]'이 제공된다. 즉, 사용자가 특정 작업을 수행해야 할 때 권한이 상승되는 것이다. 적격 계정을 활성화하려면 사용자에게 사전 설정된 시간제한 후에 만료되는 권한이 필요하다.

따라서 사용자는 권한 있는 계정에서 상승된 권한을 활성화하기 위한 권한을 요청

한다. 권한은 작업을 수행하는 데 필요한 시간(예: 1시간, 2시간 등) 동안 부여된다. 시간이 만료되면 권한은 자동으로 회수된다.

클라우드 플랫폼에서의 PAM

그렇다면 클라우드 플랫폼에서는 PAM이 어떻게 작동할까? PAM이 효과적으로 기능하려면 최소 권한 원칙이 적용돼야 한다. 즉, 어떤 권한 있는 계정이 필요하고, 그 계정이 어떤 역할을 갖게 될지를 알아야 한다. 클라우드 플랫폼은 모두 광범위한 역할 기반 모델을 적용할 수 있으며, 이를 통해 세분화된 접근 수준에서 실행하고 리소스에 대한 책임을 분리할 수 있다.

클라우드 서비스 공급자는 일반적으로 클라우드 테넌트에서 모든 작업을 수행할 수 있는 역할, 테넌트의 특정 영역에서 특정 작업을 수행할 수 있는 역할, 그리고 보기만 할 수 있는 역할과 같이 몇 가지 기본 제공 일반 역할 유형을 제공한다. 또한 테넌트에서 사용자와 역할을 추가하기 위한 역할이 있는 경우도 많다. 그러나 좀 더 정교한 역할 기반 접근 모델을 위해서는 이러한 기본 역할만으로는 충분하지 않다. 클라우드 서비스 공급자는 네트워크 관리자, 데이터베이스 관리자, 또는 특정 웹사이트의 백업 관리만을 위한 매우 특정한 역할과 같이 더 세분화된 역할을 제공한다.

계정과 이러한 계정이 가진 역할에 대한 명확한 개요를 통해 클라우드 환경에서 PAM을 구성할 수 있다. 애저는 적격 계정을 식별하고 설정하기 위한 솔루션으로 PIM을 제공하며, 이를 사용하려면 애저 AD 프리미엄 라이선스가 필요하다. PIM은 적격 계정을 설정하고 JIT를 활성화하며, MFA까지 포함해 권한 상승 과정을 안전하게 관리한다.

AWS에서는 PAM 기능이 IAM 솔루션에 포함돼 있다. 애저와 마찬가지로 AWS는 역할 기반 접근 모델과 상승된 권한, SSO 및 MFA를 사용해 권한 있는 계정을 가질 수 있는 가능성을 제공한다. 로직은 루트 계정을 제외하고는 기본적으로 요청이 거부되는 것으로 시작하며, 루트 계정은 모든 권한을 가진다. 따라서 기본 정책을 재정의할 수 있는 ID 정책 또는 리소스 정책에서 명시적으로 허용이 선언돼 있어야 한다. 이러한 정책이 존재하고 유효함이 확인되면 접근이 허용되며, AWS IAM은 요청에 연결된 모든 정책을 검증해 접근 가능 여부를 결정한다.

AWS는 플랫폼의 다른 많은 서비스와 마찬가지로 타사가 기본 기술(이 경우 AWS IAM)을 기반으로 솔루션을 제공할 수 있도록 허용한다. Saviynt와 CyberArk는 AWS용 PAM 솔루션을 개발한 다른 공급자 중 두 곳이다.

여기서 언급할 가치가 있는 한 가지 솔루션은 IAM Access Analyzer인데, 이는 조직의 리소스와 외부 엔터티와 공유되는 계정을 식별하는 데 도움이 되는 솔루션이기 때문이다. 이 도구는 접근이 최소 권한을 따르도록 IAM 정책 수정에 대한 권장 사항을 제공한다. 더불어 접근 권한이 있는 리소스, S3 버킷 정책이나 접근 제어 목록 등을 통해 리소스가 어떤 방식으로 공유되는지, 그리고 그 접근 수준이 어떻게 되는지를 분석한 결과를 제시한다.

GCP는 클라우드 ID 및 다른 클라우드와 마찬가지로 역할 기반 접근 모델을 제공한다. 여기서 주목해야 할 기능은 Recommender인데, 이 기능은 GCP 환경을 최적화하기 위한 사용량 기반 권장 사항을 제공할 뿐만 아니라 IAM을 관리하는 도구도 포함하고 있기 때문이다. 특히 IAM Recommender는 보안 위험을 초래할 수 있는 ID를 자동으로 감지하고, 리소스에 대한 불필요한 접근 권한을 제거해 최소 권한 상태를 유지할 수 있도록 지원한다. 즉, 좀 더 지능적인 스마트 접근 제어 기능을 제공하는 것이다.

구글 클라우드 콘솔의 IAM 페이지에는 모든 계정과 이러한 계정이 가진 권한이 나열된다. IAM Recommender는 지난 90일 동안 사용되지 않은 권한 수를 표시하고, Cloud Identity에서 역할을 사전 정의된 역할이 있는 계정으로 바꾸거나 적절한 권한이 있는 사용자 정의 역할을 만드는 등의 권장 사항을 제시한다. 이렇게 함으로써 GCP에서 최소 권한을 적용할 수 있다.

지금까지 애저, AWS, GCP를 살펴봤다. IAM을 설정하기 위한 기본적인 원칙은 이 클라우드들에서 상당히 유사하다고 말할 수 있다. 이번에는 OCI를 사용해 IAM을 구현하는 단계를 살펴보자. 다음 서비스를 사용할 수 있다.

- Identity: 사용자, 그룹 및 정책을 생성하고 관리한다.
- Policy: 사용자, 그룹 및 리소스에 대한 특정 권한을 정의한다.
- Compartment: 리소스를 Compartment로 구성한 다음 정책을 사용해 해당 Compartment에 대한 접근을 제어한다. 이는 애저 및 AWS에서 리소스 그룹을 설정하고 GCP에서 프로젝트를 설정하는 것과 유사하다.
- Users: 사용자와 연결된 자격증명을 생성하고 관리한다.
- Groups: 사용자 그룹을 생성하고 관리해 여러 사용자에 대한 접근 권한을 한 번에 부여하거나 취소하기 쉽게 한다.
- Roles: 특정 작업 또는 직무 기능에 대해 사용자 및 그룹에 권한을 할당한다.
- MFA(Multi-Factor Authentication): 사용자가 비밀번호 외에 지문 또는 일회용 비밀번호와 같은 두 번째 인증 방법을 제공하도록 요구해 추가 보안 계층을 제공한다.
- Audit and Governance: 리소스에 대한 접근을 모니터링하고 감사해 무단 접근을 감지하고 대응할 수 있다.
- Session-based Authentication: 사전 정의된 기간 동안 지속되는 OCI 리소스에 대한 권한 있는 접근이 필요한 사용자를 위해 수명이 짧은 접근 자격증명을 생성한다.

이것으로 다양한 클라우드 간의 IAM 서비스 비교를 마친다. 그렇다면 실제로 멀티 클라우드를 사용하면서 클라우드 간 IAM까지 통합하고자 할 때는 어떻게 해야 할까? 다음 절에서 그 주제를 다룬다.

멀티 클라우드에서의 계정 연합 사용

기업들은 소프트웨어에서 서비스로 중심축을 옮기면서 SaaS 솔루션을 도입하는 추세다. 일반적으로 SaaS 솔루션은 서비스 공급자가 제공하므로 사용자는 각각의 솔루션에 개별적으로 로그인해야 한다. 이때 사용자가 SaaS 솔루션에 로그인하기 위해 새로운 암호를 생성하는 경우가 많은데, 이러면 누가 어떤 서비스에 접근 권한을 갖고 있는지 통제하기 어려워진다는 문제가 발생한다. 물론 SSO를 통해 이 문제를 해결할 수 있지만, SaaS 솔루션이나 웹 애플리케이션의 디렉터리를 페더레이션해야 한다.

계정 연동 분야에서 Okta는 최근 몇 년 동안 점점 더 인기 있는 IAM 솔루션으로 자리 잡았다. 오해를 피하기 위해 덧붙이자면 Okta는 AD의 대안이 아니다. AD는 일반적으로 주요 중앙 디렉터리 역할을 하며, Okta는 AD를 활용해서 SSO를 통해 웹 애플리케이션에 대한 연동을 처리하는 솔루션이다. 즉, Okta는 AD를 기반으로 SSO를 통해 IAM을 구현해서 IDaaS를 제공하는 것이다.

IDaaS는 클라우드 환경 전반에서 사용자 ID를 관리하고 인증하는 클라우드 기반 서비스다. 멀티 클라우드 전략을 채택하는 기업이 늘어남에 따라 클라우드 기반 리소스에 대한 안전한 접근을 보장하는 데 IDaaS가 필수적인 도구로 자리매김하고 있다.

IDaaS의 주요 이점 중 하나는 ID 관리의 중앙 집중화다. 여러 클라우드 환경에서 ID를 개별적으로 관리하는 대신, IDaaS를 통해 모든 ID를 한곳에서 관리할 수 있기 때문이다. 이를 통해 리소스에 대한 접근 제어, 보안 정책 적용, 사용자 활동 추적이 용이해진다. 또한 IDaaS는 기존 온프레미스 ID 관리 시스템과 통합돼 온프레미스 및 클라우드 기반 리소스를 모두 원활하게 관리할 수 있다. IDaaS의 기본 원리는 그림 15.5에 나와 있다.

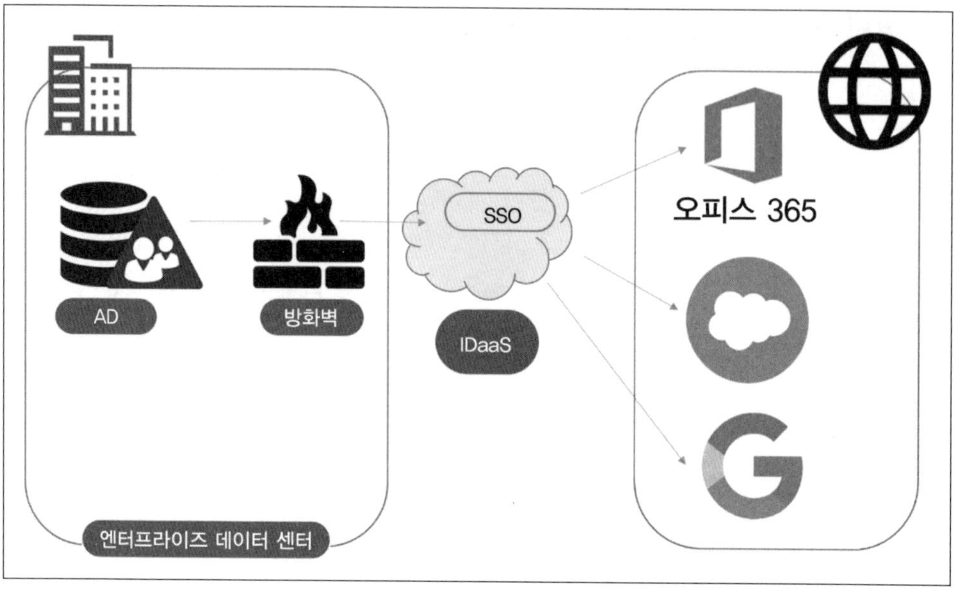

그림 15.5 IDaaS의 개략적인 개념

IDaaS는 MFA 및 SSO를 제공하는 기능 외에도 사용자 리소스 접근에 대한 관리 및 모니터링을 중앙 집중화하는 데 중요한 역할을 한다. IDaaS는 세분화된 접근 제어를 제공해 누가 어떤 조건에서 어떤 리소스에 접근할 수 있는지 정확하게 지정할 수 있도록 지원한다. 또한 사용자 활동을 실시간으로 모니터링해 보안 침해를 신속하게 식별하고 대응할 수 있도록 돕는다.

분명히 해둘 점은 이렇게 하면 모든 ID가 클라우드로 완전히 이전된다는 것이다. 이는 최고 정보 보안 책임자CISO 또는 최고 정보 책임자CIO가 이러한 전환을 수용할지 결정해야 할 문제다.

그러나 기업은 여전히 클라우드 솔루션을 활용해 페더레이션을 구축해야 한다. 대부분의 기업은 온프레미스 시스템, IaaS, PaaS, SaaS를 모두 포함하는 복잡한 IT 환경을 보유하고 있으며, 이러한 모든 요소를 하나의 도메인으로 연결하려면 페더레이션이 필수적이다. IDaaS 솔루션은 기존 AD를 이러한 다양한 솔루션에 연결하고 안전한 접근 관리를 가능하게 하는 데 유용한 선택지가 될 수 있다.

마무리

보안은 IAM, 즉 누가 환경에 접근하고 시스템 내에서 어떤 작업을 수행할 수 있는지 통제하는 것에서 시작된다. 이번 장에서는 ID의 개념과 중앙 ID 저장소의 필요성을 살펴봤고, 이를 기반으로 기업이 사용하는 다양한 클라우드 솔루션 간 페더레이션을 어떻게 설정해야 하는지도 알아봤다. 또한 이러한 목적을 위해 IDaaS가 유용한 솔루션이 될 수 있다는 점도 함께 검토했다.

이어 주요 클라우드 플랫폼에서의 권한 부여와 인증 개념을 비교했으며, 그 가운데 핵심은 최소 권한 원칙임을 확인했다. 이를 통해 표준 계정과 권한 있는 계정을 구분할 수 있게 됐고, 마지막으로 클라우드 접근을 안전하게 보호하는 데 PAM이 어떤 이점을 제공하는지도 살펴봤다.

클라우드 환경을 최대한 안전하게 유지해야 하는 이유는 데이터를 보호하기 위해서다. 지금까지는 인프라를 보호하기 위한 ID, 접근 관리, 보안 정책을 다뤘으며, 16장에서는 데이터를 안전하게 지키기 위한 보안 정책을 어떻게 정의해야 하는지 살펴본다.

질문

1. IAM에서 ID를 식별하기 위해 고려해야 할 세 가지 계층은 무엇인가?
2. AWS와 GCP는 인증을 위해 어떤 특정 프로토콜을 사용하는가?
3. 표준 계정으로 충분하지 않을 경우 더 많은 권한을 가진 다른 계정으로 사용자를 일시적으로 '승격'시킬 수 있다. 이러한 계정을 무엇이라고 부르는가?

더 읽을거리

- Mastering Active Directory, by Dishan Francis, Packt Publishing

16

데이터 보안을 위한 보안 정책 정의

데이터는 모든 기업에 있어 중요한 자산이다. 기업은 점점 더 많은 데이터를 멀티 클라우드 환경에 저장하고 있으며, 데이터를 안전하게 보호하기 위한 방안을 모색하고 있다. 모든 클라우드 플랫폼은 데이터를 암호화하는 기술을 제공하지만 암호화 방식, 키 저장 및 관리 방식에는 차이가 있다. 데이터는 클라우드에서 다른 클라우드로, 또는 사용자 장치로 이동하므로 저장된 데이터뿐만 아니라 전송 중인 데이터도 보호해야 한다. 이는 암호화와 암호화 키를 통해 이뤄지며, 권한이 없는 사용자가 키와 암호화된 데이터에 접근하지 못하게 키 보안에도 신경 써야 한다.

데이터 보호 자체를 살펴보기 전에 데이터 모델과 데이터 분류 방법을 간략하게 설명하고, 주요 클라우드 서비스에서 제공하는 다양한 스토리지 솔루션을 살펴보겠다. 이어서 **데이터 손실 방지**DLP, Data Loss Prevention 정책 정의, 정보 접근 제어를 위한 정보 레이블링, 암호화 기술 적용을 통해 데이터를 보호하는 방법을 알아본다.

16장에서 다루는 내용은 다음과 같다.

- 멀티 클라우드 개념에서 데이터 저장

- 저장소 솔루션 탐색
- 데이터 암호화 이해
- 애저, AWS, GCP, OCI, 알리바바 클라우드에서의 데이터 암호화
- 액세스, 암호화 및 스토리지 키 보안
- 빅데이터 모델링을 위한 원시 데이터 보안

멀티 클라우드 개념에서 데이터 저장

CIO에게 가장 중요한 비즈니스 자산이 무엇이냐고 묻는다면 데이터라는 답변을 들을 가능성이 높다. 그만큼 데이터 아키텍처는 전체 비즈니스 및 IT 아키텍처에서 매우 중요한 부분이며, 가장 어려운 부분이기도 하다. 이 절에서는 데이터 아키텍처의 일반적인 원칙과 이것이 클라우드 환경에서 데이터 보안을 어떻게 이끌어 가는지 간략하게 설명한다.

데이터 아키텍처는 엔터프라이즈 아키텍처에서 세 가지 계층 또는 데이터 아키텍처 프로세스로 구성된다.

- **개념적 모델:** 비즈니스 엔터티 간의 관계를 설명한다. 제품과 고객은 모두 엔터티가 될 수 있으며, 개념적 모델은 이 두 엔터티를 연결한다. 제품과 고객 사이에는 관계가 존재하며, 이는 제품 판매와 같은 거래로 나타날 수 있다. 개념적 데이터 모델은 비즈니스 프로세스와 관련된 엔터티 간의 의존성을 설명한다.
- **논리적 모델:** 개념적 모델보다 더 많은 세부 정보를 담고 있는 것이 논리적 모델이다. 기업은 여러 고객과 여러 제품을 보유할 가능성이 높으며, 개념적 모델은 단지 고객과 제품이라는 엔터티 사이에 관계가 존재한다는 사실만 알려준다. 다음 단계는 특정 고객과 제품 간의 관계를 정의하는 것이다. 예를 들어 고객 번호를 추가해 고객을 구분할 수 있으며, 개념적 모델이 구조만 제시하는 반면, 논리적 모델은 고객 X가 제품 엔터티 내에서 제품

Y와 어떠한 관계를 맺고 있는지와 같은 구체적인 정보를 포함한다.

- **물리적 모델:** 개념적 모델과 논리적 모델 모두 데이터 모델의 실제 데이터베이스 구현에 대해서는 아무것도 설명하지 않는다. 물리적 계층은 위치, 데이터 스토리지 또는 데이터베이스 기술 아키텍처를 포함해 특정 데이터베이스에 대한 청사진을 담고 있다.

다음 다이어그램은 개념적 데이터 모델링과 실제 데이터 간의 관계를 보여준다. 비즈니스 수준에서 데이터 요구 사항이 설정되면 이는 데이터 저장에 대한 기술적 요구 사항으로 이어지고, 최종적으로 데이터 입력으로 이어진다.

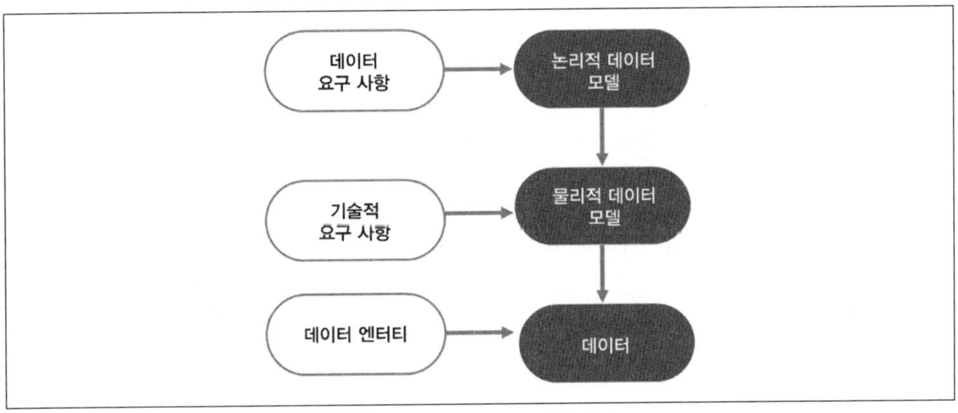

그림 16.1 데이터 모델링의 개념

데이터 모델링은 데이터를 구조화하는 과정이다. 데이터 유형이나 데이터 보안에 대한 내용은 포함하지 않으며, 이는 다음 단계에서 다룬다.

데이터 유형은 데이터 모델에 의해 지원돼야 하며, 데이터 유형에 따라 데이터를 저장하고 접근하는 데 사용될 기술 선택도 달라진다. 일반적인 데이터 유형으로는 정수(숫자), 문자열, 문자, 그리고 참/거짓을 나타내는 불리언boolean이 있으며, 이 외에도 스택stack(가장 최근에 입력된 데이터가 맨 위에 놓이는 데이터 구조), 리스트list(셀 수 있는 순서열), 해시hash(값들의 연관 매핑)와 같은 추상적인 유형도 존재한다.

데이터 유형은 데이터의 실제 내용과는 무관하다. 예를 들어 숫자 유형이라고 해서 해당 데이터가 기밀인지, 혹은 공개된 정보인지를 의미하지는 않는다. 따라서 모델과 데이터 유형을 정의한 이후에는 반드시 데이터 분류 작업이 필요하다. 일반적으로 사용되는 분류 레이블에는 공개, 기밀, 민감, 개인 정보 데이터 등이 있으며, 개인 정보 데이터는 매우 높은 수준의 보호가 요구된다. 국내외 법규는 조직이 개인 정보를 최대한 보호하게 강제하며, 이는 법적 권한이 있는 기관에서 정당화된 사유 없이 누구도 해당 데이터에 접근할 수 없음을 의미한다. 이러한 데이터는 문자열, 배열, 레코드 형태로 저장되며, 다른 데이터 소스와 많은 연결을 가질 가능성이 높다.

데이터를 보호하기 위해 아키텍트는 데이터 자체, 데이터가 저장된 데이터베이스, 그리고 데이터베이스를 호스팅하는 인프라를 포함한 다양한 계층에서 보안을 고려해야 한다. 이때 데이터 모델이 잘 설계됐다면 데이터 소스 간의 의존성과 관계에 대한 훌륭한 개요를 얻을 수 있다.

그렇다면 서로 다른 공급자의 서비스를 이용하는 멀티 클라우드 환경에서 데이터를 저장하는 것은 어떨까? 이러한 접근 방식은 가용성 향상, 재해 복구, 비용 절감 등 다양한 이점을 제공할 수 있다.

우선 가용성 측면에서 여러 클라우드 서비스 공급자에 데이터를 분산 저장하면 특정 공급자에서 장애가 발생하더라도 기업은 계속해서 데이터에 접근할 수 있다. 여러 클라우드 서비스 공급자에 데이터를 분산하면 특정 사용 사례에 가장 적합한 옵션을 활용해 유연성을 높일 수 있다. 예를 들어 특정 PaaS 데이터베이스 서비스를 사용해 특정 애플리케이션과 데이터를 한 환경에 두고, 데이터 과학자와 분석가가 연구 목적으로 접근할 수 있는 레이크는 다른 클라우드에 구성하는 방식이 가능하다.

일부 기업은 사업 지속성과 재해 복구 이유로 데이터에 대한 멀티 클라우드 전략을 채택한다. 여러 위치에 데이터를 저장함으로써 자연 재해, 정전, 랜섬웨어 공격과 같은 광범위한 잠재적 위협으로부터 데이터를 보호할 수 있으며, 데이터 손실 위험을 최소화하고, 비상 상황 발생 시에도 중요한 사업 운영을 지속할 수 있게 돕기 때문이다.

마지막으로, 다양한 클라우드에 데이터를 저장하고 각 공급자가 제공하는 최적의 옵션을 활용하는 것은 비용 절감에도 도움이 될 수 있다. 이는 12장에서 살펴본 것처럼 서로 다른 가격 모델을 조합해 달성할 수 있다. 그러나 데이터 보호가 항상 최우선 순위여야 하며, 비용 절감이 첫 번째 목표가 돼서는 안 된다.

데이터를 안전하게 보관하려면 적절한 저장소가 필요하므로 다음 절에서는 다양한 유형의 저장소를 살펴본다.

스토리지 기술 탐색

데이터 모델링 및 데이터 유형 외에도 데이터 레이크, 큐, 기타 데이터 서비스와 같은 스토리지 기술 자체를 고려하는 것이 중요하다. 모든 클라우드 플랫폼은 다음과 같은 서비스를 제공한다.

- **객체 스토리지:** 클라우드에서 가장 많이 사용되는 스토리지 유형으로, 애플리케이션, 콘텐츠 배포, 아카이빙, 빅데이터 등에 활용된다. 애저에서는 애저 블롭 스토리지, AWS에서는 S3, GCP에서는 클라우드 스토리지라는 이름으로 제공된다. OCI의 객체 스토리지는 Object Storage이며, OCI는 S3 호환성을 지원해 기존 S3 애플리케이션이 OCI Object Storage와 원활하게 연동되게 한다. 알리바바 클라우드의 객체 스토리지 서비스는 OSS[Object Storage Service]라고 불린다.
- **가상 디스크:** 가상 머신은 블록 스토리지 또는 임시 스토리지의 가상 디스크로 구성된다. 클라우드의 모든 구성 요소가 가상화돼 코드로 정의되기 때문에 가상 디스크 역시 별도로 지정하고 구성해야 하는 중요한 요소다. 선택할 수 있는 옵션은 다양하지만, 디스크 선택에서 가장 중요한 차별화 요소는 성능 요구 사항이다. 특히 I/O 집약적인 읽기/쓰기 작업에는 SSD[Solid-State Drive]를 사용하는 것이 좋다.
- **공유 파일:** 데이터를 논리적인 폴더 구조로 구성해 공유하고 활용하려면 파

일 시스템이 필요하다. 클라우드 플랫폼은 이를 위해 별도의 파일 시스템 서비스를 제공한다. 애저에서는 Files, AWS에서는 EFS^Elastic File System^, GCP에서는 Filestore라는 서비스를 제공하며, GCP는 영구 디스크를 가장 일반적인 옵션으로 제시한다. 알리바바 클라우드에서도 EFS라는 서비스를 제공한다. OCI는 OCI File Storage를 제공해 파일 시스템을 생성 및 관리하고 NFS 또는 SMB 공유로 마운트할 수 있게 하며, 이러한 프로토콜은 애저 Files에서도 지원된다. 이렇게 구성된 파일 공유는 온프레미스 환경이나 다른 클라우드 환경에서도 접근할 수 있다. 알리바바 클라우드는 NAS^Network Attached Storage^ 기술을 사용하는 Apsara File Storage라는 파일 스토리지 서비스도 제공한다.

- **아카이빙:** 마지막 스토리지 계층은 아카이빙이다. 아카이빙에는 고성능 SSD가 필요하지 않으며, 스토리지 비용을 절감하기 위해 각 플랫폼은 자주 접근하지 않지만 장기간 보관해야 하는 데이터를 저장하기 위한 전용 솔루션을 제공한다. 이러한 데이터를 보관하는 기간을 보존 기간이라고 한다. 아카이브 스토리지는 비용이 낮을 수 있지만, 아카이브에서 데이터를 검색하는 비용은 일반적으로 다른 스토리지 솔루션보다 높다는 점에 유의해야 한다. 애저에는 스토리지 아카이브 액세스 계층이 있고, AWS는 S3 Glacier 및 Glacier Deep Archive를 제공하며, GCP에는 Nearline, Coldline, Archive와 같이 다양한 계층의 아카이브 스토리지가 있다. OCI는 Archiving Storage를 제공하며, 알리바바 클라우드에서는 Cold Storage가 권장되는 아카이빙 서비스다.

다음 그림은 데이터 소유자, 다양한 스토리지 솔루션에 저장된 실제 데이터, 그리고 데이터 사용자 간의 관계를 개념적으로 보여준다.

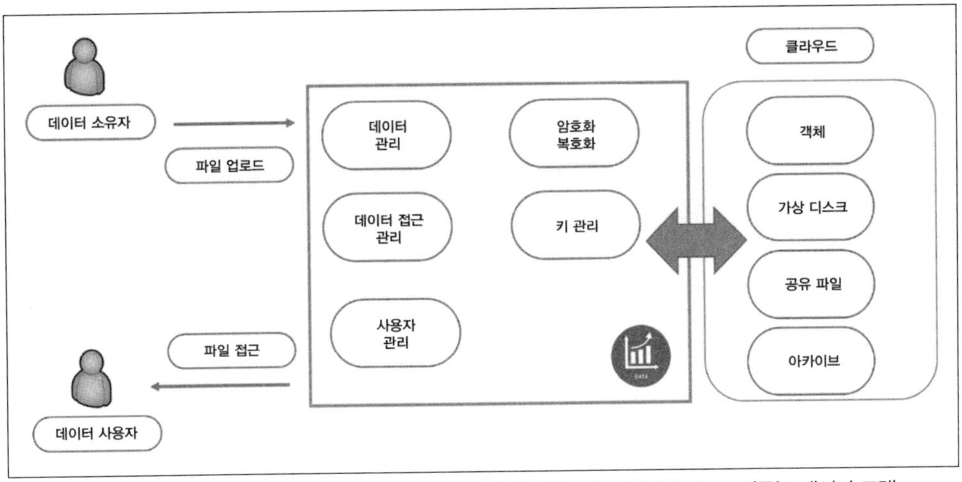

그림 16.2 데이터 소유자, 데이터 사용, 데이터 사용자 간의 관계를 개념적으로 보여주는 데이터 모델

언급된 모든 솔루션은 클라우드 환경에서 데이터를 저장하는 방법이다. 다음 절에서는 데이터 보호 원칙을 설명한다.

클라우드에서의 데이터 보호 이해

기존 데이터 센터 환경에서는 기업들이 물리적 서버에 데이터베이스를 구축해 운영해 왔다. 그러나 지난 20년간 데이터양이 폭발적으로 증가하면서 온프레미스 환경만으로는 이를 감당하기 어려워졌다. 이러한 현상을 '빅데이터'라고 한다. 퍼블릭 클라우드는 이러한 배경 속에서 등장했다.

클라우드 환경에 데이터를 저장하면서 기업들은 데이터 보호라는 새로운 과제에 직면하게 됐다. 우선 데이터가 더 이상 사내 시스템에 있지 않고 제3의 기업이 관리하는 시스템에 존재하게 된 것이다. 이는 데이터 보안이 '공동 책임'이 됐음을 의미한다. 클라우드 서비스 공급자는 자사 시스템에서 데이터를 보호할 수 있는 도구와 기술을 제공해야 하지만, 기업 스스로도 어떤 데이터를, 어느 수준까지 보호해야 하는지 정의해야 한다. 궁극적으로는 기업이 관련 법규와 규정을 준수해야 할 책임이 있다.

데이터를 고려할 때 현재 상태뿐만 아니라 보관된 과거 데이터도 중요하게 다뤄야 한다. 데이터 보호가 현재 사용 중인 데이터에만 국한되는 경우가 많지만, 아카이브된 데이터 역시 동일하게 주의를 기울여야 한다. 따라서 데이터 보안 정책은 현재 데이터와 과거 데이터를 모두 포괄해야 하며, 데이터 분류 체계를 구축하고 DLP 정책을 수립해야 한다.

데이터 분류를 통해 기업은 데이터에 적절한 레이블을 부여할 수 있고, DLP는 이러한 분류를 기반으로 민감한 데이터가 조직 외부로 유출되는 것을 방지한다. DLP 소프트웨어는 분류된 데이터에 대한 접근 및 조직 외부로의 전송을 차단하는데, 이러한 규칙을 설정하기 위해 데이터는 일반적으로 분류를 기준으로 그룹화되며, 이후 데이터 접근 방식과 접근 권한을 정의하게 된다. 이는 API를 통해 접근 가능한 데이터, 즉 비즈니스 환경에 연결된 애플리케이션의 데이터일수록 특히 중요하다. 예를 들어 **고객 관계 관리**CRM, Customer Relationship Management 시스템의 비즈니스 데이터는 회사 영업 직원이 사용하는 애플리케이션을 통해 접근할 수 있지만, 트위터와 같은 외부 플랫폼에서 해당 데이터에 접근하는 것은 차단해야 한다. 즉, 허가받지 않은 플랫폼이나 사용자가 비즈니스 데이터에 접근하지 못하게 해야 한다.

데이터 보호 정책을 수립하기 위해 기업은 **데이터 보호 영향 평가**DPIA, Data Protection Impact Analysis를 수행해야 한다. DPIA에서는 기업이 보유한 데이터, 데이터의 목적, 데이터 유출 시 발생할 수 있는 위험을 평가한다. 이 결과에 따라 데이터 처리 방식, 접근 권한, 보호 방법이 결정되며, 이는 DLP 정책으로 구체화된다. 다음 표는 매우 간단한 형태의 DLP 매트릭스 예시로, 비즈니스 데이터는 비즈니스 애플리케이션에서만 접근 가능하고 이메일 클라이언트에서는 접근이 차단된다. 또한 소셜 미디어(예: X)와의 통신은 모든 경우에 차단된다. 실제 매트릭스에서는 이러한 내용이 더 상세하게 정의된다.

표 16.1 데이터 매핑 예시

연결	데이터 소스	이메일	트위터
	비즈니스 데이터	이메일	트위터
비즈니스 애플리케이션	허용	거부	차단
이메일	거부	허용	차단
X(구 트위터)	차단	차단	해당 없음

레이블링과 DLP는 무엇을 보호할지, 그리고 어느 정도 수준으로 보호할지를 정의하는 정책에 관한 것이다. 이제 다음으로 고려해야 할 사항은 데이터를 실제로 보호하는 기술, 즉 '어떻게' 보호할 것인가이다.

데이터 암호화 이해

암호화 장치의 효시는 1920년대에 발명된 에니그마Enigma 기계로, 제2차 세계 대전 당시 메시지 암호화에 사용된 것으로 유명하다. 영국의 과학자 앨런 튜링Alan Turing과 그의 팀은 6개월간의 노력 끝에 이 암호 해독에 성공했다.

당시 에니그마가 사용한 암호화 방식은 매우 발전된 형태였다. 기본 원리는 변화 과정을 알지 못하면 읽을 수 없는 형태로 데이터를 바꾸는 데 있으며, 데이터를 읽으려면 복호화 과정 또는 해독 방법이 필요하다. 이 암호화 기술은 크게 대칭키 방식과 비대칭키(공개키) 방식의 두 종류로 나눌 수 있다. 이제 주요 클라우드 서비스 공급자가 데이터 보안을 위해 제공하는 서비스를 자세히 알아보기 전에 이 두 가지 암호화 기술을 간략히 살펴보자.

먼저 암호화는 저장 시 암호화와 전송 중 암호화, 이렇게 두 가지 형태로 나눌 수 있다. (가상) 장치나 데이터베이스에 저장된 데이터는 **저장 시 암호화**를 통해 보호할 수 있으며, 권한 없는 사용자가 데이터에 접근하더라도 적절한 복호화 키가 없으면 내용을 읽을 수 없다. 대표적인 방식으로는 **전체 디스크 암호화**FDE, Full Disk Encryption가 있으며, 비트라커BitLocker와 같은 기술이 최종 사용자 장치에서 널리 사용된다. 이는 클라우드 환경에서도 마찬가지다. 예를 들어 애저에서는 애저 **디스크 엔크립션**Disk Encryption을 사용해 VM에 FDE를 구현할 수 있고, AWS에서는 EBS의 암호화 기능을 통해 구현할 수 있다.

또 다른 방법은 데이터베이스 암호화를 사용하는 것이다. 이는 데이터베이스 내에 저장된 데이터를 암호화하는 방식으로, 데이터베이스 관리 시스템의 내장 암호화 기능을 사용하거나 타사 암호화 소프트웨어를 통해 구현할 수 있다.

전송 중 암호화는 네트워크를 통해 데이터가 전송될 때 데이터를 보호하는 과정을 의미한다. 이 유형의 암호화는 한 장치에서 다른 장치로 데이터가 전송되는 동안 공격자가 데이터를 가로채 읽는 것을 방지하는 데 사용된다. 전송 중 암호화를 구현하는 방법은 여러 가지가 있는데, TLSTransport Layer Security는 웹 서버와 브라우저 간의 데이터를 암호화하는 프로토콜로 사용되며, VPN을 사용하는 방법도 있다.

여기서 반드시 짚고 넘어가야 할 중요한 점이 있다. 암호화 키가 제대로 보호되지 않으면 데이터 암호화를 위한 모든 노력은 수포로 돌아간다는 것이다. 암호화는 암호화 알고리즘과 암호화 키(대칭키 또는 비대칭키)를 사용한다. 대칭키 암호화에서는 암호화와 복호화에 동일한 키가 사용되는데, 이때 파일을 암호화한 주체가 복호화를 위해 수신자에게 해당 키를 전달해야 한다는 문제가 있다. 즉, 키 자체를 전송해야 하는데, 기업이 다양한 유형의 대량 데이터를 처리하는 현실을 고려하면 관리해야 할 키의 수는 기하급수적으로 증가한다. 따라서 키를 안전하게 배포하고 관리하는 것이 무엇보다 중요하다.

이러한 문제를 해결하는 대안이 비대칭키 암호화 방식이다. 비대칭키는 개인키와 공개키를 사용하는 구조로, 기업은 개인키만 안전하게 보호하면 된다. 공개키는 본질적으로 공개되는 값이기 때문이다.

두 가지 암호화 방식 모두 널리 사용되며, 많은 금융 기관과 정부 기관에서는 **고급 암호화 표준**AES, Advanced Encryption Standard을 사용한다. AES는 데이터 블록 단위로 작동하며, 각 라운드마다 키에 고유한 코드가 포함된다. 암호화 강도는 키 길이에 따라 달라지며 128비트, 192비트, 256비트 중 하나를 사용할 수 있다. 최근 연구에 따르면 AES-256은 양자 내성quantum-ready까지 갖추고 있다고 한다. 다음 그림은 AES 암호화 원리를 간략하게 보여준다.

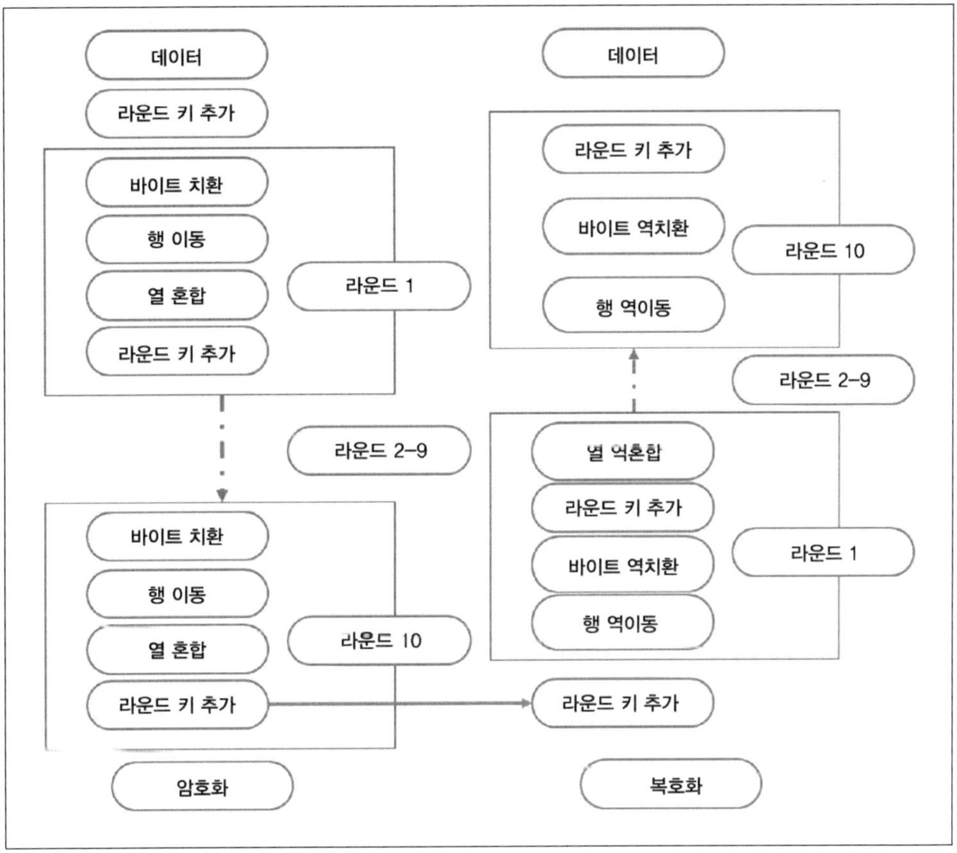

그림 16.3 AES 암호화 원리 간략하게 표현

RSA는 발명가인 리베스트Rivest, 샤미르Shamir, 애들먼Adleman의 이름을 딴 가장 널리 사용되는 비대칭 암호화 방식이다. RSA에서는 데이터를 정수 인수분해라는 특정 수학적 순서로 암호화된 큰 숫자로 취급한다. 이 방식에서 암호화 키는 공개돼 있으며, 복호화는 보안이 강화된 개인키를 사용해 수행된다.

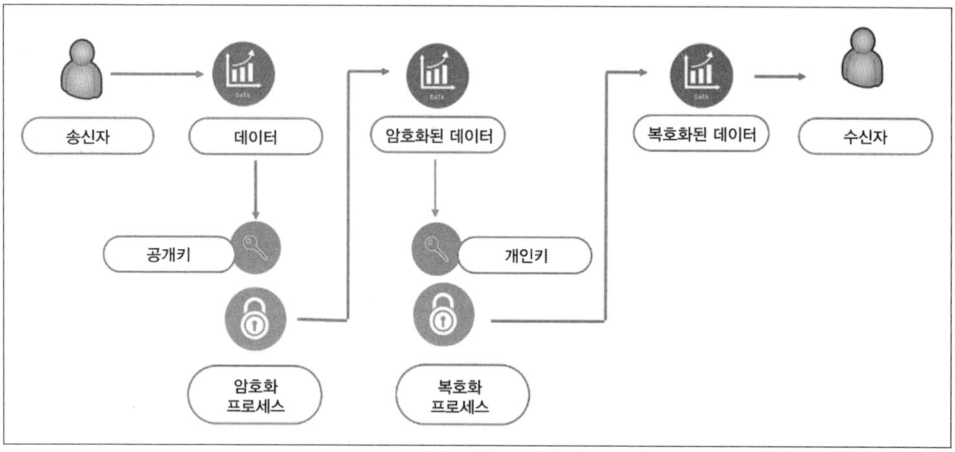

그림 16.4 RSA 암호화 개념

AES와 RSA 모두에서 키 길이는 보안의 핵심 요소다. 오늘날에도 시스템 공격과 데이터 탈취에 가장 흔히 사용되는 방법은 **무작위 대입 공격**[Brute Force Attack]이다. 이 공격 방식은 가능한 모든 키 값을 무작위로 계속 입력하며, 우연히 일치하는 값이 나올 때까지 끝없이 시도한다. 특히 고성능 컴퓨터나 대규모 네트워크를 이용하면 이러한 방식이 성공할 가능성이 높다. 따라서 기업은 데이터 자체는 물론, 데이터를 암호화하는 데 사용되는 키를 보호하는 데에도 심혈을 기울여야 한다.

다음 절에서는 퍼블릭 클라우드에서 키를 안전하게 저장하고 관리할 수 있는 다양한 솔루션을 살펴보고, 데이터 보안 원칙을 수립해 보겠다.

액세스, 암호화 및 스토리지 키 보안

클라우드 플랫폼은 고객에게 가장 중요한 자산인 데이터를 포함해 자산을 보호할 수 있는 기술과 도구를 제공한다. 누가 데이터를 보호해야 하는지에 대한 논쟁은 여전히 많지만, 일반적으로 데이터의 법적 소유자인 회사가 (국제) 법률 및 표준을 준수해야 한다. 영국에서는 기업이 데이터 보호법을 준수해야 하며, 유럽 연합에서는 모든 기업이 **일반 데이터 보호 규정**[GDPR]을 준수해야 한다.

데이터 보호법과 GDPR은 모두 개인 정보 보호를 다루며, 국제 표준 ISO/IEC 27001:2022 및 ISO/IEC 27002:2022는 데이터 보호를 포괄하는 보안 프레임워크다. 이 표준은 모든 데이터에 대해 명확한 소유자를 지정해 데이터 보호 책임을 분명히 할 것을 요구한다. 다시 말해 클라우드 플랫폼에 데이터를 저장하더라도 해당 데이터의 소유자는 여전히 기업이며, 따라서 데이터 보호에 대한 최종 책임도 기업에 있다.

클라우드 플랫폼에서 데이터를 보호하기 위해 기업은 다음 두 가지 측면에 집중해야 한다.

- 암호화
- 인증 및 권한 부여를 통한 접근 제어

이것은 단순히 보안의 문제에 그치지 않고, 안정성의 문제이기도 하다. 예를 들어 키가 데이터 자체와 분리된 안전한 장소에 보관돼야 하며, 기술적인 문제로 키 볼트에 접근할 수 없는 경우에도 안전한 방식으로 데이터에 접근할 수 있는 방법이 있어야 한다. 엔지니어가 디스크나 USB 장치를 들고 데이터 센터로 가서 데이터를 검색할 수는 없는 노릇이기 때문이다. 그렇다면 애저, AWS, GCP는 이러한 문제를 어떻게 해결할까? 다음 절에서 자세히 살펴본다.

애저에서의 암호화 및 키 사용

애저에서 사용자가 애저 블롭 스토리지에 데이터를 쓰면 자동으로 생성된 스토리지 키로 데이터가 보호된다. 새로운 스토리지 계정의 데이터는 기본적으로 마이크로소프트에서 관리하는 키로 암호화된다. 사용자는 마이크로소프트에서 관리하는 키를 계속 사용하거나 직접 키를 관리할 수 있다.

스토리지 키는 스토리지 자체가 있는 서브넷 외부에 있는 키 볼트에 보관되며, 키 볼트는 단순히 키를 저장하는 것 외에도 키를 주기적으로 로테이션해 갱신하고, 스토리지 계정에 접근하기 위한 SAS[Shared Access Signature] 토큰을 제공한다. 다음 다이어그램은 이러한 개념을 보여준다.

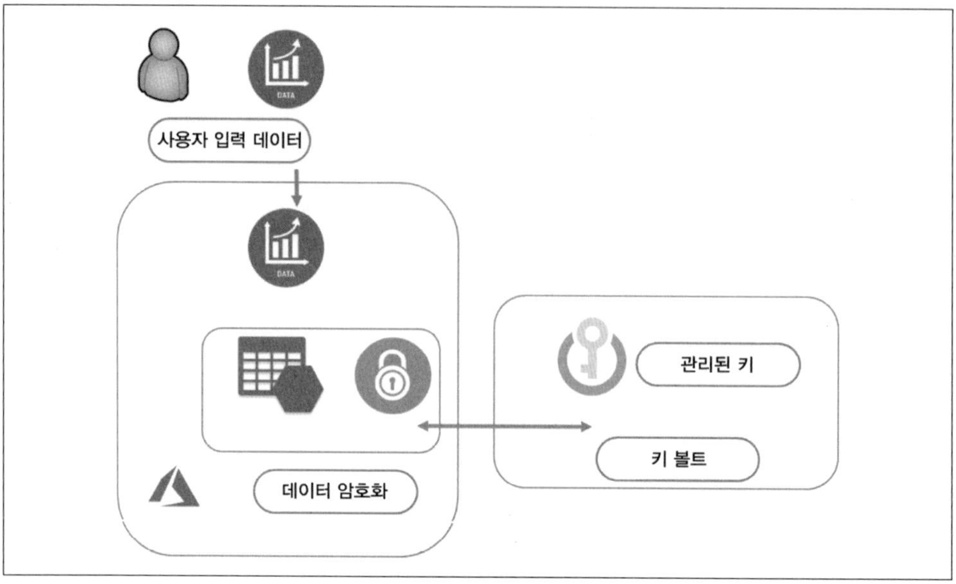

그림 16.5 애저 키 볼트 개념

마이크로소프트 애저는 암호화 키 관리에 애저 키 볼트Key Vault를 적극 권장한다. 애저는 다양한 암호화 서비스를 제공하기 때문에 암호화는 애저에서 특히 복잡한 영역에 속한다. 예를 들어 애저의 디스크는 비트라커 또는 리눅스 시스템용 DM-Crypt를 사용해 암호화할 수 있다. 또한 애저 SSEStorage Service Encryption를 사용하면 데이터가 블롭 스토리지에 저장되기 전에 자동으로 암호화되며, SSE는 AES-256을 기반으로 한다. 애저 SQL 데이터베이스의 경우 애저는 TDETransparent Data Encryption를 통해 저장 시 데이터 암호화를 제공하며, 이는 AES-256 및 Triple Data Encryption Standard(3DES 또는 TDES)도 사용한다.

AWS에서의 암호화 및 키 사용

애저와 마찬가지로 AWS에도 KMSKey Management Service라는 키 관리 솔루션이 있다. 주요 원리는 서버 측 암호화를 사용하는 것으로, 애저와 매우 유사하다. 서버 측 암호화는 클라우드 플랫폼 내의 스토리지에 데이터를 저장하기 전에 클라우드 서비스 공급자에 암호화를 요청하는 것을 의미한다. 사용자가 데이터를 검색할 때 데이터는 복호화된다. 또 다른 옵션은 고객이 데이터를 저장하기 전에 암호화 프로세스를 직접 처리하는 클라이언트 측 암호화 방식이다.

AWS의 기본 스토리지 솔루션은 S3이며, 고객이 S3에서 서버 측 암호화를 사용할 경우 AWS는 SSE-S3 방식의 S3 관리 키를 제공한다. 이 키는 마스터 키, 즉 **키 암호화 키**KEK, Key Encryption Key로 암호화된 고유한 **데이터 암호화 키**DEK, Data Encryption Keys다. 마스터 키는 주기적으로 재생성되며, AWS는 암호화에 AES-256을 사용한다.

또한 AWS는 **고객 마스터 키**CMK, Customer Master Key를 기반으로 여러 추가 서비스를 제공하며, 이러한 키는 KMS에서 관리되기 때문에 누가 언제 키를 사용했는지에 대한 감사 추적도 가능하다. 마지막으로 **고객 제공 키**(SSE-C)를 사용하는 옵션도 있는데, 이 경우 고객이 키를 직접 관리한다. AWS에서 CMK를 사용하는 KMS의 개념은 다음 다이어그램에 나와 있다.

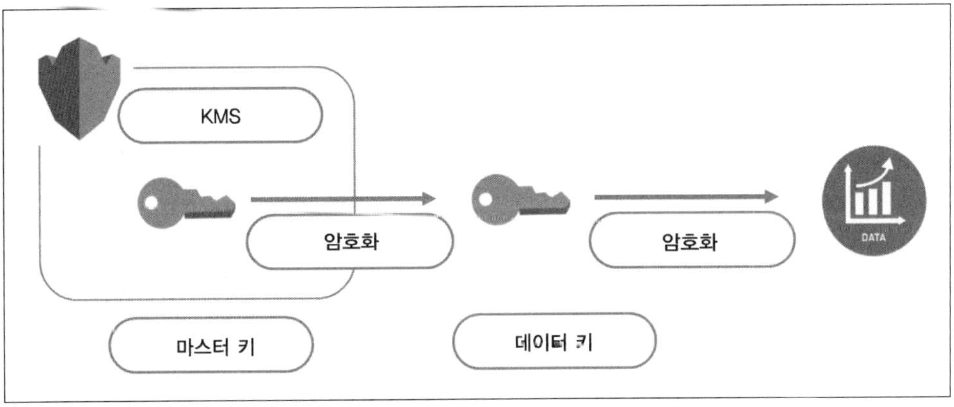

그림 16.6 AWS KMS에서 CMK를 저장하는 개념

애저와 AWS는 암호화와 관련된 많은 과정을 자동화해 고객의 부담을 크게 줄였다. 키 관리 서비스의 이름은 서로 다르더라도 핵심 원칙은 매우 유사하다. 다음 절에서 살펴볼 GCP 역시 같은 방식으로 작동한다.

GCP에서의 암호화 및 키 사용

GCP에서 클라우드 스토리지에 저장되는 모든 데이터는 기본적으로 암호화된다. 애저 및 AWS와 마찬가지로 GCP는 키 관리 옵션을 제공하며, 구글 또는 고객이 직접 키를 제공하고 관리할 수 있다. 키는 CKMS^Cloud Key Management Service^에 저장된다. 고객이 직접 키를 제공하거나 관리하는 방식은 GCP가 기본적으로 제공하는 표준 암호화 위에 추가되는 보안 계층 역할을 한다. 이는 클라이언트 측 암호화의 경우에도 마찬가지인데, 데이터가 암호화된 형식으로 GCP로 전송되더라도 GCP는 서버 측 암호화와 마찬가지로 자체 암호화 프로세스를 실행한다. GCP 클라우드 스토리지는 AES-256으로 데이터를 암호화한다.

암호화 프로세스 자체는 AWS 및 애저와 유사하며, DEK와 KEK를 사용한다. 고객이 GCP에 데이터를 업로드하면 데이터는 여러 청크로 분할되고, 이러한 각 청크는 DEK로 암호화된다. 이러한 DEK는 마스터 키가 생성되는 KMS로 전송된다. 다음 그림은 이러한 개념을 보여준다.

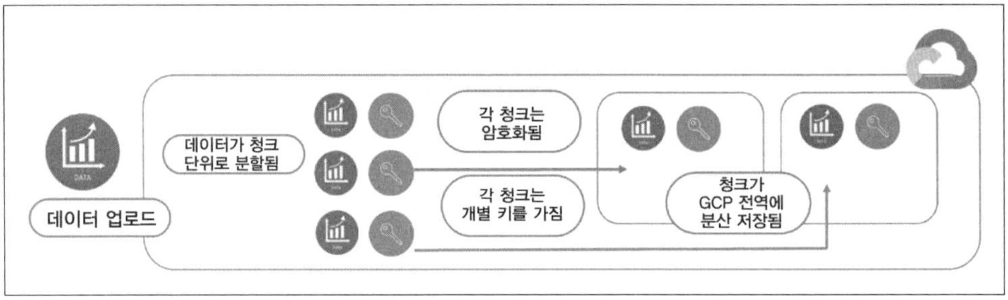

그림 16.7 GCP의 데이터 암호화 개념

이 책에서는 OCI와 알리바바 클라우드도 다루므로, 다음 절에서는 이 클라우드 환경에서 데이터를 암호화하는 방법을 살펴본다.

OCI 및 알리바바 클라우드에서의 암호화 구현

주요 퍼블릭 클라우드와 마찬가지로 OCI 역시 OCI의 KMS^Key Management Service^에 저장된 암호화 키를 사용해 저장 데이터를 암호화하는 서비스를 제공한다. 기업은 자체 키를 사용할 수도 있지만, 이러한 키는 KMIP(Key Management Interoperability Protocol)를 준수해야 한다. 암호화 프로세스는 다른 클라우드와 유사하다. 먼저, 모든 데이터 암호화 키를 암호화하고 해독하는 데 사용되는 마스터 암호화 키가 생성된다. 앞서 KEK와 DEK에 대해 설명한 것을 기억할 것이다. 키는 OCI 콘솔, 커맨드라인 인터페이스 또는 SDK에서 생성할 수 있다.

데이터는 블록 스토리지 볼륨, 객체 스토리지 또는 데이터베이스에 암호화돼 저장될 수 있다. OCI는 키 로테이션을 모범 사례로 권장한다.

고객이 직접 생성한 키는 OCI Vault에 보관되며, 복원력이 뛰어난 클러스터에 저장된다.

볼트에 키를 저장하는 것은 HSM(Hardware Security Module)에서 이뤄진다. HSM은 암호화 키와 같은 비밀을 보관하고 관리하는 물리적 장치로, 대부분의 HSM은 FIPS(Federal Information Processing Standard) Publication 140-2 Level 3를 준수한다. 이는 미국 정부가 데이터 암호화를 위한 높은 기준을 보장하기 위해 발행한 표준이다. 이 표준에는 변조 방지 메커니즘, 보안 강화 및 일반 텍스트 키의 자동 삭제가 포함된다.

알리바바 클라우드도 마찬가지다. 콘솔 또는 CLI에서 키를 생성한 다음 암호화된 데이터를 알리바바 클라우드가 제공하는 스토리지 서비스(OSS, Apsara File Storage 또는 데이터베이스) 중 하나에 저장한다.

지금까지 데이터 자체, 데이터 저장, 데이터 암호화 및 데이터 접근 보안을 살펴봤다. 아키텍트의 역할 중 하나는 이를 원칙으로 변환하는 것이다. 이는 CIO 또는 CISO와 함께 수행해야 하는 작업이다. 설정해야 할 최소 원칙은 다음과 같다.

- 전송 중인 모든 데이터 암호화(종단 간)
- 저장된 모든 비즈니스 크리티컬 또는 민감한 데이터 암호화
- DLP 적용 및 중요 데이터와 민감한 데이터가 무엇인지, 그리고 어느 정도까지 보호해야 하는지를 명확하게 보여주는 매트릭스 보유

클라우드 암호화 및 데이터 보안 모범 사례에 대한 좋은 기사는 '더 읽을거리' 절에 나와 있으니 참고하기 바란다.

마지막으로 사용 사례를 개발하고 데이터 보호 시나리오를 테스트한다. 데이터 모델을 만들고, DLP 매트릭스를 정의하고, 데이터 보호 제어를 적용한 후에는 사용자가 데이터를 생성 및 업로드할 수 있는지, 다른 권한 있는 사용자가 해당 데이터를 읽고, 수정하거나 삭제하는 등 해당 데이터로 무엇을 할 수 있는지 테스트해야 한다. 이는 사용자뿐만 아니라 다른 시스템 및 애플리케이션에서의 데이터 사용에도 적용된다. 따라서 데이터 통합 테스트도 필수적이다.

데이터 정책과 암호화는 중요하지만 간과해서는 안 될 것이 있다. 암호화는 잘못된 IAM^Identity and Access Management^ 자격증명으로부터 기업을 보호하지 못한다는 점이다. 데이터가 암호화돼 안전하게 저장돼 있기 때문에 완전히 보호된다고 생각하는 것은 잘못된 보안 의식을 갖게 한다. 보안은 실제로 인증 및 권한 부여에서 시작된다.

빅데이터 모델링을 위한 원시 데이터 보안

퍼블릭 클라우드의 큰 장점 중 하나는 플랫폼이 제공하는 막대한 용량이다. 퍼블릭 클라우드의 인기 상승과 더불어 온프레미스 데이터 센터에 인프라를 구축하지 않고도 방대한 양의 데이터를 수집하고 분석할 수 있는 가능성이 커지면서 업계는 또 다른 주요한 발전을 맞이했다. 퍼블릭 클라우드를 통해 기업은 거대한 데이터 레이크를 자유롭게 활용할 수 있으며, 데이터 분석가는 이러한 데이터 레이크에 분석 모델을 적용한다. 이것이 바로 빅데이터다. 빅데이터 모델링은 다음 네 가지 V로 정의할 수 있다.

- **규모**^Volume^: 데이터의 양
- **다양성**^Variety^: 데이터의 유형

- **정확성**Veracity: 데이터의 품질
- **속도**Velocity: 데이터 처리 속도

데이터 분석가들은 종종 여기에 다섯 번째 V, 즉 가치Value를 추가한다. 원래 모델에는 없지만, 많은 분석가는 가치가 가장 중요한 동인이라고 생각한다. 빅데이터는 데이터를 분석하고 처리해 의미 있는 결과를 도출할 때 비로소 가치를 갖게 된다. 다음 그림은 이러한 네 가지 V 모델을 보여준다.

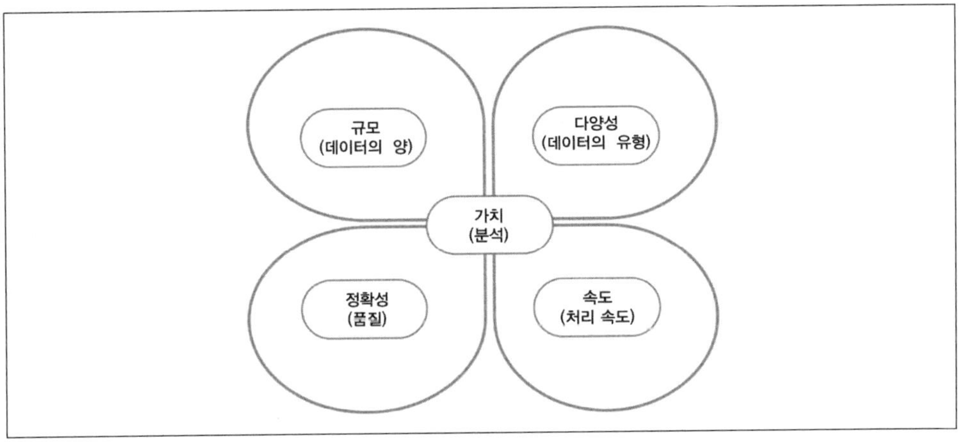

그림 16.8 빅데이터의 4가지 V

데이터 처리 및 보강은 데이터 모델링 단계에서 이뤄진다. 클라우드 서비스 공급자는 데이터 마이닝 및 데이터 분석을 위한 다양한 솔루션을 제공하는데, 애저 Synapsc Analytics, AWS의 Redshift, GCP의 빅쿼리, 오라클의 빅데이터, 알리바바 클라우드의 AnalyticDB 등이 있다. 이러한 솔루션은 데이터 보안에 대한 새로운 관점을 요구한다.

다른 모든 데이터와 마찬가지로 저장 시 데이터 암호화가 필요하며, 페타바이트까지 확장 가능한 모든 빅데이터 플랫폼 또는 데이터 웨어하우스 솔루션에서는 거의 모든 경우에 기본적으로 활성화돼 있다. 애저 데이터 레이크, AWS Redshift, 구글의 빅쿼리가 그 예다. 이러한 솔루션은 모든 종류의 비정형 데이터를 단일 저장소에 보관하도록 설계됐다.

애저 데이터 레이크를 예로 들면 사용자가 데이터 레이크에서 계정을 설정하는 즉시 애저 암호화가 켜지고 키는 애저에서 관리하지만, 기업이 직접 키를 관리할 수 있는 옵션도 있다. 데이터 레이크에서 사용자는 마스터 암호화 키, 데이터 암호화 키, 블록 암호화 키의 세 가지 키를 갖게 된다. 데이터 레이크의 데이터는 블록으로 분할되므로 블록 암호화 키가 필요하다.

AWS Redshift는 클러스터에서 데이터를 저장한다. 이러한 클러스터를 암호화해 테이블에서 사용자가 생성한 모든 데이터를 암호화할 수 있다. 이 데이터는 SQL 데이터베이스 클라이언트로 추출할 수 있으며, 이 경우 전송 중인 데이터는 **보안 소켓 레이어**SSL, Secure Sockets Layer를 사용해 암호화된다. 마지막으로 Redshift 클러스터는 AWS의 VPC에 위치하며, 환경에 대한 접근은 VPC 수준에서 제어된다.

구글의 빅쿼리는 완전 관리형 서비스지만, 사용자는 빅쿼리에서 데이터를 처리하는 방법에 대한 다양한 선택지를 갖는다. 이 서비스는 데이터를 스캔하고 식별하기 위한 100개 이상의 사전 정의된 감지기를 포함한다. 또한 GCP는 데이터 마스킹 및 데이터 가명화pseudonymization와 같은 DLP 정책을 실행하기 위한 다양한 도구를 제공한다. GCP 클라우드 콘솔을 통해 빅쿼리에서 데이터를 쉽게 스캔할 수 있으며, 이곳에서 사용자는 DLP API를 활성화할 수도 있다. GCP의 모든 데이터와 마찬가지로 입력되는 데이터는 기본적으로 암호화되며, 빅쿼리는 데이터가 이미 암호화된 상태인지 여부와 상관없이 항상 자체 암호화 프로세스를 실행한다.

OCI에 저장되는 데이터도 기본적으로 암호화되며, 이는 OCI의 모든 데이터 서비스(블록, 객체, 파일 스토리지 등)나 오라클 Analytics Cloud 같은 오라클 플랫폼 솔루션에서도 동일하게 적용된다. 모든 경우에 저장 시 데이터 암호화가 기본적으로 켜져 있으며, 여기에는 데이터베이스 백업 암호화도 포함된다. OCI는 키를 자동으로 관리하지만, 고객은 자체 키를 사용하게 선택할 수 있다.

저장 시 암호화를 위해 OCI는 이 서비스의 암호화 기능을 사용해 객체 스토리지에 저장된 데이터를 암호화하는 옵션을 제공한다. 이 기능을 사용하면 고객 관리 암호화 키 또는 OCI에서 관리하는 키를 사용해 데이터를 암호화할 수 있다. 전송 중 암호화를 위해 OCI는 오라클 Cloud Infrastructure Networking Transport Encryption 기능을 사용해 네트워크를 통해 전송되는 데이터를 암호화하는 옵션을 제공하며, 이 기능은 TLS 프로토콜을 사용한다. 빅데이터 서비스에 대한 암호화 옵션은 다른 OCI 서비스에 사용할 수 있는 옵션과 다를 수 있다.

알리바바 클라우드에서 대량의 비정형 원시 데이터를 저장하려면 OSS를 사용하는 것이 좋다. 데이터 분석은 데이터웍스DataWorks를 사용해 수행할 수 있으며, 데이터웍스를 통해 데이터 정제 후 데이터 웨어하우스에 로드해 추가 분석을 수행할 수 있다. OSS에 저장되는 데이터는 기본적으로 암호화되지 않으므로, 저장 시 암호화를 위해서는 OSS의 SSEServer-Side Encryption 기능을 활성화해야 한다. SSE는 AES-256으로 데이터를 암호화하며, 다른 클라우드와 마찬가지로 고객은 SSE-C를 사용해 자체 키를 제공할 수도 있다. 알리바바 클라우드는 전송 중인 데이터 보호를 위해 TLS 프로토콜을 활용한다.

마무리

16장에서는 클라우드 환경에서 데이터를 안전하게 보호하는 방법을 다뤘다. 온프레미스 시스템에서 클라우드로 데이터를 이전할 때 기업은 데이터 보호를 위한 구체적인 통제 방안을 설정해야 한다. 데이터 보호 책임은 클라우드 서비스 공급자로 이전되지 않으며, 데이터 소유자인 기업에 여전히 있다.

따라서 데이터 보호 정책을 수립하는 것이 가장 먼저 고려돼야 한다. 어떤 데이터를 보호해야 하는지, 어떤 법률과 국제 표준을 준수해야 하는지를 먼저 파악하고, 데이터 모델을 기반으로 중요 데이터와 민감한 데이터에 대한 정책을 매트릭스로 정리하는 것이 좋다. 더불어 데이터 분류 및 레이블링을 활용한 DLP 원칙도 함께 검토했다.

이어서 클라우드 환경에서 데이터를 저장할 수 있는 다양한 옵션과 기술적인 관점에서 데이터를 보호하는 방법도 알아봤다. 16장을 마치면 암호화 방식과 애저,

AWS, GCP, OCI, 알리바바 클라우드가 데이터를 어떻게 처리하고 암호화하는지에 대한 이해도를 높일 수 있을 것이다. 마지막으로 클라우드 플랫폼의 빅데이터 솔루션과 원시 데이터를 보호하는 방법도 살펴봤다.

17장은 멀티 클라우드 환경에서의 보안 운영에 대한 마지막 장이다. 클라우드 서비스 공급자는 자체적인 보안 모니터링 솔루션을 제공하지만, 기업은 멀티 클라우드 환경에서 어떻게 보안을 모니터링할 수 있을까? 17장에서는 클라우드 환경에서의 통합 보안 모니터링을 살펴본다.

질문

1. 데이터 손실 위험을 정의하기 위해 기업은 어떤 평가를 수행해야 할까? 그 평가 방법론의 이름을 말하라.
2. 16장에서는 암호화에 대해 배웠다. 클라우드 환경에서 흔히 사용되는 두 가지 암호화 기술은 무엇일까?
3. AWS에서 암호화 키를 관리하는 서비스의 이름은 무엇일까?
4. 참/거짓: 애저에서 기업은 애저 키 볼트에 키를 보관하고, 키 볼트는 스토리지 자체와 동일한 서브넷에서 호스팅된다.

더 읽을거리

더 자세한 내용은 다음 링크에서 확인할 수 있으며, 16장에서 다룬 주제에 대한 추가 정보를 얻을 수 있다.

- Information about the management of storage keys in Azure: https://learn.microsoft.com/en-gb/azure/security/fundamentals/data-encryption-best-practices

- Encryption overview in Azure: https://docs.microsoft.com/en-us/azure/security/fundamentals/encryption-overview
- Data protection in AWS: https://docs.aws.amazon.com/AmazonS3/latest/dev/UsingEncryption.html
- Encryption options in GCP: https://cloud.google.com/storage/docs/encryption
- Blog by Kenneth Hui on Cloud Architect Musings about encryption in Azure, AWS, and GCP: https://cloudarchitectmusings.com/2018/03/09/data-encryption-in-the-cloud-part-4-aws-azure-and-google-cloud/
- Information about encryption in OCI: https://blogs.oracle.com/cloudsecurity/post/how-oci-helps-you-protect-data-with-default-encryption#:~:text=Data%20at%2Drest%20encryption,is%20turned%20on%20by%20default
- Information about encryption in Alibaba Cloud: https://www.alibabacloud.com/blog/dat□encryption-at-storage-on-alibab□cloud_594581#:~:text=Your%20data%20and%20the%20associated,FIPS)%20140%2D2%20standard

17

보안 모니터링 구현 및 통합

기업은 멀티 클라우드를 도입하고 여러 클라우드 서비스 공급자의 클라우드 서비스를 사용한다. 이러한 솔루션은 안전하겠지만, 기업은 모든 플랫폼과 솔루션에서 보안 상태를 통합적으로 확인하고 싶어 한다. 이를 위해 보안 정보 및 이벤트 관리SIEM, Security Information and Event Management와 보안 오케스트레이션, 자동화 및 대응SOAR, Security Orchestration, Automation, and Response과 같은 솔루션이 필요하다.

17장에서는 멀티 클라우드 환경에서 이러한 시스템이 왜 필수적인지 알아본다. 먼저 다양한 시스템 간의 차이점을 살펴보고, 현재 시장에서 사용할 수 있는 다양한 솔루션을 탐색할 것이다. 17장에서 답할 큰 질문은, 어떻게 신댁하고, 복잡한 솔루션을 어떻게 구현할 것인가이다.

17장에서 다루는 내용은 다음과 같다.

- SIEM 및 SOAR 이해
- 보안 운영 센터 설정
- 통합 보안을 위한 요구 사항 설정

- 보안 모델 구현
- 멀티 클라우드 모니터링 스위트 탐색

SIEM 및 SOAR 이해

모든 클라우드 서비스 공급자는 클라우드용 마이크로소프트 디펜더, AWS 시큐리티 허브, 구글 클라우드의 시큐리티 커맨드 센터와 같이 보안 모니터링용 기본 서비스를 제공한다. 하지만 기업들은 여러 공급자의 IaaS, PaaS, SaaS를 함께 사용하는 멀티 클라우드 환경으로 전환하면서, 다양한 환경 전반에서 보안을 한눈에 통합해 보고 싶어 한다. 따라서 멀티 클라우드를 제대로 활용하려면 SIEM과 SOAR를 기반으로 한 통합 보안 솔루션이 필수적이다.

또한 SIEM 및 SOAR 시스템에서 수집된 모든 데이터를 처리하고 분석하며, 보안 이벤트 발생 시 적절한 조치를 실행할 수 있는 조직이 필요하다. 대부분의 기업은 이를 위해 보안 운영 센터SOC, Security Operations Center를 운영한다. 다음 절에서는 SIEM과 SOAR의 차이점, 멀티 클라우드 환경에서 이러한 시스템이 왜 필요한지, 그리고 SOC의 역할을 자세히 알아본다.

SIEM 및 SOAR 차별화

SIEM부터 살펴보겠다. 애저와 AWS에 워크로드(시스템 및 애플리케이션)가 배포돼 있고, 마이크로소프트 365나 세일즈포스 같은 SaaS 서비스도 사용하고 있다고 가정해 보자. 이러한 환경은 애저, AWS, 그리고 온프레미스 데이터 센터 내의 방화벽으로 보호된다. 트래픽은 가상 네트워크 장치, 라우팅 테이블, 로드 밸런서를 거쳐 라우팅되며, 기업은 퍼블릭 클라우드와 온프레미스 데이터 센터의 시스템을 보호하기 위해 침입 탐지 및 방지 시스템도 도입했을 수 있다. 이러한 모든 보안 시스템은 기업 환경의 보안 상태에 대한 방대한 양의 정보를 생성한다.

SIEM 시스템은 이러한 정보를 수집, 집계, 분석해 잠재적인 위협을 식별하며, 모든 환경에서 데이터를 수집하므로 데이터를 상호 연관시키고 공격을 암시할 수 있는 패턴을 인식할 수 있다. 이를 위해 SIEM은 머신러닝 및 분석 소프트웨어의 이상 징후 탐지를 통해 시스템의 비정상적인 동작을 인식한다. 간단한 예로 사용자 A가 런던 사무실에서 오전 9시에 로그인한 후 30분 뒤 싱가포르에서 다시 로그인하면 SIEM 시스템은 이것이 불가능하다는 것을 알고 이벤트 또는 경고를 발생시킨다. SIEM 시스템의 아키텍처는 그림 17.1에 나와 있다.

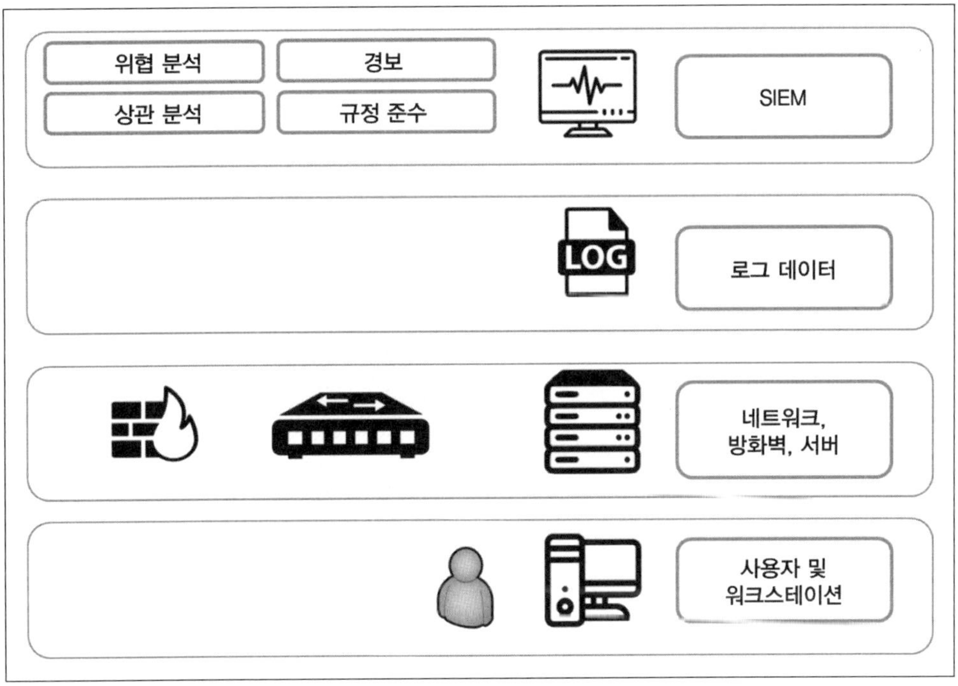

그림 17.1 SIEM 시스템의 개념적 아키텍처

SOAR는 SIEM에서 더 나아간 개념이다. SIEM 시스템처럼 퍼블릭 클라우드 환경과 같은 다양한 소스에서 데이터를 수집하고 분석하지만, SOAR의 핵심 가치는 오케스트레이션과 자동화에 있다. SOAR 시스템에서는 플랫폼의 보안 솔루션과 통합되는 플레이북을 사용해 이벤트에 대한 자동화된 응답을 정의할 수 있다. 예를 들어 SOAR 시스템이 시스템에서 위협을 감지하면 통신 포트 폐쇄, IP 주소 차단, 시스템

격리와 같은 조치를 통해 즉시 문제를 해결할 수 있다. 이 모든 과정은 완전히 자동화돼 로깅은 물론 서비스 관리 시스템에 티켓을 발행하는 것까지 포함한다. 따라서 보안 전문가는 문제 해결에 우선순위를 두지 않고 실제 위협을 조사하는 데 시간을 할애할 수 있다. SOAR가 문제 해결을 위한 사전 조치를 대신 수행하기 때문이다.

보안 운영 센터 설정

디지털 전환이 가속화되면서 기업은 점점 더 다양한 디지털 위협에 노출되고 있다. 해커들은 기업이 디지털 자산을 보호하기 위해 취하는 조치보다 한발 앞서 움직이는 듯 보이기도 한다. 이러한 공격에 대응하려면 고도의 기술이 필요하기 때문에 기업들은 보안 전문가들이 모여 있는 전문 조직, 즉 보안 운영 센터[SOC]에 점점 더 의존하고 있다. SOC는 기업 내부에 둘 수도 있고, 전문 기업에 아웃소싱할 수도 있다.

SOC는 기업의 보안 상태를 24시간 연중무휴로 모니터링하고 분석하는 역할을 하고, 보안 엔지니어 팀은 SIEM, SOAR 등 다양한 기술 솔루션을 활용해 보안 사고를 탐지, 평가하고 신속하게 대응한다.

SOC는 멀티 클라우드 환경에서 중앙 집중식 모니터링, 사고 대응, 위협 인텔리전스, 취약점 관리, 규정 준수 및 보안 자동화를 제공함으로써 중요한 역할을 수행한다. 좀 더 자세히 살펴보면 SOC는 다음과 같은 업무를 수행한다.

- 여러 클라우드 플랫폼의 보안 이벤트를 모니터링 및 분석해 잠재적인 보안 위협 및 침해를 탐지한다.
- 보안 침해 또는 위협이 탐지되면 사고 조사, 침해 차단, 시스템 및 데이터 복구를 포함한 사고 대응 프로세스를 주도한다.
- 다양한 소스에서 위협 정보를 수집 및 분석해 새로운 보안 위협을 더 잘 이해하고 대응한다.

- 보안 및 운영 팀과 협력해 멀티 클라우드 환경의 취약점을 식별하고 해결한다.
- 클라우드 환경을 모니터링하고 감사해 ISO, PCI-DSS, HIPAA와 같은 규정 및 표준 준수를 보장하도록 돕는다.
- 보안 자동화 및 오케스트레이션 도구를 사용해 사고 대응 및 취약점 관리와 같은 보안 프로세스를 간소화하고 자동화한다.

멀티 클라우드 환경에서 SOC는 매우 중요하다. 기업은 애플리케이션을 실행하고 데이터를 저장하기 위해 온프레미스, 퍼블릭 클라우드 및 프라이빗 클라우드 인프라를 조합해 운영하기 때문이다. 따라서 이러한 다양한 플랫폼에서 최대한의 가시성을 확보하는 것이 필수적이다. 하지만 관측 가능성 확보만으로는 충분하지 않다. 기업은 취약점이 무엇인지, 어디가 위험한지 파악해 위험이 현실화될 때 회피, 억제 또는 완화하기 위한 계획을 개발하고 실행할 수 있어야 한다.

다음 절에서는 기업이 SOC를 설정하는 방법을 살펴본다. 17장의 마지막 절인 '멀티 클라우드 모니터링 스위트 탐색'에서는 기업이 멀티 클라우드 환경에서 시스템을 보호하는 데 사용할 수 있는 주요 SIEM 및 SOAR 솔루션을 살펴본다.

통합 보안을 위한 요구 사항 설정

보안 아키텍트는 다양한 보안 도구 라이선스를 구매하기 전에 요구 사항을 수집해야 한다. 이를 위해 보안 팀은 다음 4단계를 거쳐야 한다.

1. **탐지:** 대부분의 보안 도구는 시스템 침해 시도나 실제 공격, 취약점 탐지에 초점을 맞춘다. 바이러스 스캐너, 악성코드 탐지와 같은 엔드포인트 보호, 네트워크 트래픽 분석기^NTA, Network Traffic Analyzers^가 그 예다. 멀티 클라우드 환경에서 설계자는 탐지 시스템이 모든 플랫폼에서 작동하는지, 그리고 정보를 통합 대시보드로 전송하는지 확인해야 한다.
2. **분석:** 다음 단계는 분석이다. 탐지 시스템은 오탐을 포함한 많은 데이터를

전송한다. 이상적으로 보안 모니터링은 시스템 및 사용자 패턴과 동작을 확인해 이벤트에 대한 1차 분석을 수행하며, 이는 첫 번째 필터링 과정이다. 분석의 두 번째 단계는 숙련된 보안 담당자가 수행하는 우선순위 지정이다. 이들은 공급자 및 보안 기관의 지식 베이스 저장소에 접근할 수 있으며, 관련 맥락에 따라 잠재적 위협에 우선순위를 부여할 수 있는 정보를 갖고 있다. 명심해야 할 점은, 연기가 난다면 대개 어딘가에 불이 있다는 것이며, 중요한 점은 그 불이 얼마나 큰지, 즉 상황의 심각성이 어느 정도인가 하는 문제다.

3. **대응:** 위협이 탐지되고 우선순위가 지정되면 보안 팀은 대응해야 한다. 우선 공격을 중지시키고 악용된 취약점을 식별해야 하며, 시스템이 추가적인 손상이나 데이터 유출을 일으키지 않게 해야 한다. 대응의 마지막 단계는 시스템을 복원하고 데이터를 안전하게 보호하는 것이다. 이때 보안 이벤트 후속 조치 프로세스를 명확히 해야 한다. 누가 정보를 받아야 하고, 누가 결정을 내릴 권한이 있으며, 에스컬레이션 경로는 어떻게 될까?
4. **예방:** SIEM 및 SOAR 시스템은 보안 이벤트의 탐지, 분석, 대응에 큰 역할을 수행한다. 그러나 보안의 출발점은 애초에 취약점이 악용되지 않도록 사전에 예방하는 것이다. 이를 위해 보안 팀은 기업이 사용하는 모든 플랫폼에 대한 지속적인 관측 가능성을 확보하고 공급자의 보안 보고서, 평가 및 위협 탐지 스캔에 접근할 수 있어야 한다. 또한 애저, AWS, GCP, VMware 또는 기타 공급자의 권장 사항을 준수해야 한다. 공급자는 정기적으로 보안 업데이트를 발행하고 플랫폼에 배포된 환경의 보안 상태를 개선하기 위한 권장 사항을 제공하며, 이러한 권장 사항을 따라야 한다.

시장 분석가 가트너는 2024년까지 모든 SOC의 80%가 인공지능 및 머신러닝을 사용하는 도구에 투자할 것이라고 예측한다. 그러나 가트너 분석가들은 이러한 투자가 보안 팀이 보안 이벤트 조사에 소비해야 하는 시간을 반드시 줄이지는 않을 것이라고 결론짓는다. 그렇다면 보안 도구 및 시스템 측면에서 현명한 투자는 무엇일까?

우선 공급자가 이미 제공하는 것을 활용해야 한다. 애저, AWS, GCP, OCI는 시스템의 상태와 무결성에 관한 다양한 정보를 수집하는 보안 제품군을 제공하며, 대부분의 경우 이러한 보안 시스템은 간단히 옵션을 활성화하는 것만으로 사용할 수 있다. 다만 보안 엔지니어는 도구가 시스템을 모니터링할 기준선을 설정해야 한다. 이는 14장에서 다룬 내용이다.

보안 모델 구현

많은 기업이 이미 멀티 클라우드 환경을 구축해 AWS에서는 웹사이트를 호스팅하고, 마이크로소프트에서는 SaaS 솔루션인 마이크로소프트 365를 사용하는 경우가 많다. AWS에서는 보안 팀이 AWS Inspector와 GuardDuty를 사용해 보안을 모니터링하고, 오피스 365에서는 마이크로소프트 디펜더를 사용할 수 있다. 하지만 보안 팀은 전체 IT 환경을 통합적으로 파악해야 하는 과제를 안고 있다. 그렇다면 기업은 어떻게 해야 할까?

보안 모델은 종종 제로 트러스트Zero Trust와 설계 단계부터 보안을 고려하는 '시큐리티 바이 디자인Security by Design' 개념에서 시작하며, 클라우드와 멀티 클라우드 환경에서는 이러한 보안의 필요성이 더욱 커지고 있다. 기업은 많은 데이터를 수집해 클라우드에 집계하는데, 특히 페타바이트 단위의 원시 데이터를 담은 거대한 데이터 레이크는 범죄자에게 매력적인 표적이 된다. 이러한 데이터는 끊임없이 교환되며 여러 애플리케이션에서 사용되고, 서로 다른 플랫폼에서 운영되거나 플랫폼 간에 통신이 이뤄질 가능성이 높다. 멀티 클라우드 환경은 복잡하고 역동적이어서 다양한 구성 요소를 모두 보호하기가 더 어렵다. 따라서 기업은 제로 트러스트와 시큐리티 바이 디자인 개념을 활용해 멀티 클라우드 환경을 안전하게 유지하려고 노력해야 한다.

제로 트러스트는 모든 사용자, 장치 또는 네트워크 구성 요소가 손상될 수 있다고 가정하고, 접근 권한을 부여하기 전에 다단계 인증과 지속적인 검증을 요구한다. 따라서 모든 접근 요청에 대한 신뢰 수준을 0으로 설정하고, 악의적인 행위로부터 조직의 자산을 보호하기 위한 보안 조치를 마련해야 한다.

시큐리티 바이 디자인은 시스템, 애플리케이션 및 인프라의 설계 및 개발 단계에서 보안을 고려하는 방식이다. 이는 기술의 구조 자체에 보안을 내장하고, 개발 프로세스의 모든 단계에서 보안을 고려하는 것을 의미한다. 멀티 클라우드 아키텍처에서는 제로 트러스트와 시큐리티 바이 디자인이라는 두 가지 개념을 결합하는 것이 가장 좋은데, 이렇게 하면 기술의 기반부터 보안을 강화할 수 있기 때문이다. 기업은 다단계 인증, 암호화, 지속적인 모니터링을 포함하는 **심층 방어**Defence-in-Depth 방식을 구현할 수 있으며, 시큐리티 바이 디자인은 개발 프로세스에 보안을 내장하고 기술의 모든 측면에 보안 고려 사항을 통합한다.

예를 들어 IAMIdentity and Access Management 솔루션을 활용하면 다단계 인증을 적용하고 최소 권한 접근 모델을 구현할 수 있다. 이를 통해 권한 있는 사용자만 조직의 클라우드 자산에 접근하도록 보장하고, 접근 내역을 모니터링하고 감사하는 데에도 도움이 된다. 또한 모든 데이터는 기본적으로 암호화돼야 한다. 애저, AWS, GCP, OCI와 같은 주요 클라우드 플랫폼은 데이터가 입력되는 즉시 암호화를 수행한다. 네트워크 구간에 대해서도 VPN과 같은 보안 네트워크를 사용해 모든 트래픽을 암호화하고, 도청으로부터 보호해야 한다.

자동화 및 오케스트레이션 도구는 사고 대응 및 취약점 관리와 같은 보안 프로세스를 자동화하고, 클라우드 환경 전반의 보안 이벤트 및 경고에 대한 중앙 집중식 뷰를 제공하는 데 도움이 된다.

모든 접근 요청을 신뢰할 수 없다고 가정하고 기술 설계 및 개발에 보안 고려 사항을 통합함으로써 조직은 멀티 클라우드 환경의 보안을 강화하고 악의적인 행위로부터 자산을 보호할 수 있다. 그렇다면 보안 전략 및 관련 모델을 정의하고 구현하기 위해 어떤 단계를 거쳐야 할까?

- **목표 운영 모델 정의:** 전체 환경이 어떻게 구성돼 있고, 누가 어떤 부분을 책임지는가? 기업은 클라우드 플랫폼, 서비스 및 시스템 관리에 대한 역할

과 책임의 명확한 경계 모델을 갖고 있어야 한다. 목표 운영 모델은 구성 요소의 전체적인 모습과 이러한 구성 요소의 소유자를 설명한다. 보안은 보안 담당자가 책임지는 중요한 구성 요소다.

- **워크플로 및 에스컬레이션 절차 정의:** 보안 이벤트가 발생했을 때 따라야 할 워크플로를 정의해야 한다. 우선순위가 높은 이벤트, 중간 등급 이벤트, 위험도가 낮은 이벤트 각각에 대해 어떤 절차를 밟아야 하는지 명확히 정해야 한다. 예를 들어 우선순위가 높은 이벤트가 감지되면 즉시 보안 책임자에게 보고해야 한다. 보안 책임자는 누구에게 추가로 알릴지, 어떤 대응 조치를 취해야 할지를 결정한다. 이러한 것들은 운영 작업이며, 최고 보안 책임자[CSO] 또는 최고 정보 보안 책임자[CISO]에게 보고할 수 있다. CSO나 CISO는 이러한 정보를 기반으로 조직의 전략적 보안 결정을 내리게 된다.
- **이미 구축된 보안 도구의 기능 분석:** 이미 구축된 도구들을 평가하는 것도 중요하다. 이 도구들은 어떤 기능을 다루고 있는가? API는 어떻게 구성돼 있으며, 상위 오버레이 시스템과 정상적으로 통신할 수 있는가? 또한 이러한 도구가 사용되는 기본 기준은 무엇인지 확인해야 한다.
- **격차 분석:** 맹점은 항상 존재한다. 일반적인 예로 배치 작업이 보안 관점에서 모니터링되는지 여부가 있다. 작업이 중단되면 어떻게 되는가? 시스템 간 통신이 중단되고 시스템 무결성이 여전히 보호되는가? 클라우드 네이티브 환경에서 기업은 컨테이너 및 서버리스 솔루션이 어떻게 모니터링되는지도 잘 이해해야 한다. 아직 모든 모니터링 도구가 이러한 네이티브 환경을 완전히 지원하는 것은 아니기 때문이다.
- **전략 계획 수립:** 이는 CSO 또는 CISO가 관심을 가져야 할 부분이다. 전략 계획에서 가장 먼저 다뤄야 할 질문은 기업이 어떤 수준의 보안 성숙도를 목표로 하는가이다. 이어서 기업이 직면한 주요 보안 문제, 즉 가장 큰 위험과 위협이 무엇인지 파악해야 한다. 돈을 잃는 것만이 전부는 아니다. 시스템이 침해되면 평판 손상은 수익 손실을 훨씬 뛰어넘는다. 마지막으로 회사는 기존 도구, 프로세스 및 전문 지식이 충분한지, 원하는 성숙도 목표를

달성하기 위해 무엇을 해야 하는지 식별할 수 있어야 한다.

다음 다이어그램은 보안 성숙도 모델을 보여준다.

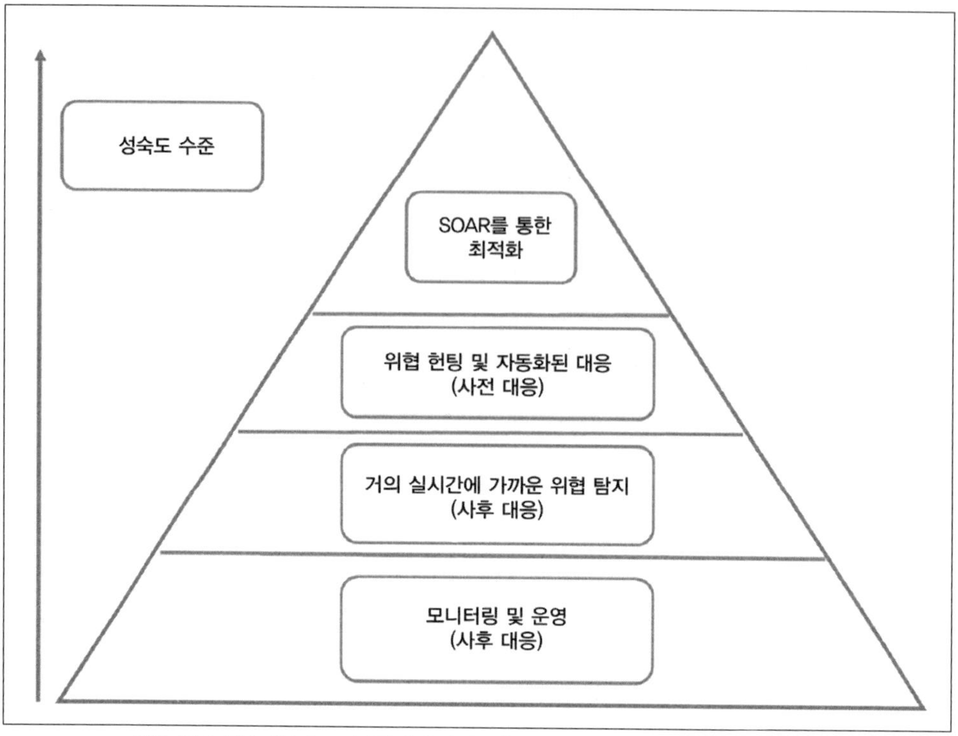

그림 17.2 사후 대응적 모니터링에서 사전 대응적 위협 헌팅으로의 보안 성숙도 모델

여기서 보안 팀 또는 SOC를 구성하는 것이 좋다. 한두 명의 보안 엔지니어가 멀티 클라우드 환경을 감시하는 것은 현실적이지 않다. 어려운 부분은 어떻게 거기에 도달하는가이다. 가장 좋은 방법은 설정을 3단계로 계획하는 것이다.

- **1단계 – 비즈니스 가시성 확보:** 이 단계에서는 보안 정책을 수집하고 비즈니스와 IT 간의 보안 프로세스를 조정한다.
- **2단계 – IT 보안 운영과 비즈니스 보안 통합:** 이 단계는 보안 운영이 보안 모니터링을 활성화하고 1단계에서 비즈니스와 함께 정의된 보안 기준을 모니터

링 시스템에 적용하는 단계다. 이 단계에는 각 플랫폼에 대한 위험 평가도 포함된다. 클라우드 서비스 공급자의 보안 기준을 평가하고 이러한 기준이 기업의 보안 원칙과 일치하는지 분석하는 것이 좋다.

- **3단계 – 최적화:** 이 단계는 IT 환경의 전체 보안 상태를 다루는 하나의 대시보드를 사용해 진정으로 통합된 뷰를 만드는 단계다.

다음 다이어그램은 단계를 보여준다.

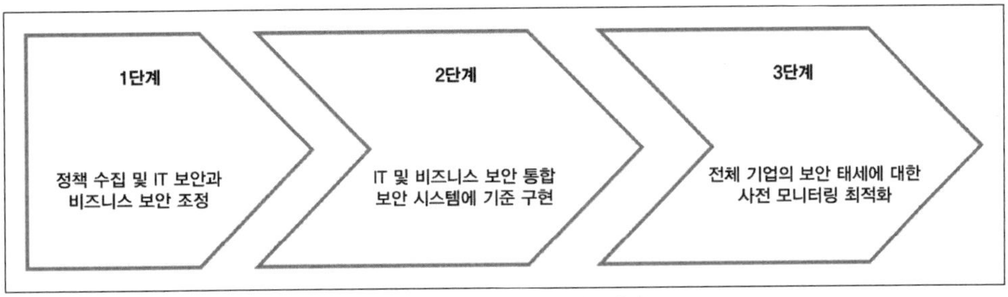

그림 17.3 보안 온보딩의 3단계

통합 보안은 회사가 프로세스, 도구 및 전문 지식에 대한 명확한 모델을 갖고 있음을 의미한다. 멀티 클라우드 환경에서는 이러한 요소들에 클라우드 서비스 공급자의 역할도 포함된다. 보안 설계자는 이러한 프로세스와 도구, 그리고 역할을 정의하고 설계하며 모델링하는 책임을 맡으며, SIEM 및 SOAR 도구는 기업의 전체 보안 상태(또는 태세)에 대한 통합된 뷰를 얻는 데 도움이 될 수 있다. 다음 절에서는 멀티 클라우드에서 이를 위한 인기 있는 솔루션을 살펴본다.

멀티 클라우드 모니터링 스위트 탐색

SIEM 솔루션 시장은 빠르게 성장하고 있으며, 기업은 다양한 선택지를 갖게 됐다. 시장 조사 기관 가트너는 매년 IT 분야별 주요 솔루션 목록을 발표하는데, Splunk, LogRhythm, Rapid7은 수년간 SIEM 분야의 선두 제품으로 선정됐다.

Splunk는 주요 클라우드 서비스 공급자를 포함한 다양한 소스의 데이터를 수집, 분석, 시각화할 수 있는 로그 관리 및 분석 플랫폼이다. LogRhythm은 클라우드 환경의 로그 데이터를 수집하고 분석할 수 있는 SIEM 플랫폼으로, 모든 클라우드에 대한 사전 구축된 커넥터와 통합 기능을 제공해 플랫폼에서 로그 데이터를 수집하고 중앙 집중화할 수 있게 해준다. 또한 LogRhythm의 위협 탐지 및 사고 대응 기능을 사용해 보안 위협을 탐지하고 대응할 수 있다. Rapid7은 클라우드 환경에 대한 위협 탐지 및 사고 대응 기능을 제공하는 보안 분석 플랫폼으로, 잠재적 보안 위협을 효과적으로 찾아내고 즉각적인 조치를 취하는 데 사용된다.

요약하면 이러한 솔루션은 모두 REST API를 사용해 주요 클라우드 서비스 공급자와 연동된다. REST^Representational State Transfer^ API는 클라우드 서비스에 연결해 해당 서비스의 데이터를 캡처하고 애플리케이션으로 전송할 수 있게 하는 프로그래밍 가능한 인터페이스다. SIEM 스위트는 API를 사용해 클라우드로부터 경고와 같은 보안 데이터를 가져와 SIEM 솔루션의 대시보드로 전송한다.

Splunk, LogRhythm 및 Rapid7은 애저, AWS, GCP 및 OCI용 API를 제공한다. Splunk와 LogRhythm은 애저 모니터링 및 애저 이벤트 허브^Event Hubs^와 통합돼 로그를 내보내고, SIEM 공급자의 애저 커넥터를 통해 이러한 로그를 SIEM 제품으로 수집할 수 있다. AWS에서는 이러한 도구가 AWS Config, CloudTrail 및 CloudWatch와 연동해 데이터를 수집한다. Splunk는 GCP 및 OCI 로깅용 운영 스위트와 같은 다른 클라우드 네이티브 로깅 솔루션을 사용해 로그 및 메타데이터를 수집한 다음 Splunk에서 분석하고 시각화할 수 있다.

SIEM 및 SOAR 시장은 빠르게 성장하고 있으며, 2020년 이후 보안 제품 개발 및 확보에 막대한 투자를 단행해 보안을 주요 목표로 삼지 않았던 기업들까지 끌어들이고 있다. 사이버 범죄가 얼마나 빠르게 증가하고 있는지를 고려하면 이는 당연한 움직임이다. 클라우드 보안 연합^Cloud Security Alliance^은 2022년에 클라우드의 주요 위협 요소를 다음과 같이 정리한 팬데믹 일레븐^Pandemic Eleven^을 발표했다.

1. 불충분한 자격증명, 접근 권한 및 키 관리

2. 안전하지 않은 인터페이스 및 API
3. 리소스 오구성 및 부적절한 변경 관리
4. 클라우드 보안 아키텍처 부족
5. 안전하지 않은 타사 리소스
6. 시스템 취약점
7. 우발적인 클라우드 데이터 유출
8. 조직적인 범죄 및 해커
9. 클라우드 스토리지 데이터 탈취
10. 컨테이너 및 서버리스 워크로드의 오구성 및 악용
11. 안전하지 않은 소프트웨어 개발

마지막 두 가지 항목은 데브섹옵스를 다루는 18장에서 더 자세히 다룬다.

보안에 막대한 투자를 단행한 기업의 좋은 예로는 VMware와 ServiceNow를 들 수 있다.

VMware는 서버 환경 가상화 기업에서 멀티 클라우드 관리의 핵심 역할을 수행하는 기업으로 변모했으며, 2019년에는 VMware Secure State를 포함한 여러 제품으로 구성된 Intrinsic Security를 출시했다. 이는 시스템의 잘못된 구성과 위협을 분석하고 시스템에 적용된 변경 사항을 탐지하며, 시스템의 보안 위험을 계산하고 시스템이 위험에 처했을 때 자동 수정 조치를 수행할 수 있다. 이를 위해 보안 엔지니어는 Secure State에 기준을 로드해야 하며, 이 도구는 시스템의 규정 준수 여부를 측정한다. Secure State는 멀티 클라우드를 지원하며 애저, AWS, GCP, OCI는 물론 퍼블릭 클라우드와 프라이빗 클라우드를 모두 보유한 하이브리드 플랫폼에서도 단일 도구로 사용할 수 있다. 후자는 반드시 VMware로 구축할 필요는 없으며 Hyper-V 또는 오픈스택으로도 실행할 수 있다.

ServiceNow에서는 보안 운영 및 거버넌스, 리스크 및 규제 준수GRC, Governance, Risk, and Compliance를 사용해 동일한 기능을 구성할 수 있다. GRC는 기업의 보안 정책과 규정 준수 기준을 보관하는 일종의 중앙 저장소로 볼 수 있으며, 시스템의 규정 준수 여부를 지속적으로 모니터링하고, 위험이 비즈니스에 미치는 영향을 분석하며, 감

사 데이터를 수집한다. 보안 운영 기능은 ServiceNow 제품군의 SOAR 모듈을 통해 제공된다. 이 모듈은 전체 IT 환경의 보안 상태를 지속적으로 모니터링하고, 보안 운영 팀이 정의한 워크플로와 보안 사고 대응 시나리오에 따라 보안 문제를 자동으로 완화할 수 있다.

예를 들어 보안 운영 담당자가 소프트웨어 패치가 3개월 이상 확인되지 않았음을 감지하면 시스템을 일시 중단하는 워크플로를 포함할 수 있다. 기업에 소프트웨어를 최소 3개월에 한 번씩 패치해야 한다는 규정 준수 규칙이 있는 경우 자동화된 워크플로는 소프트웨어 사용을 일시 중단하는 작업을 트리거할 수 있다.

마지막으로 살펴볼 제품은 애저용 기본 SIEM 및 SOAR 솔루션인 애저 Sentinel이다. Sentinel은 모든 SIEM 및 SOAR 솔루션이 수행하는 작업, 즉 데이터를 수집하고 애저에서 정의된 규정 준수 기준에 따라 데이터를 확인하며, 자동화된 워크플로를 통해 위협과 취약점에 대응한다. 또한 인공지능을 사용해 시스템 및 사용자 행동을 학습해 가능한 공격을 탐지하고 분석한다. Sentinel을 통해 마이크로소프트는 Defender, Cloud App Security 및 클라우드용 마이크로소프트 디펜더를 통해 클라우드에서 매우 광범위한 보안 솔루션 제품군을 갖추게 됐다. Sentinel은 애저를 기반으로 하지만 마이크로소프트 365 디펜더의 일부인 클라우드 앱용 마이크로소프트 디펜더를 사용해 AWS CloudTrail 및 GCP를 Sentinel에 연결할 수도 있다. 솔루션은 CASB[Cloud Access Security Broker] 역할을 수행하며, 시장 분석가들이 평가하듯 지난 수년 동안 더욱 성숙해지며 독립적인 SIEM으로 발전해 왔다.

물론 이 도구 및 제품군 목록이 완전한 것은 아니다. 엔터프라이즈 설계자와 보안 전문가는 협력해 비즈니스 요구 사항을 수집하고, 규정 준수 프레임워크에 따라 시스템이 갖춰야 할 보안 수준을 정의하며, 비즈니스와 IT가 준수할 보안 프로세스에 합의해야 한다. 그런 다음 이러한 요구 사항에 가장 적합한 보안 도구가 무엇인지 결정해야 한다. SIEM 및 SOAR 솔루션은 매우 복잡하며, IT 환경의 보안 상태를 강화하는 데 큰 가치를 제공할 수 있지만, 그만큼 신중한 검토와 명확한 비즈니스 타당성 평가가 필요하다.

마무리

기업은 점점 더 다양한 클라우드 솔루션을 사용하고 있으며, 클라우드 플랫폼, 시스템, 소프트웨어, 그리고 데이터는 모두 위협과 공격으로부터 보호돼야 한다. 또한 기업은 여러 보안 솔루션을 이미 도입하고 있을 가능성이 높기 때문에 전체 IT 환경의 보안을 통합적으로 파악하려면 단일 뷰를 제공하는 보안 도구를 구현해야 한다. 17장에서는 다양한 소스에서 데이터를 수집하고 보안 기준선과 비교해 분석할 수 있는 SIEM 및 SOAR 시스템을 살펴봤다. 이러한 도구는 위험과 비즈니스 영향을 계산한 후 위협에 대한 자동화된 대응을 트리거할 수 있다.

이 장에서는 SIEM과 SOAR의 기능과 차이점을 설명하고, 이러한 시스템이 클라우드 플랫폼과 어떻게 통합될 수 있는지 이해할 수 있도록 했다.

마지막 절에서는 주요 SIEM 및 SOAR 솔루션을 검토하며, 보안 운영 체계 확립에 관한 내용을 다루며 끝을 맺었다. 이어지는 18장에서는 데브섹옵스[DevSecOps] 성숙도 모델을 바탕으로 소프트웨어 및 시스템 개발 과정에 보안 운영을 통합하고 조직의 보안 역량을 성숙시켜 나가는 방법을 살펴본다.

질문

1. SOC는 무엇의 약자인가?
2. SIEM 및 SOAR 시스템을 클라우드 플랫폼에 통합하는 데 흔히 사용되는 기술은 무엇인가?
3. 참/거짓: 모니터링 및 운영은 보안 성숙도 모델의 첫 번째 단계다. 그 이유는 모니터링 및 운영이 사후 대응적이기 때문이다.

더 읽을거리

- Enterprise Cloud Security and Governance, by Zeal Vora, Packt Publishing

18

데브옵스 및 데브섹옵스를 사용한 멀티 클라우드 개발

애플리케이션 개발 속도를 높이는 것은 클라우드를 도입하는 대표적인 이유 가운데 하나다. 새로운 기능을 추가하기 위해 애플리케이션은 지속적으로 평가되고 수정되며, 클라우드에서는 모든 것이 코드로 표현되기 때문에 이러한 새로운 기능 역시 대상 클라우드 인프라에서 테스트해야 한다. 애플리케이션 라이프사이클의 마지막 단계는 애플리케이션을 클라우드에 배포하고 운영 팀에 인계하는 것이며, 이를 통해 개발자는 비즈니스 요구에 맞춰 새로운 기능 개발에 집중할 수 있게 된다.

이러한 과정을 가속화하기 위해 조직은 데브옵스 주기를 활용한다. 지속적인 개발을 통해 애플리케이션 릴리스 주기를 반복하고, 코드를 테스트, 디버깅, 배포하는 과정을 주당 또는 매일 여러 번 수행해 애플리케이션을 지속적으로 개선한다. 여기서 일관성은 매우 중요하다. 이때 일관성이 매우 중요하며, 소스코드는 엄격한 버전 관리하에 있어야 한다. 이를 위해 지속적 통합 및 배포[CI/CD] 파이프라인이 필수적으로 사용된다.

이번 장에서는 데브옵스 원칙, CI/CD 파이프라인의 푸시push 및 풀pull 메커니즘 작동 방식, 멀티 클라우드 환경에 적합한 파이프라인 설계 방법을 살펴본다. 또한 데브섹옵스 성숙도 모델 원칙과 일반적인 보안 프레임워크를 사용해 데브옵스 프로세스를 보호하는 방법을 살펴본다.

18장에서 다루는 내용은 다음과 같다.

- 데브옵스 및 CI/CD 소개
- CI/CD에서 푸시 및 풀 원칙 사용
- 데브섹옵스 성숙도 모델 사용
- 추적 가능성 및 감사 가능성 관리
- 프레임워크를 사용한 보안 모범 사례 자동화

데브옵스 및 CI/CD 소개

데브섹옵스의 원칙을 살펴보기 전에 먼저 데브옵스를 이해하는 것이 필요하다. 데브옵스에 대한 관점은 다양하지만, 이 책에서는 데브옵스 애자일 스킬 협회DASA, DevOps Agile Skills Association에서 정의한 내용과 원칙을 따른다. DASA는 다음 여섯 가지 원칙에 기반을 둔 데브옵스 프레임워크를 제시한다.

- **고객 중심 행동:** 고객의 요구와 기대에 맞춰 애플리케이션을 개발해야 한다. 이는 도메인 주도 설계DDD, Domain-Driven Design의 목표와도 일맥상통하며, 훌륭한 설계 사례를 포함한다.
- **최종 사용자를 고려한 설계:** 애플리케이션이 완성됐을 때 어떤 모습일지 염두에 두고 개발해야 한다.
- **엔드 투 엔드end-to-end 책임:** 팀은 애플리케이션 라이프사이클의 시작부터 끝까지 책임을 지도록 동기 부여를 받고 권한을 부여받아야 한다. "만들었으면, 실행하고, 고장 냈으면 고쳐라"와 같은 모토가 여기서 비롯된다. 여기에

"파괴했으면, 더 나은 것으로 재구축하라"를 추가할 수 있다.

- **교차 기능 자율 팀:** 팀은 개발 프로세스에서 스스로 결정을 내릴 수 있어야 한다.
- **지속적인 개선:** 애플리케이션을 지속적으로 개선하는 것이 목표가 돼야 한다. 데브옵스는 애플리케이션뿐만 아니라 프로세스, 사람, 도구 전반에 적용되는 개념이며, 본질적으로 하나의 문화이자 사고방식이다.
- **최대한 자동화:** 전달 및 배포 속도를 높이는 유일한 방법은 최대한 자동화하는 것이다. 자동화는 잘못된 구성과 같은 오류 발생을 제한한다.

데브옵스는 문화이자 새로운 업무 방식으로, 피드백 루프를 기반으로 IT 시스템을 개발하고 운영하는 새로운 사고방식으로 설명된다. 클라우드 플랫폼은 코드 기반이므로 엔지니어는 비교적 쉽게 시스템을 변경할 수 있다. 시스템은 코드로 구성되고, 코드는 언제든지 수정할 수 있다. 다만 이러한 변경 사항은 구조적이고 고도로 통제된 방식으로 적용돼야 하며, 이를 가능하게 하는 것이 바로 CI/CD 파이프라인이다.

지속적인 통합[CI]은 클라우드 환경에서 협업하는 팀들이 코드를 빈번하게 업데이트하고 공유하는 것을 핵심으로 한다. CI를 통해 개발자들은 동일한 코드에 대해 동시에 작업할 수 있으며, 코드 변경 사항은 즉시 통합돼 다양한 테스트 환경에서 완벽하게 테스트될 준비를 마친다.

지속적인 전달 및 배포[CD]는 소프트웨어를 테스트 환경으로 자동 전송하는 데 초점을 맞춘다. CD의 궁극적인 목표는 소프트웨어를 완전 자동화된 방식으로 프로덕션 환경에 배포하는 것으로, 이를 위해 다양한 테스트가 자동으로 수행되며, 배포 후 개발자들은 코드 기능에 대한 피드백을 즉시 받는다. 여기서 주의할 점은 지속적인 전달과 지속적인 배포가 동일한 개념은 아니라는 것이다.

지속적인 전달은 CI 프로세스에서 빌드된 결과물을 개발, 스테이징, 프로덕션 환경에 순차적으로 배포하는 것을 의미하며, 이 과정에는 테스트와 승인이 포함된다. 반면 지속적인 배포는 CI에서 프로덕션 환경으로 코드를 완전히 자동화된 방식으로, 사람의 개입 없이 배포하는 것을 의미한다.

두 방식의 차이점을 요약하면 다음과 같다.

- 지속적인 전달은 일반적으로 개발에서 프로덕션까지 시간이 걸리며, 최상의 경우에도 몇 주 또는 며칠이 소요될 수 있다.
- 지속적인 배포에서는 하루에도 여러 번 변경 사항이 프로덕션에 적용될 수 있다.

NOTE

> 더 자세한 내용은 Martin Fowler의 블로그에서 확인할 수 있다.
> https://www.martinfowler.com/bliki/ContinuousDelivery.html

CI/CD는 데브옵스 사이클을 가능하게 하는 핵심 요소다. CI/CD를 통해 계획에서부터 관리에 이르기까지 모든 책임이 팀 내에서 일관되게 수행되며, 자동화되고 견고한 개발 프로세스를 통해 변경 사항을 훨씬 더 빠르게 고객에게 전달할 수 있다. 다음 그림 18.1은 CI/CD를 포함한 데브옵스 사이클을 보여준다.

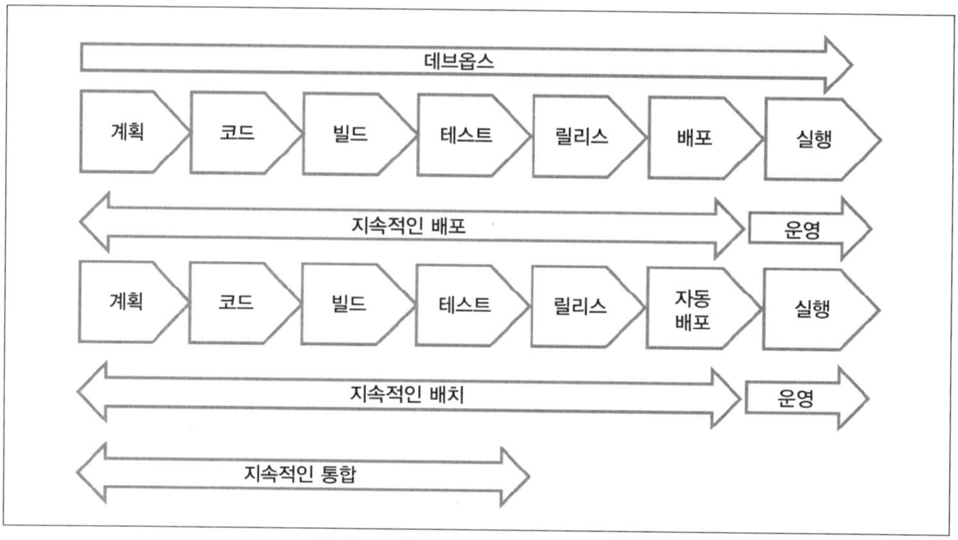

그림 18.1 CI/CD를 포함한 데브옵스 사이클

다음 절에서는 CI/CD를 시작하는 방법을 알아본다.

CI/CD 시작

CI/CD는 많은 기업에서 도입하고 있지만, 실패하는 프로젝트도 많다. 이 절에서는 기업이 CI/CD를 성공적으로 구현하고, 함정을 피하는 방법을 설명한다. 주요 내용은 CI/CD 구현은 일관성에서 시작한다는 것이다. 이는 클라우드 구현뿐만 아니라 CI/CD에도 해당된다.

CI를 통해 개발 팀은 원하는 만큼 코드를 자주 변경할 수 있으며, 이는 시스템의 지속적인 개선으로 이어진다. 기업은 멀티 클라우드 환경에서 일하는 여러 개발 팀을 보유하게 되므로, 모든 팀이 일관된 방식으로 작업하는 것이 필수적이다. CI/CD 파이프라인의 자동화된 프로세스는 이러한 환경을 일관되게 유지하는 데 큰 도움이 된다. 그러나 중요한 점은, CI/CD와 데브옵스가 단순히 도구의 문제가 아니라 문화와 프로세스를 준수하는가의 문제라는 것이다.

데브옵스의 성공적인 구현을 위해 조직은 다음 단계를 따르는 것이 좋다.

1. 효과적인 CI/CD 파이프라인을 구현하려면 모든 관계자가 데브옵스 프로세스를 적용해야 한다. 데브옵스의 핵심 원칙 중 하나는 처음부터 끝까지 책임을 지는 자율적인 팀을 구성하는 것이다. 이를 위해서는 팀에 의사 결정을 내리고 실행할 수 있는 충분한 권한을 부여하는 것이 중요하다. 일반적으로 데브옵스 팀은 애자일 방식으로 2 ~ 4주의 짧은 스프린트 주기로 작업한다. 이때 개발 프로세스의 모든 세부 사항에 대해 불필요한 승인 절차에 시간을 낭비하게 되면 팀은 제시간에 작업을 완료할 수 없다.
2. CI/CD 시스템을 선택하는 단계로 넘어가 보자. 시장에는 CI/CD를 지원하는 다양한 도구가 존재한다. Jenkins는 오래전부터 널리 사용돼 왔으며, 애저 환경을 사용하는 많은 기업은 애저 데브옵스를 선택하기도 한다. 최근에는 깃허브 Actions 역시 높은 인기를 얻고 있다. 어떤 시스템을 선택하든 실제로 매일 그 도구를 사용할 사람들을 참여시켜 직접 테스트해 보게 하는 것이 중요하다. 그런 다음 조직 차원에서 사용할 CI/CD 시스템을 결정하고, 모든 팀이 동일한 시스템을 사용하도록 일관성을 확보해야 한다.

3. 개념 증명Proof of Concept을 수행하는 것이 좋다. CI/CD의 중요한 요소는 테스트 자동화이므로 자동화된 프로세스 파이프라인을 구축하는 것이 첫 번째 단계다. 많은 기업이 이미 품질 및 테스트 계획을 갖고 있으며, 이는 일반 테스트 계약GTA에 명시돼 있을 수 있다. GTA는 시스템을 프로덕션 환경에 배포하기 전에 어떤 테스트를 어떤 방식으로 실행해야 하는지에 대한 지침을 제공하며, 이는 훌륭한 출발점이 될 수 있다. 데브옵스 환경에서는 이를 한 단계 발전시킨 '완료 조건 정의DoD, Definition of Done'를 사용한다.
   - DoD는 시스템이 프로덕션 환경에 배포되기 전에 충족해야 하는 조건과 합격 기준을 설명한다. 이는 최종 제품, 애플리케이션 또는 IT 시스템의 품질 기준을 정의하는 것이다. 데브옵스 팀은 사용자 스토리를 기반으로 작업하는데, 예를 들어 "온라인 소매점의 책임자로서 더 많은 고객이 온라인으로 제품을 구매할 수 있도록 다양한 결제 방법을 제공하고 싶다"와 같은 스토리는 애플리케이션 및 시스템 개발에 필요한 요구 사항을 제시한다. 이후 단위 테스트 완료, 코드 리뷰, 합격 기준 충족, 모든 기능 및 기술 테스트 통과 여부 등을 통해 해당 요구 사항이 충족됐는지를 검증한다.
   - 그림 18.2는 다양한 테스트 단계를 거치는 빌드 및 릴리스 파이프라인의 개념을 보여준다. 빌드 파이프라인에서 개발된 코드는 릴리스 파이프라인으로 이동해 구성 및 프로덕션 환경에 배포되며, 릴리스 단계에서는 테스트 또는 품질 보증QA 환경에서 전체 빌드를 점검한다. QA 단계를 거쳐 빌드가 승인되면 프로덕션 환경에 배포할 준비가 완료된다.

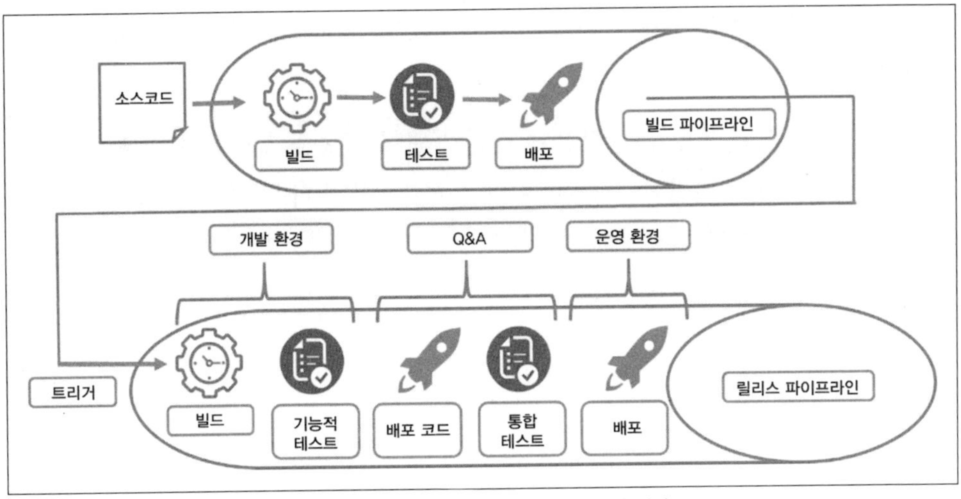

그림 18.2 빌드 및 릴리스 파이프라인의 개념

4. 데브옵스 원칙 중 하나인 '최대한 자동화'를 실현하기 위해 기업은 IaC를 포함한 코드 기반 작업을 도입해야 한다. CI/CD 환경에서 팀들은 단일 리포지토리를 사용하는데, 이는 애플리케이션 코드와 인프라 코드가 동일한 리포지토리에 존재해 필요할 때 모든 팀이 접근할 수 있음을 의미한다.

이러한 단계를 따르면 조직은 CI/CD를 활용해 데브옵스 팀 중심으로 운영할 수 있다. 다음 절에서는 버전 관리를 시작으로 파이프라인에서 커밋, 푸시, 풀 메커니즘이 어떻게 작동하는지 등 CI/CD의 세부적인 내용을 더욱 깊이 있게 살펴본다.

버전 제어하에서 작업

다양한 팀이 하나의 코드 저장소를 사용해 작업할 때 CI/CD에서 버전 관리는 매우 중요하다. 깃과 서브버전Subversion은 소스코드, 테스트 스크립트, 배포 스크립트, 애플리케이션 및 인프라 구성 요소에 사용되는 구성 스크립트로 구성된 파일을 체계적으로 관리할 수 있게 지원하는 널리 사용되는 버전 관리 시스템이다. 모든 것이 코드로 표현되므로 시스템은 VM 코드, 정책에 따라 VM을 구성하는 방식 코드, 애플리케이션 코드 자체와 같은 여러 코드 패키지로 구성된다. 또한 버전 관리 시스템을 통해 배포가 실패하거나 시스템이 손상돼 재구축해야 하는 경우 시스템의 이전 상태를 검색할 수 있다.

버전 관리 시스템은 저장소에 저장된 파일의 변경 사항을 추적한다. 데브옵스에서 이러한 변경 사항을 일반적으로 커밋이라고 하며, 이는 다음 절인 'CI/CD에서 푸시 및 풀 원칙 사용' 절에서 자세히 설명한다. 커밋은 코드 변경 자체와 변경을 수행한 사람 및 코드 변경의 근거에 대한 메타데이터로 구성된다. 이를 통해 코드가 일관성 있게 유지되고 반복 가능하며 예측 가능하게 된다. 이때 팀은 저장소의 모든 항목을 문서화하고 버전 관리하에 둬야 한다.

다음은 버전 관리하에 있어야 하는 많은 항목 목록이다.

- 애플리케이션 코드
- API 스크립트 및 참조(API의 목적 명시)
- IaC 구성 요소(VM, 네트워크 장치, 스토리지, 운영체제 이미지, DNS 파일, 방화벽 구성 규칙 등)
- 인프라 구성 패키지
- 클라우드 구성 템플릿(AWS CloudFormation, 애저의 DSC[Desired State Configuration], 테라폼 파일 등)
- 컨테이너 코드 정의(Dockerfile 등)
- 컨테이너 오케스트레이션 파일(쿠버네티스, Docker Swarm 파일 등)
- 테스트 스크립트

일단 이를 구현했다면 유지 관리하는 것도 중요하다. 이는 일회성으로 끝나는 작업이 아니며, 팀은 CI/CD 파이프라인에서 사용되는 애플리케이션 코드, 시스템 구성, 자동화 스크립트에 버전 관리가 적용됐는지 확인해야 한다. 이러한 요소들이 일관된 방식으로 적용되고 사용될 때만 기업은 새로운 애플리케이션과 시스템을 빠르고 안전하며 안정적으로 배포할 수 있다.

CI/CD에서 푸시 및 풀 원칙 사용

CI/CD 파이프라인은 브랜치를 활용해 작동하며, 이를 표현하는 용어는 환경마다 조금씩 다르다. 메인 브랜치main branch는 때때로 메인라인mainline이라고도 불리며, GCP 환경에서는 트렁크trunk라고도 한다. 여기서 가장 중요한 원칙은 개발 팀이 단 하나의 메인 브랜치 또는 메인라인을 가져야 한다는 것이다. 다음 절에서는 새로운 코드를 메인 브랜치에 푸시하는 두 가지 방법을 자세히 알아본다.

코드를 메인 브랜치에 직접 푸시

이 방식에서는 개발자가 메인 브랜치에서 직접 작업한다. 작은 코드 조각들을 수정하고, 이를 즉시 메인 브랜치에 병합하는 것이다. 메인 브랜치에 변경 사항을 반영하는 행위를 커밋이라고 하며, 이러한 커밋은 하루에도 여러 번 이뤄지거나 가능한 한 빠르게 수행된다. 이러한 작업 방식은 잦은 릴리스를 가능하게 한다. 이는 별도의 기능 브랜치에서 작업하는 방식과는 대조적인데, 후자의 방식은 복잡한 통합 과정을 필요로 하는 경우가 많다. 그림 18.3은 메인 브랜치에 직접 푸시하는 방식이 어떻게 이뤄지는지 보여준다.

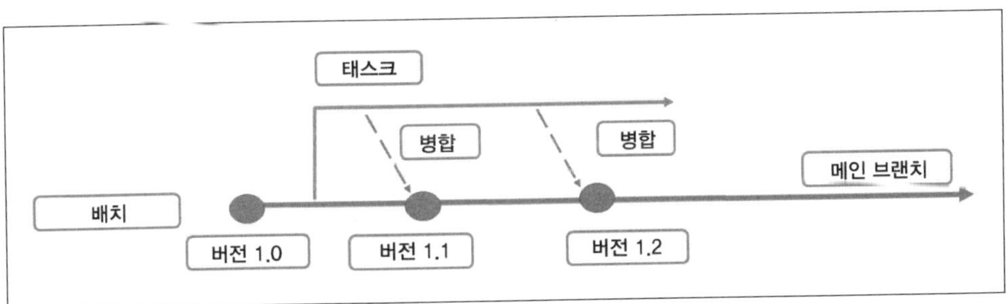

그림 18.3 개발자가 메인 브랜치에 직접 코드를 병합하는 방식

CI의 핵심은 기업들이 길고 복잡한 통합 과정을 없애는 데 있다. 개발자들은 작은 코드 조각들을 자주 메인 브랜치에 반영하며, 이를 통해 변경 사항이 제대로 적용됐는지 즉시 확인하고, 문제가 발생했을 경우 전체 시스템에 큰 영향 없이 변경

사항을 되돌릴 수 있다. 이것이 바로 데브옵스의 핵심이다. 개발자는 빌드, 커밋, 그리고 결과에 대한 책임을 지며, "문제가 생기면 직접 해결해야 한다". 코드 커밋 후 실행되는 자동화된 테스트는 시스템이 오류 없이 계속 실행되게 보장하는 데 매우 중요하다.

메인 브랜치 포크에 코드 푸시

이 방식은 팀이 메인 브랜치의 코드를 복사해 별도의 기능 브랜치를 생성하는 것이다. 이를 '포크 생성forking'이라고도 하는데, 개발자가 메인 브랜치의 소스코드를 복사해 기능 브랜치를 만드는 것을 의미한다. GCP에서는 이를 트렁크 기반 개발이 아닌 기능 중심 개발이라고 부른다.

이 방식은 주로 새로운 기능을 개발하는 것과 같이 대규모 개발에 사용된다. 개발자는 포크된 코드에서 독립적으로 작업할 수 있으며, 작업이 완료되면 코드를 다시 메인 브랜치에 커밋해 새로운 기능이나 빌드를 병합한다. 하지만 이 방식은 통합 과정이 복잡해질 수 있다는 단점이 있다. 또한 병합 전에 집중적인 테스트가 필요하기 때문에 자주 수행하기는 어렵다. 그림 18.4는 기능 브랜치가 워크플로에서 어떻게 작동하는지 보여준다.

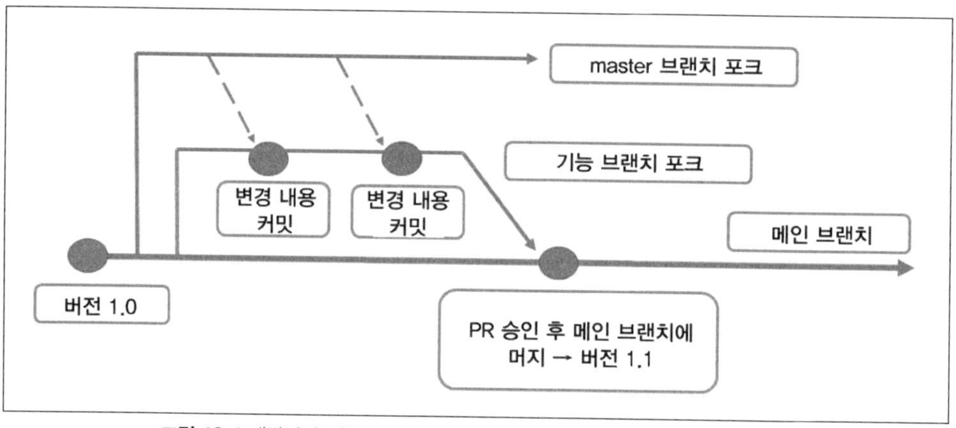

그림 18.4 개발자가 기능 브랜치에서 작업한 후 메인 브랜치에 병합하는 과정

두 방식 모두 코드 변경 사항은 깃허브 같은 저장소로 푸시된다. 개발자가 코드를 커밋하면 풀 요청을 생성하고, 이 단계에서 변경된 코드나 새로운 코드가 메인 브랜치에 병합되기 전에 검토 과정을 거친다.

CI/CD 작업을 위한 모범 사례

CI/CD를 운영할 때 기억해야 할 모범 사례가 몇 가지 있다. 가장 흔한 실수 중 하나는 코드 검토 절차가 지나치게 복잡해, 개발자가 프로덕션 환경에 코드를 배포하기 전에 여러 이해관계자의 승인을 받아야 하는 상황이다. 이는 많은 시간을 소모시키고 데브옵스 프로세스의 속도를 크게 늦춘다. 데브옵스를 도입하는 회사는 다음 두 가지 원칙을 구현해야 한다.

- **4인의 원칙:** 개발자들이 페어로 함께 작업하면서 코드를 작성하는 동안 실시간으로 코드 검토를 진행하는 방식이다. 두 번째 개발자가 첫 번째 개발자의 코드를 바로 검토하게 되는 셈이다. 이를 '페어 프로그래밍'이라고도 한다. 또 다른 방식으로는 '동료 검토'가 있는데, 한 개발자가 작성한 코드를 개발 과정의 마지막 단계에서 다른 개발자가 최소 한 번 이상 검토하는 방식이다.
- **자동화된 테스트 스크립트 실행:** 자동화된 테스트는 코드가 메인 브랜치에 커밋되기 전에 반드시 실행돼야 하며, 커밋 이후에도 시스템이 정상적으로 동작하는지 검증하는 핵심 요소다.

이러한 원칙을 따르면 이미 데브섹옵스의 첫 번째 원칙을 적용하고 있는 것이다. 그러나 이것만으로는 충분하지 않으며, 보안을 데브옵스 프로세스 전체에 자연스럽게 녹여내야 한다. 이를 위해 데브섹옵스 성숙도 모델을 활용할 수 있으며, 다음 절에서 이를 자세히 설명한다.

데브섹옵스 성숙도 모델 사용

보안은 제품이 완성된 후 덧씌우는 양념이 아니다. 개발의 첫 순간부터 배포, 운영에 이르기까지 모든 단계에서 보안 정책이 적용돼야 한다. 바로 이 지점에서 데브섹옵스가 등장한다. 데브옵스 사이클에서 보안의 위치는 그림 18.5와 같다.

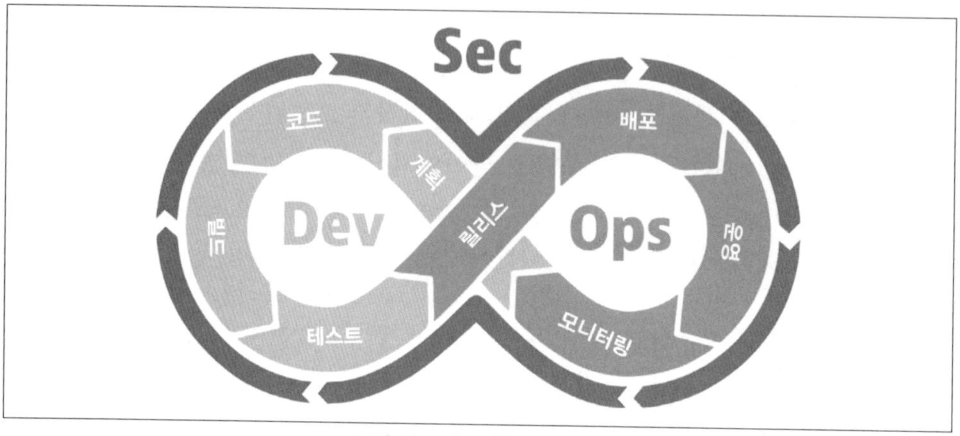

그림 18.5 데브섹옵스 사이클

OWASP^Open Web Application Security Project^의 데브섹옵스 성숙도 모델은 조직이 소프트웨어 개발 및 제공 방식을 평가하고 개선하는 데 도움이 되는 프레임워크다. 이 모델은 앞 절에서 설명한 데브옵스 프로세스에 보안 사례를 통합하는 것을 목표로 하며, 이 모델을 사용함으로써 기업은 소프트웨어 제품의 보안을 강화하고 데이터 유출 및 사이버 공격의 위험을 줄일 수 있다.

NOTE

> 데브섹옵스 성숙도 모델은 다음 링크에서 확인할 수 있다.
> https://owasp.org/www-project-devsecops-maturity-model/

OWASP 데브섹옵스 성숙도 모델^DSOMM, DevSecOps Maturity Model^은 데브옵스 프로세스에 대한 보안 통합 수준을 나타내는 5단계로 나뉜다. 각 단계는 기업의 데브섹옵스 구현 성숙도 수준을 나타낸다.

- **0단계 – 보안 문화 없음:** 공식적인 보안 프로그램이나 프로세스가 없고, 소프트웨어 개발 과정에서 보안이 고려되지 않는다.
- **1단계 – 사일로화된 보안:** 보안이 고려되지만 별도의 팀이나 부서에 한정된다. 보안이 소프트웨어 개발 프로세스에 통합되지 않으며, 보안 팀과 개발 팀 간의 협업이 없다.
- **2단계 – 통합된 보안:** 보안이 소프트웨어 개발 프로세스에 통합되고 보안 팀과 개발 팀 간에 협업이 이뤄진다. 그러나 보안 프로세스가 아직 자동화되지 않았고, 개발 프로세스의 모든 단계에서 보안 테스트가 수행되지는 않는다.
- **3단계 – 지속적인 보안:** 보안이 소프트웨어 개발 프로세스의 모든 단계에 통합된다. 보안 테스트가 자동화되고, 개발 프로세스 전반에 걸쳐 지속적으로 보안 점검이 수행된다.
- **4단계 – 지속적인 개선:** 데브옵스 프로세스가 지속적으로 모니터링되고 개선돼 보안이 항상 최우선 순위가 되게 보장한다. 조직은 보안 문화를 갖고 있으며, 보안은 모든 결정과 행동의 일부로 간주된다.

이제 기업이 이 성숙도 모델을 사용해 데브섹옵스 사례를 개선하는 방법을 살펴보자.

1. **현재 보안 사례 평가:** 데브섹옵스 성숙도 모델을 사용하는 첫 번째 단계는 조직의 현재 보안 사례를 평가하는 것이다. 평가 과정에서 데브옵스 프로세스에 대한 현재 보안 통합 수준을 파악하고 프로세스의 격차와 약점을 고려한다.
2. **보안 통합 목표 설정:** 목표는 구체적Specific, 측정 가능Measurable, 달성 가능Achievable, 관련성Relevant, 시간제한적Time-Constrained, 즉 SMART라고 요약할 수 있는 다섯 가지 목표를 달성해야 한다. 예를 들어 조직은 특정 기간이 끝날 때까지 개발 프로세스의 모든 단계에서 보안 테스트를 자동화하는 목표를 설정할 수 있다.

3. **개선 로드맵 작성:** 로드맵에는 원하는 성숙도 수준에 도달하기 위해 달성해야 하는 구체적인 조치와 이정표가 포함돼야 한다. 로드맵에는 각 조치 항목에 대한 일정과 책임도 포함돼야 한다.
4. **보안 자동화 도구 구현:** 개발 프로세스의 모든 단계에서 보안 테스트를 자동화해야 한다. 이는 정적 애플리케이션 보안 테스트SAST, Static Application Security Testing 및 동적 애플리케이션 보안 테스트DAST, Dynamic Application Security Testing 도구와 같은 보안 자동화 도구를 구현해 달성할 수 있다. 이러한 도구는 소프트웨어 코드의 취약점과 약점을 식별하고 개발자에게 수정 방법에 대한 피드백을 제공할 수 있다. 이를 통해 DSOMM의 3단계에 도달한다.
5. **보안을 데브옵스 프로세스에 통합:** 보안은 설계, 개발, 테스트, 배포, 운영 등 모든 단계에서 고려돼야 한다. 이는 단순한 절차가 아니라 문화가 이끌어야 하는 부분이다. 조직 구성원 모두가 '보안이 내 일'이라는 사고방식을 가져야 하며, 안전한 소프트웨어를 개발하고 배포하는 데 초점을 맞춘 문화가 자리 잡아야 한다. 이를 달성하기 위해 조직은 조직 내 모든 사람이 소프트웨어 보안에 대한 책임을 지는 보안 문화를 만들어야 한다. 이것이 DSOMM 4단계의 목표다.

이 절에서는 소프트웨어에 대해 얘기했지만, 데브섹옵스에는 소프트웨어를 실행하는 데 사용하는 클라우드의 기본 인프라도 포함된다. 이 책에서 다룬 것처럼 애저, AWS, GCP와 같은 주요 클라우드에서 인프라는 가상 머신, 컨테이너, 서버리스 컴퓨팅을 포함한 다양한 서비스를 통해 제공된다. 이러한 인프라 서비스는 AWS CloudFormation, ARMAzure Resource Manager, 구글 Cloud Deployment Manager와 같은 IaC 도구를 사용해 구성하고 관리할 수 있다. IaC 도구를 사용하면 인프라를 코드로 취급해 개발자 및 운영 팀이 소프트웨어 변경과 마찬가지로 인프라 변경 사항을 버전 관리, 테스트 및 자동화할 수 있다.

데브섹옵스 팀은 클라우드 서비스 공급자가 제공하는 인프라 서비스와 IaC 도구를 활용해 소프트웨어 개발 수명 주기 전반에 걸쳐 보안 제어를 구현할 수 있다. 예를 들어 IAM 정책을 사용해 리소스에 대한 액세스를 제어하고, 네트워크 보안 제어를 구현해 공격으로부터 보호하고, 로깅 및 모니터링을 사용해 보안 사고를 탐지하고 대응할 수 있다. 이러한 이유로 클라우드 인프라도 데브섹옵스 사례에 포함돼야 한다.

보안 및 데브섹옵스에서 가장 먼저 다뤄야 할 주제 중 하나는 관측 가능성으로, 파이프라인에서 무슨 일이 일어나고 있는지 확인하고 문제를 적시에 감지할 수 있어야 한다. 이것이 다음 절의 주제다.

추적 가능성 및 감사 가능성 관리

데브섹옵스는 추적 가능성traceability 및 감사 가능성auditability 관리를 가능하게 하기 위해 관측 가능성observability에서 시작된다. 이는 기업이 월간, 주간은 물론이고 하루에도 여러 번 소프트웨어를 릴리스하는, 오늘날의 복잡한 클라우드 네이티브 환경에서 필수적인 요소다. 특히 멀티 클라우드 모델과 다양한 워크플로가 혼재된 상황에서는 소프트웨어가 여러 클라우드에 배포되고 각기 다른 공급자의 서비스를 활용하게 되므로, 관측 가능성의 중요성은 더욱 커지고 있다.

관측 가능성은 최신 소프트웨어 시스템의 보안 및 안정성을 유지하는 데 필수적이다. 추적 가능성 및 감사 가능성을 우선시함으로써 조직은 더 높은 수준의 관측 가능성을 확보해 잠재적인 보안 위협을 식별하고 신속하고 효과적으로 대응할 수 있다. 이는 보안 사고의 위험을 줄이고 소프트웨어 시스템의 안정성과 성능을 개선하며 규제 요구 사항 준수를 보장하는 데 도움이 된다.

관측 가능성의 핵심은 인프라, 애플리케이션 및 사용자 상호 작용을 포함한 전체 소프트웨어 스택에서 데이터를 수집하고 분석하는 기능이다. 이는 하나의 클라우드에 있을 수도 있지만 멀티 클라우드 설정에 배포된 스택 전체에 걸쳐 있을 수도 있다. 여기서 어떤 서비스가 어디에 호스팅되고 서비스가 어떻게 상호 연결돼 있는지 확실히 알아야 한다.

관측 가능성의 두 가지 중요한 구성 요소는 추적 가능성과 감사 가능성이다. 추적 가능성은 전체 소프트웨어 시스템에서 이벤트와 활동을 추적하고 추적하는 기능을 의미한다. 즉, 데브섹옵스 팀은 시스템을 통해 데이터와 코드의 흐름을 따라 잠재적인 취약점을 식별하고 프로세스의 각 단계에서 보안 제어가 마련돼 있는지 확인할 수 있어야 한다.

감사 가능성은 추적 가능성과 밀접하게 관련돼 있지만 소프트웨어 개발 및 배포 프로세스에서 다양한 이해관계자가 수행한 작업을 검토하고 확인하는 기능에 더 중점을 둔다. 여기에는 개발자, 보안 분석가, 운영 팀 및 소프트웨어 시스템의 보안 및 안정성을 보장하는 데 역할을 하는 기타 이해관계자가 포함된다. 수행된 모든 작업에 대한 완전하고 정확한 감사 추적을 유지함으로써 조직은 책임과 투명성을 보장하는 동시에 보안 사고 발생 시 좀 더 효과적인 사고 대응 및 포렌식 분석을 용이하게 할 수 있다.

이러한 수준의 관측 가능성을 확보하려면 적절한 도구와 프로세스에 투자해야 한다. 여기에는 소프트웨어 스택 전체에서 데이터를 수집하고 분석하기 위한 자동화 도구 활용, IaC로 배포하고 관리하는 클라우드 인프라, 강력한 로깅 및 모니터링 기능 구현, 소프트웨어 개발 및 배포 프로세스의 모든 단계에 보안 및 규정 준수 검사 통합이 포함된다. 따라서 멀티 클라우드 시스템에서는 다양한 클라우드 및 소프트웨어 스택에서 작동할 수 있는 '불가지론적' 도구가 필요하다. 이러한 도구의 인기 있는 예는 다음과 같다.

- **프로메테우스**Prometheus: 다양한 클라우드 서비스 공급자를 포함해 여러 소스에서 메트릭을 수집하고 쿼리하는 데 사용할 수 있는 오픈소스 모니터링 시스템이다. 다양한 데이터 소스를 지원하고 각양각색의 도구와 통합할 수 있다.
- **그라파나**Grafana: Prometheus와 마찬가지로 오픈소스다. 다양한 클라우드 스택을 포함해 여러 소스의 데이터를 기반으로 대시보드와 경고를 생성하기 위해 프로세스를 시각화하고 분석하는 데 도움이 된다.

- **플루언트드**Fluentd: 다양한 클라우드 서비스 공급자를 포함해 여러 소스에서 로그 데이터를 수집, 처리 및 전달하는 데 사용할 수 있는 오픈소스 데이터 수집기다. 여러 형태의 출력 방식을 지원하며 다양한 도구와 쉽게 통합하도록 구성할 수 있어, 멀티 클라우드 환경에서 관측 가능성을 구현하는 데 매우 유연한 선택지로 활용된다.
- **예거**Jaeger: 여러 서비스 및 클라우드 서비스 공급자에서 운영 중인 애플리케이션으로 들어오는 요청을 추적하는 데 사용할 수 있는 오픈소스 분산 추적 시스템이다. 다양한 추적 프로토콜을 지원하고 풍부한 도구와 통합할 수 있으므로 멀티 클라우드 관측 가능성 구현을 위한 좋은 선택이다.
- **오픈텔레메트리**OpenTelemetry: 다양한 클라우드 서비스 공급자의 이벤트 소스들을 포함해 여러 소스에서 원격 측정 데이터를 수집, 처리 및 내보내는 표준 방법을 제공하는 공급자 중립적인 관측 프레임워크다. 풍부한 프로그래밍 언어를 지원하고 각양각색 도구와 통합할 수 있으므로 멀티 클라우드 관측 가능성 구현을 위한 인기 있는 선택이다.

적절한 도구를 선택하는 것도 중요하지만, 무엇을 기준으로 모니터링해야 하는지 정의하는 것이 더욱 핵심이다. 그 해답은 보안과 규정 준수를 위해 보안 가드레일과 지침을 마련하는 데 있다. 보안 프레임워크를 활용하면 플랫폼을 보호하기 위해 필요한 적절한 수준의 기준을 설정하는 데 도움이 된다.

프레임워크를 사용한 보안 모범 사례 자동화

조직에서 보안을 적정 수준으로 끌어올릴 때 가장 어려운 점은 규정을 준수했으며 환경이 '충분히 안전한 상태'가 됐는지 판단하는 기준을 명확히 정의하는 것이다. IT 환경에서 보안의 문제는 클라우드 기술 자체와 마찬가지로 환경을 공격하는 데 사용되는 전술, 기술 및 프로세스도 빠르게 진화하고 있다는 것이다. 해커는 환경을 손상시키는 새로운 방법을 끊임없이 찾을 것이다. 그렇기 때문에 데브옵스 팀의 모든 팀원은 보안 위험을 완전히 인식해야 한다. 팀이 내리는 모든 선택에는 보안 측면에서 신중하게 고려해야 하는 결과가 따른다. 소프트웨어를 개발하고 배포하거나 특정 클라우드 서비스를 사용해 취약점이나 기타 위험을 도입하고 있는가? 데이터, 애플리케이션, 기본 인프라, 연결 및 궁극적으로 사용자를 보호하기 위해 무엇을 해야 할까?

OWASP, CIS 및 MITRE ATT&CK와 같은 프레임워크는 위험 수준을 정의하고 적용해야 하는 보안 조치를 결정하는 데 도움이 될 수 있다. 다음 단계는 이를 자동화하는 것이다. 보안 사례를 자동화하는 것은 최신 데브섹옵스 사례의 필수적인 측면이다. 보안 사례를 자동화함으로써 개발자 및 운영 팀은 소프트웨어 및 인프라 전반에 걸쳐 보안 제어가 일관되고 효과적으로 구현되게 할 수 있다.

가장 일반적으로 사용되는 프레임워크인 OWASP, CIS 컨트롤 및 MITRE ATT&CK를 자세히 살펴보자.

- OWASP Top 10은 웹 애플리케이션에 대한 가장 중요한 보안 위험 목록이다. OWASP Top 10을 기반으로 보안 사례를 자동화하고자 조직은 자동화된 도구를 사용해 SQL 삽입 또는 XSS(크로스사이트 스크립팅)와 같은 취약점에 대해 애플리케이션을 검사할 수 있다. 이러한 도구를 CI/CD 파이프라인에 통합해 배포하기 전에 코드 변경 사항에 대한 취약점을 자동으로 테스트할 수 있으며, 조직은 자동화된 코드 분석 도구를 사용해 코드가 작성될 때 코드의 취약점을 식별할 수 있다.
- CIS 컨트롤은 정보 시스템을 보호하기 위한 일련의 지침이다. CIS 컨트롤을 기반으로 보안 사례를 자동화하기 위해 조직은 Chef, Puppet 또는 앤시블Ansible과 같은 구성 관리 도구를 사용해 인프라에 대한 보안 정책을 적용할 수 있다. 이러한 도구를 사용하면 서버, 네트워크, 애플리케이션에 대한 보안 설정을 자동으로 구성할 수 있어, 조직 전체에서 일관된 보안 제어를 유지할 수 있다. 또한 CIS는 애저, AWS, GCP, 알리바바 Cloud, OCI 등 주요 클라우드 환경별로 개별 컨트롤을 제공해, 각 플랫폼에 적합한 보안 기준을

적용할 수 있도록 지원한다.

- 마지막으로 MITRE ATT&CK 프레임워크는 전술, 기술 및 프로세스[TTP]에 대한 지식 기반이다. MITRE ATT&CK 프레임워크를 기반으로 보안 사례를 자동화하고자 조직은 네트워크 및 시스템 활동에서 공격 징후를 모니터링하는 도구를 사용할 수 있다. 예를 들어 SIEM 도구를 사용해 의심스러운 활동을 탐지하고 자동화된 사고 대응 도구를 사용해 보안 사고가 발생할 때 대응할 수 있다. 다만, 이 프레임워크를 활용해 환경 내 특정 취약점을 구체적으로 정의하는 작업은 쉽지 않다. MITRE ATT&CK의 활용도를 높이기 위해 함께 사용할 수 있는 인접 도구들도 존재한다. 그중 하나가 DeTTECT으로, 네덜란드의 대형 금융기관인 Rabobank를 위해 개발된 도구다. DeTTECT는 ATT&CK 기반으로 로그 소스 품질, 관측 가능 범위, 탐지 범위, 위협 행위자 행동 등을 점수화하고 비교하는 데 도움을 준다.

NOTE

> Mitre ATT&CK 참조는 https://attack.mitre.org/에서 찾을 수 있다.
> DeTTECT에는 https://github.com/rabobank-cdc/DeTTECT에서 찾을 수 있는 깃허브 리포지토리가 있다.

자동화는 취약점 관리, ID 및 액세스 관리, 데이터 보호와 같은 보안 모범 사례를 구현하는 데 사용해야 한다. 이러한 보안 절차를 자동화하면 좀 더 효율적이고 일관된 보안 통제를 수행할 수 있으며, 그 결과 보안 사고 발생 위험을 낮추고 조직 전반의 보안 태세를 강화할 수 있다.

이것으로 데브옵스 및 데브섹옵스에 대한 장을 마친다. 이와 별도로 살펴볼 Ops 관련 개념이 두 가지 더 있으며, 둘 모두 멀티 클라우드 환경에서 특히 주목받고 있다. 19장에서는 AI옵스 및 그린옵스를 다룬다.

마무리

18장을 마치면 클라우드 환경에서 데브옵스 작업 방식과 CI/CD 파이프라인 사용에 대한 이해가 깊어질 것이다. 클라우드에서는 애플리케이션뿐만 아니라 인프라와 구성 요소까지 모두 코드로 취급된다. 이러한 코드는 중앙 리포지토리에 저장하고 버전 관리해야 하며, CI/CD 파이프라인은 바로 이 지점에서 출발한다. 다음 단계에서 데브옵스 팀은 일반적으로 빌드, 테스트, 배포와 같은 파이프라인 단계를 정의한다. 이러한 단계의 작업은 가능한 한 많이 자동화된다.

또한 이 장에서는 주요 브랜치와 기능 브랜치를 활용해 CI/CD 파이프라인에서 푸시와 풀 개념을 다루고, 브랜치에 코드를 커밋하고 푸시하는 다양한 방법을 설명했다. 팀이 통합된 작업 방식을 유지하며 하나의 리포지토리에서 일관되게 협업한다면 해당 코드를 여러 클라우드 환경으로도 매끄럽게 배포할 수 있다.

보안은 개발자가 새로운 코드를 풀하거나 개발을 시작하는 순간부터, 그리고 프로덕션 환경에 배포하는 순간까지 전 과정에 걸쳐 내재돼야 하는 요소다. 데브섹옵스를 도입하면 이러한 보안 활동을 데브옵스 사이클 안에 자연스럽게 통합할 수 있다. 이를 실천하기 위한 지침으로는 OWASP 데브섹옵스 성숙도 모델을 활용해 클라우드 환경의 개발 보안 수준을 체계적으로 개선할 수 있다.

19장에서는 운영의 마지막 개념인 AI옵스 및 그린옵스를 살펴본다.

질문

1. 시스템은 준비된 것으로 서명되기 전에 승인 기준을 충족해야 한다. 데브옵스에서는 이 서명에 특정 용어가 사용된다. 그 용어는 무엇인가?
2. 코드를 기본 브랜치로 다시 푸시할 때 사용하는 용어는 무엇인가?
3. 18장에서 다루고 조직이 보안 사례를 설정하는 데 도움이 되는 세 가지 보안 프레임워크의 이름을 지정하라.

4. Prometheus와 Grafana는 무엇인가?

더 읽을거리

18장에서 다룬 주제에 대한 자세한 내용은 다음 링크를 참고한다.

- DevOps Agile Skills Association (DASA): https://www.DevOpsagileskills.org/
- Enterprise DevOps for Architects, by Jeroen Mulder, Packt Publishing

19

멀티 클라우드에서의 AI옵스 및 그린옵스 소개

AI옵스AIOps는 운영을 위한 인공지능Artificial Intelligence for Operations을 의미하며, 멀티 클라우드 플랫폼을 최적화하는 데 도움을 줄 수 있는 새로운 개념이다. AI옵스는 애플리케이션 코드부터 기반 인프라까지 워크로드의 상태와 동작을 전체적으로 분석하고, 문제점을 발견해 최적화를 위한 조언을 제공한다. 특히, 애플리케이션과 비즈니스 흐름 관점에서 플랫폼에 구애받지 않고 운영되므로, 다양한 환경에서 유용하게 활용될 수 있다.

19장에서는 AI옵스의 개념을 소개하고, 데이터 분석, 자동화, 머신러닝 등 AI옵스의 구성 요소들을 살펴본다. 이 장을 마치면 AI옵스가 클라우드 환경을 어떻게 최적화하는지, 그리고 기업이 AI옵스를 어떻게 시작할 수 있는지에 대한 이해를 높일 수 있을 것이다.

또한 클라우드 운영의 새로운 개념인 지속 가능성도 살펴본다. 클라우드가 폭발적으로 성장함에 따라 전 세계 데이터 센터의 에너지 사용량 역시 크게 증가하고 있으며, 이는 환경에 영향을 미친다는 점을 인식해야 한다. 그린옵스GreenOps는 클라우드를 최대한 친환경적인 방식으로 사용하는 데 대한 인식을 높여준다.

19장에서 다루는 내용은 다음과 같다.

- AI옵스 개념 이해
- AI옵스를 사용한 클라우드 환경 최적화
- 멀티 클라우드를 위한 AI옵스 도구 탐색
- 그린옵스 소개

AI옵스 개념 이해

AI옵스는 빅데이터 분석과 머신러닝을 결합해 IT 환경에서 발생하는 문제들을 자동으로 조사하고 해결하는 시스템이다. AI옵스 시스템은 기업의 IT 환경 전체에서 발생하는 모든 로그와 자산 성능을 지속적으로 분석해 환경 내 다양한 구성 요소 간의 상관관계를 학습한다. 이를 통해 IT 시스템 내부뿐만 아니라 외부의 의존성까지 파악할 수 있다.

특히 멀티 클라우드 환경에서는 여러 클라우드와 온프레미스에 시스템이 분산돼 있어 전체 환경을 파악하기가 쉽지 않다. 예를 들어 특정 클라우드에 프론트엔드를 호스팅하는 웹사이트의 성능 저하가 다른 클라우드의 데이터 레이크에서 실행되는 데이터베이스 쿼리 문제로 인해 발생했다는 것을 엔지니어가 어떻게 알 수 있을까?

AI옵스는 고도의 자동화 시스템으로, 다음과 같은 요소로 구성된다.

- **데이터 분석:** 로그 파일, 시스템 메트릭, 모니터링 데이터는 물론 포럼이나 소셜 미디어의 게시글처럼 IT 환경 외부의 데이터까지 다양한 소스에서 데이터를 수집한다. 서비스 데스크 시스템에 기록되는 갑작스러운 사고 급증 역시 데이터 소스가 될 수 있다. AI옵스 시스템은 이러한 데이터를 집계해 추세와 패턴을 파악하고, 기존 모델과 비교 분석한다. 이를 통해 문제점을 신속하고 정확하게 식별한다.

- **머신러닝:** AI옵스는 머신러닝 알고리듬을 활용한다. 초기에는 시스템, 애플리케이션, 사용자들의 정상적인 행동 패턴을 기준으로 삼지만, 애플리케이션과 데이터 및 시스템 사용 방식은 시간이 지남에 따라 변화하기 마련이다. AI옵스는 이러한 새로운 패턴을 지속적으로 평가하고 학습해, 새로운 정상 행동을 스스로 정의하고 어떤 이벤트가 경고를 발생시킬지 판단한다. 이러한 알고리듬을 통해 이벤트와 경고의 우선순위를 정하고, 문제 해결을 위한 조치를 시작한다.
- **자동화:** AI옵스의 핵심은 자동화로, 시스템이 문제, 예기치 않은 변경 사항, 비정상적인 동작을 감지하면 이를 분석해 우선순위를 결정하고 문제 해결 절차를 자동으로 시작한다. 이는 시스템이 고도로 자동화돼 있을 때만 가능하다. AI옵스 시스템은 분석 결과와 알고리듬을 바탕으로 문제 해결에 가장 적합한 솔루션을 결정할 수 있다. 예를 들어 시스템 메모리가 사용량 급증으로 부족해지면 자동으로 메모리 크기를 늘릴 수 있다. 일부 AI옵스 시스템은 사용량 급증을 예측해 실제 사용량이 증가하기 전에 미리 메모리를 늘리는 것도 가능하다. 물론 클라우드 엔지니어가 클라우드 시스템 자체에서 이러한 자동 확장을 허용해야 한다.
- **시각화:** AI옵스가 완전 자동화된 자체 학습 시스템이라 할지라도 엔지니어는 시스템과 시스템의 동작에 대한 관측 가능성을 확보하고자 한다. 이를 위해 AI옵스는 실시간 대시보드와 시스템 아키텍처 개선에 도움이 되는 다양한 보고서 작성 방법을 제공한다. 다만, AI옵스 자체가 아키텍처를 직접 수정하는 것은 아니다. 아키텍처 변경은 클라우드 아키텍트의 역할이다. 다음 절에서는 AI옵스가 클라우드 환경 개선에 어떤 방식으로 기여하는지 살펴본다.

AI옵스는 기업이 시스템의 제공, 배포 및 운영을 자동화하는 데브옵스의 훌륭한 확장이다. 이를 통해 운영까지 자동화할 수 있다.

NOTE

> AI옵스는 보안을 통합하는 방향으로 진화하고 있다. AI 보안 운영에 대한 좋은 글은 다음 링크에서 확인할 수 있다.
> https://www.forbes.com/sites/forbestechcouncil/2022/02/16/coining-the-term-ai-secops-why-your-business-should-consider-aiops-for-cybersecurity/?sh=57406c1f5449.

AI옵스의 다음 단계는 NoOps, 즉 IT 운영이 필요 없는 환경이다. NoOps에서는 모든 운영 활동이 완전 자동화돼 팀은 개발에만 집중할 수 있다. 시스템 업데이트, 버그 수정, 확장, 보안 운영과 같은 IT 시스템의 일상적인 관리 업무는 자동화 시스템이 처리한다. 하지만 NoOps라고 해서 아무런 노력도 필요 없는 것은 아니다. 시스템 설정과 운영 기준을 구현하려면 엔지니어와 거버넌스가 여전히 필요하다.

AI옵스를 사용한 클라우드 환경 최적화

AI옵스의 주요 이점은 크게 두 가지다. 첫째, 이상 징후를 신속하고 정확하게 탐지하고, 사람의 개입 없이 자동으로 대응할 수 있다는 점이다. 둘째, AI옵스는 용량 최적화에도 활용될 수 있다는 점이다. 대부분의 클라우드 서비스 공급자는 플랫폼 내에서 기본적으로 제공하는 메트릭 기반의 확장 메커니즘을 제공한다. AI옵스는 이러한 확장에 필요한 임곗값을 정확히 파악해 최적의 확장을 지원한다. 반면 클라우드 서비스 공급자는 엔지니어가 임곗값을 직접 정의하고 코딩해야 한다.

AI옵스는 학습을 통해 필요한 시점에 어떤 리소스가 필요한지 예측할 수 있다. 다음 그림은 운영 방식이 설명적인 방식에서 예측 및 처방 방식으로 어떻게 발전하는지 보여준다. 대부분의 모니터링 도구는 현재 상태를 설명하는 수준에 머무르지만, AI옵스는 미래를 예측하는 수준으로 나아간다.

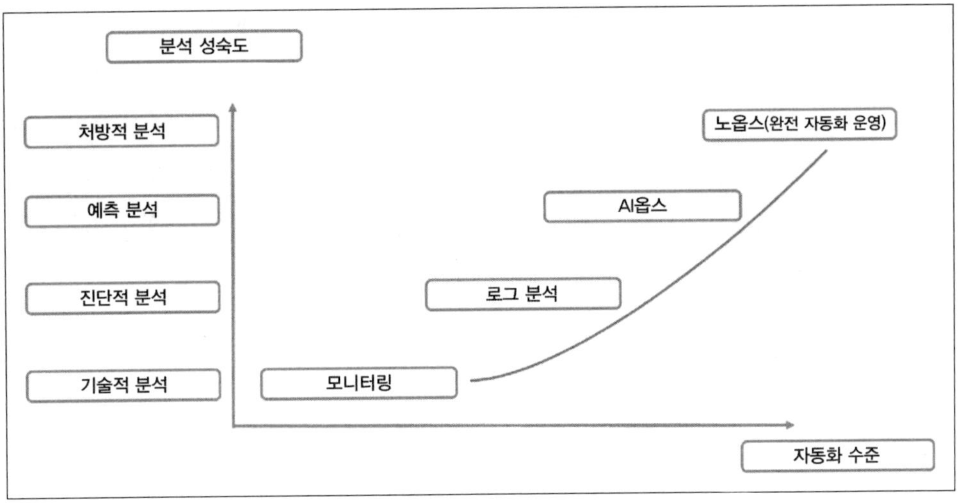

그림 19.1 모니터링에서 AI옵스로의 진화

모니터링은 현재 상태를 기록하는 데 초점을 맞춘 사후 대응적 방식이다. 로그 분석을 통해 이벤트를 진단하고 문제를 해결할 수 있지만, 이는 어디까지나 문제가 발생한 뒤의 조치다. 반면 AI옵스는 데이터 분석을 통해 변화의 영향을 예측하고 사전에 대비하는 예측 및 예방 중심적 시스템이다. 더 나아가 어떤 조치를 취해야 할지 제시하고, 시스템이 자동으로 이벤트에 대비하게 완전 자동화하는 수준까지 발전하고 있다. 일부 고도화된 AI옵스 시스템은 이미 이러한 기능을 제공한다.

AI옵스는 복잡하고 역동적인 클라우드 환경을 관리하고 최적화하는 데 도움을 주며, 머신러닝 알고리듬을 사용해 클라우드 인프라, 애플리케이션, 로그 데이터를 분석하고, 잠재적인 문제로 이어질 수 있는 패턴과 이상 징후를 식별한다. 이를 통해 IT 팀은 문제가 발생하기 전에 예측하고 예방해 가동 중지 시간을 줄이고 가용성을 향상시킬 수 있다.

또한 AI옵스는 수요에 따라 리소스를 확장하거나 축소하고, 실패한 서비스를 재시작하거나, 네트워크 설정을 재구성하는 등 클라우드 환경에서 발생하는 일반적인 문제에 대한 대응을 자동화할 수 있다. 이는 수동 개입의 필요성을 줄여 시간을 절약하고 인적 오류의 위험을 감소시킨다.

AI옵스가 가장 큰 가치를 발휘하는 분야 중 하나는 근본 원인 분석이다. 클라우드 환경에서 문제가 발생했을 때 AI옵스는 다양한 소스의 데이터를 분석하고 이벤트 간의 상관관계를 파악해 근본 원인을 식별하는 데 도움을 준다. 이는 문제의 신속한 진단 및 해결을 가능하게 해 가동 중지 시간을 줄이고 서비스 수준을 향상시킨다. 자동화 및 근본 원인 분석을 통해 클라우드 환경을 지속적으로 최적화할 수 있다. AI옵스는 또한 자동화 및 근본 원인 분석 역량을 바탕으로 클라우드 환경을 지속적으로 최적화한다. 사용 패턴과 성능 지표를 기반으로 리소스 할당 최적화, 비용 절감 기회 식별, 애플리케이션 성능 개선 등 다양한 최적화 권장 사항을 제시한다.

기업들은 AI옵스가 IT 인프라 최적화에 도움이 된다는 것을 인지하고 도입을 고려하고 있다. AI옵스 전략을 성공적으로 구현하기 위한 권장 지침은 다음과 같다.

- AI옵스 시스템은 스스로 학습하는 시스템이므로, 기업은 이러한 시스템을 통해 최상의 결과를 얻기 위해 분석 결과를 해석하고 활용하는 방법을 익혀야 한다. 따라서 IT 환경 전체를 한 번에 AI옵스로 관리하려 하기보다는 작은 규모의 파일럿 프로젝트부터 시작해 점진적으로 확장하는 것이 좋다.
- AI옵스에서 데이터는 가장 중요한 요소로, IT 시스템에서 생성되는 기술적 데이터뿐 아니라, 비즈니스 데이터 역시 AI옵스 성능을 크게 좌우하는 핵심 자원이다. AI옵스의 가장 큰 장점은 비즈니스 데이터를 기반으로 조치를 취할 수 있다는 점이다. 예를 들어 특정 제품이 특정 시기에 더 잘 팔린다는 비즈니스 데이터를 AI옵스가 알고 있다면 해당 피크 기간에 맞춰 IT 시스템을 최적화하는 조치를 취할 수 있다. 또한 시스템이 예상대로 사용되지 않는 경우 AI옵스는 사용량을 분석하고 다른 이벤트와 연관시켜 분석할 수 있다. 이러한 방식으로 AI옵스는 비즈니스가 진정으로 데이터 중심 조직으로 거듭나는 데 훌륭한 자료를 제공할 수 있다. 따라서 AI옵스 구현에는 비즈니스 부서의 참여가 필수적이다.
- 성공적인 AI옵스 구현에서 가장 중요한 것은 표준화다. 멀티 클라우드 환경은 일관된 방식으로 구현돼야 한다. 즉, 인프라를 코드로 정의하고 구성

해 다양한 클라우드 플랫폼에 일관되게 배포할 수 있어야 한다. 이러한 코드 기반 환경은 가능하면 하나의 중앙 저장소에서 관리하는 것이 좋다. 이렇게 통합된 구조는 AI옵스가 시스템의 구조와 동작 방식을 더 빠르고 정확하게 학습하도록 돕고, 그 결과 이상 징후를 신속히 감지할 수 있게 한다.

AI옵스는 실제와 유사한 시나리오 기반 테스트를 지원하며, 테스트 시 더 많은 요소를 고려할 수 있게 돕는다. 따라서 AI옵스는 애플리케이션에 대한 잦은 릴리스를 수행하는 데브옵스 및 CI/CD 파이프라인의 훌륭한 확장 도구다. AI옵스는 특정 시스템에 변경 사항이 적용될 때 어떤 시스템이 영향을 받는지, 반대로 어떤 시스템이 성능 및 안정성 측면에서 변화에 반응하는지 파악한다. 이러한 시스템은 서로 다른 클라우드나 플랫폼에서 호스팅될 수 있으며, 애플리케이션 체인의 일부일 수도 있다.

애플리케이션과 시스템이 불균형적으로 리소스를 소비하며 공존하는 문제를 시끄러운 이웃noisy neighbor이라고 부른다. AI옵스는 이러한 이웃을 식별하고, 예정된 변경 사항을 경고하며, 애플리케이션과 시스템이 문제를 겪지 않도록 사전에 조치를 취한다. 이는 CI/CD 파이프라인에 의해 트리거되는 단위 및 통합 테스트를 넘어선다.

현대의 멀티 클라우드 환경은 복잡하며, 다양한 클라우드에서 실행되는 서버와 서비스가 서로 연결돼 있다. 이러한 시스템은 여러 클라우드 플랫폼의 네트워크 백본을 통해 연동되고, 엔터프라이즈 게이트웨이를 통해 데이터를 라우팅하며, 사용자와 시스템이 적용된 보안 프레임워크를 준수하는지 지속적으로 확인해야 한다. 이처럼 복잡한 환경에서는 애플리케이션 배포 과정에서 중요 요소가 간과될 가능성이 있다.

AI옵스는 전체 아키텍처를 개선하는 데 활용될 수 있다. 아키텍트는 환경과 애플리케이션 및 시스템 간의 모든 연결에 대해 훨씬 더 나은 통찰력을 얻을 수 있으며, 여기에는 서버뿐만 아니라 네트워크 및 보안 장치도 포함된다. 또한 AI옵스는 이웃에 영향을 주지 않고 플랫폼 간에 애플리케이션을 분산하고 인프라를 확장하는 데 도움을 준다. 이웃이 다른 플랫폼에 있더라도 말이다.

멀티 클라우드를 위한 AI옵스 도구 탐색

AI옵스는 기업이 데이터 중심 조직으로 거듭나는 데 핵심적인 역할을 한다. 1장부터 강조했듯 IT와 IT 아키텍처는 비즈니스 의사 결정에 따라 움직인다. 그리고 비즈니스는 시장 변화 속도, 고객 위치, 고객 요구 사항, IT가 이러한 요구에 어떻게 대비할 수 있는지 등 데이터에 의해 움직인다. 시장 변화에 빠르게 적응하는 능력, 즉 민첩성이 IT의 핵심이며, 클라우드 환경은 이러한 민첩성을 제공한다. 데이터가 직접 변화를 이끌고 사람이 개입하지 않을 때 변화는 더욱 빨라진다. 모든 의사 결정이 데이터를 기반으로 이뤄지는 것이다.

AI옵스는 바로 이러한 가능성을 제시한다. 데이터 중심 기업을 지향하는 조직은 IT 내부뿐 아니라 외부의 다양한 소스에서 엄청난 양의 데이터에 접근할 수 있어야 한다. 또한 자동화를 적극적으로 도입해야 하며, 데이터 분석, AI, ML과 같은 정교한 기술을 신뢰하고 활용해야 한다. 이는 많은 기업에 진정한 패러다임의 전환이며, 작은 단계부터 시작해야 성공할 수 있다. 다행히 기업은 이미 AI 및 ML 알고리듬에 적용할 수 있는 풍부한 비즈니스 및 IT 데이터를 보유하고 있다. 따라서 AI옵스 플랫폼이나 도구를 선택해 바로 시작할 수 있다.

시장 분석가들은 AI옵스 시장 규모가 2020년 약 260억 달러에서 2030년에는 6,000억 달러 이상으로 성장할 것으로 예상한다. 이러한 전망은 IBM, VMware, ServiceNow와 같은 주요 IT 기업이 AI옵스에 막대한 투자를 하는 이유를 설명해 준다. 클라우드 서비스 공급자 또한 애저가 제공하는 리소스 및 애플리케이션 동작에 대한 심층적인 통찰력을 제공하는 애저 모니터 같은 서비스를 제공하는 것처럼 AI옵스 기능에 적극적으로 투자하고 있다.

AWS는 CloudWatch와 X-Ray를 제공한다. 특히 X-Ray는 애플리케이션 성능 및 동작에 대한 엔드 투 엔드 관측 가능성을 제공하는 분산 추적 서비스로, 분산 시스템 전반에서 요청 및 응답 흐름을 시각화하고 분석할 수 있게 지원한다. 이를 통해 복잡한 마이크로서비스 환경에서 성능 병목 현상과 오류 지점을 효과적으로 식별할 수 있다.

GCP에서는 Cloud Operations(구 Stackdriver)를 AI옵스 지원 도구로 볼 수 있다. Cloud Operations는 GCP 리소스와 애플리케이션의 메트릭, 로그, 트레이스 데이터를 수집 및 분석해 운영 상태와 성능에 대한 관측 가능성을 제공한다. 또한 머신러닝 알고리듬을 활용해 이상 징후를 감지하고 근본 원인 분석을 수행할 수 있다.

OCI에서는 OCI용 관리 및 모니터링 서비스 제품군인 오라클 Management Cloud를 살펴볼 수 있다. 여기에는 로그 분석, 애플리케이션 성능 모니터링, 인프라 모니터링과 같은 기능이 포함돼 있으며, 운영 작업을 자동화하고 애플리케이션 성능 및 안정성을 향상시키는 데 사용할 수 있다. 이 역시 머신러닝 기반의 이상 탐지 및 근본 원인 분석 기능을 제공한다.

그렇다면 기업은 어떻게 올바른 도구를 선택할 수 있을까? 멀티 클라우드 환경에서 작업하는 기업은 멀티 클라우드를 처리할 수 있는 AI옵스 솔루션이 필요하다. 이러한 AI옵스 플랫폼은 주요 클라우드 서비스 공급자를 위한 API를 제공하고, 공급자의 모니터링 솔루션과 기업이 클라우드 환경에서 사용하는 타사 도구와 통합될 수 있다. 이러한 플랫폼의 예로는 IT 인프라, 애플리케이션 및 보안 시스템의 데이터를 수집, 연관 분석하는 Splunk Enterprise가 있다.

이러한 AI옵스 도구들은 여러 계층으로 구성돼 있으며, 각 계층은 다음과 같은 역할을 수행한다.

그림 19.2 AI옵스의 계층 구조

대부분의 AI옵스 시스템은 여러 계층의 도구를 결합해 AI옵스의 다양한 측면을 처리할 수 있는 플랫폼을 제공한다.

AI옵스 시장은 빠르게 성장하고 있으며, 클라우드에 구애받지 않는 AI옵스 도구로는 Dynatrace, Splunk, 시스코Cisco AppDynamics, Moogsoft, 왓슨Watson용 IBM 클라우드 팩Cloud Pak 등이 있다. 이러한 플랫폼들은 AI와 자동화를 활용해 컨테이너화된 애플리케이션과 마이크로서비스를 포함한 클라우드 환경을 모니터링하고 분석한다. 또한 성능 및 사용자 경험에 대한 실시간 통찰력을 제공하며, 리소스 확장 및 설정 재구성을 통해 문제를 자동으로 해결하기도 한다.

위에 언급된 도구들은 몇 가지 예에 불과하며, 각 도구는 고유한 기능과 특징을 갖고 있다. 따라서 특정 조직에 가장 적합한 도구는 해당 조직의 구체적인 요구 사항에 따라 달라질 수 있다.

이러한 솔루션들의 핵심은 환경 변화를 실시간으로 자동 감지하고, CI/CD 파이프라인에서 계획된 변경 사항뿐만 아니라 실제 이벤트 발생 전에 IT 환경의 다른 구성 요소에 미치는 영향을 예측할 수 있다는 점이다.

그린옵스 소개

그린옵스는 기후 변화와 지속 가능성에 대한 관심이 높아지는 오늘날 더욱 중요해지고 있다. 그린옵스란 무엇일까? 본격적으로 이를 살펴보기 전에 이 개념이 AI옵스와 밀접하게 연관돼 있다는 점을 이해할 필요가 있다. 두 개념은 모두 AI 기술을 활용해 운영을 최적화한다는 공통점을 갖고 있기 때문이다.

그린옵스는 클라우드 기술을 활용해 IT 운영의 환경 지속 가능성을 최적화하고, 탄소 발자국을 줄이며, 좀 더 친환경적인 방식으로 운영하는 것을 의미한다. 클라우드는 지속 가능성 목표를 달성하는 데 여러 이점을 제공하는데, 가장 큰 장점 중 하나는 공유 자원을 활용해 IT 운영의 전반적인 에너지 소비를 줄일 수 있다는 것이다. 가상화된 인프라와 공유 자원을 사용하면 물리적 서버 수를 줄이고 운영 효율을 높일 수 있다.

또한 클라우드는 필요에 따라 운영 규모를 쉽고 빠르게 확장하거나 축소할 수 있다. 이는 수요 변동이 심한 조직에 특히 유용한데, 클라우드 자원을 실시간으로 조정해 수요 수준에 맞출 수 있기 때문이다. 따라서 불필요한 과잉 용량을 유지할 필요 없어 에너지 소비를 줄이고 에너지 비용을 절감할 수 있다.

그렇다면 그린옵스는 AI옵스와 어떻게 다를까? 그린옵스 역시 자동화와 머신러닝을 활용해 IT 운영을 최적화하고 에너지 소비를 최소화한다는 점에서 공통점을 가진다. 반복적인 작업을 자동화하고 AI 알고리듬을 통해 최적화 가능한 영역을 식별함으로써 클라우드 환경의 효율을 향상시킬 수 있다. 예를 들어 머신러닝 알고리듬을 사용해 데이터 센터 냉각을 최적화하면 에너지 소비를 줄이고 IT 운영 효율성을 높일 수 있다.

이 책에서는 애저, AWS, GCP, OCI, 알리바바 클라우드와 같은 퍼블릭 클라우드를 다뤘다. 이들은 모두 수천 명의 고객에게 서비스를 제공하는 대규모 서비스 공급자, 즉 하이퍼스케일러hyperscalers다. 고객은 이러한 공급자의 데이터 센터에서 자신의 환경을 호스팅한다. 그렇다면 고객은 에너지 소비와 환경 발자국에 어떻게 영향을 미치고 모니터링할 수 있을까? 많은 클라우드 서비스 공급자가 에너지 사용량을 추적하고 개선 영역을 식별할 수 있는 에너지 모니터링 및 보고 도구를 제공한다. 또한 클라우드 기반 분석 도구를 활용하면 에너지 소비를 더욱 효과적으로 최적화하고 탄소 배출량을 줄이는 데 도움을 받을 수 있다.

(과도한) 자원 사용을 줄이고, 자동화를 구현하고, 효율적인 자동 확장을 적용하는 것은 에너지 사용량 모니터링과 최적화에 직접적인 영향을 미치는 요소다. IT 운영을 최적화해 에너지 소비를 줄이면 탄소 발자국 감소, 에너지 비용 절감, 그리고 무엇보다 지속 가능한 세상을 만드는 데 기여할 수 있다.

마무리

AI옵스는 2020년 이후 복잡한 클라우드 환경을 관리하는 데 거의 필수적인 플랫폼으로 자리 잡았다. AI옵스 시스템은 IT 환경의 변화와 이상 징후를 감지하고, 이러한 이벤트가 환경 내 다른 구성 요소에 어떤 영향을 미칠지 예측한다. 나아가 데브옵스 환경에서 이뤄지는 CI/CD 파이프라인의 계획된 변경 사항까지도 예상할 수 있다. 이를 위해 AI옵스는 IT 환경 내부와 외부의 다양한 데이터 소스에 접근해 빅데이터 분석을 활용한다. 이렇게 분석된 데이터는 AI 및 ML 알고리듬에 적용돼 AI옵스 시스템이 미래의 이벤트를 예측할 수 있게 학습시킨다.

AI옵스는 도입 기업과 솔루션 제공업체 모두에게 상당한 투자가 필요한 복잡한 시스템이다. 그럼에도 대부분의 조직은 더 빠르고 정확한 데이터 기반 의사결정을 통해 시장 변화에 민첩하게 대응하기 위해 AI옵스 도입을 고려하고 있다.

마지막으로 클라우드 기술 사용에 있어 점점 더 중요해지는 그린옵스라는 새로운 개념을 간략히 소개했다. 클라우드 기술과 퍼블릭 클라우드 서비스 공급자의 데이터 센터 사용이 환경에 미치는 영향에 대해 더 많은 인식이 필요하다. 그린옵스는 탄소 발자국을 줄이고 클라우드에서 좀 더 친환경적인 방식으로 비즈니스를 운영할 수 있게 도와준다.

19장을 마치면 AI옵스의 복잡성뿐만 아니라 이점도 잘 이해할 수 있을 것이다. 또한 AI옵스 분야의 주요 기업들이 어떤 역할을 수행하는지도 파악할 수 있다. 궁극적으로 중요한 것은 최소한의 위험과 낮은 탄소 발자국으로 변화에 신속하게 대응하는 능력이다.

질문

1. AI옵스는 애플리케이션 전달 체인에 직접적으로 속하지 않지만, 해당 체인의 변경에 영향을 받을 수 있는 IT 시스템을 포함해 다양한 시스템의 데이터를 연관시킨다. AI옵스 정의에 따르면 이러한 시스템을 무엇이라고 부르는가?
2. 시장 분석가들이 인정하는 클라우드에 구애받지 않는 AI옵스 시스템의 공급자를 최소 두 군데 이상 나열하라.
3. 참/거짓: AI옵스는 계층적으로 작동하며, 대부분의 AI옵스 시스템은 AI옵스 플랫폼에 결합된 계층에 대한 별도의 솔루션을 갖고 있다.
4. 그린옵스의 목표는 무엇인가?

더 읽을거리

AI옵스에 대한 더 많은 정보를 얻고 싶다면 다음 링크에서 관련 블로그와 영상을 참고할 수 있다.

https://searchitoperations.techtarget.com/feature/Just-what-can-AI-in-IT-operations-accomplish

그린옵스에 대한 유용한 블로그 게시물은 다음 링크에서 찾아볼 수 있다.

https://www.computerweekly.com/opinion/IT-Sustainabilit-Think-Tank-Embedding-GreenOps-into-enterprises 및 https://blogs.gartner.com/lydia_ leong/2023/03/13/greenops-for-sustainability-must-parallel-finops-for-cost/

20

결론: 멀티 클라우드의 미래

이 책에서는 멀티 클라우드 플랫폼을 설계, 구현, 제어하는 방법을 다뤘으며, 애저, AWS, GCP, 오라클 클라우드, 알리바바 클라우드의 5가지 주요 클라우드를 살펴보고, 이러한 클라우드를 활용해 비즈니스 효과를 극대화하는 전략을 살펴봤다. 클라우드 환경을 구축하고 관리하는 것이 복잡할 수 있지만, 클라우드의 성장세는 멈추지 않을 것이다. 20장에서는 클라우드의 미래를 전망해 본다.

클라우드와 멀티 클라우드는 계속 성장할 것이다. 가장 큰 과제는 클라우드가 복잡해짐에 따라 조직이 멀티 클라우드 환경에서 애플리케이션을 어떻게 효과적으로 제어할 수 있을지다. 이 문제의 해결책을 제시할 수 있는 접근법 중 하나가 바로 구글이 제안한 **사이트 신뢰성 엔지니어링**SRE, Site Reliability Engineering이다. SRE는 소프트웨어 엔지니어링의 다양한 원칙을 인프라와 운영 문제에 적용하는 방식으로, 점점 복잡해지는 클라우드 운영을 안정적으로 관리하는 데 중요한 역할을 한다.

20장에서 다루는 내용은 다음과 같다.

- 멀티 클라우드의 성장 및 도입

- SRE 개념 이해
- SRE에서의 위험 분석 작업
- SRE에서의 모니터링 원칙 적용
- 멀티 클라우드에 SRE 원칙 적용: 분산 시스템 구축 및 운영

멀티 클라우드의 성장 및 도입

최근 몇 년 동안 멀티 클라우드는 기업이 클라우드 인프라를 관리하는 데 있어 인기 있는 접근 방식으로 떠올랐다. 멀티 클라우드에 대한 정의를 다시 한 번 살펴보자. 멀티 클라우드는 둘 이상의 클라우드 서비스 공급자가 제공하는 제품을 사용해 애플리케이션과 서비스를 호스팅하고 실행하는 것을 의미한다. 가까운 미래를 내다볼 때 기업들이 멀티 클라우드의 이점을 활용하고 위험을 관리하고자 함에 따라 멀티 클라우드 분야는 지속적으로 발전할 것으로 예상된다. 위험 관리는 20장의 뒷부분에서 SRE 개념을 살펴볼 때 자세히 다루겠다.

기업이 멀티 클라우드에 주목하는 주된 이유 중 하나는 유연성과 민첩성에 대한 요구 때문이다. 멀티 클라우드를 통해 기업은 특정 공급자에 종속되는 것을 피하고, 다양한 클라우드 서비스 공급자가 제공하는 고유한 기능과 역량을 활용할 수 있다. 이를 통해 고성능 컴퓨팅이나 머신러닝과 같은 특정 사용 사례에 맞게 애플리케이션과 서비스를 최적화하고 변화하는 시장 상황이나 고객 요구에 신속하게 대응할 수 있다.

멀티 클라우드의 또 다른 이점은 향상된 안정성과 복원력이다. 애플리케이션과 서비스를 여러 클라우드 서비스 공급자에 분산시킴으로써 기업은 중단이나 기타 문제로 인한 가동 중단 또는 서비스 중단 위험을 줄일 수 있다. 또한 주요 중단 또는 데이터 손실 발생 시 신속하게 복구할 수 있게 지원하는 재해 복구 및 비즈니스 연속성 전략을 구현할 수 있다.

그러나 멀티 클라우드에는 위험과 함정이 없는 것은 아니다. 멀티 클라우드의 가

장 큰 과제 중 하나는 이 책 전반에 걸쳐 살펴본 것처럼 여러 클라우드 환경을 관리하는 복잡성이다. 이는 보안, 규정 준수 및 데이터 거버넌스 문제를 야기할 수 있을 뿐만 아니라 운영비용과 관리 오버헤드를 증가시킬 수 있다. 또한 여러 클라우드 서비스 공급자 간의 데이터 마이그레이션 및 통합에 어려움이 있을 수 있으며, 특정 도구나 서비스에 종속될 위험도 있다. 이러한 주제는 베이스옵스, 핀옵스, 데브섹옵스를 적용할 때 살펴봤다.

위험을 완화하고자 기업은 멀티 클라우드 전략을 신중하게 계획하고 구현해야 한다. 여기에는 특정 요구 사항을 충족하기 위해 적절한 클라우드 서비스 공급자와 서비스를 선택하고, 보안 및 규정 준수를 관리하기 위한 강력한 거버넌스 프레임워크를 개발하고, 모든 클라우드 환경에서 관측 가능성과 제어력을 보장하기 위한 강력한 모니터링 및 관리 도구를 구현하는 것이 포함된다.

미래를 내다볼 때 기업이 클라우드 환경을 좀 더 효과적으로 관리할 수 있도록 지원하는 새로운 기술 및 도구의 등장과 함께 멀티 클라우드 분야는 지속적으로 발전할 것으로 예상된다. 또한 기업이 멀티 클라우드 환경을 좀 더 쉽게 통합하고 관리할 수 있도록 클라우드 서비스 공급자 간의 협업과 표준화가 증가할 수도 있다.

멀티 클라우드는 유연성, 민첩성 및 복원력 측면에서 기업에 상당한 이점을 제공하는 빠르게 진화하는 클라우드 컴퓨팅 분야다. 그러나 이러한 장점에도 기업은 여러 클라우드 환경을 동시에 관리하면서 발생할 수 있는 위험을 완화하고 예기치 않은 함정을 피하기 위한 전략과 방법론을 마련해야 한다. 멀티 클라우드의 복잡성을 극복하는 한 가지 방법은 SRE를 채택하는 것이며, 이는 다음 절에서 다룬다.

SRE 개념 이해

원래 SRE는 미션 크리티컬 시스템을 위해 고안됐지만, 전반적으로 데브옵스 프로세스를 더욱 효율적으로 추진하는 데 활용할 수 있다. 목표는 개발자가 인프라를 빠르고 오류 없이 배포할 수 있게 지원하는 것이다. 이를 위해 배포는 완전 자동화된다. 이러한 방식으로 운영자는 더 많은 시스템을 지속적으로 온보딩하고 관리해야 하는 요청에 압도되지 않는다.

구글이 고안한 SRE에 대한 원래 설명은 400페이지가 넘는다. 자세한 내용은 '더 읽을거리' 절에 있는 책을 참고하면 된다. 20장은 단지 소개일 뿐이다.

SRE의 주요 용어는 **서비스 수준 지표**SLI, Service-Level Indicators, SLO, 그리고 시스템을 사용할 수 없게 만드는 오류 횟수인 오류 예산이다. 이러한 용어는 다음 단락에서 더 자세히 설명한다.

SLI와 SLO는 서비스 수준 계약인 SLA와는 다르다. SLA는 서비스 공급자와 서비스 최종 사용자 간의 계약으로, SLA는 일반적으로 시스템 가동 시간에 대한 지표인 핵심 성과 지표KPI로 구성된다. 예를 들어 SLA에는 시스템의 가동 시간(또는 평균 고장 간격MTTF, Mean Time To Failure)이 99.9%라는 지표가 포함될 수 있는데, 이는 시스템을 최종 사용자가 한 달에 44분 동안 사용할 수 없음을 의미하며, 이를 종종 가동 중지 시간이라고 한다. 가장 안정적인 시스템도 때때로 오류가 발생하며, 이때 시스템 문제를 해결하는 데 필요한 평균 시간인 **평균 수리 또는 복구 시간**MTTR, Mean Time To Repair or Recovery과 같은 KPI가 중요해진다.

문제 해결은 운영 팀이 수행하는 작업의 큰 부분을 차지할 수 있다. SRE에서는 이를 'Toil'이라고 한다. 간단히 설명하면 Toil은 팀이 다른 사전 예방적 작업에서 벗어나 결국 개발 속도를 늦추는 수동적인 작업이다. SRE는 SRE 팀이 시스템 개선에 최대 50%의 시간을 투자해야 한다는 원칙을 기반으로 구축됐으므로 팀이 개발에 많은 시간을 할애할 수 있도록 Toil을 최대한 줄여야 한다.

이를 위해 SRE 팀은 SLI와 SLO로 정의된 목표를 설정한다.

- **서비스 수준 목표**SLO: SLO는 시스템이 어느 정도의 품질과 안정성을 유지해야 하는지 정의하는 목표다. SLO는 여러 KPI로 이뤄진 SLA보다 더 구체적이고 내부적인 기준이며, SLA가 여러 SLO로 구성돼 있다고 볼 수도 있다. 다만 SLA는 서비스 공급자와 최종 사용자 간의 외부 계약인 반면, SLO는 SRE 팀

의 개발자와 서비스 제품 소유자 간의 내부 합의라는 점에서 차이가 있다.

- SLO는 달성해야 하는 구체적인 성능 목표를 의미한다. 예를 들어 웹 프론트엔드가 분당 100개의 요청을 처리해야 한다는 요구 사항이 SLO가 될 수 있다. 이를 처음부터 지나치게 복잡한 목표를 설정할 필요는 없다. 이 SLO 하나만으로도 팀은 프론트엔드뿐 아니라 이를 구성하는 네트워크, 데이터베이스, 백엔드 시스템의 처리량까지 고려해야 하므로 이미 해결해야 할 과제가 많다. 다시 말해 이 하나의 목표를 설정함으로써 설계자와 개발자는 해당 목표를 달성하기 위해 많은 작업을 수행해야 한다.
- **서비스 수준 지표**[SLI]**:** SLO는 SLI에 의해 측정된다. SRE에는 요청 지연 시간, 시스템 처리량, 가용성 및 오류율과 같이 정말 중요한 몇 가지 지표가 있다. 이러한 지표가 핵심 SLI다. 요청 지연 시간은 시스템이 응답을 반환하는 데 걸리는 시간을 측정하며, 시스템 처리량은 초당 또는 분당 요청 수다. 가용성은 시스템을 최종 사용자가 사용할 수 있는 시간이며, 오류율은 총 요청 수와 성공적으로 반환된 요청 수의 백분율이다.
- **오류 예산:** 오류 예산은 SRE에서 가장 중요한 개념 중 하나다. SLO는 오류 예산도 정의하며, 예산은 100에서 시작해 SLO를 빼서 계산한다. 예를 들어 시스템 가용성이 99.9%인 SLO가 있는 경우 오류 예산은 100 - 99.9 = 0.1이다. 여기에서 SRE 팀은 SLO에 영향을 주지 않고 변경 사항을 적용해야 한다. 따라서 SRE 팀의 개발자는 변경 및 릴리스 수를 제한하거나 시스템 중단을 방지하고 오류 예산을 초과하지 않도록 최대한 많이 테스트하고 자동화해야 한다.
- SRE는 운영에서 Toil을 줄이는 데 중점을 둔다는 점을 기억하자. SRE 팀은 데브옵스 팀이며 운영보다 개발에 더 많은 시간을 할애할 수 있게 해야 한다. 이는 시스템 아키텍처에서 시작된다. 시스템에 내결함성이 있는지, 즉 하나 이상의 구성 요소가 실패하더라도 시스템이 계속 실행되는지 확인해야 한다. 처리량이 감소하거나 지연 시간이 늘어날 수 있지만 시스템은 여전히 사용 가능해야 한다.

SRE에서 장애나 성능 저하를 감지하려면 모니터링이 매우 중요하다. 하지만 SRE를 통해 시스템을 구축하고 운영하기 전에 아키텍트는 SLO와 SLI를 정의해야 한다. 이는 다음 절에서 설명할 위험 분석을 통해 이뤄진다.

SRE에서의 위험 분석 작업

SRE의 기본은 안정성이 애플리케이션과 시스템 아키텍처의 일부로 설계될 수 있다는 점이다. 더불어 안정성은 측정 가능한 요소이기도 하다. SRE에 따르면 안정성은 측정 가능한 품질이며, 이 품질은 설계 결정에 따라 영향을 받는다. 엔지니어는 감지, 대응 및 복구 시간을 줄이기 위한 조치를 취할 수 있으며, 가동 중지 없이 안전하게 변경 사항을 실행할 수 있도록 시스템을 개발할 수 있다. 아키텍트는 내결함성 시스템을 설계하고 엔지니어는 이를 개발할 수 있다.

그러나 이러한 모든 기능과 구조적 개선에는 비용이 따른다. 따라서 시스템에 실제로 내결함성이 필요한지 여부는 비즈니스 사례를 기반으로 한 비즈니스적 결정이다. 1장에서 다뤘듯 비즈니스 사례는 위험에 의해 결정된다. 여기서 다시 위험 관리 관점을 살펴보자.

기본 규칙은 **위험 = 확률 × 영향**으로, 기업은 위험 관리를 사용해 확률 및/또는 영향을 제한하는 조치를 구현하는 비즈니스 가치를 결정한다. SRE 용어로 표현하면 위험 관리는 안정성 엔지니어링의 가치를 결정하는 데 사용된다. 위험 관리는 SRE 팀의 제품 백로그에서 안정성과 관련된 항목의 우선순위를 정하는 데에도 활용된다. 이를 위해 조직은 종종 PRACT라고 불리는 위험 매트릭스를 기반으로 의사결정을 수행한다.

- **예방**Prevent: 위험을 완전히 회피한다.
- **완화**Reduce: 위험 발생 시 영향이나 발생 가능성을 줄인다.
- **수용**Accept: 위험의 결과를 감수한다.

- **대비**Contingency: 위험 발생 시 계획된 조치를 실행한다.
- **전가**Transfer: 위험의 결과를 보험 회사 등에 이전한다.

실패의 영향이 크다면 위험을 예방하는 전략을 고려하는 것이 좋다. 이는 시스템이 얼마나 우수해야 하는지를 나타내는 SLO를 결정하는 데 영향을 미친다. 예를 들어 가용성을 99.99%로 설정하면 오류 예산은 0.01%만 남게 된다. 이는 시스템 아키텍처에 영향을 미치는데, 위험 등급에 따라 연간 다운타임이 52분만 허용되기 때문이다. 다음 그림은 비즈니스 위험이 SRE에서 SLO를 어떻게 결정하는지 보여준다.

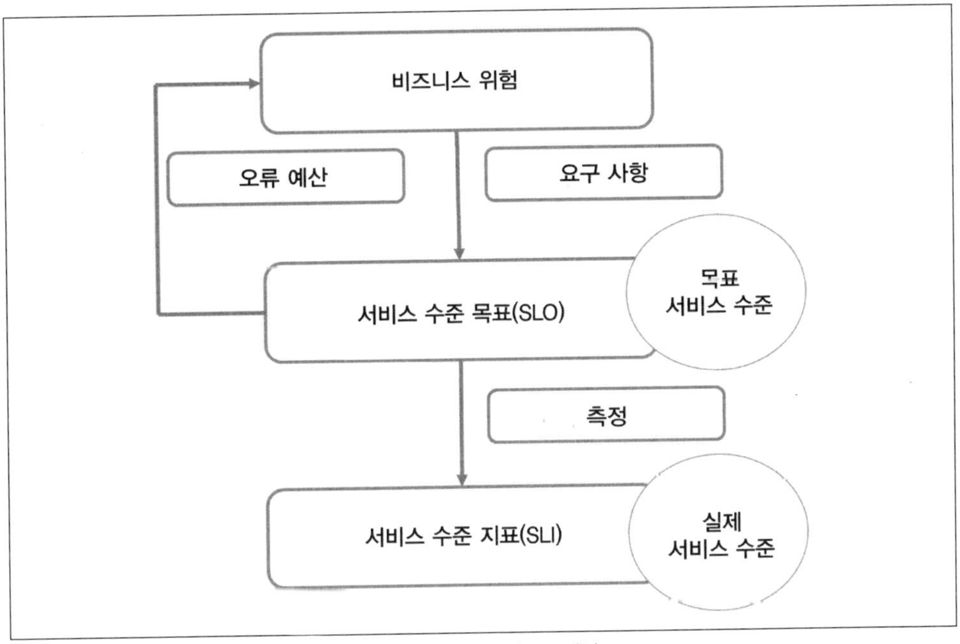

그림 20.1 SLO 및 SLI 개념

오류 예산은 위험을 제어하고 SLO를 손상시키지 않는 결정을 내리는 데 사용된다. SLO에 미치는 영향을 계산하려면 다음 항목을 고려해야 한다.

- **문제 감지 시간**TTD, Time To Detect: 소프트웨어 또는 시스템에서 문제를 감지하는 데 걸리는 시간

- **문제 해결 시간**TTR, Time To Resolve**:** 문제를 해결하거나 복구하는 데 걸리는 시간
- **연간 빈도:** 연간 오류 발생 횟수
- **사용자.** 오류로 인해 영향을 받는 사용자 수
- **연간 Bad Minutes:** 시스템을 사용할 수 없는 시간(분)/년, 즉 연간 'Bad Minutes'

예시를 통해 이를 더 명확하게 이해할 수 있다. 어느 팀이 애플리케이션에 잘못된 코드를 배포했다고 가정해 보자. 이 코드로 인해 애플리케이션 성능이 저하되는 것을 감지하는 데 15분이 걸렸고, 롤백을 실행해 문제를 해결하는 데 15분이 더 걸렸다. 이러한 문제가 2주에 한 번, 즉 연간 약 26회 발생할 것으로 예상된다. 이로 인해 사용자 중 25%가 영향을 받게 되며, 결과적으로 연간 Bad Minutes가 계산된다. 이 값이 오류 예산을 초과한다면 팀은 위험을 줄이기 위한 개선 조치를 취해야 한다. SRE 팀이 이러한 조치를 제때 수행하지 않으면 운영 업무가 급증하고 엔지니어는 문제 해결에 더 많은 시간을 할애해야 한다.

SRE에서의 모니터링 원칙 적용

SRE에서는 안정성을 측정 가능한 품질로 간주한다. 시스템의 품질과 안정성을 측정하려면 시스템 상태에 대한 실시간 정보가 필요한데, 앞서 언급했듯 TTD는 위험을 계산하고 SLO를 결정하는 데 중요한 요소이므로 관측 가능성은 SRE에서 매우 중요하다. 하지만 SRE는 모니터링이 최대한 단순해야 한다는 원칙을 고수하며, 이를 위해 다음 네 가지 주요 지표를 활용한다.

- **지연 시간**Latency**:** 시스템이 응답을 반환하는 데 걸리는 시간
- **트래픽**Traffic**:** 시스템에 가해지는 트래픽의 양
- **오류**Errors**:** 시스템에 요청된 작업 중 완전히 또는 부분적으로 실패한 횟수
- **포화도**Saturation**:** 시스템이 처리할 수 있는 최대 부하의 활용률

SRE에서는 이러한 지표를 바탕으로 모니터링 규칙을 정의한다. SRE의 시작점은 운영 업무 부담, 즉 Toil을 최소화하는 것이므로 모니터링 규칙 또한 동일한 철학을 따른다. 즉, 모니터링은 불필요하게 많은 알림을 발생시켜서는 안 되며, 엔지니어의 업무를 방해하거나 피로감을 높이는 방향으로 설계돼서는 안 된다. 기본적인 규칙은 다음과 같다.

- 규칙은 사용자에게 시급하고, 실행 가능하며, 눈에 보이는 상태를 감지해야 한다. 규칙이 없다면 해당 상태를 감지할 수 없어야 한다.
- 팀이 규칙에 의해 트리거된 알림을 무시할 수 있는가? 알림을 무시하면 어떤 일이 발생하는가?
- 알림을 무시할 수 없다면 팀은 어떻게 알림에 대응해야 하는가? 예를 들어 대다수의 사용자가 해당 상태의 영향을 받는다면 알림을 무시할 수 없으며 조치를 취해야 한다.
- 해당 상태를 개선하기 위한 단기적인 해결 방법이 있는가? SRE가 단기적 해결책을 적극적으로 권장하는 것은 아니지만, 오류가 발생하더라도 시스템이 계속 사용 가능하고 기능을 수행할 수 있도록 보장하는 조치는 필요할 수 있다. SRE는 시스템을 안정적으로 만드는 데 중점을 둔다는 점을 기억해야 한다. 또한 "임시방편만큼 영구적인 것은 없다"는 말처럼 일시적 조치는 종종 영구 해결책처럼 남아버릴 위험이 있다(이 말의 기원은 다음 링크의 시에 있다. https://www.poetryfoundation.org/poetrymagazine/poems/55235/after-a-greek-proverb). 따라서 설계사와 엔지니어는 이러한 임시방편을 최종 해결책으로 받아들이는 실수를 피해야 한다.
- 팀이 알림이 발생한 후 조치를 취하게 허용되는가?
- 알림에 대한 조치를 안전한 방식으로 자동화할 수 있는가?

SRE의 모든 모니터링 규칙은 이러한 원칙을 준수해야 한다. 요약하면 SRE의 모니터링은 조치가 필요한 신호와 노이즈를 잘 구별하는 것이다. 이론적으로 모니터링은 시스템에서 무엇이 고장 났는지를 정의하고, 이어서 왜 고장 났는지 근본 원인을 파악하는 두 가지 작업만 수행하면 된다. 하지만 대부분의 모니터링 시스템은 증상에 해당하는 '무엇이 고장 났는지'에 집중하는 경향이 있다. 오류의 원인을 정확히 파악하려면 데이터를 상호 연관시켜 분석할 수 있는 좀 더 정교한 모니터링이 필요하다.

특히 멀티 클라우드 환경에서는 시스템 오류의 원인이 다른 플랫폼에서 호스팅되는 시스템에서 발견될 수 있다. 이 자체가 이미 복잡하기 때문에 모니터링 규칙은 네 가지 주요 지표의 임곗값이 손상돼 시스템을 사용자가 사용할 수 없게 만드는 경우에만 팀에 알림이 표시되게 설계해야 한다.

멀티 클라우드에 SRE 원칙 적용: 분산 시스템 구축 및 운영

이 책이 존재하는 이유는 대부분의 기업이 클라우드 환경으로 시스템을 이전하거나 개발하고 있기 때문이다. 오늘날 기업들은 끊임없이 변화하고 있으며, 이는 운영 방식에도 큰 변화를 가져온다. 따라서 우리는 변화의 속도에 발맞춰야 한다. 기존의 운영 방식으로는 이를 감당할 수 없기에 멀티 클라우드 환경의 미래에는 SRE가 필요하다. SRE 팀은 클라우드 환경에서 안정적인 시스템을 구축한다.

이를 위해 SRE에는 몇 가지 중요한 규칙이 있다.

- **모든 것을 자동화하라:** 자동화는 일관성을 유지할 뿐만 아니라 확장성을 가능하게 한다. 이를 위해서는 매우 잘 설계된 아키텍처가 필수적이다. 자동화는 코드 내에서 문제를 한 번만 수정하면 되므로 문제 해결 속도를 높여주며, 관련된 모든 시스템에 적절한 코드가 배포되도록 보장한다. 다양한 클라우드 플랫폼에 걸쳐 있는 대규모 분산 시스템을 수동으로 운영한다면 며칠씩 소요될 작업들이다. SRE는 구글에서 처음 고안됐는데, 당시 구글은 Gmail과 같이 소비자가 의존하는 클라우드 서비스에서 이미 대규모 서비스를 운영하고 있었다. 자동화가 없었다면 이러한 서비스는 오늘날처럼 안정

적이지 못했을 것이며, 운영 팀은 수동 작업에 압도됐을 것이다.

- **Toil 제거:** Toil은 SRE에서 사용되는 특정 용어로, 이해하기 다소 어려울 수 있다. 이는 단순히 팀이 하고 싶어 하지 않는 작업이 아니라, 팀이 개발에서 벗어나게 만드는 모든 작업을 의미한다. Toil은 수동적이고 반복적이며 자동화할 수 있는 작업이며, 제품에 가치를 더하지 않는 작업이기도 하다. 이는 방해적이며 가치를 더하는 서비스 개발 속도를 늦춘다. SRE에는 Toil에 대한 규칙이 있는데, SRE 팀은 업무 시간의 50% 이상을 Toil에 소비해서는 안 된다는 것이다. Toil이 팀 시간의 최대 100%까지 쉽게 소모할 수 있기 때문이다.
- SRE는 Toil을 어떻게 처리할까? 여기서 오류 예산이 다시 중요해진다. SRE 팀이 운영 및 Toil에 절반 이상의 시간을 소비해야 한다면 오류 예산을 초과했을 가능성이 높다. 이는 엔지니어링을 필요로 하며, 일반적으로 시스템을 담당하는 제품 팀에서 시스템을 리팩토링해야 함을 의미한다. 리팩토링은 설계를 개선하고 종종 복잡성을 줄이는 것을 목표로 한다. 다음 다이어그램은 SRE에서 Toil을 제거하는 개념을 보여준다.

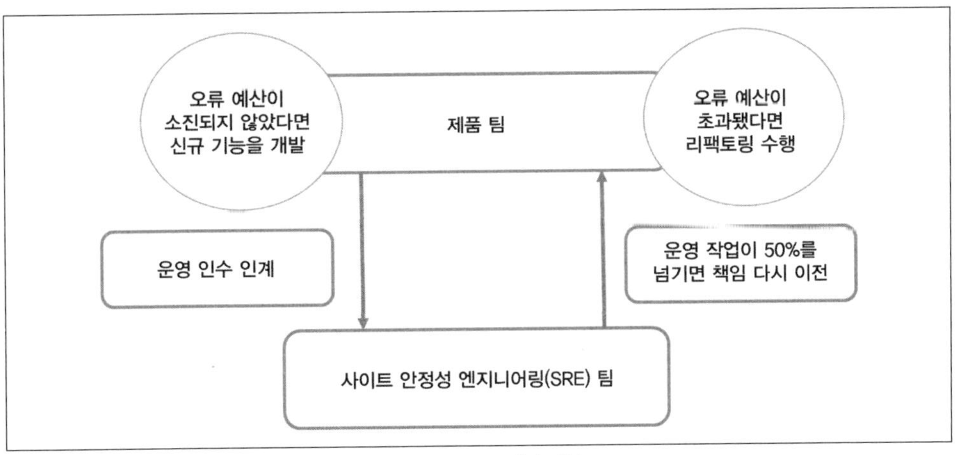

그림 20.2 Toil 제거 개념

- **단순하게 유지:** 단순성은 SRE의 핵심 원칙이다. 안정적이고 신뢰할 수 있는

시스템이 되기 위한 전제 조건으로, 소프트웨어는 단순해야 한다. 따라서 SRE 팀은 시스템이 지나치게 복잡해질 때 제품 팀에 강력하게 반대할 권한을 가진다. 이런 복잡성은 새로운 기능을 추가하는 과정에서 이전 코드를 정리하지 않아 누적되는 경우가 많다. 코드는 항상 단순하고 깔끔하게 유지돼야 하며, API 사용은 최소화해야 하고, 사용하더라도 가능한 한 단순한 API를 선택해야 한다. SRE는 "적을수록 좋다"라는 황금률을 따른다.

- **릴리스 엔지니어링:** 개발 변경 사항이 지속적으로 빠른 속도로 적용되는 동안 시스템을 안정적이고 신뢰할 수 있게 유지하려면 견고한 릴리스 프로세스가 필요하다. 구글은 소스코드 관리, 소프트웨어 컴파일, 패키징, 구성 빌드 및 자동화 전문가인 릴리스 엔지니어를 팀에 추가했다. 18장에서 브랜치 원칙을 살펴봤듯 SRE는 코드를 마스터 브랜치에 직접 체크인하지 않고 기능 브랜치를 통해 체크인하는 방식을 따른다.
- 테스팅은 모든 파이프라인에서와 마찬가지로 릴리스 프로세스의 중요한 관문이다. 여기서 SRE에 다소 특정한 또 다른 용어인 카나리아 테스트가 등장한다. 이는 과거 탄광에서 갱도에 유독가스가 있는지 감지하기 위해 카나리아를 먼저 보내던 관행에서 유래한 것이다. 카나리아가 무사히 돌아오면 광부가 들어가도 안전하다는 의미였다.
- SRE에서 카나리아 테스트는 새 코드가 구현된 서버 또는 서비스의 하위 집합을 의미한다. 이 서버들은 일정 기간 인큐베이션 상태로 두고, 그 기간이 지난 뒤에도 정상적으로 작동하면 나머지 서버에도 새 코드가 배포된다. 반대로 카나리아 서버가 실패하면 해당 서버들은 마지막으로 정상적으로 동작했던 상태로 롤백된다.

NOTE

> 테스팅은 SRE의 핵심 가치, 즉 지연 시간, 트래픽, 오류 및 포화도에 대해 수행된다.

- **사후 분석:** 물론 SRE가 모든 실수를 완전히 없애 준다는 뜻은 아니다. 여러 클라우드에 걸쳐 분산된 시스템으로 구성된 멀티 클라우드 환경에서는 문

제가 발생하는 것이 오히려 자연스럽다. 시스템은 사용자 요구 증가로 인해 점점 더 복잡해지고, 새로운 기능은 빠르게 추가된다. 서비스 간 연동도 복잡해지면서 배포 실수, 버그, 하드웨어 오류(클라우드 환경에도 물리적 하드웨어가 존재한다는 점을 잊지 말아야 한다), 심지어 보안 침해 등 다양한 원인으로 문제가 발생할 수 있다.

- SRE에서는 이러한 문제를 시스템과 소프트웨어를 개선할 기회로 여긴다. 문제가 해결되는 즉시 사후 분석을 실시하는데, 중요한 점은 이러한 분석이 누구의 잘못인지 따지지 않는다는 것이다. 구글은 이를 사후 분석 문화 또는 철학이라고 부르며, 팀은 문제를 기록하고, 해결 과정을 정리하고, 근본 원인을 문서화하며, 그 결과 얻은 교훈을 실제 개선 작업에 반영한다. 목적은 비난이 아니라 시스템을 더욱 탄력적이고 안정적으로 만드는 데 있다.

SRE는 끊임없이 배우는 것이다. 실패를 통해 배우고, 실행하면서 배운다. 이 책을 끝까지 읽고 기억해야 할 메시지가 있다면 멀티 클라우드 아키텍처와 거버넌스 또한 배움의 과정이라는 것이다. 애저, AWS, 구글, OCI, 알리바바 클라우드 등 모든 플랫폼은 끊임없이 변화할 것이다.

끊임없는 변화, 이것이 멀티 클라우드의 본질이다.

마무리

시스템은 더 많은 기능을 요구하는 고객 때문에 계속해서 복잡해지고 있다. 동시에 시스템은 중단 없이 24시간 내내 사용 가능해야 한다. 클라우드 플랫폼은 빠른 개발을 가능하게 하는 환경을 제공하기 때문에 클라우드 서비스 공급자는 앞으로도 빠르게 성장할 것으로 예상된다. 다시 말해 클라우드는 앞으로도 확실히 성장할 것이다. 그러나 이는 많은 기업에 새로운 과제를 안겨준다. 이 책 전반에서 살펴본 것처럼 클라우드 환경을 구축하고 관리하는 일은 상당히 복잡할 수 있다.

클라우드는 계속 성장할 것이고, 그에 따라 클라우드의 복잡성 또한 커질 것이다. 이러한 환경에서 안정성을 확보하려면, 특히 여러 플랫폼에 분산된 진정한 멀티 클라우드 환경에서는 SRE 원칙을 반드시 도입해야 한다. 20장에서 살펴본 것처럼 SRE의 핵심은 SLO를 설정하고, SLI를 측정하고, 오류 예산을 활용하는 방법론을 이해하는 데 있다.

이러한 매개변수는 모두 비즈니스 위험 분석을 기반으로 결정된다. 우리는 SRE에서 모니터링을 어떻게 설계하고 어떤 원칙을 따라야 하는지도 살펴봤다. 마지막 절에서는 자동화된 시스템, Toil 제거, 단순성, 릴리스 엔지니어링, 사후 분석 등 SRE의 중요한 지침들을 살펴봤다.

20장과 이 책의 결론은 실행하고 실패하면서 배우는 것이다. 멀티 클라우드의 세계는 빠르게 변화하고 있으므로 기업은 끊임없는 변화 모드에 있다고 생각하게 될 것이다.

질문

1. SRE에서 위험 분석은 매우 중요하다. 흔히 PRACT라고 불리는 다섯 가지 위험 관리 전략은 무엇인가?
2. SRE는 모니터링 규칙을 적용할 때 네 가지 주요 지표를 언급한다. 지연 시간과 트래픽 외에 나머지 두 가지는 무엇인가?
3. SRE에는 반복적이고 피해야 하는 수동 작업에 대한 특정 용어가 있다. 이 용어는 무엇인가?
4. 사후 분석은 SRE의 핵심 원칙이다. 사후 분석은 근본 원인을 찾고 오류에 대한 책임자를 찾는 과정이라는 설명이 맞는가?

더 읽을거리

SRE에 대한 더 자세한 내용은 팩트출판사에서 출판한 페트루 라지Pethuru Raj의 『Practical Site Reliability Engineering』(2018)을 참고하면 된다.

| 찾아보기 |

ㄱ

가드레일 204
가드레일 정책 229
가상 WAN 206
가상 머신 99
가상 사설 네트워크 115
가상 프라이빗 게이트웨이 220
가상 프라이빗 클라우드 144, 210
가상 현실 84
가상화된 SAN 43
가치 흐름 81
간섭 비용 78
감사 가능성 517
개념 증명 393
개발 키트 247
개방형 애자일 아키텍처 181
개인 정보 보호 및 보안 185
객체 스토리지 서비스 280
거버넌스 모델 158, 163
거버넌스 실행 104
검색 가능성 175
검색 용이성 56
격차 분석 495
견고성 56, 178
경계 보호 423, 425
경계 설정 232
경계 흐림 80
경량 디렉터리 액세스 프로토콜 446
경량 디렉터리 접근 프로토콜 157
계약 유형 336
계정 계층 구조 332
계정 연합 459
고객 관계 관리 470
고객 마스터 키 477
고객 중심 행동 390, 504
고객의 목소리 58
고급 암호화 표준 472
고수준 설계 191
고유 식별자 296
고정 비용 373
골든게이트 290
공개키 인프라 425
공용 인터넷 41
공유 서비스 계정 208
관리 용이성 57
관리형 서비스 373
관리형 핀옵스 361
관측 가능성 241, 273, 517
광대역 네트워크 98
교차 기능 자율 팀 391
구글 I/O 106
구글 안토스 43, 45
구글 쿠버네티스 엔진 43, 125
구글 클라우드 모니터링 138
구글 클라우드 빌드 397, 401
구글 클라우드 플랫폼 33
구독 기반 경제 72
구성 가능성 56
구성 관리 154
구성 관리 데이터베이스 154
구성 요소 수량화 372
규성 준수 요구 사항 159
그라파나 518
그래픽 처리 장치 47
그린옵스 535
글로벌 헬스케어 시장 73
기계 간 통신 296
기능 요구 사항 59
기록 시스템 185
기밀성 417
기본 파이프라인 146
기술 로드맵 110
기술 매핑 104
기술 전략 89

기술적 위험 241
기업 계약 339
기업 전략 분석 70
기회 이익 80
깃랩 406
깃옵스 406
깃허브 Actions 406

ㄴ

네이티브 애저 가상 머신 48
네트워크 가상화 및 보안 43
네트워크 계층 423
네트워크 구성 118
네트워크 보안 그룹 47
네트워크 스캔 411
네트워크 연결 스토리지 126
네트워크 트래픽 분석기 491
노드 124

ㄷ

다단계 인증 251
다이나모DB 277
다이렉트 커넥트 220
단일 창 152
대응 계층 424
데브섹옵스 383
데브섹옵스 문화 구현 389
데브섹옵스 성숙도 모델 514
데브옵스 도구 주기율표 85
데브옵스 사이클 506
데브옵스 주기 392
데브옵스 프로세스 60
데이터 개인 정보 보호 39
데이터 계층 424
데이터 구성 요소 161
데이터 레이크 161, 273
데이터 메시 솔루션 290
데이터 보호 영향 평가 470
데이터 분석가 291
데이터 센터 35
데이터 손실 방지 243, 463
데이터 아키텍트 291
데이터 암호화 471
데이터 암호화 키 477
데이터 원칙 184
데이터 웨어하우스 274
데이터 위험 239
데이터 중력 271
데이터 팩토리 186
데이터웍스 483
도메인 네임 시스템 448
도메인 주도 설계 390, 504
도메인 특정 언어 226
동적 애플리케이션 보안 테스트 407, 516
동적 위협 분석 411
동질적 38
디스크 엔크립션 472
디지털 전환 61

ㄹ

라이브 전환 148
라이선스 계약 336
랙스페이스 41
랜딩 존 115, 203
랜딩 존 관리 224
런타임 환경 387
레이크하우스 280
로그 싱크 433
로그 아카이브 계정 208
로그 애널리틱스 222
로깅 및 감사 추적 425
로드 밸런싱 99
로드맵 108
로컬 영역 네트워크 98
리소스 99
리소스 공유 38
리소스 기반 라이선스 358
리소스 매니저 254
리소스 접근 관리 231
리소스 정책 230
리소스의 이름 지정 138
리팩터 89
릴리스 엔지니어링 550

ㅁ

마스터 데이터 레코드 154
마스터 브랜치 190
마이그레이션 101
마이크로서비스 119
마이크로소프트 고객 계약 339
마이크로소프트 디펜더 46
마이크로소프트 애저 35
마이크로소프트 애저 리커버리 서버 256
마이크로소프트 애저 백업 서버 256
마이크로소프트 온라인 서비스 프로그램 339
마이크로소프트 이그나이트 106
마이크로소프트 인스파이어 106
맵리듀스 273
멀티 클라우드 33, 38
멀티 클라우드 솔루션 관리 41
멀티 클라우드 스택 42
멀티 클라우드 요구 사항 55
멀티 클라우드 전략 52, 89
멀티 클라우드용 아키텍처 원칙 170
멀티테넌시 99
멀티프로토콜 라벨 스위칭 219
메시징 서비스 105
메타버스 84
모놀리식 119
모니터링 138
모니터링 스위트 497
모델링 273
무결성 417
무작위 대입 공격 474
문제 감지 시간 545
문제 관리 154
문제 해결 시간 546
미래 운영 방식 111, 194
미분할 요금 369

ㅂ

바코드 39
방화벽 424
배스천 서버 221
백업 계획 265
백업 수준 76
범위 설정 103
베스트 오브 브리드 36
베이스옵스 201, 202
베이스옵스 아키텍처 패턴 213
변경 관리 154
변환 옵션 119
보안 136
보안 계정 208
보안 구성 요소 162
보안 및 접근 요구 사항 160
보안 소켓 레이어 482
보안 오케스트레이션, 자동화 및 대응 487
보안 운영 134
보안 운영 센터 488
보안 정보 및 이벤트 관리 424, 487
보안 정책 416
보안 정책의 기준선 421
보안 제어 118
보안 태세 304
보안 프레임워크 418
복구 시간 목표 149, 179
복구 시점 목표 149, 178
분할 요금 369
브로드컴 43
블록체인 84
블롭 스토리지 161, 273
블룸버그 84
비관리형 서비스 373
비기능 요구 사항 59
비용 관리 137, 339
비용 관리 활동 376
비용 동인 식별 371
비용 인식 설계 356
비용 추정기 330
비용 커버리지 368
비용 통제 114, 182
비즈니스 KPI 148
비즈니스 계획 76
비즈니스 로드맵 86
비즈니스 민첩성 72, 114
비즈니스 비전 191
비즈니스 애플리케이션 35
비즈니스 연속성 76, 254
비즈니스 연속성 및 재해 복구 162, 263

비즈니스 원칙 182
비즈니스 정렬 108
비즈니스 타당성 79
비트라커 472
비표준 변경 197
빅레이크 279
빅쿼리 186
빌드 및 릴리스 파이프라인 509

ㅅ

사고 관리 154
사물 인터넷 181
사설 내부 네트워크 41
사용 편의성 56, 57
사용량 기반 336
사용량 기반 비용 372
사용성 180
사용자 기반 라이선스 358
사용자 인터페이스 100
사이드카 123
사이트 리커버리 255
사이트 신뢰성 엔지니어링 139, 539
삭제 정책 227
상각 비용 371
상호 운용성 56, 283
서버리스 51
서버리스 컴퓨팅 93
서비스 목표 159
서비스 분해 161
서비스 설계 158
서비스 수준 계약 110
서비스 수준 지표 542, 543
서비스 클래스 338
서비스형 데스크톱 52
서비스형 데이터베이스 52
서비스형 모든 것 52
서비스형 소프트웨어 51
서비스형 인프라 44
서비스형 컨테이너 51
서비스형 플랫폼 45
서비스형 하드웨어 52
서비스형 함수 51
성능 56, 174
세션 기반 인증 454
세일즈포스 33, 60
소프트웨어 구성 분석 411
소프트웨어 라이선스 358
소프트웨어 자산 관리 359
소프트웨어 컴포넌트 122
송장 검증 344
쇼백 360, 367, 379
스마트폰 36
스왐프 283
스캐폴드 132, 203
스케일 단위 정의 177
스크럼 398
스택 HCI 45
스택 엣지 45
스택 정책 228
스택 허브 45
스토리지 게이트웨이 262
스토리지 볼륨 261
스포티파이 190
스풀링 소프트웨어 39
시스템 매니저 175
시스템 매직 쿼드런트 154
시스템의 복원력 238
시스템의 이중화 35
시큐리티 바이 디자인 493
시큐리티 커맨드 센터 431
시큐리티 허브 428
시프트 레프트 원칙 390
싱글 사인온 207

ㅇ

아마존 웹 서비스 33
아이폰 37
아카이빙 152
아키텍처 개발 방법론 162
아키텍처 검증 198
아키텍처 및 인터페이스 요구 사항 160
아파치 카프카 290
아파치 하둡 273
아파치 하이브 280

안드로이드 36
안전한 연결 422
안정성 57
알리바바 IoT 플랫폼 302
알리바바 클라우드 41, 49
애자일 147
애자일 릴리스 트레인 396
애저 Bicep 226
애저 Blueprints 226
애저 Graph 226
애저 Key Vault 206
애저 Network Function Manager 309
애저 Policy 225
애저 Quickstart Templates 226
애저 VMware 솔루션 43
애저 가격 계산기 322
애저 데브옵스 398
애저 데이터 레이크 스토리지 젠2 275
애저 데이터 센터 48
애저 데이터 익스플로러 276
애저 머신러닝 47
애저 모니터 46, 138
애저 백업 46, 255
애저 사이트 리커버리 46
애저 스택 40, 45
애저 스택 엣지 307
애저 시큐리티 센터 46
애저 아크 42, 48, 126
애저 어드바이저 250
애저 컨테이너 인스턴스 125
애저 쿠버네티스 서비스 47
애저 테넌트 48
애플리케이션 계층 424
애플리케이션 구성 요소 161
애플리케이션 보안 설계 원칙 407
애플리케이션 온보딩 246
애플리케이션 원칙 187
애플리케이션 위험 240
애플리케이션 인사이트 222
액티브 디렉터리 135
액티브 디렉터리 페더레이션 서비스 449
액티브-액티브 268
액티브-패시브 268
앤시블 520
약정 기반 336
어플라이언스 43
엄격한 연결 정책 422
에픽 147
엔드 투 엔드 173
엔터프라이즈 규모 랜딩 존 205
엔터프라이즈 아키텍처 192
엔터프라이즈 아키텍트 62
엔터프라이즈 할인 프로그램 334, 370
역량 성숙도 모델 101, 352
역할 기반 접근 제어 158, 444
연간 빈도 546
연결 구현 217
예거 519
오라클 빅데이터 서비스 281
오라클 클라우드 월드 106
오라클 클라우드 인프라스트럭처 41, 106
오류 예산 543
오케스트레이션 122
오픈스택 42, 44
오픈텔레메트리 519
오피스 365 33
온라인 카탈로그 36
온프레미스 39
온프레미스 데이터 센터 35
온프레미스 스택 38
완료 조건 393
완전 적재 비용 371
요구 사항 카탈로그 192
운영 363
운영 관련 리소스 118
운영 기술 299
운영 요구 사항 160
운영 지출 78
운영 효율성 86
운영성 173
운영을 위한 인공지능 525
워크데이 60
워크로드 관리 134
워크로드 보안 375
워크로드 최적화 254
워크숍 242
워크플로 모델링 400
원칙 카탈로그 192

웜 스탠바이 258
웹 3.0 84
웹 애플리케이션 방화벽 206
위협 모델링 수행 409
윈도우 관리 센터 46
유지 90
응답성 249
이벤트 허브 290
이식성 56, 179, 283
이질적 38
이해관계자 인터뷰 242
익스프레스 커넥트 220
인공지능 84
인스턴스 가격 계산기 327
인터넷 보안 센터 136, 415
인터넷 프로토콜 296
인프라 구성 요소 103, 162
인프라 및 기술 원칙 189
인프라 자동화 도구 222
일관성 185
일래스틱 블록 스토어 261
일래스틱 컴퓨트 서비스 231
일래스틱 쿠버네티스 서비스 215
일래스틱 파일 시스템 261
일반 데이터 보호 규정 152, 184
일반 테스트 계약 393
일시불 요금 358
입출력 처리량 249

ㅈ

자동 확장 177
자동화 139
자동화 및 대응 424
자본 지출 78
자산 검색 112
자산 평가 113
장거리 광대역 네트워크 309
장기 계획 74
재구매 89
재구축 90
재무 계획 77
재무 구조 75
재설계 90
재정 관리 134
재청구 모델 360
재플랫폼화 89
재해 복구 76, 254, 263
재해 복구 계획 266
재호스팅 89
저수준 설계 191
저전력 무선 308
저전력 블루투스 308
적시성 185
적절성 185
전문가 집단 164
전방위적 책임감 391
전송 중 암호화 472
전용 프라이빗 호스트 40
전체 디스크 암호화 471
전통적 91
전환 계획 112
전환 및 변환 계획 194
접근 권한 425
접근 제한 422
정기적인 감사 423
정보 수집 361
정적 애플리케이션 보안 테스트 407, 516
정책 기반 백업 계획 261
정확성 184
제로 트러스트 183, 424, 493
제품 개발 59
제품 정의 59
제한적 계약 336
조직 변화 대응 62
조직 정책 229
종량제 74, 350
종료 방지 227
종료 전략 148
중앙 집중식 관리 플랫폼 35
중앙 집중식 백업 솔루션 267
중앙 집중식 플랫폼 35
증강 현실 84
지속성 요구 사항 159, 160
지속적인 개선 391
지속적인 배포 392
지속적인 통합 392

지연 비용 79, 80
지원 모델 164
지점 간 이더넷 219
직접 비용 78

ㅊ

차지백 360, 367, 379
참여 시스템 185
책임 분리 102
청구 계정 관리자 342
청구 계정 사용자 342
청구 계정 역할 342
청구서 검증 338
초당 요청 수 249
총 소유 비용 77
최고 정보 보안 책임자 438
최고 정보 책임자 438
최소 권한 사용자 계정 454
최소 권한 사용자 계정 또는 액세스 234
최소 권한 액세스 452
최소 권한 정책 234
최소 기능 제품 65
최소 실행 가능 제품 315
최적화 362
추적 가능성 517
취약점 스캔 411
취약한 보안 상태 241
침입 방지 시스템 424
침입 탐지 시스템 424

ㅋ

칸반 398
커맨드라인 인터페이스 317
커버로스 157
컨테이너 아키텍처 123
컨테이너 앱스 125
컨테이너 오케스트레이션 122, 406
컨테이너 이미지 스캔 411
컴파트먼트 232
컴퓨트 엔진 175
코드 베이스 190
코드로서의 인프라 134
콜드 스탠바이 258
쿠버네티스 45
쿠버네티스용 알리바바 클라우드 컨테이너 서비스 125
쿠버네티스용 오라클 컨테이너 엔진 125
클라우드 SLA 148
클라우드 가드 437
클라우드 관리 플랫폼 98
클라우드 교환 코로케이션 219
클라우드 기술 적합성 75
클라우드 네이티브 98
클라우드 네이티브 ID 158
클라우드 네이티브 구성 요소 162
클라우드 넥스트 106
클라우드 데이터랩 278
클라우드 데이터프렙 278
클라우드 도입 40
클라우드 도입 프레임워크 110, 203, 351
클라우드 도입의 7단계 141
클라우드 디버거 253
클라우드 랜딩 존 140
클라우드 레이크하우스 279
클라우드 마이그레이션 62
클라우드 보안 형상 관리 439
클라우드 서비스 공급자 48
클라우드 서비스 모델 62
클라우드 요금 369
클라우드 우선 69
클라우드 운영자 291
클라우드 인프라 권한 관리 454
클라우드 적합 69
클라우드 전문가 집단 224
클라우드 전용 전략 40
클라우드 컴퓨팅 시스템 35
클라우드 트레이스 253
클라우드 포털 37
클라우드 환경 최적화 528
클린 코드 407
키 자격증명 모음 208

ㅌ

태그 338

태그 기반 백업 261
태그 지정 표준 337
태깅 138
태깅 전략 360
테넌시 118
테라폼 128, 320
테스트 주도 개발 225
텐센트 49
트리거 121

ㅍ

파워셸 46
파이썬 패키지 피드 399
파이프라인 146
파이프라인 보안 407
파티셔닝 177
퍼뷰 276
퍼블릭 클라우드 35, 38, 41
퍼블릭 클라우드 우선 전략 40
퍼블릭 클라우드 포털 37
페더레이션 158
페더레이션 서비스 447
평가 계획 100
평가 단계 103
평균 고장 간격 542
평균 수리 또는 복구 시간 542
폐기 90
포리스트 452
포털 37
표준 변경 197
품질 기능 전개 34, 71
품질 보증 394
품질 속성 172
품질의 집 58
프라이빗 클라우드 35, 38, 41
프로메테우스 518
프로비저닝 322
프로세스 164
프로세스 개발 59
프로세스 품질 관리 59
플랫폼 37
플랫폼 계층 424
플러그인 401
플루언트드 519
피드백 루프 391
핀옵스 313

ㅎ

하둡 분산 파일 시스템 273
하드웨어 보안 모듈 184
하시코프 97
하시코프 구성 언어 128
하이브리드 99
하이브리드 IT 38
하이브리드 백업 262
하이브리드 클라우드 38
하이브리드 환경 38
하이퍼 자동화 155
하이퍼바이저 99
하이퍼스케일러 150, 536
합리화 91
핵심 성과 지표 62, 110
향상된 복원력 114
허브 앤 스포크 모델 206
헬스케어 분야 73
혁신 도입 106
현재 운영 방식 111
호스트 98
호스팅 39
확장성 57, 99

A

Account Factory 231
Account Vending Machine 207
ACK 125
Active Directory 135
Active Directory Federation Services 449
Active-Active 268
Active-Passive 268
ADF 276
ADFS 449
ADM 53, 162
Admin Center 46

Advanced Encryption Standard 472
Advanced Message Queuing Protocol 308
Advisor 250
Aeris 301
AES 472
agile 147
Agile Release Train 396
AI 84
AIOps 525
AISPL 341
AI옵스 525
AKS 47, 125, 215
Alibaba Cloud 41
Alibaba Cloud Container Service for Kubernetes 125
Amazon Internet Services Private Limited 341
AML 47
amortized cost 371
AMQP 308
AnalyticDB 481
Android 36
Ancible 520
Anthos 43
Any-to-any IPVPN 219
Anything as a Service 52
aPaaS 298
Apache Hadoop 273
Apache Hive 280
Apache Iceberg 274
Apache Kafka 290
Application Insights 222
application Platform as a Service 298
Apptio Cloudability 364
AR 84
Arc 42
Architecture Development Method 53, 162
ARM 222
Artifacts 399
Artificial Intelligence 84
Artificial Intelligence for Operations 525
ASB 427
ASR 258
Athena 186
auditability 517
Augmented Reality 84
Availability 417
AVM 207, 209
AVS 43
AWS 33
AWS Account Vending Machine 209
AWS CloudWatch 138
AWS CodePipeline 400
AWS Outposts 40, 44, 307
AWS Wavelength 309
AWS 계산기 324
AWS 랜딩 존 207
AWS 랜딩 존 솔루션 209
AWS 리인벤트 106
AWS 비즈니스 이벤트 106
AWS 퍼블릭 클라우드 44
Azure Backup 46, 255
Azure Data Factory 276
Azure Data Lake Storage Gen2 275
Azure Kubernetes Service 47, 215
Azure Kubernetes Services 125
Azure Machine Learning 47
Azure Monitor 46
Azure Resource Manager 222
Azure Security Benchmark 427
Azure Security Center 46
Azure Site Recovery 46, 258
Azure VMware Solution 43

B

BaseOps 134, 201
Bastion 서버 221
BC 76
BCDR 162, 263
best-of-breed 36
Bicep 128
BigLake 279
BitLocker 472
BLE 308
blended rates 370
Blob Storage 161, 273
blockchain 84
Bloomberg 84

Bluetooth Low Energy 308
blurring 80
BMC 헬릭스 멀티 클라우드 매니지먼트 154
Boards 398
Brillo 301
Brute Force Attack 474
Business Continuity 76
Business Continuity and Disaster Recovery 162, 263

C

CaaS 51
CAF 110, 203, 351
Capability Maturity Model 101, 352
CAPEX 78, 350
CCoE 224
Center for Internet Security 136, 183, 415
Chargeback 360, 367
Chief Information Officer 438
Chief Information Security Officer 438
CI/CD 설정 391
CI/CD 파이프라인 390
CIA 원칙 417
CIEM 454
CIO 438
CIS 136, 183, 415
CISO 438
CKMS 478
CLI 317
Cloud Adoption Framework 110, 351
Cloud Adoption Frameworks 203
Cloud Build 402
Cloud Center of Excellence 224
Cloud Datalab 278
Cloud Dataprep 278
Cloud Debugger 253
Cloud Guard 437
Cloud Infrastructure Entitlement Management 454
Cloud Key Management Service 478
Cloud Management Platform 98
Cloud Native 98
Cloud Security Posture Management 415, 439
Cloud Trace 253
cloud-first 69
cloud-fit 69
CloudEndure 263
CloudFormation 128, 247, 317, 397
CloudMonitor 138
CloudTrail 222
CloudWatch 222
CMDB 154
CMK 477
CMM 101, 352
CMO 111
CMP 98
CMS 185
CoAP 308
CodeCommit 400
CodePipeline 397
CoE 164
Cohesity 268
Cold Standby 258
Commitment-based 336
Commvault 268
compartment 232
Compute Engine 175
Confidentiality 417
Configuration Management DataBase 154
Constrained Application Protocol 308
Consumption-based 336
Container Apps 125
Container as a Service 51
Container Instances 125
Content Management System 185
CRM 185, 470
CSPM 415, 439
Current Mode of Operations 111
Customer Master Key 477
Customer Relationship Management 185, 470

D

DaaS 52
DAST 407, 516
Data Encryption Keys 477
Data Explorer 276

Data Factory 186
data lake 273
Data Loss Prevention 243, 463
Data Protection Impact Analysis 470
Database as a Service 52
Databricks 186
Dataplex 290
DataWorks 483
DBaaS 52
DDD 390, 504
Dedicated Interconnect 220
Definition of Done 393
DEK 477
Deletion policies 227
Delta Lake 274
Deployment Manager 319
Desired State Configuration 175
Desktop as a Service 52
Development Kit 247
Device Update 298
Direct Connect 220
Disaster Recovery 76, 263
Disk Encryption 255, 472
DLP 243, 463
DNS 448
DoD 393
Domain Name System 448
Domain-Driven Design 390, 504
Domain-Specific Language 226
DPIA 470
DR 76, 263
DSC 175
DSL 226
Due Diligence 75
Dynamic 91
Dynamic Application Security Testing 516
DynamoDB 277
DynamoDB 테이블 261

E

EA 339
EBS 261
EC2 151
ECR 400
ECS 231
EDP 334, 370
EFS 261
EKS 125, 215
Elastic Block Store 261
Elastic Compute Cloud 151
Elastic Compute Service 231
Elastic Container Registry 400
Elastic File System 261
Elastic Kubernetes Service 215
Elastic Kubernetes Services 125
ELT 275, 282
EMR 186
Enterprise Agreement 339
Enterprise Discount Program 334, 370
Enterprise Resource Planning 185
epic 147
ERP 79, 185
ETL 275, 282
Event Hub 290
Exchange 256
Express Connect 220
ExpressRoute 218
Extract-Load-Transform 275
Extract-Transform-Load 275

F

FaaS 51
FastConnect 221
FDE 471
feature 147
Federal Information Processing Standard 479
Federation Services 447
Field-Programmable Gate Arrays 47
FinOps 134
FIPS 479
Fluentd 519
FMO 111, 194
forking 512
FPGA 47

Freemium 74
Full Disk Encryption 471
Future Mode of Operation 194
Future Mode of Operations 111

G

Gaia-X 49
GCP 35
GCP 인스턴스 253
GCP 인스턴스 가격 계산기 327
GDPR 152, 184
General Data Protection Regulation 152, 184
Generic Test Agreement 393
GitOps 48
GKE 43, 125
GoldenGate 290
Google Kubernetes Engine 43, 125
GPU 47
Grafana 518
Greengrass 300
GTA 393

H

HaaS 52
Hadoop Distributed File System 273
Hardware as a Service 52
Hardware Security Module 479
Hardware Security Modules 184
HashiCorp 97
HashiCorp Configuration Language 128
HCL 128
HDFS 273
Helix Multi-Cloud Management 154
High-Level Design 191
HOQ 58
Host 98
House of Quality 58
HSM 184, 479
Hybrid 99
Hyper-V 42
hyperautomation 155
HyperConverged Infrastructure 45
hyperscaler 150
hyperscalers 536
Hypervisor 99

I

IaaS 44
IaaS 구성 요소 목록 373
IaC 134
IaC 유효성 검사 411
IAM 118, 135, 444
IAM policies 228
IAM 정책 228
ID 디렉터리 시스템 135
ID 및 액세스 관리 118, 135, 444
Identity and Access Management 118
IDS 424
Infrastructure as a Service 44
Infrastructure as Code 134
Integrity 417
Internet of Things 181
Internet Protocol 296
intra-VLAN 219
Intrusion Detection Systems 424
Intrusion Prevention Systems 424
iOS 36
IoT 181
IoT Core 300
IoT Device Management 300
IoT Edge 298
IoT 생태계 303
IP 296
IPS 424
ISO 134
Istio 45
IT 서비스 관리 시스템 154
IT 인프라 라이브러리 82
IT4IT 81
IT4IT 가치 흐름 83
ITIL 82
ITSM 154
ITSM 프로세스 165

J

Jaeger 519
JavaScript 객체 표기법 128
Jenkins 401
JSON 128

K

Kanban 398
Keep It Simple, Stupid 407
Kerberos 157
Key Management Interoperability Protocol 479
Key Management Service 261
Key Performance Indicators 62
KISS 407
KMIP 479
KMS 261
KPI 62
KVM 44

L

lakehouse 280
landing zone 115
LDAP 157, 446
Least-Privileged User Account or Access 234
Least-privileged User Accounts 454
Lightweight Directory Access Protocol 157, 446
Limited agreements 336
Load Balancing 99
Log Analytics 222
Logic Apps 298
LoRaWAN 309
Low-Level Design 191
LPUA 234
LUA 454

M

M2M 296
MABS 256
Machine-To-Machine 296
MapReduce 273
MARS 256
Master Data Records 154
Maven 399
MaxCompute 280
MDR 154
Mean Time To Failure 542
Mean Time To Repair or Recovery 542
Metaverse 84
MFA 251
Microsoft Azure Backup Server 256
Microsoft Customer Agreement 339
Microsoft Online Services program 339
Minimal Viable Product 65
Minimum Viable Product 315
MPLS 219
MQ Telemetry Transport 300
MQ 텔레메트리 전송 300
MQTT 300
MTTF 542
MTTR 542
multi-cloud 33
Multi-Factor Authentication 251
Multi-tenancy 99
Multiprotocol Label Switching 219
MVP 65, 315

N

Nagios 223
NAS 126
National Institute of Standards and Technology 388
NetApp Astra 126
Network Attached Storage 126
Network Security Groups 47
Network Traffic Analyzers 491
Network virtualization and security 43
NIST 134, 388
node 124
NoSQL 데이터베이스 161
Now 플랫폼 154
NPM 399

NSG 47
NSX 43
NTA 491
NuGet 399

O

O-AA 181
Object Storage Service 280
observability 517
OCI 41
OCI 객체 스토리지 267
OCI 데이터베이스 백업 267
OCI 모니터링 254
OCIR 405
OKE 125
OneM2M 308
Open Agile Architecture 181
Open Systems Interconnection 219
Open Web Application Security Project 302, 407, 514
OpenLDAP 135
OpenTelemetry 519
Operational Technology 299
OPEX 78, 350
OpEx 57
OpsWorks 317
Oracle Big Data Service 281
Oracle Cloud Infrastructure 41, 106
Oracle Cloud Infrastructure Registry 405
Oracle Container Engine for Kubernetes 125
Organization policies 229
OSI 219
OSS 280
OT 299
OTA 298
Outposts 43
Over-the-Air 298
OWASP 302, 407, 514

P

PaaS 45, 245
PAM 454
Pay-As-You-Go 74, 350
PAYG 74, 350
PCI-DSS 134
Personal Health Dashboard 252
PIM 206
Pipelines 399
PKI 424, 425
Platform as a Service 45
PoC 393
Policy of Least Privilege 234
PoLP 234
PowerShell 46
Privileged Identity Management 206
Prometheus 518
Public Key Infrastructure 424
Purview 276

Q

QA 394
QFD 34, 58, 71
QFD 프로세스 59
QR 코드 39
Quality Assurance 394
Quality Function Deployment 71

R

Rackspace 41
RAID 161
RAM 231
Rationalized 91
RBAC 158, 444
RDS 261
Re:invent 106
Rearchitect 90
Rebuild 90
recharging model 360
Recovery Point Objective 149, 178
Recovery Time Objective 149, 179
Redshift 277
Refactor 89
Rehost 89

Relational Database Services 261
Replatform 89
Repos 398
Repurchase 89
Requests Per Second 249
Resource 99
Resource Access Management 231
Resource Manager 254
Resource policies 230
REST API 253
Retain 90
Retire 90
RFID 39
Role-Based Access Control 158
RPO 149, 178
RPS 249
RTO 149, 179
Rubrik 268

S

SaaS 33, 51
SaaS 솔루션 설계 246
SAFe 190
Salesforce 60
SAM 359, 400
SAST 407, 516
SCA 411
scaffold 133
Scalability 99
Scaled Agile Framework 190
Scrum 398
SecOps 134
Secure Sockets Layer 482
Security by Design 183, 407, 493
Security Command Center 431
Security Information and Event Management 424, 487
Security Operations Center 488
Security Orchestration, Automation, and Response 424, 487
Segregation of Duties 102
serverless 51
Serverless Application Model 400
Service-Level Agreements 110
Service-Level Indicators 542
ServiceNow 154
Session-Based Authentication 454
SharePoint 256
shift-left 원칙 390
Showback 360, 367
sidecars 123
SIEM 424, 487
Simple Notification Service 208
Simple Queue Service 105
single pane 152
Single Sign-On 207
Site Reliability Engineering 140, 539
SLA 110
SLI 542
SNS 208
SOAR 424, 487
SOC 488
Software Asset Management 359
Software Composition Analysis 411
Spinnaker 406
Splunk 223
Spotify 190
SQL 161
SQL 서버 256
SQS 105
SRE 139, 539
SSE 476
SSL 482
SSO 207
Stack Edge 45
Stack Hub 45
Stack policies 228
Static Application Security Testing 516
Storage Gateway 262
Storage Service Encryption 476
Stream Analytics 298
swamp 283
Synapse Analytics 290
Systems Manager 175
systems of engagement 185
systems of record 185

T

tagging 138
TCO 77
TDD 225
TDE 476
Team Foundation Version Control 398
Termination protection 227
Terraform 128
Test Plans 399
Test-Driven Development 225
TFS 398
TFVC 398
The Open Group Architecture Framework 34, 162
ThingsBoard 301
Time To Detect 545
Time To Resolve 546
TOGAF 34, 53, 162
Total Cost of Ownership 77
traceability 517
Traditional 91
Transparent Data Encryption 476
Trusted Advisor 251
TTD 545
TTR 546

U

UI 100
UID 296
unblended rates 369
Unique IDentifier 296
User Interface 100

V

Veeam 268
Virtual Machine 99
Virtual Private Cloud 210
Virtual Private Gateway 220
Virtual Private Network 115
Virtual Reality 84
virtualized SAN 43
VM 복제본 258
VMC-on-AWS 43
VMConAWS 44
VMware 42
VMware CloudHealth 364
VMware Tanzu 126
VMware 클라우드 43
VOC 58
VPC 144, 210
VPG 220
VPN 115
VPN 커넥트 221
VR 84
vSAN 43

W

WAF 110
WAN 98
Warm Standby 258
Wavelength Zone 309
Well-Architected 프레임워크 110, 133
Workday 60

X

XaaS 52

Y

YAML 319
Yet Another Markup Language 319

Z

Z-Wave 308
Zero Trust 493
zero trust 183
Zigbee 308
ZIP 파일 191

멀티 클라우드로의 전환 2/e

AWS·Azure·GCP·OCI·Alibaba를 아우르는 엔터프라이즈 클라우드 설계 원칙

발행 · 2026년 1월 2일

지은이 · 제론 멀더
옮긴이 · 남정현

발행인 · 황영주
펴낸곳 · 에이콘출판 주식회사

주소 · 서울시 양천구 국회대로 287 (목동)
전화 · 02)2653-7600 | **팩스** · 02)2653-0433
홈페이지 · www.acornpub.co.kr | **독자문의** · www.acornpub.co.kr/contact/errata

책임편집 · 임승경 | **편집** · 강승훈, 임지원 | **디자인** · 윤서빈
홍보 · 박혜경, 백경화 | **경영지원** · 최하늘, 김희지

함께 만든 사람들
교정 · 교열 · 전산편집 · 박창기

ISBN 979-11-6175-947-0
http://www.acornpub.co.kr/book/9791161759470

책값은 뒤표지에 있습니다.